JN285056

中国歴史公文書読解辞典

山 腰 敏 寛 編

2004

自　　序

　編者が友人と恩師の薦めもあり、『清末民初文書読解辞典』を発行したのは 1989 年のことであった。山根幸夫先生には汲古書院を紹介してもらい、序文も書いていただいた。序文といい、出版社といいこの手の出版では最良の条件で出版できた。そのため 1989 年に初版と 2 刷を出したが、1994 年に 3 刷、1998 年に 4 刷と増刷を繰り返すことになった。今回、4 刷もつきたので、版を改めて大幅に増訂した版で出すことにした。

　そもそも本書は早大教授であった青柳篤恒（大隈重信の中国問題の顧問でもあったという）の『支那時文規範』の索引の作成にその源がある。当初、まさに『支那時文規範』の索引として『支那時文規範索引』なる冊子を作ったのであるが、これが同窓の仲間の間で好評であった。これに気をよくして、その他の文献から適当な語彙を補充して『清末「時文」楷梯』（私家版、1987 年）なる一書を編んだ。この時点で 4900 余項の語彙となった。この私家本の原稿は都内の 2 つの大学で好評で学生達がコピーをして利用していったのである。その内容は 2 年後に出された『清末民初文書読解辞典』とほぼ同内容であった。1994 年の 3 刷の出版に当たっては文体の読み方も付加し、入門書としての体裁も整った。

　先回の出版は時節にもかなった出版ともなった。折しも、各種の大量の史料類が次から次へと公刊され始め、そうした一方台湾や大陸の各档案館・図書館所蔵の資料を使った研究が行われるようになった頃であり、まさに第一次的な史料・資料を読みこなす力が研究するにあたって必須の要件となりつつある時代であった。旧版はそのような要請に応える形になった。編者の 2003 年の 3 月までの学位は文学士だったのであり、それ以後ようやく修士（教育学）となったのであるが、学士であった時分から一人歩きを始めた負うた我が子ならぬ辞書のおかげで多くの恩恵を被ってきた。立命館大学の金丸裕一氏の計らいで台北の中央研究院の近代史研究所と档案館を（テキスト作成のための協力者として）訪れることができたのもその一端である（本書はその成果の一部である）。また逆に、編者は利用されている方からの反応に驚かされたのである。例えば、文学畑の人が歴史背景を理解するために重宝して使ってもいるし、また宋や元の時代を研究する人も利用している。旧題のためにかえってそのことに気がつかなかったという声もあった（これが今回改題した理由である）。しかし、内容的にはやはり清末と民国初期を念頭においた編集である。もとより今回の版について、まだまだ多くの語彙を収録したいという欲はある。しかし、研究するにあたって不可欠の工具書との自負もあるし、望む声も多い。編者の勤務実態からすれば、これが現在なし得る限界の出版形態でもあることをお汲みいただきたい。

　最後に、旧版以来この出版について尽力頂いた友人・恩師・関係者に厚く御礼を述べたい。また同時に、旧版を利用されてきた方々にも御礼申し上げたい。多くの研究者・学生の方には、前版までの仕事を評価して頂いて、折に触れ改訂をすすめられ、励まされた。何よりも 15 年で 4 刷がついたという事実は研究の場において支持され使われ続けているということを意味し、この数値こそは圧倒的な数値であり、旧版に対する最大の評価であると思っている。更に今回の本書の改版に当たって、再び快く引き受けて下さった汲古書院の関係者に対して、改めて感謝いたします。

　　　２００４/平成 16 年 5 月 20 日

　　　　　　　　　　　　　　　　　　　　　　　　　　　　山　腰　敏　寛

凡　例

○本書が意識している文書読解の対象時期は主として清末民初期である。しかし、文書書式の連続性があるため、遡った年代における利用も可能であるので表題の通りとした。

○本書は先に出した『清末民初文書読解辞典』を増補したものである。

○本書で頻繁に出てくる表現として**上行文・平行文・下行文**があるがこれはそれぞれ、「上級機関」・「同格（平級）の機関」・「下級機関」へ送る（った）文書を指す。

○配列は音読みの五十音配列に従った。同じ音の場合には部首配列によった。

同じ音が続く場合、総画で調べるよりも、部首で調べた方が早いと判断したからである。

ただ、宗「そう」「しゅう」、後「こう」「ご」、大「だい」「たい」のように、どちらの読み方で配列すべきか判じかねるものもあるが、適宜配列した。

○今回ピンインによる索引をつけた。実は中国語は思いの外、同じ字でも発音が異なることが多い（含声調）。急造したものであり、必ずしも正確な発音・声調による索引でもないし、全ての語彙の索引となっていないことをお断りしておく。

○主だった、参考書物は以下の書物を参照した。全ての語彙を収集したものではない。

　　　　　　　　　　　　　　　　　　　　　　　　　　　　　　　　　　略号
(1) 青柳篤恒『（評釋）支那時文規範』（博文堂、明治40年5月再版）　　　規
(2) 青柳篤恒『支那時文教科書　上・中・下』『支那時文教科書訳筌』（文求堂書局、明治41年）　　　　　　　　　　　　　　　　　　　　　　　　　　筌
(3) 大野徳孝『冠註高等支那時文讀本』（文求堂、明治38年6月発行）　　　讀
(4) 大野徳孝『標註支那時文讀本上・下』（大日本図書株式会社、明治37年）讀上・下
(5) 劉文傑『歴史文書用語辞典　明・清・民国部分』（四川人民出版社、1988年）四
(6) 城臺正『現行満州帝国公文提要』（満州行政学会、1935年）　　　　　満
(7) 『中国外交文書辞典（清末篇）』（学術文献普及会、昭和29年3月）　　外
(8) 佐伯富編『福恵全書語彙解』（同朋舎出版部、1975年）　　　　　　　福
(9) 徐望之『公牘通論』（復刻）（京都、中文出版社、1979年6月）　　　　通
(10) 『中日大辞典』（燎原）
(11) 『支那文を読むための漢字典』（研文出版）
(12) 星斌夫『中国社会経済史語彙　正・続』（光文堂書店、1981年発行）
(13) 『アジア歴史事典』（平凡社）
(14) 『清國行政法』　　　　　　　　　　　　　　　　　　　　　　　　行
(15) 東川徳治『中国法制大辞典』（燎原　1979年復刻、旧名『典海』『支那法制大辞典』）　　　　　　　　　　　　　　　　　　　　　　　　　　　　典
(16) 岡野一朗『支那経済辞典』（昭和6年、東洋書籍出版協会）　　　　　岡
(17) 鐘ヶ江信光編『時文研究支那経済記事の讀方』（文求堂、昭和18年11月）経
(18) 『陶文毅公集』　　　　　　　　　　　　　　　　　　　　　　　　陶
(19) 坂野正高『近代中国政治外交史』（東京大学出版会、1973年10月発行）政
(20) 『中国語大辞典』（大東文化大学中国語大辞典編纂室　1994年）角川書店　角
(21) 張友鶴「清代の官制」（平凡社、中国古典文学大系『官場現形記・上』所収）
　　　　　　　　（略号に利用した漢字についての太字変換は編者による）

○収録したのは語釈として説明された語句の意味とその説明のある頁数であるが、語句の説明としては普遍性を欠き元の本の例文中の文脈においてのみ妥当な説明もある。

○本によっては語句の説明等には今日からすれば不穏当な語句もある。特に戦前期までの日本の著作がそうである。一部編者が手を加えたところもあるが、内容のすべてにわたり編者が責任を負う。

○外国語表記は、カタカナもあれば、英語表記・キリル文字もある。統一性を欠くことをご了承願いたい。

目　次

拼音字検　　　　　　　　　　　　　　　　　　　　　　　　1-32

辞書部＝＝＝＝＝＝＝＝＝＝＝＝＝＝＝＝＝＝＝＝＝＝＝＝＝＝＝＝＝＝

［ア］	……………1	［シュウ］	…107	［ニ］	…………190
［イ］	……………3	［ジュウ］	…109	［ネ］	…………191
［ウ］	……………14	［シュク］	…110	［ノ］	…………192
［エ］	……………14	［ジュク］	…111	［ハ］	…………192
［オ］	……………19	［シュツ］	…111	［ヒ］	…………199
［カ］	……………21	［ジュツ］	…112	［フ］	…………205
［キ］	……………41	［シュン］	…112	［ヘ］	…………213
［ク］	……………57	［ジュン］	…112	［ホ］	…………216
［ケ］	……………58	［ショ］	……115	［マ］	…………224
［コ］	……………67	［ジョ］	……116	［ミ］	…………224
［サ］	……………83	［ショウ］	…118	［ム］	…………225
［シ］	……………92	［ジョウ］	…125	［メ］	…………226
	［シ］……92	［ショク］	…128	［モ］	…………227
	［ジ］………99	［シン］	…128	［ヤ］	…………229
	［シキ］……102	［ス］	…………132	［ユ］	…………229
	［シチ］……102	［セ］	…………134	［ヨ］	…………232
	［シツ］……102	［ソ］	…………147	［ラ］	…………234
	［ジツ］……102	［タ］	…………155	［リ］	…………236
	［シャ］……103	［チ］	…………163	［ル］	…………241
	［シャク］…104	［ツ］	…………170	［レ］	…………241
	［ジャク］…105	［テ］	…………171	［ロ］	…………243
	［シュ］……105	［ト］	…………180	［ワ］	…………245
	［ジュ］……107	［ナ］	…………189		

＝＝＝＝＝＝＝＝＝＝＝＝＝＝＝＝＝＝＝＝＝＝＝＝＝＝＝＝＝＝＝＝＝

青柳篤恒他の解説より　　　　　　　　　　　　　　　　　　　246

　　清代の公文・清朝皇族の爵位(246)・臣僚の爵位・官員の服飾について
　　(247)・翎子(248)・敬避聖諱・連署の方法・手紙の書き方(249)・手紙
　　の結び方(251)・衡量・碼字(252)

史料紹介　照会・条約（下関条約と南京条約の一部）など・・　(28)-(34)

清代の文書読解について　・・・・・・・・・・・・・・・・・(6)

封爵遞降表　・・・・・・・・・・・・・・・・・・・・・・・(5)

通称別称一覧　・・・・・・・・・・・・・・・・・・・・・・(4)

品級一覧　・・・・・・・・・・・・・・・・・・・・・・・・(2)

干支西暦一覧　・・・・・・・・・・・・・・・・・・・・・・(1)

拼 音 字 檢

ā
阿哥 12
阿膠 13
阿根丁 14
阿士哥爾度 15
阿士氏拉 16
阿士得釐亞 17
阿司佛辣得 18
阿思本 19
阿尼林 20
阿堵 21
阿堵物 22
阿芙蓉 23
阿米尼亞 24
阿片 25
阿片釐金稅 26
阿穆恩 27
阿力克塞夫 28
阿利國 29
阿里曼 30
阿禮國 31
阿勒曼 32

á
嗄 796
嗄里古達 3161

āi
哀子 33
哀的邁敦書 34
挨次 37
挨編 38

ài
愛迭生 36
硋 1107
硋難 1108
礙 1109
礙難照准 1110
艾林波 1111

ān
安 46
安鄴 47
安心 48
安詳 49
安設 50
安息 51
安息日 52
安塘 53
安排 54

安放 55
諳忽 101
諳厄利 102

àn
按 57
按季 58
按元 59
按股 60
按察使 61
按次遞推 62
按治 63
按段接防 64
按程課劾 65
按名 66
按日 67
按年 68
按派 69
按班 70
按兵 71
按理之賠款 72
按律 73
按兩折合 74
暗監 76
暗荒 77
暗害 78
暗算 79
暗中 80
暗碼 81
暗輪 82
案 83
案于…據 84
案經 85
案卷 86
案據 87
案件 88
案查 89
案照 90
案准 91
案准大函 92
案情 93
案呈 94
案同前因 95
案同前情 96
案同前由 97
案發 98
案奉 99
案蒙 100

áng
昂布爾 2875

áo
熬 3048
熬過 3049
熬審 3050

澳 702
奧 703
奧国 704
奧塞 705
奧士本 706
奧斯的利亞 707
奧地利亞 708
奧地利 709
奧領斯德 710
奧倫 711

bā
吧嘎禮 7371
吧拉第 7372
巴 7377
巴夏里 7378
巴夏禮 7379
巴格爾 7380
巴棍 7381
巴士達 7382
巴爾拉達 7383
巴蜀 7384
巴西 7385
巴拿馬 7386
巴達第 7387
巴特納 7388
巴麥尊 7389
巴富爾 7390
巴蘭德 7391
巴里捷克 7392
巴律 7393
巴黎 7394
八旗 7599
八王大 7600
八百里 7601

bá
拔隊 7634
拔貢生 7635

bǎ
把握 7395
把持 7396
把總 7397
把定 7398
把頭門 7399
把鼻 7401
把風 7402
把柄 7403
把門 7404
靶 7439

bà
壩 7376
霸產 7437
罷市 7780
罷刺查 7781
罷剌西利 7782
罷論 7783

bái
白印 7562
白河 7563
白教 7564
白鑠 7565
白契 7566
白耗 7567
白嚼 7568
白齊文 7569
白石 7570
白馬紅羊之劫 7571
白票 7572
白役 7573
白糧 7574
白話 7575

bǎi
柏卓安 7554
柏郎 7555
柏爾德密 7556
柏油 7557
百貨統稅 7841
百貨釐金 7842
百二河山 7843
百般 7844
百里 7845
百靈 7846

bài
拜晏 7466
拜會 7467
拜喀爾湖 7468
拜跪 7469
拜見銀南 7470
拜摺 7471
拜訂 7472
拜挽 7473

bān
扳豋 7653
扳著 7654
扳累 7655
搬散 7657

班 7666
班師 7667
班頭 7668
班德 7669
班駁 7670
頒 7680
頒行 7681
頒到 7682
頒發 7683

bǎn
板蕩 7665

bàn
伴護 7639
伴領 7640
半稅 7641
半稅單 7642
半塗 7643
辦 8344
辦益 8345
辦貨 8346
辦結 8347
辦結 8348
辨誤 8349
辦公 8350
辦事 8351
辦事所 8352
辦事處 8353
辦法 8354
辦理 8355
辦理軍機處 8356
辦理交涉 8357
辦理三口通商大臣 8358
辦理通商事務大臣 8359

bāng
幫 8533
幫差 8534
幫 8535
幫次 8536
幫身 8537
幫 8538
幫貼 8539
幫同 8540
幫辦 8541
幫理 8542
邦 8613

bǎng
綁鎖 8592
榜紙銀 8637
榜示 8638

bàng
鎊價 8614
傍晚 8620

bāo
包 8437
包捐 8438
包售 8439
包護 8440
包荒 8441
包高 8442
包爾騰 8443
包稅 8444
包帶維亞 8445
包馬 8446
包賠 8447
包庇 8448
包辦 8449
包攬 8450
苞苴 8596

báo
薄 8432
薄德 8433

bǎo
保 8366
保押費 8367
保堪 8368
保舉 8369
保歇 8370
保結 8371
保險行 8372
保幸 8373
保候 8374
保候申詳 8375
保甲清冊 8376
保甲總局 8377
保甲總巡局 8378
保皇會 8379
保充 8380
保商 8381
保障 8382
保正 8383
保薦 8384
保送 8385
保送入學 8386
保釋 8387
保定 8388
保明 8389
保樂大瓦 8390

保和会 8391
寶海 8518
寶其敵帶 8519
寶銀 8520
寶砂 8521
寶順洋行 8522
寶星 8523
寶莊 8524
飽颺 8615

bào
報 8453
報案 8454
報捐 8455
報解 8456
報關 8457
報關行 8458
報驗 8459
報効 8460
報告押解 8461
報賽 8462
報塞 8463
報紙 8464
報章 8465
報稅 8466
報單 8467
報呈 8468
報認 8469
報費 8470
報名 8471
報明 8472
報律 8473
抱歉 8544
鮑渥 8616

bēi
杯水 7484
杯幣 7485
卑 7729
卑師麥克 7730
卑職 7731
卑職等 7732
碑券 7774

běi
北義 8653
北省 8654
北方各省 8655
北洋大臣 8656
北洋大臣直隸爵閣督部堂李 8657
北洋通商大臣

1

拼音字檢

8658
bèi
貝加爾 1020
貝子 1021
貝爺 1022
貝勒爺 1023
悖 7465
背誦 7497
倍 7499
倍根 7500
倍處 7502
貝子 7513
貝里底亞人士 7514
貝勒 7515
鋇養鈣 7531
被 7788
被嫌逮繫 7789
被護 7790
被戕 7791
備 7806
備案 7807
備核 7808
備查 7809
備悉 7810
備照 7811
備裝軍械 7812
備覆 7813
備文 7814
běn
本 8675
本喝拉 8676
本款 8677
本計 8678
本兼伊堂 8679
本次 8680
本爵 8681
本省督撫 8682
本章 8683
本生 8684
本晨 8685
本晨約會 8686
本身作則 8687
本息 8688
本属 8689
本大臣 8690
本鎮 8691
本中堂 8692
本堂 8693
bī

逼清 7839
逼鄰 7840
bí
鼻準 7828
bǐ
俾 7698
俾衆週知 7699
比 7700
比亞爾彌亞 7701
比維 7702
比較 7703
比較錢糧簿 7704
比完 7705
比擬 7706
比及 7707
比差 7708
比賽 7709
比冊 7710
比爾日加 7711
比爾咕喀 7712
比者 7713
比照 7714
比青陽之協律 7715
比得 7716
比得羅保老司克 7717
比日 7718
比批簿 7719
比叶 7720
比簿 7721
比封 7722
比利時 7723
比利益 7724
比勒治 7725
彼阿爾 7737
彼時 7738
彼耳臣 7739
彼得 7740
彼得堡 7741
彼方 7742
筆鉛 7836
筆下 7837
筆帖式 7838
bì
詖 7793
避開 7797
嗶嘰 7829
必 7830
必治 7831

畢幾 7833
畢業 7834
畢德格 7835
蔽幸 8286
蔽曚 8287
陛辭 8288
閉歇 8289
壁陸 8297
壁壘之觀 8298
壁斯瑪 8299
壁利南 8300
庇縱 7736
界 7773
biān
砭 8320
編號 8321
編修 8322
編審 8323
邊扎 8324
鞭箠 8363
biàn
變售 8312
變端 8313
變通 8314
變賣 8315
便 8325
便衣 8326
便宜 8327
便宜行事 8328
便宜行事大臣 8329
便宜從事 8330
便是 8331
便章 8332
便民房 8333
弁 8335
弁言 8336
弁兵 8337
辯論 8362
汴 8360
biāo
標 7856
biáo
俵養 7849
表冊存 7871
表章 7872
bié
別故 8305
別項 8306
別項枝節 8307
別德羅罷不

羅斯克 8308
別有意外 8309
別駕 8303
別卷 8304
bīn
賓館 7891
賓至如歸 7892
檳榔 7893
bìn
殯殮 7894
bīng
冰泮 7857
冰案 7858
冰敬 7859
兵 8246
兵役 8247
兵拳 8248
兵戎 8249
兵衅 8250
兵書 8251
兵餉 8252
兵備道 8253
兵部 8254
兵房 8255
兵勇 8256
bǐng
稟 7895
稟謁 7896
稟官 7897
稟啓式 7898
稟經 7899
稟許 7900
稟稿 7901
稟告 7902
稟悉 7903
稟摺均悉 7904
稟商 7905
稟請 7906
稟單 7907
稟帖 7908
稟呈 7909
稟辦 7910
稟覆 7911
稟報 7912
稟奉 7913
稟明 7914
屏營 8258
秉公 8279
秉性 8280
秉性公忠 8281

稟 9373
bìng
病過 7877
病呈 7878
並經 8242
並提 8243
併發 8244
併簿 8245
并希 8274
并仰 8275
并斥 8276
并經 8277
竝 8283
竝希 8284
bō
播 7405
播越 7406
播遷 7407
波格楽 7408
波耳都欺 7409
波臣 7410
波蘭 7411
波連 7412
波彻 7413
剥運 7545
剥貨 7546
剥船 7547
撥 7604
撥貨 7605
撥解 7606
撥款 7607
撥歸 7607
撥協銀 7609
撥至 7610
撥充 7611
撥兌 7612
撥儲 7613
撥派學額 7614
撥兵 7615
撥用 7616
播灾 7656
bó
伯都牙里 7532
伯爾得米 7534
伯駕 7535
伯多格斯啓 7536
伯都訥 7537
伯洛內 7538
伯磊門 7539
伯理璽天德 7540

伯利 7541
伯里 7542
伯力 7543
伯郎 7544
博望 7548
柏林 7558
薄海 7576
薄海內外 7577
駁運 7590
駁貨 7591
駁船 7592
駁增 7593
駁寶 7594
bǒ
簸弄是非 7438
bò
擘 7553
bū
逋 8424
逋逃藪 8425
逋脱 8426
bǔ
捕 8392
捕治 8393
捕獲 8394
補授 8395
補決 8396
補拘 8397
補書 8398
補頭 8399
補復 8400
補與 8401
補 8418
補救 8419
補苴 8420
補用 8421
補水 8422
埔魯寫 8452
卜羅德 8659
bù
不悪而嚴 7920
不爲功 7921
不移 7922
不贍 7923
不允 7924
不應爲而爲 7925
不應雜犯 7926
不可少之地 7927
不寒而慄

7928
不軌 7929
不經 7930
不扣 7931
不合 7932
不洽 7933
不克分身 7934
不爽 7935
不偶 7936
不資 7937
不收 7938
不准 7939
不勝 7940
不勝企盼 7941
不勝公感 7942
不勝惶恐待命之至 7943
不勝迫切待命之至 7944
不勝待命之至 7945
不勝屏營待命之至 7946
不勝盼禱之至 7947
不枉法贓 7948
不折 7949
不但 7950
不抽丁 7951
不得 7952
不動聲色 7953
不二法門 7954
不入八分 7955
不入八分鎮國公 7956
不入八分輔國公 7957
不灰木 7958
不比 7959
不必 7960
不敷 7961
不法 7962
不冒 7963
不容 7964
不理 7965
不吝金玉 7966

2

拼音字检

不例7967
不錄由7968
佈臚7974
佈置7975
埠7988
布7991
布威7992
布臚7993
布告天下、
　咸使聞知
　7994
布告天下、
　中外聞知
　7995
布懇7996
布策7997
布搭包7998
布襪7999
布政使8000
布置8001
布臚8002
布路亞8003
布路斯8004
布魯西亞
　8005
部8107
部院8108
部院等衙門
　8109
部核8110
部議8111
部京咸舍
　8112
部曲8113
部庫8114
部屬8115
部中8116
部堂8117
部魯西亞
　8118
部楼頓8119
部勒8120
步軍統領
　8402
步伐8403
步槍8404

cā
擦免3365

cāi
猜嫌3280

cái
才猷宏遠
　3275
裁缺3286
裁制3287

裁撤3288
裁復3289
財安3310
財東3311

cǎi
采調3272
采定3273

cān
參3416
參革3417
參答3418
參贊(官)
　3419
參充3420
參充日期
　3421
參奏3422
參鑄3423
參處3424
參將3425
參隨3426
參隨各員
　3427
參罰3428
參謀部3429
參仿3430
參遊3431
參預3432
殘疆3460

cāng
倉歇5636
倉書5637
倉場5638
倉場衙門
　5639
倉場侍郎
　5640
倉總5641
倉犯5642
倉夫5643
倉簿5644
艙口單5771
蒼茫5780

cáng
藏走5807
藏5822zang4
藏舟於壑
　5823
藏埋5824

cāo
操贏制餘
　5699
操券5700
操切5701
操法5702

cáo
3181
槽剎5724
漕運總督
　5725
漕耗5726

cǎo
草5775
草菅5776
草具5777
草合同5778
草率5779

cè
策勵3337
冊格3344
冊名封納
　3345
冊簿3346
厠3500

cén
層層鈐制
　5662
曾經…在案
　5712
曾准5713
曾蒙5714

chā
差號簿3206
插薪5688

chá
查3162
查核3163
查核見覆
　3164
查核施行
　3165
查核辦理
　3166
查確3167
查覈3168
查看得3169
查起3170
查察人3171
查實3172
查截3173
查出3174
查詢3175
查抄3176
查封3177
查照公布
　3179
查照施行
　3180

3181
查照遵辦
　3182
查照備案
　3183
查照辦理
　3184
查銷3185
查拏(拿)
　3186
查奪3187
查知3188
查帳人3189
查賬人3190
查得3191
查噸3192
查覆3193
查辦3194
查明3195
查明核奪
　3196
查明見覆
　3197
查明辦理
　3198
查理3199
察核3353
察核備案
　3354
察核施行
　3355
察核訓示袛
　遵3356
察核示遵
　3357
察治3358
察酌3359
察訪3360
察漢汗3361
察哈爾副都
　統3362
察奪3363
察訪得實
　3364
茶用6293

chāi
差3200
差委3201
差官3202
差銀3203
差拘3204
差3205
差使3207
差承3208
差掌3209
差上3210

差旋3211
差馬3212
差票3213
差役3214
拆5393
拆6135
拆卸6136
拆卸兩截
　6137
拆息銷路
　6138
拆貯6139
拆平6140
拆封簿6141

chán
覘6826
覘黃閣之調
　元6827
纏繞縂6823
chǎn
產磺3459
cháng
償結4464
場屋4823
常朝4824
常會4825
常人盜4826
常川4827
常鎮通海道
　4828
長行6460
長厚6461
長子6462
長隨6463
長足6464
長單6465
長年6466
長班6467
長臑倚任
　6468
長落6469
長蘆鹽政
　6470

chǎng
廠4536
廠棚4537
敞…8278

chàng
倡始人4461
唱禮4534
暢行6410
暢談6411

chāo
抄4541

抄交4542
抄襲4543
抄背4544
抄槍4545
抄同4546
抄發4547
抄翻4548
抄錄4549
鈔4738
鈔課4739
鈔關4740
鈔銀4741
鈔交4742
鈔示4743
鈔胥4744
鈔餉4745
鈔稅4746
鈔票4747
鈔幣4748

cháo
朝議大夫
　6403
朝章6404
朝審6405
朝廷6406
朝陽門6407
朝亂6408

chē
車站3943

chě
扯墊3924

chè
掣閱5153
掣獲5154
掣繳5155
掣取5156
掣著5157
掣批5158
徹銷6774
撤去6775
撤消6776
撤退6777
澈查嚴勵
　6778

chén
宸翰4887
宸斷4888
忱4913
忱摯4914
臣4974
臣工4975
臣等4976
辰維5009
辰下5010
沈降諸香

　6510
沈捺6511
陳陳相因
　6525
陳米6526
陳明6527

chèn
襯搭4984
讖語5547
趁6513
趁此機會
　6514
趁早6515
趁風6516

chēng
稱4709
稱準4712
稱羡4710
稱貸4711
撐板6990

chéng
承4550
承允4551
承允諾出具
　4552
承應4553
承管4554
承行4555
承差4556
承事4557
承舍4558
承准4559
承招4560
承審4561
承審公堂
　4562
承修4563
承充4564
承轉4565
承德郎4566
承買4567
承賣4568
承票差役
　4569
承辦4570
承保4571
承乏4572
丞參4799
丞伜4800
城4815
城隍4816
城隍神4817
城隍廟4818
城廂4819
城池4820
城鎮4821

拼 音 字 检

城鎮鄉4822	轉呈事6597	呈一件…由6622	呈附均悉6657	行6506	4244	4454
成5159	呈爲…事6598	呈劾6623	呈稟6658	敕部議覆施行6507	出示4245	除分呈外4455
成案5160	呈爲…請鑒核示遵事6599	呈核6624	呈覆6659	敕部查照施行6508	出示曉諭4246	除分別咨行外4456
成規5162		呈暨附均悉6625	呈文6660	**chōng**	出而承辦4247	除分別示諭外4457
成見5163			呈奉6661	充4162	出首4248	
成憲5164	呈爲…請予核准事6600	呈暨代電均悉6626	呈報6662	充餉4163	出身4249	除分別令知外4458
成交5165		呈祈6627	呈報備查6663	充任4164	出脫4250	
成熟5166		呈及…均悉6628	誠5307	**chóng**	出殯4251	除用核存4459
成色5167	呈爲…呈請鑒核事6601		**chěng**	重領4208	出面人4252	
成説5168		呈及條例均悉6629	逞兇6739	重載4202	出洋4253	除另行辦理外4460
成竹5169			逞強6740	重辟4206	出力4254	
成法5170	呈爲…呈解由6602	呈及清單均悉6630	**chèng**	重頁4201	初辦4405	**chǔ**
成本5171			秤餘8282	重浪4209	**chú**	處4401
成命5172	呈爲…呈送…由6603	呈及簡章均悉6631	**chī**		除4436	處分4402
成例5173			吃苦1687	**chōu**	除…外4437	處家4403
懲創6390		呈及單據均悉6632	吃虧1688	抽課6327	除核存外4438	處釋4404
懲儆6392	呈爲…呈請…由6604		喫虧1693	抽查6328		儲6352
懲處6393		呈及意見書均悉6633	鴟張3738	抽取6329	除函陳外4439	儲存6353
懲辦6394	呈爲…呈覆由6605		**chí**	抽分6330		儲煤6354
呈6584		呈及理由書均悉6634	持照3795	**chóu**	除函復該會外4440	**chù**
呈…均悉6585	呈爲…呈報事6606		持平辦理3796	仇口播弄1724		俶4213
呈爲…一案據情轉呈由6586	呈爲…轉呈察核事6607	呈及議事錄均悉6635	遲6283	仇告1725	除原件存查外4441	俶擾4214
		呈繳6636	馳驛6284	仇教1726		怵4255
呈爲…一案懇請轉呈由6587	呈爲…由6608	呈件均悉6637	馳系6285	仇殺1727	除原文有案不錄後開4442	絀6351
	呈爲據情轉呈…由6609	呈件俱悉6638	馳奏6286	酬4053		**chuān**
呈爲…據情轉呈…由6588			**chǐ**	酬螢4154	除原文有案邀免冗錄外、後開4443	川5499
		呈候核奪6640	侈口要求3496	籌6331		川雲堂5500
呈爲…據情轉呈事6589	呈爲據情轉呈事6610	呈控6641	尺牘5341	籌維6332		川資5501
		呈懇6642	**chì**	籌畫6333		川堂5502
呈爲…據情轉呈由6590	呈…由6611	呈詞6643	斥5345	籌款6334	除原文有案邀免全錄外、尾開4444	穿孝5523
	呈爲陳述…請賜鑒核事6612	呈首6644	斥革5346	籌議6335		穿行5524
呈爲…仰祈鑒核事6591		呈摺均悉6645	斥退5347	籌振6336		**chuán**
			飭6491	籌兵禦匪6337	除書4445	船塢5534
呈爲…仰祈鑒核由6592	呈爲呈解…由6613	呈准6646	飭下6492	籌邊6338	除呈報外4446	船規5535
		呈稱6647	飭據6493	籌辦6339		船戶5536
呈爲…仰祈鑒諭備案由6593	呈爲呈請事6614	呈稱6648	飭金6494	綢6340	除批…、等因印發外4447	船主5537
		呈請6649	飭即6495	綢莊6341		船廠5538
	呈爲呈請6615	呈請辭職、應照准6651	飭部6496	綢緞6342		船鈔5539
呈爲…仰祈備案鑒核由6594	呈爲呈送事6616		飭諭6497	綢繆6343	除批…、等因印發外4448	船窗5540
		呈請任命爲…、應照准6651	飭令6498	**chòu**		船牌5541
呈爲…懇請鑒核備案事6595	呈爲呈送…由6617		飭令回國6499	臭錢4148	除批示外4449	遄5548
		呈准任命6652	勑授6500	**chū**	除來文不錄後開4450	遄已5549
	呈爲呈覆事6618	呈送6653	勑封6501	出款4236		遄行5550
呈爲…懇請鑒核提議事6596	呈爲呈覆由6619	呈遞6653	勑結6501	出具4237	除分函外4451	傳教之師傳教士6868
		呈電均悉6654	勑贈6502	出結4238		
	呈爲呈報6620	呈同前情6655	敕6503	出缺4239	除分行外4452	傳見6869
呈爲…懇請6596	呈爲呈報事6621	呈表均悉6656	敕部…施行6504	出口4240		傳旨申飭6870
			敕部核處施行6505	出蛟4241	除分咨外4453	傳述6871
			敕部核覆施	出差4242		傳消遞息6872
				出使章程4243	除分呈…外	傳訊6873
				出使大臣		傳電6874

拼 音 字 檢

傳譯 6875
chuàn
串根 1265
串招 1266
串同 1267
串見 1268
串騙鉅款 1269
chuāng
窗 5730
chuǎng
闖入 6524
chuàng
剏 5647
剏辦 5648
剏立 5649
創見 5650
創垂 5651
創辦公司之人 5652
創辦合同 5653
創辦人 5654
創懲 5656
chuí
垂暮之年 5051
chūn
春溫 4262
春駒泮凍 4263
chún
純 4315
chuō
戳記 6133
chuò
輟 6779
cí
詞嚴義正 3720
詞色 3721
詞臣 3722
詞藻 3723
辭官照准此狀 3739
辭退 3740
辭讓 3741
慈允 3793
慈禧佑康頤昭豫莊誠壽恭欽獻崇熙皇太后 3794
磁鋒 3811

cǐ
此 3649
此間 3650
此繳 3651
此見 3652
此札 3653
此咨 3654
此時 3655
此次 3656
此示 3657
此者 3658
此頌 3659
此頌公安 3660
此狀 3661
此致 3662
此批 3663
此佈 3664
此布 3665
此奉佈 3666
此復 3667
此諭 3668
此令 3669
泚 3670
cì
刺史 3497
刺字 3498
刺謬 3499
伙助 3619
賜祭一壇 3732
賜壽 3733
賜覆 3735
賜覆示遵 3736
次 3804
次款 3805
次緩 3806
次急 3807
次序 3808
次帥 3809
次第 3810
cóng
從 4169
從違 4170
從緩 4171
從一 4172
從教 4173
從輕 4174
從權 4175
從嚴 4176
從重 4177
從即 4178
從速 4180
從速不速限

辦不辦 4181
從寬免議 4182
從中 4183
從中湊合 4184
從忠 4185
從不出位妄為 4186
從未 4187
從無 4188
從優 4189
從優管待 4190
從容 4191
叢脞 5661
cū
粗胚 5613
cú
徂 5609
徂征 5610
cù
卒經 5877
cuán
儹錢 3415
儹打 3440
儹典 3441
儹點 3442
儹 3437
儹寫 3438
cuī
催 3241
催函 3242
催結 3243
催辦 3244
催繳 3245
催追 3246
催提 3247
催頭 3248
催駁 3249
催比 3250
催令 3251
cūn
村正副 5900
cún
存 5882
存案 5883
存按 5884
存活 5885
存款 5886
存記 5887
存根 5888
存查 5889

存棧 5890
存算 5891
存餉 5892
存照 5893
存剩 5894
存儲 5895
存心 5896
存轉 5897
存票 5898
存放 5899
cùn
寸磔 5109
cuō
磋議 3224
磋減 3225
磋商 3226
磋磨 3227
cuò
錯愕 3343
厝 3326
厝 5600
厝意 5601
措還 5602
措施 5603
措手 5604
dā
搭 6982
搭蓋 6983
搭錢 6984
搭棚 6985
dá
達爾文 6150
達耳第福 6151
達費士 6152
答覆 7055
dǎ
打恭 5940
打下馬威 5941
打揮 5942
打譯 5943
打拳 5944
打攢盤 5945
打搶 5946
打打披 5947
打探 5948
打抽豐 5949
打點 5950
打得通的 5951
打靶 5952
打肥 5953

大…… 6067

大阿哥 6068
大意 6069
大員 6070
大尹 6071
大英火輪船公司 6072
大學士 6073
大函 6074
大鑒 6075
大關 6076
大九卿 6077
大君主 6078
大計 6079
大憲 6080
大股東 6081
大公無私 6082
大洽 6083
大差 6084
大札 6085
大咨 6086
大修 6087
大署 6088
大小均戶 6089
大上臺 6090
大祓 6091
大人 6092
……大人 6093
大帥 6094
大水桶 6095
大世家 6096
大西洋 6097
大西洋國 6098
大操 6099
大拿破侖 6100
大體 6101
大致 6102
大挑 6103
大挑教職 6104
大戶 6105
大都 6106
大東洋 6107
大尼 6108
大日報 6109
大馬爾齊 6110
大伯理璽天德 6111
大班 6112
大府 6113
大尼 6108
大副 6115
大幇 6116

大防 6117
大洋 6118
大窯口 6119
大吏 6120
大理院 6121
大理寺 6122
大力 6123
大呂宋 6124
大僚 6125
大令 6126
大老爺 6127
dǎi
逮 6043
dài
帶 6013
帶看 6014
帶管 6015
帶警 6016
帶徵 6017
帶肚子 6018
帶同 6019
帶領 6020
帶領引見 6021
待 6022
待罪 6023
怠玩 6024
戴公行 6025
貸 6036
代寄 6052
代叩起居 6053
代索 6054
代書 6055
代收 6056
代送專差費 6057
代追 6058
代呈當差 6059
代遞 6060
代墊 6061
代電開 6063
代電悉 6064
代電稱 6065
代辦行 6066
dān
丹國 6157
丹商 6158
丹麻爾 6159
單 6162
單眼花翎 6163
單據 6164
單月 6165

單打士 6166
單日 6167
單票 6168
單併發 6169
單鷹國 6170
單留中 6171
擔 6188
擔延 6189
擔承 6190
擔頭銀 6191
擔保 6192
殫紀 6193
耽 6210
dài
耽擱 6211
耽悞 6212
耽承 6213
dǎn
紞 6209
膽敢 6214
dàn
但 6160
但依利 6161
淡食 6194
淡巴菰 6195
誕妄 6218
誕膺天命 6219
dāng
當 7012
當經 7013
當經……在案 7014
當今佛爺 7015
當差 7016
當事 7017
當稅 7018
當即 7019
當軸 7020
dǎng
黨義 7112
黨羽 7113
dàng
宕延 6973
蕩檢 7077
蕩檢踰閑 7078
蕩滌 7079
dāo
刀圭 6956
刀筆訟師 6957
dǎo
禱 4071
倒 6941

拼 音 字 检

倒閉 6945
dào
倒背 6942
倒側 6943
倒展 6944
到 6958
到案 6959
到期日 6960
到差 6961
到司 6962
到職 6963
到臣 6964
到單 6965
到道 6966
到部 6967
道 7137
道員 7138
道快 7139
道官 7140
道憲 7141
dé
得 7146
得餙蘭言 7147
得計 7148
得手 7149
得舒 7150
得人 7151
得續租 7152
得體 7153
得步進步 7154
得有 7155
得力 7156
德 7157
德安 7158
德意 7159
德意志 7160
德華銀行 7162
德鑒 7163
德克碑 7164
德幟 7165
德璀林 7166
德璀琳 7167
德呢克 7168
德善 7169
德配 7170
德庇時 7171
德秘帥 7172
德微理亞 7173
德佛楞 7174
德理固 7175
德律風 7176

děng
燈綵 7011
登岸 7023
登記 7024
登仕佐郎 7025
登仕郎 7026
登時 7027
登程 7028
登鏑 7029
登答 7030
登報 7031
登萊青膠道 7032
簦 7056
děng
等 7033
等因 7034
等因下 7035
等因欽此 7036
等因准此 7037
等因前來 7038
等因到 7039
等因奉此 7040
等因蒙此 7041
等議 7042
等議在案 7043
等供 7044
等語 7045
等而下 7046
等示 7047
等情 7048
等情據此 7049
等情前來 7050
等情到 7051
等陀 7052
等由 7053
等由到 7054
dī
低潮 6575
低納馬爾加 6576
隄防 6754
滴水簷 6761
dí
滌瑕蕩穢 4848

滌除 4849
敵國 6762
敵對 6763
敵體 6764
的確 6765
的欵 6766
的當 6767
的保 6768
的役 6769
迪惠氏 6771
dǐ
底 6680
底稿 6681
底定 6682
底本 6683
底裏 6684
抵 6692
抵易 6693
抵押 6694
抵換 6695
抵款 6696
抵還 6697
抵拒 6698
抵算 6699
抵制 6700
抵兌 6701
抵敵 6702
抵擋 6703
抵命 6704
詆 6738
邸 6747
邸鈔 6748
邸報 6749
dì
第 6129
第博蘇涯爾噯 6130
地亞納 6236
地位 6237
地股 6238
地甲 6239
地址 6240
地生 6241
地丁 6242
地腹 6243
地保 6244
地面業者 6245
締 6730
締造 6731
遞 6741
遞解 6742
遞減科擧 6743
遞屆 6744
遞年 6745

椗通 9437
diān
顛地 6855
顛連 6856
滇 6822
diǎn
典史 6791
典吏 6792
點 6857
點易 6858
點過 6859
點記 6860
點交 6861
點冊 6862
點充 6863
點鐘 6864
點倉 6865
點單 6866
點卯 6867
diàn
阽危 6642
墊 6794
墊臙 6795
墊款 6796
墊錢 6797
店帳 6812
店簿 6813
惦 6817
殿試 6876
電 6879
電開 6880
電敬悉 6881
電咨 6882
電悉 6883
電生 6884
電誦悉 6885
電綫 6886
電飭 6887
電碼 6888
電奉悉 6889
電報 6890
電問 6891
diāo
刁 6368
刁難 6369
刁鑽 6370
diào
調 6432
調回 6433
調遣 6435
調元 6436
調黃 6438
調視 6439
調齊 6441
調度 6443

調任 6444
調任…著敘…此狀 6445
調派 6446
調拔 6447
調兵 6448
調補 6449
調防 6450
調用 6451
釣鑒 6471
diē
爹那啡巧 5913
爹屈時 5914
dié
牒 6412
牒呈 6413
疊 6414
疊經…在案 6415
疊次 6416
疊派 6417
迭 6780
迭經 6781
迭經…在案 6782
迭次 6783
dīng
丁 6569
丁趕良 6570
丁差 6571
丁冊 6572
丁漕釐稅 6573
丁憂守制 6574
dǐng
頂 6472
頂換 6473
頂子 6474
頂謝 6475
頂首錢 6476
頂帶 6477
頂替 6478
頂戴 6479
鼎銀 6755
dìng
錠塊 4854
定 6664
定案 6665
定擬 6666
定議 6667
定銀 6668
定讞 6669

定更 6670
定實 6671
定制 6672
定奪 6673
定燈 6674
定物 6675
定約 6676
定予 6677
定予嚴懲 6678
定例 6679
訂 6732
訂交 6733
訂制 6734
訂定 6735
訂約 6736
訂有 6737
釘結 6750
釘封 6751
diū
丟尼斯 6303
dōng
冬電 6955
東 6991
東瀛 6992
東海關 6993
東桌 6994
東語 6995
東國 6996
東省 6997
東三省 6998
東西 6999
東西並峙 7000
東直門 7001
東渡 7002
東南 7003
東撫 7004
東文 7005
東便門 7006
東方 7007
東洋 7008
東洋議政會 7009
dǒng
董 7071
董押 7072
董戒 7073
董局 7074
董事 7075
董事会議 7076
dòng
動 7114
動工 7115

動支 7116
動心忍性 7117
動靜 7118
動撥 7119
動放 7120
洞 7131
洞開 7132
洞鑒 7133
洞胸絕胳 7134
dōu
兜收 6951
兜侵 6952
兜肚 6953
兜拿 6954
dǒu
陡 7096
陡直 7097
陡落 7098
dòu
寶惠德 7021
寶拉沽 7022
荳石 7070
豆餅 7084
鬭 7110
鬭殿殺 7111
dū
都察院 6917
都司 6918
都統 6919
都轉鹽運使 6920
都路利 6921
督 7201
督院 7202
督押 7203
督憲 7204
督緝 7205
督臣 7206
督率 7207
督同 7208
督堂 7209
督府 7210
督撫 7211
督辦 7212
督理大人 7213
督糧道 7214
dú
獨不思 7217
讀書人 7219
dǔ
堵 6904
堵截 6905

拼 音 字 检

睹布益 6910
赌窝 6911
笃克特号 7215
dù
蠹动 4269
杜 6900
杜塞 6901
杜兰斯哇 6902
杜卜莱 6908
渡送厦门转投厘下 6903
蠹 6912
蠹役 6913
蠹差 6914
蠹书 6915
蠹 6916
度 6935
度支 6936
度支部 6937
度出 6938
duān
端 6205
端倪 6206
端正 6207
端赖 6208
duǎn
短 6202
短绌 6203
短枪 6204
duàn
断 6229
断难 6230
段 6232
段落 6233
duì
兑交 5916
兑准 5917
兑 5965
对(俄)宗旨 6004
对质 6005
对清 6006
对调 6007
对同 6008
对比 6009
对付 6010
对编 6011
对类 6012
dūn
噉税 7220
墩 7223
墩槛 7224

敦睦无嫌 7225
dǔn
蠹 7226
蠹款 7227
蠹船 7228
蠹卖 7229
duō
多 5903
多方 5904
多罗郡王 5905
多罗贝勒 5906
多林文 5907
多伦 5908
duó
夺 6153
duǒ
躲 5915
duò
惰气 5939
é
讹言 883
讹 884
讹诈 885
讹抢 886
讹骗 887
俄 915
俄廷 916
俄报 917
俄理范 918
额 1236
额外 1237
额支 1238
额尔金 1239
额尔哈 1240
额尔古纳河 1241
额税 1242
额设行商 1243
额徵 1244
è
恶犯 39
遏 45
鄂 1245
ēn
恩格萨逊人 713
恩贡生 714
恩准 715
恩抚 716
ér

而 3821
ěr
尔 3800
尔等 3801
尔许 3802
尔等其各思之 3803
耳级 3849
迩 3850
迩日 3851
迩闻 3852
迩来 3853
èr
二运 7280
二等钦差大臣 7281
二等公使 7282
二八抽丰 7283
二托 7284
二品顶戴 7285
贰尹 7286
贰府 7287
fā
发往 7617
发下 7618
发售 7619
发给 7620
发遣 7621
发狠 7622
发财 7623
发踪 7624
发钞 7625
发审文牌 7626
发轫 7627
发得耳 7628
发配 7629
发买 7630
发贩 7631
发来 7632
发落 7633
fá
伐徵 744
罚俸 7636
罚俸 7637
罚例 7638
fǎ
法 8574
法安 8575
法家拂拭 8576
法皇 8577

法国 8578
法在必行 8579
法思尔德 8580
法度 8581
法马 8582
法文 8583
法办 8584
法兰西 8585
法兰得斯 8586
fān
藩库 7672
藩司 7673
藩宣 7674
藩台 7675
藩部 7676
藩服 7677
藩篱 7678
番银 7685
番梢 7686
番用 7687
翻印 7694
翻译 7695
fán
烦 7662
烦即 7663
烦请 7664
烦 7697
fǎn
反汗 7644
反颜东向 7645
反手 7646
反正 7647
反唇 7648
反侧 7649
反赖 7650
攀大何文 7695
fàn
犯顺 7652
泛交 7659
泛常 7660
泛托 7661
范围 7671
贩易 7679
fāng
方 8557
方案 8558
方殷 8559
方可 8560
方偶 8561
方甲 8562

方色 8563
方且 8564
方伯 8565
方命之答 8566
芳躅 8595
fáng
房虚星昂日 8627
房钱 8628
房租 8629
房牌 8630
防维 8647
防闲 8648
防次 8649
防范 8650
防务 8651
fǎng
仿 8434
访员 8599
访查 8600
访察 8601
访事 8602
访事者 8603
访事人 8604
访犯 8605
访弊 8606
访问 8607
fàng
放 8545
放行 8546
放行单 8547
放告 8548
放暑假 8549
放松 8550
放心 8551
放生 8552
放椿捉头 8553
放定 8554
放拨 8555
放伏号 8556
fēi
妃 7735
蜚英 7787
非为 7798
非人 7799
飞向 7800
飞差 7801
飞杳 7802
飞瀑 7803
飞徭 7804
飞猎宾 7805
fěi
匪 7726

匪石莫展 7727
匪耗 7728
斐 7769
斐事 7770
斐然 7771
斐南 7772
菲酌 7785
fèi
废员 8628
废纸 7464
费词 7795
费理 7796
fēn
分 8177
分起回防 8178
分义 8179
分郡候补典史 8180
分行 8181
分际 8182
分算 8183
分容 8184
分守道 8185
分巡 8186
分巡苏松太兵备道 8187
分巡道 8188
分省 8189
分侵 8190
分心别用 8191
分身 8192
分数 8193
分析 8194
分疏势隔 8195
分莊 8196
分曹 8197
分送查核 8198
分息账 8199
分段 8200
分地 8201
分途 8202
分头 8203
分头银 8204
分牘 8205
分年 8206
分年匀缴 8207
分年分地 8208
分派 8209

分肥 8210
分府 8211
分部行走 8212
分别 8213
分别治罪 8214
分别派否 8215
分劈 8216
纷劝 8220
芬兰 8221
fén
焚火 8240
fèn
奋其所己至 8217
奋武校尉 8218
奋武佐校尉 8219
fēng
风雨无阻 8123
风客 8124
风信 8125
风水 8126
风声 8127
风徵 8128
风力 8129
封 8121
封好 8122
封印 8525
封河 8526
封坏 8527
封疆 8528
封禁 8529
封船 8530
封舱 8531
封典 8532
烽 8587
蜂攒 8593
蜂拥 8594
丰犀 8608
丰犀之卫 8609
丰亨 8610
féng
逢迎 8612
fèng
俸 8435
俸薪 8436
奉 8474
奉…令、内载…等因

拼 音 字 检

奉8475
奉…令、內開…等因8476
奉委8477
奉恩將軍8478
奉恩鎮國公8479
奉恩輔國公8480
奉經8481
奉國將軍8482
奉查8483
奉旨8484
奉旨依議8485
奉此8486
奉省8487
奉准據此8488
奉准上開前因由、並據前情8489
奉銷8490
奉上諭8491
奉新8492
奉申8493
奉政大夫8494
奉聖旨8495
奉達8496
奉逐8497
奉直兩省8498
奉直大夫8499
奉天承運8500
奉天承運皇帝詔日8501
奉天承運皇帝制日8502
奉天府尹8503
奉到8504
奉派8505
奉發8506
奉批8507
奉批前因8508
奉佈8509
奉聞8510

奉命8511
奉有8512
奉令前因8513
奉令前因、并據前情8514
奉令前因、并准函前因8515
奉令前因、并准咨前因8516
奉令前因、并准前由8517

fó
佛蘭西士爹剌那非丫8165
佛郎8166
佛郎克8167

fǒu
否7733

fū
夫牌7989
敷8012
敷衍8013
敷衍了事8014
敷用8015
浮收8024
扶桑8026

fú
孚7990
扶8010
扶同8011
浮痊8021
浮石8022
浮簽8023
膚末8025
符公例8027
符信8028
伏惟8130
伏祈8131
伏候聖裁8132
伏乞8133
伏查8134
伏思8135
幅員8142
服官8147
服闋8148
福8149
福士8150

福呢8151
福字8152
福世德8153
福寧道8154
福普8155
福里8156
福祿諾8157
弗石8168
弗楽林8169
拂8170
拂逆8171
拂郎祭8172
拂戾8173

fǔ
俯7976
俯允7977
俯鑒7978
俯賜7979
俯就7980
俯從7981
俯予7982
府8006
府尹8007
府試8008
府道司院8009
斧8016
斧資8017
撫8055
撫院8056
撫議8057
撫局8058
撫綏8059
撫軍8060
撫憲8061
撫字8062
撫署8063
撫恤8064
撫臺8065
撫豢8066
撫民8067
撫務8068
甫8364
甫耶林8365
輔國將軍8423

fù
付7969
付子7970
付清7971
付足7972
傅7983
傅磊斯7984
傅蘭雅7985
負重費8030
赴質8031

附…8032
附…件8033
附郭8034
附學生8035
附件存8036
附件發還8037
附件附發、仍繳8038
附股8039
附股人8040
附合同8041
附車8042
附件8043
附件抄發8044
附件隨發8045
附件分別存還8046
附抄發8047
附生8048
附奏8049
附送…8050
附搭8051
附發…8052
附片8053
附麗8054
副8136
副舉8137
副貢生8138
副主席8139
副將8140
副都統8141
復8143
復經8144
復經…在案8145
復原8146
覆8158
覆載8159
覆旨8161
覆試8162
覆准8163
覆審8164
俛就8334

gā
嘎業1248

gá
噶嘩1249
噶喇吧1250
噶囉1251

gāi
該1115
該院知道1116
該衙門1117
該衙門議奏1118
該衙門知道1119
該行1120
該臣1121
該臣等1122
該部議奏1123
該部察議具奏1124
該部知道1125

gǎi
改997
改章999
改章伊始1000
改土爲流1001
改薄1002

gài
概1104
概行1105
概予寬貸1106

gài印
蓋印1112
蓋璽1113
蓋西里1114

gān
干橋1270
干護1271
干請1272
干犯1273
干譽1274
干預1275
甘1376
甘結1377
甘認1378
乾2375
乾圓潔爭2376
乾信2378
乾糧2380

gǎn
趕緊1437
趕散1438
趕造1439
趕備一切1440

gàn
幹部1349
幹辦1427

贛2973

gāng
剛必達3003

港脚?2899
港腳2900

gāo
膏2933
膏火2934
高異2998
高架索2999
高復滿3000
高洛怕欽3001
高林浦3002

告期3074
告休3075
告許3076
告示3077
告成3078
告退3079
告低3080
告理3081
誥誡3093
誥授3094

gē
哥士者792
哥倫比亞793
哥老會794
戈登811
擱起不提1190

gé
各1127
各據此1128
各件1129
各項出身1130
各行省1131
各在案1132
各在卷1133
各准此1134
各節1135
各城1136
各色1137
各屬1138
各等因1139
各等情1140
各等供1141
各等語1142
各等日1143
各等由1144
格狀單1165
格1182
格礙1183
格爾思1184
格式1185
格致1186
格蘭忒1187
格林尼次1188
格蘭斯頓1189
閣1205
閣督部堂1206
隔閡1207
隔1208
隔膜1209
革卸1214
革職1215
革職永不敘用1216
革許1217
革職離任1217
革職留任1218
革退1219
革土條約1220

gē
葛德祿1260
葛絡幹1261
葛稜麼1262

gè
鉻1210

gěi
給發1768

gēn
根窩3127
根株3128
根上3129

gēng
更生2877
更籌2878
更夜2879
更道2880
更夫2881

gěng
梗頑2885
耿耿2951

gōng
宮1739
宮保1740
宮門抄1741
弓手1742
弓正1743
恭敬1890
恭候命下臣

8

拼 音 字 检

部、轉行
遵奉施行
1891
恭候命下、
遵奉施行
1892
恭候1893
恭摺1894
恭奉1895
公安2687
公廨2688
公函2689
公款2690
公款公產
2691
公館2692
公鑒2693
公誼2694
公舉2695
公砝平2696
公局2697
公叩2698
公行2699
公懇2700
公座2701
公使2702
公司2703
公司夷館
2704
公司館2705
公司図記
2706
公司年報
2707
公司名号
2708
公司法律
2709
公主2710
公取2711
公所2712
公出2713
公積金2714
公積賬2715
公置2716
公忠2717
公呈2718
公程2719
公董局2720
公同2721
公道2722
公德兩便
2723
公牘2724
公班衙2725
公畢2726
公文保送

2727
公報2728
公法2729
公門2730
公廨2746
公輪2731
公爺2732
公例2733
功候2734
功課2735
功貢生2736
功服2737
功令2738
功曹2797
工2781
工價2782
工火2783
工銀2784
工資2785
工程2787
工程師2788
工程隊2789
工董局2790
工夫2791
工部2792
工部局2793
工本2794
工料2795
工料銀2796
攻佔2872

gǒng
拱候1896
丞2888

gòng
供1841
供事1842
供稱1843
供稱…等語
1844
供狀1845
供帳1846
供吐如畫
1847
供認1848
供扳1849
供明1850
共1856
共該1857
共商1858
共襄1859
貢2971
貢生2972

gōu
勾窩2739
勾串2740
勾結2741
勾銷2742

勾攝2743
勾通2744
勾當2745
勾留2746
鈎銷2976
鈎銷隨繳
2977

gǒu
狗毳2117

gòu
構思染翰
2886
構質2887
詬病2965

gū
估計2524
估報2525
姑2540
姑准2541
姑准施行
2542
姑如所請
2543
姑先照行
2544
姑予准行
2545
姑予照准
2546
姑予通融
2547
姑予備案
2548
姑容2549
孤2550
孤哀子2551
孤子2552
辜狀2576

gǔ
古2528
古爾島2529
古巴2530
古隆北2531
皺2578
股2579
股銀2580
股數2581
股東2582
股東会議
2583
股東名簿
2584
股票2585
股份2586
股分公司

2587
股分有限公
司2588
股分2589
股本2590
鈷2598
鼓2601
鼓行而進
2602
鼓輪2603
穀3091
穀道3092
挖揚3113
骨棒3114

gù
僱券2526
僱寫2527
固係2535
固結2536
固山貝子
2537
固畢爾那托
爾2538
固倫公主
2539
雇覓2565
故2566
故殺2567
故牒2568
故救2569
故套2570
故諭2571
顧2599
顧盛2600

guā
瓜分845
瓜葛846

guà
掛號信件
2177

guài
怪人995

guān
官1311
官員1312
官卷1313
官銀匠1314
官憲1315
官項1316
官差1317
官佐1318
官佐弁兵
1319
官坐1320
官棧1321

官尺1322
官授1323
官常1324
官稅紅单
1325
官允1326
官紳1327
官紳兼委
1328
官親1329
官生1330
官體1331
官當1332
官府1333
官平1334
官弁1335
官棚1336
官行1337
官本1338
官矛1339
官目1340
官費1341
觀覺蹈瑕
1431
觀光1432
觀察1433
觀審1434
觀望1435
觀摩1436
關1467
關會1468
關礙1469
關銀1470
關庫1471
關差1472
關照1473
關炤1474
關津1475
關汛1476
關節1477
關說1478
關白1479
關拿1480
關通1481
關帝1482
關提1483
關内外線
1484
關部1485
關平1486
關平銀1487
關防1488
關防印1489
關防印記
1490
關門1491

guǎn
管驛驛書
1406
管押1407
管河道1408
管賀1409
管事1410
管事官1411
管總1412
管束1413
管駄兵1414
管帶1415
管帶官1416
管理事務
1417
管領1418

guāng
光丁2684
光禄寺2685
光禄大夫
2686

guǎng
廣澳2800
廣九2801
廣肇羅道
2802
廣繩批牌
2803
廣東欽差大
臣2804
廣文2805
廣捕2806
獷悍2904

guī
歸於好1569
歸還1570
歸結1571
歸公1572
歸宿1573
歸總1574
歸普通高等
各學堂核
計1575
歸部1576
規1586
規銀1587
規矩1588
規条章程
1590
規尋1591
規費1592
規禮1593
規禮銀1594
圭臬2217

guǐ

晷1556
晷刻1557
詭寄1599
鬼域1634
鬼蜮1635
鬼蜮伎倆
1636
鬼市1637

guì
貴～1601
貴人1602
貴鎮1603
貴道1604
貴督1605
貴妃1606
跪懇1632
跪拜1633
桂2262
檜籤7832

gǔn
袞糧廳3117
滾催3138
滾算3139
滾單3140
滾梯3141

gùn
棍徒3130

guō
郭實獵1204

guó
國家經費有
常・國計
有常3082
國慶日3083
國故3084
國子監3085
國書3086

guǒ
裹傷物件
882

guò
過894
過爲895
過癮896
過計897
過財898
過山砲五十
四尊899
過山利市
900
過支901
過事902
過失殺903
過津904
過套905

拼音字检

過蹟 906
過堂 907
過犯 908
過付引迭 909
過部 894
過房 910
過問 911
過篤蒸糕 912
hā
哈華吶 7373
哈伐拿 7374
hǎi
海角一隅 1005
海關 1006
海關監督 1007
海關道 1008
海關秤 1009
海鬼 1010
海口 1011
海參崴 1012
海鈔兩關 1013
海靖 1014
海部 1015
海部尚書 1016
海捕 1017
hài
駴然 1080
hán
函 1276
函會 1277
函告 1278
函准 1279
函稱 1280
函請 1281
函送 1282
函致 1283
函同前因 1284
函同前由 1285
函稟 1286
函不錄由 1287
涵濡 1364
韓京 1492
韓潮蘇海 1493
含糊 1494
含混 1495

含淡養之士 7651
hǎn
喊稟 1296
罕 1426
hàn
漢 1367
漢黃德兵備道 1368
漢奸 1369
漢謝 1370
漢缺 1371
漢軍缺 1372
漢納銀 1374
漢勃克 1375
悍然 1350
旱煙 1353
扞格 1357
翰林院 1428
翰林出身 1429
翰林升階 1430
hāng
夯硪 2768
háng
行號 2818
行棧 2820
行商 2825
行情 2827
行綿撞帽 2835
行用 2836
行用銀 2837
杭嘉湖道 2882
hǎo
好 2769
好稅務司 2770
好寧端 2771
好博遜 2772
好望角 2773
hào
耗羨 2931
耗贈 2932
號 3051
號衣 3052
號帶 3053
號簿 3054
hē
喝報 1247
hé
何以爲情

746
何居 747
何項 748
何者 749
何天爵 750
何伯 751
何庸 752
河 823
河沿 824
河工道 825
河東河道總督 826
河道総督 827
河夫 828
荷蘭 869
核 1155
核擬 1156
核議 1157
核計 1158
核查 1159
核示遵行 1160
核實 1161
核准 1162
核准備案 1163
核準 1164
核存 1166
核對 1167
核覆 1168
核奪施行 1169
核致 1170
核飭 1171
核轉 1172
核轉施行 1173
核備在案 1174
核覆 1175
核覆施行 1176
核辦 1177
核辦施行 1178
核与⋯法規相符 1179
核与⋯法規不符 1180
核与⋯法規不無抵觸 1181

闔 2987
合 3005
合亟 3006
合鈞 3007
合群 3008
合群進化之理 3009
合股 3010
合行 3011
合行印發□⋯3012
合行開單 3013
合行檢同□⋯3014
合行檢發□⋯3015
合行札飭 3016
合行抄同□⋯3017
合行抄發□
合行訂立□⋯3019
合行發還■⋯3020
合行發交■⋯3021
合行頒行□
合行補送 3023
合行鏨訂□⋯3024
合行令行遵照 3025
合行連同□⋯3026
合行録案□⋯3027
合校 3028
合詞呈控 3029
合資 3030
合資公司 3031
合就 3032
合肅丹票 3033
合照 3034
合將□□件令發該■⋯即◆⋯3035
合席 3036
合操 3037

合總 3038
合即 3039
合籌 3040
合同 3041
合脾 3042
合併 3043
合保 3044
合無 3045
合面 3046
合面街 3047
和 9544
和款 9545
和局 9546
和之 9547
和碩 9548
和碩公主 9549
和碩親王 9550
和息 9551
和平商辦 9552
和約 9553
hè
荷 867
荷藻飾之逾恒 868
賀蘭 932
赫德 1201
hēi
黑及 3088
黑獄 3089
黑龍江將軍 3090
hén
痕都斯坦 3142
hěn
很 3120
hēng
亨烈 2662
héng
衡論 2845
hèng
橫擊 691
hóng
宏 2779
洪仁輝 2896
洪任渭 2897
鴻獻 2902
鴻盧寺 2903
紅夷 2935
紅衣 2936
紅股 2937

紅黃土類 2938
紅告示 2939
紅十字架 2940
紅手揭 2941
紅帶子 2942
紅單 2943
紅土攀石波格歲得 2944
紅牌 2945
紅剝船 2946
紅批 2947
紅本 2948
紅毛泥桶 2949
紅利 2950
hòu
候 2663
候⋯仰□□ 2664
候彙案查核 2665
候旨 2666
候叙 2667
候謝 2668
候選 2669
候選・候選官・候選人員 2670
候迭 2671
候轉咨□□查明之 2672
候轉呈□□核示再行飭遵 2674
候補・候補官・候補人員 2675
候補直隸州 2676
候遴 2677
候令 2678
候令□□查核飭遵 2679
查核辦理 2680

行飭遵 2681
候令□□□查明再行核奪 2682
厚愛之國 2747
後一起 2839
後開 2840
後先死綏諸臣 2841
後膣 2842
後面格內 2843
後來居上 2844
hū
呼控 2532
呼朋引類 2533
呼籲 2534
忽 3111
忽忌 3112
hú
湖 2573
湖廣總督 2574
湖絲 2575
糊塗昏憒 2577
胡夏米 2591
胡謅 2592
甜蘆 2593
鵠 3095
hǔ
虎衛 2594
虎差 2595
虎神營 2596
hù
戶下 2559
戶單 2560
戶頭 2561
戶部 2562
扈駕 2563
扈蹕 2564
滬 2572
互結 2604
互市 2605
護貨 2628
護貨兵船 2629
護局 2630
護項 2631
護頁 2632
護視 2633

拼音字检

護照2634
護牌2635
護理2636
huā
花押858
花旗銀行859
花圈860
花戶861
花紅862
花費863
花翎865
huá
划戶762
划艇763
華員870
華俄道勝銀行871
華僑872
華爾873
華式874
華若翰875
華商876
華中鐵路有限公司877
華程878
華文879
華洋股分880
華歷881
huà
化741
化除742
化吟咖喇743
画押919
畫押1149
畫押蓋印1150
畫其1151
畫諾1152
畫憑1153
畫符1154
劃款1126
huái
槐樹1004
淮揚道9565
huán
圜扉564
圜法565
環請1401
環懇1402
還清1441
還聲筒1442

纕首2437
huàn
換約1352
換班應調1358
換訪1359
渙號1365
渙散1366
huāng
荒金2959
荒謬已極、特斥2960
huáng
皇2905
皇貴妃2906
皇上2907
皇然2908
皇太后2909
皇帝敕諭2910
黃閣2961
黃旗國2962
黃带子2963
黃馬褂2964
huǎng
晃西士安鄰2876
huī
徽號1540
揮灑1542
huí
囘940
囘解船941
囘旗942
囘據943
囘拒944
囘京有期945
囘空946
囘護947
囘銷948
囘籍949
囘籍守制950
囘籍兩廣總督951
囘收952
囘治953
囘風954
囘用扣頭955
囘變956
囘稟957
囘務985
囘部986

廻護987
廻別988
huì
彙案核轉179
彙案核辦180
彙解181
彙核182
彙交183
彙齊184
彙總承轉辦理之區185
彙轉186
諱337
會962
會華群言963
會核964
會勘965
會看得966
會館967
會銜968
會敬969
會議970
會議処所971
會議得972
會查得973
會試974
會剿975
會976
會衝977
會審衙門978
會操979
會陳980
會同981
會同四譯館982
會看983
會辦984
惠示德音2228
惠潮2229
惠潮嘉道2230
惠長2231
慧中秀外2232
匯9557
匯案核轉9558
匯案核辦9559

匯核9560
匯款9561
匯劃錢莊9562
匯兌9563
匯轉9564
滙票9566
滙豐銀行9567
薈萃9568
賄縱9569
賄通9570
hùn
混3131
混應3132
混過3133
混開3134
混稱3135
混托3136
混頼3137
huō
huǒ
夥807
夥如牛毛棼亂絲808
夥黨809
夥友810
火829
火煙830
火苙831
火耗832
火耗銀833
火鉤834
火食費835
火城836
火錢837
火槍838
火車839
火車站840
火泥841
火牌842
火票843
火夫844
活看1254
活口1255
活罪1256
活數1257
活套頭1258
活燈1259
huò
貨件888
貨行889
貨主890
貨色891
貨滯892

貨單893
獲住1194
豁除1263
豁免1264
或者3087
jī
奇佐1518
基兒1522
基瑪良士1523
期服1559
機括1560
機關1561
機器車1562
機宜1563
機謀1564
畿輔1565
畸零甲1566
畸零775(1567)
羇候1583
羇縻1584
護刺1600
稽2263
稽延2264
稽覈2265
稽查2266
稽察2267
稽遲2268
鷄嘴斧2319
激切2331
緝4144
緝獲4145
緝究4146
緝批關文4147
積水5353
羈押7435
羈押7436
肌膚之會7786
jí
吉爾斯1689
吉必勳1690
吉羅葛稜麼1691
吉林將軍1692
及1730
及格1731
及早1732
及至1733
及時1734
急需1744
急足1745
急庇侖1746
急脈緩受

1747
汲引1748
亟1969
亟應1970
亟思把晤1971
亟務1972
極峯1981
棘手1982
戢 4140
集欵4155
集權4156
集股4157
集資人4158
集長4159
籍貫5354
即5829
即希5830
即希見行5831
即經5832
即經…在案5833
即行5834
即使5835
即事5836
即如5837
即將5838
即須5839
即當5840
即煩5841
即便5842
即便遵照5843
即便知照5844
即補5845
jǐ
幾1539
給假1766
給1765
給事中1767
jì
寄監1516
寄1525
寄函達致1526
寄信1527
寄信上諭1528
寄信諭旨1529
寄知1530
寄頓1531
寄買1532
寄諭1533

既…亦…1550
既…且…1551
既望1552
暨1553
紀1580
紀錄1581
記誦1595
記名提督1596
記名道1597
記里布1598
伎倆1638
計2295
計…件2296
計開2297
計抄發…2298
計冊2299
計繕呈…2300
計送…2301
計呈…2302
計呈送…2303
計粘抄單2304
計發…2305
計附…2306
計吏2307
計兩使銀2308
劑3294
濟5260
季報1524
jiā
加印764
加捐765
加恩766
加銜767
加級768
加級記錄769
加緊770
加具771
加功772
加耗773
加察774
加察各等775
加征776
加灘777
加等778
加尼779
加倍780

拼音字檢

加拉吉打 781
加律治 782
加略利 783
嘉 795
家境多寒 800
家口 801
家小 802
家丁 803
家奠 804
家道殷實 805
家喻戶曉 806
夾棍 1880
夾帶 1881
夾單 1882
夾板 1883
夾板船 1884

jiǎ
假給 756
假座 757
假充 758
假旋 759
假命 760
甲 2911
甲午役 2912
甲打 2913
甲長 2914

jià
價目 761
架 819
駕馭 938
駕輕就熟 939
假 753
假期 754
假期滿屆 755

jiān
監 1381
監學 1382
監禁 1383
監故 1384
監候 1385
監察御史 1386
監司 1387
監守盜 1388
監生 1389
監允 1390
監追 1391
監督 1392
監簿 1393
監臨 1394

間 1454
兼 2381
兼⋯應即開去兼職 2382
兼管 2383
兼顧 2384
兼差 2385
兼充 2386
兼署 2387
兼⋯著專任⋯著敘⋯此狀 2388
兼⋯辦事⋯應即開去兼職 2389
兼⋯辦事⋯專任⋯辦事 2390
兼辦臺事大臣 2391
湔雪 5517

jiǎn
柬請 1354
柬房 1355
揀 1360
簡 1419
簡授 1420
簡章 1421
簡派 1422
簡編 1423
簡放 1424
檢 2412
檢驗 2413
檢抵 2414
檢討 2415
檢同 2416
繭絲 2438
蹇脩 2463
減從 2502
減色 2503
減水雷船 2504
減留 2505
譾 5545
譾陋 5546

jiàn
鑒 1446
鑒于 1447
鑒核 1448
鑒核施行 1449
鑒核示遵 1450
鑒核備案 1451

鑒泊 1452
鑒之 1453
間執彼口 1456
間日報 1457
間世 1458
件 2370
件存 2371
件存轉 2372
件發還 2373
建曠銀兩 2399
建武將軍 2400
見 2441
見原 2442
見顧 2443
見好 2444
見示 2445
見示施行 2446
見小欲速 2447
見證 2448
見象 2449
見著 2450
見票 2451
見授遲十天內 2452
見付 2453
見風消 2454
見覆 2455
見覆核轉 2457
見覆施行 2458
見訪抽豐 2459
荐臻 5542
賤 5552
漸 5592

jiāng
疆圻 1915
疆寄 1916
疆臣 1918
江 2889
江海關 2890
江漢關 2891
江左 2892
江省 2893
江寧 2894
江寧道 2895
將 4604

4605
將軍 4606
將此諭令知之 4607
將就 4608
將備 4610
將養 4612

jiǎng
講勸 2966
講貫淹通 2967
講處 2968
講錢 2969
講道 2970
獎 4500
獎異 4501
獎勵 4502
獎飾 4503

jiàng
降捐 2988
降級 2989
降級調用 2990
降級留任 2991
降心相就 2992
降著 2993
降調 2994
將弁 4611

jiāo
澆漓 1965
交 2637
交閱 2638
交下 2639
交界 2640
交回 2641
交割 2642
交卷 2643
交完 2644
交卸 2645
交收 2646
交出 2647
交遊 2648
交涉學 2649
交仗 2650
交清 2651
交接 2652
交涉 2653
交島事宜 2654
交縶 2655
交卷可否 2656
交盤 2657
交孚 2658
交部 2659

交部議處 2660
交領 2661
膠澳 2952
膠濟 2953
焦灼 4622
礁石 4704

jiǎo
角崩 1211
角門 1212
脚價 1704
脚踝 1705
脚根 1706
脚踵 1707
脚錢 1708
脚踏車 1709
脚板 1710
脚力 1711
繳 1922
繳款 1923
繳交 1924
繳銷 1925
繳鎬 1926
繳納 1927
繳納錢糧 1928
繳不足 1929
徼幸 1956
剿 4469
勦辦 4470
勦撫 5655
勦除綏撫

jiào
較 1202
較閱 1203
較準 1213
教 1904
教安 1905
教案 1906
教化 1907
教士 1908
教習 1909
教習公 1910
教習專門 1911
教堂 1912
教民 1913
校 2883

jiē
皆 1019
街心 1102
揭開 2234
揭去 2235
揭曉 2237
揭借 2238

揭貸 2239
揭帖 2240
揭貼 2241
接 5394
接應 5395
接木 5396
接據 5397
接見 5398
接合 5399
接洽 5400
接克 5401
接濟 5402
接踵 5403
接充 5404
接准 5405
接准大函 5406
接仗 5407
接審 5408
接濟車 5409
接長 5410
接徵 5411
接到 5412
接統 5413
接辦 5414
接奉 5415
接役 5416

jié
劫慝 1246
拮据 1694
桀驁 2333
竭蹶 2347
結 2348
結案 2349
結果 2350
結局 2351
結算 2352
結狀 2353
結總 2354
結得 2356
結帳 2355
訐謨 2361
劫殺 3004
捷 4594
捷徑 4595
捷報處 4596
截取 5376
截敏 5377
節 5435
節開 5436
節經 5437
節經⋯在案 5438
節次 5439
節飾 5440
節制 5441

節節 5442
節電該道 5443
節略 5444
節錄 5445

jiě
界石 1018
解 1024
解推 1030
解釋 1031
解任 1034
解望 1038

jiè
屆期 958
屆時 959
介意 960
解 1024
解案 1025
解款 1026
解京師 1027
解差 1028
解子 1029
解餉 1032
解審 1033
解發 1035
解批 1036
解部 1037
解役 1039
藉 3925
藉以調治 3926
藉以入官 3927
藉擬 3928
藉故 3929
藉口 3930
藉時 3931
藉手 3932
藉端 3933
藉端騷擾 3934
藉觀 3935
借 3946
借歎 3947
借鏡 3948
借資 3949
借示 3950
借紉公誼 3951
借道 3952
借票 3953
借不起 3954
借訪 3955
借免 3956
借約 3957

jīn

拼 音 字 检

衿疑1919
筋骸之束 2033
衿棍2035
金剛鑽2073
金玉2074
金山2075
金州副都統 2076
金鉢里2077
金登幹2078
金鎊2079
金陵2080
今番3115
今准前因 3116
津4929
津海関4930
津地4931
津貼4932
津鎮4933
津鎮路4934
津渡4935
津浦4936
jǐn
緊差2034
謹以奉聞 2036
謹以電開 2037
謹會同…合 同恭折具 陳2038
謹會同…合 詞具題 2039
謹祈2040
謹具奏聞 2041
謹具題知 2042
謹啓者2043
謹揭2044
謹此2046
謹此再禀 2047
謹此奏聞 2048
謹此題知 2049
謹肅寸禀 2050
謹肅者2051
謹准2052
謹將2053
謹將…緣由 2054
謹詹2056
謹奏2057
謹題請旨 2059
謹呈2060
謹特2061
謹禀2062
謹覆者2063
謹閱2064
謹奉2065
謹奉表恭進 以聞2066
謹奉表稱賀 以聞2067
謹奉箋稱賀 以聞2068
儘5029
儘先5030
儘二年5031
僅1990
禁2027
禁子2028
禁足2029
禁卒2030
禁奔競2031
禁約2032
近情2070
近前2071
搢紳4920
晉4921
晋接4923
晋秩4924
浸尋4937
進5011
進口5012
進口税5013
進項5014
進士5015
盡虎1533
藎臣5034
矜慎1920
jīng
京2179
京員2181
京外2182
京营2183
京官2184
京漢2185
京卿2186
京債2187
京察2188
京師2189
京師之变 2190
京抄2191
京城2192
京張2193
京都2194
京輔2195
京報2196
京平2197
京邸2198
京堂2199
經2269
經～在案 2270
經于2271
經過2272
經過洋員 2273
經管2274
經管事宜 2275
經紀2276
經售2277
經權2278
經工2279
經工貨件 2280
經催2281
經手2282
經收2283
經收之人 2284
經商2285
經承2286
經制2287
經即2288
經即…在案 2289
經武2290
經目2291
經理2292
經э2293
精気蘇曜 5283
jǐng
儆2202
儆懲2203
景象2260
jìng
竟1853
竟爾1854
竟日1855
境內1879
徑2224
徑啓者2225
徑覆者2226
敬祈2243
敬啓者2244
敬乞2245
敬再禀者 2246
敬悉一是 2247
敬頌日祉 2248
敬請2249
敬箋呈者 2250
敬陳者2251
敬陳2252
敬呈者2253
敬禀者2254
敬附禀者 2255
敬復者2256
敬覆者2257
敬奉2258
敬密禀者 2259
逕2312
逕函2313
逕啓者2314
逕行2315
逕覆2316
逕覆者2317
逕匯2318
淨貨4844
淨貲4845
淨存餘利 4846
淨絕根株 4847
靜候5331
jiū
究1752
究應如何之 處1753
究應如何辦 理之處 1754
究擬1755
究擬妥招 1756
究竟是何情 形1757
究之1758
究追1759
究低1760
究罰1761
究辦1762
赳赳桓桓
1773
鳩1774
鳩工庇材 1775
樛轕2974
jiǔ
久懸1715
九華燈1716
九卿1717
九卿科道 1718
九卿詹事科 道1719
九原1720
九三折1721
九八規元 1722
九門提督 1723
jiù
疚心1751
舊管1769
舊金山1770
舊關1771
舊徒1772
就4131
就案4132
就近4133
就痊4134
就地4135
就地正法 4136
就範4137
jū
鞠躬1686
居奇1781
居然1782
居中1783
拘謹2855
拘牽2856
拘催2857
拘齊2858
拘償2859
拘提2860
拘票2861
拘票2862
拘補2863
jú
局1973
局外章程 1974
局詐1975
局卡1976
局板1977
jǔ
舉1784
舉貢生員 1785
舉人1786
舉首1787
舉充1788
舉照1789
舉薦1790
舉發1791
舉辦1792
舉辦賀儀 1793
舉報1794
jù
拒款會1795
拒捕1796
據1797
據…供1798 1799
據…已悉 1800
據…前情 1801
據…同供 1802
據供1803
據經1804
據查1805
據此1806
據稱1807
據稱各節 1808
據情1809
據状已悉 1810
據訴已悉 1811
據呈已悉 1812
據呈各節 1813
據呈稱…等 情已悉 1814
據呈前情 1815
據電各節 1816
據禀已悉 1817
據禀各情 1818
據有1819
巨擘1822
詎1829
詎料1830
遽難1832
遽難照准 1833
鋸1834
踞1835
俱2115
句結2116
具2118
具供2119
具結2120
具控2121
具獄2122
具悉一切 2123
具摺2124
具状2125
具奏2126
具題2127
具呈2128
具備2129
具復2130
具覆2131
具文2132
具保2133
具報2134
具報備査 2135
具禀2136
具領2143
juān
捐576
捐加級紀錄 577
捐款579
捐館580
捐局581
捐降582
捐墾583
捐栽584
捐資585
捐修586
捐升587
捐助588
捐數589
捐入590
捐納591
捐納房592
捐復原593
捐辦594
捐翎支595
鐫件5558
juǎn
捲棚2411
juàn
倦2374

13

拼 音 字 检

圈和 2392
眷懷 2428
卷查 1346
卷縮 1347
卷奉 1348
jué
攫物 1148
覺察 1199
掘挖 2150
厥 2332
決發 2343
決不 2344
決不寬貸 2345
決裂不堪 2346
爵 3961
爵位 3962
爵臣 3963
jūn
困 1992
均 1993
均鑒 1994
均經 1995
均經…在案 1996
均衡 1997
均此道念 1998
均派 1999
均覽 2000
均輪 2001
鈞 2084
鈞安 2085
鈞核 2086
鈞鑒 2087
鈞啓 2088
鈞座 2089
鈞裁 2090
鈞示 2091
鈞奪 2092
鈞奪施行 2093
鈞長 2094
鈞命 2095
鈞艙 2096
鈞諭 2096
君主 2154
軍器工廠 2162
軍機處 2163
軍機章京 2164
軍機大臣 2165
軍機大臣字寄 2166

軍機大臣傳諭 2167
軍機大臣面奉上諭 2168
軍餉 2169
軍屬 2170
軍民 2171
軍民人等 2172
軍門 2173
jùn
濬濠 510
郡 2174
郡王 2175
俊髦 4260
濬 4264
竣 4265
竣事 4266
kǎ
卡萊爾 5660
kāi
揩去 998
開 1040
開印 1041
開往 1042
開河 1043
開花彈 1044
開壞 1045
開去 1046
開缺 1047
開工 1048
開行 1049
開鑛 1050
開差赴防 1051
開支 1052
開釋 1053
開所嘉爾 1054
開除 1055
開銷 1056
開仗 1057
開槍 1058
開艙 1059
開造 1060
開兌 1061
開單 1062
開單報 1063
開弔 1064
開程 1065
開奠 1066
開點 1067
開動 1068
開導 1069
開幕 1070

開比 1071
開復 1072
開平 1073
開辦 1074
開報 1075
開明 1076
開輪出口 1077
開列 1078
開列清單 1079
kǎi
凱撒 1081
凱陽德 1082
剴切 1083
剴切開導 1084
kài
慨 1103
kān
刊給 1288
刊發 1289
勘鑛 1290
勘丈 1291
勘牌 1292
勘量 1293
勘路 1294
戡定 1351
看押 1395
看青 1398
堪 6180
堪紆綺注 1302
kǎn
坎拿大 1301
欿然 1356
砍 1403
砍斷 1404
砍伐 1405
kàn
看語 1396
看帳 1397
看穿 1399
看得 1400
kāng
康比立治 2799
kàng
抗開 2852
抗頑 2853
抗禮 2854
kǎo
攷 2871
考核 2921

考官 2922
考語 2923
考試 2924
考取 2925
考職 2926
考生 2927
考奏 2928
考狄 2929
考棚 2930
kē
柯則 820
柯丹禁爾 821
柯勒拉得恩 822
科舉 847
科考 848
科試 849
科取 850
科抄出…題前事內開 851
科抄出…同前事內開 852
苛折 866
顆頤於己往 914
kě
可原 784
可靠 785
可置不理 786
可否 787
可否之處 788
可否…之處 789
可也 790
可倫都末 791
kè
恪遵 1146
恪遵成憲 1147
客廳 1700
客棧 1701
客棧一處 1702
客勒利 1703
溘逝 2901
克德林 3055
克難 3056
克日 3057
克羅伯 3058
克利悉 3059

克利勒 3060
克里米亞 3061
克廣伯 3062
克林德 3063
克勒尼 3064
刻 3065
刻下 3066
刻日 3067
刻聞 3068
尅期具覆 3069
尅扣 3070
尅扣軍餉 3071
尅日 3072
尅控 3073
kěn
懇 3121
懇恩 3122
懇祈 3123
懇准 3124
懇請 3125
懇乞 3126
kèn
掯 2866
掯索 2867
掯短 2868
掯柄 2869
掯勒 2870
kōng
空懸 2137
空言搪塞 2138
空草 2139
空日 2140
空批 2141
空文 2142
kǒng
恐口無憑 1889
佟傯 2683
孔急 2775
孔亟 2776
孔雀翎 2777
孔道 2778
kòng
控 2864
控告 2865
kǒu
口 2748
外 2749
口岸 2750
口閩清白 2751

口請 2752
口頭禪 2753
口內 2754
口門 2755
kòu
叩 2756
叩稟 2757
叩免 2758
寇盗之警 2780
扣還 2846
扣銀 2847
扣算 2848
扣選 2849
扣發 2850
扣留 2851
kū
苦主 2112
苦獨力 2113
苦力 2114
kù
庫款 2553
庫子 2554
庫存 2555
庫平 2556
庫平銀 2557
庫平兩 2558
kuài
儈子手 961
快 989
快蟹 990
快鞋 991
快手 992
快砲 993
快輪船 994
kuān
寬假 1342
寬取 1343
寬壽 1344
寬貸 1345
kuǎn
款 1361
款項 1362
款式 1363
kuāng
匡時 1862
匡扶 1863
kuáng
狂 1914
kuàng
貺 1931
磄 2916
鑛界年租 2978

鑛工 2979
鑛産出井稅 2980
鑛師 2981
鑛水 2982
鑛稅 2983
鑛務律師匠 2984
鑛油類 2985
kuī
虧透 1585
kuì
揆 1541
愧疚 996
kūn
褌腰 2597
崑崙比亞 3118
kùn
困知勉行 3119
kuò
廓清 1145
lā
拉 9129
拉撅 9130
拉斯均 9131
拉斯勒福 9132
拉替努 9133
拉地蒙冬 9134
lá
喇咈 9127
là
剌芽尼 9126
lái
來 9146
來往 9147
來函 9148
來儂 9149
來匝維持 9150
來不及 9151
來呈已悉 9152
來牘閱悉 9153
來牘曁附件均悉 9154
lài
賚 9156
賚來 9157
賴 9159

拼音字检

lán
啉喃 9174
攔詞 9176
攔阻 9177
藍旗國 9181
藍翎 9182
闌入 9187

lǎn
攬載單 9178
覽 9183
覽奏均悉 9184
覽奏俱悉 9185

làn
濫竽 9179
爛銀 9180

láng
琅威理 9516
郎中 9522

lǎng
朗照 9508

làng
浪遊 9512

láo
牢頭 9500
牢篁 9501
勞怨 9514
勞文 9515

lǎo
老贏 9517
老荒 9518
老沙孫 9519
老實 9520
老爺 9521

lè
樂捐 9160
樂輸 9161
勒 9531
勒休 9533
勒限 9534
勒詐 9535
勒索 9536
勒伯勒東 9539
勒令 9540
勒令休致 9541
勒阿宅爾斯泰 9532
勒德維珊 9537

lēi
勒迫 9538

léi
雷霆渙汗 9158

lèi
擂鼓 9155
累缺 9406
類 9407

lěng
冷眼 9439

lí
犁然 9210
釐 9234
釐局 9235
釐金 9236
釐稅 9237
釐卡 9238
釐百工 9239
釐定 9240
釐剔 9241
離開 9242
離睽 9243
離經道畔 9244
離索之感 9245
厘訂 9377

lǐ
裏監 9188
李 9202
李祺 9203
李相 9204
李仙得 9205
李梅 9206
李傅相 9207
李福斯 9208
李文忠 9209
理 9211
理應 9212
理雅各 9213
理結 9214
理合 9215
理合…呈請…‧9216
理合…呈覆…‧9217
理合具揭 9218
理合具揭須至揭帖者 9219
理合具文呈請□□ 9220
理合具文呈覆□□ 9221
理合繕具呈請□□ 9222
理合繕具呈覆□□ 9223
理合備文呈請□□ 9224
理合備文呈覆□□ 9225
理合檢同…呈請（覆）□□ 9226
理當 9227
理藩院 9228
里 9229
里甲馬 9230
里遞 9231
里排 9232
里保 9233
禮學館 9440
禮教大防 9441
禮遇 9442
禮知遜 9443
禮知遜 9444
禮拜 9445
禮拜一 9446
拜禮二 9447
禮拜報 9449
禮部 9450
禮隆蒐伍 9451
禮和洋行 9452
醴 9456

lì
瀝遍 3278
利益均霑…‧9216
利息 9190
利瑪竇 9191
利病 9192
利勃拉 9193
吏 9194
吏議 9195
吏胥 9196
吏部 9197
吏役 9198
力疾從公 9246
力索 9247
力図 9248
力不力 9249
力役 9250
立案 9257
立經 9258
立決 9259
立候咨復 9260
立功省分 9261
立即 9262
立等 9263
立法 9264
立法綦嚴 9265
立約 9266
例 9422
例案 9423
例禁 9424
例貢生 9425
戾 9436
歷 9460
歷屆 9461
歷經 9462
歷經…在案 9463
歷試 9464
歷次 9465
歷來 9466
瀝陳 9467
嚦國 9473
廉訪 9474
聯軍 9475
連害 9479
連珠槍 9480
連稱 9481
連同 9482
連名簽押 9483
練軍 9475
練拳 9476
練習 9477
梁 9323
粮租 9328
粮台 9329
糧 9330
糧差 9331
糧書 9332
糧策銀爾 9333
糧儲道 9334
糧長 9335
糧道 9336
糧飛 9337
糧余 9338
良 9339
量 9341
量加 9342
量準 9344
量予 9345
糧餘 9338

liǎng
兩 9305
兩下 9306
兩宮 9307
兩湖 9308
兩江総督 9309
兩廣総督 9310
…兩整 9311
両造 9312
兩造具備 9313
兩呈均悉 9314
兩電均悉 9316
兩電敬悉 9316
兩美 9317
兩廉 9318
兩禮拜 9319

liàng
亮誉 9320
諒 9340
量移 9343

liǎo
瞭晴 9324

liào
料 9325
料知 9326
料理 9327
鐐 9346

liě
咧衛廉 9468

liè
埒 9169
列衛廉 9470
列款 9471
列斐士 9472

lín
林根 9382
林使 9383
淋 9387
燐養灰 9388
臨 9390
臨時 9391
臨榆 9392

lǐn
廩生 9379
廩禄 9380
懍遵 9381
凛 9384
凛之 9385
凛遵 9386
吝因 9378

líng
陵寢 9251
凌遲 9321
凌躐 9322
櫺 9438
翎子 9453
翎隻 9454
聆 9455
零星 9457
零挑 9458
零用 9459

lǐng
領 9347
領會 9348
領換牙帖簿 9349
領袖 9350
領嵪 9351
領事 9352
領事官 9353
領事府 9354
領侍衛處 9355
領侍衛內大臣 9356
領種 9357
領袖 9358
領出 9359
領狀 9360
領悉 9361
領兌 9362
領袖辦事人 9363
領到 9364
領班 9365
領墨 9366
領有 9367
領略 9368
領略勝景 9369

lìng
令 9408
令開 9409
令據 9410
令仰 9411
令仰遵照 9412
令仰遵照後開辦法辦理 9413
令仰知照 9414
令行 9415
令示祗遵 9416
令准 9417
令遵 9418
令節 9419
令同前因 9420
令發 9421
另 9426
另案 9427
另欵 9428
另候飭用 9429
另行造報 9430
另單 9431
另籌 9432
另提 9433
另片 9434
另有旨 9435

liú
劉坤一 9270
劉松齡 9271
流遣 9274
流借 9275
流水 9276
流水收簿 9277
流水賬簿 9278
流水日收簿 9279
流積鑛 9280
流低 9281
流品 9282
流弊 9283
留学 9284
留出 9285
留心 9286
留難 9288
留儲 9289
留抵 9290
留任 9291

15

拼音字检

雷任 9292
林 9292
liǔ
柳字 9272
柳陌 9273
liù
六爵 9525
六科 9526
六科給事中 9527
六霍 9528
六百里 9529
六部 9530
lóng
龍気結聚 9293
龍旗 9294
龍銀 9295
龍元 9296
龍鬚板 9297
龍嵩廟 9298
龍斷 9299
龍亭 9300
龍洋 9301
lǒng
壟斷 9502
攏 9505
攏統含糊 9507
隴 9524
lòng
弄 9503
lóu
螻蟻之命 9405
lòu
露章 9496
露透 9497
露白 9498
漏規 9511
漏卮 9513
陋規 9523
lú
臚列 9486
盧西達尼亞 9487
蘆漢路 9488
lǔ
魯 9485
魯德照 9499
lù
陸路通商章程 9252
陸路砲 9253

綠林 9372
路易腓力浦 9489
路軌 9490
路砿學校 9491
路綾 9492
路德 9493
路透 (社) 9494
路律 9495
luán
孿石 9175
鑾儀衛 9186
luǎn
卵翼 9173
lún
倫 9374
倫敦 9375
倫貝子 9376
綸扉 9389
輪船 9393
輪班值日 9395
輪流 9396
lùn
論 9542
luó
羅 9135
羅加事里 9136
羅啓楨 9137
羅耳亞美士德 9138
羅治臣 9139
羅淑亞 9140
羅生 9141
羅素 9142
羅批 9143
羅卜 9144
羅問 9145
luò
洛 9162
洛克菲倫 9163
落貨 9164
落甲 9165
落單 9166
落地稅 9167
雒魏林 9168
lǘ
閭閻 9304
lǚ
履勘 9200

履霜之慚 9201
呂宋 9302
旅 9303
屢經 9402
縷 9403
縷晰 9404
→ **lù**
略 9267
略開… 9268
略稱… 9269
mā
孖地信 3590
孖地臣 3591
má
蔴搭 8697
mǎ
嗎哩格德呢 7441
碼 7443
碼字 7444
碼頭 7445
馬加里 7446
馬格里 7447
馬憂爾尼 7448
馬吉士 7449
馬克 7450
馬賽 7451
馬廠 7452
馬槍 7453
馬隊 7454
馬治平 7455
馬牌 7456
馬牌夫 7457
馬褂 7458
馬德里 7459
馬禮遜 7460
馬路 7461
馬勒瓦 7462
mà
唛嗹 7579
mǎi
買貨單 7516
買櫝還珠 7517
買砠 7518

買託 7519
買通 7520
買土貨之報單 7521
買弍 7522
買辦 7523
買辦簿 7524
買免 7525
mài
賣師 7254
賣百克 7255
賣訪 7530
麥加利銀行 7595
麥華陀 7596
麥蓮 7597
麥蓮勒畢唵 7598
邁 8704
邁當 8705
mǎn
滿員專差 8713
滿漢 8714
滿缺 8715
滿篝 8716
滿洲欵 8717
màn
曼達喇薩 8709
漫不經心 8711
漫不人心 8712
máng
忙 8624
máo
茅塞 7880
毛奇 8856
毛頭 8857
mào
貌似 7883
帽纓 8619
懋 8625
懋賞 8626
林介 8639
冒捐 8641
冒名 8642
冒失 8643
冒充 8644
冒昧 8645
冒濫 8646
茂生洋行 8847
méi
媒保 7503

梅花拳 7506
梅輝立 7507
梅行 7508
梅正使 7509
煤 7510
煤油 7511
měi
美 7818
美魏茶 7819
美最時洋行 7820
美耳山末石 7821
美總統 7822
美孚洋行 7823
美里登 7824
鎂 7826
鎂養土 7827
浼 8361
每 8701
每百抽〇 8702
每有 8703
mèi
痗 7512
mēn
悶乾 8906
mén
門規 8881
門敬 8882
門軍 8883
門徑 8884
門子 8885
門錢 8886
門第 8887
門攤稅 8888
門斗 8889
門牌 8890
門發 8891
門簿 8892
門包 8893
門役 8894
門礼 8895
méng
朦混 8855
蒙… 8863
蒙…開 8864
蒙…批 8865
蒙學 8866
蒙批 8869
měng
蒙古王公 8867

蒙告爾 8868
蒙藏 8870
錳養鑛 8872
mēng
孟 8858
孟丫刺 8859
孟加拉 8860
孟甘 8861
孟買 8862
mi
彌爾尼壬 7817
mǐ
米時哥國 8290
米珠薪桂 8291
米突 8292
米利堅 8293
米里邁当 8294
米厘下 8295
米憐 8296
弭 8733
mì
密 8743
密行慰諭 8744
密爾 8745
密商 8746
密飭 8747
密地 8748
密不錄由 8749
密理邁當 8750
秘 7784
覓 8301
覓家府 8302
mián
棉 8828
棉紙 8829
棉紗 8830
棉連 8831
棉連紙 8832
綿 8833
miǎn
俛就 8334
勉旃 8338
勉旃勿違 8339
勉旃勿忽 8340
勉旃毋違 8341

勉旃毋忽 8342
勉涂就正 8343
価越 8825
免究 8826
免調 8827
miàn
面 8834
面允 8835
面格 8836
面晤 8837
面交 8838
面稱 8839
面生 8840
面陳 8841
面呈 8842
面訂 8843
面稟 8844
面論 8845
miáo
苗 7879
miǎo
杪 7876
藐玩 7881
藐視 7882
miào
廟 7873
廟脊 7874
廟謨 7875
mín
民依 8751
民隱 8752
民卷 8753
民嵒 8754
民教仇殺 8755
民欠 8756
民主 8757
民庶 8758
民人 8759
民屬 8760
民瘼 8761
mǐn
閩 7916
閩海関 7917
閩浙 7918
閩浙総督 7919
míng
冥屈 8809
鳴控 8810
名号 8811
名正具 8812
名籤筒 8813

拼音字檢

名单 8814
明 8817
明経 8818
明雅喇 8819
明發上諭 8820
明發諭旨 8821
明府 8822
明陵 8823
明輪 8824
míng
命意 8815
命婦 8816
miù
謬 7847
mō
摸擬 8852
mó
謨 7589
摩 8698
磨對 8699
磨洛哥 8700
模稜 8849
模令布而額水林 8850
模令布而額錫特利亞 8851
mǒ
抹煞 8706
mò
陌上 7578
漠視 7580
莫科尼 7582
莫爾大未亞 7583
莫衷一是 7584
莫尼科 7585
莫名 7586
莫賓 7587
墨 8661
墨賢見 8662
墨西哥 8663
墨煞斯 8664
没官 8673
末減 8707
末氏 8708
默字 8873
móu
牟利 8640
謀殺 8652
mú

模樣 8848
mǔ
母金 8429
母財 8430
mù
幕友 7588
慕維廉 8431
木奴 8665
木煤 8666
木哩斐額幅 8667
牧 8669
穆默 8670
穆麟德 8671
目揣 8874
目前 8875
目睹 8876
目論 8877
目論之士 8878
ná
拏 5954
拿 5955
拿解 5956
拿兇懲辦 5957
拿破崙 5958
拿訪 5959
nà
那空 7231
那得仁 7232
那波侖 7233
那嗎 7234
納 7365
納依圍 7366
納胃 7367
納餉 7368
nǎi
迺 6128
乃 7235
nài
耐人十日思者 6003
奈 7230
nán
南亞非洲 7263
南懷仁 7264
南京総督 7265
南省通商大臣 7266
南斐洲 7267
南皮 7268
南洋大臣

7269
南洋大臣處 7270
南洋通商大臣 7271
難以爲情 7275
難言喩 7276
難道 7277
難辦 7278
難保 7279
nāng
囊德 7363
náng
囊頭 7364
náo
鬧鬼 7144
nèi
內銜 7236
內開 7237
內開…等因 7238
內閣 7239
內閣 7240
內閣抄出 7241
內閣奉上諭 7242
內庫 7243
內號 7244
內差 7245
內司 7246
內室 7247
內稱 7248
內稱…等情 7249
上 7250
內倉 7251
內宅 7252
內地 7253
內地稅單 7254
內地鎮市 7255
內丁 7256
內渡 7257
內絮 7258
內府 7259
內務府 7260
內務府總管大臣 7261
內洋 7262
néng
能爲 7369

呢羽 3784
呢基哩唎 3785
泥塗軒冕 6756
nǐ
擬 1643
擬改 1644
擬具 1645
擬軍 1646
擬合就行 1647
擬旨 1648
擬請 1649
擬定 1650
擬抵 1651
擬訂 1652
擬辦 1653
擬報 1654
擬內之例 1655
擬立案稿 1656
nì
逆產 1713
逆料 1714
暱就 3909
匿單少報 7145
niān
拈著 7356
nián
年假 7350
年誼 7351
年分 7352
年底 7353
niàn
念 7354
念久 7355
niáo
鳥槍 6480
niē
捏寫 7344
捏報 7345
niè
臬 2367
臬庫 2368
臬司 2369
鑷 5455
níng
寧 7342
寧紹臺道 7343
niǔ

狃於 4195
紐約 4198
狃 7321
niǔ
紐約克 4197
nōng
農功 7370
nòng
弄拳 9504
nú
奴才 6933
奴願婢膝 6934
駑駘竭力 6940
nuó
挪移 5960
挪借 5961
挪用 5962
nuò
諾維克 6149
nǚ
女監 4415
nüè
虐 1712
ōu
歐格納 692
歐塞特里亞 693
甌脫 698
pà
帕德波古 7549
pāi
拍一照 7550
拍賣 7552
pái
排 7474
排銜 7476
排解 7477
排洩 7478
排語 7479
排難解紛 7480
排年 7481
排洩 7482
排門 7483
牌 7487
牌仰 7488
牌子馬夫 7489
牌式 7490
牌抄 7491

牌照 7492
牌提 7493
牌頭 7494
牌票 7495
pài
派 7414
派委 7415
派□□為■ 7416
派員 7417
派□□兼在辦事 7418
派□□兼充■■ 7419
派□□在辦事 7420
派充 7421
派往 7422
派造 7423
派囑□□為■■ 7424
派隨 7425
派允 7426
派徵 7427
派入 7428
派赴 7429
派保 7430
婆娑 7442
排繹 7475
拍實 7551
pán
槃深 7684
盤桓 7688
盤據 7689
盤查 7690
盤子 7691
盤川 7692
盤費 7693
盤剝 7694
pàn
盼 8319
páng
傍徨 8543
旁觀者 8567
旁敲側擊 8568
旁晚 8569
旁鷟 8570
páo
咆哈 8451
pào

砲位 8588
礮 8589
礮位 8590
礮台 8591
péi
培克 7501
培克 7504
培養 7505
賠款 7526
賠墊 7527
賠累 7528
陪責 7533
pèi
沛 7486
pén
盆景 8696
péng
朋比 8571
棚厰 8572
棚民 8573
蓬瀛 8597
蓬山 8598
pī
批 7743
批閱 7745
批廻 7746
批開 7747
批割 7748
批護 7749
批行 7750
批詞 7751
批示 7752
批示遵行 7753
批示祗遵 7754
批收 7755
批准 7756
批准互換 7757
批審 7758
批審詞狀 7759
批存 7760
批牌 7761
批駁 7762
批復 7763
批覆 7764
批明 7765
批落 7766
批覽 7767
披楞 7768
pí
皮 7775
皮火 7776

17

拼音字檢

皮哥 7777
皮富商 7778
皮毛 7779
pǐ
庀 7734
pì
譬如 7794
片 8316
片交 8317
片奏 8318
piāo
漂搖 7860
piáo
嫖賭 7850
piào
票 7861
票案 7862
票塩 7863
票擬 7864
票仰 7865
票行 7866
票號 7867
票簽 7868
票簿 7869
piē
瞥見 8310
pín
嬪 7890
pǐn
品 7884
品級 7885
品端 7886
品流 7887
品流官 7888
pìn
聘定 8285
píng
憑 7848
憑據 7851
憑券 7852
憑照 7853
憑中説合 7854
憑票滙付 7855
萍 7870
蘋果 7915
岍嶂 8257
平 8259
平安 8260
平允 8261
平遠 8262

平価 8263
平儀 8264
平行 8265
平章 8266
平情 8267
平心 8268
平日 8269
平買 8270
平復 8271
平餘 8272
平禮 8273
pò
破案 7431
破獲 7432
破調 7433
破魯西 7434
迫切 7561
pōu
剖制 8621
剖斷 8622
剖白 8623
pú
璞科第 7559
璞鼎查 7560
葡 8101
葡萄駕 8102
葡萄庫耳 8103
蒲 8414
蒲安臣 8415
蒲麟痕 8416
蒲玲堪 8417
pǔ
普贊綸扉 4922
普封 4925
普斯德姆 8018
普提雅提 8019
普魯士 8020
譜 8029
浦 8405
浦口 8406
浦信鐵路 8407
pù
曝吙 7581
舖 8408
舖戶 8409
舖司 8410
舖東 8411
舖頭 8412
舖役 8413
鋪監 8427

鋪班 8428
樸鼎查 8668
qī
期盼 1558
欺人 1642
七子鏡 3860
七日報 3861
戚誼 5344
qí
其 1508
其次 1509
其各凜遵 1510
奇貨 1515
奇荒 1517
奇袤 1519
奇冷 1520
圻 1521
旂主家 1543
旗營 1544
旗舺 1545
旗人 1546
旗籍 1547
旗地 1548
旗丁 1549
歧途 1568
綦嚴 1582
跂 1631
耆 1671
耆碩 1672
耆獻類徵 1673
耆定 1674
齊 5133
齊幹 5134
齊克台 5135
齊膝 5136
齊衰 5137
齊衰期服 5138
齊民 5139
齊腰 5140
qǐ
企盼 1507
豈 1607
起 1608
起課 1609
起貨単 1610
起解銀 1611
起空 1612
起更 1613
起見 1614
起差 1615
起載 1617
起卸 1618

起手 1619
起出 1620
起色 1621
起如 1622
起身 1623
起贓 1624
起徵 1625
起程 1626
起剝 1627
起滅 1628
起用 1629
起盧 1630
啓 2210
啓行 2211
啓紅 2212
啓者 2213
啓足 2214
啓程 2215
啓羅邁當 2216
qì
器誼 1512
器使 1513
器識 1514
汽力 1577
訖 1695
迄 1696
迄今 1697
迄無 1698
迄無成説 1699
泣血稽顙 1749
泣淚稽首 1750
岐異 1534
契約 2180
qiǎ
卡→ka5658
卡局 5659
qiān
愆 2401
牽車 2423
牽頭 2424
牽累 2425
牽連 2426
僉 5459
僉押 5460
僉解 5461
僉套 5462
僉撥 5463
僉票 5464
千秋信史 5470
千層石 5471
千總 5472

簽差 5525
簽 5526
簽押 5527
簽字 5528
簽出 5529
簽呈 5530
籤差 5531
遷就 5551
搴 8846
qián
鈐記 2081
鈐束 2082
鈐縫 2083
黔 2097
乾斷 2377
乾綱 2379
錢 5553
錢莊 5554
錢法 5555
錢法 5556
錢糧 5557
前亞 5566
前一起 5567
前因 5568
前寅 5569
前事 5570
前經 5571
前任 5572
前據 5573
前經…在案 5574
前語 5575
前三門 5576
前此 5577
前准 5578
前事 5579
前情 5580
前計 5581
前敵 5582
前晚 5583
前奉台函 5584
前蒙 5585
前由 5586
前來 5587
前來據此 5588
qiǎn
遣發 2466
淺嘗不可自封 5516
qiàn
欠 2334
欠解 2335
欠候 2336
欠息 2337

欠単 2338
欠端 2339
欠帖 2340
欠賬 2341
欠發 2342
欠 2421
歉仄 2422
縴 2436
倩 5458
qiāng
戕 4540
槍 5718
槍械 5719
槍局 5720
槍傷 5721
槍砲廠 5722
槍礮打靶 5723
鎗火 5792
鎗戕 5793
qiǎng
強刲 1885
強聒不舍 1887
強迫教育 1888
搶姦 5693
搶劫 5694
搶奪 5695
搶奪 5696
搶米 5697
搶糧 5698
qiáo
僑居 1851
翹企 1965
翹詹駿采 1967
翹望 1968
qiǎo
巧詆 2798
qiào
殼 1193
竅要 1921
誚 4729
鞘 4758
qié
伽思蘭 745
qiè
挈綱領 2325
鍥 2362
切 5361
切己 5362
切宜 5363
切結 5364
切勿 5365

切勿玩忽 5366
切摯 5367
切憲 5368
切實 5369
切切 5370
切速勿延 5371
切當 5372
切盼 5373
切要 5374
窃 5421
窃案 5422
窃按 5423
窃以 5424
窃惟 5425
窃維 5426
窃查 5427
窃思 5428
窃自 5429
窃取 5430
窃准 5431
窃照 5432
窃盜贓 5433
窃奉 5434
qīn
欽案 2003
欽件 2004
欽差 2005
欽差出使外洋大臣 2006
欽差大臣 2007
欽差頭等全權大臣 2008
欽使 2009
欽此 2010
欽此欽遵 2011
欽此遵旨寄信前來 2012
欽遵 2013
欽遵在案 2014
欽遵到部 2015
欽遲 2016
欽天監 2017
欽派 2018
欽佩 2019
欽頒 2020
欽奉 2021
欽命 2022

拼音字检

欽命出使○○國大臣 2023
欽命頭品頂戴 2024
欽諭 2025
欽令 2026
侵佔 4875
侵凌 4876
親王 4985
親串 4986
親眼 4987
親貴 4988
親軍營 4989
親郡王 4990
親自 4991
親信 4992
親手足 4993
親筆 4994
親房 4995

qín
勤劬 1987
勤懇 2045
勤請 2055
厪 1988
厪系 1989
厪念 1991
捦通 2002
秦鎮西 4962

qīng
傾陷 2204
傾心祝露 2205
傾鎔 2206
卿雲 2208
卿銜 2209
輕易 2309
輕騎 2310
輕車熟路 2311
清 5232
清款 5233
清議 5234
清鄉 5235
清鄉 5236
清結 5237
清册 5238
清償 5239
清修所 5240
清償 5241
清丈 5242
清水 5243
清晰 5244
清節堂 5245
清楚 5246
清單 5247

清帳 5248
清賬 5249
清斗 5250
清黨 5251
清白 5252
清班 5253
清攀 5254
清分租 5255
清理人 5256
清吏 5257
清量 5258
清濼鐵路 5259
青 5320
青黃不接 5321
青塵 5322
青生 5323
青照 5324
青石 5325
青泥窪 5326
青天大人 5327
青白夫 5328
青皮 5329
青目 5330

qǐng
擎 2233
情 4829
情殷 4830
情形 4831
情事 4832
情節 4833
情弊 4834
請安 5309

qìng
項 2320
項據 2321
項目 2322
項准 2323
項奉 2324
請 5308
請假 5310
請訓 5311
請嚴議 5312
請示 5313
請獎 5314
請帖 5315
請上路 5316
請餞簿 5317
請驗單 5318
請煩查照 5319

qìng
慶軍 2220
慶節 2222

慶邸 2223
磬盡 2294

qióng
窮簷 1763
窮追 1764
瓊崖道 2261

qiū
秋 4143

qiú
囚檔 4124
酋 4153

qū
曲從 1978
曲徇 1979
曲阜 1980
區畫 2111
屈忿 2149
趨蹌 5107
趨候 5108

qú
渠 1820
渠魁 1821

qǔ
麇死黨 2098
群言 2161
取 4038
取咎 4039
取究 4040
取供 4041
取結 4042
取齊 4043
取次 4044
取償 4045
取息 4046
取中者 4047
取定 4048
取敷 4049
取有 4050

qù
去 1776
去後 1777
去後～前來 1778
去向 1779
去心 1780
趣意 4051

quān
悛心 4261

quán
拳匪 2408
拳棒 2409
拳亂 2410
權衡裁擇 2418
權篆 2419

權輿 2420
痊 5518
全 5561
全簡 5562
全球 5563
全書 5564
全盤 5565

quǎn
勸息 1295

quē
缺鐵筒 2357

què
權 1191
權課 1192
確耗 1195
確耗可據 1196
確寔 1197
確單 1198
礅鑿 2915
雀角 3987

qún
麇死黨 2098
群言 2161

rán
燃放 7357

rǎng
攘 4842
攘奪 4843

ráo
饒約 4859

rè
熱爾麻尼 7346
熱河都統 7347
熱審 7348
熱沃爾日 7349

rén
人告 5020
人事 5021
人駭 5022
人情不良 5023
人地相宜 5024
人中 5025
人日 5026
人夫 5027
仁記 5028

rěn
稔見 5037
稔 7358

rèn
紉 5035
衽席 5038
衽 7333
任■■為… 著敍 7322
任意 7323
任意鴟張 7324
任怨 7325
任聽其便 7326
任內 7327
任內一切處分開復 7328
任憑 7329
任便 7330
任命□□□ 為■■■ 7331
任勞任怨 7332
認捐 7334
認狀 7335
認真 7336
認真具結 7337
認真 7338
認貸 7339
認保 7340
認保狀 7341

réng
仍 4803
仍希 4804
仍祈 4805
仍舊 4806
仍繳 4807
仍將辦理情形呈報(復‧明) 核奪 4808
仍盡本法 4809
仍前 4810
仍然 4811

rì
日 7288
日意格 7289
日員 7290
日起 7291
日金 7292
日久懈生 7293
日稽簿 7294
日後 7295

日斯巴尼亞 7296
日斯巴尼亞國 7297
日耳曼 7298
日充 7299
日籍 7300
日前 7301
日探 7302
日內 7303
日捕 7304
日報 7305
日報舘 7306
日報簿 7307
日來 7308
日輪 7309
日歷 7310

róng
榮相 505
榮禄大夫 506
融會 9015
容 9045
容或 9046

róu
柔 4192
柔遠 4193
柔克義 4194
糅合 4196

rú
儒士 4064
儒林郎 4065
如 4416
如何之處 4417
如果屬實 4418
如擬 4419
如擬照行 4420
如逕 4421
如行 4422
如呈照准 4423
如不敷住 4424
如蒙 4425

rǔ
辱書言謝 4874

rù
入官 7311
入觀 7312
入伍 7313
入口 7314

入告 7315
入棧字據 7316
入手 7317
入手方鍼 7318
入值 7319
入八分 7320

ruǎn
軟監 7272
軟甲 7273
軟石油 7274

ruì
睿鄭之名績 520
銳 530
瑞記 5081
瑞記洋行 5082
瑞子 5083
瑞西 5085
瑞西亞 5086
瑞丁 5087
瑞賴 5088

rùn
閏耗銀 4352

ruò
弱女 3979
若 3980
若速 3981
若語 3982
若而 3983
若者 3984
若輩 3985
若容 3986

sā
撒第阿哥 3367

sǎ
撒敢 3366

sà
薩 3380
薩斯馬 3381
薩爾維持 3382
薩爾瓦葛 3383
薩都爾尼唖 3384
薩道義 3385
薩納特衙門 3386

sāi
鰓鰓 3293

拼 音 字 检

塞 5847
sài
賽會 3269
賽卜勒士 3270
sān
三運 3391
三眼花翎 3392
三眼銃 3393
三跪九叩禮 3394
三口通商大臣 3395
三江 3396
三合會 3397
三山 3398
三贊 3399
三司 3400
三孖地臣 3401
三升 3402
三成 3403
三星期 3404
三生 3405
三島 3406
三等欽差大臣 3407
三巴 3408
三板 3409
三百里 3410
三府 3411
三法司 3412
三幫 3413
三令五申 3414
sǎn
散館 3443
散鑛 3445
散差 3447
散收 3448
散州 3449
散商 3450
散人 3451
散犯 3452
散用 3453
散輪 3454
sàn
散局 3444
散戶 3446
sāng
桑港 5715
桑的邁當 5716
sàng

喪命 5666
sǎo
掃數 5686
掃蕩 5687
sè
色 3854
色 4870
色道 4871
色樣 4872
塞責 5848
sēn
森堡 4926
sēng
僧道 5645
shā
沙侯相 3215
沙士勃雷 3216
沙石 3217
沙飛 3218
沙美拉古 3219
沙文 3220
沙民 3221
沙厘昌時忌 3222
沙類含養之土 3223
紗 3228
紗燈 3229
shà
箑 4715
shān
刪 3327
山洪 3433
山斗 3434
山東 3435
山野椎魯之民 3436
舢板 3464
shǎn
陝 5559
shàn
善 5589
善後 5590
善後總局 5591
繕 5593
繕具 5594
繕好 5595
繕奉 5596
繕單具奏 5597
膳学費 5598

膳立 5599
shāng
傷單 4462
傷斃 4463
商 4479
商串 4480
商改 4481
商權 4482
商舊 4483
商犀 4484
商梢 4485
商借 4486
商酌 4487
商請 4488
商訂 4489
商阜 4490
商部 4491
商部定例 4492
商辦 4493
商辦銀行 4494
商明 4495
商面 4496
商約大臣 4497
商由 4498
商理 4499
shǎng
賞 4730
賞假 4731
賞格 4732
賞給 4733
賞食親王雙俸 4734
賞穿 4735
賞戴 4736
賞佩 4737
shàng
尚 4528
尚書 4529
尚屬可行 4530
尚屬相符 4531
尚無不合 4532
尚無不合、應予准行 4533
上一禮拜 4769
上下其手 4770
上下忙 4771
上貨 4772

上海欽差大臣 4773
上海通商欽差大臣 4774
上海通商大臣 4775
上岸 4776
上級 4777
上緊勒限 4778
上月 4779
上憲 4780
上午 4781
上高櫻 4782
上行 4783
上衝 4784
上控 4785
上國 4786
上市 4787
上手 4788
上壽 4789
上陳 4790
上堂 4791
上道 4792
上年 4793
上批審 4794
上稟慈諭 4795
上文 4796
上忙 4797
上諭 4798
shāo
燒瓷泥 1964
燒 4703
稍 4705
稍遜 4706
稍斂 4707
稍有力 4708
shǎo
少 4522
shào
少師 4523
少成若性 4524
少詹事 4525
少傅 4526
少保 4527
shē
奢望 3919
賒 3936
賒欠 3937
shé
折耗 5382
shè

社司 3910
社生 3911
涉 4617
涉世以後 4618
懾 5375
攝去 5417
攝篆 5418
設 5446
設身處地 5447
設措 5448
設範 5449
設法 5450
設法籌維 5451
設有 5452
shēn
深宮 4938
申 4940
申江 4941
申取 4942
申詳 4943
申水 4944
申請 4945
申飭 4946
申陳 4947
申覆 4948
申文 4949
申辯 4950
申捕 4951
申報 4952
申命 4953
紳 4965
紳耆 4966
紳耆人等 4967
紳士 4968
紳商 4969
紳董 4970
紳富 4971
紳辦 4972
紳民 4973
葠 4978
身家 4997
身家清白 4998
身家不清白 4999
身契 5000
身故 5001
身子 5002
身段 5003
身帖 5004
shén
神機營 4958

神人 4959
神父 4960
神甫 4961
鉮 5017
shěn
哂 4885
哂嗎麼咯厘 4886
審解 4889
審擬 4890
審鞠 4891
審實 4892
審詳 4893
審訊 4894
審單 4895
審判官 4896
審判廳 4897
審報 4898
讅 4996
沈閣 6509
shèn
腎子 5036
shēng
升階 4471
升水 4472
升斗 4473
升道 4474
陞 4756
陞擦 4757
牲口 5261
生意 5262
生員 5263
生於憂患 5264
生機 5265
生齒滋煩 5266
生息 5267
生理 5268
聲叙 5275
聲稱 5276
聲請 5277
聲說 5278
聲覆 5279
聲明 5280
shěng
省 4664
省垣 4665
省會 4666
省外 4668
省發 4671
省費力 4672
省分 4673
省令 4674

shèng
勝 4467
勝會 4468
聖賀 5269
聖鑒 5270
聖 5271
聖裁 5272
聖彼得堡 5273
聖廟 5274
剩款 4814
盛京將軍 5281
盛京副都統 5282
shī
仕商 3486
屍格 3592
屍親 3593
屍圖 3594
屍場規費 3595
施行 3640
施沙木勒福 3641
施博 3642
詩拉夫人 3726
失檢 3862
失察 3863
失單 3864
失和 3865
濕布衫 3871
shí
時 3797
時光 3798
時刻 3799
識字 3859
寔 3878
實 3879
實為恩便 3880
實為公感 3881
實為公德兩便 3882
實為公便 3883
實為學便 3884
實為黨便 3885
實為德便 3886
實官 3887
實感公便

20

拼 音 字 检

3888
實據 3889
實缺 3890
實交 3891
實在 3892
實事求是 3893
實收 3894
實收部照 3895
實心 3896
實深感禱 3897
實深紉貽 3898
實叨公便 3899
實紉嘉惠 3900
實紉公宜 3901
實跡 3902
實貼 3903
實同身受 3904
實納阿士本 3905
實力 3906
實力勦平 3907
實錄館 3908
拾 4139
十家牌 4165
十字 4166
十成銀 4167
十足 4168
石沙木勒幅 5350
石脂 5351

shǐ
使 3490
使館 3491
使才 3492
使臣 3493
使星 3494
史館 3504
史戴恩 3505
駛 3737
矢 8909
矢口 8910

shì
士子 3576
士大夫 3577
士迪佛立 3578
士便 3579

市牙 3596
市閑 3597
市虎 3598
市儈 3599
市署 3600
市銷 3601
市勢 3602
市存 3603
市平 3604
視 3686
視等緩図 3687
試署 3724
試辦 3725
事關～3742
事關重要 3743
事機 3744
事宜 3745
事件 3746
事情 3747
事體 3748
事端 3749
事務 3750
侍衛 3776
侍衛處 3777
侍御 3778
侍講 3779
侍講學士 3780
侍讀 3781
侍讀學士 3782
侍郎 3783
示 3812
示期 3813
示仰 3814
示遵 3815
示出 3816
示票 3817
示復 3818
示諭 3819
示令 3820
式 3855
式協頌忱 3856
式符頌祷 3857
式樣 3858
釋怨 3975
釋菜 3976
釋放 3977
世誼 5110
世子 5111
世襲罔替 5112
是 5113

市牙 3596
是為至荷 5114
是為至盼 5115
是為至要 5116
是為切禱 5117
是為切要 5118
是荷 5119
是幸 5120
是所至荷 5121
是所公感 5122
是所至感 5123
是所至禱 5124
是所至盼 5125
是所盼荷 5126
是知 5127
是班牙 5128
是否 5129
是否可行 5130
是否有當 5131
～是問 5132
適用 6773
拭淚稽首 8174

shōu
收 4087
收回 4088
收學 4089
收管 4090
收儀簿 4091
收訖 4092
收放 4093
收繳 4094
收解 4095
收效 4096
收效 4097
收執 4098
收取 4099
收條 4100
收進 4101
收兌 4102
收到 4104
收頭 4105
收贖 4106

收納 4107
收買 4108
收發 4109
收付 4110
收付日票 4111
收復 4112
收壁 4113
收放 4114
收約 4115
收羅 4116
收吏 4117

shǒu
守 3994
守口官 3995
守催 3996
守戎 3997
守助 3998
守卡 3999
守備 4000
手 4002
手眼 4003
手工 4004
手此 4005
手心 4006
手描 4007
手乏 4008
手本 4009
首 4055
首員 4056
首禍 4057
首縣 4058
首事人 4059
首先 4060
首善 4061
首批 4062
首報 4063

shòu
售 1737
售賣 1738
受室 4066
受吏 4067
壽 4068
壽字 4069

shū
殊荒謬已極特斥 4010
殊屬非是 4011
殊屬不合 4012
殊屬不合特斥 4013
殊屬不忠職守 4014

令 4015
殊多窒碍 4016
殊多不合 4017
殊堪痛恨 4018
殊難…… 4019
殊難核准 4020
殊難許可 4021
殊難准許 4022
殊難准行 4023
殊難照准 4024
殊難通融 4025
殊難展緩 4026
殊難備案 4027
殊非正辦 4028
殊不合法 4029
殊不合理 4030
殊不知 4031
倏 4210
倏忽 4211
倏忽 4212
書役 4381
書函 4382
書記 4383
書記官 4384
書差 4385
書辦 4386
書吏 4387
書留覽 4388
抒 4433
樞臣 5105
樞部 5106
疏 5606
疏惧 5607
疏脫 5608
疏防官 5611
輸 8950
輸將 8951
輸納稅鈔 8952
輸服 8953

shú
熟滑 4233

殊屬褻玩法
熟權 4234
熟悉 4235
贖媛 4867
贖罪 4868
贖路 4869

shǔ
暑假 4361
署 4389
署使臣 4390
署事 4391
署名蓋印 4392
署大臣 4393
署提 4394
署任 4395
署撫 4396
署理 4397
蜀 4873
鼠 5866
屬公物件 5867
屬藩 5868

shù
樹膠 4070
述職 4259
庶 4358
庶吉士 4359
庶常館 4360
恕速 4430
恕難遵辦 4431
恕難照辦 4432
數目 5104
束色楞 5853
束水攻沙 5854

shuā
刷刨 3330

shuài
帥 5052

shuāng
雙眼花翎 5794
雙月 5795
雙單月 5796
雙日 5797
雙俸 5798
雙鷹國 5799
雙龍寶星 5800
雙聯票 5801

shuǎng
爽信 5729

shuǐ
水火 5064
水管 5065
水脚 5066
水腳 5067
水戶 5068
水師 5069
水手 5070
水道 5071
水落石出 5072
水力 5073

shuì
稅 5332
稅捐 5333
稅貨 5334
稅資 5335
稅鈔 5336
稅單 5337
稅物 5338
稅釐 5339

shùn
瞬 4267
順 4353
順手 4354
順天府 4355
順天府尹 4356

shuō
說合 5453
說措 5454

shuò
朔 3336
碩望 5352

sī
厮打 3501
厮闌 3502
司 3506
司案呈 3507
司印 3508
司員 3509
司核 3510
司 3511
司空 3512
司庫 3513
司寇 3514
司事人 3515
司掌 3516
司籍 3517
司丹立 3518
司端里 3519
司鐸 3520
司帳 3521
司賬 3522
司賬員 3523
司賬者 3524

拼音字检

司道 3525	似可核准 3754	送簽 5791	綏沙蘭 5077	所置 4374	太上皇 5991	搪比 6989
司農 3526	似可緩辦 3755	**sōu**	綏頻 5078	所貼 4375	太常寺 5992	糖料 7057
司馬 3527	似可照准 3756	搜剝 5691	綏林 5079	所長 4376	太宗 5993	堂官 7127
司頌 3528	似可通融 3757	搜刮 5692	隨時稽查 5084	所討 4377	太尊 5994	堂上官 7128
司平 3529	似此 3758	**sū**	隨營 5089	所有 4378	太傅 5995	堂主事 7129
司令 3530	似尚可行 3759	蘇 5625	隨繳 5090	所有…緣由 4379	太平 5996	堂長 7130
思患 3617	似屬 3760	蘇以天 5626	隨結 5091	所有…情形 4380	太保 5997	**tǎng**
思患預防 3618	似屬可行 3761	蘇彝士 5627	隨繳 5092	**tā**	太僕寺 5998	儻 6948
斯 3635	似屬非是 3762	蘇益薩 5628	隨往 5093	他 5902	太陽 5999	倘 6949
斯恭塞格 3636	似屬不合 3763	蘇杭甬鐵路 5629	隨時 5094	塌 6971	太陽穴 6000	倘屬實情 6950
斯第芬生 3637	似屬不符 3764	蘇昭 5630	隨即 5095	**tà**	太爺 6001	**táo**
斯扁亞 3639	似多窒碍 3765	蘇松太道 5631	隨帶 5096	嗒 6968	太老爺 6002	桃夭 7010
私 3677	似難許可 3766	蘇拉巴啞 5633	隨帶會敬 5097	踏勘 7085	泰晤士 6030	逃牌 7088
私函 3678	似難准許 3767	甦排落甲 5634	隨同 5098	踏看 7086	泰西墳地 6031	逃糧 7089
私支 3679	似難照准 3768	**sù**	隨發 5099	踏履 7087	泰斗 6032	**tǎo**
私自 3680	似難通融 3769	肅 4219	隨辦 5100	**tān**	泰姆士 6033	討 7080
私貼 3681	似有 3770	肅迓 4220	**suì**	坍 6174	泰樂爾 6034	討示 7081
私當 3682	似有不合 3771	碎石 3281	歲貢生 3276	坍江田地 6175	**tǎn**	討情 7082
私捐 3683	似有不符 3772	肅具稟聞 4221	歲修 3277	坍戶 6176	**tào**
絲斤 3688	似有未合 3773	肅此 4222	崇階 5101	坍倒 6177	韜 6430
嘶嗎嘲 5148	似有未符 3774	肅此具稟 4223	崇文門監督 5102	坍塌田地 6178	套子 6969
sǐ	似有未便 3775	肅此再稟 4224	崇文門稅務衙門 5103	坍漲 6179	套設 6970
死夾棍 3674	**sōng**	肅此寸稟 4225	燧 6528	攤 6184	**tè**
死扣 3675	松香 4602	肅此奉 4226	隧峒 6535	攤徵 6185	特 7177
死套頭 3676	鬆脫 5802	肅此又稟 4227	**suō**	擡 6026	攤徵歸公 6186	特開 7178
sì	**sǒng**	肅牒 4228	縮 4218	擡高 6027	攤派 6187	特札 7179
伺 3487	悚惕 4675	肅邸 4229	**suǒ**	擡寫 6028	灘 6197	特箚 7180
伺候召見 3488	辣 9170	肅稟 4230	鎖擴 3230	擡 6029	灘戶 6198	特此 7181
伺便 3489	辣手 9171	肅復 4231	鎖鼻 3231	**tài**	灘痪 6200	特此函請…·7182
俟 3495	辣丁 9172	溯 5605	索回 3338	太 5975	**tán**	特此函覆…·7183
嗣據 3556	**sòng**	素仰 5620	索詐 3339	太醫院 5976	譚敬邦 6220	特此咨覆 7184
嗣 3557	訟案 4716	素工 5621	索租 3340	太學 5977	壇坫 6225	特此專函奉聞 7185
嗣據 3558	訟棍 4717	素稱安練 5622	索德超 3341	太監 5978	彈壓 6226	特此通告 7186
嗣經 3559	送閱 5787	素孚 5623	索逋 3342	太古洋行 5979	彈指 6227	特此通知 7187
嗣經…在案 3560	送閱 5788	素封 5624	所 4362	太晤士 5980	彈章 6228	特此通報 7188
嗣後 3561	送差 5789	訴悉 5632	所遺 4363	太歲 5981	檀香山 6231	特此電陳 7189
嗣准 3562	送津 5790	速即 5863	所擬 4364	太史 5982	祖庇 6215	特此布告 7190
嗣奉 3563		速速 5864	所開 4365	太子少師 5983	祖民嫉教 6216	特斥 7191
四国 3565		速率 5865	所言是非 4366	太子少傅 5984	**tāng**	特示 7192
四川總督 3566		**suàn**	所熬之膏 4367	太子少保 5985	探海艇 6181	特地 7193
四至 3567		算 3461	所需 4368	太子太師從一品 5986	探馬隊 6182	特定 7194
四路 3568		算找 3462	所請 4369	太子太傅從一品 5987	探錄 6183	特任 7195
四美 3569		算結 3463	所請應從緩議 4370	太子太保(銜) 5988	炭敬 6199	特任□□為■■此 7196
四品京堂 3570		**suī**	所請暫勿庸議 4371	太師 5989	**táng**	
四統 3571		綏 5075	所請不准 4372	太守 5990	搪 6986	
四面 3572		綏亦股 5076	所遜 4373		搪塞 6987	
似 3751					搪低 6988	
似應 3752						
似可 3753						

拼音字檢

特任□□爲■■7197
特沛綸音7198
特諭7199
特拉格來7200

téng
痛剿6568
騰黃7083
騰挪7099
騰踔7100
騰那7101

tī
梯來波勒得6726
梯航薈蔚6727
銻6752
剔歷6757
踢斛6770

tí
題本6131
提6705
提監刑書6706
提挈綱領6707
提催6708
提取6709
提職6710
提審6711
提神6712
提醒6713
提攜6714
提臺6715
提調6716
提鎮6717
提塘6718
提督6719
提寧6720
提牌6721
提標6722
提法使6723
提問6724
提任…爲6725

tǐ
體國6044
體查6045
體恤6046
體制6047
體貼6048
體訪6049
體面6050

體諒6051

tì
剃頭6583
惕厲 6758
逖 6772

tiān
天6798
天演6799
天恩6800
天后6801
天主教6802
天主耶穌教6803
天祥洋行6804
天津通商大臣6805
天津府6806
天遷圖6807
天朝6808
天覆地載6809
天良6810
添設6821

tián
填給6811
田貝6877
田雷雲6878

tiān tiāo
挑6395
挑嫌誣衊6396
挑試6397
挑取6398
挑水壩6399
挑斥6400
挑選6401
挑剔平色6402

tiáo
條4836
條銀4837
條奏4838
條陳4839
條約4840
條例4841
調戲6434
調護6437
調處6440
調治6442
調理6452

tiē
帖然6373
帖服6374

貼寫6453
貼寫6454
貼書6455
貼說6456
貼費6457
貼補6458

tiě
帖6372
鐵鋼6784
鐵渣6785
鐵尺6786
鐵苗6787
鐵帽子王(家)6788
鐵養鑛6789

tīng
廳6377
廳事6378
廳尊6379
廳聽6380
廳6418
聽委6419
聽候6420
聽候采擇6421
聽候召對6422
聽差6423
聽訟6424
聽比6426
聽憑6427
聽奉6428
聽令6429

汀漳龍道6729

tǐng
停匀6577
停閣6578
停歇6579
停兌6580
停閉6581
停貿6582
庭鞫6685
庭令6686
庭參禮6687
庭質6688
庭訊6689
廷杖6690
廷電6691

tǐng
鋌而走險6753

tōng
通域6536

通完6537
通議大夫6538
通候6539
通才6540
通市6541
通事6542
通商衙門6543
通商海口6544
通商口岸6545
通商行船条約6546
通商港6547
通商大臣6548
通信6549
通人6550
通政使司6551
通達6552
通電6553
通套6554
通同6555
通判6556
通盤6557
通盤籌畫6558
通報6559
通奉大夫6560
通籌全局6561
通飭6562
通名6563
通諭6564
通融6565
通用現銀6566
通令6567

tóng
同7121
同畫7122
同知7123
同年7124
同文館7125
同蒲7126
童試7135
童生7136
銅元7142
銅綫7143

tǒng
統7058
統捐7059

統希7060
統希签照7061
統制7062
統制總局7063
統播7064
統帶7065
統帶(官)7066
統籌7067
統兵大臣7068
統領7069

tōu
偷越6946
偷漏6947

tóu
投見6972
投行6974
投控6975
投詞6976
投首6977
投誠6978
投遞6979
投筒6980
投明6981
頭接7102
頭緒7103
頭等7104
頭等欽差大臣7105
頭等公使7106
頭批7107
頭品7108
頭役7109

tòu
透過7090
透完7091
透支7092
透支銀7093
透那7094
透冒7095

tū
突7216
突帕7218

tú
茶6939
茶毒5963
圖説6894
圖差6894
圖章6895
圖懶6896
圖分6897

圖賴6898
圖里6899
圖理雅6906
徒法6907

tǔ
土官6922
土儀6923
土宜6924
土棍6925
土司6926
土灰6927
土耳古6928
土番6929
土匪6930
土布6931
土葉6932

tù
兔起鶻落6892

tuán
團匪6221
團民6222
團練6223
團練隊6224

tuī
推諉5053
推解5054
推解之情5055
推原5056
推鞫5057
推出5059
推陞5060
推誠相與5061
推托5062

tuì
退伍6037
退縮6038
退商6039
退兵上諭6040
退步6041
退約6042

tún
囤積7221
囤販7222

tuō
拖查5909
拖欠5910
拖累5911
拖連7143
托爾斯泰6134

託故6144
託詞6145
託庇6146
託福6147
託臟6148
脫6154
脫意6155
脫略6156

tuó
駄羅美石5964

tuǒ
妥5918
妥爲5919
妥爲照料5920
妥爲約束5921
妥員5922
妥宜委任5923
妥議5924
妥協5925
妥洽5926
妥實引保5927
妥酌5928
妥修5929
妥招5930
妥慎5931
妥慎治理5932
妥全5933
妥善5934
妥訂5935
妥備5936
妥辦5937
妥防5938

wā
挖43
挖空44
窪9554
窪蘭治9555

wǎ
瓦定敦930
瓦德西931

wài
外委1086
外官1087
外監1088
外號1089
外署1090
外省1091
外城1092
外城總廳

拼音字检

1093
外腎 1094
外灘 1095
外埠 1096
外部 1097
外任 1098
外務 1099
外務部 1100
外洋 1101
wán
完解 1304
完欠 1305
完結 1306
完清 1307
完全 1308
完妥 1309
完納 1310
玩 1497
玩愒濡滯 1498
玩梗 1499
玩忽 1500
玩視 1501
玩泄 1502
wǎn
婉 566
皖 1379
皖撫 1380
晚書 7658
挽 7696
惋惜 9571
wàn
紈袴 1425
萬緊 8718
萬國公法 8719
萬載爺 8720
萬壽聖節 8721
萬世不祧 8722
萬世不祧之宗 8723
萬難 8724
萬難照准 8725
萬寧 8726
萬年和約 8727
萬不料 8728
萬分 8729
萬辦不到 8730
萬萬 8731
wáng

王 694
王公大臣 695
王大臣 696
王爺 697
亡 8617
亡命 8618
wǎng
往戍 679
往剿 680
往來 681
枉法贓 699
wàng
望 8631
望日 8632
望速見行 8633
望風 8634
望補 8635
望隆若木 8636
妄冀非份 8854
wēi
喴哎嗎 149
威 170
威爾士利 171
威妥馬 172
威妥瑪 173
威特 174
威逼 175
威厘各 176
威靈 177
威廉 178
巍科 1641
微論 7825
wéi
惟 197
惟正之供 198
惟利儀 199
維 329
維艱 330
維克多里雅 331
維谷 332
維爾南 333
違 342
違干未便 343
違禁下海 344
違契不償 345

違和 346
葦根思敦 352
葦貝 353
葦禮遜 354
wěi
偉烈亞力 148
委 158
委充 159
委員 160
委曲 161
委差署缺 162
委查 163
委酌 164
委署 165
委審 166
委派 167
委羅多 168
委黎多 169
諉混 335
諉卸 336
觍 355
偽造假票 1639
瘺痹 5074
尾開 7815
尾犯 7816
wèi
為 207
為…一案會簽呈覆事 208
為…一案會簽報事 209
為…一案會同簽請事 210
為…一案會同簽覆事 211
為…一案會同簽報事 212
為…一案備文簽覆事 213
為…起見 214
為…事 215
為…由 216
為移送事 217
為荷 218

為奇 219
為會詳事 220
為會詳事…理合具文會詳 221
為曉諭事 222
為訓令事 223
為建議…事 224
為建議事 225
為叩 226
為幸 227
為查 228
為查禁事 229
為派 230
為札知事 231
為止 232
為此 233
為此…咨請□□234
為此…咨覆□□235
為此…呈請 236
為此…呈覆 237
為此函請…‧238
為此函覆…‧239
為咨事 240
為咨會事 241
為咨行事 242
為咨查事 243
為咨催事 244
為咨商事 245
為咨照事 246
為咨請事 247
為咨送事 248
為咨陳事 249

為咨呈事 250
為咨轉事 251
為咨覆事 252
為咨明事 253
為咨領事 254
為指令事 255
為時 256
為示諭事 257
為示禁事 258
為從為遠 259
為出示曉諭事 260
為出示查禁事 261
為照 262
為照會事 263
為條覆事 264
為條陳事 265
為申報事 266
為簽…請事 267
為簽請事 268
為簽覆…事 269
為簽覆事 270
為簽…報事 271
為簽報事 272
為對 273
為知會事 274
為通告事 275
為通咨事 276
為通知事 277
為通飭事 278
為通報事 279

為通令…事 280
為通令事 281
為…事 282
為呈請事 283
為呈請備案事 284
為呈覆事 285
為呈報事 286
為轉詳事 287
為難 288
為牌行事 289
為盼 290
為憑 291
為佈告事 292
為布告…事 293
為布告事 294
為布告周知事 295
為物 296
為報告…仰祈…事 297
為報告…事 298
為報告事 299
為命 300
為要 301
為令…事 302
為令委事 303
為令禁事 304
為令行事 305
為令催事 306
為令遵事 307
為令知事 308
為令調查事 309
為令飭事 310

為通令事 311
為要 312
畏途 313
蔚帥 334
衛匡國 501
衛三畏 502
衛藏 503
魏牛高 1685
味噌 8732
未悉 8734
未周 8735
未是 8736
未到 8737
未入流官 8738
未便 8739
未便准行 8740
未便照准 8741
未滿限期票 8742
wēn
溫哥華 718
溫處道 719
wén
文 8223
文安 8224
文案 8225
文移 8226
文科 8227
文告 8228
文告故事 8229
文昌 8230
文職 8231
文到之日 8232
文旂 8233
文牌 8234
文武 8235
文武員弁 8236
文武考試 8237
文憑 8238
文林郎 8239
紋銀 8879
wěn
穩婆 720
脗合 8241
wèn
問 8896
問官 8897

拼音字檢

問擬 8898
問據 8899
問供 8900
問結 8901
問候 8902
問好 8903
問津 8904
問得 8905

wēng
翁娃 700

wō
窩根 853
窩主 854
窩藏 855
窩留 856
窩留 857
倭気 9543
萵目 9556

wò
臥榻之旁 937

wū
烏蘇哩 479
烏迪河 480
烏土 481
汙孅人名節 643
誣扳 8104
誣攀 8105
誣捏 8106

wú
吾恐 2622
毋庸 8085
毋再率瀆 8086
毋稍違延 8087
毋稍延誤 8088
毋稍枉縱 8089
毋稍徇隱 8090
毋稍徇庇 8091
毋稍怠忽 8092
毋得違誤 8093
毋任 8094
毋任翹望 命之至 8095
毋任待命之至 8096

毋庸 8097
毋庸議 8098
毋庸置議 8099
無謂 8771
無影響 8772
無干 8773
無間青昕 8774
無顏 8775
無忌 8776
無既 8777
無欺 8778
無舉動 8779
無辜 8780
無沙 8781
無再照 8782
無済于事 8783
無事 8784
無爵宗室 8785
無從 8786
無如 8787
無涉 8788
無箭子弾 8789
無措手足 8790
無端 8791
無著 8792
無奈 8793
無任 8794
無任感禱 8795
無任感盼 8796
無任翹盼 8797
無任公感 8798
無任惶悚 8799
無任悚惶 8800
無任迫切待命之至 8801
無法 8803
無憂 8804
無庸 8805
無力 8806
無聊 8807
無禄 8808

wǔ
五金 2606
五金之屬 2607
五口 2608
五口欽差大臣 2609
五口通商大臣 2610
五許 2611
五港 2611
五寺 2612
五十出 2613
五城 2614
五城御史 2615
五聲之聽 2616
五中感謝尺幅難宣 2617
五路 2618
伍 2619
伍加 2620
午餉 2621
武員 8069
武営軍 8070
武科 8071
武議都尉 8072
武顯将軍 8073
武功将軍 8074
武職 8075
武信騎尉 8076
武信佐騎尉 8077
武随員 8078
武断 8079
武德騎尉 8080
武德佐騎尉 8081
武翼都尉 8082
武略騎尉 8083
武略佐騎尉 8084
舞弊 8100

wù
晤 2623
晤商 2624
悞蹈 2625
誤殺 2627

勿違 3098
勿謂言之不預 3100
勿謂言之不預也 3101
勿延 3102
勿觀望自誤 3103
勿許 3104
勿忽 3105
勿再 3106
勿稍玩忽 3107
勿得玩忽 3108
勿任 3109
勿庸 3110
物望 8175
物力 8176
鶩 8672
務 8762
務各～8763
務希 8764
務期 8765
務祈 8766
務仰 8767
務懇 8768
務須 8769
務請 8770

xī
希 1535
希請 1536
希臘 1538
熙庶績 1554
熙禮爾 1555
稀短 1579
吸吐 1736
奚 2218
奚止 2219
犀照 3279
悉 3866
悉經 3867
悉数 3868
悉数交下 3869
悉数殲除 3870
錫 3978
西 5284
西華 5285
西雅治斯當東 5286
西教 5287
西教習 5288
西江 5289

西江警權問題 5290
西貢 5291
西國 5292
西字 5293
西人 5294
西席 5295
西船 5296
西延 5297
西費用耶斯料 5298
西畢自 5299
西文 5300
西捕 5301
西望洋磁臺 5302
西北地理(輿地)學 5303
西門土 5304
西洋 5305
西陵 5306
惜馬 5343
析闡 5348
淅 5349
息 5849
息肩 5850
息票 5851
息力 5852

xí
席設～5342
媳 5846

xī
禧在明 1578
蹟著 3290
洗補 5515

xì
戯殺 1657
係 2200
係屬 2201
細故 3282
細作 3284
細單 3285

xiá
暇晷 817
暇給 818
霞彰 913

xià
下 722
下貨 723
下格 725
下月杪 726
下虎 727
下行 728

下手 729
下世 730
下截 731
下船 732
下走 733
下帖 734
下程 735
下班 736
下忙 737
下游 738
下陵上替 739
下禮拜 740
夏福禮 798
夏令 799

xiān
先後 5465
先 5466
先伈 5467
先令 5468
先令 5469
鮮嫩 5560

xián
啣環 1297
咸使聞知 1298
咸臣 1299
咸利依禮士 1300
嫻 1303
銜 1443
銜旨 1444
銜名 1445
閑 1455
閑散 1459
閑散官 1460
閒裸人 1461
閒譚 1462
閒廢書 1463
閒平之德器 1464
閒放 1465
閒民 1466
賢否冊 2439
賢良祠 2440

xiǎn
顯考 2467

xiàn
憲局 2393
憲 2394
憲件 2395
憲台 2396
憲部 2397
憲役 2398
獻歲 2427

縣 2432
縣試 2433
縣狀 2434
縣丞 2435
現擬 2507
現據 2508
現據○○稟稱 2509
現經…在案 2510
現經 2511
現交 2512
現在 2513
現准 2514
現商 2515
現年 2516
限制 2522
限令 2523
綾 5532
線索 5533

xiāng
鄉試 1932
鄉 1933
鄉官 1934
鄉誼 1935
鄉人 1936
鄉地 1937
鄉鎮 1938
鄉約 1939
鄉勇 1940
勷 4813
湘省 4620
湘垣 4621
相 4676
相安無事 4677
相依唇齒 4678
相應 4679
相應…咨請□□4680
相應…咨覆□□4681
相應函請…·4682
相應函達…·4683
相應函覆…·4684
相應檢(連)同抄 4685
相應檢(連)同附件函請(覆)…·4686

拼音字检

相應抄錄原呈咨請 4687	5685 **xiàng** 嚮址1886 向2759 向隅之感 2760 向章2761 向本2762 向來2763 向例2764 向例報關 2765 項2995 項下2996 項城2997 **xiāo** 嘵音瘖口 1955 嘵嘵 削趾以就履 3328 削平3329 蕭孚爾4232 青旰憂勤 4465 青小巨測之心4466 消息鎊價 4603 銷4749 銷案4750 銷案開復 4751 銷假4752 銷售4753 銷差4754 銷算4755 **xiáo** 淆惑2898 **xiǎo** 曉諭1963 小4504 小九卿4505 小嫌4506 小差4507 小差使4508 小時4509 小修4510 小西洋4511 小隊4512 小的4513 小我4514 小的等4515 小的們4516 小德出入	4517 小批4518 小腹4519 小窯口4520 小呂宋4521 **xiào** 效順2873 效尤2874 校址2884 **xié** 協1864 協解1865 協解銀1866 協揆1867 協擧1868 協縣1869 協濟1870 協濟錢糧 1871 協濟1872 協臺1873 協中1874 協辦1875 協比1876 協辦大學士 1877 挾欵1897 挾告1898 挾制1899 挾勢1900 挾帶1901 挾長1902 挾和1903 脅迫1930 携貳2242 斜面3922 **xiě** 寫就3920 寫書3921 **xiè** 械開1003 懈2176 卸3912 卸貨3913 卸去戎裝 3914 卸差3915 卸事3916 卸裝3917 謝恩3938 謝悃3939 謝事3940 謝滿祿3941 謝約呂夫	3942 泄泄沓沓 5419 泄沓5420 洩水9509 **xīn** 心感莫名 4899 心心相印 4900 心目中4901 心理4902 新4903 新印4904 新加坡4905 新關4906 新旗昌洋行 4907 新馴4908 新金山4909 新荒4910 新鈔彌4911 新報館4912 薪水4979 薪給4980 薪金4981 薪俸4982 薪勞4983 辛工5007 辛俸5008 鋅5018 **xìn** 㡷2069 釁開自彼 2072 信函4877 信件4878 信讞4879 信差4880 信守4881 信縢4882 信息4883 信知4884 **xīng** 興2954 興旺2955 興工2956 興嗟2957 興泉永道 2958 星5183 星期5184 星期報5185 星散5186 星使5187	**xíng** 刑書2178 刑部2207 形2227 行宮2807 行在56 行移2808 行轅2809 行格2810 行館2811 行宜2812 行宮2813 行求2814 行刑2815 行月米2816 行健自強 2817 行在2819 行司2821 行止2822 行駛2823 行所無事 2824 行省2826 行灾2828 行走2829 行台2830 行2831 行提2832 行文2833 行文法2834 行輪2838 **xǐng** 省改4667 省視4669 **xǔ** 許字1831 **xù** 邮4256 邮銀4257 邮典4258 序粘4433 敍招4434 敍勞4435 續據5869 續經5870 續經…在案 5871 續訂5872 續租5873 續備5874 續蒙5875 緒6355 **xuān** 軒2464	4083 修武佐校尉 4084 修約4085 修養4086 **xiù** 秀擷菁華 4141 秀才4142 **xū** 虛銜1823 虛局1824 虛坐1825 虛數1826 虛體1827 虛抵1828 需4072 需索4073 需時4074 需造4075 需煤4076 胥4398 胥因4399 胥吏4400 須5045 須至～者 5046 須知冊5047 須牌5048 須票5049 須了解5050 **xú** 徐海4427 徐海道4428 徐日昇4429	軒輊2465 宣刑5474 宣講5475 宣聖5476 宣聖之木主 5477 宣武都尉 5478 **xuán** 懸挂2402 懸彩雜慶 2403 懸彩誌慶 2404 懸殊2405 懸斷2406 懸瀑2407 旋5506 旋于…奉 5507 旋據5508 旋經5509 旋經…在案 5510 旋准5511 旋即5512 旋返5513 旋奉5514 **xué** 學1222 學員1223 學額1224 學宮1225 學憲1226 學校司1227 學使者1228 學政1229 學租1230 學台1231 學務所1232 學裕1233 **xuě** 雪上加霜 5456 **xuè** 血蔭2358 血暈2359 血本2360 **xūn** 勛2151 勛鑒2152 勛猷彪炳 2153 勳安2155 **xún**

相應抄錄原呈咨覆 4688
相機4689
相睰4690
相宜4691
相近4692
相衡4693
相國4694
相左4695
相侍4696
相若4697
相仍4698
相知4699
相配4700
相並4701
相率4702
襄助4801
襄同4802
鑲4855
鑲紅4856
鑲黃4857
鑲藍4858
廂5663
廂紅5664
廂藍旗5665
xiǎng
翔4718
翔華4719
翔植昭蘇 4720
詳4721
詳允4722
詳開4723
詳核定擬 4724
詳求4725
詳事4726
詳晰甄核 4727
詳文4728
xiǎng
响馬1878
響窩1941
響馬1942
餉4759
餉項4760
餉需4761
餉糈4762
餉獻之心 4763
餉費4764
想早聞之

26

拼音字检

句報 4270
徇 4271
徇隱 4272
循環簿 4273
循環門簿 4274
循省 4275
循庇 4276
洵為德便 4279
詢 4316
詢據 4317
詢問 4318
巡更 4320
巡更人 4321
巡查 4322
巡查口岸 4323
巡緝 4324
巡堵 4325
巡道 4326
巡撫 4327
巡捕 4328
巡捕官 4329
巡洋 4330
巡理廳巡理府 4331
尋盟 5032

xùn
訓示祇遵 2156
訓示施行 2157
訓示遵行 2158
訓迪 2159
訓導 2160
馴 4357
汛 4927
汛地 4928
訊 5039
訊追 5040
迅賜 5041
迅將 5042
迅即 5043

yā
壓 40
壓船 41
壓租 42
押 682
押卯差人 683
押運 684
押解 685
押差 686
押船 687

押送 688
押比 689
押櫃 690

yá
衙 920
衙署 920
衙門 921
衙役 922
牙 923
牙儈 924
牙行 925
牙斯那亞 926
牙人 927
牙里亞 928
牙釐 929
厓駁 1085

yǎ
雅水明 934
雅治 935
雅妥瑪 936

yà
亞 1
亞榮 2
亞司高楽 3
亞兒良 4
亞相 5
亞當 6
亞伯剌罕 7
亞麻 8
亞里亞 9
亞勒墨尼亞 10
氬 11
迓 933

yān
淹 603
淹貫古今 604
淹禁 605
淹殺 607
淹斃 608
烟館 609
煙 610
煙癮 611
煙館 612
煙捲 613
煙膏 614
煙槍 615
煙泥 616
煙斗 617
煙煤 618

yán
延 567
延誤 568
延擱 569

延緩 570
延悞 571
延跂 572
延宕 573
延袤 574
沿江 601
沿房 602
鹽 622
鹽運使 623
鹽運使司 624
鹽梟 625
鹽茶道 626
鹽政 627
鹽法道 628
研鞫 2429
研詰 2430
研訊 2431
嚴加申斥 2497
嚴恪奉行 2498
嚴參 2499
嚴速 2500
嚴飭 2501
言 2517
言 2518
言歸于好 2519
言出法随 2520
言明 2521

yǎn
掩覆 596
眼看 1503
眼同 1504
儼 2476

yàn
晏貢 75
厭 559
燕 620
燕臺 621
豔羨 636
讞 2460
讞局 2461
讞語 2462
驗 2468, 7362
驗明 2469
驗局 2470
驗訖 2471
驗照放行 2472
驗單 2473
驗牌 2474
驗棚 2475
唁 2495

唁辭 2496
yāng
央孖地臣 645
央嚫 647
yáng
楊越翰 9060
洋 9062
洋烟 9063
洋圓 9064
洋貨 9065
洋關 9066
洋鬼子 9067
洋銀 9068
洋元 9069
洋紅 9071
洋紗包中心 9072
洋商 9073
洋人 9074
洋稅 9075
洋船 9076
洋錢 9077
洋槍 9078
洋盗 9079
洋布 9080
洋務 9081
洋藥 9082
洋龍 9083
陽 9118
yǎng
仰 1943
仰各 1944
仰祈 1945
仰給 1946
仰候 1947
仰乞 1948
仰懇 1949
仰再詳細呈明 1950
仰即 1951
仰商民人等知照 1952
仰蒙 1953
仰賴 1954
養贍錢糧 9119
養廉銀 9120
yàng
樣 9058
樣貨不符 9059
yāo
腰站 9102

腰褡 9103
腰牌 9104
要挾 9108
要挾同等利益 9109
邀 9115
邀請 9116
邀同 9117
yáo
姚士登 9044
猺 9084
窯口 9101
謠言 9112
謠諑 9113
遥制 9114
yǎo
咬板 2766
杳 9056
杳然 9057
yào
葯藎 8925
要 9105
要款 9106
要缺 9107
要差 9110
要單 9111
yē
噎 544
耶穌教 8911
耶馬尼 8912
耶路 8913
耶路撒令 8914
yé
椰揄解散 8908
yè
謁 552
業 1957
業巳 1958
業經 1959
業經…在案 1960
業產 1961
業將 1962
夜行牌 8907
yī
伊 129
伊於胡底 130
伊格那提業幅 131
伊子 132
伊始 133
伊耳欄 134

伊古 135
伊爾雲 136
伊爾固特斯克 137
伊達利 138
依允 139
依議 140
依次 141
依守 142
依聽 143
依奉 144
鈨 351
一 356
一意孤行 357
一應 358
一概 359
一函 360
一干人等 361
一干犯證 362
一己 363
一起一驗 364
一牛鳴地 365
一經悔議 366
一隙之明 367
一稿同畫 368
一合 369
一俟 370
一詞 371
一字 372
一條編 373
一蒸檢 374
一是 375
一節 376
一線 377
一總 378
一則 379
一體 380
一體周知 381
一體知照 382
一大批 383
一著 384
一二三運 385
一牌 386
一白平道 387
一半 388

一副 389
一物 390
一併 391
一昧 392
一味 393
一名某人 394
一無是處 395
一欄詞 396
一律 397
一律遵照 398
一律督辦 399
一路 400
壹爾的斯 401
壹是 402
yǐ
圮 150
夷 151
夷館 152
夷酉 153
夷商 154
夷情 155
夷目 156
夷目官 157
怡和 194
怡和 195
怡和洋行 196
移 317
移花 318
移會 319
移開 320
移行 321
移咨 322
移咨事 323
移送 324
移送到部 325
移覆 326
移文 327
移文奏請 328
貽 338
遺摺 347
遺囑 348
遺疏 349
遺有 350
儀注 1640
疑獄 1658
疑竇 1659
yǐ
以 103

拼音字检

以…而□□ 104
以期 105
以及 106
以匡不逮 107
以三四品京堂候補 108
以四五品京堂用 109
以資 110
以次 111
以示 112
以樹風聲 113
以抒佩悃 114
以昭 115
以昭信守 116
以他利 117
以他里 118
以馬那兒 119
以憑 120
以憑核轉 121
以憑核奪 122
以憑核辦 123
以憑察奪 124
以聞 125
以便… 126
以便依循 127
以免 128
倚任 145
倚任 146
倚俾 147
已革 187
已據前情 188
已經 189
已故 190
已交…機關查核辦理 191
已交…機關審查 192
已付 193
迤北 339
迤南 340
迤麗 341
蟻 1670

yì
意大里亞 200
意太利 201
意卑里亞 202
意陸伊陸 203
懿 204
懿旨 205
異 314
異日 315
異常 316
溢價銀 403
溢額銀 404
翼徵蹄算 9125
逸 405
逸致 406
逸興 407
亦近規避 531
亦近招搖 532
易 533
易買 534
易辦 206
益花臣 535
益蕉忱之馳系 536
益抱不安 537
繹 538
驛 539
驛書牌子 540
驛站 541
驛遞 542
驛傳道 543
億 701
臆 712
義 1667
義斯巴尼亞 1668
義律 1669
誼 1675
議處 1676
議處 1677
議敘 1678
議政王 1679
議奏 1680
議單 1681
議得 1682
議覆 1683
議復 1684
藝之 2326
藝學 2327
肄業 3685

役滿 8916
譯署 8926
譯齊 8927
譯材 8928
譯有 8929
挹 8981
挹注 8982
邑尊 9020
弋 9121
抑配 9122
抑勒 9123
抑勒強迫 9124

yīn
因 445
因革 446
因義士 447
因公 448
因公出境 449
因公科歛 450
因之 451
因而 452
因循 453
因制 454
因勢利導 455
因地制宜 456
因地文 457
瘖 721
瘖口曉曉 468
音樽 717

yín
寅誼 435
寅紹丕績 436
夤緣 458
吟祉延釐 2099
銀元 2100
銀股 2101
銀公司 2102
銀號 2103
銀市 2104
銀紙 2105
銀錠 2106
銀票 2107
銀總 2108
銀洋 2109
銀兩 2110

yǐn
引決 461
引見 462
引港 463
引水 464
引端 465
引途 466
引路 467
隱實 474

yìn
印 414
印委 415
印烟 416
印花 417
印記 418
印給 419
印結 420
印件 421
印硃票照 422
印書公司 423
印證 424
印信 425
印信 426
印發 427
印發限單簿 428
印發滾單簿 429
印發串票簿 430
印票 431
廕 459
廕生 460

yīng
嬰城 497
英 521
英界 522
英機黎 523
英圭黎 524
英畝 525
英程 526
英與 527
英洋 528
英倫的 529
嚶鳴社 648
鷹允 649
鷹管官署 650
應議 651
應從緩議 653
應准 654
應准備案 655
應如何…之

處 656
應如何…辦理之處 657
應照准 658
應即 659
應即休職 660
應即准如所請 661
應即復職 662
應即免官此狀 663
應得之答 664
應得之罪 665
應否 666
應否許可、審核示遵 667
應否免予置議 668
應備物料 669
應付 670
應附 671
應毋庸議 672
應免本職 673
應予 6/4
應予准行 675
應予所請 676
應予照准 677
應予駁斥 678
膺 9050
膺倚 9051
膺吃黎 9052
膺顯戮者 9053
鷹犬 9054
鷹洋 9055

yíng
瀛臺 511
營 512
營盤 513
營兵 514
營勇 515
盈貫 516
盈絀 517

盈餘 518
盈黎馬祿加 519
迎啓 2328
迎頭痛擊 2329
迎風 2330

yǐng
影射 498
影射含混 499
影射差役 500

yìng
應時 652
硬護 2917
硬坐 2918
硬砌 2919
硬煤 2920
映象 504

yō
哟唎額窪哩斯塔 8915

yōng
庸 9047
庸議 9048
庸劣不職 9049
擁擠 9061

yóng
喁喁 2144
喁喁之望 2145

yǒng
永革 507
永不敍用 508
永立公公斷署 509
勇 8964
勇營 8965
甬 9100

yòng
用 9085
用意 9086
用敢 9087
用款 9088
用銀 9089
用項 9090
用人行政 9091
用度 9092
用特函覆 9093
用特函願 9094

用特函覆 9095
用敦縞之誼 9096
用實 9097
用兵 9098
用命 9099

yōu
攸 8956
攸關 8957
攸頼 8958
優勤 8959
優眷 8960
優貢生 8961
優敍 8962
優例 8963

yóu
油靴 8934
尤 8955
幽暗 8976
尤 8977
尤在 8978
尤不得 8979
尤不可 8980
猷 9009
猶之 9010
猶太 9011
由 9012
由驛馳奏 9013
由渾之畫 9014
游移 9004
游衍 9005
游湖 9006
游刃 9007
游幕 9008
遊手 9017
遊擊 9018
遊勇 9019
郵騎 9021
郵政局 9022
郵票帖 9023
鈾 9024

yǒu
莠民 4149
有 8983
有案 8984
有案可查 8985
有允不允 8986
有雅芝 8987
有鑒于此 8988
有虧責守

拼音字检

8989	餘無再照 9043	yuān	yuǎn	494	再…特此附及 3260	贓罰 5810
有限公司 8990	yǔ	冤抵 560	遠職 638	雲形石 495	再…併仰知照 3261	駔儈 5803
有厚望焉 8991	禹貢 482	冤抵 561	遠戍 639	雲石 496	再…併飭 3262	zāng
有司官 8992	雨暘失序 484	yuán	遠驁 640	yǔn	再…併飭知照 3263	藏 5822
有恃無恐 8993	語 2626	員 437	遠房 641	允 408	再議 3264	zāo
有秋 8994	予 9025	員外郎 438	yuàn	允協 409	再候 3265	糟酷 5735
有玷官箴 8995	與 9026	員缺 439	院 469	允行 410	載 3291	zǎo
有電回國 8996	與其 9027	員缺之肥 440	院基 470	允從 411	載明 3292	早 5703
有同責焉 8997	與股 9028	員司 441	院司 471	允詳 412	在 3295	早己 5704
有負委任 8998	與國 9029	承 442	院試 472	允否 413	在案 3296	早書 5705
有無 8999	與聞 9030	員瞻鴻儀、良叶頌忱 443	怨讟 575	隕越 473	在外言動 3297	早占勿藥 5706
有約之各國人民 9000	yù	員弁 444	愿 1496	yùn	在官 3298	早駐 5707
有力 9001	御史 1836	圓 562	願共勉之 1505	運華 486	在卷 3299	早堂 5708
有零 9002	御批 1837	圓融 563	願受教 1506	運貨憑單 487	在 3300	早日 5709
有 9003	御風 1838	援 597	yuē	運腳 488	在此 3301	早膺疆寄 5710
yòu	玉莖 1984	援救 598	月將日就 2363	運使 489	在詞之人 3302	藻飾 5781
又 8966	玉粒穧稼 1985	援照 599	月前 2364	運司 490	在事人 3303	蚤 5782
又據 8967	玉山 1986	援照 600	月底 2365	運賑水腳 491	在事人員 3304	zào
又在案 8968	寓 2146	爰 619	月白布套 2366	運洋貨入內地之稅單 492	在即 3305	竈 5731
又准 8969	寓有 2147	緣 629	約 8917	運洋貨入內地執照 493	在逃 3306	竈籍 5732
又奉 8970	遇缺簡放 2148	緣系 630	約會 8918		在比 3307	竈丁 5733
右 8971	獄囚 3096	緣事 631	約翰門鶯 8919	zā	zǎn	竈戶 5734
右 8972	獄神祠 3097	緣入 632	約行 8920	匝 5657	拶指 3377	造 5811
右謹奏聞 8973	獄卒 3099	緣奉前因 633	約章 8921	zá	儹錢 3415	造意 5812
右侍郎 476	俞允 8930	袁 635	約束 8922	雜職官 3387	zàn	造作 5813
右照給〇〇收執 8974	愈 8931	轅 637	約地 8923	雜稅 3388	贊襄 3465	造冊 5814
右都御史 477	籲 8937	元 2477	約法 8924	雜派 3389	暫 3468	造冊報部 5815
右牌仰 8975	籲懇 8938	元享洋行 2478	yuè	雜理 3390	暫緩舉辦 3469	造就 5816
右副都御史 478	諭 8940	元戎 2479	粵(省) 545	zāi	暫縱緩議 3470	造廠 5817
yū	諭議政王軍機大臣等 8941	元精石 2480	粵海關 546	哉生魄 3266	暫准 3471	造賣 5818
迂合倫布 483	諭軍機大臣等 8942	原 2481	粵海關監督 547	裁成 3274	暫署 3472	造訪 5819
yú	諭告 8943	原委 2482	粵漢 548	zǎi	暫如所請 3473	造報 5820
于絲蝋 475	諭旨 8944	原件存 2483	粵西 549	宰相 3267	暫請緩議 3474	造謠滋事 5821
於 644	諭示 8945	原件存轉 2484	粵東 550	宰賣 3268	暫置小嫌共維全局 3475	zé
魚箋 1839	諭單 8946	原件發還 2485	粵匪 551	zài	暫難 3476	責革 5355
魚 1840	諭帖 8947	原驗 2486	越 553	再 3252	暫毋庸議 3477	責職 5356
揄揚 8932	諭內閣 8948	原差 2487	越過 554	再…合併 3253	暫勿 3478	責成 5357
榆 8933	諭令 8949	原摺擲還 2488	越午 555	再…合併咨明 3254	暫予 3479	責任旁貸 5358
渝 8935	裕如 9016	原招 2489	越泜 556	再…合併声叙 3255	暫予 3481	責買 5359
逾恒 8954	豫 9031	原性 2490	越日 557	再…合併声明 3256	zāng	責令 5360
輿蓋 9033	豫大 9032	原呈發還 2491	閱歷 558	再…合併陳明 3257	賍 5808	則 5825
輿情 9034	預 9038	原任 2492	岳王 1234	再…合併通飭 3258	臟私 5809	則屋 5826
餘 9042	預籌 9039	原被兩造 2493	樂奏崇戎 1235			則済勒 5827
	預聞 9040	原封 2494	yún	再…合併附陳 3259		則例 5828
	飫 646	源源 2506	勻 432			澤道 6142
	飫聞 9041		勻計 433			zéi
	顧懇 8936		勻撥 434			賊蹤 5876
	籲請 8939		云々 485			zēng
			雲貴總督			增飾 5804
						增生 5805

29

拼 音 字 检

增耗5806
zēng
曾文正公 5646
曾紀鴻5711
zhā
紮營3378
紮兵3379
zhá
箚3347
箚行3348
箚飭3349
箚付3350
箚文3351
箚諭3352
札3368
札委3369
札開3370
札住3371
札飭3372
札諭3373
札派3374
札文3375
札諭3376
zhà
乍3143
炸丸3333
炸毀3334
炸藥3335
zhāi
摘放6759
zhān
占三從二 5498
旃5505
瞻5519,6201
瞻依5520
瞻狗5521
瞻徇故縱 5522
詹事5543
詹事府5544
沾6818
沾溉無窮 6819
沾沾6820
粘附7359
粘縫7360
粘連7361
zhǎn
斬監候3480
斬立決3482
展期6814
展辭6815
展賴6816

zhàn
棧3455
棧單3456
棧內雜用 3457
棧房3458
佔守5457
占曼尼5473
戰狀評判界 詞5504
湛稅務司 6196
zhāng
彰明較著 4538
彰明昭著 4539
章程4713
章服4714
張6383
張冠李戴 6384
張皇6385
張香師6386
張本6387
zhǎng
掌握4573
掌印監察御 史4574
掌印給事中 4575
掌印學士 4576
掌守4577
漲落6409
長子6462
zhàng
丈4765
丈冊4766
丈單4767
丈量4768
仗4812
帳房6375
帳目6376
賬目6459
zhāo
招看4578
招眼4579
招股4580
招考4581
招首4582
招書4583
招承4584
招商4585
招商局4586

招生4587
招選4588
招帖4589
招牌4590
招扳4591
招房4592
招搖4593
昭信股票 4613
昭信守4614
昭蘇4615
昭武都尉 4616
zhǎo
找812
找給813
找兌814
找付815
找捕816
召告4475
召對4476
召亂4477
召買4478
照4623
照案4624
照允4625
照應4626
照会4627
照会事4628
照看4629
照省4630
照衛4631
照覺4632
照給4633
照舊4634
照驗施行 4635
照行4636
照出4637
照出竹栽 4638
照4639
照准前因 4640
照准前因、 合飛亟飭 4641
照牆4642
照相4643
照章4644
照稱4645
照詳施行 4646
照常4647
照允4648

照得4649
照攤4650
照提4651
照頭4652
照登4653
照碼4654
照復4655
照覆4656
照覆事4657
照拂4658
照辦4659
照磨4660
照料4661
照例4662
照錄原文 4663
兆6371
肇乱6431
zhē
遮耳3944
zhé
摺4597
摺繕4598
摺奏4599
摺存4600
摺片4601
折5378
折柬5379
折扣5380
折乾5381
折合5383
折獄5384
折卸5385
折收5387
折杖5387
折出5388
折色5389
折贖5390
折中5391
折服5392
zhě
者3923
zhēn
眞4955
眞実4956
眞盛意4957
箴言4963
箴砭4964
臻4977
針籹5016
珍帙投贻 6512
zhěn
甄擇4939
畛域4954

軫惜5005
軫念5006
zhèn
振4915
振威将軍 4916
振款4917
振瞎發聾 4918
振旅4919
震5019
陣亡5044
鎭6517
鎭市6518
鎭静6519
鎭台6520
鎭長6521
鎭店6522
鎭府6523
zhēng
征5149
征鈔5150
征税5151
争執5727
争勝5728
徵仕郎6388
徵税口岸 6389
徵調6391
zhěng
拯4835
整5178
整飭5179
整飭戎行 5180
整頓5181
整裝費用 5182
zhèng
政聲5174
政體5175
政聞社5176
政令5177
正5188
正…間5189
正…中5190
正印官5191
正核議間 5192
正核議中 5193
正核辦間 5194
正核辦中 5195

正擬辦間 5196
正擬覆間 5197
正擬辦中 5198
正供5199
正經5200
正經辦間 5201
正經辦中 5202
正紅5203
正黄5204
正項5205
正慤輶藝 5206
正子兩税 5207
正事5208
正支銷5209
正周花甲 5210
正遵辦間 5211
正遵辦中 5212
正餉5213
正状5214
正税5215
正奏5216
正太5217
正調查間 5218
正調查中 5219
正飭辦間 5220
正撤查間 5221
正撤查中 5222
正堂5223
正派5224
正白5225
正半兩税 5226
正批辦間 5227
正法5228
正務5229
正藍5230
正糧5231
掙脱5690
掙挫5689
zhī

祗1660
祗祈1661
祗侯1662
祗遵1663
祗請1664
祗得1665
祗奉1666
之3483
諸柱3620
支3621
支應3622
支解3623
支吾3624
支更3625
支持其間 3626
支銷3627
支飾3628
支紐3629
支發3630
支脏3631
支払憑單 3632
支放3633
支理3634
枝節3644
芝嘉皁3698
知會6272
知縣6273
知悉6274
知州6275
知照6276
知單6277
知府6278
○部知道 6279
知道6280
知道了6281
知勇6282
zhí
姪3573
姪孫3574
執貨4125
執貨者4126
執事4127
執照4128
執法4129
執役人4130
植4860
職4861
職官4862
職貢4863
職差4864
職司4865
職等4866
值6234

拼音字檢

值當 6235	制斛 5143	中外 6306	硃圈 4034	省人員 5489	狀悉 4852	准送 4303
直 6481	制使 5144	中外之防 6307	硃筆 4035	專肅 5490	狀准 4853	准單 4304
直印吏 6482	制錢 5145	中額 6308	硃諭 4036	專肅寸稟 5491	**zhuī**	准聽 4305
直境 6483	制臺 5146	中議大夫 6309	銖 4054	專人 5492	椎輪 5063	准駁 4306
直省 6484	制兵 5147	中間 6310	諸 4406	專丁 5493	追繳 6529	准補 4307
直達 6485	滯銷 6035	中慧外秀 6311	諸王大臣 4407	專電 5494	追出 6530	准明 4308
直督 6486	致 6246	中憲大夫 6312	諸此 4408	專辦 5495	追狀 6531	准予 4309
直報 6487	致意 6247	中權 6313	諸臻妥全 4409	專利之憑 5496	追犂 6532	准予照辦 4310
直隸總督 6488	致于罪戾 6248	中修 6314	諸色 4410	專泐 5497	追贓 6533	准予備案 4311
直隸廳 6490	致干 6249	中丞 6315	諸生 4411	**zhuǎn**	追比 6534	准予備查 4312
zhǐ	致干議處 6250	中畝 6316	諸大臣 4412	轉 6828	**zhuì**	准理 4313
只得 3503	致干究辦 6251	中節 6317	**zhú**	轉移 6829	贅及 5340	准令 4314
址 3575	致干答譴 6252	中輟 6318	逐 6287	轉會 6830	**zhūn**	**zhuó**
指帰 3605	致干答尤 6253	中土 6319	逐款 6288	轉函 6831	肫切 4268	灼 3958
指控 3606	致干嚴究 6254	中東 6320	逐層 6289	轉圜 6832	諄諄 4319	灼見 3959
指首 3607	致干查究 6255	中堂 6321	**zhǔ**	轉顏 6833	**zhǔn**	灼知 3960
指稱 3608	致干罪戾 6256	中西官員 6322	主意 3988	轉繳 6834	準算 4277	灼 3964
指肚 3609	致干參咨 6257	中文 6323	主見 3989	轉行 6835	準圖 4278	酌核 3965
指駁 3610	致干重責 6258	中飽 6324	主事 3990	轉咨 6836	准 4280	酌議 3966
指撥 3611	致干懲處 6259	忠靖之忱 6326	主持 3991	轉瞬 6837	准…稱 4281	酌減 3967
指不錄由 3612	致干懲辦 6260	**zhǒng**	主守 3992	轉遵 6838	准可 4282	酌帶 3968
指令 3613	致干未便 6261	踵 4052	主守盗 3993	轉署 6839	准函前因 4283	酌奪 3969
指令祗遵 3614	致此 6262	**zhòng**	**zhù**	轉塲 6840	准函前因、幷據前情 4284	酌定 3970
旨 3643	致知 6263	種瓜得瓜種豆得豆 4037	住址三代 4161	轉達 6841		酌提 3971
止 3646	治 6264	衆 4150	祝 4215	轉單 6842	准函前由 4285	酌派 3972
止須 3647	治忽 6265	衆擎 4151	祝嘏 4216	轉知 6843	准據以上由情、復奉前因 4286	酌發 3973
止贅 3648	治罪安置 6266	衆股東会議 4152	祝釐 4217	轉致 6844		酌辦 3974
zhì	治罪 6267	重處 4203	助逆 4413	轉飭 6845	准經 4287	卓異 6132
志 3615	置 6268	重息 4204	助順 4414	轉飭遵照 6846	准行 4288	濯手 6143
志殻 3616	置議 6269	重辦 4207	註銷 6344	轉呈 6847	准查 4289	着 6294
至 3689	置不講 6270	重監 4200	註明 6345	轉斗 6848	准算 4290	着即 6295
至〜止 3690	置辯 6271	重兵 4205	駐滬 6346	轉日 6849	准咨前因 4291	着即廢止 6296
至為紉感 3691	窒碍 6290	**zhōu**	駐京大臣 6348	轉批 6850	准咨前因、幷據前情 4292	着即免職 6297
至希 3692	窒碍難行 6291	周 4118	駐德使 6349	轉報 6851		着不准辦 6298
至若 3693	窒碍 6292	周後 4119	駐防 6350	轉報施行 6852	准咨前由 4293	着照 6299
至所盼荷 3694	擲還 6760	周時 4120	**zhuān**	轉諭 6853	准此 4294	着毋庸議 6300
至紉高誼 3695	…之據 3484	周章 4121	專案 5479	轉令 6854	准如所擬 4295	着落 6301
至紉公荷 3696	…之處 3485	周詳 4122	專員 5480	篆 6824	准如所擬辦理 4296	着令 6302
至紉公誼 3697	**zhōng**	周折 4123	專家 5481	篆務 6825		著 6356
質押 3873	中 6304	州 4138	專函 5482	**zhuāng**	准如所議辦理 4297	著…去 6357
質掛 3874	中醫 6305	**zhòu**	專使 5483	庄頭 4535		著兼任…此狀 6358
質審 3875		驟 4160	專此函覆 5484	莊田 5772	准如所請 4298	著重 6359
質臣 3876		**zhū**	專此函願 5485	莊地 5773	准照稱 4299	著照 6360
質票 3877		株扳 4001	專此奉復 5486	莊頭 5774	准照 4300	著照舊行 6361
袤 3945		硃押 4032	專祠 5487	裝運 5783	准狀 4301	著陸敍…此狀 6362
制 5141		硃批 4033	專主 5488	裝運 5784	准折 4302	著即公布
制軍 5142			專就服官本	**zhuàng**		

31

拼音字检

6363
著即凜遵 6364
著派 6365
著毋庸議 6366
著勿庸議 6367

zī
咨 3532
咨爲…事 3533
咨爲咨送…事 3534
咨爲咨請…事 3535
咨會 3536
咨開 3537
咨經 3538
咨行 3539
咨准 3540
咨商 3541
咨商各節 3542
咨照 3543
咨請 3544
咨送 3545
咨達 3546
咨調 3547
咨飭 3548
咨呈 3549
咨同 3550
咨部 3551
咨覆 3552
咨文 3553
咨報 3554
咨明 3555
仔 mal
滋事 3671
滋事端 3672
滋鬧 3673
茲… 3699
茲委任 3700
茲委任…爲 3701
茲加委 3702
茲據 3703
茲據前情 3704
茲據前情、并准前因 3705
茲據前情、并奉前因 3706

3707
茲經 3708
茲經…在案 3709
茲查 3710
茲准 3711
茲准前因 3712
茲准前由 3713
茲修正…公布之 3714
茲制定…公布之 3715
茲調 3716
茲派 3717
茲奉前因 3718
諮議官 3727
諮議局 3728
資 3729
資政大夫 3730
資斧 3731

zǐ
子虛 3580
子口 3581
子口稅 3582
子口單 3583
子口半稅 3584
子正 3585
子弹 3586
子部 3587
子目 3588
子藥 3589
梓潼 3645
紫霞膏 3684
警笑 3719

zì
字 3786
字寄 3787
字據 3788
字小 3789
字頭 3790
字樣 3791
字林西報 3792
自 3822
自應 3823
自應照准 3824
自可准許 3825
自可准行 3826

自可照准 3827
自強 3828
自苦 3829
自好 3830
自行収留者 3831
自克 3832
自主 3833
自食其力 3834
自新 3835
自生之者 3836
自請嚴議 3837
自前此 3838
自然 3839
自屬准行 3840
自当 3841
自有權衡 3842
自來 3843
自來火 3844
自來火引擎 3845
自來水 3846
自理 3847
自理詞狀簿 3848

zōng
宗 5679
宗旨 5680
宗支王公 5681
宗室 5682
宗人府 5683
宗人府宗令 5684
椶 5717
綜 5736

zǒng
總監督 5737
總管大臣 5738
總期 5739
總結 5740
總工程局 5741
總工程司 5742
總行 5743
總公司 5744
總催 5745
總司理人

5746
總撒 5747
總署 5748
總商 5749
總稅務司 5750
總書 5751
總兑 5752
總地 5753
總廳 5754
總統 5755
總統官 5756
總董 5757
總督~5759
總不 5760
總埠 5761
總兵 5762
總辦 5763
總理 5764
總理衙門 5765
總理各国事務衙門 5766
總理處 5767
總理總理各国事務衙門事務慶親王 5768
總滙 5769
總匯 5770

zòng
縱微 4199

zǒu
走私 5785
走漏 5786

zòu
奏稿 5667
奏參 5668
奏事處 5669
奏摺 5670
奏准 5671
奏銷 5672
奏知 5673
奏到 5674
奏牘 5675
奏辦 5676
奏保 5677
奏本 5678

zū
租 5614
租界 5615
租帰 5616
租地 5617

租定 5618
租辦 5619

zú
足 5855
足銀 5856
足見 5857
足色 5858
足色紋銀 5859
足徵 5860
足敷養贍 5861
足紋 5862

zǔ
祖家船 5612
阻 5635

zuān
鑽幹 3466
鑽充 3467

zuǐ
嘴巴 3564

zuì
最優國 3271
罪 3308
罪囚 3309

zūn
遵 4332
遵于~ 4333
遵解 4334
遵期 4335
遵議 4336
遵經 4337
遵行間 4338
遵查 4339
遵此 4340
遵旨 4341
遵旨寄信用前来 4342
遵照 4343
遵照辦理 4344
遵即 4345
遵即…在案 4346
遵速辦理 4347
遵飭 4348
遵辦 4349
遵諭 4350
遵陸 4351
尊 5878
尊孔 5879
尊賬 5881

zǔn
撙節 5901

zuó
昨 3331
昨報 3332

zuǒ
左近 3144
左侍郎 3145
左提右挈 3146
左都御史 3147
左堂 3148
左道 3149
左副都御史 3150
左右 3151
佐雜 3152
佐證 3153
佐治員 3154
佐貳(官) 3155
佐理 3156
佐理人 3157

zuò
做 3158
做訪 3159
做到 3160
座主 3232
坐椅 3233
坐耗口糧 3234
坐號 3235
坐催 3236
坐籤 3237
坐贜 3238
坐落 3239
坐糧廳 3240
作 3312
作爲 3313
作育裁成 3314
作押 3315
作合 3316
作主 3317
作證 3318
作人情 3319
作祟 3320
作速 3321
作桶 3322
作廢 3323
作覆 3324
作保 3325

中国歴史公文書読解辞典

[ア]

亞 1 岡 1
　Argon（元素）。　→氬、亞兒艮、惰気
亞榮 2 外
　アヘン。
亞司高楽 3 読 53
　アスコルド。
亞兒艮 4 岡 1
　Argon（元素）。　→亞、氬、惰気
亞相 5 筌 52
　協辦大学士に対する敬称。
亞當 6 外
　Adam.
亞伯剌罕 7 外
　Abraham。　[〜林根]
亞麻 8 岡 2
　linimn usitatissimum 一年生の草で亞麻仁油を産する。
亞里晩 9 外
　Irwin, E.
亞勒墨尼亞 10 外
　German（allemagne の音訳）。
氬 11 岡 1
　Argon（元素）。　→亞、亞兒艮、惰気
阿哥 12 外
　未だ成年（15 歳）に達せず親王などの封號を受けない皇子をいう。　→大阿哥
阿膠 13 岡 1
　山東省の東河県産の膠（にかわ）。黒驢馬の皮より煎製したものを佳とする。川雲堂の牌名は有名であるが、偽物も多く流行した。
阿根丁 14 筌 18
　アルゼンチン。
阿士哥爾度 15 読 61
　アスコルド？。
阿士氏拉 16 外
　Austria
阿士得鼇亞 17 外
　Austria
阿司佛辣得 18 筌 60
　asphalt
阿思本 19 外
　Osborn,Sherard
阿尼林 20 岡 1
　紅色染料である Aniline red の音訳。洋紅ともいう。
阿堵 21 岡 1
　銭のこと。もともとは「これ此者」の意で、晋の王衍が金を指して言ったことに由来すという（『野客叢書』）。
阿堵物 22 岡 1
　→阿堵
阿芙蓉 23 外、岡 1
　アヘン。
阿米尼亞 24 読 217
　Armenia（アルメニア）。
阿片 25 岡 1
　アヘンのこと。
阿片釐金税 26 岡 2（詳細）
　アヘンに課する釐金税。清代において洋関において通過するアヘンに課した税。
阿穆恩 27 外
　Amaral,Jose Rodrigues Colho d'.
阿力克塞夫 28 読 49
　アレキセイエフ。
阿利國 29 外
　Alcock, Rutherford
阿里曼 30 外
　German（allemagne の音訳）。
阿禮國 31 外
　Alcock, Rutherford
阿勒曼 32 外
　German（allemagne の音訳）。
哀子 33 筌 69
　母の死せる子。　→孤哀子
哀的美敦書　　→哀的邁敦書
哀的邁敦書 34 読 51
　最後通告（通牒）。ultimatum.外交上最後の通告。（これを拒否することは友好関係の断絶、戦争状態へ突入を意味する）。
噯倫 35 外
　Ireland.
愛迭生 36 読 217
　Edithon, Thomas A.
挨次 37 外
　順次に、かわりあって。
挨編 38 福 21-6b
　片側憎む。單面街〜〜。→対編
悪犯 39 福 20-1a
　本治公挙。列款首告。害證衆多者。謂之〜。
壓 40 外
　壓は予めの意。
壓船 41
　押船。
壓租 42 行 2-347、外
　壓は予めの意。清制、東三省において開墾地を下付する場合に地代として予め徴収する租税。開墾地は普通は無償下付が原則である。

[ア]

挖 43 筌 41
　掘る, 穴をあける。

挖空 44 筌 41
　穴を空けるの意。

遏 45 規 87
　抑え、止める。[遏止・阻遏]

安 46
　設置する。

安鄴 47 外
　Garnier, F.

安心 48 外
　Anson, G.

安詳 49 読 69
　おだやか、落ち着き。

安設 50 読 257, 筌 46
　敷設に同じ、安は置くなり。

安插 51 筌 8,40, 陶 8-1b
　①開墾, 排置。②落ち着かせる。あてがう。

安息日 52 讀下 23
　日曜日。

安塘 53 福 29-1a
　足軽の長屋。

安排 54 外
　処置をつける。

安放 55 読 190
　設置し置く。[日兵入京沿途安放行軍電線‥]

行宮、行在 56
　→コウ

按 57 外
　①照らして、準じて、応じて。②…ごとに。

按季 58 讀下 60
　定期に遅れず。

按元 59 筌 20
　外国貨幣に準ぜる龍元に割合を取る。

按股 60 外
　①係ごとに、役目ごとに、役目に応じて。②株(数)に応じて。

按察使 61 外
　①各省におかれる「提刑按察使司」の長官(司法検察長官)。主として一省内の裁判を掌る。布政使と共に(「両司」と並称される)総督巡撫に直隷する地方の大官で臬司と通称される。②上海に英国が設けた高等法院の主席判事。③香港の高等法院の主席判事。④澳門の Chief Judge.

按次遞推 62 筌 34
　順を追うて推及す。

按治 63 外
　調べ裁くこと。僉議し裁判する。

按段接防 64 筌 28
　区域を定め連絡して防備する。段は区域、接は連絡。

按程課効 65 福 2-17b
　程合いを按じてぎはを決める。

按名 66 外
　名前または人数を確かめて、人数だけ。それぞれ。

按日 67 規 250
　毎日。

按年 68 規 123
　「年毎に」の意。

按派 69 外
　それぞれ派遣する。

按班 70 福 1-15a
　身分どおり。

按兵 71 規 126
　退陣して動かざるの意。

按理之賠款 72 規 186
　相当の賠償金。

按律 73 規 243
　法律に準拠し。

按兩折合 74 筌 20
　銀塊の両に準じて割合をつける。

晏貢 75 読 304
　Rangoon.

暗監 76 福 13-5b
　暗き牢。4つに分けた牢のうちの一つ、(軟監、外監、裏監、暗監)。[法宜于狂猂(ろうや)門内一分爲四監。第一層近獄神祠者爲軟監。…一第二層稍進者爲外監。…第三層又進者爲裏監。所謂重監是也。…第四層最深途者爲～～。所謂黒獄是也。強盗歴年緩決及新盗擬辟者居之。]

暗荒 77 筌 77
　不作。

暗害 78 讀上 36
　陰謀迫害。

暗算 79 讀上 36、福 3-1a
　①陰謀。②もくろむ。

暗中 80 陶 11-1a
　「こっそり」「いつの間にか」。

暗碼 81 読 280
　暗号。

暗輪 82 読 10
　スクリュー。←→明輪(外輪)

案 83 読 309、讀上 23、37
　①～の件。一件または一事。事件、案件、問題、裁判事件。②案の一字により、よるべき法令・資料があることを示す。③档案として留めおくこと。[案同前因]

[イ]

案于‥據 84 四 139
案據に同じ。「‥付けの文書に曰く」。「于‥據」に日期が入る。案はよるべき資料・法令があることを示し、上級機関が下級機関への回答文において元の来文・档案を引用する語。語気としては「據」一字よりも肯定的である。 ③案はよるべき資料・法令があることを示し、上級機関への文書において、下級機関もしく民間の来文・口述を引用する語。

案經 85 満 126
「本案はすでに」。「此案業經」の簡略語。

案卷 86 外
先例の記録、関係書類、訴訟記録。

案據 87 外、四 141
①先例の記録、当該事に関する記録。②案はよるべき資料・法令があることを示し、上級機関が下級機関への回答文において元の来文・档案を引用する語。語気としては「據」一字よりも肯定的である。 ③案はよるべき資料・法令があることを示し、上級機関への文書において、下級機関もしく民間の来文・口述を引用する語。

案件 88 讀 7
事件。

案查 89 満 64、65、四 141
①意見を叙述する場合に用いられる。「案じ思うに」「案じ査するに」と訓む。「それ」「そもそも」の意。平行文（咨文、公函）・下行文（訓令・指令・批・佈告）ともに用いられる。 ②よるべき法令・資料があった上で述べることを示す。 →查

案照 90 満 49、65、四 142
①布告文の起首用語。②意見を叙述する場合に用いられる。「案し照すに‥」「今」と訓む。下行文（訓令・比令・批・佈告）で用いられる。 ③案は档案、照は照得。発文者の役職と本文の題目を述べた後、自分の意見・見方を述べる発句。よるべき案があった上での意見・見方の陳述であることも示す。 →案查

案准 91 四 141
准に同じ。平級機関の来文を引用する語。案の一字により、よるべき法令・資料があることを示す。 →案、准

案准大函 92 四 141
平級機関への回答分において相手の来文を引用する語。案の一字により、よるべき法令・資料があることを示す。 →案、准

案情 93 筌 61
罪状。

案呈 94 四 140
呈堂稿を引用する場合に「‥司案呈」として使われる。 →呈堂稿

案同前因 95 四 140
「内容は同じにつき」平級機関からの来文が先ずあって、その後（他機関から）同内容の来文がある場合重複を避けつつ言及する語。民国期に平級機関間でよく用いられた。この語の後は帰結段となる。案の一字で档案として留めおかれていることが示される。→令同前因

案同前情 96 四 140
「内容は同じにつき」下級もしくは民間からの来文・陳述が先ずあって、その後同内容の来文がある場合重複を避けつつ言及する語。「呈前前情」と同様であるが、この語の場合呈に限らず令・函・咨の内容に言及することが可能である。 →呈前前情

案同前由 97 四 140
「内容は同じにつき」平級機関からの来文が先ずあって、その後（他機関から）同内容の来文がある場合重複を避けつつ言及する語。ただしこの場合、後から来た文書が平級機関からのものとは限らない。民国期にあまり用いられなかった。この語の後は帰結段となる。案の一字で档案として留めおかれていることが示される。→令同前因

案發 98 讀上 43
罪案露顕。

案奉 99 四 140
「奉」「竊奉」「案蒙」とほぼ同じ。上級からの来文を引用する語。この語の後発文者の名前と原文が掲げられる。案の一字があることによりよるべき資料があることを示す。

案蒙 100 四 141
①「奉」「竊奉」「案奉」とほぼ同じ。上級からの来文を引用する語。この語の後発文者の名前と原文が掲げられる。案の一字があることによりよるべき資料があることを示す。 ②清代に上級への呈文において上級機関からの恩恵・世話・来文をありがたいと感謝して受け取ることを表す語。

諳忽 101 福 1-6a
覚えることと忘れること。

諳厄利 102 外
England のこと。

[イ]

[イ]

以 103 規 243、四 23、福 12-2a
①「惟う」に同じ。②歴史文書中において、某機関からの来文書の内容・大意を述べ説明を加えるときの発句。③以者與眞犯同。謂如下監守貿易官物。無異眞盜。故以枉法論。以盜論。並除名刺字。罪至斬絞。

以・・而□□ 104 四 24
「・・して、□□せん。」民間から政府に出す訴状や各機関に対して出した文書において目的(□□)を強調する語。〔以興教育、而植人才〕

以期 105 四 24
〜されたし。

以及 106 讀下 46
より及ぶ。

以匡不逮 107 筌 53
もって及ばざるを匡正する。

以三四品京堂候補 108 規 65-6
京堂には三品、四品なるものありいずれか欠員あり次第の意。

以四五品京堂用 109 筌 10
四品あるいは五品官の中央独立衙門の長官として任用する。

以資 110 四 24
①多くは動詞を伴い本文の手段と目的を示す。〔以資鼓励〕②もって・・に資す。・・のたすけになるようにする。

以次 111 規 318
及び。「〜より〜に及ぶまで」の意。

以示 112 四 24
本文の用意と目的を示す語。「もって・・を示すものなり」

以樹風聲 113 筌 39
模範を立てる。

以抒佩悃 114 筌 56
もって感佩の心を泄す。

以昭 115 四 24
本文の用意と目的を示す語。「もって・・を示すものなり」〔以昭信守〕

以昭信守 116 四 24
「もって誠実さを示すものなり」〔以昭信守〕→以昭

以他利 117 外
Italy.

以他里 118 外
Italy.

以馬那兒 119 読 16
イマニアル。

以憑 120
二字で「(これに)よりて」と訓んで可か?

以憑核轉 121 満 104
①「審査の上、転令(呈)するに便ならしめよ」。回答を要求する訓令(下行文)における結尾語。②「憑(確証)をもって転令(呈)に便ならしめよ」の意か? →憑

以憑核奪 122 四 24
下級機関に出す文書で下級からの回答を求める語。下級からの回答を得た上でそれを審査して決定することを告げる語。①「審査辦理するに便ならしめよ」。→憑

以憑核辦 123 満 104
①「審査辦理するに便ならしめよ」。回答を要求する訓令(下行文)における結尾語。②「憑(確証)をもって核辦に便ならしめよ」の意か? →憑

以憑察奪 124 四 24
察奪は「察核、裁決」の合語。下級機関に出す文書で下級からの回答を求める語。下級からの回答を得た上でそれを審査して決定することを告げる語。①「審査辦理するに便ならしめよ」。→憑

以聞 125 読 246
上奏する。

以便・・ 126 中 2226
「・・できるよう」、「・・の便によいように」

以便依循 127 四 24
平級機関の来往文書において相手方に意見の提出を求める。「もって依循に便たらしめよ」か?

以免 128 四 24
「・・を免れたし」から転じて、「・・するなかれ」「・・せぬよう」の意。

伊 129 規 65,185-6,223、讀下 18
①伊は「彼れ」「此れ」等の代名詞として用ゆることあり。②余(わたし)。③「之」の字同様、接続詞として用ゆることもある。一つの措き字と見るが可ろし。〔特régulièr一己之光華已〕

伊於胡底 130 外
「かれいづくにかいたる」事態がどのように悪化するか想像もつかない(『詩経』小雅小旻の句で訓み方不定)。

伊格那提業幅 131 外
Ignatiev.

伊子 132 筌 10
彼の子。

伊始 133 筌 7,外
①これ始まる。②〜の創始。

伊耳欄 134 筌 24
アイルランド。

伊古 135 筌 27
古え。伊は語気を強めるだけで意味無し。

[イ]

伊爾雲 136 外
　Irwin.

伊爾固特斯克 137 外
　Irkutsk.

伊達利 138 外
　Italy.

依允 139 福 12-27b
　承知。

依議 140 外、陶 7-3b,筌 16、四 87
　「ギニヨレ」、上奏通り行え。奏議のごとくせよ。皇帝が許可する表現。（硃批の慣用句。）

依次 141 筌 8
　順次に。

依守 142 福 5-10a
　寄り合う。

依聽 143 福 12-28a
　承知する。

依奉 144 讀 297
　規則に遵いて。

倚 145
　よる。　→長鷹倚任

倚任 146 讀 120
　朝廷よりの倚任、職務の意。

倚俾 147 讀 122
　倚任に同じ。　→俾

偉烈亞力 148 外
　Wylie, Alexander.

喊哎嗎 149 外
　Wade, Thomas F.

圯 150 讀 205
　「毀」なり。

夷 151
　alien,aliens.外国（人）の。

夷館 152 外
　①廣東の外国人居留地、長崎出島と同様規制をうけていた。②居留地内の建物。

夷酋 153 外
　外国人の頭。　→夷目

夷商 154 外
　外国商人。

夷情 155 外
　①外国の事情。②外国人の心理心情、風俗。

夷目 156 外
　外国人の頭目。普通領事級のものをさし「夷酋」よりやや下級のものを指す。

夷目官 157 外
　開国以前にオランダから派遣された使節団の高級随員。

委 158 陶 14-1b
　任せる。

委充 159 讀 295
　あてる?。

委員 160 典
　①役人を派遣する。②各官庁の所属庁または分局に専官なき職務を行う為に当該官庁の上官から職務執行を委任された属僚。③新設された外交・教育・船政などの機関の事務の処理を関係官庁の上官から委任された人。官の資格のみを有する候補候選の人員があてられることが多く開港後の渉外事務の処理などによくあてられた。　→候補・候選

委曲 161 讀下 37
　情実または彌縫。

委差署缺 162 讀 144
　執務就官。

委查 163 満 128、四 87
　①「委派人員往查」の略。人員を派遣して調査せしめる。②平行文において専門の役人を派遣して調査させることを指す。

委酌 164 讀上 38
　調査委員。　→斟酌諭旨之議員

委署 165 外
　委は「委員」の委。署は「署理」の署。派遣と事務代行のこと?。

委審 166 撫 2‐1b
　裁判権を有する地方長官が直接審判すべき事件にありても、省城を経だたること遠きときは便宜上その地守巡道になどにその審判を委任すること。

委派 167
　権利を委任して派出すること。

委羅多 168 外
　Vereador.

委黎多 169 外
　Vereador.

威 170 讀上 16
　威海衛。

威爾士利 171 筌 54
　ウェルスリー大学。

威妥馬 172 外
　Wade, Thomas F.

威妥瑪 173 外
　Wade, Thomas F.

威特 174 外
　Witte, S. J.

威逼 175 福 15-2b
　勢いをもってせめ殺す。

威厘各 176 外
　Wilcocks, B. C.

威霊 177 規 170

［イ］

威信、威力(特に朝廷・皇帝の)。

威廉 178 外、読 15
Wilhelm Ⅱ ,Friedrich W.Viktor Albert.

彙案核轉 179 滿 129
他案と纏めて審査した上で他機関に転送して処理せしむべし。簡略語。

彙案核辦 180 滿 129
他の文案とともに纏めて審査の上処理すべし。簡略語。

彙解 181 読 303
集めてその筋に送る。

彙核 182 滿 129
案をまとめて審査処理する。

彙交 183 読 34
集めて渡す。

彙齊 184 読 141
報告をそれぞれ取調済みの上。

彙總承轉辦理之區 185 筌 57
鉱物を収集転達する総取扱所。

彙轉 186 滿 129
その他の文書と、纏めた上で送付のこと。簡略語。

已革 187 読 123
既に革職(の)。

已據前情 188 滿 59
「已に前の呈のごとき有り様であるので」下級よりの公文に対する承上転下語。

已經 189 読 2
すでに。 →經

已故 190 福 12-27a
死仕先。有事十犯者。稱〜。

已交・・機關查核辦理 191 滿 106
「既に・・機関に交付して審査処理せしむ。」指令・批における結尾語。

已交・・機關審査 192 滿 106
「既に・・機関に交付して審査せしむ。」指令・批における結尾語。

已付 193 規 123
既に交付済みの意。

怡和行 194 外
①廣東貿易時代の「洋行」中最も重要な役割を営み、その「行商」伍敦元(Howqua Ⅱ)は「總商」として活躍し、その富をもって聞こえた。またその第五子の伍崇曜も対外交渉で活躍した。②=怡和洋行。

怡和 195 筌 46
→怡和洋行

怡和洋行 196 外
Jardine Matheson & Co.

惟 197 読 205
「ただし」。

惟正之供 198 福 5-4a
本年貢。

惟利儀 199 外
Belgium.

意大里亞 200 読 215
Italy.

意太利 201 読 215
Italy.

意卑里亞 202 外
Iberia の音訳(Spain を指すか)。

意陸伊陸 203 読 304
イロイロ?。

懿 204 規 39
皇上の勅旨を諭旨といい、(西)太后の令旨を懿旨という(懿は温柔聖善もて女の德を稱える)。

懿旨 205 筌 3
皇太后(西太后)からの詔勅(命令)。cf. 諭旨。

易辦 206 読 117
取り扱い安い。

爲 207
〜というものは。〜たるや。[爲時已久、爲数亦多]

爲・・一案會簽呈覆事 208 四 13
民国時期の書式の簽呈の冒頭の書式。上級機関に対して複数の人員(もしくは機関)が同一のことに対して合同で回答する場合に用いられる。 →會同、簽呈

爲・・一案會簽報告事 209 四 13
民国時期の書式の簽呈の冒頭の書式。上級機関に対して複数の人員(もしくは機関)が同一の事について合同で報告する場合に用いられる。 →會同、簽呈

爲・・一案會同簽請事 210 四 13
民国時期の書式の簽呈の冒頭の書式。上級機関に対して複数の人員(もしくは機関)が同一のことを請求する場合に用いられる。 →會同

爲・・一案會同簽覆事 211 四 13
民国時期の書式の簽呈の冒頭の書式。上級機関に対して複数の人員(もしくは機関)が同一の事について合同で回答する場合に用いられる。 →會同

爲・・一案會同簽報事 212 四 13
民国時期の書式の簽呈の冒頭の書式。上級機関に対して複数の人員(もしくは機関)が同一のことを報告する場合に用いられる。 →會同

爲・・一案備文簽覆事 213 四 14
民国時期の書式の簽呈の冒頭の書式。上級機関に対して結果を報告する場合に用いられる。 →爲簽覆事

爲・・起見 214 陶 8-58a、四 21

[イ]

・・の見地から（・・するために）。→起見

爲・事 215 満 48
公の文書の冒頭にそのその題目・内容を記す書式。上奏文・告示等に、また民國以降も用いられた。『』、「」と同じにみて可。

爲・・由 216 満 122
「・・の件。」「・・について」指令及び批文の袖書きで、正文外の冒頭に記す前由語の書式。

爲移送事 217 四 22
移文(平行文)の冒頭の語。「移文送るにつき。」 →爲・・事

爲荷 218 規 209、筌 44、講 103、満、82、113、四 21
①平級機関間の来往文書で感謝の意を表す語。②「・・下されたし」「お願いする」という要請又は命令を表す語。文末にくる。荷は負なり担なり,高意を伺うの意。③公函の収束語。是荷、是幸、爲幸、是爲至荷、是爲至幸、是所殷切などともいう。「幸せに存じ」「幸甚」の意。

爲奇 219
「奇貨可居」。買い貯めて、値段の上昇を図り、備えること。

爲會詳事 220 四 16
詳文の起首語。詳文は清代に下級機関が上級機関に対して出す文書の一つ。會詳はいくつかの単位が合同で詳文を出すこと。

爲會詳事・・理合具文會詳 221 四 16
詳文の起首語と末尾語。詳文は清代に下級機関が上級機関に対して出す文書の一つ。會詳はいくつかの単位が合同で詳文を出すこと。

爲曉諭事 222 四 21
＝爲出示曉諭事

爲訓令事 223 満 45、四 15
「訓令する件」。訓令(下行文)の起首。ただし一部訓令は「案・・」「査・・」等のように必ずしもこの書式によらない。 →爲令・・事

爲建議・・事 224 四 18
建議の起首語。建議は建議書ともいい民国時期に民間から役所や下級機関から上級機関に出した文書。んぶんに訓令する件」。訓令(下行文)の起首。ただし一部訓令は「案・・」「査・・」等のように必ずしもこの書式によらない。 →爲令・・事

爲建議事 225 四 18
建議の起首語。簡略語。建議は建議書ともいい民国時期に民間から役所や下級機関から上級機関に出した文書。んぶんに訓令する件」。訓令(下行文)の起首。ただし一部訓令は「案・・」「査・・」等のように必ずしもこの書式によらない。 →爲令・・事

爲叩 226 筌 51
叩頭して懇願す。

爲幸 227 満 114、四 17
「幸甚なり」の意。平行文において要望の意を表す、結尾語につく定形句。

爲査 228 四 19
「調べたるところ」資料や法律を調べた結果を述べる語。

爲査禁事 229 四 23
＝爲出示査禁事。

爲箚行事 230 四 23
箚文の起首語。箚は清代の下行文。「箚」をだして下級に実行せしめる。

爲札知事 231 四 14
札文の起首語。「札」をだして下級に知らしめる事を示す。→札(清代の上級から下級に達する文書)

爲止 232 陶 8-24b?
～まで終わりとする。

爲此 233 四 16
「これがため」収束語をつくる。

爲此・・咨請□□ 234 満 81
「咨文・・もて□□せられんことを申請す」平行文の収束語。

爲此・・咨覆□□ 235 満 81
「咨文・・もて□□せられんことを回答す」平行文の収束語。

爲此・・呈請 236 満 79
「理は正に・・もて申請す」上行文の収束語。

爲此・・呈覆 237 満 79
「理は正に・・もて回答す」上行文の収束語。

爲此函請・・・ 238 満 82
「よりて書簡を以て申請す。」公函における収束語。

爲此函覆・・・ 239 満 83
「よりて書簡を以て回答す。」公函における収束語。

爲咨・・事 240 満 41
咨文の起首用語。「咨爲・・事」よりやや丁寧ならず。 →爲・・事、咨爲・・事

爲咨會事 241 規 141、満 41
①咨文もて照会する所あらんとすの意。②「合議・会同のことを咨する。」合議を要求する咨文の起首の語。 →爲咨・事、爲・・事

爲咨行事 242 満 41、四 19

[イ]

「通達の件」咨文の起首の語。 →爲咨・・事、爲・・事

爲咨査事 243 満42、四20
「調査の件を咨する」咨文の起首の語出、調査を請うの意あり。 →爲咨・・事、爲・・事

爲咨催事 244 満42
「催促の件」咨文の起首の語。 →爲咨・・事、爲・・事

爲咨商事 245 満42、四20
「商議の件を咨する」咨文の起首の語で「会合して商議したき」の意あり。 →爲咨・・事、爲・・事

爲咨照事 246 満41
「照会の件」咨文の起首の語。 →爲咨・・事、爲・・事

爲咨請事 247 満41、四19
「請求の件」咨文の起首の語。 →爲咨・・事、爲・・事

爲咨送事 248 満42、四20
「送付の件」咨文の起首の語。 →爲咨・・事、爲・・事

爲咨陳事 249 満42
「陳述の件」咨文の起首の語。 →爲咨・・事、爲・・事

爲咨呈事 250 満41
「咨呈の為のこと」咨文の起首の語。やや上級機関に文書を発送するときに使う。 →爲咨・・事、爲・・事

爲咨轉事 251 満41
「轉知の件」咨文の起首の語。 →爲咨・・事、爲・・事

爲咨覆事 252 満42、四20
「回答の件」咨文の起首の語。 →爲咨・・事、爲・・事

爲咨明事 253 満42
「咨文もて報告すること」咨文の起首の語。 →爲咨・・事、爲・・事

爲咨領事 254 満42、四20
「領収したき件」咨文の起首の語で同級官署に経費(または物件)を請求するとき使う。 →爲咨・・事、爲・・事

爲指令事 255 四19
民国時期の上級から下級機関に出した指令文。徐々に「呈悉」の一語に取って代わられた。

爲時 256 読181
～の時間たるや。[密議団匪乱事、爲時極久]

爲示諭事 257 四14
告示文の起首語。中央政府または地方政府が民間全体に知らしめるべきこと、あるいは従わせるべきことあるを示す。 →爲出示暁諭事

爲示禁事 258 四14
爲禁事告示文の起首語。中央政府または地方政府が民間が行っていることを禁止することを示す。 →爲出示査禁事

爲從爲遠 259 讀上38
賛否のこと。

爲出示暁諭事 260 四14
告示文の起首語。中央政府または地方政府が民間全体に知らしめるべきこと、あるいは従わせるべきことあるを示す。

爲出示査禁事 261 四14
告示文の起首語。中央政府または地方政府が民間が行っていることを禁止・検査することあるを示す。

爲照 262 四22
①証拠とする。②およそ述べるに当たって法律や答案を見るに及ばず明らかなときに発句として正文を叙述する。会文の冒頭の書式。

爲照會事 263 四22
平級機関間来往の照会文の冒頭の書式。簡略語。「爲」が省かれ単に「照會事」となることもある。また末尾にも定式がある。

爲条陳・・事 264 四18
民国時期に民間から役所へ、または下級機関から上級機関に条陳した文書を送る場合の起首語。条陳の後全文の大意を表す語句が来る。

爲条陳事 265 四18
民国時期に民間から役所へ、または下級機関から上級機関に条陳した文書を送る場合の起首語。

爲申報事 266 四14
申文冒頭の起首語の一。申文もて報告すの意か。 →申文

爲簽・・請事 267 四23
簽呈の起首語。簽呈もて請願す。民国時期政府機関下級機関が上級機関に対し簽呈文により・・の内容を請願することを表す。 →簽呈

爲簽請事 268 四23
簽呈の起首語。簽呈もて請願す。民国時期政府機関下級機関が上級機関に対し簽呈文により請願することを表す。 →簽呈

爲簽覆・・事 269 四14
簽呈の起首語。民国時期に係りの役人もしくは下級機関が簽呈で回答する時の起首語。「簽覆」の後具体的な内容が示される。 →簽呈

爲簽覆事 270 四14、19
簽呈の起首語。民国時期に係りの役人

[イ]

もしくは下級機関が簽呈で回答する時の起首語。簡略語。→簽呈

爲簽・・報事 271 四 23
簽呈の起首語。簽呈もて回答す。民国時期政府機関下級機関が上級機関に対し簽呈文により・・の内容を報告することを表す。→簽呈

爲簽報事 272 四 22
簽呈の起首語。簽呈もて回答す。民国時期政府機関下級機関が上級機関に対し簽呈文により報告することを表す。→簽呈

爲對 273 筌 72
処置。

爲知會事 274 四 18
知會の起首語。知會は清代の平級機関来往文書の一つ。

爲通告事 275 四 21
「通告」の起首語。通告は民国時期の文書で、政府機関があることを人民に普遍告知せしめる文書。→爲通告・・事、爲・・通告事

爲通咨事 276 満 42、四 22
「通咨の件」咨文の起首の語。平級機関一般に通知する場合使われる。→爲咨・・事、爲・・咨事

爲通知事 277 四 21
「通知」の起首の語。通告は民国時期の文書で、政府機関があることを人民や下級機関に通知せしめる文書。→爲通知・・事、爲・・通知事

爲通飭事 278 四 21
飭は飭令・命令の意。明清時期に政府機関が人民や下級機関に命令する文書の発句の成句。→爲通知・・事、爲・・通知事

爲通報事 279 四 22
「通報」の起首の語。通報は民国時期の文書で、他機関(特に上級から下級に)にある事項を周知するために発する公文。→爲通報・・事、爲・・通報事

爲通令 280 四 21
通令は民国時期に上級機関から下級機関へもしくは政府機関から民間に対して出した文書。通例の後に詳しい内容に触れる。→爲通令事

爲通令事 281 四 21
通令は民国時期に上級機関から下級機関へもしくは政府機関から民間に対して出した文書。簡略語であるので関連の諸機関に出した文書であることが判る。→爲通令・・事

爲呈・・事 282 満 36
「・・の件を呈すること」呈文の起首の語。→呈爲・・事(用法同じ)、爲・・事

爲呈請事 283 満 36、四 16
「請願の件」。上行文・呈文の起首の語。→爲呈・・事、爲・・事

爲呈請備案事 284 四 17
「請願の件ならびに文案は留めおかれたし」。上行文・呈文の起首の語の一つ。呈文をもって請願するとともに文書の保管も求める。→爲呈・・事、爲・・事

爲呈覆事 285 満 37 四 17
①「回答を呈すること」。上行文・呈文の起首の語。②呈文をもって上級機関に報告する場合の起首語。およそ上級からの来文の命令があってその処理が終わったときに呈文をもって報告するときに使われる。→爲呈・・事、爲・・事

爲呈報事 286 満 37、四 17
①「報告を呈すること」。上行文・呈文の起首の語。②呈文をもって上級機関に報告するときの起首語。→爲呈・・事、爲・・事

爲轉詳事 287 筌 33
詳文を進達すること。

爲難 288 読 282
行うことが困難。

爲牌行事 289 四 22
牌文(下行文)の冒頭語。牌文をもって下級機関に命令を出したことを示す。→牌文

爲盼 290 四 19、満 113
①「希望す」。平行文の末尾で希望・依頼を表す用語。盼は「望む」なり。[希賜復音爲盼(お返事を賜わりたく)]②「お願いいたします。」平級機関間来往の文書にて相手方に助けを求める語。函件の末尾で用いられる。

爲憑 291 規 252
証拠。

爲佈告事 292 満 48
「布告のこと」。布告文の起首用語。

爲布告・・事 293 四 14
「布告のこと」。布告文の起首用語。「事」の字の前に布告の内容が示される。ただし必ずしもこの語を使うわけでもない。省略する場合もある。

爲布告事 294 四 14
「布告のこと」。布告文の起首用語。ただし必ずしもこの語を使うわけでもない。省略する場合もある。

爲布告周知事 295 四 14
「布告周知のこと」。布告文の起首用語。→爲布告周知事

［イ］

爲物 296 外
〜というものは。

爲報告‥仰祈‥事 297 四 16
下級機関から上級機関への報告の文書の起首語。「仰祈」の前に原因が記される。一般に軍事機構及び保甲長がもちいた。

爲報告‥事 298 四 16
下級機関から上級機関への報告の文書の起首語。一般に軍事機構及び保甲長がもちいた。

爲報告事 299 四 16
下級機関から上級機関への報告の文書の起首語。簡略語。一般に軍事機構及び保甲長がもちいた。

爲命 300 外
命とりになる。

爲要 301 四 18
「大事である」上級機関から下級機関に対して実行することが甚だ重要であるとして、実行することを求める語。文書末の命令語句の終わりに来る。

爲令‥事 302
公の文書の冒頭にその題目・内容を記す書式のうち、下行文の起首。上行文ほど内容は詳しく記さず。

爲令委事 303 四 15
民国期における委任令の起首語。民国後期になると「茲委任」に取って代わられた。

爲令禁事 304 四 15
下級がある事柄を処置することを禁止する文書の起首語。 →爲令‥事

爲令行事 305 満 44、四 15
「命令の件」。命令ある場合の下行文の起首。この後、命令の全文が記される。 →爲令‥事

爲令催事 306 満 45
「督促の件」。下行文の起首。 →爲令‥事

爲令遵事 307 満 45、四 15
「遵奉を令ずる件」。したがうべき命令あることを示す下行文の起首。この後、命令の全文が記される。 →爲令‥事

爲令知事 308 満 45、四 15
①「この文書承知せしむるべきなり」「知らしむるべしこの文件」。下行文の起首。 ②法令を布告する文書や命令文において徹底承知せしむる事を要求する文書であることを示す起首後。 →爲令‥事

爲令調査事 309 満 45
「調査を命ずる件」。下行文の起首。 →爲令‥事

爲令飭事 310 満 45、四 15
「命令(派遣)する件」。下行文の起首。 →爲令‥事

爲通令事 311 満 45
「通令のこと」。通令とは二つ以上の官署に同時命令するときに用いられる。下行文の起首。 →爲令‥事

爲要 312 満 114
「重要となす」、「重要である」。下行文の結尾語につく注意を喚起する定形句。

畏途 313 外
鬼門。

異 314 読 101
疑う、怪しむ。

異日 315 読 14
他日。

異常 316 筌 47
非常。

移 317 外、四 154
①＝移文。②「移文」もて。

移花 318 読 11
人口授紛。

移會 319 外、福 4-17a
①(関係文書を添えて)通知する。②武官副将以下平行用、〜〜手本。與関同。但右関改右〜。年月後。不用関字並押。

移開 320 筌 47
移文して知らせる。

移行 321 四 154
①平級機関に移文を発すること。②平級機関と下級機関の発した文書を総称する。③各種の文書を総称する。 →行

移咨 322 外
(同等の官庁に対し)移牒する。

移咨事 323 外
移文の冒頭の書式。為が省略された形か?。

移送 324 四 154
①平級機関に移文を発すること。②「移送する。」

移送到部 325 四 83
地方の総督・巡撫が中央の六部に咨文を送ること。 →移送、到部

移覆 326 外, 筌 35
移文を以て回答する。

移文 327 筌 35
平行文。(明清期に)同等官間に往来する文書。 [移文奏請]

移文奏請 328 外
甲官庁から乙官庁に文書で紹介し乙官庁からその事件について奏請すること。

維 329 規 71,104
①「維持」の意。[暫置小嫌共維持全局]

[イ]

維艱 330 読 48
　困る。

維克多里雅 331 外
　Victoria.

維谷 332 読 21
　これ極まれり。

維爾南 333 外
　Vernon, E.

蔚帥 334 筌 50
　袁世凱。袁世凱の字の蔚延による。→帥

誘混 335 福 27-13a
　互いになすりつけること。

誘卸 336 外、筌 73
　①かこつけて責任を逃れる。②譲り合う。

諱 337 読 102, 209
　かくす。

貽 338 筌 55
　贈る。

迤北 339 読 20
　北方。

迤南 340 読 207
　南方。

迤邐 341 読 68
　「めぐりて。」旁行連延。

違 342 規 196
　違反。［遵守毋違］

違干未便 343 四 65
　違干は上級の命に反すること。未便は不便。下行文において命令に反することを許さず、反する場合は懲罰を下すとの語。

違禁下海 344 外
　法禁を犯して禁制品を輸出し海上貿易をすること。

違契不償 345 外
　債務者の契約不履行。

違和 346 読 162
　病気。

遺摺 347 外
　大臣が臨終のときに工程に奉る遺書死去の翌日遞奏することに定まっている。

遺嘱 348 読 21
　遺命、遺言。

遺疏 349 読 119
　大臣の死後必ずこれを奉呈するが例。ただし多くは代作という。

遺有 350 読 33
　遺すこと。有の字は時文の特徴。

銥 351 筌 60
　イリジウム。iridium。

韋根思敦 352 外
　Wittgenstein, Prince.

韋貝 353 外
　Weber.

韋禮遜 354 読 193
　ウイリアムスン。

虧 355 外
　曲がる。骨を曲げ、身を屈する。虧法で法を曲げる。

一 356 読 43
　「‥するや否や直ちに」の意。［一到即開］［一經接到］

一意孤行 357 規 154
　一意専心、特立独行、倒れてのちやまんの意。

一應 358 筌 57
　すべてまたは一切。

一概 359 筌 57, 規 250、福 2-17b
　①一切。②一切。［〜〜人等不許出入。］

一函 360 読 62
　一封の書状。

一干人等 361 福 20-9a
　事件の関係者。

一干犯證 362 福 5-25b
　事件の関係咎人・証拠人。

一己 363 読 212
　自己の一国？。

一起一驗 364 外
　釐金徴収の方法は各省で規則は異なるが、大体各要地に釐局を置いて徴収する。単に第一局で全部を徴収するものもあり、或は数局で分徴するものもあり、或は又第一局を起局とし第二局を驗局とし、各々一回づつ徴収するものもをある。この最後のを一起一驗という。

一牛鳴地 365 福 12-14a
　牛の鳴く声のきこえるほど。

一經悔議 366 筌 48
　悔議は先非を悔いて議に従わざる也。

一隙之明 367 外
　多少の分別。

一稿同畫 368 筌 38
　一枚の草稿に各員検印すること。

一合 369 福 21 - 26a
　ひと揃え。［懸宰〜〜関其衆。］

一俟 370 外
　…さえすれば、…次第。したる後。

一詞 371 讀下 27
　意見の一致。

一字 372 読 216
　一語。［服從一字］

一條編 373 福 6-1b
　ひとかどのとりたて。

一蒸檢 374 福 14-2b

[イ]

ひとしらべのてごと。

一是 375 四 160
　一切。→敬悉一是
一節 376 読 4
　一事項。
一線 377 外
　少々。
一總 378 福 2-23a
　しめる。[末行共結～。]
一則 379
　①一節または一事件。②一つには…(二つには…)。[一則…二則…]
一體 380 読 121、四 1
　①すべて、一様に。②下行文や一般に出す通令・布告において用いられる。
一體周知 381 満 109
　「全体遍く周知せよ」。佈告文の末尾の定形句。
一體知照 382 満 109
　「全体了知すべし」「全体知照すべし」。佈告文の末尾の定形句。
一大批 383 筌 77
　大荷物。
一著 384 福 28-3a
　一つのはかりごと。
一二三運 385 外
　毎年、南方各省から北京天津方面に糧米を運漕する回数を一次二次三次の三回にし一運二運三運といった。まとめてこういう？。
一牌 386 福 2-2b
　先触れ使いのもの。→紅告示
一白平道 387 規 233
　見渡す限りの銀世界。
一半 388 規 202
　半分のこと。[一半割給、一半存査]
一副 389 讀下 11
　一対。
一物 390 外
　…というものは、＝爲物。
一併 391 規 122、讀上 7、下 57、四 1
　①「併せて」の意。②「一同」。一様または惣て。
一昧 392 外筌 9
　只管ひたすら。
一味 393 福 30-4b
　一筋に。
一名某人 394 福 12-26b
　曰～～者。犯人之供穏也。
一無是處 395 四 1
　下級からの呈請を駁斥批判する語。批判指示の類でつかわれる。

一欄詞 396 福 14-3a
　ひとささへのことば。
一律 397 読 10,規 187、満 104
　①「一切」「全体」の意。即ち「一つ残らず」の意。②一概と同意。③一様の意。
一律遵照 398 満 104、109
　「全体遵奉せよ」。下行文(訓令)における結尾語。佈告文の末尾の定形句。　→遵照、一律
一律督辦 399 規 242
　一様に督責すること。
一路 400 讀下 17
　一通り、一応。
壹爾的斯 401 読 183
　イルチス。
壹是 402 筌 54
　一切。
溢價銀 403 外
　官物買入のための国庫支出金が實際上物価より多くて生じた余剰をいい、直ちに国庫に返納しなければならなかった。
溢額銀 404 外
　関税収入や租税収入の徴収の予定額を超過した額をいう。
逸 405 読 20
　逃げる。
逸致 406 福 4-6b
　おもむき。
逸興 407 読 12
　興に乗じて。
允 408 読 73、讀下 19
　①承認、許す,承諾する。②約束する。
允協 409 筌 37
　妥協なり適当なり。
允行 410 讀下 23
　賛成の意。
允從 411 読 200
　承諾。
允詳 412 福 12-16b
　ききとどげる。
允否 413 讀上 37
　許否。
印 414 規 92,筌 24
　京官(中央各官庁)及び外任(地方官庁)のうち総督巡撫以外の官印。　→関防
印委 415 読 207
　①長官より事務を委任せられること。②転じて分局長、支局長の類をいう。
印烟 416 筌 32
　インド産のアヘン。
印花 417 外
　印を押す。印、はん、印信。

[イ]

印記 418 外
　各衙門から発する公文は官印を押し長官が署名をして威信を四方に伝える。従ってこれを「印信」または「印記」という。
印給 419 外
　印を押して渡す。
印結 420 福 1-20b
　印つきの証文。
印件 421 筌 31
　活版の印刷物。
印硃票照 422 福 20-20b
　朱書き手形。
印書公司 423 讀下 10
　印刷会社。
印證 424 筌 33、福 14-7a
　①對照。②証拠とする。
印照 425 外、福 12-25b
　①土地所有の権利やその他官から特許された権利を保証するために官から下付される証明書を「執照」といい、その官印あるものを特に「印照」という。②印つきの書き付け。
印信 426
　一品から九品までの文武衙門が使う方印で民間に発行する公文書には署名捺印して威信を示すのでかくいう。これを盗むものは上下を問わず皆斬刑を受ける。
印發 427 福 6-8b,21-7b
　差し出して印を受ける。印をおしてもらう。[日報簿與日收簿。同時～。呈縣。]
印發限單簿 428 福 2-20b
　印をだしひぎりの控え。
印發滾單簿 429 福 2-20b
　印をだしひきかへ帳。
印發串票簿 430 福 2-20b
　印を出し、戸房に渡す割り符。
印票 431 福 2-23b
　印を押した書き付け。
勻 432 外
　①均しい、平均。→勻計 ②一融通する。
勻計 433 讀下 10
　平均。
勻撥 434 筌 45
　勻は一時融通するなり,撥は支出するなり。
寅誼 435 筌 69
　同じ役所に奉職する同僚。
寅紹丕績 436 筌 11
　敬んで帝業を継承す。
員 437 筌 7,規 52,104
　①官員の意。(私人と特に区別する。)②文官。③員外郎。

員外郎 438 外
　各部にこの款を設ける郎中に次に位置する。Second-class secretary. →六部、理藩院
員缺 439 筌 3,読 108
　①欠員。②定員。
員缺之肥 440 読 224
　欠員の多い?。
員司 441 筌 7
　各部衙門の郎中主事。
員承 442 福 29-10b
　役人。
員瞻鴻儀、良叶頌忱 443 規 223
　領を引いて鴻大なる光儀を瞻仰し良とに祝頌の情に堪えずとの意。
員弁 444 規 316
　文武官. →員、弁
因 445 陶 7-58b、四 48
　①「(～との)内容」「(～との)状況」。→前因、等因 ②そこで。
因革 446 読 157、福 2-17b
　①改革。「因ルベキモノ」と「革ムルベキモノ」改変しないものするもの。②しきたりしかへ。
因義士 447 外
　Innes, James.
因公 448 読 309
　公用にて。
因公出境 449 外
　「委員」または「委派」の場合、地方官庁の属官が上官の命令で他の地方に出張して本来の所轄地域を離れるをいう。
因公科歛 450 外
　地方官庁で公共事業を行う時に、章程を作ってこれによってその土地の人民から捐(寄付と地方税の二つに意味がありこの場合は後者をいう)を出させて経費をまかなうことをいう。
因之 451 筌 30
　これによりての意。
因而 452 陶 14-19a
　そのため。
因循 453 外
　伝統に従う、先例に則る。
因制 454 外
　インチ(inch)。
因勢利導 455 外
　周囲の情勢に適応しつつ相手を誘導する。状勢を利用して対処する。
因地制宜 456 外
　土地の事情に応じて適宜に処置する。
因地文 457 外

［ウ］

gentleman.

貪縁 458 外
①てづるを求めて官途につく。事情につけこむ。贈賄して官に頼む、出世する。
②引っ張ってかじりつく、寄りすがる。

廕 459
父祖の澤にして子孫におよぶをいう。

廕生 460 読 122
父祖の功労により特別にその子孫に与えられる称号。この称号あるものは試験を経ずして任官するを得。

引決 461 讀上 20, 22
自殺。

引見 462 筌 10,72
①拝謁。②上官が部下を率いて謁見させること。

引港 463 外
「報港」ともいい、船舶の水先案内をする小船のこと。

引水 464 外
水先案内。「引水人」ともいう。

引端 465 讀下 44
発端。

引途 466 福 20-28b
賄（まいない）を取り次ぐ。

引路 467 福 12-14a
案内させる。

瘖口嘵嘵 468 筌 74
口舌を爛らして。

院 469 筌 38
督撫。

院基 470 福 24-3a
総督、巡撫。

院司 471 筌 38
院は督撫。司は布政使司、按察使司。

院試 472 外
→科擧

隕越 473 筌 19
（国威などを）失墜する。顛墜。

隱實 474 読 79, 筌 29
①内実には。②暗に。

［ウ］

于絲蠟 475 外
Spain.

右
→「ゆう」も参照こと。

右侍郎 476 外
「侍郎」の一にして、「左侍郎」の下位にある。

右都御史 477 外
→都察院・総督

右副都御史 478 外
→都察院・巡撫

烏蘇哩 479 読 305
Ussuri ウスリー江。

烏迪河 480 外
Oud River.

烏土 481 外
ベンガル産の鴉片。転じて鴉片一般を指す。

禹貢 482 筌 15
『詩経』の篇名。

迂合倫布 483 外
Eulenburg, Graf zu.

雨暘失序 484 規 202
雨季と日照りが時候違いに不順であったことをさす。

云々 485 四 6
①引用文の原文を省略したときに使う（日本語における用法と同じ）。②民国時期の文書においては［等因］［等由］等のように文章の終わりを示す語としても用いられる。

運華 486 筌 31
中国へ運搬。

運貨憑単 487 外
貨物を輸送する者に与える証明書例えば、外国から鴉片を輸入しようとする者は海関で輸入税と一緒に釐金を徴収し、完納者に本単を交付して内地に運搬する。

運脚 488 外
運賃。

運使 489 筌 38
塩運使、運糧使のごとき官吏。

運司 490 外
鹽運使の別称。

運賑水脚 491 行 4-250、外
災害のあった年に救賑米を輸送する船賃のこと。

運洋貨入内地之税単 492 外
＝運洋貨入内地執照

運洋貨入内地執照 493 外
「子口税」納入証明書。

雲貴総督 494 外
雲南・貴州両省の総督。

雲形石 495 筌 59
水晶石 cryolite。

雲石 496 筌 58
大理石 marble。

［エ］

[エ]

嘆咭唎 外
　英国(England の音訳)。

嬰城 497 筌 11
　城による。

影射 498 陶 11-1a
　名前を偽る、他人の名をかたる、ほのめかす。

影射含混 499 筌 58
　虚偽の事情。

影射差役 500 外
　逃口上を作って役所をだまし、自分の「差役」義務を免れること。

衛匡國 501 外
　Martini, Martin.

衛三畏 502 外
　Williams, Samuel Wells.

衛蔵 503 筌 16
　前蔵後蔵。

映象 504 讀下 44
　撮影。

榮相 505 読 190
　榮禄。

榮禄大夫 506 筌 66
　国家に慶事あるときに従一品の文官および其の配偶者および曾祖祖父母に封典として授ける。

永革 507 外
　＝「革職永不敍用」。

永不敍用 508 外
　＝「革職永不敍用」。

永立公斷署 509 筌 77
　万国仲裁裁判所。

濬濠 510 筌 42
　濬は渫うなり、戦濠を渫なり。

瀛臺 511 読 190
　儀鸞殿の所在地。

營 512 筌 17,読 7-8
　①清の兵制。一營 500 人を定額とする。②同数規模の兵員をもいう。③大隊。

營盤 513 讀下 65
　営所。

營兵 514
　隊兵、兵卒。

營勇 515
　営兵？

盈貫 516 福 20-4a
　罪に罪を重ねる。

盈絀 517 筌 21
　剰余と逼迫（不足）。

盈餘 518 外
　「正項」つまり国家正税の定額に過剰した分のこと。関税収入のようなものは「正項」と「盈餘」とに区別して決算するのが定例。

盈黎馬禄加 519 外
　Denmark.

睿鄭之名績 520 筌 53
　睿名鄭重の名績。

英 521 規 297
　イギリス。

英界 522 筌 32
　英国租界。

英機黎 523 外
　England.

英圭黎 524 外
　England.

英畝 525 筌 61
　英国の畝エーカー。

英程 526 読 43
　mile.

英報 527 讀上 42
　英国新聞。

英洋 528 規 268、講下 5
　①鷹洋とも、墨其斯哥ドルをいう。②英国銀貨。

英倫的 529 外
　England.

銳 530
　急激な変化を形容する[銳減・銳落・銳降]

亦近規避 531 四 115
　「責任逃れするでない」規避は意識的に逃れること。上級機関が下級機関に出した文書で責任逃れを追求する語。

亦近招搖 532 四 115
　「騒ぎ立てるでない」招搖は炫惑または大声を出して騒ぐこと。上級機関が下級機関に出した文書で騒ぎ立てる出ないぞと責任逃れを叱責する語。

易 533 筌 46
　易ゆるなり。変ずるなり。

易買 534 福 20-23b
　買う。

益花臣 535 外
　Elphinstone.

益蕪忱之馳系 536 筌 52
　益々仰慕の念を強くする。

益抱不安 537 規 208
　恐縮。

繹 538 筌 30
　選ぶ。

驛 539 外
　①＝「驛遞」②驛遞の路線に配置された

[エ]

屯所。

驛書牌子 540 福 5-7b
宿の小役人つきの添い役。

驛站 541 福 28-1a
しゅくばあひのしゅく。［夫驛傳之設。有衝有僻。衝則謂之〜〜。所以供皇華之使臣,朝貢之方國與賚奏之員役也。］

驛遞 542 行 3/327-60、外
馬匹によって官文書又は官物を遞送し、兼ねて公差官役の往来を護送すること。兵部の所管に属す。遞送の速度は一昼夜三百里乃至六百里を定めとするが、稀に八百里の場合もあった。上諭に「將之由五百里諭令知之」「著由六百里馳奏」等とあるはこの速度を指定しものである。

驛傳道 543 行 1b/49、外
省内の驛傳事務を掌る官吏。多くは「分守道」「分巡道」の職名をもつ。

噎 544 規 87
食物の咽喉にふさがるをいう。

粤(省) 545 読 145、291
①廣東。②廣東と廣西。

粤海關 546 規 262、行 6/66
廣東税(海)関。長官は「監督」。

粤海關監督 547 外
粤海関の長官。康熙 24 年(1685)海禁を解き、粤海関監督を設け、督撫が兼ねたりしたが、雍正 12 年(1734)以後専官となる。廣東貿易時代には徴税の最高責任者たる監督の権力は強大を極めたが、五港開港以後やや衰え「洋関」成立以後有名無実の地位に転落した。監督は欽差官で満洲人に限られ、戸部管轄の海関であるから外国人はなまって Hoppo とよんだ。 →「海関」

粤漢 548 筌 15
広東と漢口。

粤西 549 筌 40
廣西。 ←→粤東(廣東)

粤東 550 規 163
廣東のこと。

粤匪 551 筌 42
太平天国。

謁 552 読 141
訪問すること。

越 553 筌 16
安南国。

越過 554 読 88
通り抜けて。

越午 555 読 32
三日捜索後の翌日正午?。

越俎 556 筌 40
越権の意。

越日 557 筌 76
翌日。

閲歴 558 筌 32
経歴。

厭 559 読 38
「飽く」「悪」に同じ。

冤抵 560 福 12-23b
無実の罪にあてる。

冤抵 561 福 12-23b
無実の罪にあてる。

圓 562 讀上 37
ドル。

圓融 563 福 11-8a
よろしきように。［〜〜詳覆。］

圜扉 564 福 20-7a
牢屋。

圜法 565 筌 20
貨幣。

婉 566 外
婉曲に。巧みにあしらって。

延 567 外
①招く。②ぐずぐずして、遷延させて。

延諉 568 外、筌 61
延引。長引かす、ぐずぐず言い逃れる。

延擱 569 読 196
引き伸ばして棄て置く。

延緩 570 規 179
延滞緩慢。

延悮 571 筌 8
遷延。

延跂 572 筌 56
首を擡げて望む。延は延領なり,跂はつまだてるなり。

延宕 573 讀下 72
延引放擲の義。

延袤 574 陶 12-6b
延はタテ東西の広がり、袤はヨコ南北の広がり。

怨讟 575 筌 72
怨望する。

捐 576 外、読 219、讀下 19
①義捐、寄付。自発的に私財を投げ出す。②公課または地方税のようなものをいう。③捐納に同じ。④なげうつ。［一切都捐］

捐加級紀録 577 行 6/227、外、典
文武官員及び候補候選人員が金銀の「捐納」によって「加級紀録」(官等級を加えて官吏簿に登録すること)を申請すること。一級を加える毎にその「捐納額」に一定の額がある。

捐花様 578 典→行 6 — 214

[エ]

花樣は候補の順序を示すために候補班に附せられた名稱。捐花樣で捐納者に官を授ける班次のこと。班次の變遷は『清国行政法』に詳しい。→花樣、候補

捐款 579 讀 150
　買官のための獻金額。

捐館 580 典 →史記、戦国策
　貴人が死すること。「死」を忌みて、その住館を捐（す）てることに形容する。

捐局 581 行 6/238、外、典
　「捐納」と戸部の管轄下にあるがその事務を專らとるために中央又は地方に特別の機關を設ける（夫々「在京捐局」・「在外捐局」という）。これらの總稱である。→捐納房

捐降 582 行 6/219、外、典
　官吏候補者がその資格より下級の職官に就官するための捐納を「降捐」という候補人員が多く實職につけない場合に行われるのが例。→捐升

捐墾 583 典→乾隆巻 10
　自費墾田のこと。その田は「佃戸」に帰す。

捐栽 584 典→清国行政法巻 3
　清制。文武官員、監生および私人が義舉的に自ら進みて、樹木を栽培を為すこと。政府は

捐資 585 讀 140
　費金を寄付して。

捐修 586 行 3/159,261、外、典
　各省城垣等の修繕費の大なるものは各省の公費を使うのが例であるが、小工事は地方官の自費で修理される。これを「捐修」という。

捐升 587 行 6/219、外、典
　官吏が法規上將來昇進するはずの職官に就任するために捐納を申請すること。これに對し官吏候補者がその資格より下級の職官に就官するための捐納を「降捐」という候補人員が多く實職につけない場合に行われるのが例。

捐助 588 筌 36
　補助。

捐數 589 規 202
　義捐金額。

捐入 590 讀 37
　寄付。

捐納 591 規 308
　捐納とは捐官のこと。即ち一定の金額や米を朝廷に奉獻した官吏や民間人に對し特旨を以て一定の官職を與える。清初の三藩の乱のとき經費の不足を補うため始められ財政が悪化する度に盛んになったが、弊害も甚だしく光緒 27 年（1901）上諭を發して實官は報捐することをやめ、同時に一般にも警告するようになった。

捐納房 592 行 1a/217,6/238、外
　「捐局」のうち、京師にあるものすなわち「在京捐局」。戸部の一分課で、常設機關ではあるが專員がなく戸部の職官が兼任する。

捐復原 593
　→捐翎支

捐辦 594 外
　民間からの寄付金（強制的に官が割當てたものも含む）で處理する。

捐翎支 595 行 6/237、外
　捐納により「花翎」「藍翎」を與えられること。以前翎支勳徴を持つ者で、事に關わって剥奪された者は、復官の後更に捐納によってこれを戴用することが許される。これを「捐復原翎」という。

掩覆 596 福 28-4a
　庇う。

援 597 規 170、讀 305
　①とる。［援筆］②引用する。［援斯例］

援赦 598 外
　恩赦その他の赦例を援用して罪を許しまたは減ずるという意。

援照 599 筌 47、講 99
　①引證。②引用し照合する。

援剿 600 規 52
　剿は「絶つなり、略取するなり」應援し匪徒を討伐するをいう。

沿江 601 規 195-6
　長江沿岸。

沿房 602 福 17-20a
　部屋ごとに。

淹 603 中
　①久しく留まる。②水びだしになる。

淹貫古今 604 筌 56
　古今に覆い,貫くなり。

淹禁 605 典 101 明律巻 28、法 1062,清 606 律巻 34
　未決囚・既決囚を延滯して牢獄にとどめおく、迅速な處理（判決や配流）を怠り留めおくこと。遲れた場合や更に死に致らしめた場合の處罰規定も一應取り決めていた。

淹殺 607 典 102、六
　水に沈めて殺すこと。

淹斃 608 讀 83
　溺死。

烟館 609 筌 32
　アヘン吸引所。

煙 610 外
　①鴉片。②煙草。

[エ]

煙癮 611 外
鴉片中毒、鴉片中毒患者。

煙館 612 外
鴉片吸飲所。

煙捲 613 讀下 69
捲き煙草。

煙膏 614 外
加工して練り固めた鴉片。

煙槍 615 外
鴉片吸飲用煙管の羅宇。

煙泥 616 外
生鴉片。

煙斗 617 外
鴉片吸飲用煙管の雁首。

煙煤 618 筌 60
黒炭すなわち普通の石炭。

爰 619 四 112
「ここに。」「于是」理由を述べた後にこの一語を用いて、さらに突っ込んだ事実または処理を述べる段落に転じる。

燕 620 讀上 21
威海衛。烟台。同音から燕臺ともいった。旧時は芝罘として知れていた。

燕臺 621 讀上 20
威海衛。烟台。旧時は芝罘として知れていた。

鹽 622 筌 38
鹽道。鹽政を管理する。

鹽運使 623 行 1b/48,5/305-6,6/165、外、筌 69
①塩政を掌る役所の鹽運使司の長官。②各省の鹽務の最高機関は「鹽政」であるが、それは大綱を持するに止り、實務は「鹽運使」によって行われ、総督巡撫布政使按察使なみに重要視される。長蘆・山東・兩淮・兩浙に各一人配置。長蘆・山東は鹽法道の職名を兼有す。通例鹽運使がおかれるとき鹽法道は置かれないが）兩淮のみは鹽運使と並んで別に江南鹽法道がおかれる。正式には「某某等處都轉運使司鹽運使」という。

鹽運使司 624 筌 69
塩政を掌る役所。長蘆・兩淮・河東・山東・兩廣の五カ所におかれる。

鹽梟 625 筌 40
塩の密売人。

鹽茶道 626 行 1b/48-9、外
「鹽法道」と「茶道」の合した官名で、省内の鹽税および茶税に関する事務を掌握する。

鹽政 627 行 5/304-5、外
各省における鹽政の最高官庁。国初以来、長蘆・山東・兩淮・兩浙には専員の鹽政を設け、福建・甘粛・四川・廣東・廣西の五省においては総督の兼管とし、山東・雲南・貴州の三省においては巡撫の兼管とした。その後、1821 兩浙鹽政廃、浙江巡撫兼任、1831 兩淮鹽政廃、総督兼任、1837 山東鹽務長蘆鹽から巡撫へ 1860 直隸総督長蘆鹽政を兼任となり専官としての鹽政は消滅した。

鹽法道 628 行 5/306、外
督撫の監督を受けて、省内における一切の鹽務を掌る官吏。江南を例外として、「鹽運使」を置かない地方に置かれる。その官等は鹽運使に劣るが、職権においては全く同じである。但し、「鹽運使」が塩の産地に設けられるに対して鹽法道は塩の消費地に置かれ、専ら官鹽に関する法令の遵守に責任を持つ点が注目される。

縁 629 規 151
「由りて」。原因を表す。

縁系 630 四 168
「これに因りて。」縁は「由りて」、原因を表す。系は「是」。一般には文書の末尾の結尾部に現れ、かような事態に立ち至った原因を明らかにする。

縁事 631 福 3-19b
その係のこと。

縁入 632 福 14-4b
書き入れる。［～～申文。］

縁奉前因 633 四 168
縁は「由りて」、奉は上級からの来文を受けとる語。上級あるいは平級間の来文引用の後（依拠段）、自分の意見を述べ（引申段）た後、この語を用いて前文の大意を取りまとめ、結束段にいる語。→縁、奉

縁由 634 規 93,筌 13
理由、始末、顛末、事柄。

袁道 635 筌 46
道台袁某。

豔羨 636 筌 56
羨み慕う意。

轅 637 外
①役所の外門。②役所。

遠職 638 外
遠くから派遣されてきた官吏。

遠戍 639 規 170
懸軍萬里の軍。

遠騖 640 筌 43
遠征。騖は奔るなり。

遠房 641 福 20-11b
母方の遠き親類のこ。

阽危 642 読 154、筌 3
危険。阽は「險」に同じ。

[オ]

汚衊人名節 643 規 243
　名誉毀損。

於 644 読 297
　〜に関する、事に於いて。

央孖地臣 645 外
　Matheson, James.

飫 646
　→「よ」

央顚 647 外
　Jardine, Andrew.

嚶鳴社 648 筌 73
　改進党の前身の一。鴎渡会などと合同。

應允 649 読 38
　承諾、賛成。

應管官署 650 規 242
　当該官署。

應議 651 讀下 64
　まさに議すべき。

應時 652 外
　「ときにおうじて」。一定の時間を経る毎に。

應從緩議 653 四 73
　「急ぎ議論するに及ばず。」下行文において、種々の理由により時間をおいて、後日機会があれば再び取り上げるとの意味。

應准 654 四 74
　回答の下行文(指令・批示)中で、下級機関が提示した事項・計画を承認する語句。種々の語(「照辦」「照行」「如擬辦理」「所請」「施行」「許可」「試行」「試辦」「備案」「査禁」)を伴い熟語を作る。

應准備案 655 満 105
　「備案を許可す。」所属官署あるいは一般民からの備案請求に対して用いる。指令・批における結尾語。　→准予備案

應如何・之處 656 満 70
　「いかにすべきでありましょうか。」(上級職・官庁にお伺いを立てる表現。)→之處

應如何・・辦理之處 657 満 70
　「いかに処理いたしましょうか」(上級職・官庁にお伺いを立てる表現。)→之處

應照准 658 四 71、74
　「(上級機関が調査審査して)許可あるべし。」民国時期に下級機関に出した命令文などにおいて、下級の請求を批准し、または同意を表す語。

應即 659 満 138
　「まさに・・すべし」。

應即休職 660 満 138
　「□□應即休職」は「□□に休職を命ず」という休職を命じる書式。

應即准如所請 661 満 106、四 74
　「(直ちに)請願の通り認可す。」指令・批における結尾語。

應即復職 662 満 139
　「□□應即復職」は「□□に復職を命ず」という復職を命じる書式。

應即免官此狀 663 満 139
　「□□應即免官此狀」は「□□を免官す、これ状す」という免官を命じる書式。

應得之咎 664 規 179
　相当の罪状。

應得之罪 665 読 199
　刑罰罪。←→咎

應否 666 讀下 61、満 71
　まさに〜すべきや否や。

應否許可、審核示遵 667 中 2252
　許可すべきや否やをご審査のの上、ご指示か？

應否免予置議 668 四 74
　「許可を賜りたし。」下級機関が上級機関に送る呈文において詮議をせずに、許可を求める語?→置議、應否

應備物料 669 筌 63
　用いる諸材料。

應付 670 福 3-12a
　差し出す。

應附 671 筌 49
　支出すべし。

應毋庸議 672 満 107、四 73
　①「再びいうなかれ」要求の内容を退ける語。下級機関が再度提議・議論することも許さないとする表現。②「詮議するなかれ」下行文における不許可の場合の結尾語。　→著、勿論庸議、毋庸置議

應免本職 673 四 74
　(任命を前提として)職を免ずる書式。民国時期に用いられた。

應予 674 四 73
　「許可あるべし。」下行文(指令・批)における結尾語で、請求のことについて考慮を経て許可するのが適当であるとの表現。「許可」「准行」「核准」「施行」「査禁」「備案」等の各語を伴う。　→應予照准、應予准行

應予准行 675 満 105
　「施行することを許可する。」指令・批における結尾語。　→准予備案

應如所請 676 四 73、74
　「(請求のありたる件について)駁論・排

- 19 -

[オ]

斥あるべし」下級への回答文(指令文)において請求案を妥当として実行することを認めた表現。 →應予駁斥

應予照准 677 満 105
「照准(請願の通り認可)を与える。」指令・批における結尾語。 →准予備案

應予駁斥 678 四 73
「(請求のありたる件について)駁論・排斥あるべし」下級への回答文(批示文)において請求案を退ける表現。 →應如予所請

往成 679 読 269
行きて守ること。

往剿 680 讀上 21
進撃。

往來 681 読 304
取引。

押 682 経 77、読 69、297、外、中
①自筆の書き印、花押。②文字を変体に書く。 →花押③護送する。[押往・押解・押出]④拘留する。⑤抵当にする。担保にする。

押卯差人 683 福 6-18a
しゆっきんみとどけの使いの者。

押運 684 陶 8-1b
監督して輸送する。

押解 685 読 118
①押引・護送の意。犯人・捕虜を護送する。②捕らえて、護送する。 →遞解、押

押差 686 福 8-4a
年貢取り立てのさしそひやく。

押船 687 外
入港中の外国船舶を税関吏が監視すること。=壓船。

押送 688 中、法
押引・護送の意。犯人・捕虜を護送する。 →遞解、押

押比 689 福 23-20a
つれだし調べる。

押櫃 690 筌 62
身元保証金。

横撃 691 讀下 13
魚形水雷の類。

歐格納 692 外
O'Conor, Nicholas.

歐塞特里亞 693 外
Austria.

王 694 讀下 34
親王。[慶王(=慶親王)]

王公大臣 695 規 101
皇族及び大臣。 →王大臣

王大臣 696 規 186,315
親王郡王等の皇族及びその他の大臣。

王爺 697 読 194
親王・郡王を敬いていう。

甌脱 698 読 286
坎即ち野蛮人の棲息する所。無人の境の意。

枉法贓 699 福 20-25b
釋六贓。一曰。～～。受人財物而爲之曲法是也。

翁娃 700 福 21-21b
くくりくつ。

億 701 読 37
100,000(十万)のこと。

澳 702 読 57
口内。

奥 703 読 14
オーストリア。

奥国 704 読 215
Austria.

奥塞 705 講 101
オーストリアとセルビア。

奥士本 706 外
Osborn, Sherard.

奥斯的利亞 707 読
Austria.

奥地利亞 708 読
Austria.

奥地利 709 読
Austria.

奥領斯徳 710 読 185
Ernst.

奥倫 711 外
Holland, John Yate.

臆 712 規 72
胸臆。[開誠布臆]

恩格薩遜人 713 読 216
Angro-Saxon.

恩貢生 714 筌 35
国家に大慶典礼ありたる時の年に擧げられたる歳貢生。この場合には再貢生の二倍をとり優等なる一半をもって恩貢生となす。

恩准 715 外、讀下 60
特別の思し召し、恩恵として許される。

恩撫 716 筌 76
巡撫恩某(恩銘)。

音樽 717 筌 65
芝居と酒を用意してあること。

温哥華 718 筌 77
バンクーバー。

温處道 719 外

[カ]

浙江省温州・處州を管轄する道台で温州に駐在する。

穏婆 720 福 22-11b
　とりあげばば。

瘖 721
　→「いん」

　　　　　［カ］

下 722 満 60、読 20、271
　①「(上級官署からの公文が)到来せり。」[下縣、下府など]→發下　②下級機関に発文する。　③～の後。[欽奉之下]　④次、次回。[下屆]　⑤低い感じの所にもむくこと。[下郷]

下貨 723 外
　貨物を船に積込む。

下開 724 規 121、讀下 73
　下に記す云々。　→記

下格 725 講 317
　下の空欄。　→格

下月杪 726 読 5
　来月末。杪とは端・先端。

下虎 727 福 4-13a
　下宿の宿屋。

下行 728 外
　(文書往復・儀礼において)上級者の下級者にたいする関係。　→「平行」「上行」

下手 729 福 3-15a
　あとの係。

下世 730 読 33
　死亡。

下截 731 福 14-24b
　下の方。

下船 732 外
　①船に積む。②乗船する。③口語体では船からおりる。

下走 733 福 1-10a
　使い。

下帖 734 外
　書類を発送する。(口語で招待状を出すことも使う)。

下程 735 福 4-13a
　餞別。

下班 736 福 28-6a
　下役。

下忙 737 外
　下半期の納税。上半期の納税は「上忙」。両税のこと。

下游 738 筌 40
　下流。

下陵上替 739 筌 8
　下民は上を陵辱し、上の威信地に墜ちる。

下禮拜 740 讀下 23
　次週。　→禮拜

化 741 讀下 46
　改める。

化除 742 筌 11
　融和。

化吟咖唎 743 外
　Franclet, francois-Aime.

伐徵 744 福 7-2a
　たらずめをとりたてる。

伽思蘭 745 外
　St. Francis.

何以爲情 746 読 63
　どんな心持ちか、実に堪まらぬとの意。

何居 747 讀下 46
　何ぞや。

何項 748 読 72
　何等に同じ。

何者 749 筌 18
　いかなる。

何天爵 750 外
　Holcombe, Chester.

何伯 751 外
　Hope, Admiral Sir James.

何庸 752 読 223
　何用に同じ。

假 753 規 250,251,259
　暇に通じる。「賞假」と「給假」はともに休暇を賜ること。[放假・應准請假調治]

假期 754 読 107
　休暇の期日。

假期滿屆 755 讀上 5
　休暇の期日が過ぎること。「假」は「暇」に通じる。　→假

假給 756 筌 43
　供給。

假座 757 筌 65
　会場を設けたる。

假充 758 外
　偽って…にあたる。…のふりをする。

假旋 759 讀下 24
　賜暇帰郷。

假命 760 福 15-6a
　偽りの人殺し。

價目 761 読 309
　価格、代價。

划戸 762 筌 40
　船頭。

划艇 763 外
　ロールチャ(lorcha)船。船体はヨーロッパ流、帆や檣は中国流に整された小型船。

[カ]

加印 764 筌 66、規 262
①連印。②連署。

加捐 765 読 285
釐金を賦課する。

加恩 766 読 109、讀上 3
特別の思召(をもって)。

加銜 767
一定の官職ある者に別に職掌の無い官名を附して、優遇の意を示すもの。太師・太傅・太保・少師・少傅・少保・太子太師・太師太傅・太師太保・太子少師・太子少傅・太師少保等は高官中功勞顯著なものに対して特命をもって授けられ(実職を伴わずとも尊敬せらるること非常なものである)、或は死後の贈典とする。その外の主だった兼銜は以下の如くある。総督には「右都御史」「兵部尚書」、巡撫・漕運総督・河道総督には「右都副御史」「兵部侍郎」、内閣大學士には「禮部侍郎」、四譯會同官監督には「鴻臚寺少卿」。

加級 768 外、筌 69
①昇進・官職階級の昇進すること。→隨帶②官吏が功勞を擧げたり、多額の捐納を行ったとき、一等を加え賜ること。

加級記録 769 外
文武官及び候補・候選の人員が捐納によって品級を加えて、官吏任用の帳簿に記録されること。

加緊 770 讀下 28
大至急。

加具 771 外
一緒に文章を作ること、連署する。

加功 772 福 12-15a
手伝う。

加耗 773 外
→火耗

加察 774 外
調査を加える、調査する。

加察各等 775 外
Calcutta.

加征 776 講 317
追徴する。征=徵

加灘 777 福 6-10a
ますめのでる。

加等 778 外
(罪等を)加重する。

加尼 779 外
Kearny, Commodore Lawrence.

加倍 780 陶 15-51b
ますます。

加拉吉打 781 読 304
Calcutta(カルカッタ)。

加律治 782
Jardine, Williams.

加略利 783 外
Callery, Joseph Gaetan Pierre Marie.

可原 784 讀下 47
可恕。

可靠 785 外
頼るべし、確かである。

可置不理 786 讀上 15
「かまわずおけ。」

可否 787 読 7、讀上 28、下 69
①～スベキヤ否ヤ。［可否允准］②可なるや否や。③～して可なりや、否や。

可否之處 788 四 25
「以下にすべきでありましょうか?」(上級職・官庁に審議・決定のお伺いを立てる表現。)→之處、可否・之處

可否‥之處 789 満 70、四 25
「以下にすべきでありましょうか?」(上級職・官庁に審議・決定のお伺いを立てる表現。)「可否」「之處」の間にはいる事його判断を仰ぐ。→之處、可否之處

可也 790 満 114、四 25
①「‥すべきなり」の意。下行文の結尾語につく注意を喚起する定形句。②「よろしく」「されたし。」③明清時期の平行文の結尾語の最後につき許可もしくは暗に要求する表現。「よろしく」「されたし。」④民国時期の下行文で(あくまでも上級機関の主導により、下級機関からの要求や下級機関への回答では使用されない)処理を指示する語。

可倫都末 791 筌 59
鋼玉 corundum。

哥士者 792 外
Kleczkowski, Michel-Alexandre.

哥倫比亞 793 読 38
Columbia.

哥老會 794 筌 39
秘密結社。湘勇の子弟よりなったとも。

嘉 795 筌 77
嘉興府。

嘠 796
→「さ」へ

囤杵 797 福 22-3a
つきつきにてしかとかためる。

夏福禮 798 外
Harvey.

夏令 799 規 250
夏期。

家境多寒 800 筌 54
家郷多く貧弱なり。

[カ]

家口 801 福 12-27a
　連坐父母者。稱〜〜。
家小 802 福 12‐27a
　連坐妻子者,稱〜〜。
家丁 803 外
　下僕、召使。
家奠 804 筌 69
　家人ばかり集まって祭祀すること。
家道殷實 805 筌 35-36
　家計豊裕。
家喩戸曉 806 規 187
　漏れなく知悉せしめる。
夥 807 規 254、中
　①仲間・組・群れ。　②多い。　③夥は俗
　語夥啓より出ず、手代の意。
夥如牛毛棼亂絲 808 筌 73
　錯雑紛糾の形容。
夥黨 809 外
　仲間。
夥友 810 筌 61
　店員。
戈登 811 外
　Gordon, Charles George.
找 812 外,筌 71
　不足を補う。つり銭を出す。
找給 813 外
　前に発給した経費が不足になった時、更
　に追加して補うこと。
找兌 814 外
　前に発兌した不足を補うため更に発兌す
　ることをいう。
找付 815 筌 21
　差額割り増し。
找捕 816 筌 21
　金銭を補填する。補助費。
暇晷 817 讀下 9
　昼間,暇の時間。
暇給 818 外
　暇があること。
架 819 読 177
　枷(クビカセ)、捕縄のこと。
柯則 820 筌 22
　法則あるいは制度。
柯丹禁爾 821 外
　Kane, E. K.
柯勒拉得恩 822 外
　Clarendon.
河 823 筌 38
　河道。河川運河の工事交通を総監す。
河沿 824 読 204
　河沿いの地。

河工道 825 行 1b/49、外
　督撫又は河道総督の指揮を受け、省内の
　水利、堤防のことを掌る官吏多くは省城
　におらず、河川の要所に駐在す。
河東河道総督 826 外
　河南・山東二省を管轄し、黄河の堤防お
　よび疏水のことを掌る総督。
河道総督 827 外
　=河東河道総督。
河夫 828 福 5-24b
　河さらいの人夫
火 829 筌 21
　燃料。工火は製造費。
火煙 830 外
　タバコ。
火菸 831 外
　タバコ=火煙。
火耗 832 外、福 9-3a
　①地賦を人民から現銀で徴収した場合、
　これを布政使司衙門において爐火に入
　れ、一大塊に鋳造した上で京師に解送す
　る。この過程で生ずる損失をいう。②=
　火耗銀。③へりまい銀をだす。
火耗銀 833 外
　「火耗」に対し関係官吏は、損失の賠償
　の責を負わなければならず徴税の際、予
　め損失を見積もって加徴する。これを「火
　耗銀」、加徴分を「増耗」「加耗」という。
　→火耗
火鈎 834 福 21-7b
　とびぐち。
火食費 835 筌 62
　賄料食料。
火城 836 讀下 25
　火光にて城市を飾ること,即ち祝火。
火銭 837 福 6-19b
　きりちん。
火槍 838 陶 7-58a
　銃。
火車 839 読
　汽車。
火車站 840 読 70
　駅。
火泥 841 筌 59
　耐灰粘土 fireclay。
火牌 842 福 2-14a、28-1b
　割り符。割り印ある書き付け。
火票 843 行 3/345、外、福 5-10b
　①京師から官文書を地方に遞送する場
　合、兵部より交付する証明書。②いそぎ
　の書き付け。
火夫 844 福 3-11a、11-21a

[カ]

火廻り。火係りのもの。

瓜分 845 読 210,筌 74
(中国)分割。

瓜葛 846 外、読 245
①てづる。②かかわり関係(イモヅル式の)。③親戚関係。

科擧 847 外,筌 13
官吏登用の試験制度。随代に始まり宋代に完成し、皇帝の専制支配を支えた。清代には三段階に分れ予備試験たる「童試」(縣試・府試・院試に分れる)の及第者は生員(秀才)とよばれる(既に各種の特権を有し官僚のはしくれである)。生員はさらに「科試」(「科考」ともいう)と経て「郷試」に臨む。「郷試」は三年毎に各省で行われ、その合格者を「擧人」という。「擧人」は郷試の翌年(三年毎に)京師で行われる「會試」に臨み、合格者は皇帝の親裁せる「殿試」で成績順位が決められ、進士となる。科擧以外に官吏になる方法はあったが(「異途」)、他の出身を断然しのいだ。以上は文官の「文科擧」で、武官登用の「武科擧」もあったが、普通「科擧」といえば「文科擧」を指す。

科考 848 外
→科擧

科試 849 外
→科擧

科取 850 福 20-22a
割りつけとる。

科抄出・・・題前事内開 851 四 108
「・・科、抄出せる・・・題前事につき、内に開く」科は六科(給事中における吏・戸・礼・兵・刑・工の各六科)、抄出は文献を抄出せること、題前事は題本中前面において述べたこと、内開は「曰く」。関連の科に下された題本の写しを引用する語。

科抄出・・・同前事内開 852 四 108
「・・科、抄出せる・・・同前事につき、内に開く。」「科抄出・・・題前事内開」の項目参照のこと。

窩根 853
塩を運銷する権利。官に納金して保証してもらう。世襲的になるものも、売買せらるるものもあった?

窩主 854 福 20-26b
盗人宿。

窩蔵 855 外
かくまう。

窩訪 856 福 20-5a
有神奸大猾。糾聚無頼。勾連各州縣造訪之徒。主于某家。操謀設計。嚇詐橫行。

名～。

窩留 857 外
(犯人を)かくまう。

花押 858 外
押は文字を変体に書くこと。花はその形をいう。「書き判」のこと。

花旗銀行 859 外
International Banking Corporation.

花圏 860 読 21
花輪、花束。葬式に送るが例。

花戸 861 講 315、福 2-12b
①戸主の名を記す欄。戸口簿冊の用語。
②年貢を納めるたみ。

花紅 862 筌 62、福 23-7b
①賞与金。②ほうびの反物。

花費 863 福 14-6a
無駄遣い。

花様 864 典 一行 6 一 228
花様は候補の順序を示すために候補班に附せられた名称。→捐花様、候補

花翎 865 外
→「翎隻」。the Single-Eyed Peacok Feather

苛折 866 福 1-2b
割り引き。[～重息逾期疊滾。]

荷 867 外、四 125
①「ありがたし」、「感謝感激」人から恩恵をうけること。「感荷」。 ②「せられたし」。平行文の末尾で希望・依頼を表す用語。「荷う」で「願う」の意。→為荷、是荷

荷藻飾之逾恒 868 筌 52
文藻の美しきこと、恒をこえ、光栄にぞんじます。

荷蘭 869 外
Holland.

華員 870 筌 39
中国官吏。

華俄道勝銀行 871 外
Russo-Chinese Bank.

華僑 872 筌 62
清の居留民。

華爾 873 外
Ward, F. T.

華式 874 読 101
中国の、中国式。

華若翰 875 外
Ward, John E.

華商 876 筌 39,読 145
中国人商人。

華中鐵路有限公司 877 筌 64
チャイニーズ・セントラル・レールウェイス会社。

[カ]

華程 878 讀上 45
　　中国の「里」。
華文 879 規 250、讀下 68
　　中国語。中国語の文章。
華洋股分 880 筌 58
　　中国と外国との株。
華歷 881 筌 23
　　中国の暦。→歷
裹傷物件 882 規 332
　　繃帯。
訛言 883 外
　　謠言、デマ。
訛 884 規 261
　　誤り、偽り。[無訛放行]
訛詐 885 陶 13-14b
　　かたる、詐取する。
訛搶 886 外
　　だまし強奪すること。
訛騙 887 商
　　詐偽。
貨件 888 規 125
　　貨品。
貨行 889 外
　　倉庫。
貨主 890 外
　　管貨人、貨物上乗人(船荷に付き添ってこれを監視し且つ商取引の委任を受けたひと)Supercargo.
貨色 891 外
　　商品の種類・品質・数量。
貨滯 892 筌 16
　　貨物の停滯。
貨単 893 外
　　積荷目録。Manifest.
過 894 滿 61、四 45
　　①「(咨文が)到来せり。」→到、下 ②「申し送れり」「転達せり」文書の伝達したこと、もしくは伝達状況を示す。過部は該当の部へ申し送れりの意。
過爲 895 福 13-7b
　　すておく。[不必～～拘謹。]
過癮 896 外
　　禁断状態を(麻薬をのんで)癒すこと。
過計 897 福 5-10a
　　念をいれて工夫。
過財 898 福 20-25b
　　財をとりつぎする。
過山砲五十四尊 899 筌 17
　　山砲五十四門。
過山利市 900 福 28-4a
　　やまごしのしうぎ。[有贐藍金之敬。謂之～～]

過支 901 福 7-15b
　　余分にわたす。
過事 902 外
　　必要以上に(行う)。
過失殺 903 福 14-1a
　　みそこないで殺す。
過津 904 筌 53
　　天津を通過する。
過套 905 福 3-9b
　　し損なう。
過蹟 906 福 20-5a
　　しおち。
過堂 907 福 11-21a
　　堂によびだす。
過犯 908 規 242
　　犯罪。
過付引送 909 福 20-21a
　　賄(まいない)を取り次ぐ。
過部
　　→「過」
過房 910 福 20-14a
　　養子にする。
過問 911 讀 165、外、
　　①関わり合う、干渉する。②問い正す。③念をいれ調べる。
過篜蒸糕 912 陶 11-19a
　　
霞彰 913 筌 52
　　彩霞のごとく立派に彰る。
顆頤於己往 914 筌 75
　　己往より多い。
俄 915 筌 14、讀上 16
　　ロシア。
俄廷 916 讀上 33
　　ロシア朝廷。
俄報 917 讀上 33
　　ロシアの新聞。
俄理範 918 外
　　Oliphant,L.
画押 919
　　花押「書き印」。条約に署名する。
衙署 920 筌 29
　　官衙、役所。
衙門 921 規 45,外
　　①官庁。役所。唐代に役所の前に馬を繋いでいたことから、役所→牙門→衙門となったといわれる。②總理事務衙門。
衙役 922 外
　　衙門の賤役に服するもの。
牙 923 讀上 15
　　牙山。

［カ］

牙儈 924 外
　①＝牙行。②仲買人の仲介者をいう。
牙行 925 外
　①本来的には問屋仲買人を営んでいたもので、その営業は次第に拡張され、種々の取引・商人の宿泊等広範囲になった。②仲買人。
牙斯那亞 926 読 228
　ヤスヤナ（トルストイの生地）。
牙人 927 外
　＝牙行。
牙里亞 928 外
　Gallia (France?)。
牙釐 929 外
　牙行が営業によって得た利益金に対して課せられる税。所得税と同じもので、消費税とみてはならない。
瓦定敦 930 外
　Waddington, W. H.
瓦德西 931 読 190
　Waldersee, Alfred von.
賀蘭 932 外
　Holand.
迓 933 読 68
　迎うに同じ。
雅水明 934 外
　Jacquemin.
雅治 935 外
　George.
雅妥瑪 936 外
　Adkins, Thomas.
臥榻之旁 937 筌 48
　臥床の傍らを他人に蹂躙される意。
駕馭 938 外
　（外国人を）操縦する。
駕輕就熟 939 筌 14
　「軽舟に駕し、熟路に就く。」労少なくして収むる所多し。
回 940 読 124
　「帰」なり。専ら囘で「帰る」を表す。
囘解船 941 外
　咸豐同治年間の水師の名。
囘旗 942 読上 5
　旗人の帰郷をいう。cf.囘籍
囘據 943
　囘りて（また）〜に據る。
囘拒 944 外
　反撃する。
囘京有期 945 規 59-60
　北京への囘鑾近きにありの意。
囘空 946 外
　運粮船が北京に来て荷卸し終わり南にまわることを空船囘空という。

囘護 947
　→廻護
囘銷 948 福 11-12b
　終わった返答をはせる。
囘籍 949 規 47-8、筌 56
　①原籍地へ帰る。帰郷する。②在任のまま家郷にとどまる者。
囘籍守制 950
　官吏が帰郷して父母の喪に服すること。
　→囘籍
囘籍兩廣總督 951 筌 56
　兩廣総督在任のまま家郷にとどまる者。
囘收 952 講 317
　受取証。
囘治 953 福 17-10b
　帰り裁く。
囘風 954 福 2-9a
　見廻る。
囘用扣頭 955 筌 64
　割引。
囘鑾 956
　君子の（巡幸からの）帰郷をいう。
囘稟 957 外
　（上級官庁に）報告・復命する。
屆期 958 陶 8-51b
　期限になる。
屆時 959 規 93,208
　屆は至りと訓む、約束の時間通りの意。
介意 960 読 103
　気にかける。
儈子手 961 福 13-2b
　人殺し役人。
會 962 四 50
　合同で、一緒に。
會華群言 963 読 16
　種々の文章・言語を集めること。
會核 964 筌 58
　共々に調査す。
會勘 965 満 94
　立ち合い検査。
會看得 966 四 50
　「一緒に会議しました結果。」明清時代の題本において意見を述べる語。複数の者や機関の議論を経た上で述べる意見・決定であることを示す用語。→得、會議得
會館 967 外、筌 61
　①ギルドの事務所。②同郷人団体の事務所。③（外国の）領事館（領事を正式の官吏と看做していない）。④同郷人倶楽部。同郷人の会合する場所。

[カ]

會銜 968 筌 49、讀上 11
　連署。
會敬 969 筌 65
　会費。
會議 970 外
　一緒に議すること。
會議処所 971 規 227
　講和会議所。
會議得 972 四 50
　「一緒に会議しました結果。」明清時代の題本において意見を述べる語。複数の者の議論を経た上で述べる意見・決定であることを示す用語。→得
會査得 973 四 50
　「一緒に会議しました結果。」明清時代の題本において意見を述べる語。複数の者や機関の議論を経た上で述べる意見・決定であることを示す用語。→得、會議得
會試 974 外
　→科擧。Metropolitan Examination.
會勦 975 読 49
　共同して討伐する。
會商 976 讀上 38
　会見商議。
會衝 977
　連署。
會審衙門 978 外
　中国人を被告とする外国人・中国人間の事件と無条約国人を被告とする事件について外国官憲が中国裁判官と共同で裁判した裁判所。上海にあったのが代表的なもの。
會操 979 筌 17
　大演習。
會陳 980 読 152
　連名して陳述する。
會同 981 読 269、筌 31、讀上 22
　①協議、共同、協力。「相共に。」②会合、出会うこと。
會同四譯館 982 行 1a/225-6、外
　禮部に所属する官庁で、朝貢國の貢使いを接待し且つ彼我言語の通訳を掌る。
會匪 983 規 196,筌 26
　會匪とは哥老會・大刀會・白蓮會のごとき一確乎不抜の主義綱領を有する組織的экいある革命団体をいう。
會辦 984 読 5
　会合処辦。
回務 985 讀下 33
　1868 年回部で起こった反乱を鎮圧したこと。

回部 986 讀下 33
　乾隆帝によってジュンガル部とともに新疆が置かれた。
廻護 987 外
　(悪事を)隠蔽してかばうこと。
廻別 988 読 153
　はるかに別なり。
快 989
　速い。
快蟹 990 外
　①=快鞋。②咸豐同治年間の水師団の一種。
快鞋 991 外
　「カイカイ」鴉片密輸の外国船から鴉片を積み換えて陸まで運ぶ船 fast crabs.
快手 992 福 5-15a
　捕り手。
快砲 993 読 92
　速射法。
快輪船 994 外
　汽船のこと。
怪人 995 外
　「ひとをあやしむ。」人のせいににする。
愧疚 996 筌 53
　慚愧。
改 997 行 1b/294、外
　官吏が他の衙門における同品級の他官に遷任すること。
揩去 998 福 16-29b
　のごひとる。
改章 999 筌 7
　行政組織改正。
改章伊始 1000 筌 7
　行政組織改正創始の際。
改土爲流 1001 外
　→「土官」。
改薄 1002 讀下 49
　浮薄の風俗を改める。→雨水。
械鬪 1003 筌 76
　争鬪。
槐樹 1004 規 233
　エンジュの樹。
海角一隅 1005 規 154
　海辺に僻在せる弾丸墨子の地。
海關 1006 筌 23、行 6/66、外
　①=洋關。②税務司の管理する税関。→海鈔両關,鈔關。③海港におかれた「常関」。江蘇の江海関・浙江の浙海関・福建の閩海関・廣東の粵海関があった。分けても粵海関は 18 世紀以降開港以前、粵海関が重きをなしたが、開港とそれにつづく「洋関」の成立で衰え、1904 年

[カ]

海關監督 1007 外
海関の長官。［粤海関監督］→関差・海関・粤海関。

海關道 1008 行 1b/49、外
巡撫の委任を受けて海関を監理し徴収した関税受領することを掌る官吏。大概「分守道」「分巡道」の兼職であるが、天津には専員がおかれた。

海關秤 1009
これ外国と議定せるもの、関平銀ともいう。→庫平銀

海鬼 1010 筌 40
海賊。

海口 1011 外、讀上 36
（海に面した）港。海港。→口。

海参崴 1012 規 154
ウラジオストック。

海鈔兩關 1013 筌 23
海關（税務司の管理する税関）と鈔關（清朝道台の管理）。

海靖 1014 読 166
ドイツ人公使の名前。

海部 1015 讀上 39
海軍省。

海部尚書 1016 讀上 17-8
（外国の）海軍大臣。［英海部尚書即頒局外章程］

海捕 1017 福 17-17a
しかいのうちを捉える。

界石 1018 筌 61
境界標石。

皆 1019 福 12-2a
皆者不分首従。一等科罪。謂如監臨主守職役同情。盗所監守官物。併贓満救同斬之類。

貝加爾 1020 読 67
Baikal.

貝子 1021 筌 48
清朝皇族の称号。→「ばい」

貝子爺 1022 筌 52
貝子。

貝勒爺 1023 筌 52
貝勒。

解 1024 読 26、242、筌 58、讀上 23
①送る、届ける。［解京充餉］②押送なり、捕らえて送る。

解案 1025 読 102
役所に押送し。

解款 1026 筌 11
金員を輸送する。

解京師 1027 筌 22
中央政府の軍費を送付する。

解差 1028 福 19-14a
送る使い。

解子 1029 福 30-9b
子買いする人。

解推 1030 福 4 - 14a
憂いを解き、推挙する。

解釋 1031 外
（紛争を）解決する、調停する。

解餉 1032 外
糧米を送ることをいう。

解審 1033 外
上訴した事件を更に詳しく調べるために下級裁判所から上級裁判所へ事件を送付すること。

解任 1034 外
官吏が犯罪を犯したり、もしくはそのような容疑のあるため訊問中（即ち未決中）しばらくその職務を解くことをいう。

解發 1035 外
①発送のこと。②郷試及第者。郷試及第者は各省から京に発送して會試に応募させる。

解批 1036 福 7-18a
送った批文。

解部 1037 讀上 27
（担当にあたる）六部に送る、護送する。

解望 1038 筌 34
失望。

解役 1039 福 5-20b、撫 2 - 1b
①警護役。②送り役。

開 1040 規 145、規 257、読 300、四 7
①書すること。認めること。御来示の内にいわく（内開）云々の意。上級もしくは平級機関からの来文を引用する語。［咨開、函開、令開、牌開］②録するの意。［今開］③離れる、出発する。leave ④（時刻表の）発。

開印 1041 外
仕事始め。年末に事務の取り扱いをやめ（「封印」官印を封藏して使用しない）たのを、翌年正月中旬、事務取り扱いを開始すること。年末年始の文書の読解で注すべき用語である。

開往 1042 讀上 34
出発進行。

開河 1043 外
（黄）河の氷がとけて船の往来ができるようになること。→封河

開花弾 1044 読 69
破裂弾。

開壞 1045 福 24-3a
悪いことを書く。［上司～～。］

[カ]

開去 1046 筌 28, 読 2
出発。出帆。

開缺 1047 読 107, 筌 2、外、福 24-3a
①退官。②現職の官吏が過失を犯し、罪が軽く降級免職にならなかったとき、訓戒し暫く職を退き命が下がるを待たせる。③官職が当該官の免職転任のため空席になること。④やくのあきまをかき出す。

開工 1048 読 145
起工、工事の着手。

開行 1049 陶 8-8b
営業する。

開鑛 1050 筌 57
鉱山採掘。

開差赴防 1051 行 4/431、外
新兵を募集して督練所へ送ること。

開支 1052 筌 60
支出。

開釋 1053 講 317
釈放。

開所嘉爾 1054 筌 59
硅藻土 kieselguhr。

開除 1055 商、福 9-3a
①解任。②かきのぞく。

開銷 1056 外、福 2-14a
①出費、支出する。②すみきり。〔工償作何支給。何項動用〜〜。〕

開仗 1057 筌 27
開戦。

開槍 1058 読 185
小銃発砲。

開艙 1059 外
ふなぐらを開いて貨物を卸す。

開造 1060 福 2-13b, 2-15a
書きたてる。書き出す。

開兌 1061 福 6-3b, 8-5a
調べて蔵入れする。書き出しかける。

開単 1062 陶 7-4a
記帳する、書面に認める。

開単報 1063 読 141
書類に認めて報告する。

開弔 1064 筌 69
→開奠(テン)。

開程 1065 読 306
記載して申し立てる。

開奠 1066 筌 69
俗に開弔といい, 親戚知人を会して死者の霊をまつること。

開點 1067 福 20-20a
書き調べる。

開動 1068 外
移動する。

開導 1069 外
啓蒙する。指導する。

開幕 1070 経 3
開店。

開比 1071 福 7-4b
ひきあひの日切りを書く。

開復 1072 規 47、筌 2、福 23-6b
①回復する。懲戒処分を受けていた官吏が現職に復帰すること。②取り消す。③もとのやくになされと書き上げる。

開平 1073 筌 15
直隷省内の地名。炭坑の所在地。

開辦 1074 読 4、讀下 56
創業。始める、実施する。事業や学校などを始める創業すること。

開報 1075 外、福 6-2b
①(書面で報告する)。②書き上げ。

開明 1076 外、福 6-9a
明記する、記入する。かきいれる。

開輪出口 1077 読 56
解纜出港。

開列 1078 外、満 50
列記する。

開列清單 1079 読 77
書面に書き列ねること。

馹然 1080 筌 74
突然。馹は驚く。

凱撤 1081 規 170
凱旋、撤兵。

凱陽徳 1082 外
Koyander.

剴切 1083 読 203
肯綮にあたる。懇ろに、しっかり。〔剴切中理・剴切詳明〕

剴切開導 1084 規 196
懇切に無知の愚夫愚婦を慰諭し、誘導啓発すること。

厓駁 1085 福 8-4b
調べ。

外委 1086 外
額外(定員以外)にある権限を委任して遣わされる「武官」。〔外委千總・外委把總〕

外官 1087 讀下 58
地方官。

外監 1088 福 13-5b
外牢。4つに分けた牢のうちの一。(軟監、外監、裏監、暗監)。〔法宜于狂狴(ろうや)門内一分爲四監。…第二層稍進者爲外監。…〕 →暗監

外號 1089 福 11-9a

［カ］

外 →内號

外署 1090 讀下 63
外務省。

外省 1091 筌 7, 規 186
北京以外の各省。地方各省。

外城 1092 筌 32
北京正陽門外一帯をいう。

外城總廳 1093 筌 32
外城にある警察総局。

外腎 1094 福 16-3a
きんたま。

外灘 1095 経 78
Shanghai Band ガーデンブリッジから南京路まで。

外埠 1096 読 58
他の港。

外部 1097 読 135、筌 19、讀上 11
①外務部。②外交部。③(他国の)外務省。

外任 1098 読 242
京外即ち地方官。

外務 1099 外、讀上 15
①対外交渉、外国関係事務。②(他国の)外務省。

外務部 1100 行 1a/287-9、外
外政を掌る中央官庁。もとの「総理各国事務衙門」。光緒27年四月「外務部」に改められた。「総理各国事務衙門」は軍機大臣の兼任であったが、義和団事件以降の多事、外国からの非難もあり創設を見た「総理各国事務衙門」は六部に並ぶ格式はもたなかったが、「外務部」は「部」の名称を得たのみならず、特に六部の上におかれた。

外洋 1101 外、讀下 57
①外海。②外国、異国。在外国。

街心 1102 読 140
道路の真ん中。

慨 1103 読 123
遺憾なること。

概 1104 規 257
一概に同じ、「一切」の意。

概行 1105 外
すべて…する。

概予寛貸 1106 筌 26
一般に寛大に待遇する。

碍 1107 読 131
礙の俗字。

碍難 1108 四 170、筌 31
①下級からの来文で請求のあったことは法規・条例・規定に合わず、許可を与えられないとする語。②上級からの来文での指示が問題・困難があり実行できぬこ

とを示す語。普通「碍難遵行」「碍難遵辦」のように遵の字を伴う。困難。

礙 1109
さまたげ。

礙難照准 1110 満 107
「障害あるをもって(請求の通り)認可し難し。」指令・批における結尾語。

艾林波 1111 外
Eulenburg, Graf zu.

蓋印 1112 規 254,261, 筌 19
捺印・調印のこと。[由中国地方官蓋印]

蓋璽 1113 讀上 38
捺印(批准)。

蓋西里 1114 外
Gaselee, Sir Alfred.

該 1115 読 31、満 33、125、四 90
「その方」「汝」。下行文において下級の当該の官庁・官庁を指す呼称の接頭語。(例:該縣は「貴職の統治する県」もしくは「貴職管下の県庁」の意。)。「彼の」「当該の」。

該院知道 1116 外
「(当該の役所である)○○院に(写しを送り)伝達せよ」。上諭の定型句。

該衙門 1117 筌 10
当該の役所・官庁。

該衙門議奏 1118 外
当該の官庁に(写しを送り)伝達し、審議してその結果を上奏せしめよ。

該衙門知道 1119 外
「当該の官庁に(写しを送り)伝達せよ。

該行 1120 筌 45-6
当該銀行。

該臣 1121 四 91
(皇帝に対して)へりくだって言う言い方。

該臣等 1122 四 91
該臣の複数形。 →該臣

該部議奏 1123 四 92
題本、奏折の末尾に見える。「(六部など中央の関連のある)官庁に(写しを送り)伝達せしめ、意見処分について改めても申し述べよ。」上諭の定型句。 →該部議奏

該部察議具奏 1124 四 92
題本、奏折の末尾に見える。「(六部など中央の関連のある)官庁に(写しを送り)伝達せしめ、意見処分について改めても申し述べよ。」上諭の定型句。 →該部議奏。 →該部議奏

該部知道 1125 外、四 91
「(当該の役所である六部のうち)○部に(写しを送り)伝達せよ」。上諭の定型句。

[カ]

劃欵 1126 筌 75
　融通する。

各 1127 福 12-2b
　各者彼此同科此罪。謂如諸色人匠撥赴内府。工作若不親白應役。僱催人冒名。私自代替及替之人。各杖一百之類。

各據此 1128 四 58
　據此は平級機関からの来文を受け取ったことを表す。「各」の一字により来文が単独でなく複数受け取ったことが示される。「各等情」「各等語」などとともに依拠段を終え、引申段へとつなぐ。

各件 1129 読 77
　各物件。

各項出身 1130 読 296
　舉人、進士のこと。

各行省 1131 筌 17
　各省。行は「行宮」「行轅」の行と同義。中央政府に官たるものが地方に駐剳するによる。

各在案 1132 四 58
　以上述べ来った種々の文案は档案として留めおきたり。「各」の一字により来文が単独でなく複数受け取ったことが示される。　→在案

各在巻 1133 四 43、58
　在巻は「有巻可査」の意。「…すでに(記録)しあり」の意。手続き等が終わったことを表す。各の字により単独ではないことが示される。在案とほぼ同じ。重複を避けるため交互に使うこともあるが、「在案」は保存の案件と一致しなければならないが、在巻は関連する内容でよい。　→在巻

各准此 1134 四 58
　准此は平級機関からの来文を受け取ったことを表す。「各」の一字により来文が単独でなく複数受け取ったことが示される。「各等因」「各等由」などとともに依拠段を終え、引申段へとつなぐ。

各節 1135 規 90、讀上 13
　子細・個々の事項につき。條々。～に関しての種々の事柄をいう。

各城 1136 筌 141
　(北京を五つに分かつ)その各城をいう。

各色 1137 筌 40、讀上 10
　各種。

各屬 1138 読 190
　配下の官吏。

各等因 1139 四 58
　「等々の来文の趣。」引用文が終わったことが示す語。等因は上級機関もしくは自己相当以上からの来文、または法規の内容を指し、「各」の一字により来文が単独でなく複数受け取ったことが示される(同一機関の場合もあれば違う機関の場合もある)。平級機関からの来文を引用するで「各等由」とはやや異なる。　→等由

各等情 1140 四 59
　「等々の来文の趣。」等情は下級機関もしくは民間からの来文の内容を指し、「各」の一字により来文が単独でなく複数受け取ったことが示される。引用文が終わったことを示す。

各等供 1141 四 59
　等供は前述した訴状・供述書の内容を指す。この場合複数の訴状・供述書に言及する。引用文を結ぶ語。

各等語 1142 四 59
　「等々の趣。」等語は下級機関もしくは民間からの口頭陳述の内容を指し、「各」の一字により来電・来函・答ศ・律令・章程・口頭陳述が単独でなく複数ある時その内容に言及し、引用文を結ぶ

各奉此 1143 四 58
　准奉は上級機関からの来文を受け取ったことを表す。「各」の一字により来文が単独でなく複数受け取ったことが示される。「各等因」「令同前因」などとともに依拠段を終え、引申段へとつなぐ。

各等由 1144 四 58
　「等々の来文の趣。」引用文が終わったことを示す語。等由は自己相当もしくはやや自分より低いと思われる役職からの来文を指し、「各」の一字により来文が単独でなく複数受け取ったことが示される。上級機関からの来文も引用できる「各等因」と異なり、「各等由」は平級機関相当に限られる。　→等因

廓清 1145 規 170
　匪乱を掃除すること。

恪遵 1146 外
　まもりしたがう。

恪遵成憲 1147 読 114
　成法に恪む。

攫物 1148 読 12
　物をつかむ、奪う。攫はつかみとる。[攫搏]

畫押 1149 外、筌 19、30-1、講 139
　①署名する。②条約に調印することを「畫押蓋印」略して畫押という。③「花押」をかく。

畫押蓋印 1150 外
　条約に調印することを言う。略して畫押という。

畫其 1151 福 14-9a

[カ]

書き判。[～～供状。]

畫諾 1152 読 174
(批准)調印、承諾許可。

畫憑 1153 福 1-20b
ひやうぶんに書き判をする。

畫符 1154 筌 49
神符。

核 1155 規 202、読 268、讀下 9
①「考える」。考査する。②取調べる。子細に対照・考察する。

核擬 1156 福 14-20b
調べ罪にあてる。

核議 1157 陶 14-1a
審議する。

核計 1158 筌 31
①計算する。詳密に計画をたてる。②総計。

核査 1159
綿密に調査する。

核示遵行 1160 満 100、127
①「審査の上、指示もて遵行に便ならせしめよ。」申請に対する回答・指示を要求する語。呈文(上行文)における結尾語。②簡略語の一つ。

核實 1161 外
実際に調べる、実情を調べる。

核准 1162
審査取り調べの上許可する。

核准備案 1163 満 99、四 127
①審査取り調べの上備案を許可されたし。上行文における結尾語。②「審核して批准を賜り、その档案として留めおかれたし」。上行文において用いられる。

核準 1164 読 309
確かなる許可。

格状單 1165 福 15-6b
けひきかぎつげ。

核存 1166 満 76
(下級よりの文書を)審査のため存置する。

核對 1167 読 19
確実の対照。

核奪 1168 満 98、四 126
「審査の上、決定ありたし」。上級機関における決裁を求める呈文の結尾語。

核奪施行 1169 満 98
「審査の上、決定ありたし」。上級機関における決裁を求める呈文の結尾語。

核致 1170 規 287
物理科学(『大学』の核物致知よりきたという)。

核飭 1171 満 127
審査の上、遵奉を令ぜられたし。「査核飭遵」の簡略語。

核轉 1172 満 127
審査の上転達されたし。「査核轉呈(咨・令)」の簡略語。

核轉施行 1173 満 98
審査の上転達されたし。上行文の結尾語。→核轉。

核備在案 1174 四 126、
①[すでに書類は審査のために、お手元にとどめ置かれしはず(につき)」 上行文において先に送った文章に言及する語。②「(既に)審核をへて、档案として留めおかれしはず」。上行文において既に出して档案となっている文書に言及する表現。

核覆 1175 満 69
審査回答。

核覆施行 1176 満 103
平行文における結尾語。「審査の上の回答ありたし」

核辦 1177 満 128
審査して処理する。

核辦施行 1178 満 98
審査して処理せられんことを請う。上行文における結尾語。施行は処理の義あるも「されたし」程の意味として可。

核与・・法規相符 1179 四 126
下級機関が呈文で要求してきたことに許可を与える表現。「・・の法にもかなうこともあり」との意。にほほ同じであるが語気は柔らかい。

核与・・法規不符 1180 四 126
下級機関の要求をしりぞける表現。[・・の法令に抵触する]との意。 →核与・・法規相符

核与・・法規不無抵触 1181 四 126
下級機関の要求に許可を与える表現。「核与・・法規相符」にほほ同じであるが語気は柔らかい。

格 1182 講 317
空欄。[下格蓋印或画畫]

格礙 1183 福 1-5a
差し障り。

格爾思 1184 外
Giers, M. N. de 1897-1901 の露國駐清公使。

格式 1185 筌 61
一定の方程式。

格致 1186 筌 13、讀下 9
①物理。②理科

格蘭忒 1187 外
Grant, U. S.

[カ]

格林尼次 1188 規 122, 筌 25
　英国 Green wich.
格蘭斯頓 1189 読 21
　Gladstone, William Ewart.
擱起不提 1190 筌 48
　置いて談ぜず。
権 1191 読 272
　徴税法、収税。権は丸木橋の謂いで、物流の流れを制御し課税することを意味するようである。なお、権を「専売」と訳す場合もあるが、課税策であるか専売政策であるかは実態を踏まえて訳し分けるべきである。[権使]
権課 1192 外、規 76-7
　課税、賦課する。
殼 1193 筌 27
　的なり方針なり。
獲住 1194 福 20-25b
　捉える。
確耗 1195
　確報のこと。耗は音信のこと。凶耗=訃報、匪耗=「匪徒」情報。
確耗可據 1196 読 116
　確かなる通信の據るべきもの。
確寔 1197 読 58
　確かに、まこと。
確單 1198 福 14-3a
　確かな書き付け。
覺察 1199
　気にかけて見張る。注意して監視する。
覺羅 1200 行 1a/105、外
　「ギョロ、カクラ」満洲王朝の創始者たる顕祖宣皇帝 Gioro の直系子孫を「宗室」というに対して、傍系子孫を「覺羅」という「紅帯子」を帯びることから、「紅帯子」ともいう。
赫德 1201 外、筌 77
　総税務司 Hart, Robert.
較 1202 読 103、外
　①ややなり。②較べる。③対抗する、競う。
較閲 1203 規 121
　比較校閲すること。
郭實獵 1204 外
　Gutzzlaff, Karl Friedrich August.
閣 1205 規 169-70, 312
　内閣大学士。[爵閣督]
閣督部堂 1206 筌 24
　内閣大学士、総督、尚書。
隔閡 1207 読 147 筌 32
　差支え、または障害。情の相通ぜざるをいう。閡は塞ぐなり阻隔の意なり。

隔日 1208 読 87
　一日をおきて、即三日目。
隔膜 1209 讀上 35
　隔靴掻痒の意。[〜間未免隔膜]
銘 1210 筌 60
　クロム。chromium。
角崩 1211 福 3-5a
　降参。
角門 1212 福 2-8b
　くぐり。
較準 1213 福 6-4a
　ためし。
革卸 1214 読 166
　解任。
革職 1215 外
　官吏の懲戒方法の一。革職留任・革職離任・革職永不敍用がある。革職留任：主として公の罪についてこれを用いられ、四年間留任の後過失なければ「開復」される。革職永不敍用：事情が極めて重大な場合で、無期限に官職につく資格を奪ってしまう。革職離任：主に私罪に適用され直ちに任を解く。革職可擬：主として公の罪についてこれを用いられ、四年間留任の後過失なければ「開復」される。革職永不敍用：事情が極めて重大な場合で、無期限に官職につく資格を奪ってしまう。革職離任：主に私罪に適用され直ちに任を解く。
革職永不敍用 1216 読 110、外
　官吏の懲戒方法の一。実質的な懲戒免職。事情が極めて重大な場合で、無期限に官職につく資格を奪ってしまう。
革職離任 1217 外
　主に私罪に適用され直ちに任を解く。
革職留任 1218 規 140
　革職は免職。官吏の懲戒方法の一。①官吏過失あるときは一度その職を免じ、しかもなお原職に留まり事務を執らしめ、功労あるを待ってさらに名実ともに復職せしめるいう。②主として公の罪についてこれを用いられ、四年間留任の後過失なければ「開復」される。
革退 1219 読 297
　放逐せられるをいう。
革土條約 1220 筌 40
　土地分割の條約。
噶爾唫 1221 外
　Elgin, Lord.
學 1222 筌 38
　提學使司。一省の教育総監として教育行政を管轄す。
學員 1223 読 139

［カ］

学生。
學額 1224 筌 54
　学生の定員。
學宮 1225 筌 43
　貢院なり。郷試の試験場。
學憲 1226 筌 51
　提學使の敬称語。
學校司 1227 読 5
　學校司事。
學使者 1228 福 24-19a
　をしゆるくわん。
學政 1229 規 301、行 3/401-2、外
　①旧制度の試験委員長。②「直省」に対し一省一人の割合で派遣され、三年を任期として府・州・縣學の分教官を督率し、一省の教育を掌る。任期内管下の各府及び直隷州を二巡し各學学生及び入学生を試験する。
學租 1230 福 2-13a
　學校の諸生のふち。
學台 1231 筌 52
　提學使の異名。
學務所 1232 行、規 249
　各省の教育行政機関。総督巡撫に直隷し、その長官には學務處總辦をおいて一省の教育を総監せしめた。
學裕 1233 規 92
　学識豊富。
岳王 1234 筌 43
　岳飛。
樂奏崇戎 1235 筌 17
　軍楽が勇壮な曲を奏し。
額 1236 読 152,293
　定員。[郷會試中額]
額外 1237 筌 45
　定員外。
額支 1238 福 2-15a
　渡すべき（金）額。
額爾金 1239 外
　Elgin, Lord.
額爾唫 1240 外
　Elgin, Lord.
額爾古納河 1241 外
　アルグン河(Argun River)。
額税 1242 外
　規定の税額。
額設行商 1243 筌 24
　定額内にて設立せる商会。
額徴 1244 陶 8-5b
　定額徴収。
鄂 1245 読 253、筌 15,39
　①湖北・湖南。②湖北省。

劫惎 1246 筌 51
　得意なり。
喝報 1247 福 16-8a
　どこに傷があると高声にてはっきりと届ける。[件作～～明亮。]
嘎業 1248 外
　Ganier, F.
噶嘩 1249 外
　Gabet.
噶喇吧 1250 外
　Batavia.
噶囉 1251 外
　Gros, Baron.
曷勝感幸 1252 満 113
　幸甚にたえずの意。「曷んぞ感幸に堪えんや」と訓む。平行文における注意語。
曷勝企盼之至 1253 満 112
　曷んぞ希望の至りに堪えん。上行文における注意語。
活看 1254 福 20-3a
　調べかきの書き直し。
活口 1255 福 17-5b
　働きの工夫。
活罪 1256 外、福 13-1a
　①死刑以外の罪。②いかす咎。
活数 1257 福 7-4a
　その時々の多寡。
活套頭 1258 福 16-8a
　女結び。
活燈 1259 讀下 17
　転動燈。
葛徳禄 1260 規 186
　Baron Freiherr von Ketteler.
葛絡幹 1261 外
　Cologan, B. J. de 西國駐清公使(1895-1902)。
葛稜麼 1262 外
　グラム・gramme.
豁除 1263 規 126,筌 26
　免除。
豁免 1264 外
　免除。
串根 1265 福 3-15a
　書き付け。
串招 1266 福 12-26b
　そらくちがき。
串同 1267 外
　ぐるになる。
串票 1268 福 6-4b,6-6a
　書き付け。蔵役人からわたす書き付け。[～～着。納糧花戸執之以爲據者也。]
串騙鉅款 1269 筌 78

- 34 -

[カ]

干橋 1270
　Cambridge

干護 1271 福 11-16b
　かかりあひ証人。

干請 1272 福 4-10b
　あんない。

干犯 1273 福 15-10b
　かかりあひ咎人。

干誉 1274 筌 9
　名を求む。

干預 1275 規 242,250,317、讀上 19
　干渉関与の意。

函 1276 陶 8-35b、外、四 85、121
　①手紙(信)。②書を出すこと。③函は互いに隷属関係にない機関間の来往文書。④非公式に督撫が中央官庁に送る文書。督撫から中央官庁へは平行であるが、中央官庁から督撫へは直接命令できず、皇帝を経て指示が出されていた。平行文であろうか不祥。⑤公函。⑥書簡を示す助数詞。

函會 1277 外
　手紙で通報する。

函告 1278 筌 23
　文書を持って通告す。

函准 1279 満 126
　「この案は先に函請して斯く斯くの回答をうけたり」。公文の簡略語。　→咨准

函稱 1280 満 126、四 96
　「来文に曰く」平級・下級からの来文(函文)を引用する語。

函請 1281 四 96
　函件でもって相手方に処理を依頼する表現。一般に平級機関間で用いられるが。

函送 1282 四 96
　「函件および附件はすでに発送せり」平級・下級からの来文(函文)を引用する語。

函致 1283 読 182
　致は送る。手紙を送る。申し送る。

函同前因 1284 四 95
　「同内容の文書(をまた受けたり)」平行文の回答分のなかで二つ以上の機関から同じ内容の文書を受けとったとき、最初の文面を引用した後、重複避けるために使う表現。前因は一応から自分より対等以上からの来文だと判る。

函同前由 1285 四 95
　「同内容の文書(をまた受けたり)」平行文の回答分のなかで二つ以上の機関から同じ内容の文書を受けとったとき、最初の文面を引用した後、重複避けるために使う表現。前由からは自分相当もしくは以下からの来文だと判る。

函稟 1286 読 293
　願書。

函不録由 1287 四 95
　民国時期の函件の冒頭は来文を記すことになっているが、機密保持のためこの語を使うこともある。

刊給 1288 規 92
　彫刻して給与すること。

刊発 1289 商
　発行。

勘鑛 1290 筌 57
　鉱山試掘。

勘丈 1291 典
　土地測量のこと。私人の土地または賃借にかかる土地をその種類・面称を査定すること。　→清量、清丈、履勘

勘牌 1292 福 28 - 5a
　割り印の書き付け。

勘量 1293 筌 63
　測量。

勘路 1294 筌 48
　鉄道線を勘査する。測量する。

勧息 1295 外
　和解を進める、調停する。

喊票 1296 福 27-12b
　おめき申したてる。

啣環 1297 筌 42
　恩に報ずるの意。助けられた鳥が手環をくわえてもってきた故事による。

咸使聞知 1298 満 110
　「皆聞知せよ」。佈告文の末尾の定形句。

咸臣 1299 外
　Urmston, J. B.

咸利依禮士 1300 外
　Henry Ellis.

坎拿大 1301 規 202
　Canada.

堪紆綺注 1302 筌 51
　御考慮を解くに堪ゆ。

嫺 1303 読 15,228
　習熟すること、巧みなること。

完解 1304 筌 21
　納付輸送。

完欠 1305 福 2-14b
　すみきりたか。不足高。

完結 1306 福 2-14a
　落着。

完清 1307 講 317
　①支払い済み。②完結する。

完全 1308

[カ]

完ㅤ
　完全無欠のこと。
完妥 1309 読 56
　済む、終わる。
完納 1310 外
　おさめる、果しおさめる。
官 1311 外
　(現任の)官吏、=「官員」。
官員 1312 行 1b/170、外
　単に「官」ともいう。一品から未入にいたるまで、一定の手続きにより皇帝から任命されたものをいう。
官巻 1313 読 239
　官生の試験答稿。cf.民巻。
官銀匠 1314 福 6-19b
　銀座役人。〔〜〜〜之設。大端有二。一爲花戸完糧欲其傾銷紋足以杜封納低潮。爲起解藩庫欲其傾銷大錠以防駁換責成。〕
官憲 1315 読 257、外
　①官員。②高級の官吏。
官項 1316 筌 20
　官費。
官差 1317 外
　官職。
官佐 1318 筌 17
　将校。
官佐弁兵 1319 筌 17
　将校下士卒。
官坐 1320 福 28-1b
　官人の乗る。〔其爲驛馬也。有〜〜。有緊差小差散差包馬之不一。〕
官棧 1321 外
　保税倉庫。a bonded warehouse.
官尺 1322 筌 60
　営造尺。種々尺度ある中で特に官尺として指定したもの。
官授 1323 福 2-12a
　しょ役人。
官常 1324 外
　官吏の道、官規。
官税紅単 1325 外
　出港免状。　port clearance.
官兌 1326 福 8-3b
　役人がげる。
官紳 1327 讀下 24
　(下院)官紳で(英国の)下院議員。
官紳兼委 1328 外
　釐金を徴収するとき、便宜上官庁本部から委員を派遣し、その地方の紳士に委託して協力徴収させること。
官親 1329 外
　官吏の親戚。
官生 1330 読 239
　三品以上の子弟をいう。
官體 1331 外
　役人顔、役人気取り。
官當 1332 福 8-6a
　官許質屋。
官府 1333 外
　政府、官庁、お役所。
官平 1334 讀下 74
　庫平。
官弁 1335 読 25
　文官と武官。
官棚 1336 福 14-2b
　役所がつくった小屋の類。
官方 1337 讀上 7
　官規。
官本 1338 読 307
　官の出資した資本。
官矛 1339 福 8-6b
　おかみのすあい。
官目 1340 外
　大官、役所。
官樣 1341 外
　①「官」としての威容。②決まりきった文言・官庁用語。
寬假 1342 規 242
　容赦すること。〔勿稍寬假〕
寬取 1343 読 293
　多く取ること。
寬壽 1344 讀下 60
　ゆたかに支出すること。
寬貸 1345 外
　刑罰を寛大に取り扱い、相当に宥恕する(こと)。
卷査 1346 四 92
　「すでに関連する文書は見たり云々」、または「見るべき文書はありたり云々」の意。
卷縮 1347 福 28-5a
　体を縮める。
卷奉 1348 四 92
　「すでに関連する文書はありたり云々」、または「見るべき文書はありたり云々」の意。上級の来文を引用する語。
幹部 1349 規 153
　職員に同じ。幹は幹事の幹。
悍然 1350
　固く執って動かざるの貌望。
戡定 1351 規 52,170
　戡は克なり、勝なり、平定すること。〔前往戡定〕
換約 1352 外
　①条約を締結する。②条約の批准書を交

[カ]

換する。

旱煙 1353 外
　きざみ煙草。

柬請 1354 読 185
　柬は信札・名単。手紙を以て請求するをいう。

柬房 1355 福 4-12b
　でがみがかり。

欲然 1356 読 267?
　満足せざる貌。

扞格 1357 筌 16
　扞は防ぐ。抵触して適合せず。

換班應調 1358 福 5-16b
　つとめばかはりになり,調べをうける。

換訪 1359 福 20-5a
　故令好黨四出招格馨労。而有力潜行買脱。復又裝害他人。名日〜〜。

揀 1360
　選ぶ cf.簡授

款 1361 外、規 123、読 237、276
　①経費、お金、金員の義。②条項。③条件。［清國已恪遵此款］④歓待。もてなすこと。

款項 1362 規 123,252
　金銭のこと。

款式 1363 外
　書式。

涵濡 1364 筌 54
　感受の意。

渙號 1365 外
　(詔勅を)渙発し(天下に)号令する。

渙散 1366 陶 11-17a
　①ちりちりばらばら。②心を鈍らせる。

漢 1367 筌 15,16
　漢口。

漢黄德兵備道 1368 規 262
　漢陽府、黄色、德安府を管する兵備道。

漢奸 1369 筌 12
　裏切り者。(漢族を裏切るものの意)中国人にとってこう言われることは非常な恥辱である。間諜。

漢謝 1370 外
　Hansa.

漢缺 1371 行 1b/201、外
　漢人に専属する官職。欠員が生じたときはすぐ候補官より補充するのが原則。

漢軍缺 1372 外
　漢軍八旗人に専属する官職。欽天監從六品秋官正等で少ない。

漢数字。 1373 規 251,265

漢納銀 1374 外
　Hanneken, C. von.

漢勃克 1375 読 194
　Hamburg.

甘 1376 筌 16
　甘粛省。

甘結 1377 外、筌 49、福 3-16b
　①保証書。②己の血族を保証する保証書。③罪をあまんずる証文。

甘心 1378 外
　①思う存分に。②無念ばらしをする。

皖 1379 筌 15、45
　安徽省。

皖撫 1380 筌 12
　安徽巡撫。

監 1381 讀下 58
　監生。

監學 1382 筌 9
　学生監。

監禁 1383 福 13-1a
　牢屋。

監故 1384 福 12-27a
　監禁死者。稱〜〜。

監候 1385 福 12-1b
　入牢させ、あきをまってき(斬?)る。

監察御史 1386 外
　→都察院 Censor.

監司 1387 外
　「分巡道」の別称、(書簡に使う)。

監守盗 1388 福 20-21b
　牢屋係役がした盗み。［釋六賊。一日〜〜。監者監臨謂経管之人也。守者主守謂経収之人也。］

監生 1389 筌 66、讀下 58
　(本来は)國子監の学生のこと。入学資格により優監生・恩監生・癒監生・例監生の四つがある。時代が下って金銭で購うことのできる資格となった(百両ほどしたこともあれば清末には三四十両になったこともある)。この資格称号を有する者は挙人となる試験に応募できた。

監兌 1390 福 8-4b
　蔵出しの立ち会い目付。

監追 1391 福 7-18a
　つくのはす。

監督 1392 筌 9
　校長。

監簿 1393 福 13-9a
　牢屋帳面。

監臨 1394 福 20-21b
　立ち会い臨む。

看押 1395 外
　監視する。

看語 1396 福 2-10a

[カ]

看稿 1397 福 12-9b
調べ、書き取り。
調べ書き取りの下書き。

看青 1398
（田畑で農作物を盗まれよう監視する）見張り小屋。

看穿 1399 福 17-19b
見通す。

看得 1400 四 39
清代の題本で自分の意見を述べる発句。①清初の中央各部院が自分の意見を述べるときの発句。②総督・巡撫らの地方長官が皇帝に文書を出すときに使われたとも。③総督・巡撫らの地方長官が下級館員の意見を引用する場合の二つに大別できる。→議得

環請 1401 四 81
上級もしくは平級でも自分より身分が上の者に要望を出すとき、自分一個の要望ではなくて周囲の(個人・機関)の要望でもあることを示す。恩恵的なことを要望するときに使われる。

環懇 1402 四 81
上級もしくは平級でも自分より身分が上の者に要望をだすとき、自分一個の要望ではなくて周囲の(個人・機関)の要望でもあることを示す。 →環請

砍 1403 読 93
＝斫＝切る。

砍断 1404
切り断つ。

砍伐 1405 筌 61
伐採。

管驛驛書 1406 福 2-13b
まちがかりの下役。

管押 1407 外、中
①拘留・抑留する。②監視する。

管河道 1408 讀上 14
河工を掌る道官。 →道官

管賀 1409 読 258
乗組。

管事 1410 福 6-12a,31-18b
支配人。係。[麹程少山等。儡覚世標。為本行〜〜]

管事官 1411 外
Consul 領事。

管總 1412 福 6-18b
小頭の者。

管束 1413 外
取り締まる。

管駄兵 1414 行 4/330、外
清末の新軍制の過山砲帯営における兵卒の名。一人毎に車一輛駄馬二匹を掌らせる。

管帯 1415 読 2
①管理・統帯すること。②艦長のこと。

管帯官 1416 読 78,筌 29
艦長。

管理事務 1417 行 4/330、外
満漢併用の合議制官庁(六部の如き)またはその地位の枢要なる官庁に重臣を特命してその事務を総括させること。

管領 1418 読 171
占領。

簡 1419 規 39、行 1b-226
簡は選ぶ。ただし皇上または太后の勅撰(抜擢)による。 →簡授、簡派 cf.揀。開列

簡授 1420 規 39
選び任命されるか？ 簡は選ぶ。ただし皇上または太后の勅撰。

簡章 1421 満 47
略則。

簡派 1422 読 306
任命・選任。

簡編 1423 読 221
書冊。

簡放 1424 読 121、讀下 29
①選択任命。②選び、就官・任官せしめる。

紈袴 1425 読 149
軽薄なる少年・おぼっちゃま。

罕 1426 規 101
稀に。

幹辨 1427 福 3-3a
取り裁く。

翰林院 1428 外
「進士」中の俊才を優遇し他日の重用に資する為に設けられた中央官庁で、書史の編集・文章の起草の如き文墨・儀礼に関する事務を職とする。掌院學士・侍讀學士・侍讀・侍講・修撰・編修・検討などの官を置く。掌院學士は長官であって大學士・六部尚書侍郎から任命される。院に付属する「庶常館」で進士登第者中優秀なものを更に試験で選考して「庶吉士」として入らしめ学習させ、三年の後試験(散館)して、成績優秀なるものは翰林院の本官に任ず。閑職ではあるが将来を約束された。

翰林出身 1429 規 325
翰林院庶吉士等。

翰林升階 1430 規 325-6
翰林院修撰、編修等。

観釁踏瑕 1431 筌 74
機会に乗じる。

- 38 -

[カ]

觀光 1432 筌 56
遊歷。

觀察 1433 外、読 208、讀上 22、下 42
道官・道員こと「分巡道」の別称。

觀審 1434 外
外国人の生命財産に関係ある刑事裁判に、当該外国が官憲を派遣して立ち会わせること。

觀望 1435 陶 16-1a、外
①様子をみる。 ②形勢を見ながらぐずぐずする。

觀摩 1436 筌 9
互いに相研鑽する。学記に「相觀而善之謂摩」とあり。

趕緊 1437 読 145
至急。

趕散 1438 福 17-7a
逐い散らす。

趕造 1439 読 51
急いで造る。

趕備一切 1440 読
急いで一切の準備をする。

還清 1441 読 283
悉皆返済。

還聲筒 1442 読 220
（初期の円筒型の）蓄音機。

銜 1443 外、規 65、讀上 3
①官吏の官名。②署名か?上奏文などに単独で署名することを「單銜」といい、二人以上連署することを「會銜」「聯銜」という。③虚銜といって待遇または資格・「名譽職」の意。特に太子太保等は資格のみで実職を伴わず銜の字を付すのが通例。［四品銜臣部員外〇〇］

銜旨 1444 読 68
命を帯びて。

銜名 1445 筌 18
待遇の階級。

鑒 1446 四 170、108
民国時期の上行・平行の電報・代電の冒頭において、「・・殿、子細見られたし・御被見ありたし」と本文を引用する語。この語の前には受取人の職名氏名が記される。

鑒于 1447 四 170
「〜を鑑みるに。」自分の意見・分析を述べる前に使われる。

鑒核 1448 四 170
「子細に調査し確かめられたし。」文末の請求語句中で使われる。

鑒核施行 1449 四 171、満 99
①上級機関に対し調査確認して施行に便ならしめよと求める語。文末の請求語句

中で使われる。②「一覧ありたし」「清覧の上審査ありたし。」呈文の末尾の語。

鑒核示遵 1450 四 171、満 99
①上級機関に対し調査確認して施行に便ならしめよう指示ありたしと求める語。文末の請求語句中で使われる。②「御一覧の上、審査して遵奉するところを示されたし。」呈文の末尾の語。

鑒核備案 1451 満 99
①上級機関に対し調査確認して、档案として留め置くことを求める語。文末の請求語句中で使われる。②「御一覧の上、案として採用ありたし。」の意。呈文の末尾の語。

鑒洽 1452 四 170
①上級機関に対し本文を接収し審査をすることを求める語。洽は「相談」との意味であるから、「本文書を御覧の上商議ありたくの意か。」の鑒核とよく似ているが、多くは報告書の類で用いられる。

鑒之 1453 規 79
「諒鑒せられんことを」。

〜間 1454 読 115
〜しつつある中に。［一面拿兇懲辦間］
→正・・間

閑 1455 筌 41
防る。 →防閑

間執彼口 1456 筌 18
これを口実として彼を抑制する。

間日報 1457 筌 57
隔日発行の新聞。

間世 1458 筌 13
代を隔てる。

開散 1459 外
①まだ仕官しないもの。②現職を退いて銜を有する者。(この場合普通「開散官」とする)。

開散官 1460
＝開散②。

開襍人 1461 福 11 - 19a
無駄いろいろの人。

開譚 1462 讀下 17
無駄話。

開廢書 1463 福 23-17a
てじるしの帳面。

開平之德器 1464 筌 53
從容和平の德器。

開放 1465 福 13-9b
無駄に入れおく。［監中〜〜繩索板片。］

開民 1466 読 105
①失業者無職の者。②ヒマ人、無用の者。

關 1467 筌 38、外、福 4-16b
①税関を監督する關道。②海関の支所、

[カ]

治安と脱税の監視・徴税を行う。③[州縣系往往来同。州與同。縣與丞。州縣與都司。用〜文。孫與掛名州同。亦有與掛名州申文者。]

關會 1468 外
通報する。

關礙 1469 筌 58
障礙。

關銀 1470
→關平銀

關庫 1471 外
海關付属の倉庫。廣東粵海關の關庫がようなものがその一つである。

關差 1472 外
「常關」の事務を管理する長官で中央政府から派遣され一年交代としているので「關差」という。

關棧 1473 行 6/153、外
税關の付属倉庫、保税倉庫。

關照 1474 筌 54
お世話。

關津 1475 外、規 262, 筌 66
①「關門」と「津渡」。②内地及び通商港の税關・要所要所。［經過關津局卡]

關汛 1476 外
衛兵の屯所。

關節 1477 読 245
裏の頼み、しめしあわせ。 ＝關説[通關節]。

關説 1478 外
①くちばしを容れる。②他人を中にいれて要路の者に頼む。(=關節)。

關白 1479 筌 77
相談する。

關拿 1480 福 20-20a
関文をもってかけあひ、捕らえる。

關通 1481 福 3-8b
馴れ合う。

關帝 1482 筌 43
関羽。

關提 1483 福 29 - 20a
関文をもって捕え、引き寄せるように交渉する。

關内外線 1484 筌 15
山海関から天津間と山海関から新民府間。

關部 1485 外
「粵海関監督」の通称。

關平 1486 筌 20,64
税關収税用の標準秤。1 兩=(庫平銀) 1.013 兩?。

關平銀 1487 外、読 130

「洋関」にて徴収する標準銀。關平銀 1 兩=規元 1 兩 1 錢 1 分 →關平

關防 1488 外、筌 24,64、規 92
①官印のこと。総督巡撫(その他の地方官は「印」)および外国駐在の公使の印をいう。武官では提督以外が關防または鈐記という(提督は「印」という)→印。②不正行為を防止するために押す長方形の官印。③不正行為の防止、用心。

關防印 1489 外
官府の公文書に用いる長方形の官印。關防=②。

關防印記 1490 外
「關防印」と「印記」。

關門 1491 行 3/280、外
陸上及び水上の交通取締・治安維持のため設けられた一種の関所で兵部の管轄に属す。

韓京 1492
漢城(漢陽)といった李氏朝鮮王朝の都。現在の Seoul.

韓潮蘇海 1493 讀下 52
韓退之・蘇東坡の如き大海に比すべき大文才をさす。

含糊 1494 外
曖昧。曖昧にする。

含混 1495 外
曖昧。曖昧にする。

愿 1496 筌 32
願うなり。

玩 1497 外、読 140
①弊。②=頑。

玩愒濡滯 1498 筌 73
無頓着,無神経で少しも動かぬこと。

玩梗 1499 外
頑固で強情。

玩忽 1500 読 205
玩忽緩怠。

玩視 1501 中 1899
(法令などを)軽視・無視する。

玩泄 1502 外
ぶらぶらして怠ける。

眼看 1503 福 14-17a
立ち会う。

眼同 1504 外、福 6-4b
①立ち合わせる。…共に。…の前で。②たちあふ。[〜〜納戸]

願共勉之 1505 満 116
「願わくば共に之を勉めよ」の意。佈告用語。

願受教 1506 読 25
楽しみて学ぶこと。

- 40 -

[キ]

企盼 1507 満 112
　企望・希望の意。

其 1508 福 12-2b
　［其者变于先意。謂如論八議罪犯。先奏請議。其犯十悪。不用此律之類上。］

其各 1509 四 81
　各は下級・人民の各回の人士を指す。「それおのおの」と各界の人士に遵守すべきことを要求する。多くは通知・布告文の末尾に使われ、命令調である。「其各一体凜遵」「其各凜遵」「其各勉勵」

其各凜遵 1510 四 82
　各は下級・人民の各回の人士を指す。凜遵は厳粛に従い行うこと。各層・各界の人士に上級からの命令を遵守すべきことを要求する。通令・布告文の末尾に使われる。

其共體斯意焉 1511 満 116
　「其れ共に斯の意を體せよ」との意。主として佈告に用いられる。

器誼 1512 読 153
　才能・心術。

器使 1513 筌 9
　器量に応じ任用する。

器識 1514 規 92
　器量識見。

奇貨 1515 福 3-2b
　よい金儲け。

寄監 1516 福 20-19b
　かり牢にいる。

奇荒 1517 福 5-2a
　酷き荒れ様。

奇佐 1518 外
　Guizot,Francois.

奇表 1519 規 277
　奇矯。

奇冷 1520 読 289
　非常の冷気。

圻 1521
　「界」に同じ。

基兒 1522 読 169
　Kiel キール。

基瑪良士 1523 外
　Guimaraes,IsidoroFrancisco.

季報 1524 讀下 10
　季刊。

寄 1525
　送る、伝達する。

寄函達致 1526 読 74
　書面を送りて通知。

寄信 1527 外
　書面を送る。

寄信上諭 1528 行 1a/206-7、外
　上諭の一種。機密事件につき特別の官庁に発下する。軍機處から兵部捷報處を経由して、驛遞によって伝達される。欽差大臣・総督・巡撫・學政・経略大將軍・將軍・都統・副都統等に送交するものを「軍機大臣字寄」といい、布政使・按察使・鹽政大臣や戸工関の差官に送交するものを「軍機大臣傳諭」といい、二者を「廷寄」と総称す。実録・始末にては「諭軍機大臣等」という見出しによって寄信上諭であることが示される←→明發上諭。

寄信諭旨 1529 外
　「寄信上諭」?。

寄知 1530 外
　知らせてよこす。

寄頓 1531 福 18-17a
　預け置く。

寄買 1532 福 17-20a
　買い込む。[〜〜賊贓。]

寄諭 1533 外
　①「寄信上諭」の略称?。②朝廷より遥かに寄せられたる諭旨。

岐異 1534 読 305 讀下 57
　異なる。まちまち。岐は別れる異なる。

希 1535 四 72、満 93
　「・・を願う」「・・されたし」平行文(咨文・公函)において相手に処理を求める請求語。同様の語に煩があるが、希が法令・命令に則った語であるに対して、煩の方はこちらからの請求による。

希請 1536 四 72
　「されたし。」平行文(咨文・公函)において相手に対し要望を表す語。直ちに迅速な処理を求める請求語。 →希

希即 1537 四 72
　「直ちに・・されたし。」平行文(咨文・公函)において相手に直ちに迅速な処理を求める請求語。 →希

希臘 1538 読 216
　Grecia.

幾 1539 規 233、讀下 63
　①ほとんど。②機に同じ。

徽號 1540 読 113
　皇帝・皇太后の正式の呼び方か?。

揆 1541 読 275
　図るに、考えるに。

揮灑 1542 福 4-2a
　使い果たす。

旂主家 1543 福 19-3a

[キ]

旗の支配頭の家。旂は旗のこと。

旗營 1544 外
　八旗の駐屯軍。

旗餉 1545 筌 7
　旗人に給与された扶持米。

旗人 1546 外
　八旗所属の人民（職業軍人のみでなく官吏軍人及びその家族を）総称す。

旗籍 1547 外
　旗人の戸籍。

旗地 1548 行
　旗人に下付された土地。元来は種々の制約があったが、やがて準私有地のようになり売買もされた。

旗丁 1549
　①運丁とも。明制の衛は清代にては辺境防備か漕運のためだけに存し衛所軍士は所属の屯田を耕作し、この中から漕運に従事するものがでる仕組みであった。嘉慶道光年間、旗丁の貧困化が問題となった。②漕運を担う運軍。

既…亦… 1550 外
　ばかりでなく。

既…且… 1551 外
　である上にまた。

既望 1552 読 172
　十五日。

暨 1553 規 77、讀下 58
　及び

熙庶績 1554 筌 5
　種々の治績を天下に広める。

熙禮爾 1555 筌 48
　英国シンジケートの代理人シリール。

晷 1556 読 260
　時間。

晷刻 1557 読 49
　時間。

期盼 1558 読 54
　期望（期待する）に同じ。

期服 1559 筌 70
　一年間喪に服する者。

機括 1560 讀下 12
　機会からくり仕掛け。

機関 1561 外
　機会、機、転機。

機器車 1562 読 308
　機関車。

機宜 1563 読 174
　その場にふさわしい。

機謀 1564 規 179
　機密の謀略。

畿輔 1565 筌 32
　近畿なり。北京近傍の地域。

畸零甲 1566 福 21-7a
　［毎保總以百家為率。如此莊編保之外。尚有〜〜分。謂之〜〜〜。即附統于末保之保正。］

畸零莊 1567 福 21-7a
　其寫遠孤村。不過數家。力又難遷。即于敷家中擇一年力精壯省事者。為莊頭。本莊稽查逃盗奸先之事。一以委之。謂之〜〜。而于附近之保正。兼統之。

歧途 1568 筌 36
　分途。歧は別れ道。

歸於好 1569 読 272
　好みに戻す。

歸還 1570 外
　返還、辨済する。

歸結 1571 読 196
　落着又は甘結?。

歸公 1572 外
　公に帰属する。国庫に納める。

歸宿 1573 読?
　目的。

歸總 1574 福 7-9a
　そうかんじやう。

歸普通高等各學堂核計 1575 規 241
　他の普通高等各学校と同様に計算すること。

歸部 1576 読?
　○部に帰して。

汽力 1577 読 10
　ガス?［汽船］

禧在明 1578 外
　Hiller, Guy.

稀短 1579 読 12
　薄く短い。

紀 1580 読 8
　記に同じ。

紀録 1581 筌 69
　官吏の職務上の勤労を表彰するため,殊に公書に登録しつゝ、かつ恰も勲記のごとく公の資格として称うることを許す。

綦厳 1582 外
　甚だ厳である。綦は「極」の意。

羈候 1583 福 19-7a
　繋いで、待たせる。

羈縻 1584 陶 14-11a、外
　①繋ぎとめる。②外国を巧みにあしらい・牽制し・操縦すること。

虧透 1585 福 32-3a
　不足する。

規 1586 外
　賄賂。

[キ]

規銀 1587 外
①粤海関で外国船から徴収していた「陋規」。内外の要請により雍正四(1726)年、1950両の一定にして「帰公」せしめた。鴉片戦争後の南京条約により廃止された。②=規元。

規矩 1588 外
きまり、のり、しきたり。

規元 1589 規 264-5。
旧時上海で通用していた銀。純度98%であったので九八規元ともいった。 →九八規元

規条章程 1590 商
定款。

規尋 1591 筌 27
尋を計る。規は求め図るなり。

規費 1592 外
法律上・慣習上納めるべき費用。

規禮 1593 外
=規銀①。

規禮銀 1594 外
=規銀①。

記誦 1595 読 251
暗誦。

記名提督 1596 規 154-5
北京軍機処名簿に記名せられ提督としての待遇を賜うもの。

記名道 1597 筌 10
軍機処に記名せる候補道台。

記里布 1598 外
Gribble, Henry.

詭寄 1599 陶 7-10b
(=詭名寄産)財物を他人のものと偽りて脱税すること。

譏刺 1600 読 3
そしること。風刺。

貴～ 1601 読 165、満 125、四 108
①(平行または下行文で)官名を表す語の前につき、敬称をつくる。[貴道・貴督]。②平級機関もしくは平級官員の来往文書で相手方を敬っていう。

貴人 1602 外
皇帝の妾の第五の階級。皇貴妃・貴妃・妃・嬪・貴人の序列がある。

貴鎮 1603 読 165
貴鎮台。

貴道 1604 読 94-5
道は道官。

貴督 1605 規 162
貴総督の意。貴督院というに同じ。

貴妃 1606 外
皇帝の妾の第二の階級。 →貴人

豈 1607 読 23
普通の疑問文をもつくる。

起 1608 読 94 読 134、140
①始める。[修起]②～より。[自～起至～爲止]③もとの場所から移動するをいう。④おろす、引き渡す。⑤卸、おろす。削りて低くする。

起課 1609 陶 12-5b
=占課

起貨単 1610 規 78、行 6/151、外
(船積或は陸揚)差図書。

起解銀 1611 外
各省から北京に送る税銀。

起獲 1612 外、筌 45
①捕獲する、押収する。②引き下げして差し押さえる。

起空 1613 外
代償なしでおろす、引き渡して代金が回収できない。

起更 1614 福 2-17b
いつつどき。

起見 1615 読 59,筌 8,29、陶 8-58a
①「この考えをおこせるものなり」見は意見、見解なり。 →爲…起見 ②目的とするところ。③～の趣意によると。

起差 1616 外
貨物を発送する時、その貨物について最初に釐金を徴収する官庁。「験局」に対する。

起載 1617 外
(積荷を)おろす。

起卸 1618 筌 28、外
①積荷をおろす。②船より引きおろして留置する。③稀に貨物をおろすことと積込をいう。

起手 1619 福 20-16a
手始め。

起出 1620 外
(貨物などを)をおろすこと。

起色 1621 陶 12-9b
活気づく、好転する。

起如 1622 陶 31-17a
たちゆく。

起身 1623 外
出発する。

起贓 1624 福 18-6a
盗みものをとりあげる。

起徵 1625 陶 14-26a
徴収を開始する。

起程 1626 陶 7-36a
出発。

起剥 1627 陶 7-4a,35a

[キ]

起滅 1628 福 19-4b
　初めと終わり。

起用 1629 外
　「致仕(退官隠居)」・「革職」の人を用いること。

起慮 1630 福 12-10b
　始まり。

跂 1631 満 113
　望む。「踵をあげる」から転じて伸び上がって待ち望むことをいう。

跪懇 1632 読 114
　跪き願う。

跪拝 1633 外
　＝「拝跪」。

鬼域 1634 筌 41
　匪徒の出没する地域。

鬼蜮 1635 外
　もののけといさごむし。共に暗中にいて人を害す。腹黒い人。

鬼蜮伎倆 1636 外
　陰険にして人を害する技能。

鬼市 1637 外
　夜間火を用いず、集まって貿易するところ。

伎倆 1638 外
　うでまえ、すごうで。

偽造假票 1639 筌 46
　票は紙幣なり,紙幣を贋造する。

儀注 1640 読 21
　儀式。

巍科 1641 読 239
　巍は高大の貌。優秀なる及第。

欺人 1642 読 176
　人を軽蔑する。

擬 1643 規 227,253、讀上 34、59、下 35、59
　①欲す,要す。②「～する心算」、予定する。③起草。④または仮定に用いる。

擬改 1644 読 282
　假りに改めたる。

擬具 1645 外
　原案を提出すること。

擬軍 1646 撫 1 - 1a
　(配流され)従軍する。

擬合就行 1647 四 64
　「急ぎ行わん。」平行機関の来往文書中において上級もしくは平級機関からの来文を直ちに実行すべきであると告げる語。擬は「積もり」、合は「まさに～すべし」、就は「直ちに」、行は「行う」。

擬旨 1648 外
　皇帝の指示を口頭で受けて軍機大臣が上諭を起草すること。

擬請 1649 読 48,253、四 64
　①「願わくは」「請わんと欲す」。上級機関に同意をもとめる語。②文末の請求語句中に現れ文書の目的を表す。

擬定 1650 陶 12-4a、読 143
　案を定める・予定。

擬抵 1651 外
　法によって罪を償わせる。

擬訂 1652 読 305
　起草。

擬辦 1653 四 27
　「処理する心算」

擬報 1654 福 20-3a
　つみつけをしてとどける。

擬內之例 1655 福 12-10a
　あつべきかでうの例。

擬立稟稿 1656 読?
　上申または建議の草稿を作成?。

戯殺 1657 福 14-1a
　戯れに殺す(七殺)。

疑獄 1658 福 14-21a
　うたがはしきくじ。

疑竇 1659 筌 45
　竇は穴なり,空なり。疑いを挟むべき余地なり。

祇 1660 規 71,179,314
　「只だ」ひたすら。つつしむ。まさに。種々に熟語する。以下参照。

祇祈 1661 四 120
　上行文で依頼する時に使う。謹んで祈る、ひたすら願う。→祇請、祈

祇俟 1662 四 120
　「ひたすら回答をまちおり。」　→祇

祇遵 1663 筌 34、四 120
　「回答ありたし、謹んで遵わん。」　→祇

祇請 1664 四 120
　上行文で依頼する時に使う。謹んで祈る、ひたすら願う。→祇祈、祈

祇得 1665 読 198
　只得とも。「ヤムヲ得ズ」。

祇奉 1666 四 120
　下行文を受け取ったとの意。「ありがたくも来信受領せり」の意か?→祇、奉

義 1667 筌 14
　イタリア。

義斯巴尼亞 1668 外
　イスパニア(Spain)。

義律 1669 外
　Elliot,Charles.

蟻 1670 四 105
　明清時期に民間から政府に出した呈文な

[キ]

耆 1671 陶 8-31b
　年老いた(60 以上)。［耆耈］

耆碩 1672 読 109
　耆宿碩徳、老成高徳の人。

耆獻類徵 1673 筌 55
　伝記録の一つ。

耆定 1674 規 170
　國難を平定すること。

誼 1675 筌 69、満 113
　①情誼。 →至紉公誼 ②知人。

議処 1676 筌 19
　会議の上処罰する。

議處 1677 行 1b/321、外、讀上 23
　官吏の懲戒。軽いものを「察議」やや重いものを「議處」、最も重いものを「厳加議處」という。←→議叙。

議敘 1678 筌 69、行 1a/214, 1b/260、外、讀上 9
　①官吏の昇進を審議する。 ←→議處 ②大計(三年毎の京外の文官に対する評定。京官には「京察」)で賞せられること。←→處分。

議政王 1679 行 1a/102-3、外
　同治の未成年期に恭親王に与えられた職名。「軍機大臣」の首班としての庶政補弼を企図。

議奏 1680 読 108
　当該衙門にて調査熟議の上奏聞すること。

議單 1681 讀上 38
　議決。

議得 1682 四 39
　清代の題本で自分の意見を述べる発句。①清初の中央各部院が自分の意見を述べるときの発句は看得であるが、関連の機関で連絡を取った場合は議得となる。②総督・巡撫からの題本からの要請を皇帝が受けて「該部議奏」と関連の部局で商議させた後の上奏文の発句。③刑事事件関連の題本において、事件の内容概要を述べた後、量刑について定議したことを述べる書式。

議覆 1683 読 204、四 38
　部議を定めて覆奏すること。

議復 1684 四 39
　題本で多く使われ、中央政府の関連の部局で審議させて皇帝に審判を仰ぐようにするように要望する語。

魏牛高 1685
　Venyoukov,Nicephore.

鞠躬 1686 外
　上半身を前に曲げる敬礼。

吃苦 1687 読 289
　耐えること。

吃虧 1688 読 196, 筌 21、讀下 66
　損失すること。損害を被る。

吉爾斯 1689
　＝格爾斯。

吉必勲 1690 外
　Gibson,John.

吉羅葛稜麽 1691
　Kilogramme,キログラム。

吉林將軍 1692 外
　吉林省の軍政・民政を司る長官。吉林省城に駐在。吉林・寧古塔・伯都納・三姓・阿勒楚喀・琿春に副都統があって補佐する。巻末参照。

喫虧 1693 筌 71
　損失。

拮据 1694 陶 17-22a
　忙しく働く様。

訖 1695 読 104
　終わる。［収訖］

迄 1696 読 9、75
　①「及んで」。②「遂に」なり「今にいたるまで」［迄無着落］→迄無

迄今 1697 筌 41
　今に至り。

迄無 1698 外
　「ついに・・・・なし」今にいたるまで…でない。ついに…がなかった。 →迄

迄無成説 1699 筌 10
　今日に至るまで一定の主張なし。

客廧 1700 筌 40
　旅人宿,下宿屋。

客棧 1701 筌 63
　宿屋。

客棧一處 1702 規 253
　旅館一軒。

客勒利 1703 讀上 50
　クラリー。

脚價 1704 外
　運賃。傭船料。配達の人夫賃。 →脚錢、脚力

脚踝 1705 福 15-10b
　くるぶし、踝。

脚根 1706 福 15-7b, 15-10b
　あしの付け根。踵。

脚心 1707 福 15-10b
　足の土踏まず。

脚錢 1708 外
　＝脚價。

脚踏車 1709 読 12、讀下 12
　自転車。

脚板 1710 福 15-7b

[キ]

足の裏。

脚力 1711 外
=脚價。

虐 1712 規 230
暴虐。[凶虐狂悖]

逆産 1713 福 20-20b
だいぎゃくにんのざい。

逆料 1714 読 211
予測・予想。

久懸 1715 筌 3
曠職,長く空虚にす。

九華燈 1716 讀下 39
杜詩に「雕章五色筆紫殿九華燈」とあり。

九卿 1717 読 246、規 292、外、政
①大理寺・太常寺・光禄寺・大僕寺鴻臚寺等の在京の官衙の長官を指し必ずしも九に限らない。②諭旨に単に「九卿」とある場合には六部・都察院・通政使司・大理寺を一括した言い方。「大九卿」という。→大理寺 ③「六部九卿」というように六部と並べて呼ばれる場合には都察院・五寺・翰林院・國子監を一括した名称。④六部・都察院・通政使司・大理寺の堂官(尚書・侍郎)⑤六部尚書及び都察院左都御史、通政使、大理寺卿の総称。[六部九卿]

九卿科道 1718 政
廷臣会議。重要な問題の際に開かれるが、諮問はされるが決定権はない。構成員は九卿の長官(六部は尚書・侍郎で 36 人)+科道 80 名で 130 名程になる。

九卿詹事科道。 1719 政 28

九原 1720 筌 42
九泉。

九三折 1721 筌 64
九割三分。

九八規元 1722 規 264-5
旧時上海で通用していた銀。純度 98% が語源。

九門提督 1723 外
=歩軍統領。

仇口播弄 1724 福 20-1b
ふわなものがないことをいひふらす。

仇告 1725 福 19-11a
ふわの訴え。

仇教 1726 讀下 26
耶蘇教を仇敵視すること。

仇殺 1727 規 70
相讎し相殺すること。

休戚(相関) 1728 規 71
休は慶、戚とは憂なり。なお慶弔というがごとし。利害関係の相密着緊切なるをいう。

休致 1729
官吏が老衰のためその職を離れること。清制、懲戒処分にあらざれば終身官を保持し、離職ではあるが官は失わない。原則として本人の申し出による(告休)が、老衰で職務に勝えないのに願い出ない時には強制的に行われる(勒休)。

及 1730 福 12-2b
[及者事情連後。謂如彼此俱罪之贓及應禁之物。則皆没官之類。]

及格 1731 規 300、讀下 57
合格。[分数及格]

及早 1732 外、陶 8-6a
「はやきにおよびて」早めに。

及至 1733 陶 8-5b
〜に及び。

及時 1734 外
「ときにおよびて。」時宜をえて、間に合うように。

及列的不列嗊 1735 外
Great Britain.

吸吐 1736 外
売りと買い。

售 1737 読 136
売る。

售賣 1738 筌 32
販売。

宮達徳 1739 外
de Contades.

宮保 1740 筌 3、23、読 131
①太子太保,太子少保の別称。②太子少保。③三孤の官。

宮門抄 1741 筌 72
宮廷録事。

弓手 1742 福 10-4a
さをがかり。

弓正 1743 福 10-1b
けんざを役人。

急需 1744 読 9
緊要・費用。

急足 1745 読 44
急ぎ。

急庇侖 1746 外
Cowpland,Captain.

急脈緩受 1747
本来は漢方の用語。解決をせかされても、たくみにうけながし、最終的には思うようにことを運ぶ。

汲引 1748 筌 55
一括して連絡せしめる。

泣血稽顙 1749 筌 70
喪にあたるとき,悲嘆のもっとも深い表

- 46 -

[キ]

現として嗣子が使う。嗣子がいないときは嫡孫が使う。

泣涙稽首 1750 筌 70
孫などが喪に用いる表現。

疚心 1751 読 113
心を悩ます。

究 1752 読 253
ついに。

究應如何之處 1753 四 74
「詰まるところ如何取り計らえばよろしいのでしょうか。」下級機関から上級機関に対していかに処置すればよいのか上級に伺いを立てる語。命令の実行を妨げることや、処理の仕方が分からないとき、法令に矛盾するときなど用いられる。
→究應如何辦理之處、之處、

究應如何辦理之處 1754 四 74
「詰まるところ如何取り計らえばよろしいのでしょうか。」下級機関から上級機関に対していかに処置すればよいのか上級に伺いを立てる語。命令の実行を妨げることや、処理の仕方が分からないとき、法令に矛盾するときなど用いられる。

究擬 1755 福 4-3b
吟味して罪にあてる。

究擬妥招 1756 福 20-3a
白状と罪つけがよく合う。

究竟是何情形 1757 読 253
「詰まるところいかなる情形であるのか」下行文における質疑語。

究之 1758 読 35
その極、ついには?。

究追 1759 外
①(刑事犯を)取調べる。②(債務を)取り立てる。

究低 1760 福 12-17b
たしあてる。[~~子命]。

究罰 1761 読 132
きっと罰する。

究辦 1762 外
(罪状などを取調べ)審理する。

窮簷 1763 規 202
貧民宿・窮廬のこと。

窮追 1764 福 20-6b
調べとりあげる。

給 1765 読 26 読 167
①「准」許すの意。②「使」~ヲシテ~セシム。

給假 1766 讀上 5
休暇を賜ること。

給事中 1767 外
→都察院 SupervisingCensor. 六科給事中

給發 1768 読 120
交付、渡す。

舊管 1769 福 9-6a
元の係。

舊金山 1770 規 126
カリフォルニア。加州をこう呼び豪州を新金山というは 19 世紀にあいついでゴールドラッシュがおこったからか?。

舊關 1771 外
=常関。

舊徒 1772 読 24
同窓生、校友。

赳赳桓桓 1773 筌 17
勇ましき貌。

鳩 1774 読?
あつむ。聚なり。

鳩工庀材 1775 読?
建築のこと。

去 1776 讀上 37
①「行く」,go.②電信を発する。 ←→来

去後 1777 満 61、筌 31、四 26
①「・・したるところ」次項参照。②「さりてのち。」…してから、…して、その後に。③すでに(下級機関に)発送ずみ。

……去後～前來 1778 満 61、四 26
「……したるところ～と申し越し来たれり。」上級からの文書に対し下級機関からの返答があったことがわかる。 cf、経・・在案、奉此

去向 1779 福 17-17a
逃げて行くところ。

去心 1780 筌 42
帰心。

居奇 1781 陶 11-19a
=奇貨可置。買い占め売り惜しみして値をあげること。

居然 1782 筌 32、外
①居ながら公然との意。②そのまま。いつのまにか。

居中 1783 規 79、福 2-5a
①間に立つの意。 ②まんなか。

舉 1784 筌 35,66,読 253、讀下 58
舉人。各省または北京の郷試に受かった者。例外として召試欽試の特例がある。
→科舉

舉貢生員 1785 筌 35
舉は「舉人」,貢が「貢生」,生員。

舉人 1786 外
「郷試」の合格者 Provincial Graduate →科舉

舉首 1787 福 4-3b
申しでた者。

[キ]

舉充 1788 読 307
選任する。

舉照 1789 福 12-30a
申し立てのひきあひ。

舉薦 1790 外
特旨をもって一定の高官に人材を探させ、召試の上、人物学力を酌量して官を授ける。本来臨時的に行われるものあるが、清末にはこれにより大官となったものが少なくなかった行 1b/180-3。

舉發 1791 外
①あばきたてる。②摘発する。

舉辦 1792 外
始める。着手する。

舉辦賀儀 1793 読 1
祝賀式施行。

舉報 1794 福 6-17b
人を選りだし申したてる。

拒款會 1795 筌 48
外債を借りることを反対する會なり。

拒捕 1796 筌 76
捕は巡捕,巡査に相当。巡査に抵抗して。

據 1797 規 78、外、読
①上級官吏が下級官吏よりの上申に接到したとき、民間よりの上申・外国使節よりの文書に接したときにその内容を述べるときにあたまにくる。「據稱」で「、『に同じ。②…に基づいて。…に則って。③占拠する。④憑據など熟字し、証拠の意。

據‥供 1798 四 150
明清時期の文書において、官署が審問の状況を引用するときにその開首に用いる語。據‥供には人命が入る。最後に「是實」「具結是實」などの語で結ばれる。 →據供、供

據‥已悉 1799 満 47
批の起首用語。「‥により既に内容は承知せり」の意。 →悉

據‥已悉 1800 四 151
批の起首用語。「‥により既に内容は承知せり」の意。 →悉、據‥已悉

據‥前情 1801 四 151
「‥とのことでありましたので」（下級からの）来文は前情のごとく。

據‥同供 1802 四 150
明清時期の文書において、官署が審問の状況を引用するときにその開首に用いる語。この場合は複数人。據‥供には人命が入る。最後に「是實」「具結是實」などの語で結ばれる。 →據‥供、供

據供 1803 四 150
明清時期の文書において、官署が審問の状況を引用するときにその開首に用いる語。最後に「是實」「具結是實」などの語で結ばれる。 →據‥供、供

據經 1804 四 150
「據此」「曾經」の簡略語。「‥これを受けたり、‥したりき。」文書の引用が終わったこととその内容はすでにし終わったことを表す。

據查 1805 四 151
「據此」「查」の簡略語。「‥よりて査するに」以上述べた内容から判断すると。

據此 1806 満 58、四 149
「‥との申し立てなどありましたが、さて」と言ったもの。下級よりの公文に対する承上転下語の一つ。

據稱 1807 陶 8-5b
「申したてによれば以下云々」=據①。

據稱各節 1808 満 60
「‥（以上のごとく）申請する各事項がありましたが、により」下級よりの公文に対する承上転下語。

據情 1809 筌 34、讀上 5、講 101、満 128
①有りのまま。実情通りに。②「依頼により。」③「先の如き呈の趣きにより」「據呈前情」の簡略語。※情を上行文の「前由」ととらえるか「実情」ととらえるかで意味が異なる。

據狀已悉 1810 満 48
「訴えにより既に内容は承知せり」の意。批の起首用語。 →悉

據訴已悉 1811 満 48
「訴状により既に内容は承知せり」の意。批の起首用語。 →悉

據呈已悉 1812 満 48、四 149
「呈文により既に内容は承知せり」の意。指令・批の起首用語。事由語の後、正文の前で使われる。 →悉

據呈各節 1813 満 59
「‥（以上）呈文の各節により‥」と言ったもの、回答文中に用いられる。下級よりの公文に対する承上転下語の一つ。 →奉令前因、准咨前因

據呈稱‥等已悉 1814 満 48、四 149
「呈文により既に‥‥の内容は承知せり」の意。指令・批の起首用語。事由語の後、正文の前で使われる。 →悉

據呈前情 1815 満 59
「‥前記のごとき呈文ありたるにより‥」と言ったもの、回答文中に用いられる。下級よりの公文に対する承上転下語。 →奉令前因、准咨前因

據電各節 1816 満 60
「‥（以上のごとく）電文のごとき各事項により」下級よりの公文に対する承上転下語。

[キ]

據禀已悉 1817 満 48
　「請願書により既に内容は承知せり」の意。批の起首用語。　→悉

據禀各情 1818 満 60
　「‥(以上のごとく)請願する各事項がありましたが、により」下級よりの公文に対する承上転下語。

據有 1819 読 211
　據に同じ。

渠 1820 読 194
　彼れ。

渠魁 1821 規 171
　暴徒の首領。

巨擘 1822 読 3
　「親指」「親玉」のこと。

虚銜 1823 外
　職掌なき官名巻末参照。→加銜・太子少保

虚局 1824 福 11-2a
　嘘のぎまり。

虚坐 1825 福 14-20b
　無実の罪となる。

虚数 1826 筌 63
　額面。

虚體 1827 外
　空しい体面。

虚抵 1828 筌 48
　名義だけの抵当。

詎 1829 讀下 35
　①なんぞ、いずくんぞ。反問の意を表す。
　②格なり、いたる。

詎料 1830 読 230、筌 43
　何んぞ料らん。

許字 1831 福 20-10b
　許嫁(いいなづけ)。

遽難 1832 四 185
　「俄かには～し難し。」時間が限られているとか、最善とはできないとして下級からの要望を退ける語。

遽難照准 1833 満 107
　「俄かには(請求の通り)認可し難し。」指令・批における結尾語。

鋸 1834 読 64
　多大なる。

踞 1835 読 285、讀上 50
　據に同じ。［踞関(関を踞有する)］

御史 1836 筌 2
　監察にあたる「都察院」の官職。

御批 1837 外
　=硃批。imperial endorsement.

御風 1838 読 43
　風に乗ること。

魚箋 1839 筌 54
　書信(魚に信を飲ませて相手に伝えた故事による)。

魚肉 1840 福 3-5a
　①切り刻む。②食い物にされる、暴力でいじめられる。

供 1841 読 102,筌 12
　口供。

供事 1842 筌 66、外
　①→書吏。②宗人府,内閣,翰林院,その他外国公使館に奉職して簿册案牘の事務を掌るもの。③記録係。

供稱 1843 四 87
　「自白に曰く」

供稱‥等語 1844 四 87
　「自白に曰く」　→供稱、等語

供状 1845 外
　法廷の供述の一種。

供帳 1846 福 28-2b
　御馳走のまくばり。［伺候～～辦?買諸項用物。］

供吐如畫 1847 福 12-14b
　申し口の判り易いこと。

供認 1848 福 17-20a
　白状する。

供扳 1849 福 23-14a
　言いかけ。

供明 1850 福 12-27a
　口書きすむ。

僑居 1851 規 192
　仮住まい。

兇 1852
　加害者。　→拿兇懲辦

竟 1853 読 37
　①「すべて」。②「ついに」。

竟爾 1854 規 70
　竟とは到頭なり、爾は「しかくなり」、「如」の意。

竟日 1855 外
　「ヒヲツクシテ」終日、一日中。

共 1856 規 252
　総計。

共該 1857 福 6-2a
　つがふみぎ。

共商 1858 読 307
　協議する。

共襄 1859 読 206
　共同賛襄(成)。

凶 1860 規 230
　凶戻。

凶耗 1861 規 76-7
　訃報。

［キ］

匡時 1862 規 223
　時弊を匡救す。
匡扶 1863 規 64
　匡は不逮(オヨバザル)を匡すこと。扶は不足を扶すること。
協 1864 筌 17
協解 1865 外
　＝協解銀。
協解銀 1866 外
　ある省で経費が不足した時、他の省の剰余銀を送って補うこと。
協揆 1867 外
　協辦大學士の別称。
協舉 1868 福 21-6b
　助け合う。
協縣 1869 外
　「副將(協臺)」と「知縣」。
協済 1870 陶 7-1b、福 28-3a
　①力を貸し、救済する。用立てる、供給する。②かせい。
協済錢糧 1871 外
　藩庫(布政使司の倉庫)から錢糧を送って織造等衙門の経費の不足を補助すること。
協餉 1872 外
　甲省が乙省の経費不足を補充する。
協臺 1873 外
　副將。
協中 1874 外
　適切である。妥当である。
協辦 1875 読 108
　協力處辦。
協比 1876 福 12-23b
　助け合う。
協辦大學士 1877 外
　→内閣。AssistantGrandSecretary.
响馬 1878 福 12-12b
　追い剝ぎ。
境内 1879 規 126
　国境内。
夾棍 1880 福 11-24a
　挟み棒。
夾帯 1881 外
　密かに持ち込む、カンニングする。
夾単 1882
　下級官吏の上申。紅白(紅は慶事白は弔事)の正式稟事を除く外、単片を上申書の中に付けることがきまっている。これをいう。
夾板 1883 筌 41
　両方から挟む。

夾板船 1884 外
　ヨーロッパ風帆船のこと。
強刦 1885 福 18-1b
　［人多而有兇器。謂之〜〜。］
彊址 1886 福 19-4b
　たちゐすまぬ。
強聒不舍 1887 筌 76
　喧々囂々として止まず。
強迫教育 1888 規 290
　compulsory education の訳語か？義務教育のこと。
恐口無憑 1889 規 254
　口約束だけではあてにならないの意。
恭敬 1890 規 230、外
　①敬重、尊敬の意。②恭しく謹んで(上行文の慣用句)。
恭候命下臣部、轉行遵奉施行 1891 四 125
　明清時期の各部の大臣が皇帝に出す上奏文において使う表現。「謹んで皇帝の命の下達を待ち、下属の属員(あるいは地方官員)に遵い施行せしめん」と皇帝の命を待ち下級機関に命令を転発せんことを表す語。
恭候命下、遵奉施行 1892 四 125
　→恭候命下臣部、轉行遵奉施行
恭候 1893 外
　うやうやしく待つ。
恭摺 1894 筌 11、規 86、讀下 55
　①恭摺せる上奏文。②敬んで奏摺以ての意。故に「恭しく摺を以て」と訓むを便とす。
恭奉 1895 四 125
　「奉」の一字に同じであるが、敬意が込められている。上級からの来文を引用する語。
拱候 1896 規 208
　拱手して候つの意。
挾款 1897 中
　金を拐帯する。
挾告 1898 中
　告訴する。
挾制 1899 陶 7-1b、外、筌 40
　①かさにきて脅す。②威嚇する、強制する。③圧迫。
挾勢 1900 中
　勢力を頼む。
挾帯 1901 筌 41
　輸入禁制品などを普通の貨物に混入すること。
挾長 1902
　自分が年長であることを笠に着る。
挾和 1903 福 11-36b

[キ]

教 1904
＝教民。

教安 1905 読 292
教員あての手紙文の末尾の成句。

教案 1906 外、読 220
キリスト教徒と一般人民との葛藤事件（刑事事件）。

教化 1907 読 217
文明のこと。Civilization.

教士 1908 読 164
牧師。

教習 1909 読 203、筌 49、讀下 58
①教授する。牧師。②教師。→西教習

教習公 1910 読 3
教員諸君。

教習専門 1911 讀下 59
専門教師

教堂 1912 読 55
教会堂。

教民 1913 規 70
白蓮教やキリスト教の信者たる人民?。

狂 1914 規 230
狂。［凶虐狂悖］

疆圻 1915 規 195、讀上 12
①国土のこと。②総督または巡撫。督撫は封疆の大官として一方の保障たりとある。（督撫と関連した表現でよく用いられる）。

疆寄 1916 読 119
総督、総督の職掌。一地方を寄托せられるより。

疆圉 1917 読 113
国内(辺境の意か?)。

疆臣 1918
総督・巡撫。

衿疑 1919 福 12-5a
あはれまるほどの罪。

矜慎 1920 筌 22
清朝。

竅要 1921 読 140,筌 18
要訣、肝要なる点。秘訣。（竅は細い穴）

繳 1922 筌 46、57、66、講 315、四 185
①返納。返す。②下級機関への批復の副本を当該の下級機関に戻すこと。③上行文においては上級からの文書や物品を返納すること。④下行文においては上級の親筆・批文、皇帝の硃批など上級のからの物品を、用件が終わり次第返納することを求める語。⑤租税を納める。⑥予納。⑦収納・徴収する。※物を元の持ち主に返す。射当てたものをたぐり寄せる絹の糸。

繳款 1923 筌 58
納金。

繳交 1924 読 257
引き渡す。

繳銷 1925 規 262-3、筌 66
繳は還付、銷は消に同じ。受けた権利の消滅すること。

繳鐍 1926 福 3-17b
納めること。

繳納 1927 商
払い込み。

繳納銭糧 1928 講 88
税金を納付する。

繳不足 1929 読 307
返却するに不足する。

脅従 1930 規 171-2
脅迫により暴徒に与みせるもの。

覎 1931 筌 56
餽送也。

郷試 1932 外
科擧試験の二段階目。三年毎に各省でおこなわれ、合格者(擧人)は次の會試に臨むことができる。ProvincialExasmination.

郷 1933 筌 38
村。

郷官 1934 筌 38
村長のごとき者。

郷誼 1935 筌 69
郷里の知人。

郷人 1936 読 20
田舎人。

郷地 1937 福 17-17a
村役。

郷鎮 1938 讀下 38
町村というが如し。

郷約 1939 福 9-13a
村役人。

郷勇 1940 筌 43
地方の義勇兵。

響窩 1941 福 17-9b
追い剥ぎ宿。

響馬 1942 福 16-5b
追い剥ぎ仲間。

仰 1943 読 132、筌 51、満 85、91、95、四 51
①「〜せしめよ」。下行文における請求語。（訓令・指令・批・布告で共通に用いられる）→著 ②「〜すべし」「〜ありたし。」特に下級から上級に対する文においては「希求」する意があり、請・祈・懇などの前に置かれ熟字する。文書末尾の命令句・請求句中に用いられる。③

- 51 -

[キ]

仰
達示すること。示仰も同じ。[仰該巡警局曁府縣] ※その内容が処理・実現されることを望む字。④「その旨」

仰各 1944 四 51
各下級機関回想人々に対し批示布告において、命じたことを滞りなく行うように下す命令語。

仰祈 1945 満 77、90、四 52
①上行文における請求語・希求語。(平級でやや高位にある者に対する文章でも使われる。)②祈る。

仰給 1946 経 119
…より供給をうける、供給を仰ぐ。

仰候 1947 四 52
「しばし待て」にわかには判断ができず、調査矢田機関との連絡が等が必要な場合使われる。

仰乞 1948 四 51
下級もしくは民間からの上呈文において、上級機関への請求を表す語。文書末尾の請求句中に現れる。

仰懇 1949 規 103、讀上 12、四 52
①懇願すること。仰ぎ願う。②上級の批示・恩恵を懇願する語句。

仰再詳細呈明 1950 満 108
「更に詳細なる報告をなすべし(再度)報告して、審査に資せよ」。指令・批において再呈を命じる結尾語。

仰即 1951 四 52
「直ちに〜せよ。」下行文において命令内容を直ちに実行するよう命じる語句。→着即

仰商民人等知照 1952 満 110
「商民全体了知せよ」。佈告文の末尾の定形句。

仰蒙 1953 四 52
(上級からの恩義・恩恵を)賜りまして(幸甚に存じ候)。

仰頼 1954 外
のおかげで、にたよって。

嘵音瘏口 1955 筌 73
声枯れ、口疲れる。熱心なる形容

嘵嘵
恐れて泣き叫ぶ声の形容。

徼幸 1956 規 154
万一を僥倖すること。

業 1957 外
①財産、不動産。②すでに。

業已 1958 読 67
「スデニスデニ」。

業經 1959 読 2、四 31
①(副詞的に)「すでに(〜処置が終わった、案件は決定しあり)」の意。②「スデニスデニ」。

業經・・在案 1960 満 67
「すでに〜したりき」。→經・・在案、在案

業産 1961 筌 61
不動産。

業將 1962 四 31
「(〜については)すでに処置追われり、案件は決定しあり) →業經

曉諭 1963 外、読 55
布告して諭す。達示。→告示

燒瓷泥 1964 筌 59
陶土 kaolin。

澆漓 1965 筌 9
軽薄。

翹企 1966 規 92
翹とは翹首の意、企は企望の意鶴首して御回答の至るを望む。

翹詹駿采 1967 筌 55
仰いで駿采を見る。

翹望 1968 満 111
「企望・希望」の意。

亟 1969 規 71,195
急なり、迅なり。「速やかに」と訓じてよし。

亟應 1970 四 96
「急ぎ・・すべし。」亟は「急」なり「迅」なり。下行文でせっつく表現。

亟思把晤 1971 規 208
速やかに、手に手を把って相相談するの意。

亟務 1972 筌 33
急務。

局 1973 外、規 262,筌 66
①店。②役所。③ことの成り行き、状況、事件。④釐金局、保甲局の類をいう。[經過関津局卡]

局外章程 1974 讀上 18
局外中立の条件。

局詐 1975 福 11-11a
きまりの偽り。

局卡 1976 筌 66
局は釐金局。

局板 1977 外
官書局(同治年間曾國藩が江寧に創設。經學・歷史の書籍を印刷させたが、江南各省でこれにならった)の版をいう。

曲從 1978 福 7-18a
言いつけ通り。

曲徇 1979 筌 19
私する。情実に馳せる。

曲阜 1980 筌 43

[キ]

山東省にある孔子廟の所在地。
極峯 1981 読 245
長官の意。
棘手 1982 外
手に余る、扱いにくい。
䐈䐈 1983 福 15-7a
ひかがみ。
玉莖 1984 福 15-7a
へのこ。
玉粒穰穰 1985 読 13
良い米が沢山なること。
玉山 1986 規 223
周馥の字。
勤劬 1987 筌 22
勤労。
罥 1988 規 170、読 263、
①罥は懸または繋、「かかる」の意。②残す。〔罥上國之憂(上國=清國)〕
罥系 1989 讀上 10、下 30
「陛下」の憂念。軫念というに同じ。
僅 1990 読 250
①ほとんど・・する。②わずかに「ただ」。
罥念 1991 筌 33
懸念。
囷 1992 読 303
積蓄のところ。圓稟をいう。
均 1993 読 32 読 308
①「すべて」の意。②共に。
均鑒 1994 満 43
「・・殿」。平行発電の起首用語。
均經 1995 四 63
「ひとしく(関係の諸機関の)・・を経たりき。」複数以上の機関の関与を表す。
→經・・在案、在案
均經・・在案 1996 満 69
「(以上の諸件)ひとしく・・したりき。」複数の事柄の処置を終えたことを表す。
→經・・在案、在案
均衡 1997 読 7
權衡を平かにす。
均此道念 1998 筌 52
均しく此に念を道ふ,宜しく御申し伝え下されたしの意味。
均派 1999 福 6-9b
割りつける。
均覽 2000 四 63
下級機関および民間に対して出す電報と代電・函件の冒頭において各機関の官員一同が読むべきことを要求する語。前後に相手の機関官員の名称が伴う。上級に対して用いる「鈞鑒」、同格に対して用いる「勛鑒」「公鑒」に相当する。
均輪 2001 福 11-11a
順番にやる。
掄通 2002 福 11-6b
馴れ合う。
欽案 2003 福 3-18a
天子よりの御用。
欽件 2004 福 2-14b
天子の御沙汰の一件。
欽差 2005 外、讀下 27、筌 52
①皇帝が外交問題や重大案件に官吏を特に派遣すること。 →差委・差官 ②欽差大臣の略称。③全權大臣。④公使
欽差出使外洋大臣 2006
清國駐外公使を総称する。別に欽差(命)出使〇〇國大臣という言い方もある。
欽差大臣 2007 外、読 161 規 77,185
①欽命すなわち勅命を奉じて差遣せらるるの意。もと臨時に設けられ三品以上を欽差大臣といった。②対外交渉のため常設的になった廣東欽差大臣もある。後に上海に移りやがて南洋大臣に吸収さる。③駐外公使。④清國駐在外交使節。⑤特命全權公使。
欽差頭等全權大臣 2008
→頭等
欽使 2009 講 98
公使。
欽此 2010 外、読 107、規 88、四 110
①「コレヲツツシミリ」。上諭及び硃批のあとに内閣・軍機処等において添書するもので「此レヲ欽メリ」と訓む。→諭内閣、諭軍機大臣等 ②その他、文書中において皇帝からの諭旨を引用し終わったときに使われる。
欽此欽遵 2011 四 111
欽此は皇帝からの諭旨等を引用し終わったことを示す。欽遵は皇帝の意思に従い処理・辦理するの意で、この語のあとの状況を述べる文に続く。
欽此遵旨寄信前来 2012 四 111
寄進諭旨の末尾語。全文を結ぶ。 →寄進諭旨、前来
欽遵 2013 四 111
皇帝の旨に従い。
欽遵在案 2014 四 112
欽遵は皇帝の旨に従い。在案は「諭旨・朱批は留めおきたり」の意。「命を畏見、留めおきたり」 →在案
欽遵到部 2015 規 88
内閣または軍機処において欽しみて、〇〇部知道せよとの旨を遵奉し、貝子復奏写本を移牒して〇〇部に送り越せりの意。

[キ]

欽遅 2016 筌 54
欣喜の意。

欽天監 2017 外, 筌 6
暦の製作・天文気象の観測、時刻の測定を掌る官庁。

欽派 2018 外
＝欽差①。

欽佩 2019 読 191
敬服。

欽頒 2020 外
朝廷から書籍または印信等を配布すること。

欽奉 2021 四 111
皇帝の諭旨・朱批を引用する語。引用が終わった後は「欽此」がくる。

欽命 2022 四 109、外
①「御命令」。上行文において上級から下された「命令」を指して言う。②上命をつつしむの意味で、上命を奉じて事にあたるものをいう。

欽命出使○○國大臣 2023 規 169
清國駐外公使を総称する。

欽命頭品頂戴 2024 規 193
特旨によりてその官当然の品級以上の品級を与えて、その待遇を優にするもの。

欽諭 2025 四 110
「御命令」。上行文において上級から下された「命令」を指して言う。→欽令

欽令 2026 四 109
「御命令」。上行文において上級から下された「命令」を指して言う。→欽諭

禁 2027 中、典
①監禁する。②監獄のこと。→収禁、監禁 ③皇帝のいるところ。→禁中、禁内 ④予め罪となるべき行為を定めて公示する。『大学衍義補 巻102』

禁子 2028 福 5-25b
牢番人。

禁足 2029 読 103
禁錮刑。

禁卒 2030 福 2-14b
牢屋どうしん。

禁奔競 2031 筌 12
運動奔走するを禁ず。

禁約 2032 外
禁止規則。

筋骸之束 2033 筌 12
筋骨の相附着せるところ。

緊差 2034 福 18-1b
[其為差也。…有奉命星馳急檄飛遞赳限以赴者。是謂〜〜。]

衿棍 2035 陶 7-10a、福恵全書、取衙役書生の悪漢。衿は青衿、即ち学生。[衿棍把持衙門、脅蠹忞行侵擾]

謹以奉聞 2036 満 120、四 175
①「謹みて・・に尊聴に達す。」上行文における末尾語。主として電文に用いられる。②謹聞に同じ。

謹以電聞 2037 四 175
謹聞に同じであるが、多くは電報・代電で用いられる。

謹會同・・合同恭折具陳 2038 四 175
會同はある単位もしくは官員一同の意。合詞は共同で文章を作ること練ること。恭折具陳はうやうやしく皇帝に某事を奏折にて報告すること。清代において、合同で上奏する場合の常套語であり、奏折の末尾にくる表現で誰とともに上奏したかをこの成句の・・の間で示す(職名・名前とも)。

謹會同・・合詞具題 2039 四 175
地方督撫がのぼす題本の末尾に使われる。會同はある単位もしくは官員一同の意。合詞具題は共同で皇帝への上奏文をしたためること。合同で情する場合の常套語であり、奏折の末尾にくる表現で誰とともに上奏したかをこの成句の・・の間で示す(職名・名前とも)。

謹祈 2040 四 177
上行文あるいは平行文(そのなかでも自分より高位にあると思われる者に限る)において、相手方に対して着手を要望する用語。→祈

謹具奏聞 2041 四 177
雍正帝以後「謹具奏聞」から改められた。上奏文の最後で使われ(結尾語)、全文を結ぶ。→勤具題聞

謹具題知 2042 四 177
明清時期の題本において、関連の事柄を題本を用いて皇帝に知らせる語。必ずしも皇帝の判断を仰がないが、知りおいてもらって中央において書類として留めおいてもらい施行に便あらしむ。題本の最後で使われ(結尾語)、全文を結ぶ。雍正帝以後「謹具奏聞」に改められた。

謹啓者 2043 満 43、四 176
①「謹啓」の意。公函の起首用語。②民国時期に下級機関から高級機関に対して出した函件の起首用語。

謹掲 2044 四 179
掲は「掲帖(明清時期の上皇文の一)」。これは掲帖の起首用語。

勤懇 2045 四 179
上行文あるいは平行文(そのなかでも自分より高位にあると思われる者に限る)において、相手方に恩恵の類

[キ]

を要望する用語。→勤祈

謹此 2046 四175
上行文において前文の内容を結んで、以下の文章に続ける語。「以上」と訓むべきか。文章の主旨と目的を明らかにする。

謹此再稟 2047 四175
「以上、再び稟す」ある事柄について、再度稟文で上級機関に報告したとき末尾で結ぶ語。文頭の「敬再稟者」と呼応する。

謹此奏聞 2048 四175
謹具奏聞に同じ。清代の雍正年間に「謹此奏聞」が改められたもの。即ち清朝後期の用語となる。

謹此題知 2049 四175
謹具題知に同じ。明代と清代前記の題本はこの語で結ばれる。

謹肅寸稟 2050 四96、177
「厳粛に稟文もて書をいたす」。上級機関に上呈する稟文を結ぶ表現。稟文の起首部分は大体「敬稟者」である。→肅此具稟

謹肅者 2051 四177
民国時期の表現。低級な機関から高級な機関に対して出した非公式の函件の起首語。「謹んで厳粛に書をいたす」。正式な書式ではないが少なからず用いられた。

謹准 2052 四179
准の一字に同じく、平級機関からの来文を引用する語。勿論、恭敬の意も加えられている。

謹將 2053 四178
清代の上奏文の文末において文章の内容を改めて纏める語。普通「謹將‥縁由」という書式になる。上奏文においては、まず冒頭で内容を示すが（為‥事）、清代の一部の上奏文は文末においても内容を示す。

謹將‥縁由 2054 四178
→謹將

勤請 2055 四177
上行文あるいは平行文(そのなかでも自分より高位にあると思われる者に対する者に限る)において、相手方に対して着手を要望する用語。→謹祈

謹詹 2056 規259
詹は占に通ず。即ち日をトするの意。

謹奏 2057 規93、四177、178
(以上)謹んで奏す。上級に対し意見説明を陳述する語。①明清時期の奏本においては上奏文の本文がここから始まることを示す。②明時上奏文の末尾にその要点・摘要を黄色の紙に記して正文の後に貼るを貼黄というが、この貼黄の開首と末尾にも用いられる。③清時期の奏本においては上奏文の奏折文の始めるところと終わるところに記される。④清代においてはいろいろ文書でつかわれる。例えば皇帝が皇太后にのぼす文書での起首と結語、軍機大臣がのぼす奏片の結語、奏折附属の附片の記述の引用の終わりなど、多種多様な文章の領起と結語で見られる。

謹題 2058 四179
題本の起首語。題は題本。この語は題本の冒頭に来て、前に題人の職銜と名前が来て、後に題本の本文が続く。

謹題請旨 2059 四179
題は題本。この語は題本の末尾に来て全文を結ぶ。「以上謹んで題す。諭旨を請う。」皇帝に対して、報告した事についての諭旨を求める語。

謹呈 2060 満120、四176
「謹みて‥に呈す。」上行文・呈における末尾語。

謹特 2061 四178
「以上」と訓むべきか。上行文において、前面に述べたことを結び、本文の主旨と目的を述べ、以下の文章に続ける。全体としては謹此に同じ。特は「特此」「特地」に同じで特にの意。

謹稟 2062 四179
「厳粛に稟文もて書をいたす」。上級機関に上呈する稟文の起首と結束で使われる。

謹覆者 2063 満43、四178
①「謹復」の意。公函の起首用語。②民国時期の上級への回答の函件での起首語。

謹聞 2064 満128、四178
①慎みて尊聴に達す。「勤以奉聞」の簡略語。②上級機関への電報もしくは代電の末尾で「以上お知らせしました」結ぶ語。

謹奉 2065 四176
歴史文書中において上級の来文を引用する語。「奉」の一字にほぼ同じであるが、より敬意が込められている。

謹奉表恭進以聞 2066 四177
清代の時期の上奏文(表文)において、皇帝に対し聖訓・実録・大典等への祝賀を述べる語。文書の終わりに使われ(結尾語)、全文を結ぶ。→謹奉表稱賀以聞

謹奉表稱賀以聞 2067 四176
明清時期の上奏文(表文)において、皇帝に対し祝賀を述べる語。文書の終わりに使われ(結尾語)、全文を結ぶ。

謹奉箋稱賀以聞 2068 四176

[キ]

箋・箋文は臣民が元旦・当時・皇太子の誕生日に皇太子に進める祝賀の文書。明清時期の上奏文において、文書の終わりに使われ(結尾語)、全文を結ぶ。→謹奉表稱賀以聞

岬 2069
　→兵岬

近情 2070 外
　「じょうにちかし」道理に近い、合理的である。

近前 2071 福 13-1b
　近寄る。

釁開自彼 2072 筌 11
　彼より開戦す。

欽　→部首は[欠]。

金剛鑽 2073 讀下 23
　金剛石(ダイヤモンド)。

金玉 2074 筌 53
　教言なり。

金山 2075
　→新金山、舊金山

金州副都統 2076 外
　→盛都副都統

金鉢里 2077 讀上 43
　キンバリー。

金登幹 2078 外
　Campbell,J.D.

金鎊 2079 読 145
　金貨(英のポンドより来るか?)。

金陵 2080 規 223
　南京(の古名)。江寧府ともいう。

鈐記 2081 外
　地方長官からある権限を委任された吏員が用いる印章をいう。

鈐束 2082 外
　厳重に取り締まる。

鈐縫 2083 福 4-18b
　継ぎ目。

鈞 2084 満 77、124
　貴(職・官)。上行文において相手に敬意を表す接頭語。[鈞部]

鈞安 2085 四 109
　下級機関あるいは民間から上級に呈する文書の末尾で上級の機嫌を伺う表現。

鈞核 2086 四 110
　「御審査(を賜りたし)」 下級機関または民間からの呈送文書で審査を求める語。

鈞鑒 2087 満 40、四 110
　①「‥鈞鑒」で「‥殿」の意。上級機関に対する呈文・電報・代電・函件の起首用語。「御覧いただければ幸甚に候」

の意。前には宛先が入り、この語の後本文に入る。ただし、文章の末尾にこの語を伴った宛先が来る場合もある。②請求語句中でも用いられる。

鈞啓 2088 四 109
　鈞鑒に同じ。啓は封書を啓くの意。

鈞座 2089 四 110
　「貴職」上級官員を敬っていう言い方。

鈞裁 2090 四 110
　「御裁決」下級機関または民間からの呈送文書で裁決・決定を求める語。

鈞示 2091 四 109
　「御指示賜りたく」。下級機関もしくは民間から指示を求める表現。

鈞奪 2092 四 109
　=鈞裁

鈞奪施行 2093 満 98
　「決定ありたし」。上級機関における決裁を求める呈文の結尾語。

鈞長 2094 四 109
　=鈞座

鈞命 2095 外
　=鈞諭

鈞諭 2096 外
　あなたの御命令(上行文に用う)。

黔 2097 筌 15,40
　貴州省。

麕死黨 2098 筌 40
　麕は集める(群れる)。「決死」黨のごときもの。

吟祉延釐 2099 筌 54
　文壇を福を受く。

銀元 2100 読 147
　銀貨。

銀股 2101 筌 60
　現金株。

銀公司 2102 筌 48
　英国シンジケート。

銀號 2103 筌 62
　銀行。

銀市 2104 筌 64
　銀相場。

銀紙 2105 筌 62
　兌換銀券。

銀錠 2106 外
　五十兩ほどの銀塊。銀爐と称する營業者が鑄造する。馬蹄形の「馬蹄銀」やその外「中錠」「小錁」「碎銀」などがある。

銀数 2107 商
　金額。

銀總 2108 福 6-8a
　総銀高。[結～～。]

- 56 -

[ク]

銀洋 2109 読 304
　洋元。
銀兩 2110 読 4、商
　金銭、金子。

　　　　　［ク］

區畫 2111 福 9-4b
　きまり。
苦主 2112 福 14-2a
　願い主。
苦獨力 2113 福 19-11b
　難儀な一人もの
苦力 2114 筌 46,75
　労働者。苦役。人夫。
俱 2115 外、讀上 3
　ともに、みな。
句結 2116 外
　＝「勾通」
狗彘 2117 筌 43
　狗と豚。
具 2118 読 22
　①差し出す、出具に同じ。②量詞（死体等を数える）。
具供 2119 中 993
　罪状を申し立てる。
具結 2120　陶 8-1b、中 993、福 19-15b,23-1b
　①官庁に提出する誓約書。または誓約書を入れること。　②かきつげ。かきだす。
　［～～保正。］
具控 2121 福 14-3a
　訴えを書きたてる。
具獄 2122 福 12-11b
　くじをかきたてる。
具悉一切 2123 四 86
　平行機関への回答の冒頭で使われる成語で「来文書の趣、委細承知」との意。
具摺 2124 外
　摺は上奏文。「具奏」に同じ。
具状 2125 中 993、福 14-4a
　①訴状を差し出す。　②くちがきを差し出す。
具奏 2126 外
　「奏摺」によって上奏する。
具題 2127 外、福 2-14a
　①「題本」によって上奏する。②かきつけそうもんの願い。
具呈 2128 中 992
　文章で申し出る。具申する。
具備 2129 法 1079
　→両造具備。
具復 2130 四 86
　（命じられたことについての実行状況について）文書でもって回答あるべきこと、すること。→具覆

具覆 2131 規 141,筌 35、讀上 12
　回答。返答・返事。文を添えて復答する。→具復
具文 2132 四 85、陶 11-9b、中 993
　①具備文書。文章を作成（し上呈・報告）する。上行文で用いる。②空文。形のみ整っていて内容のない文章。　※いずれも文章を作成する意
具保 2133 外
　保証する。
具報 2134 讀上 38、満 128、四 86、満 51
　書面をもって報告せよ。「具文呈報」の簡略語。
具報備查 2135 満 105、108、四 86
　①下級機関に後日の調査に備える詳細な文書・報告を出すようにと命ずる成語。　②「（再度）報告して、審査に資せよ」。指令・批において再呈を命じる結尾語。
　→呈報備查
具稟 2136 外
　稟をもって願いでる。書類で申請する。
空懸 2137 福 5-22a
　みなふのかど。
空言搪塞 2138 筌 18
　空言をもって責を防ぐ。
空草 2139 福 28-15a
　かやなどの類。
空日 2140 福 4-12b
　ごようのなき日。
空批 2141 福 1-15b
　批文無しに。
空文 2142 中、福 19-11a
　①ただの書面（証文なし）。②内容のない文書（→具文）。
具領 2143 福 20-19b
　証文を書かせる。
喁喁 2144 筌 36
　①魚が水面で空気を求めて口をぱくつかせる様。渇望する熱烈に慕う。②多くの人が密かに慕うこと。②鶴首して待つの意なり。［延頸擧踵喁喁然皆争歸］
喁喁之望 2145 筌 28
　翹望。
寓 2146 読 289
　仮住まい、宿舎。
寓有 2147 読
　保っている。
遇缺簡放 2148 読 121
　缺員あるとき就官せしむる。

[ク]

屈忿 2149 福 2-17a
無実の言いかけ。

掘挖 2150 規 186、筌 27
掘る。墳墓を発掘すること。

勛 2151 四 108
高級官吏に対する敬称。

勛鑒 2152 満 43、四 108、110
①「‥殿」。平行発電の起首用語。→公鑒 ②勛は高級官吏に対する敬称。対等な高級官吏に対して発する電報・代電・函件の起首用語。　→公鑒

馴　音は「じゅん」。

勛猷彪炳 2153 筌 55
勳績昭炳の意。勛は勳の古字。

君主 2154 外
国王または女王を称する外国元首「大君主」ともいう。Emperor またはこれに相当する外国君主は皇帝・大皇帝・皇上を用いた。

勳安 2155 読 292
官吏あての手紙の末尾にくる成句。

訓示祇遵 2156 四 40
上行文において上級機関の（どう行うべきかの）訓令と指示を求め、実行に便ならしめよと求める語。

訓示施行 2157 四 40
上行文において上級機関の（どう行うべきかの）訓令と指示を求める語。

訓示遵行 2158 四 40
皇帝にいかにすべきかの判断の諭旨を求める語。「訓示を賜りたゞひたすらそれに従わん。」

訓迪 2159 筌 12
訓導。増韻に啓迪開導とあり。

訓導 2160 筌 45
各縣の教員なり。

群言 2161 読 16
→會華群言

軍器工廠 2162 規 121
兵器製造所。

軍機處 2163 外
正式名「辦理軍機處」。中央における実質上の政務統一機関。軍機大臣数名によって構成される合議制官庁。属僚として満漢各 16 名の軍機章京がおかれた。軍機處は雍正年間辺境討伐のための機務を掌るため臨時に特設されたが次第に権限を強化し内閣を有名無実化しこれにとってかわった。重要な上諭は軍機處を経て伝達される。

軍機章京 2164 外,筌 69
軍機處の属僚。軍機大臣の下に位し,その事務を補助するものなり。満漢各 16 名が定員。→軍機處

軍機大臣 2165 外
実質的な内閣「軍機處」を構成する。大學士・尚書・侍郎から選ばれ原職のまま軍機處に兼務した。

軍機大臣字寄 2166 外、四 61
①→寄信上諭 ②雍正帝以後、軍機処大臣が皇帝に代わって、経略将軍・欽差大臣・参賛大臣・都統・副都統・辦事・領隊大臣・総督・巡撫・学政に出す寄信諭旨函の語を起首とし、宛先の官員の職姓名と時間を記した後、本文を引用する。③乾隆年間においては軍機大臣の名前を直接書いた。乾隆年間以降は軍機大臣字寄と記した。

軍機大臣傳諭 2167 外,四 61
①→寄信上諭 ②雍正帝以後、軍機処大臣が皇帝に代わって、塩政・関差・藩司・臬司に出す寄信諭旨函の語を起首とし、宛先の官員の職姓名と時間を記した後、本文を引用する。

軍機大臣面奉上諭 2168 読、外
上諭。→寄信上諭、諭軍機大臣

軍餉 2169 読 65
兵糧。転じて軍費のこと。

軍屬 2170
八旗、緑営等の軍籍にあるものをいう。→軍民

軍民 2171 規 40
軍属と民属、八旗・緑営等の軍籍にあるものを軍属、普通の平民を民属という。

軍民人等 2172 規 195
軍属、民属。

軍門 2173 規 140-1
海陸提督の異名。

郡 2174 筌 27、49
①府州。②府を旧時郡と称するあり。

郡王 2175 外
＝多羅郡王。

[ケ]

懈 2176 陶 13-35b
怠る。

掛號信件 2177 読 298
書留郵便。

刑書 2178 福 13-8b
責め役人。

京 2179 讀上 37
①大なる。[京案]②北京。③ 1,000 万のこと。

契約 2180 福 20-10b

[ケ]

京員 2181 譚下 58
　在京の官吏。

京外 2182 読 156、譚下 57
　京師と各地方。

京営 2183 外
　在京緑営のこと。　→緑営

京官 2184 行 1b/171、外
　京師に在勤する官吏の総称。必ずしも中央政府の官吏のみではなく地方公務員に該当するものも謂う。

京漢 2185 筌 15
　北京と漢口。

京卿 2186 規 65-6
　京堂に同じ。

京債 2187 政
　就官するまでにした借金。

京察 2188 外、筌 69
　①「京官」に対して行う成績検査。三年に一回行われる。優れたものを進め用い、劣なるものを退ける。②中央政府の管理を詮選する方法にて三等の区別ありて、守清く,才長じ,政治に熱心に,且つ年青,或いは壮,或い健にして職に称ふをもって一等とする。

京師 2189 筌 9
　北京。

京師之変 2190 筌 10
　義和団の乱。

京抄 2191 外
　＝邸鈔。

京城 2192 筌 15
　首都。

京張 2193 筌 15
　北京と張家口。

京都 2194 規 186、譚下 5
　①北京、京師。②首府。

京輔 2195 筌 43
　京畿。

京報 2196 外
　＝邸鈔。

京平 2197 筌 20、71
　秤の名。北京で用いられていた秤。1両4分が庫平の1両に相当。

京邸 2198 筌 40
　在京官吏の邸宅。

京堂 2199 規 65-6
　中央諸独立衙門の長官すなわち、大常寺卿・大僕寺卿・光禄寺卿・鴻臚寺卿等の総称。　→三四

係 2200 読 300
　①口語の「是」、英語の be 動詞のように使用する。②為す。

係屬 2201 外
　「ゾクスルニカカル」…である。

儆 2202 陶 7-4a、13-14b
　①戒める。②驚。

儆懲 2203 陶 13-14b
　戒め、懲らす。

傾陷 2204 読 166
　免官等の処分か?。

傾心祝露 2205 筌 52
　心を傾けて敬慕する。祝露は恵み深き心。

傾鎔 2206 外
　銀を鎔かして規定の毎個五十両の価値ある銀塊にするための費用で税額を銀納の際、一種の付加税として徴収された。

刑部 2207 行 1a/170-3,231-7、外
　六部の一。重罪の裁判を行い一般裁判の事務を監督し、兼ねて刑法の編纂を掌り、全国刑政事務の中枢をなす。

卿雲 2208 筌 52
　目出たき雲。「あなたの風来を仰ぐ」の意。

卿衙 2209 規 92
　卿は中央独立衙門の長官の総称。

啓 2210 読 103、筌 44
　①啓く。②「申し上げる」。

啓行 2211 読 68
　出発。

啓紅 2212 福 32-7b
　紅き紙の手紙。

啓者 2213 筌 44
　書簡の冒頭の発句。「拝啓」、「謹啓」。

啓足 2214 譚下 48
　父母より受けたる身躰を毀傷せざること。曹子の「啓予足啓予手」に由来。

啓程 2215 外
　出発。

啓羅邁當 2216 筌
　キロメートル。

圭臬 2217 規 282、筌 12、譚下
　尺度または標準・規範。規矩準縄。

奚 2218
　何なり (疑問詞)。

奚止 2219 読 177
　何啻なり。

慶軍 2220 筌 19
　朝鮮慶尚道にいる軍隊を指して言う。

慶親王 2221 規 64

慶節 2222 規 250
　祝日。

慶邸 2223 読 191
　慶親王のこと。　→邸

- 59 -

[ケ]

徑 2224 規92,筌58
直接の意。「直ちに」と訓む。[徑達臣部長]

徑啓者 2225 四88
民国時期の函件の起首語。冒頭とには相手方の名称等は記さず、文末の「致此」の語の後官名などを記す。

徑覆者 2226 四88
民国時期の函件(回答)の起首語。冒頭には相手方の名称等は記さず、文末の「此覆」の語の後官名などを記す。

形 2227
あらわす。形の上にあらわれてくること。

恵示德音 2228 読116
御返書を賜え。

惠潮 2229 筌15
広東省惠州府と潮州府。

恵潮嘉道 2230 外
廣東省惠州・潮州・嘉應州の道台。

恵長 2231 筌22
特長。

慧中秀外 2232 読32
心はさとく、外目もりっぱ。

擎 2233 読106
もちあげる、構える。

掲開 2234 福7-19b
貼り付けたのが剥げる。[未完款項。不可先粘。恐上司一時弔査。～～不便。]

掲竿 2235 筌76
席旗を揚げて一揆を起こすこと。

掲去 2236 福7-9a
福まへのつげがみを剥がす。

掲暁 2237 讀上38
掲示。

掲借 2238 福11-10b
しゃくきん。

掲貸 2239 福14-2a,30-14b
かる。銭をとる。[～～重利。]

掲帖 2240 外、読178、四153
①掲示、貼札。②奏文の写し。③明清期に下級機関が上級機関に出した文書の一。末尾は「理合具掲必須至掲帖者」となる。

掲貼 2241 外
一般の掲示の意味に使う。

携貳 2242 筌74
二心を抱く。

敬祈 2243 四160
祈る、請求する、希望する。「敬乞」に同じ。冒頭の題目の中か、請求語句中に使われる。

敬啓者 2244 規208,筌45、満43、四159
公函の起首用語。①民国時期に地位の低い機関から高級機関に対して出す函文で使われる。②「敬みて啓する」の意。「拝啓」の意。

敬乞 2245 満93、四159
①「謹んで乞」下級機関が上級機関に対し呈文で、審査・批示を恭しく求める語。謙譲の意が強く、多くは請求語句中に見られる。②「敬いて・・を乞う。」上行文における請求語

敬再禀者 2246 四159、175
「謹んで再び申し上げる」。再び上ぼす禀文の起首語。裏は下より上に禀申する文書の一。文末は「粛此又禀」「粛此再禀」「謹此再禀」などになる。函件の「徑啓者」に相当する。→禀

敬悉一是 2247 満44、四160
①平級機関の回答文において、冒頭で来文を引用(依拠段)したあと、内容を謹んですべて承知しましたと結ぶ語。射んよう寺異聞を引用した後②「敬みて委細承知せり(来文の趣承知せり)」の意。下行の公函の起首用語。

敬頌日祉 2248 規209
御機嫌よくわたらせらるるを祝すの意。

敬請 2249 満92
「敬いて・・を請う。」上行文における請求語。

敬簽呈者 2250 四161
民国期の簽呈の起首語。→簽呈

敬陳者 2251 四160
民国時期地位が比較的低い機関より高級機関への簽呈や函件で「謹んで申し上げる」との起首語。裏は下より上に禀申する文書の一。

敬陳 2252 四159
歴史文書中において下級機関や民間の口述を引用する語。

敬呈者 2253 四159、161
呈は簽呈。民国期の簽呈の起首語。下級属員が上級に簽呈文を送ったときの起首語。→簽呈

敬禀者 2254 筌44、52、四160
①「謹んで申し上げる」。禀文の起首語。禀は下より上に禀申する文書の一。②「拝啓」。皇族に対する書簡の冒頭の発句。

敬附禀者 2255 四159
敬禀者にほぼ同じ、「謹んで申し上げる」。但し、禀文を附属文書として発するときの起首語。禀は下より上に禀申する文書の一。→敬禀者

敬復者 2256 四160、規209
①民国時期の地位の低い機関から高級機関への回復文の起首語。平級機関になる

[ケ]

と「径復者」となる。②「拝復」の意。

敬覆者 2257 規 208、満 43
　「敬みて覆する」の意。「拝復」の意。
　公函の起首用語。敬復者に同じ。

敬奉 2258 四 160
　奉の一字に同じ、ただし恭遠の意が強く
　来文書が高級機関から来たことを示す。
　この後発文者の呼称と文種が示される。

敬密稟者 2259 四 160
　①密稟は下級機関より上級機関に送る機
　密文書。稟は下より上に稟申する文書の
　一。

景象 2260 読 12
　有様。

瓊崖道 2261 外
　廣東省瓊州・岸州の道台。

桂 2262 筌 15
　廣西省のこと。

稽 2263 規 171,312、讀下 59
　①稽留、「トドム」と訓ず。［稽王師］②
　遅引,引き延ばすこと。

稽延 2264 讀上 23
　躊躇。稽はとどまる。

稽覈 2265 外
　考えくらべる、考量する。

稽査 2266 外
　調査する、監督する、査察する。

稽察 2267 外外、行 1a/192-3、規 82
　①「監査」。②治安維持のため官兵を派
　遣して巡察させること。

稽遅 2268 読 40
　延ばすこと。

經 2269 読 194、讀上 9、満 67、四 94、外
　①し終えたことを示す語。種々の語とと
　もに熟語して案件の時間的経過を明らか
　にする。例えば「その時点で直ぐにした
　(經即、即經、當經)」「しばしばした(歴
　經、迭經、疊經)」「すでにし終えている
　(業經、前經)」「その後した(旋經、嗣經)」
　cf 文末で使われる「在案」 ②〜をへ
　て、〜してもらう。〜したところ。③経
　由する、渡りをつける。

經〜在案 2270 満 66
　〜し終わる、〜を経て。「●經〜在案」
　で種々の熟字あり。●には當・即・遵・
　業・前・曾・現などが入り「●にしおり
　ます・しました」の意。

經于 2271 四 94
　「〜にし終われり」 処置や辦理を終
　えた時点を明示する語。

經過 2272 読 308
　(電信で)通信すること。

經過洋員 2273 筌 18-6
　経過する外国官吏。

經管 2274 外、
　①管轄する。②係り役。

經管事宜 2275 福 1-6b
　係りの事柄。

經紀 2276 陶 8-13a、福 8-7a
　①仲買人、奸商。②ばんとう。

經售 2277 讀上 36
　売り出し。

經權 2278 福 28-5b
　本当のあしらいと、仮のあしらい。

經工 2279 規 77
　加工の意。

經工貨件 2280 筌 26
　既製品。

經催 2281 福 6-12a
　取り立て。

經手 2282 読 141、筌 64、外、福 3-17a
　①擔當して。②とりつぐ、仲つぎする。
　③経理者。④かかりやく。

經收 2283 福 2-12b,6-9a
　受け取りすみ。かかり受け取るもの。［〜
　〜銭糧。］

經收之人 2284 福 20-21b
　福ありきたりの牢にいれおく)係り役人。

經商 2285 講 101
　商業に従事する。「・・各國内居住經商
　及置有財産者,・・」

經承 2286 行 1b/184、外
　部院衙門（部または院の名でよばれる官
　庁）に勤務する「書吏」。

經制 2287 福 2-13b
　ありきたりの係り役。

經即 2288 四 94
　その時点で、直ちに〜(処置)したりき。

經即・・在案 2289 満 67
　直ちに〜したりき。　→經・・在案、在
　案

經武 2290 筌 20
　武備を経営す。

經目 2291 福 14-17b
　まのあたり。[〜〜分明。]

經理 2292 規 92、読 18、讀上 8
　①経営者。支配人等事務を掌理する人。
　②事務を掌理する。③処理。

經歴 2293 陶 8-39a
　経過する、経験する。

罄盡 2294 筌 42
　盡るなり。罄はからっぽになった様。

計 2295 読 67、筌 49、規 267、四 13
　①総計、数える。②計開ともいい、日本
　でいろいろな書き付けの冒頭に「記一金

[ケ]

○○圓也」と書く『記』に同じ。「即ち次のごとし」で箇条書きなどが続く。③「添付文書・物件あり。」定形句を作る。文書・物件などの附属する者があることを示す。 →附 ④共に。 →計粘抄単

計・・件 2296 四 13
「添付文書・物件あり。」定形句を作る。文書・物件などの附属する者があることを示す。 →

計開 2297 満 124、128、福 2-3b
①内訳、左記。添付物・文書の内容を記す下行文における書式。②「けいかいす」と訓む。③おぼえ。 →計

計抄發・・ 2298 満 123
「他に写本(写し)・・を同封しあり」。下行文において附件物件の存在を示す定形句。

計册 2299 福 24-3a
調べ帳面。

計繕呈・・ 2300 満 123
「他に添付書類・・を同封しあり」。上行文において附件物件の存在を示す定形句。 〔計繕呈計劃書三份〕

計送・・ 2301 満 123
「他に添付物・・を同封しあり」。平行文において附件物件の存在を示す定形句。

計呈・・ 2302 満 123
「他に添付物件・・同封しあり」。上行文において附件物件の存在を示す定形句。 〔計呈意見書一份〕

計呈送・・ 2303 満 123
「他に添付物・・同封しあり」。上行文において附件物件の存在を示す定形句。

計粘抄単 2304 筌 49
計は共に,共に写書を添ゆるの意。

計發・・ 2305 満 123
「他に添付物・・を同封しあり」。下行文において附件物件の存在を示す定形句。

計附・・ 2306 満 123
「他に添付物件・・を同封しあり」。下行文において附件物件の存在を示す定形句。

計吏 2307 福 24-1a
てがらあるものと罪びととをしらべる役人。

計兩使銀 2308 読 130
(洋銀など以外に銀貨がないので)目方を秤りて銀を使用する。

輕易 2309 規 259
たやすくは、なかなか、うっかり。〔輕易請假出外〕

輕騎 2310 筌 49
軽装して。

輕車熟路 2311 福 20-5b
じいうになれをる。

逕 2312
「直ちに」の意。

逕函 2313 満 43
「拝復」。「直ちに函するの」の意。「前略」と解して可。「逕覆」とともに尺牘文の起首語。 →逕覆

逕啓者 2314 満 43
「拝啓」。書簡の冒頭の發語。字義的には「直ちに啓する」で前略の意。

逕行 2315 筌 38
直ちに(伝達を)行う。

逕覆 2316 筌 50、満 43
拝復の意。書簡文の冒頭の發語。 →逕啓

逕覆者 2317 筌 50、満 43
拝復の意。書簡文の冒頭の發語。 →逕啓

逕匯 2318 筌 36
直ちに為替として。

鷄嘴斧 2319 筌 75
ツルハシ。

頃 2320 規 77、145、読 169、四 85
①きわめて短い時間を指す。「直ちに」、「すぐさま」。②「先刻」「過日」。公文書外交文書に用いられる場合当然、そう遠い時点に言及しないのは当然である。③頃日なり「この頃」と訓む。④その時、その折。

頃據 2321 四 85
「(その折)直ちに・・(下級機関からの)来文を請け取りましたが」の意。「據」の一字にほぼ同じ。ただし、(直ちに、すぐさま)という時間の概念が加えられている。 →頃

頃日 2322
「先ごろ」、「過日」。

頃准 2323 四 85
「(その折)直ちに・・(平級機関からの)御来文を受け取りましたが」の意。「准」の一字にほぼ同じ。ただし、(直ちに、すぐさま)という時間の概念が加えられている。 →頃

頃奉 2324 四 85
「(その折)直ちに・・(上級機関からの)御来文を賜りましたが」の意。「奉」の一字にほぼ同じ。ただし、いささか時間的な概念が加わる(直ちに、すぐさま)。 →頃

[ケ]

挈綱領 2325 読 157
　改革の大趣旨を擧げること、実行のこと。

藝之 2326 筌 72
　種をまくこと。

藝學 2327 讀下 9
　工科。

迎啓 2328 福 32-7b
　むかへのてがみ。

迎頭痛撃 2329 規 54
　邀撃すること。

迎風 2330 福 20-2b
　板捉えてくればすぐにたたくぼう。

激切 2331 規 72
　切実とのこと。

厥 2332 読 164
　「其れ」に同じ。

桀驁 2333 外
　増長する。傲慢になる。

欠 2334 石
　①足りない、不足する。②借用・借金する。「欠息(利息または利息の不足)」「欠単(借用証書)」

欠解 2335 石
　地方官憲より中央政府に送るべき金。

欠候 2336
　(書簡文にて)「御無沙汰にうち過ぎました」の意。

欠息 2337 石
　利息または利息の不足。

欠単 2338 石
　借用証書。

欠端 2339 石
　不正のこと。

欠帖 2340 石
　借用書。

欠賬 2341 商
　負債。

欠發 2342
　供給不足、支給不足。

決發 2343 福 12-29b
　すぐに罪にあてる。

決不 2344 四 60
　下行文で上級からの指示に対する違背を「決して容赦しない」という断固とした意思を表す語。

決不寬貸 2345 満 117
　「決して容赦しない」の意。下行文で下級機関に「処罰する」と釘をさす表現。

決裂不堪 2346 規 101
　壊裂四出、収拾するに堪えず。

竭蹶 2347 読 149,筌 34、讀上 7
　①つまづき、失敗。竭は尽きる。蹶は躓く。②粗略にして失敗の多いことをいう。

結 2348 筌 37
　節に同じで,一結とは関税精算の一期を表わす。[一百八十八結之始(=188 回目の精算期の始め)]

結案 2349 福 17-7a
　落着の目安。

結果 2350 福 12-28a
　しめ殺す。

結局 2351 福 14-3a
　落着。

結算 2352 福 11-18b
　算用する。

結状 2353 福 2-23b
　証文。

結總 2354 福 6-8a
　しめだか。

結帳 2355 筌 62、読 304
　①決算。②勘定。

結得 2356 読 297
　保証して曰く。

缺籤筒 2357 福 1-3b
　やくあきのかいてあるくじづつ。

血蔭 2358 福 14-17a
　血のより。

血暈 2359 福 14-17a
　血がぼんやりついてゐる。

血本 2360 福 20-11b
　もとで。

訐謨 2361 筌 51
　大なる陰謀。

鍥 2362 読?
　鍥に同じ古は刻の俗字として用いられる。

月将日就 2363 筌 73
　着々その成績をあげるようにする。

月前 2364 規 70
　前月のこと。

月底 2365 規 253-4
　月末のこと。

月白布套 2366 福 23-4a
　水色の木綿袋。

臬 2367 読 164
　「法」、しきたり、先例。

臬庫 2368 外
　按察使の管轄する倉庫のこと。

臬司 2369
　按察使の別称。

件 2370 読 85、外
　①物件、物。→各件 ②事物を数える助数詞。

件存 2371 満 129、四 54

[ケ]

件存轉 2372 四 54
添付の各文件は調査のため存置す。「附呈各件存査」の簡略語。指令および批示の文書でよく用いられる。

件存轉 2372 四 54
添付の各文件は調査のためあるいは存置し、あるいは別機関に送る。指令および批示の文書でよく用いられる。全文を結ぶ「此批」「此令」の前後で用いられる。

件發還 2373 四 54
文書ならびに附件は元の単位に差し戻す?→原件發還

倦 2374 讀下 24
疲労。

乾 2375 外
無くなる、駄目になる。

乾圓潔爭 2376 福 8-4b
村中の年貢さっぱりとすむ。

乾斷 2377 規 310
君子親ら断を下すこと。

乾訪 2378 福 20-5b
贓既未必皆眞。又復多捏干證。或稱過付助惡。以致重疊株連。破家蕩產。又名曰〜〜。

乾綱 2379 外
皇帝の大権。

乾糧 2380 福 14-6a
干し飯。

兼 2381 満 137、138
「兼務」を表す。以下参照。

兼・・應即開去兼職 2382 満 137
「□□兼■■應即開去兼職」は「□□兼■■の兼職を解く」という書式。

兼管 2383 行 1b/59,81、外
管理に職務以外の事務を管理させること。[兼管順府尹事務大臣]

兼顧 2384 規 92
兼務。俗にいう「掛け持ち」の意。

兼差 2385 外
官吏を派遣する際、更に別の任務を兼ねさせて派遣すること。

兼充 2386 外
由来はあるが閑職である官庁に、別に専官を設けず他の官職ある者に兼ねさせる。

兼署 2387 外
ある官吏に他の官吏の職務を兼職代理させること。

兼・・著專任・・著敍・・此狀 2388 満 136
「□□兼■■著專任●●著敍〇〇此狀」は「□□兼■■を●●に専任せし〇〇等に叙す、此に状す」という兼任を解き専任を命じる書式。

兼・・辦事・・應即開去兼職 2389 満 138
「□□兼■■辦事●●應即開去兼職」は「□□兼■■の●●の兼職を解く」という兼職を解く書式。

兼・・辦事・・專任・・辦事 2390 満 138
「□□兼■■辦事●●專任〇〇辦事」は「□□兼■■の●●の専任たるべし」という兼職を解く書式。

兼辦臺事大臣 2391 規 162-3
日進戦争後の台湾交島時に民撰された大臣か?

圈和 2392 福 11-15a
なかいりわぼく。

憲 2393 筌 45、四 115
①大官に対する敬語。②役所の長官、上役。③一般人民が官署の長を敬って言う。

憲局 2394 筌 45
諮議局(清末の省議会)を下級機関が敬って言う。

憲件 2395 福 2-14b
上役より達しの一件。

憲台 2396 筌 34,47、四 115
①長官に対する尊称。②各地方の一般人民が当地の地方庁官を敬っていう。

憲部 2397 筌 33
憲は大官なり,部は部堂なり。尚書に対する敬称。

憲役 2398 福 3-5b
上役の下役。

建曠銀両 2399 福 5-8a
りんじよういの銀両。

建武将軍 2400 筌 66
国家に慶事あるときに正一品の武官および其の配偶者および曾祖祖父母に封典として授ける。

愆 2401 讀 214、讀下 43
過つ違う。物事の本質からはずれること。失礼。

懸挂 2402 筌 9
懸ける。

懸彩雜慶 2403 規 284-5
提燈を出すやら、国旗を出すやら某君の入営を送るというような旗幟を擔ぎ出すやらして祝着の意を示すの意。

懸彩誌慶 2404 筌 13
提灯をつるし旗飾りをして慶意を表す。

懸殊 2405 読 270
相違。

懸斷 2406 福 12-31a
しかとさばく。

[ケ]

懸瀑 2407 読 230
　滝。
拳匪 2408 筌 27
　義和団。
拳棒 2409 筌 49
　拳を打ち,棒を使う。
拳亂 2410 読 213
　義和団。
捲棚 2411 福 11-6a、中
　①左右両側の壁だけで、前後の壁のない家屋。②しらすのしだしのえむさき。
檢 2412 読?,筌 28
　制なり。つつしみ、しまり。自己の行為に対する用心。
檢驗 2413 福 14-16b
　しがいを調べる。
檢抵 2414 福 14-3a
　調べつぐのふ。
檢討 2415 外,筌 39
　翰林院檢討。　→翰林院
檢同 2416 満 81
　（別に文書を）相添えて。　→連同
權宜 2417 読 174
　便宜上（の）。
權衡裁擇 2418 筌 5
　軽重を量って取捨する。
權篆 2419 外
　他人の職務を暫行する。　[署理]
權輿 2420 筌 56
　始めなり。発端なり。創始する意なり。
欠 2421
　→「けつ」へ
歉仄 2422 筌 54
　遺憾。
牽車 2423 福 26-2a
　水をいれるくるま。
牽頭 2424 福 31-11b
　やるて（たいこもち,道楽者）。
牽累 2425 福 11-13a
　まきぞひけんぎ。
牽連 2426 福 11-7a
　まきぞひ。
獻歲 2427 筌 50
　越年。
眷懷 2428 読 109
　可愛がる、寵遇する。
研鞫 2429 外
　審問する。
研詰 2430 読 26
　糺問。
研審 2431 福 14-5b
　調べ。

縣 2432 外
　「州」・「廳」と共に最下級の行政区画の単位。大きさは通念上三者の中間に位置す。長官は知縣。
縣試 2433 外
　科擧。
縣状 2434 福 12-24b
　「知縣」への訴えがき。
縣丞 2435 外
　知縣の補助官。　→佐貳官
縴 2436 陶 7-36a
　① xian1 繊維。② qian4 船曳。
縊首 2437 外
　首をくくる、絞首。
繭絲 2438 読 243
　蠶の糸を繰るが如く人民より租税を多く採り入れること。[有繭絲保障之責]
賢否冊 2439 福 4-19a
　下役のよしあしをつげる帳。
賢良祠 2440 規 47
　北京にある。歴代の名臣功臣を合祀する。
見 2441 規 78、外、読 34
　①「～されたし。」②意見、見解なり。　→起見　③あらわす。④「現に」　[見仍・見在]
見原 2442 筌 54
　御宥免あらんことを。
見顧 2443 福 3-3b
　おめをかげくだされというもの。
見好 2444 筌 9
　追従人前を飾る。
見示 2445 四 8
　「(指示を)示されよ。」平行文において、さらにもう一歩進んだ指示を求める語句。結尾語で多く見られる。　→見示施行
見示施行 2446 満 103
　「回答ありたし」平行文における結尾語。　→見示
見小欲速 2447 筌 27
　程度低きものを見て速成を図る。
見證 2448 福 14-21a
　しかとした証拠。
見象 2449 筌 75
　現象。
見著 2450 福 12-21b
　みかける。
見票 2451 規 265
　手形、一覧後。
見票遲十天内 2452 規 265
　手形一覧後、遅くとも十日以内に。

[ケ]

見付 2453 福 1-18a,20-28b
あづける。わたしたところがいまげんにしれてゐる。

見風消 2454 福 31-14a
→鼎銀

見復 2455 四 9
「回答ありたし」。平行文において回答を求める書式。 →見覆

見覆 2456 四 9、満 103
「回答せられる」。平行文において回答を求める書式。 →見、復査明見覆

見復核轉 2457 筌 30
回答と与えられたし、、裁量の上伝達す。

見覆施行 2458 満 103
「回答ありたし」平行文における結尾語。

見訪抽豐 2459 福 2-19a
みまひとしておくるつけとどけ。

讂 2460 撫
屈伏する。説得する。

讂局 2461 筌 37-8
区裁判所。

讂語 2462 福 12-10b
さばきがき。[看語印審軍也。亦日～～]。

蹇脩 2463 福 20-10a
なかうど。

軒 2464 読 221
舞う貌、「アガル」と訓む。

軒輊 2465 読 127
優劣・軽重。

遣發 2466 福 3-3a
金をやる。[～～起程。]

顯考 2467 筌 67
亡父。

驗 2468 規 261、
驗に同じ[應随時呈驗](いつでも提示して検査を受けなければならない)。

騐明 2469 規 252
騐は驗に同じ。検査診察の意。

騐局 2470 外
「釐金」を徴収する釐局・釐卡のうち「起局」・「驗局」に分けるうちに一つ。それぞれ課税される区間の起点と終点にあたるのであろうか?一起一局・二起二局などの徴税法がある。

驗訖 2471 筌 45
有効期限の終了。

驗照放行 2472 規 262,筌 66
護照検査の上、通行を許されたく。

驗單 2473 外
(税関等における)貨物検査済証。行6/151。

驗牌 2474 福 14-2b
調べよというふだ。

驗棚 2475 福 14-16b
しがいあらためのこや。

儼 2476 読 6、外
①厳然。②正面きって、あきらかに。

元 2477 筌 38
①(お金の単位の)圓なり。②日本円、米国ドルもいう。※洋銀の円いことよりきたもいう。日本の円、韓国のウォンも同語源ともいう。③元朝。

元亨洋行 2478
Ostasiatische Handelsgesellschaft.外

元戎 2479 筌 52
駐防将軍の敬称的別称。

元精石 2480 筌 58
石膏 gypsum。

原 2481 外、規 250
①もとの、もとのままの。②「固より」の意。[原無不可]

原委 2482 外,筌 48
原迪委曲なり。一部始終、詳細。

原件存 2483 四 125
下行文の批示・指令などでもちいられ、下級機関や民間からの文書や物件を档案としてとどめ置くことを示す語。全文を収束させる「此批」「此令」の前後で用いられる。 →件存

原件存轉 2484 四 126
下行文の批示・指令などでもちいられ、下級機関や民間からの文書や物件をあるいは档案としてとどめ置き、あるいは他機関に転発することを示す語。全文を収束させる「此批」「此令」の前後で用いられる。 →件存轉

原件發還 2485 四 126
下行文の批示・指令などでもちいられ、下級機関や民間からの文書や物件を発文者へ差し戻すこと。档案として留めるに及ばないこと示す語。 →件發還

原驗 2486 外
すでに検査済み、調査済み。

原差 2487 福 2-9b
もとのとりて。

原摺擲還 2488 外
上奏文で不合理で信ずることのできないものを奏事官に本人に返還させ、警告することをいう。

原招 2489 福 17-18b
もとの白状通りに言う。

原性 2490 筌 60
自然金属として産するもの。

原呈發還 2491 満 119

[コ]

原任 2492 外
　もとの官職をさす。
原被両造 2493 中
　原告と被告。→両造具備
原封 2494 外
　封を切らぬままの。
唁 2495 讀上 36
　とむらう。
唁辞 2496 読 21
　くやみの言葉。
厳加申斥 2497 満 109
　「厳重に譴責して却下する。」批・指令で却下する場合の結尾語。
厳格奉行 2498 満 116
　「厳格に遵奉せよ」との意。下行文において注意を喚起し、釘をさす表現。
厳参 2499 中 2139
　厳しく糾弾する。
厳速 2500 規 101
　厳は急に同じ、急速の意。
厳飭 2501 行 1a/63、外
　重要事件に対して「飭」を発する。
減従 2502 筌 49
　従者を減らす。
減色 2503 筌 64
　減少。
減水雷船 2504 読 10
　水雷駆逐鑑。
減留 2505 外
　京師に解送すべき「款」の中からその半分を減らして自省にとどめ経費として備えること。
源源 2506 筌 35
　陸続。
現擬 2507 讀下 59
　本案。
現據 2508 四 81
　下級もしくは民間からの来文を引用する語。→據
現據〇〇稟稱 2509 規 262-3
　〇〇の申請する所によれば。
現經‥在案 2510 満 67
　現在‥したりき。→經‥在案、在案
現經 2511 四 81
　現在すでに‥処理しおわり。→現經‥在案、在案
現交 2512 陶 8-3a
　その場でわたす。

「原呈は返還す」の意。原請願者の送付文書を返還・却下するの意。指令・批の末尾に用いられる。

現在 2513 読 142、讀上 9、34、下 28
　現に、今。目下。
現准 2514 四 81
　平級機関の来往文の起首語。「引用するごとく来文受け取れり、これによれば〜」
現商 2515 外
　現職の商人、特に行商。
現年 2516 福 6-4b
　ねんばん。
言 2517 筌 11
　①「論ず」という意味。②「ここに」。
　[言歸于好]
言官 2518 筌 76
　御史。
言歸于好 2519 筌 11
　今また平和に立ち返る。
言出法随 2520 読 136、撫 1‐1b
　①(告示通りに)処分する。②法令を出して、すぐさま実行に移す。
言明 2521 規 253
　契約に言明すること。
限制 2522 外
　限界を設けている制度、建前。
限令 2523 読 77
　時間を限りて命令する。

[ㄦ]

估計 2524 読 206
　予算。
估報 2525 福 20-20b
　つもりとどげる。
偱券 2526 福 31-17b
　やとひのきって。
偱寫 2527 福 17-5a
　かりたる。[〜騾頭]
古 2528 筌 14
　キューバ。
古爾貝 2529 外
　Courbet,AdmiralA.A.P.
古巴 2530 外、讀上 36
　Cuba.キューバ。
古隆北 2531 読 304
　Colombo,
　(ofShriLanka,CeylonSerendip,Taprobane?)
呼控 2532 福 10-6b
　願いたてる。
呼朋引類 2533 陶 14-30a
　同類に引き入れる。
呼籲 2534 筌 76
　叫び呼ぶ。

- 67 -

［コ］

固係 2535 外
もともと…に係る。もともと…である。

固結 2536 読 90
堅固。

固山貝子 2537 外
顕祖宣皇帝の子孫たる「宗室」の爵位の一つ。巻末参照。→宗室

固畢爾那托爾 2538 外
Gubernator 帝政ロシアの縣知事。

固倫公主 2539 外
中宮（皇帝の正室）出の公主・姫。→和碩公主、公主

姑 2540
「暫時」。

姑准 2541 四 97
暫時許可する。下行文において、下級からの請求に暫時の許可を与える語。

姑准施行 2542 満 106
「暫時施行するを許す。」指令・批における結尾語。

姑如所請 2543 四 97
「暫時、請願通りするを許す。」下級への回答文で使われる語。

姑先照行 2544 四 97
「暫時、先ず〜の通りするを許す。」下級への回答文で使われる語。批示・指令文において下級からの言ってきたことに先ず暫時の許可を与え、その結果をもってみんとする語。→照行

姑予准行 2545 四 97
「暫時、許す。」下級への回答文で使われる語。下級からの来文による請願に暫時の許可を与える語。あくまでも一時的便法であり、肯定的ではない。本来なら不許可にすべきを何かの理由により一時的に許すこと。→姑予照准

姑予照准 2546 四 97
「暫時、許す。」下級への回答文で使われる語。下級からの来文による請願に暫時の許可を与える語。あくまでも一時的便法であり、肯定的ではない。本来なら不許可にすべきを何かの理由により一時的に許すこと。→照准

姑予通融 2547 四 97
「暫時、便法を許す。」下級への回答文で使われる語。下級からの来文による請願に暫時の許可を与える語。あくまでも一時的便法であり、肯定的ではない。本来なら不許可にすべきを何かの理由により一時的に許すこと。→姑予照准

姑予備案 2548 四 97
「暫時、備案（档案として保管し他日の審査に資す）す。」下級への回答文で使われる語。批示・指令文において下級からの言ってきたことに先ず暫時の許可を与え、その結果をもってみんとする語。語気としては強いものがある。

姑容 2549 規 54
寛恕の意。［予姑容］

孤 2550 筌 28
負く。集韻に負也とあり。

孤哀子 2551 筌 69
父母ともなき子をいう。父死せるは孤子，母死せるは哀子という。

孤子 2552 筌 69
父死せる子。

庫款 2553 読 64
国庫の費金。

庫子 2554 福 20-21b
くらばん。

庫存 2555 読 123
庫中の現存品。

庫平 2556 規 122-3, 筌 20
清朝の戸部・国庫の出納に用いる官秤のこと。

庫平銀 2557 規 122-3、讀下 74
庫平にて量る銀のこと。→庫平

庫平両 2558 外
清朝中央各部および北清一帯に通用した。→庫平、庫平銀

戸下 2559 福 9-3a
貧しい農民。

戸單 2560 福 6-10a
［各戸照式造方票。謂之〜〜。花戸執此以考本身之應納。］

戸頭 2561 福 5-21b
小作頭。

戸部 2562 外、行 1a/162-7,214-22、讀下 23
①六部の一。主として財政を兼ねて戸籍・産業・救恤等の事務を統括。②（外国の）大蔵省をいうこともある。

扈駕 2563
→扈蹕

扈蹕 2564
天子の駕に追従すること。

雇覓 2565 陶 7-1a
捜し雇う。

故 2566 読 20、21、216、305
①死亡。②もとの。③こと。④理由。

故殺 2567 福 14-1a
わざと殺す（七殺）。

故牒 2568 福 4-15b
［州懸行儒學用〜。］

故敕 2569 四 98
①勅書の末尾語。敕書は六品以下の官員

[コ]

に出した土地や地位を賜る辞令。つまり辞令の末尾語。「(以上)ここに敕す」と訓むか？ ②勅書にして身分証明書？ → 敕、諭

故套 2570 福 21-8a
　ありきたり。

故諭 2571 四 98、114
　諭は敕諭。勅書の末尾語。①政府の高官に出した土地や地位を賜る辞令。つまり辞令の末尾語。「(以上)ここに諭す」と訓むか？ ②清代に皇帝が高級官員に出した敕書(皇帝敕書)の引用の末尾語。 → 皇帝敕書 ③勅書にして身分証明書？ → 敕、

滬 2572 規 257,筌 29、讀下 40,42
　①上海。「扈」という捕魚工具に由来？［滬道(上海道)］→ 申 ②呉淞江の下流,上海の北東を流れる。上海。滬上ともいう。

湖 2573 筌 77
　湖州府。

湖廣總督 2574 外
　湖北・湖南兩省の総督。

湖絲 2575 外
　湖州産の生糸。

䪲状 2576 福 16-31a
　うけあひやうじやうの証文。

糊塗昏憒 2577 四 183
　「曖昧で訳が分からず、馬鹿げている。」下行文においてしたことを叱責・厳重に注意する言葉。

皷 2578
　鼓の俗字。

股 2579
　株のこと。＝股子・股分

股銀 2580 商
　株金。

股數 2581 商
　株数。

股東 2582 経 3、商
　株主。

股東會議 2583 商
　株主会議。

股東名簿 2584 商
　株主名簿。

股票 2585 讀上 36、商
　株券。株のこと。＝股子・股分

股份 2586 読 145
　株。

股分公司 2587 商
　株式会社。

股分有限公司 2588 商
　株式有限会社。

股分 2589 讀下 41、商
　株券。株式。

股本 2590 読 304、商
　①株金。株式。②資本。

胡夏米 2591 外
　Lindsay,HughHamilton.

胡謅 2592 福 17-26a
　でたらめを言う。

葫蘆 2593 福 11-24b
　つかみ所無く。

虎衛 2594
　虎神營。

虎差 2595 福 11-10b
　悪い使い。

虎神營 2596
　在北京の常備軍。

褲腰 2597 福 21-21a
　こしばかま。

鈷 2598 筌 60
　cobalt。

顧 2599 読 165
　一字にて「オモフニ」。［顧德使方南游未返］

顧盛 2600 外
　Cushing,Caleb.

鼓 2601 規 233
　點鐘に同じ、日本語の～時のこと。

鼓行而進 2602 規 179
　軍に鼓を打ち行進すること。

鼓輪 2603 読 81
　急いで。

互結 2604 外
　①官庁に差し出す連帯保証書。②くみあひ。［其～～凡五人。如不相識。切勿同結。］

互市 2605 外
　①(外国と)貿易する。②通商条約により開港貿易する。

五金 2606 読 305
　金銀銅鉄錫をいう。転じて金属一般もいう。

五金之屬 2607 筌 60
　すべての金属。

五口 2608 外
　＝「五港」

五口欽差大臣 2609 外
　＝廣東欽差大臣・上海欽差大臣。開港場の貿易を掌り、最初廣東にあり次いで上海に移り、やがて南洋通商大臣に吸収された。　→南洋通商大臣

五口通商大臣 2610 外
　＝辦理通商事務大臣。上海欽差大臣から

[コ]

五港 2611 外
　1862年独立の衙門となった。 →南洋通商大臣
　廣東・福州・厦門・寧波・上海。1842年南京条約により開港。

五寺 2612
　大理寺・大常寺・大僕寺・光禄寺鴻臚寺の総称。

五十出 2613 筌 17
　五十發。

五城 2614 外
　→五城御史。北京を中城・東城・南城・西城・北城の五つに分かつ。［巡視東城（→五城御史）］

五城御史 2615 外
　北京の治安機構。一年任期で各五城に満漢各一人置かれる。土木工事・強化・救恤なども司る。我が国の「奉行」に類するものか。

五聲之聴 2616 福 11-1b
　ごはうのたみのことをきく。

五中感謝尺幅難宣 2617 規 223
　満腔感謝の情、筆紙尽くし難し。

五路 2618 筌 47-8
　光緒二十二年以後英清間に締結せられたる清國における鉄道の予定線にして津鎮鉄道・九廣鉄道・浦信鉄道・蘇杭［桶一木］鉄道・滬寧鉄道の五線。

伍 2619 規 123
　五のこと。 →数字

伍加 2620 讀下 36
　大岡（日本人の人名の音訳？）［伊侯坐於傅相之右、随員伍加。］

午帥 2621 筌 50,54
　端方。端方の字は午橋。 →帥

吾恐 2622 読 166
　「吾思う」に類す。

晤 2623 規 101、讀上 11
　面晤、面会。

晤商 2624 讀上 51
　面談。

悞蹈 2625 福 19-1b
　し損なう。

語 2626 読 173、四 116
　①「事」。［我俄寔未有是語］②平級及び下級機関の意見陳述もしくは、法律の条規の記述は皆この語を用いる。

誤殺 2627 福 14-1a
　間違って殺す（七殺）。

護貨 2628 外
　＝護貨兵船。

護貨兵船 2629 外
　通商を保護する軍艦。

護局 2630 福 28-17a
　かばひひいき。

護項 2631 福 21-21a
　しころ。

護頁 2632 福 6-7a
　ふうのうはがみ。

護視 2633 規 124
　保護のこと。 →禮遇護視

護照 2634 筌 65、外
　①旅行券。②旅行および貨物の運送憑照即ち証明書。それぞれの監督官庁から発せられる。清末民國の例。③外国人が中国内地を旅行するための旅券巻末参照。

護牌 2635 外
　犯人を護送するときに護送人に給する証明書。

護理 2636 外、讀上 3
　①布政使または按察使が総督または巡撫の職を代行すること。②下級のものが上級のものの職を代行すること。③署の代理のそのまた代理。［上諭直隷総督兼充北洋大臣著袁世凱署理未到任以前著周馥暫行護理］

交 2637 規 163,252、讀上 23、下 40
　引き渡す、送ること。［點交～］

交閲 2638 讀下 69
　お目にかける。

交下 2639 福 32-4a
　かうたいわたし。

交界 2640 筌 76
　境界。

交回 2641 読 119
　戻って来る、受取り戻る。

交割 2642 福 17-21a,30-8a
　交代。うげとりわたす。［～～入監。］

交巻 2643 外
　①書き上げた科擧の答案用紙（巻）を提出すること。②転じて職責をはたすこと。←→交白巻

交完 2644 筌 26
　交付済みの意。 →交清

交卸 2645 外、筌 58
　事務を引き継ぐ。

交収 2646 福 8-4b
　引き受ける。

交出 2647 読 259
　引き渡し、出し渡す。

交渉 2648 読 120、210
　①外国との交渉。②交渉の余地。［日俄未開戦之先、中俄兩國有東三省之交渉］

交渉學 2649 規 301

[コ]

交仗 2650 規 126
　交戦の意。
交清 2651 規 123,126
　交付済みの意。
交接 2652 規 124
　交は交付・渡す、接は接受・受け取るの意。
交通 2653 中
　内通する。
交島事宜 2654 規 163
　台湾引き渡しのこと。
交繹 2655 読 31
　線のもつれること。
交白巻 2656 外
　仕事を果たし得ないこと。　←→交巻
交盤 2657 福 3-9b
　交代(調べ)。
交孚 2658 読 281
　互いに信じ合う。
交部 2659 讀上 9
　(担当の行政機関)部に渡す、委ねること。
交部議處 2660 読 110、讀上 23
　①六部に渡して、議せしむ。②功績ある者を吏部において昇級の詮議をすること。
交領 2661 規 251
　交付、領収せしめる。
亨烈 2662 読 169
　ヘンリー、Henry.
候 2663 規 47、満 108
　候は待つ、伺うの意。→候彙案査核
候・・仰□□ 2664 四 133
　「・・を待ちて、□□するべく命令を下す(予定)である。」上級機関などが指令・批示において、下級などから要望のあったことについて直ちに決定はできないので、調査審査(・・)したる後にしかるべく命令指示(□□)を下すことを告げる。
候彙案査核 2665 満 107
　「案を纏めて審査するをまて。」指令および批における暫時不許可とする結尾語。
候旨 2666 規 47、讀下 57
　候は待つなり、伺うなり、皇帝の聖諭・勅裁を待つ伺うの意。
候叙 2667 筌 65
　御光臨待ちあげ候。
候謝 2668 福 1-5b
　ときのみまひ。
候選 2669 筌 44, 66
　実職に選ばれるのを待つ候補官吏候補官の一つ。官吏たる資格を有する者の氏名を吏部の簿册に記入し置き,適当の官職に補充せらるる時を待つ者。待命の官は多く即選・候選・候補・補用などある。
候選・候選官・候選人員 2670 外、政
　候選官の意。欠員あるをまって本官に除せられるをいう。　外官のみにあり北京にて選を待つが建前。
候奪 2671 満 127、満 133、四 133
　「呈候核奪」の簡略語。呈文を発して(上級・政府機関の)審査決裁を待て。
候迓 2672 福 1-24a
　たびたちを見送る。
候轉咨□□□査明之後再行飭遵 2673 満 108、四 133
　①「(平級機関)□□□に問い合わせて明らかになってから改めて下命す」②「・・に轉咨して詳査報告したる後、発令するをもって、これを待て。」暫時不許可の場合の結尾語。　→轉咨
候轉呈□□□核示再行飭遵 2674 満 108、四 133
　①「(一ランク上の上級機関)□□□に問い合わせて明らかになってから改めて下命す」②「・・に轉呈し審査指示を受けたる上、さらに発令するまで待つべして。」暫時不許可の場合の結尾語。
候補・候補官・候補人員 2675 外、規 65-66,筌 44
　候補官の意。欠員あるをまって本官に除せられる候補官吏。内・外官共にあり。内官は北京、外官は現地にて任用を待つ(時には実職の手伝いもする)。候選に比べて、任用は本人の希望等が反映される。　→以三四品京堂候補・候選
候補直隷州 2676 筌 54
　直隷州知事の候補官。
候遴 2677 筌 14
　選抜を待つ。遴は慎重に選択する、またはむさぼる。
候令 2678 読 184
　命令を待て。
候令□□□査核飭遵 2679 満 108、四 132
　(他の下級機関)□□□に調査・確認したる後、発令するを待て。暫時不許可の場合の結尾語。　→候令、飭遵
候令□□□査核辦理 2680 四 132、133
　(他の下級機関)の調査・確認を待ちて処理すべし。　→候令
候令□□□査明後再行飭遵 2681 四 132
　(他の下級機関)□□□に調査せしめ明らかにしたる後、改めて下命するを待て。　→候令

[コ]

候令□□□査明再行核奪 2682 四 132
(他の下級機関)□□□に調査せしめ明らかにしたる後、改めて協議・決定するを待つ。→候令

倥偬 2683
(兵事などで)迫って慌ただしい様。

光丁 2684 福 9-3b
にんそくの名前ばかり。[～～無糧者。]

光禄寺 2685 行 1a/134、外
皇質所属官庁の一。宮廷の飲食・饗宴に関する事務を掌る。管理事務一人 Director および少卿 Sub-Director 満漢各一名を置く。

光禄大夫 2686 筌 66
国家に慶事あるときに正一品の文官および其の配偶者および曾祖祖父母に封典として授ける。

公安 2687 四 47
公事安順「公務順調でありますよう」との意。書簡文の末尾に使われる。

公廨 2688 外
公務を取り扱う(上は内閣したは府州縣廳にいたる全ての)官設家屋のこと。公署の別名。

公函 2689 満 10
公務上の封書(函)。民国期において咨文の一変態としてももちいられた。隷属関係のない官署の往復文書として用いられ、官署の長官が発した。

公款 2690 規 123,筌 12
官命・官費。

公款公産 2691 筌 47
公有の金銭の資産なり。

公館 2692 外
①公の宿舎。公用の建物。②高官の官舎。

公鑒 2693 満 43、四 16
①民国時期の電報・代電(至急便)・函件の起首語でこの前に宛先の名前・職名が来る。まれに文末に来ることもある。②「・・殿」。平行発電の起首用語。

公誼 2694 四 43
公事上の交誼。

公擧 2695 規 162、福 20-1a,21-5a
①公同選擧せること。②おほぜい申したてる。いちどう申したてる。

公砝平 2696 筌 20
民間で用いられた秤。

公局 2697 外
廣東貿易時代、英国東インド会社。

公叩 2698
公に叩うか、申し出るか?。

公行 2699 外
「コホン」「こうこう」廣東で外国貿易を官許されていた商人達の一種のギルド。初め康熙 59 年に組織され、一時撤廃されたこともあったが、徴税面の便利さが重宝された面もあり、外国貿易を独占した。1842 年の南京条約により廃止。

公懇 2700 筌 33
一同にて願出ず。

公座 2701 福 2-6a,11-22b
なみいる座。しらすのざ。

公使 2702 外
①外国の外交使節、全権代表。時代が下ると、対等を強調するため欽差大臣と称するようになった。②公使。minister.

公司 2703 讀下、商
①会社。②組合。

公司夷館 2704 外
=公司館。

公司館 2705 外
廣東貿易時代廣東居留地 factory にあった英東印度会社用の建物。

公司図記 2706 商
会社の印章。

公司年報 2707 商
会社の営業報告書。

公司名号 2708 商
①会社の商号。

公司法律 2709 筌 61
会社法。

公主 2710 外、讀上 7
皇女。中宮の出を「固倫公主」、妃嬪の出を「和碩公主」という。

公取 2711 福 18-1a
[強者執器統兒。有可制事主之力。而公然取之者也。律所謂～～者是也。]

公所 2712 外、筌 61
①役所。ギルドの事務所。②同郷人団体の事務所。③同業組合所,同業者の集まって商業上の相談をするところ。

公出 2713 福 2-19a
ごようむきででる。

公積金 2714 筌 62
積立金。

公積賑 2715 商
積立賑金。

公置 2716 福 6-4a
たちあひおく。

公忠 2717
公正にして忠盡なるをいう。→秉性公忠

公呈 2718 外
多数の人々の連署した請願書。

公程 2719 陶 7-19a

- 72 -

[コ]

連名で願いでる=公呈?。

公董局 2720 筌 46
上海の外国人会議にして行政機関なり。董事會?。

公同 2721 読 33
共々、一緒に、皆。

公道 2722 読 302、筌 64
①廉価。②適当。

公德兩便 2723 四 11
→實為公德兩便

公牘 2724 規 226-7
公牘とは吏牘啓牘ともいい、官吏の間に往復せる半分公・半分私の文牘。公文繁縟の不便を避け、同時に私信不信用の欠点を補う必要上公文に似て成例格式に拘泥しない便法を制定するもの。

公班衛 2725 外
Company.

公畢 2726 経 3
公務を終える。

公文保送 2727 規 241
公文にて保証する。

公報 2728 讀下 10
（上海で発刊されていた）『萬国公報』。

公法 2729 規 77
国際公法。

公門 2730 福 14-2b
牢屋。

公輪 2731 福 6-12b
おもてむきまはり。

公爺 2732 筌 52
公の敬称。

公例 2733 読,筌 28
国際公法、国際法上の慣例か？［符公例］

功候 2734 読 291
（学業の）進歩の度合い。

功課 2735 規 242、讀下 57
学課・課程。

功貢生 2736 筌 35
軍功のある生員（縣試の合格者）に、国子監に入らしむべき者。

功服 2737 筌 70
功服に大功・小功の区別あり。大功は九カ月,小功は五カ月喪に服する。姪孫は小功にて五カ月喪に服する。

功令 2738 外
（天朝の）法、法令。

勾窩 2739 福 3-1a
わなをしかける。

勾串 2740 外
=勾通。

勾結 2741 外,筌 39

=勾通。誘因結託。

勾銷 2742
鉤銷、鉤消、勾消、勾去・・抹殺する、御破算にする。

勾攝 2743 福 20-24b
とりはからふ。［～～公事。］

勾通 2744 外
結託・連絡。

勾當 2745
職務を担当すること。

勾留 2746 読 68、讀下 34
滞留。滞在。

厚愛之國 2747 外
the most favored nation 最惠國。

口 2748 外、讀上 39
①港のこと。②…人。特に婦人を区別して口でよんだ例もある。人口は男女の総計。

口外 2749 筌 11
沖。

口岸 2750 筌 32、外
①港。通商貿易港。②常関のいわば徴税事務所の如きもの。「徴税口岸」は専ら通過税・関税の徴収を行い、「巡査口岸」は脱税等を取り締まる。所在地は一定しており勝手な増設はできなかった。

口歯清白 2751 筌 70
言語明晰。

口請 2752 福 2-18b
口上たのみ。

口頭禪 2753 読 159
口頭は口先.実行の心無き口先だの言葉。

口内 2754 読 61
港内。

口門 2755 読 81
港の入り口。

叩 2756 経 3、四 32
①「磕頭叩謝」頭を地にうつ（土下座?)、旧式の礼儀。②電報文書においては末尾に現れ感謝を表す。③または尋ねる。

叩禀 2757 筌 41
叩頭（土下座）して願う。

叩免 2758 福 21-28a
ごめん。［禀～～。］

向 2759 規 53,124,筌 47、陶 15-47a、外、讀下 42,59
①嚮、「かつて」「さきに」「從来」,さきに。曩日の意。②「～より」の意。［該省亦因上年雨水缺鹽已向長蘆借買］③～をたのむ。

向隅之感 2760 筌 34
衆人喜ばざるの感。［一人向隅満座不歡］

[コ]

向章 2761 読 296
　さきに定めたる章程・規則。

向本 2762 外
　従来より。

向來 2763 読 277、讀下 71
　①從前。②従来,「固より」。

向例 2764 筌 24
　先例。

向例報關 2765 筌 41
　従来の例により税関に報告す。

咬板 2766 福 17-20a
　言いかける。

咬嚠吧 2767 外
　Java.

夯硪 2768 福 31-3a
　いわをいれる。［浮土務要剋平〜〜堅實。］

好 2769 読 2、115、268
　① Sir Robert Hart,赫德。［由好税務司］②よく。［但其整頓之處應任朝鮮王好自爲之］③「問‥好」御機嫌よきや。國書等の冒頭に用いられる。

好税務司 2770 筌 28
　上海総税務司ホプソン。

好寧端 2771 外
　Toone,F.Hastings.

好博遜 2772 筌 28
　上海総税務司ホプソン。

好望角 2773 讀上 42
　喜望峰。

幸勿 2774 四 81
　「なにとぞ‥は避けられたし」平級機関の往来文で相手の注意を喚起する。「幸勿延擱」「幸勿遲延」など。

孔急 2775 規 171
　孔は「甚だ」の意。

孔亟 2776 読 6
　切迫。

孔雀翎 2777 外
　→翎隻。ThePeacockFeather.

孔道 2778 読 30
　大道。

宏 2779 読 263
　廣なり、寬なり。［我朝素宏字小之仁］

寇盗之警 2780 規 170
　寇賊盗乱の事件。

工 2781 筌 21
　職工給料。

工價 2782 外
　賃金・報酬。

工火 2783 筌 21
　製造費。工は職工給料。火は燃料。

工銀 2784 外
　賃金・報酬。

工資 2785
　賃金・給金。

工巡局 2786 筌 32
　北京警察局。

工程 2787 読 40
　①見積もり書。②工事。

工程師 2788 筌 16
　土木技術士。

工程隊 2789 筌 17
　工兵。

工董局 2790 筌 46
　上海の外国人の工務局。工務局?。

工夫 2791 読?
　講習勉強。朝鮮語にては今日もこの意味に用いられる。

工部 2792 行 1a/173-5,237-42、外
　六部の一。治水・土木・工作・製造に関する事務を統括する。

工部局 2793 筌 32
　上海居留地の行政機関。

工本 2794 外
　製造の経費・工事費用。

工料 2795 福 28-15b
　喰み料。

工料銀 2796 福 2-13b
　馬の喰み料の銀。

功曹 2797 福 1-20b
　時と運(つき)と人の善し悪しを司る神。

巧詆 2798 陶 16-2b
　言葉巧みに、人を騙す。

康比立治 2799 読 24
　Cambridge.

廣澳 2800 筌 15
　広州とマカオ。

廣九 2801 筌 15
　広東省広州府および九龍府。

廣肇羅道 2802 外
　廣東省廣東・肇慶・羅定・佛岡・赤溪を管轄する道台。泉州に駐在。

廣縄批牌 2803 福 17-17a
　ながたづねの書き付け。

廣東欽差大臣 2804
　→欽差大臣

廣文 2805 福 2-16b
　がくとう。

廣捕 2806 福 1231b
　ながたづね。

行 2807 外、満 89、四 56
　①発文の意。→行文、行移 ②「准許実行」、即ち「行え」の意味。下級からの

[コ]

行移 2808 外
公文書を係の各役所に届けること。行文移牒の略。官庁照会の文。明代にはこの書式も試験も課された。

行轅 2809 規 230
清國大員高官の出張先宿舎をいう。

行格 2810 福 6-8a
けひき。

行館 2811 外
宿舎。

行宜 2812 福 20-7b
とりはからひ。

行宮 2813 規 230
皇帝の出張先。

行求 2814 中、福 20-28b
①賄賂を使う。②しはじめたる罪。［凡受財者．得枉法之罪．則與者問〜〜．過財之人間説事．］

行刑 2815 中、福 3-5a
①刑の執行（多くの場合死刑）。②罪つげる役人。

行月米 2816 福 7-11a
つきつきのいりまい。

行健自強 2817 読 247
天行の健なるに法り、自ら強む。易経？。

行號 2818 筌 61
商店。

行在 2819 規 230
「アンザイ」至尊の出張先。

行棧 2820 外
倉庫。→棧・棧房

行司 2821 筌 39
公文を布政使または按察使に送る。

行止 2822 福 2-17a
とりはからふ。

行駛 2823 筌 46
駛行。

行所無事 2824 読 213
禹の治水の故事を形容したる語にして圓轉滑達なるを言う。

行商 2825 外
①商人。②鴉片戦争以前、廣東の外国貿易に従事した清國側商人。

行省 2826 読 286
行政区分の省のこと。元代に「行中書省」が各地方に設けられ、これが「行省」となり、「省」といわれるようになった。

行情 2827 読 131
時の相場。

行叉 2828 福 16-2b
やりきず。

行走 2829 読 161、外、讀上 4
①仕事、勤務、任務、在勤、奉務。②通訳。③すでに官職を有する物を他の官庁に出仕せしめ、その事務を処理せしめるをいう。例えば「軍機處」のごときは専官を設置せず皆「行走」である。

行台 2830 筌 38
大官の出張所。

行知 2831 外
通告する。

行提 2832 福 2-14b
ひきよせ。

行文 2833 外、筌 29、58
①（官庁間での）公文書の往復。②文書（公文）を送る。③（公）文章を作成する。→行

行文法 2834 規 299
作文。→行

行綿撞帽 2835 福 21-21a
さし木綿の兜頭巾。

行用 2836 中、外
①「行佣」。コミッション、マージン。仲間または問屋の手数料、口銭。②「公行」がその費用及び諸税支払いの準備金として、外国商人から貨物価格の 3/100 を徴収したもの。→公行

行用銀 2837 外
＝行用。

行輪 2838 読 82
進行する汽船。

後一起 2839 筌 36
後段。

後開 2840 読 293、四 51、123、124
①「件の文書の後段にかくあり」民国期にでてきた表現で、依拠する文書（旧時には全文を引用した）の全文を引用する代わりに重要な末尾の部分を引用するときに用いられた。引用文を結ぶのは「等因」「等由」の語である。②後に記す、後述。

後先死綏諸臣 2841 規 285,筌 13
前後陣没せる諸臣。後先は先後、死とは戦死、綏とは殿戦し踏み止まりて死すること。

後膛 2842 筌 29
砲筐なり,砲弾を装置する部分。

後面格内 2843 筌 62
後の方の罫の中に。

後來居上 2844 読 10
後ほど段々進歩向上すること。

衡論 2845 筌 18
公平に論ず。

扣還 2846 規 123

[コ]

控除。
扣銀 2847 外
　各省から中央政府に発送すべき銀両の中から、その官庁の費用として差し引いた銀両のこと。
扣算 2848 福 7-16a
　差し引き算用。
扣選 2849 福 1-3a
　えらびの名前をひきぬく。［如卯不到。即行～。］
扣發 2850 規 250,筌 63
　控除、差し引くこと。
扣留 2851 読 196
　拘留する。差押える。
抗開 2852 福 12-17b
　無理にあける。
抗頑 2853 福 7-12a
　拒む。
抗禮 2854 福 3-2b
　同格の礼。
拘謹 2855 福 13-7b
　自分のつとめまへ。［不必過馬～～。］
拘牽 2856 福 1-5b
　ものにかかはる。
拘催 2857 福 5-13a
　ひきよせる。
拘斉 2858 福 14-5b,19-13a
　一斉検挙。捉え揃える。引きよせ揃える。
拘償 2859 福 6-20a
　償わせる。
拘提 2860 福 11-12b
　捉えひきよせる。逮捕状を発して拘束する。
拘買 2861 福 20-29a
　無理に買わせる。
拘票 2862 福 12-32a
　捉え書き付けの目安。逮捕状。
拘補 2863 福 7-13b
　捉え吟味してつぐのはする。「拘捕（拘留する）」の誤りか？
控 2864 陶 7-19a
　制する、申し立てる。
控告 2865 外
　被害者が裁判所に訴訟を提起すること。
挸 2866
　無理にさせる。
挸索 2867 福 7-7a
　無理銭をとる。
挸短 2868 福 2-24a
　無理やりに不足。
挸柄 2869 福 6-1a
　わやく。

指勒 2870 陶 7-1b
　圧迫、拘束、渋る。
攷 2871 読 36、讀上 34
　考なり、査に同じ。
攻佔 2872 規 70-1
　攻撃の末これを占領すること。
效順 2873 外
　「じゅんにならう。」（政府に）逆らわない。　←→犯順。
效尤 2874
　「とがにならう。」（他人の悪事の）真似をする。
昂布爾 2875 外
　Hamburg.
晃西士安鄴 2876 外
　Garnier,Francis.
更生 2877 読 22
　再生。
更籌 2878 福 22-10a
　ときのぼう。
更張 2879 陶 14-1a
　（更改）変更する。
更道 2880 福 22-10b, 中
　時を告げて回る夜番の通り道。
更夫 2881 福 2-17b,
　時を告げて回った夜番。［鼓楼～～。］
杭嘉湖道 2882 外
　浙江省杭州・嘉興・湖州を管轄する道台。杭州に駐在する。
校 2883 読 273
　検査するをいうか。
校址 2884 筌 78
　学校所在地。
梗頑 2885 筌 42
　頑固にして愚直。
構思染翰 2886 筌 56
　思考を立て筆を染める。
構質 2887 筌 60
　化合物。
汞 2888 筌 60
　水銀。
江 2889 読 122、讀下 28
　①兩江のこと。［江督］②長江。
江海關 2890 規 262
　上海税関のこと。　→海関
江漢關 2891 規 262,筌 21,66
　漢口税関のこと。
江左 2892 筌 48
　南京の古名。
江省 2893 筌 15
　黒竜江省。

[コ]

江寧 2894 規 43, 筌 48
　江蘇省江寧府、南京のこと。両江総督・江寧布政使 (cf.蘇州布政使)・江寧道等が駐剳する。

江寧道 2895 外
　江蘇省江寧を管轄する道台。南京に駐在する。

洪仁輝 2896 外
　Flint, James.

洪任涍 2897 読 56
　乱雑なり。

淆惑 2898 読 56
　乱し、まどわす。

港脚? 2899 外
　=港脚。

港脚 2900 外
　①Country の音訳。東インド会社が中国貿易を独占していた時代、該会社は私商人にアジア諸地域の相互貿易をライセンス許可していたその私商人と船舶を countrymer-chant (港脚夷商)・countryship (港脚夷船) といった。英本國から来た船を「祖家船」といった。②インド。前項の商人・船が主としてインドから来たことから。

溘逝 2901 読 122
　溘然逝去。遽に死ぬ。

鴻獣 2902 規 223
　鴻は大、獣は才。〔鴻獣匡時〕

鴻盧寺 2903 外
　皇室所属の官庁の一。宮廷の儀式および饗宴の儀礼を掌る。卿・少卿をおく。

獷悍 2904 陶 7-55a
　粗野。

皇 2905 読 244
　室に四壁なきもの。即ち堂の中央また正大高明をいう。

皇貴妃 2906 外
　皇帝の妾の第一の階級。以下、貴妃・妃・嬪・貴人となる。各項参照。

皇上 2907 四 113
　「皇帝陛下」。明清時期の題本・奏折で皇帝に言及するときに使われる表現。

皇然 2908 筌 73
　喫驚。

皇太后 2909 四 114
　明・清時期の題本・奏折にて、皇帝の母親をいう。有名な西太后の垂簾聴政期の文書においては「皇上」(皇帝)の語の前にこの語がついた。

皇帝敕諭 2910 四 114
　清代に皇帝が高級官員に出した敕書の起首語。引用文が終わったあと「故諭」で結ばれる。

甲 2911 外
　→保甲

甲午役 2912 読 2
　日清戦争。

甲打 2913 外
　Chesterfield.

甲長 2914
　→保甲

碻鑿 2915 読 232
　確証の意。碻は確か、鑿はうがつ掘るの意。

硳 2916 読 167
　硳山。

硬護 2917 福 17-9a, 19-24a
　しかとした証拠。無理しょうこ。

硬坐 2918 福 17-8a
　無理に罪す。

硬砌 2919 福 20-5a
　無理にわるものといつはりはめこむ。〔～～無辜。〕

硬煤 2920 筌 60
　無煙炭。

考核 2921 読 148
　視察または取り締まる。

考官 2922 読 152
　礼部より派遣する試験委員。

考語 2923 筌 14, 読 293
　考科学表。内申書の類か?本人の性質学問才式等について品隲したる意見を記したるもの。

考試 2924 読 199
　歳試、郷試をいう。

考取 2925 讀下 57
　試験をしたの上で採用すること。

考職 2926 福 2-.12a
　みとせのやくの調べ。

考生 2927 読 240
　受験生。

考奏 2928 福 7-1b
　さんねんのつとめ。

考狄 2929 外
　Cordier, H.

考棚 2930 外
　取り調べや試験などする小屋。

耗羨 2931 外
　地税が銀納・物納であるかを問わず、徴収から中央政府に解送されるまでの損失を見込んでその分多く徴収する。鼠雀耗・火耗・増耗加耗などがある。

耗贈 2932 福 6-1b
　へりまいましまい。

- 77 -

[コ]

膏 2933 規 309
　膏火即ち學費。

膏火 2934
　→膏

紅夷 2935 外
　=紅衣①。

紅衣 2936 外
　①紅夷の異名でオランダ人のこと。②清制。八旗に「紅衣」あり。巻末参照。
　→八旗

紅股 2937 筌 60、商
　①権利株。②功労株。

紅黄土類 2938 筌 59
　土状鉱物 orchres."、

紅告示 2939 福 2-2b
　紅きかみの申しわたしがき。［將到任三五目前。先發上任〜〜〜。印發一牌催取到任應夫馬等項。］

紅十字架 2940 読 104
　赤十字社。

紅手掲 2941 福 1-20b
　紅きてふだのやうなるかきもの。

紅帯子 2942 外、筌 24
　①覺羅の着用する赤色の腰帯。②覺羅（顕祖宣皇帝の傍系子孫）。③宗室にして罪料ある者も紅帯子を用いる。

紅單 2943 外
　出港免状。portclearance.

紅土礬石波格歳得 2944 筌 59
　ボーキサイト bouxite。

紅牌 2945 外
　出港免状。portclearance.

紅剝船 2946 外
　運漕船の米穀を卸す官船。船の外部を紅色に塗ってあるのに由来。

紅批 2947 福 1-15a
　あかがみの批文れんみやう。

紅本 2948
　題本。

紅毛泥桶 2949 筌 41
　赤毛布の荷包なり。

紅利 2950 筌 58
　純益。

耿耿 2951 読 101
　心につかえて気になる様。小さき明。

膠澳 2952 講 99
　膠州湾。

膠済 2953 筌 15
　山東省膠州と済南。

興 2954 讀下 43
　起立。

興旺 2955 讀下 18
　繁盛。

興工 2956 読 134
　起工。

興嗟 2957 筌 33
　嗟嘆を興す。即ち嘆声を発する意。

興泉永道 2958 外
　福建省興化・泉州・永春を管轄する道台。泉州に駐在する。

荒金 2959 筌 62
　地金。

荒謬巳極、特斥 2960 四 125
　「荒謬巳に極れり、特に斥す。」下級及び民間に対して、厳しく退ける用語。民国の指令・批示で使われる。

黄閣 2961 筌 51
　黄帝暦を調えしところ。

黄旗國 2962 外
　Denmark.

黄帯子 2963 外
　①宗室の着用する腰帯。②宗室（顕祖宣皇帝の直系子孫）。

黄馬褂 2964 外
　騎馬の際に着用する黄色の外衣で軍功により文武官に賞給する外国人では R.E.Gordon、M.Prosper Giquel が賞給された。

詬病 2965 陶 7-10a
　恥とする。

講勸 2966 福 11-18b
　あつかふ。

講員淹通 2967 読 239
　充分熟通。

講處 2968 福 11-8a
　あつかひをしてもらふ。

講錢 2969 福 8-3b
　こうせんをとる。

講道 2970 読 15
　宣教?。

貢 2971 筌 35、讀下 58
　貢生。

貢生 2972 讀下 58
　秀才中とくに優遇されたもの。

贛 2973 筌 15
　江西省。

龃龉 2974 規 90、筌 61
　①（労働）争議。②異議・苦情・故障・葛藤など雑乱の様子。

逈 2975 筌 48
　遥かなり。

鉤銷 2976 規 265
　①無効とすること。②消す、御破算にする。手形の上に棒をひいて反古にするこ

- 78 -

[コ]

鈎銷随繳 2977 規 265
　反古にして仕舞ってくれの意。
鑛界年租 2978 筌 58
　鉱区税。
鑛工 2979 筌 58
　鉱業。
鑛産出井税 2980 筌 58
　鉱物産出税。
鑛師 2981 筌 57
　鉱山技師。
鑛水 2982 筌 59
　鉱泉。
鑛税 2983 筌 61
　鉱物税。
鑛務律師匠 2984 筌 57
鑛油類 2985 筌 60
　鑛油。mineral oils。
鏨 2986 福 11-27b
　てがね。
閤 2987 筌 27
　合に同じ。
降捐 2988 外
　「捐納」のうち本来の官吏資格より低い官に就くために行うもの。←→捐升 →捐納
降級 2989 外
　官吏の処罰の方法の一。官を降ろす。「降級留任」と「降級調用」の二種あり「降級留任」は官を降下するも原任に留まらしめ、三年の後過失無ければ「開復」(復職)となる「降級調用」は官を降下し、原任も離れ、他に転任せしめる。→革職、罰俸
降級調用 2990
　→降級
降級留任 2991
　→降級
降心相就 2992 筌 73
　心ならずもそれに従う。
降著 2993 福 12-12b
　かうさんする。
降調 2994
　降級調用 →降級
項 2995 外、筌 40 規 123、251,263、讀下 57
　①項目、種。[此項]②金員の義。[進項]→用項 ③単に助数詞として用いる。④種類。[此項護照]⑤軍用金。→餉項
項下 2996 筌 64 讀 123
　①〜の、一項の中。②資金内または費目。
項城 2997 筌 75-6

袁世凱。袁世凱は河南省項城の出身。
高異 2998 福 1-5b
　けんしき。
高架索 2999 読 228
　Caucasuskvkaz、カフカズ(コーカサス)。
高復満 3000 外
　Kaufmann。
高洛怕欽 3001 読 103
　Куропаткин,クロパトキン。
高林浦 3002 筌 39
　(インドの)コロンボ。
剛必達 3003 外
　Gambetta。
劫殺 3004 福 14-1a
　てごめにして殺す(七殺)。
合 3005 規 93,179,262、讀下 26、満 84、四 48
　①「當」に同じ。「まさに‥すべし」と訓む。[合行発給護照]②下行文ではこの語を用いて全文を帰結する。
合亟 3006 読 94、満 85、四 49
　①「まさにいそぎ‥すべし」。②上行文により下級機関に急ぎ取り組むべきことを指示する語。「亟」敗訴着の意味であるが語気は強い。上行文の「理應」平行文の「相應」に相当する。
合鈞 3007 福 27-13b
　割り印。
合群 3008 筌 3
　社会。
合群進化之理 3009 規 275
　社会進化の理。
合股 3010 筌 58
　合資。
合行 3011 外、満 85、四 49
　①「(右・以上・これが為)まさに…すべし。」下級者にあてる公文の帰結部で用いる。 cf.上行文における「理合」行は「行文」の意。②一部平行機関の間でも用いられる
合行印發□□‥ 3012 満 89
　「ここに□□を印刷発送するにつき‥すべし。」下行文における収束語。
合行開單 3013 満 87
　「ここに説明書を書き添うるにつき‥すべし。」下行文における収束語。
合行檢同□□‥ 3014 満 86
　「ここに□□を同封するにつき‥すべし。」下行文における収束語。→合抄行同、合行連同、檢同、抄同、連同
合行檢發□□‥ 3015 満 87
　「ここに□□を同封送付するにつき‥すべし。」下行文における収束語。→合行檢同

- 79 -

[コ]

合行札飭 3016 筌 27
　剳文をもって命令する。

合行抄同□□・・ 3017 満 86
　「ここに□□を抄写し同封するにつき・・すべし。」下行文における収束語。　→合行檢同、合行連同、檢同、抄同、連同

合行抄發□□・・ 3018 満 87
　「ここに□□の抄本を送付するにつき・・すべし。」下行文における収束語。　→合行抄同、抄發

合行訂立□□・・ 3019 満 90
　「ここに□□を訂立(発送)するにつき・・すべし。」下行文における収束語。

合行發還■■・・ 3020 満 88
　「ここに■■へ返還するにつき・・すべし。」下行文における収束語。

合行發交■■・・ 3021 満 88
　「ここに■■へ送付するにつき・・すべし。」下行文における収束語。

合行頒行□□・・ 3022 満 89
　「ここに□□を頒布するにつき・・すべし。」下行文における収束語。

合行補送・・ 3023 満 89
　「ここに・・を追送すべし。」下行文における収束語。

合行釐訂□□・・ 3024 満 90
　「ここに□□を改訂(発送)するにつき・・すべし。」下行文における収束語。

合行令行遵照 3025 四 49
　民国期の委任文中の末尾において任務に励むように結ぶ文章。徐々に「此令」にとってかわられた。

合行連同□□・・ 3026 満 86
　同、抄同、連同「ここに□□を抄写し同封するにつき・・すべし。」下行文における収束語。　→合行檢同、合行抄同、檢同、抄同、連同

合行錄案□□・・ 3027 満 90
　「ここに□□を記録(発送)するにつき・・すべし。」下行文における収束語。

合校 3028 規 283,筌 13
　全校。

合詞呈控 3029 福 5-3b
　ことばをそろへ申しあげる。

合資 3030 商
　合資有限会社。

合資公司 3031 商
　合資会社。

合就 3032 満 86、四 50
　「即ち・・すべし」「まさに・・すべし」。いかに行うべきかを指示する用語。文章の末尾、帰結段で用いられる。

合肅丹禀 3033 四 96
　「厳粛に禀文もて書をいたす」。上級機関に上呈する禀文を結ぶ表現。禀文は起首部分はおよそ敬禀者である。　→肅此具禀

合照 3034 福 7-7b
　あひはん。

合將□□件件發該■■仰即◆◆ 3035 四 50
　「まさに□□の件は当該の■■に命を下して、直ちに◆◆せしむべし」

合席 3036 讀下 43
　同席者。

合操 3037 筌 17
　機動演習。

合總 3038 福 7-13b
　つがふ。

合即 3039 満 86、四 49
　即と「直ちに」の意味。「まさに・・すべし」「即ち・・すべし」。文書末尾の命令語句中に用いられる。

合籌 3040 讀下 60
　各省協力して費用を支出すること。

合同 3041 規 249,筌 63、商
　①契約書。②規則・規約。合同章程の略か?

合膊 3042 福 15-9b
　かたのつけね。

合併 3043 筌 20、四 48
　合わせて。共同、一致して。

合保 3044 福 21-7a
　其荘村不及百家者。附近有一二十家或十鐡家之小村。准其附入。以足一保。謂之

合無 3045 四 48
　合は是、無は否で、「応否」「是非」に似てはいるが肯定的な意味合いがある。上行文中において肯定的な返事を求める場合に用いられる。語気としては謙虚である、明清で多く用いられ、民国期にはあまり用いられなかった。

合面 3046 福 15-10a
　うらめん。

合面街 3047 福 21-6b
　りやうがはまち。

熬 3048 外,筌 32
　煮る。

熬過 3049 規 235
　切り抜ける。

熬審 3050 外
　じりじり調べあげる。

號 3051 筌 27、75 読 53、175
　①「日」。西洋暦には日ではなく號を用いる。②(量詞)隻など。③二十日の符号。

[コ]

號衣 3052 筌 27
　軍服。
號帶 3053 福 21-21a
　しるしのおび。
號簿 3054 福 1-16a
　ばんつけ帳。
克德林 3055 規 186、讀下 32
　(Barron Freiherrvon) Ketteler.（義和団事件時のドイツの駐北京公使で暗殺された。）
克難 3056 読 114
　困難に打克つ、排除する。
克日 3057 陶 7-37a
　期限をつける。急いで。
克羅伯 3058 外
　Knobel,F.M.蘭国駐清公使。
克利悉 3059 読 52
　コレーツ（露國軍鑑）。
克利勒 3060 読 81
　キリル。
克里米亞 3061 読 228
　Crimia クリミア。
克虜伯 3062 読 190
　Krupp 戰商のクルップ。
克林德 3063 外、讀下 32
　Ketteler,Freiherrvon 独国駐清公使。おそらく克德林の誤り。
克勒尼 3064 読 131
　Krone（通貨単位）。
刻 3065 読 57、64
　①只今。②忽ち。
刻下 3066 読 4
　目今。
刻日 3067 陶 7-37a
　期限をつける。急いで。
刻聞 3068 読 8
　目下聞くところによれば。
尅期具覆 3069 満 105
　「回答日を定めて回答せよ」「回答の期をあらかじめ決定せよ」。回答を要求する訓令（下行文）における結尾語。
尅扣 3070 撫 2－1b
　びんはね。
尅扣軍餉 3071 讀上 22-3
　兵食の費用を殺減して、これを自己の懐に取り込むこと。
剋日 3072 規 170、満 89
　①期日のうちに。②早速。
尅控 3073 筌 61
　支配不足。
告期 3074 福 2-17a
　訴えび。
告休 3075 外
　→休致

告訐 3076 外
　告発すること。
告示 3077 行 1A-30
　官庁が人民に対して発する命令。出示・曉諭・示諭・諭告・諭示などの字を用いる。
告成 3078
　完成・完遂。成り終わったことを告げる？
告退 3079 読 306
　辞める。
告低 3080 福 12-23b,19-11a
　訴えでる。訴へでた者を上役へひきよせ吟味する。
告理 3081 福 4-1b,11-1b
　訴える。訴えを調べる。
國家經費有常・國計有常 3082
　「予算・経費にも限りのあることとて」。
國慶日 3083 筌 63
　大祭日。
國故 3084 読 246
　①(清国)固有の慣例。②文化・芸術。
國子監 3085 行 1a/275-7,3/415-22、外,筌 35
　最高の官學。經學・天文・算法等を教授し三年の課程を經て優秀なものは州・縣の教授に採用され、更に優秀なものはなお三年在学せしめ試験を経て知縣に抜擢される。
國書 3086 外
　①外国(の元首)に宛てた公文。②外国政府から清國政府にあてた公文。殊に外交使節の信任状。
或者 3087 読 166
　或いは。
黒及 3088 読 236
　Hegel,Georg Wilhelm Friedrich.
黒獄 3089 福 13-1a
　くらき牢。　→暗監
黒龍江將軍 3090 外
　黒龍江省の(民政・軍政)長官。齊齊哈爾城に駐在。副都統が黒龍江・墨爾根・齊齊哈爾・呼蘭貝爾・布特哈・通肯にあって補佐する。
穀 3091
　「こうぞ」。穀物の
穀道 3092 福 14-18a
　こうもん。
詰誡 3093 読 203
　「諭告」というがごとし。
誥授 3094 筌 67
　五品以上の封典。六品以下は「勅授」という。

- 81 -

[コ]

鵠 3095 讀上 57
標的。

獄囚 3096 福 12-27a
己成招禁著。稱〜〜。

獄神祠 3097 福 13-5a
牢屋がみのあるところ。

勿違 3098 四 11
下級機関もしくは民間に対し「違背」「遅延」するなかれとする用語。文書の末尾に利用される。

獄卒 3099 福 13-2a
牢ばん。

勿謂言之不預 3100 満 115、四 12
「予期せざりしと言うなかれ。」佈告文で規定などを公布するときに用いられる。罪を受けるとなったときにあらかじめ通達布告がなかったと言い逃れるなとの意味。

勿謂言之不預也 3101 四 12
「予期せざりしと言うなかった。」下行文において罪を受けるとなったときにあらかじめ通達布告がなかったと言い逃れるなとの意味。→勿謂言之不預

勿延 3102 四 11
遅延・延長を許さずの意。「勿得稽延」「勿得延誤」の省略語。

勿觀望自誤 3103 満 115
「自ら誤りて觀望するなかれ」。佈告文で用いられ、自らの誤解を知らず拱手傍觀するを許さずの意。

勿許 3104 四 11
下級機関もしくは民間に対し「違背と遅延」を許さずとする用語。文書の末尾に利用される。

勿忽 3105 四 11
下級機関もしくは民間に対し「おろそかにするなかれ」と戒告する語句。多くは文書の末尾に利用される。

勿再 3106 四 11
「再び誤って‥するなかれ。」先に出した命令文書に対して下級機関や民間が誠実に履行していないときにいさめて使う用語。[勿再玩忽、勿再瞻徇、勿再怠忽、勿再延宕、勿再延誤、勿再視同具文]

勿稍玩忽 3107 満 115
「いささかも玩び、忽にすることなかれ。」下行文の結尾語につく注意を喚起する定形句。

勿得玩忽 3108 四 11
下級機関もしくは民間に対し「おろそかにするなかれ」と戒告する語句。多くは文書の末尾に利用される。 →勿忽

勿任 3109 満 115
「放任するなかれ」。下行文の結尾語につく注意を喚起する定形句。

勿庸 3110 規 125
無用に同じ。(庸=用)。

忽 3111 外
いきなり。

忽忌 3112 外
MacLary.

扢揚 3113 規 285
皷揚。

骨棒 3114 福 28-19a
ほねぐみ。

今番 3115 読 277
此度、また此の般など。

今准前因 3116 四 10
引用文の内容に言及する、もしくは喚起する語（前由語）。上級機関もしくは平級機関への回答における表現。

衮糧廳 3117 福 523a
年貢とりたての役所。

崑崙比亞 3118 読 52
Columbia.

困知勉行 3119 規 235
困難の局に方りて、益々いよいよ発奮する。

很 3120 読 289
甚だしきこと。[索債太很]

懇 3121 読 183、讀下 60
「願くは」。懇願の意。

懇恩 3122 讀上 10
懇請と同じく嘆願の意。

懇祈 3123 満 90
「伏して〜をされんことをお願いいたします。」呈文中（上行文）の請求語、末尾に用いられる。

懇准 3124 読 107
「願くは許」なり。許さんことを請う。

懇請 3125 満 93
「‥を懇請す。」上行文における請求語。

懇予 3126 満 93
「‥許可を懇請す。」上行文における請求語。

根窩 3127 陶 12-11a
（額引）塩を販売する権利。

根株 3128 筌 49
根蒂。

根上 3129 福 17-17b
もとから。

棍徒 3130 読 206
破落者、ゴロツキ。

混 3131 外

[サ]

混ぜる、ごまかす、いい加減にする。

混應 3132 福 28-11b
　めっさうに差し出す。→混

混過 3133 福 7-9a
　まぎらかしおく。→混

混開 3134 福 18-7a
　めっさうにかく。→混、開

混稱 3135 外
　話をごまかす、こじつける。→混

混托 3136 福 1-23b
　めったにたのむ。→混

混頼 3137 福 32-9b
　ごまかし、人に罪をなすりつける。→混

滾催 3138 福 6-14a
　ひきかへせつく。

滾算 3139 福 19-13a,28-14a
　まぎれこます。ふやす。

滾單 3140 福 6-14a,6-15a
　書き付けをひきかへる。ひきかへる書き付け。

滾梯 3141 福 6-5a
　まはりぎ。

痕都斯坦 3142 外
　Hindostan.

[サ]

乍 3143 読 230
　忽ち。

左近 3144 読 178
　近傍。

左侍郎 3145 外
　「侍郎」の一にして「右侍郎」より上にある。Senior Vice-Present.

左提右挈 3146 筌 55
　両国互いに相助け合うこと。

左都御史 3147 外
　→都察院。President of the Censorate.

左堂 3148 外
　「縣丞」の俗称。

左道 3149 外
　異端。

左副都御史 3150 外
　→都察院 Senior Vice-President of the Censorate.

左右 3151 規 154、読 33
　①貴下。②「〜くらい、ほど」。

佐雜 3152 外
　正印官の補助官の総称。→佐貳官・雜職官

佐證 3153 読 171
　證佐に同じ、実証のこと。

佐治員 3154 筌 7
　補佐官。

佐貳（官）3155 外、規 308
　①長官の副として事務を補佐する官京府治中・通判外府同治・通判州州同・州判縣縣丞・主簿などがある。②知縣の副堂縣丞、典吏、主簿等の官をいう。

佐理 3156 筌 38
　補佐。

佐理人 3157 筌 57
　補助員。

做 3158 読 282
　作す為す。作の俗字とも。

做訪 3159 福 20-5a
　受人鳴託。硬観無辜。挿入款内。名曰〜〜。

做到 3160
　達成する。

嘎里古達 3161 筌 31
　カルカッタ。

查 3162 規 153、読 55、満 64、65、四 98
　①意見を叙述する発語として用いられる。「思うに」「査するに」と訓む。上行文・平行文（咨文、公函）・下行文（訓令・指令・批・佈告）ともに用いられる。→案査 ②「惟うに」というに同じ。③調べる。

査核 3163 四 99
　平行文おける結尾語。「審査を請う。」審査調査を求める用語。

査核見覆 3164 四 99
　平行文においては審査をして文書での回答を要求する語。→査核

査核施行 3165 満 102、四 99
　①上行文においては本文書で請求していることに対して審査をして下級機関の執行に便宜を与えることを要求する。②平行文においては相手に審査と実行することを求める語。③平行文・下行文における結尾語。「審査の上処理あらん事を請う。」審査調査を求める用語。

査核辦理 3166 満 102、104、四 99
　①「査核の上辦理ありたし」平行文において審査と実行を要求する語。②平行文・下行文における結尾語。「審査の上処理あらん事を請う。」審査調査を求める用語。

査確 3167 読 297
　確かに調べる。

査覈 3168 外
　取り調べること。＝査核。

査看得 3169 四 99
　「思うに」「観ずるところ。」→査得、看得、得

査起 3170 外

[サ]

調べて役所にわたす。

査察人 3171 商
検査人。

査實 3172 規 243
事実取調。

査截 3173 福 6-6b
しかと調べる。

査出 3174 外
調査して見つけ出す。

査詢 3175 外
調査の目的で問い質す、尋問する。

査抄 3176 外
官吏が収賄罪・横領罪を犯せし者の家財を調査・没収すること。

査照 3177 読 95、満 81、101、102、128、四 100
①「文面に照らして処理する。」平行文における結尾語。簡略語。②平行文における結尾語では「了知・承知されたし」の意。下行文においては知照に相当する。「御承知下さい」で査照施行。③下行文においては「査明辦辦」の省略形。「詳細取り調べて法に照らして処理せよ」の意。④審査して明らかにせよ。

査照見覆 3178 四 100
平行文において用いられる。「審査して明らかにして、回答せよ。」

査照公布 3179 満 102
平行文における結尾語。「査照の上公布せられん事を請う」

査照施行可也 3180 読 265
「お含みおき下さい」「ご承知下さい」という照会文に用いられる成句。→請煩査照(同義)

査照遵行 3181 四 100
平行文において上級からの来文書の内容を相手機関に対し実施することを要求する語。

査照遵辦 3182 四 100
平行文において上級からの来文書の内容を相手機関に対し実施することを要求する語。

査照備案 3183 満 102
平行文における結尾語。「査照の上記録せられん事を請う」

査照辦理 3184 満 102、128、四 100
①文面記載の各節通りに処理する(を請う)。簡略語。②「調査の上処理ありたし。」平行文において相手に要求する表現。

査銷 3185 外、福 2-15b
①調査の上取り消す。②廃棄する、無効にする③調べて帳をけす。[按月塩道彙報塩査銷]

査拏(拿) 3186 陶 13-37b、規 196
査覈、捕拏。取調べて逮捕する。

査奪 3187 福 20-17b
調べ罪をさだめる。

査知 3188 外
調査して知る。

査帳人 3189 筌 64
帳簿検査人。監査役。

査賑人 3190 商
監査役。

査得 3191 四 99
「調査の結果」「一考の末」すでに述べた事について顧慮すべき資料・事実があることを示す語。 →得

査噸 3192 外
Jardine, Williams.

査覆 3193 四 98、規 87
①平行文において用いられる。「審査して明らかにして、回答せよ。」②下行文において詳しく調査した上で文書による回答を要求する語。③「(勅諚により)取調べの上委曲復奏に及ぶこと。」

査辦 3194 満 128
詳細調査して、処理する。簡略語。

査明 3195 外、満 103
①詳細調査して明らかにする。②報告の意を含むことあり。

査明核奪 3196 満 105
「詳細に調査して報告し審査決裁を得べし」。回答を要求する訓令(下行文)における結尾語。

査明見覆 3197 満 103
「詳細に調査した上で回答されたし」。平行文において回答を要求する結尾語。
→見覆

査明辦理 3198 満 128
審査状況を詳細調査・報告して処理せよ。簡略語。

査理 3199 外
①調査の上で処理する、(査辦がどちらかというと個々の問題の処理をいうに対し、職務上継続して同種の仕事の処理をするをいう)。② Charles.

差 3200 読 147
①(下級の)役人?[局差・差役]chai1 ②人を派遣すること。③御用または職務。

差委 3201 外、読 245、筌 78
①外国、外地、新奇の役所に派遣・出向すること。皇帝の派するを差・欽差といい、上官の派するを委という。[終身無瘠苦之差委]②差遣と委任。

差官 3202 外
差委の一種で皇帝から派遣されたもの。

[サ]

欽差大臣・學政・粤海関監督・長蘆鹽政など。

差銀 3203 福 9-12b
にんぶつかひの銀。

差拘 3204 福 521b
ひとをつかはし捉える。

差甲 3205 読 26
巡査のごときもの。

差號簿 3206 福 2-10a
使にでるばんつけ帳。

差使 3207 読 296、讀下 31、福 2-13b
①役人。②公務または職務。③ごようの使い。

差承 3208 福 1711a,28-14b
下役。使い役人。

差掌 3209 福 210b
つかはし捉える。

差上 3210 福 28-14b
てんしの使い。[〜〜自然喜悦。]

差旋 3211 読 146
御用済帰国、派遣されて任務の終わりて帰ることか。

差馬 3212 福 2-13b
使いのうま。

差票 3213 福 618b
使いの書き付け。

差役 3214 規 196、外、筌 26
①下級役人。②衙門の最下級の雇用人。③徭役。④軍役夫。

沙侯相 3215 讀下 45
ソースベリー侯首相。

沙士勃雷 3216 読 21、讀上 49
サースベリー。

沙石 3217 筌 58
砂岩 sandstone。

沙飛 3218 外
Chaffee,AdnaRomanza.

沙美拉古 3219 外
Challemel-Lacour.

沙文 3220 外
servant 召し使い、下僕。

沙民 3221 筌 76
松江府管轄内の海岸に住し製塩業に従事する住民。

沙厘昌時忌 3222 外
Chouski,Henri.

沙類含養之土 3223 筌 58
炭酸石灰を含める粘土 marls。

磋議 3224 筌 48
協議。

磋減 3225 筌 36
(協議の上)減少する。

磋商 3226 筌 31
商議。

磋磨 3227 筌 19
談判交渉。

紗 3228
(綿)絲。[紗業(紡績業)・紗廠(紡績工場)・紗布(綿布)・紗支(綿絲)]

紗燈 3229 筌 78
マントル。

鎖攘 3230 福 28-2a
てぢやうをいれたく。

鎖鼻 3231 福 22-2a
ぢやうのとって。

座主 3232 福 1-23a
お調べのせわやいたやくにん。

坐椅 3233 福 219a
こしかけ。

坐耗口糧 3234 筌 8
扶持米を坐食糧。

坐號 3235 外
座席番号。番号順の座席。

坐催 3236 福 5-18b
ゐながらせつく。

坐籤 3237 福 1-4a
賄(まいない)をだし、くじをとる。

坐贓 3238 福 20-27a
ゐながらとる罪。[稈六贓。一日。〜〜。贓除正條之外。如新任新役受所部所属拝見銀両。及諸色人員無故受人饋送。如受傷。醤葉之外。倫損財物。焙償之外。多有所取。或因公科歛。贓非入已。或造坐虚費。皆是也。]

坐落 3239 筌 60
所在。

坐糧廳 3240 筌 69
普済通州二州の銭糧の収支及び漕船の程限調査を掌る。

催 3241 陶 7-35a、規 102,233
催促する。「促す」と訓んで可。

催函 3242 読 79
催促する(手紙でか?)。

催結 3243 福 32-8b
せつきらくちやく。

催辦 3244 讀下 57
「開辦(創業)」を督促すること。

催繳 3245 外
支払い・納入などを催促する。

催追 3246 福 20-29a
さいそくしてとりたてる。

催提 3247 福 6-19a
ひとを捉えにくる。

催頭 3248 福 4-4b

- 85 -

[サ]

さいそくがしら。
催駁 3249 福 14-18a
　さったふせつか。［被上司～。］
催比 3250 福 8-6a
　とりたてひきあふ。
催令 3251 外
　至急…せよと命令する。
再 3252 読、規 251、317、讀下 59、四 41
　①清代の奏折にはさむ紙片（＝片）の発句の語であるが、片は独立した文書として扱われることもあった。②なおまた。③追加して述べる種々の語を作る。［再・・合併陳命］④なおまた奏上するの意。片には必ず再と書く。⑤～した上で。改めて。
再・・合併・・ 3253
　追加語を述べる形式。以下参照。
再・・合併咨明 3254 四 42
　「更に・・併せて声明す」と訓む。平級機関来往文書において①補って付け足しして付言する書式。②二つ以上の機関が共同で咨文をだすときに、共同で出したという起案状況を付言して述べる書式。
再・・合併声叙 3255 四 42
　→再・・合併陳明
再・・合併声明 3256 四 42、満 117、通 6-2
　「更に・・併せて声明す」と訓む。上行文・平行文における追加語を述べる形式。「追伸」の意。
再・・合併陳明 3257 四 41、満 117、通 6-2
　「更に・・を併せて陳明す」と読む。①上行文における追加語を述べる形式。「追伸」の意。②二つ以上の単位で合同で陳明するとき、その合同で述べたことを付言する。
再・・合併通飭 3258 満 118
　「更に・・を併せて令知す」と読む。下行文における追加語を述べる形式。「追伸」の意。
再・・合併附陳 3259 四 42
　→再・・合併陳明
再・・特此附及 3260 満 117
　「更に特に・・を申し添える・付言す」の意。平行文における追加語を述べる形式。「追伸」の意。
再・・併仰知照 3261 満 118
　「更に・・を併せて了知す」と読む。下行文における追加語を述べる形式。「追伸」の意。
再・・併飭 3262 四 42
　下行文において本文を述べた後、補ってその他の命令を伝える書式。下行文における追加語を述べる形式。「再・・合併陳明」とほぼ同じであるが、下行文で用いられることが多く「併飭」は命令調である。「追伸」の意。
再・・併飭知 3263 四 42
　下行文において本文を述べた後、補ってその他の命令を伝える書式。下行文における追加語を述べる形式。「再・・合併陳明」とほぼ同じであるが、下行文で用いられることが多く「併飭」は命令調である。「追伸」の意。　→再・・併飭
再議 3264 読 119、165
　①［應免再議］②以上のこと終わりてしかる後協議せん。
再候 3265 四 42
　「しばし待て」下行文の指令文で直ちに決定はできないのでしばらく待つように指示する語。
哉生魄 3266 讀上 42
　十六日。
宰相 3267 外
　大學士の別称。
宰賣 3268 福 29-15a
　ちんをとる。
賽會 3269 筌 57
　博覧会または共進会。
賽卜勒士 3270 外
　Cyprus.
最優國 3271 外
　最惠國 the most favoured nation.
采調 3272 福 28-2b
　はたらき。
采定 3273 福 15-6a
　決める。
栽成 3274 筌 54
　栽培して成就せしむ。
才猷宏遠 3275 規 39
　才謀寛宏にして遠大。
歲貢生 3276 筌 35
　年久しく廩生たりし者より順に国子監に入らしむ者。
歲修 3277
　年ごとに行う河修のこと。　→大修
瀝遍 3278 規 202
　遍く瀝ぎかけること。
犀照 3279 福 7-3a
　さいのあぶらを水にいれるとそこがみえるごとく。
猜嫌 3280 規 89-90
　猜疑心。
碎石 3281
　治水法の一。林則徐の奏稿にも有効であると見える。

[サ]

細故 3282 陶 14-19a
　ささいなこと。
細崽 3283 外
　ボーイ、下僕、召使い。
細作 3284 外、福 17-10b
　①間諜のこと。②おんみつかた。
細單 3285 福 1-24a,20-20a
　小さくかきいるるにっき帳。こわけがき。
裁缺 3286 福 7-21a
　ひとがかける。
裁制 3287 規 242
　制裁。
裁撤 3288 外,筌 8
　(官職・官庁を)廃止する。
裁復 3289 福 1-15a
　へんじ。
躧著 3290 福 17-5b
　ふみこむ。
載 3291 筌 56
　則,すなわち。
載明 3292 商
　記載。
鰓鰓 3293 陶 7-14b,筌 20
　恐れる様。
剤 3294 筌 34
　配剤調和。
在 3295 読 31
　「おいて」。
在案 3296 　規 154,195、読 204、満 67、四 44
　①「…したりき」の意。(档案として保存するなどの)手続きが終わったことを表すことから、転じたか(?)。 [業經照會在案]上級に出す呈文などで用いられるが、平行文でも見られる。②「先刻御承知の通り」、「記録にありますように」。 [各在案]③「●経～在案」と熟字し、処置の具合を述べる。 ④取扱済、懸案中、またすべてのことを完了せる意味。
在外言動 3297 規 241
　學外での言動。
在官 3298 福 12-26b
　福釋招狀)[己獲者稱、～～。]
在巻 3299 四 43
　「有巻可査」の意。「…すでに(記録)しあり」の意。手続き等が終わったことを表す。在案とほぼ同じ。重複を避けるため交互に使うこともあるが、「在案」は保存の案件と一致しなければならないが、在巻は関連する内容でよい。　→在案
在在 3300 読 137、筌 7
　毎事。一々。

在此 3301 読 289
　ここに於いてする。
在詞之人 3302 福 11-13a
　くじにかかりあうた人。
在事人 3303 福 23-24a
　かかりあふひと。
在事人員 3304 筌 33
　在職の人員。
在即 3305 読 134
　迫る。差し迫る。
在逃 3306 福 12-26b
　福釋招狀)[脱逃者～。]
在比 3307 福 11-12b
　ひきあひ。
罪 3308 読 173、讀上 28
　①釁、戰端。②罰の意味。
罪囚 3309 福 12-27a
　[未成招禁者,稱～。]
財安 3310 読 292
　商人あての手紙の末尾にくる成句。
財東 3311 福 17-6b
　きんしゆ。　→東
作 3312 讀下 14
　「為」に同じ。
作爲 3313 規 251、讀上 33
　二字で「なす」と訓む。
作育裁成 3314 規 90
　(刻下)有為之才を栽培養成す。
作押 3315 筌 48、講 138
　抵当・担保とする。
作合 3316 外
　調停する。
作主 3317 讀下 64
　指揮。
作證 3318 讀上 12
　保証をなさしむること。
作人情 3319 外
　好意を示す、恩義を売る。
作祟 3320 外
　「スイヲナス」悪辣なことをする。
作速 3321 外
　早速、速やかに。
作桶 3322 福 19-23a
　てはじめをしかげる。[姦夫～～。]
作廃 3323 商
　無効とする。
作覆 3324 讀下 68
　返事をする。
作保 3325 読 9
　保証をなすこと。
厝 3326 筌 40

- 87 -

［サ］

→そ

刪 3327 四 96
　削除する。

削趾以就履 3328 筌 32
　足を削りて靴に合わせるの意。

削平 3329 規 179,筌 43
　削除平定。

刷刨 3330 福 28-9a
　きりとる。［～～馬匹。］

昨 3331 陶 8-6a
　過日。

昨報 3332 読 1
　昨日の新聞。

炸丸 3333 読 66
　破裂弾。

炸毀 3334 読?
　爆裂破壊。

炸薬 3335 筌 40
　爆裂弾。

朔 3336 筌 15
　北方。

策勵 3337 規 90
　むちうち励ます。

索回 3338 読 51、讀下 36
　①「もとめ戻す」取回すこと。②引き返すこと。

索詐 3339 福 19-4a
　賄（まいない）をとる。

索租 3340 読 174
　「もとめ借る」租借のこと。

索徳超 3341 外
　Almeida,JosephBernardusd'．

索逋 3342 福 1-24a
　しやくきんとり。［～～在庭。］

錯愕 3343 筌 43
　驚慌。

册格 3344 福 7-6b
　けひき。

册名封納 3345 福 6-4,11
　帳面に名前書きして自分で納める。

册簿 3346 筌 40
　帳簿。

箚 3347 外
　下級に役人に対する命令書。　→箚文

箚行 3348 外,筌 24
　①下級の役人に命令する。②清國の高級官庁から外国の下級官憲にあてる公文書の形式。declaration.

箚飭 3349 外
　（下級の役人に）命令する。

箚付 3350 福 4-17a
　［知照下属用～～。］

箚文 3351 外
　＝箚。

箚諭 3352 外
　（下級の役人に）命令する。

察核 3353 四 181、規 154
　①下級機関が上級機関に対して述べていることに対して事実関係の調査（解明）を請願する表現。結尾の請求語句として使われる。②御参考。

察核備案 3354 四 181
　察核は審査確実の意味。備案は文書（档案）を後日の審査のため保管すること。①下級機関が上級機関に対し審査の上、書類の保管を（他日のため）請願する表現。結尾の請求語句として使われる。

察核施行 3355 読 265、四 182
　①「事実関係の調査（解明）をした上で従うべき命令を示されたし」として下級機関が上級機関に対して請願する表現。結尾の請求語句として使われる。②たんに「察核」を求める表現か？③「可然御諒知相成度」。　→察核示遵

察核訓示祗遵 3356 四 181
　「事実関係の調査（解明）をした上で従うべき命令を下されたし、ひたすらそれに従わん」として下級機関が上級機関に対して請願する表現。「祗遵」はひたすら忠実にの意。結尾の請求語句として使われる。

察核示遵 3357 四 181
　「事実関係の調査（解明）をした上で従うべき命令を示されたし」として下級機関が上級機関に対して請願する表現。結尾の請求語句として使われる。

察洽 3358 四 181
　「ご調査の上、相談いたしたく」。自分より地位が高い者に出す平行文の結尾の請求語句で用いられる。察は審査・調査、洽は相談・かけあうこと。

察酌 3359 四 181
　「御審査と斟酌を賜りたく」。上行文において事案に対する判断を仰ぐ語。結尾の請求語句で用いられる。察は審査・調査、酌は斟酌

察訪 3360 外
　問いただす。

察漢汗 3361 外
　ChaganKhan 蒙古人がロシア皇帝察罕汗をこう呼んだ。

察哈爾副都統 3362 外
　張家口に駐在する「畿輔駐防」八旗軍の指揮官。また長城から西はゴビ砂漠、北ハルハにいたる一帯の蒙古族を統治する。

[サ]

察奪 3363 外、四 181
　審査・調査の上で決定（判定・裁定）す。下級から上級機関に対し判断を仰ぐときに用いられる。結尾語の請求語句としてもちいられる。察が審査で、奪が決定。

察訪得實 3364 陶 7-37a、規 242
　取調の上証拠充分あるもの。

擦免 3365 福 9-11b
　へらす。

撒敢 3366 福 6-9a
　こじめだか。

撒第阿哥 3367 読 61
　Santiago.

札 3368 筌 27、四 3
　①書翰。②公牘の上より下へ達する公の文書。通達するをいうか(?)。録子ともいう。③剳に通ず。剳文のこと。

札委 3369 筌 34
　命令書をもって委任する。

札開 3370 筌 30
　①札に記しあること。②命令中に記載する。

札住 3371 福 21-29b
　ぢんどる。

札飭 3372 読 134,筌 31
　文書で命令する。上級官庁が下級官庁に訓令を発する。

札道 3373 筌 30
　道台に命令する。

札派 3374 外
　命令して派遣すること。

札文 3375 筌 38
　上官より下僚に与える命令書。

札諭 3376 読 131
　「札モテ諭ス」公文書で諭達する。

拶指 3377 福 11-26b
　ゆびはさみ。

紮營 3378 外
　駐屯する。

紮兵 3379 読 79
　駐在兵。

薩 3380 筌 31
　アーネスト・サトウ。

薩斯馬 3381 読 281
　薩摩。

薩爾維持 3382 読 57
　ツェサレビッチ。

薩爾瓦葛 3383 外
　Salvago-Ranggi, Marquis Giuseppi.

薩都爾尼啞 3384 外
　Sardinia.

薩道義 3385 外
　Satow, Sir Ernest.

薩納特衙門 3386 外
　帝政ロシアの元老院・シェナート。

雜職官 3387 外
　正印官の補助機関たる独立の職権をもたない官。布政使・鹽法道・鹽茶道の「庫大使」、布政使・道府の「倉大使」、府・州・縣の「税課大使」、按察使・府・縣の「司獄」・「巡検」など。

雜税 3388 外
　正しい税に対する。地丁および海陸各関税以外の雑種税の総称。

雜派 3389 規 126、筌 26、福 14-2b
　①取り立て金。②雑税。③雑費を割りつける。

雜理 3390 福 2013a
　いろいろさばく。

三運 3391
　→一二三運

三眼花翎 3392
　→翎管。The Three-Eyed Peacock Feather

三眼銃 3393 讀 21-7b
　一つのだいに三つのつつをのせて一緒にうつてっぱう。

三跪九叩禮 3394 外
　清朝の最敬礼。両膝を跪くこと三回、その度毎に三回づつ頭を下げ額を地につけ（都合九回額づくことになる）た。朝貢國の使いが皇帝に謁見するときは当然行うべきであるとする清朝側（會典）と屈辱的であるとする欧米の使節との間でしばしば問題になった。

三口通商大臣 3395 外
　＝辦理三口通商大臣。

三江 3396 筌 42
　江蘇・江西・安徽。

三合會 3397 筌 39
　秘密結社。孫文が長たり？。

三山 3398 筌 53
　三島。日本なり。

三贄 3399 讀下 14
　書記官。

三司 3400 筌 77
　布政使,提学使,按察使。

三孖地臣 3401 外
　Matheson, Alexander.

三升 3402 讀上 39
　サンプソン。

三成 3403 規 306,筌 58
　十分の三。成は 1/10。

三星期 3404 筌 49
　三週間。

[サ]

三生 3405 讀上 41
　サンプソン。三升に同じ。
三島 3406 筌 27
　日本。蓬莱・瀛洲・方丈といいしよりおこる。
三等欽差大臣 3407 外→欽差大臣。
　辦理公使 ministerresident.
三巴 3408 外
　St.Paul 寺院(澳門の)。
三板 3409 外
　舢板のこと。
三百里 3410
　→驛
三府 3411 外
　通判の別称。
三法司 3412 外
　→大理寺
三帮 3413 筌 39
　三組。
三令五申 3414 読 177、讀下 25
　幾度も何度も命令を出す。
儹錢 3415 福 14-3a
　①銭をあつめること。cuán　②金を貯めること。zǎn
參 3416 外、四 130
　弾劾する。摘発する。　→致干參咨
參革 3417 福 28-5a
　①吟味やくとりあげ。②弾劾して免職する。
參咨 3418 四 130
　弾劾し、罪を問う。
參贊(官) 3419 外、讀下 60
　①書記官。　→參随各員②(駐清)公使館書記官。③清末の在外使館はすべて公使館の資格であり參事官相当の官無く、補佐にあたった參贊は書記官に該当した。
參充 3420 福 12-27a
　役に就く。
參充日期 3421 福 4-22b
　役命が下された日。
參奏 3422 福 12-30b,27-7a
　①弾劾の上奏をする？②くわんにんのあしきことを天子に奏聞。吟味、奏聞。
參鑄 3423 筌 21
　參酌鑄造。
參處 3424 読 177
　(その不行届を)弾劾・処分する。
參將 3425 外
　副將に次ぐ武官で「營」の指揮官。
參随 3426 筌 14
　參贊官(公使館書記官)及び随員。
參随各員 3427 規 290
　書記官及び随員。
參罰 3428 福 19-10b,20-18a
　吟味くわれう。おとがめ。
參謀部 3429
　參謀本部。
參仿 3430 筌 37
　參酌して従う。
參遊 3431 規 298
　參將、遊擊。
參預 3432 読 157,筌 5
　参与。
山洪 3433 読 303
　山より出づる洪水。
山斗 3434 読 3,筌 51
　泰山北斗。
山東 3435 讀上 7
　山東省。
山野椎魯之民 3436 規 280
　椎魯とは紙を束ねるもの。
攅 3437 岡 289　中　角
　①攅は攢といい、計算をして帳簿へ記入すること掌る役。②集めること。②貯めること。
攅寫 3438 岡 289
　攅は聚・「集まる」、羅列の意味。二字で帳簿へ列記清書すること。
攅錢
　→儹錢 3415
攅造 3439 福 6-2a,32:-13b
　こしらへつくる。集めこしらえる。
攅打 3440 福 14-17b
　相手方が集まり打擲する。[防屍親～。]
攅典 3441 外　角
　①州・縣・佐貳官・雜職官の部下に属する「書吏」。②
攅點 3442 福 2-18a
　時かずに関わらず多く打つ。[黎明～～。]
散館 3443 外
　成績優秀で進士に登第し、翰林院に入ったものが三年後に受ける試験。優秀なものは翰林院の本官に任命される。　→翰林院
散局 3444 外
　(店・會社等の)解散。
散鑛 3445 筌 59
　沖積鉱物 placers。
散戸 3446
　立ち退き。
散差 3447 福 28-1b
　①宮廷で走り回って話を伝える宦官。②[其為差也。…一偶努伽死。許給二郵騎是謂～～。官則給以勘合。役則給以火牌。

[サ]

勘含之庫給按員。火牌之口糧按分。]

散収 3448 東 59-2、68
釐金の徴収を官署が直接行うこと。→ cf.認捐

散州 3449 筌 37
府の下にある普通の州。

散商 3450
①個々ばらばらの商人。特に塩や洋行の「総商」に対していう。②塩商のうち、根窩(塩の専売権)を有する総商から塩の販売の保証をうけ、販売をしていた資力の小さい運搬商人。票塩の施行では中心的役割を担った。③「公行」内において「総商」以外の洋行商人。④東インド会社の独占に対する私商人・自由商人も中国ではこう呼んだ。

散人 3451 福 31-10b
あきうどでなくせじにかまはぬもの。

散犯 3452 福 13-3b
牢にいらぬ囲いの中にいる咎人。

散用 3453 外
①官吏で、資格的には申し分ないが能力に疑わしいものを閑職に採用する。②官吏が官物を使用するとき(営造まは祭祀のために)その余分のものを密かに費やすこと。

散輪 3454 外
鹽政において「封輪」を「散」ずること。封輪はもともと漢口で運商が我先に鹽を売って水販に買い叩かれるのを防ぐため、到着順に適価で販売させようとしたもの。しかし却って運商がこの封輪(到着順の販売)を楯にとり塩の値段をつりあげ、鹽政改革の重要な課題となった。

桟 3455
桟房に同じ。倉庫の意。→存桟

桟單 3456 外
税関の倉庫にある他人の寄託貨物を引き受けたとき給付する領収書倉敷証券?。

桟内雑用 3457 規 254
旅館内の雑用。

桟房 3458 外,筌 26,28
(税関の)倉庫。

産礤 3459 筌 16
産物産出せず。

残疆 3460 福 5-10a
つかれたとち。

算 3461 読 287、304,筌 71
①きめること。[不能照辦即算駁還] ②計算、算する。

算找 3462 筌 71

算結 3463 福 6-18a

舢板 3464 読 57
ボート、端艇。

賛襄 3465
賛・襄、ともに「たすく」と訓む。

鑽幹 3466 福 1-15b
主だったことを裁く。

鑽充 3467 福 6-2b
ていれをする。

暫 3468
一定の時間をおいての意。直ちに判断できない場合、以下の種々の熟語を造る。

暫緩挙辦 3469 四 162
「暫しの間、行うを待て」下級に出した批示や指令において下級から請求があったことに対して時間をおいてするように命ずる。

暫縱緩議 3470 四 161
「暫しの間、まて」批文・指令において下級からの請求について暫時、反対も賛成もできない、あらためて述べるとする語。

暫准 3471 四 162
「暫しの間、准す」下級からの請求を暫時許す。

暫署 3472 読 59
臨時代理。

暫如所請 3473 四 161
上級機関が下級機関への回答文において、請願のことを暫時許す表現。

暫請緩議 3474 四 161
「しばしお待ちいただきたし」上級機関からの要求に、実行の猶予を請う表現。上級機関からの要求が困難を伴うときに使われる表現。

暫置小嫌共維全局 3475 規 59
この際、一部の些細なる感情の行き違いなどを措いて、相提携して全局の維持にあたるべしとの意。

暫難 3476 四 162
「暫しの間、難しとす」下級に出した批示や指令において下級から請求があったことに直ちに許可を与えられないことを示す。

暫母庸議 3477 四 161
「暫しの間、また提議するなかれ」下級に出した批示や指令において下級から請求があったことを当分の間持ち出したり提議することを禁ずる語。

暫勿 3478 四 161
「暫しの間、するなかれ」下級に出した批示や指令において下級から請求があったことを当分の間行うことに同意できな

[シ]

いとする表現。
暫予 3479 四 161
　「暫しの間、許す」下級に出した批示や指令において下級から請求があったことを当分の間行うことに同意する表現。
斬監候 3480 読 118
　斬罪と決めて之れを留置し秋審の時を候って実行する。
暫予 3481 四 161
　上級機関が下級機関への回答文において、請願のことを暫時行うことを許す表現。
斬立決 3482 読 118
　即時に斬罪に処す。

[シ]

之 3483 読?
　措き字のように使われることがある。
　[遂使敵軍部隊静黙之]
・・之據 3484 規 252
　証明。
・・之處 3485 満 70
　「どうすべきでありましょうか。」上級職・官庁にお伺いを立てる表現。先にある「應如何・・」（いかにすべきであるか）、「應如何・・辦理」（同前）、「可否・・」（よろしいのかどうか）を受ける表現。各項目参照。
仕商 3486 読 135
　官吏と商民。
伺 3487
　窺い見る。
伺候召見 3488 筌 72
　京中の當差王大臣あるいは出張地より帰郷し,或いは各省より上京せるものが拝謁を願い出ること。但し召見する者と召見せぬ者あり。
伺便 3489 筌 17
　機を相て。
使 3490 外
　①（シム、セシム）その通りにさせる。（令に同じ）。②仮定の語。もし。
使館 3491 規 64
　公使館。
使才 3492 読 204
　公使領事に適する人材。
使臣 3493 読 156
　中外公使。
使星 3494 讀下 12
　星使,公使のこと。
俟 3495 読 97
　まつ。

[シ]

侈口要求 3496 福 14-2a
　くちをたたきたのみこむ。
刺史 3497 外
　知州の尊称。（もとは漢・唐代の州の長官）。
刺字 3498
　顔に入墨する刑罰。
刺謬 3499 筌 72-3、讀下 37
　誤謬。齟齬。
厠 3500 読 244
　身をおく、参与する、加わる、混じる。
厮打 3501 福 12-27b
　たちあふ。
厮鬧 3502 福 1911b
　さわぎだす。
只得 3503 読 198、讀下 64-5
　「やむを得ず」。 →祗得
史館 3504 規 52
　國史館のこと。 [付史館立傳]
史戴恩 3505 讀上 49
　スタエン（人名シュタイン?）。
司 3506 外、筌 7、34、38、44、四 83
　①係官。②直省の緑營の編成単位。二「司」で「哨」という。③司官。④布政使,按察使。⑤布政使司と按察使司。⑥提學司。
司案呈 3507 四 140
　呈堂稿を引用する場合に「・・司案呈」として使われる。 →案呈
司印 3508 福 6-18b
　印かかりの役人。
司員 3509 外
　郎中・員外・主事を指す。一般名称。總理衙門に勤務する書記の「章京」も「司員」という。
司核 3510 福 3-14b,6-2a
　ふせいしの調べ。さんほうしの調べ。
司官 3511 外
　＝司員。
司空 3512
　刑部の別名? 刑部尚書を大司空といい刑部侍郎を少司空という。
司庫 3513 筌 58
　布政使司の金庫。
司寇 3514
　工部の別名?工部尚書を大司寇といい工部侍郎を少司寇という。
司事人 3515 商
　番頭。
司掌 3516 福 11-19b
　しはいにん。
司籍 3517 福 31-17a

[シ]

帳面がかり。

司丹立 3518 外
　Stanley.

司端里 3519 外
　Winstanley.

司鐸 3520 外
　天主教の宣教師。

司帳 3521 読 32
　番頭・手代。

司賑 3522 筌 62
　記帳方。

司賑員 3523
　会計係(員)。

司賑者 3524 読 218
　筆記者、書記。

司道 3525 筌 34
　布政使,按察使と道台。

司農 3526 読 32
　戸部の別名。戸部尚書を大司農といい戸部侍郎を少司農という。

司馬 3527 外
　①兵部の別名?兵部尚書を大司馬といい兵部侍郎を少司馬という。②「同知」の別称(書簡に用いる)。

司頒 3528 福 64a
　しはいがかり。

司平 3529 讀下 74
　庫平。

司令 3530 読 131
　shilling (英の通貨単位)。

呵噹㖿 3531 外
　　Staunton, George Leonard.

咨 3532 規 145、満 9
　咨文即ち照会文＝咨。同級の官署間の会商・商議・通知・照会で用いられた。咨はもともと「謀る」「詢う」で面談するの意。

咨爲・・事 3533 満 40
　咨文の冒頭の型式。「咨文もて・・す」ほどの意味か。　→爲咨・・事

咨爲咨送・・事 3534 満 41
　「咨文もて・・を発送すること。」咨文の冒頭の型式。「咨爲咨送預算書事(咨文にて予算書発送のこと)」→爲咨・・事

咨爲咨請・・事 3535 満 41
　「咨文もて・・を請う。」咨文の冒頭の型式。「咨爲咨請轉飭所属事(咨文にて所属に対し転命あらん事を請い願う。)」→爲咨・・事

咨會 3536 規 243、外
　①咨文もて照会す。　→咨照②＝咨文。

咨開 3537 四 118

[シ]

①「咨文に曰く」咨文の内容を引用する語。　→開

咨經 3538 外
　咨文で連絡する。経＝経由する、渡りをつける。

咨行 3539 外、筌 30
　咨文を発する,通知する。

咨准 3540 満 126
　「この案は先に咨請して斯く斯くの回答をうけたり」。公文の簡略語。　→函准

咨商 3541 筌 55、讀上 13
　諮詢商議。協議。

咨商各節 3542 規 146
　咨文を以て商議相談せる諸件。

咨照 3543 規 312
　咨文もて照会する。　→咨會

咨請 3544 規 161、四 120
　咨文を以て懇請すること。

咨送 3545 外、筌 8、讀下 57
　咨文を(添えて)発送する。

咨達 3546 満 94
　咨文をもって通達する。

咨調 3547 筌 32
　咨文をもって召還す。

咨飭 3548 外
　咨文をもって指示する。

咨呈 3549 外
　(対等ではあるが、敬意を表すべき格式に官庁に対し)通報する。例.督撫より総理衙門恭親王へ。

咨同 3550
　咨文で通牒する。

咨部 3551 読 123
　○部に照会す。

咨覆 3552 規 145
　照覆に同じ。咨文または照会文を以て回答すること。

咨文 3553 規 170
　清國官吏が同等官の間に用いるところの公文。

咨報 3554 外
　咨をもって報告する。

咨明 3555 規 242
　咨文(同等官間の往復公文)もて言明(説明・通報)す。

嗣據 3556 四 174
　「～ついで・・したりき。」→經・・在案、在案

嗣 3557
　その後

嗣據 3558 四 174
　①本文で述べたことのその後の処置状況

- 93 -

[シ]

を述べる。②あることをし終えた後、下級機関または民間からの来文を引用する語。

嗣經 3559 四 173
①その後・・した。　②

嗣經・・在案 3560 満 68
「～ついで・・したりき。」　→經・・在案、在案

嗣後 3561 読 71
自今またはその後。

.4

嗣准 3562 四 174
①あることをし終えた後、平級機関の来文に基づいて「ついで」処置すること。②あることをし終えた後、平級機関または民間からの来文を引用する語。准の一字にほぼ同じ。

嗣奉 3563 四 174
①この語を用いて上級からの来文があった後の処置状況を述べる。　②まさに取り組んでいたことについて上級からの来文があったときその上級からの来文を引用する語。

嘴巴 3564 福 14-23b
はぐき。

四国 3565 規 154
四方の國。

四川総督 3566 外
四川省の総督。　→総督

四至 3567 筌 61
四方。

四德 3568 讀下 47
「婦德」・「婦言」・「婦容」・「婦功」をいう。曹大家の女誡に見える。

四美 3569 外
SmithG.

四品京堂 3570 筌 10
四品官として中央独立衙門の長官。

四縫 3571 福 15-6a
しめん。[屍有～～。]

四面 3572 外
充分に、くまなく。

姪 3573 筌 70
甥。

姪孫 3574 筌 70
甥の孫。　→姪

址 3575 筌 78
所在地？

士子 3576 外
科舉時代、學を納めて科舉を應募し、または学校にあって修業するすべてのものをいった。

士大夫 3577 外
旧中国の支配層・官僚層をさす雅称。その範囲は狭くは現職の官僚のみを意味し、やや広くは紳士をも含め、最も広くは読書人と同じ範囲を意味したらい。

士迪佛立 3578 外
Staveley,Gen.

士便 3579 外
Spain.

子虛 3580 読 22、福 6-3b
①虚構、うそ。　②ただとり。

子口 3581 外
①小さな港。②内地税関の関所。

子口税 3582 外
清代内地では処々で通過税が課されていて、外国商人の不満が激しかったので、1858 年英清天津条約により、海関税とは別に一括して定額を払うことになった税金。無税品は従課の 2.5％、その他の商品は関税の半額と定められた。故に「半税」「子口半税」ともいう 1902 年英清通商条約で釐金とともに廃され、従価 7.5％を超えない税額が課せられるようになった。

子口單 3583 小 140
子口税納税証書。　→子口税

子口半税 3584
＝子口税。

子正 3585 読 183
子ノ刻・即ち夜零時。

子弾 3586 筌 46
銃弾。

子部 3587 筌 38
分局。

子目 3588 規 297
科目。

子薬 3589 筌 41
弾薬。

孖地信 3590 外
Matheson.

孖地臣 3591
Matheson.

屍格 3592 福 5-25b,14-17a
ころされたしがいのわけをかきいれる書き付け。しがいあらための書き付け。

屍親 3593 陶 7-22a、福 14-2a
遺族。殺された者の親類。

屍圖 3594 福 14-7b
しがいのきずぐちの書き付け。

屍場規費 3595 福 14-7b
殺人事件などが合ったときに現場調査・検死の係が殺害現場の近辺や縁者に対し

[シ]

市牙 3596 経 67
　仲買人。
市閑 3597 福 11-18b
　市中の無駄もの。
市虎 3598 福 11-6b
　市中ののわるもの。
市儈 3599 経 67
　仲買人。
市署 3600 満 50
　市政公署。
市銷 3601 経 97
　市場の売行き状況。
市勢 3602 経 110
　市場の様子。
市存 3603 経 104
　市場のストック。
市平 3604 筌 20
　一般取引に用いられた秤。
指帰 3605 福 12-2a
　てほんにする。
指控 3606 規 297
　指名、告訴。
指首 3607 福 20-4
　さし訴える。
指稱 3608 福 8-2b,32-2a
　なんだいをしかける。申したてる。
指肚 3609 福 15-10a
　ゆびのはら
指駁 3610 外、規 167
　①問題点を指摘して反駁する。②指摘反駁すべき点との意。異存に同じ。
指撥 3611 筌 36
　指名して分派する。
指不録由 3612 四 105
　「本指令は題目を記さず。」機密保持やその他の理由により文書の内容を示さないとする語句で指令冒頭の標記に使われる。
指令 3613 満 13
　決裁・指示。所属官署の陳述・報告・請訓等に対し決裁・指示を与える命令。下級機関からの来文書を踏まえて発する。「指」とは指示。→訓、批
指令祗遵 3614 満 100、四 105
　「指令もて遵行せしめよ。」「指令ありたし、それにひたすら従わん。」下級機関が上級機関に従うべき指令指示を仰ぎ、求める語。呈文(上行文)における結尾語。
志 3615 読 228
　誌に同じ。
志殻 3616 筌 27

[シ]

　志し。殻は的なり方針なり。
思患 3617 読 266
　(害を)思んばかる。
思患預防 3618 規 179
　不測の変あらんことを思患顧慮し予めこれを防備すること。 →思患
仸助 3619 規 202
　二字とも「助ける」の意。
揩柱 3620 福 154
　支持すること、維持すること。「揩」は「支」に通ず。
支 3621 筌 22
　皇帝の傍系。
支應 3622 福 3-3a
　ものをやりほどよくおうたい。[～～上差。]
支解 3623 福 16-1a
　きりはなす。
支吾 3624 福 11-24b
　まぎらかす。
支更 3625 福 14-25a
　よまはり。
支持其間 3626 規 71
　彼此勢力均衡の関係を維持しつつあるとの意。
支銷 3627 福 3-17a
　わたしすむ。
支飾 3628 外
　口実。言葉だけで飾ること。
支絀 3629 読 150、筌 36
　欠乏。支出不足。絀は不足。
支發 3630 外
　支給する。
支胐 3631 筌 16
　逼迫。
支払憑單 3632 筌 64
　支払い命令書。
支放 3633 福 28-16a
　わたす。
支理 3634 外
　支出する、支弁する。
斯 3635 読 204
　これをもっての意。
斯恭塞格 3636 外
　Sagonsac.
斯第芬生 3637 読?
　Stephenson,George(蒸気機関の発明者)。
斯噹喇 3638 外
　Staunton.
斯扁亞 3639 外
　Spain.
施行 3640 外、満 98

[シ]　　　　　　　　　　　　　　　[シ]

①「以上のようにお取り計らい下さりたく存じます」公文書の末尾の慣用語。「施行」することを期待する。※査照施行が対等の者に対して呈請鑒核施行は上級者に対する。②「～されたし」③施行・処理する。あえて翻訳せずともよい場合あり。

施沙木勒福 3641 外
Shishmaref,I.

施博 3642 外
Shepard,E.T.

旨 3643 外、読112、讀上2
①上諭のこと。→上諭 ②皇帝の意思。③上奏文に対する皇帝の指令の一形式。奏請してきた機関に対して発せられる。軍機處において起草され、硃批が慣用句であるに対し実質的命令を含む。短いものは硃批と同様奏文の末尾に記入されるが長文のものには別に発せられ、「另有旨」と硃批が記される。

枝節 3644 読 190
種々の出来事。

梓潼 3645 笙 43
四川省梓潼縣。

止 3646 規 261、讀下 25
「只だ」「唯だ」の意。［止可拘禁不可凌辱］

止須 3647 外
…しさえすれば。

止奠 3648 笙 69
祭祀・祭りを終えること。

此 3649 規 268
「右の通り」の意。

此間 3650 讀下 60
此邊。

此繳 3651 四 48
①明・清時期においては下行文（牌・票）を必ず発行した上級機関に戻すようにという用。②清朝においては下級機関からの来文書の副本に批示を加えた上で返送し、遵照に便ならしめること。→繳

此見 3652 読 101
「此の事」を「見物する」。

此札 3653 四 45
「札」は下行文の一つ。札文のおける末尾語。→札

此咨 3654 満 120、四 47
「此に‥咨す。」平行文（咨文）における末尾語。

此時 3655 読 154
目今。

此次 3656 規 100
この度、目下、現今。

此示 3657 四 45
牌示の末尾の形式。清代と民国期に用いられた下行文の一種で「此示」が文の末尾にきた。→此示

此者 3658 讀上 36
このこと。

此頌 3659 四 47
平級機関間の函件中で先方の「幸いを祈る」表現で末尾で使用される。単独で使われることもあるが、公安等の語を伴うことが多い。→此頌公安

此頌公安 3660 四 47
「公務順調でありますようお祈りいたします」の意。書簡文の末尾に使われる。連語ではあるが公安は改行して記される。公安は「公事安順」の意。→此頌、公安

此状 3661 満 121、四 46
①「此に状す。」下行文の末尾語。任命あるいは解任状を発する意。②民国期、上級官庁から下級官庁に発した委任状の結尾語。官職者名は特に記さない。

此致 3662 満 120、47
「此に‥致す。」平行文（函件・通知・通告）における末尾語。前文を結びこの語にあとに宛先の名称が来る。

此批 3663 満 121、四 46
「此に批す。」批示・批語の末尾語。官職者名は特に記さない。

此佈 3664 満 121
「此に佈す。」布告文の末尾語で布告をなすの意。

此布 3665 四 46
「此に佈す「此に佈す。」布告文の末尾語で布告をなすの意。

此奉佈 3666 規 208-9
「右用事のみ」。→專此奉復

此復 3667 四 47
回答文の末尾語。この語の後回答の官職者名が記される。

此諭 3668 満 121
「此に指示す」の意。末尾語。

此令 3669 満 120、46、四 46
各種の令文の末尾に出てきて前文を結ぶ語。「此に令す」。訓令・指令・任命文の末尾語。民国期においては直後に命令を受けた官職者名を省くことあり。又、民国期には任命書の末尾がこの二字に変わってともいわれる。

泚 3670 読 238
水清きこと。洗う。

滋事 3671 読 177
騒動をおこす。

[シ]

滋事端 3672 規 180
　事端とは事と変の端緒。

滋鬧 3673 読 221
　騒動。

死夾棍 3674 福 11-28b
　[如用夾棍。動刑之人。若熱憤能事。以三木扶正。令受刑者之足直柄孔中左右収縄。由漸而緊。則痛雖難忍。血不奔心。若齒奔生手。受刑者纔一納足。彼便収縄。三木動揺。踝足立砕。謂之曰～。]

死扣 3675 福 11-29a
　男むすび。

死套頭 3676 福 16-8a
　をとこむすび。

私 3677 外
　ひそかに。

私凾 3678 読 260
　私書、私信?。

私支 3679 福 3-14a
　ないしょでわたした。

私自 3680 讀下 34
　自己の私用。

私貼 3681 福 19-14b
　ないしょてあて。

私當 3682 福 8-6a
　ないしょしちや。

私抱 3683 読 20
　「本音は」の意。

紫霞膏 3684
　アヘン。

肄業 3685 規 88,257
　肄は「習う」修業の意。

視 3686 外読 295
　①準ず、なぞろう。②…による。③…にくらべて(=比)。

視等緩図 3687 読 158
　急要のことにあらずと見なす。

絲斤 3688 外
　生糸(斤は生糸を計える助数詞)。

至 3689 読 248
　①「…については」、「…というものは」、「なおまた…は」②「於いては」「～にては」の意。

至～止 3690 讀上 50
　～まで。

至爲紉感 3691 満 113
　「衷心より切に感謝す。」平行文の末尾で強調する定形句。

至希 3692 四 43
　「是非とも」「何をおいても」。強く要望する用語で、「希」「務希」よりも語気は強い。

至若 3693
　「加之」に同じく「シカノミナラズ」と訓ず。

至所盼荷 3694 四 43
　「衷心より公務における労を謝す。」平行文において深甚の感謝を表す書式。また協力を求めたり処理を依頼する場合、用いられる定形句。　→荷

至紉高誼 3695 中 1551
　御厚情に預かり感謝の至りです。

至紉公荷 3696 四 43
　「衷心より公務における労を謝す。」公務に関して感謝を表す(平行文)。また協力を求めたり処理を依頼する場合、用いられる定形句。　→荷

至紉公誼 3697 四 43、満 80、112
　「衷心より公誼を謝す。」感謝を表す場合もあれば(平行文)、協力を求めたり処理を依頼する場合用いられる。定形句。

芝嘉皐 3698 読 44
　Chicago.

茲・・ 3699 満 64、65、四 101
　意見を叙述する場合に用いられる。「ここに・・」「今」と訓む。平行文(咨文)・下行文(佈告)ともに用いられる。

茲委任 3700 四 15
　民国後期において官員委任の命令文の発句として使われるようになった。それ以前は「為令委事」が起首語としてもちいられた。

茲委任・・爲 3701 四 101
　民国期、「爲令委事」が起首語使われる官員委任の命令文で具体的な内容を記す書式。

茲加委 3702 四 101
　民国期において,新任の長官のもとで上級の官員の引き続き任にあたる(継続委任)ようにと命令する文の発句。

茲據 3703 四 102
　「いま(下級や民間からの)呈文や申し立てにより知り得ておりますのは」の意。下級よりの公文に対する承上転下語の一つ。今・現在が強調されている嫌いがある。

茲據前情 3704 満 59、四 102
　①前情もしくは四語で前由語。引用したり、述べた自分の意見を総括して、結論へと転ずる語。②「いま前記のごとき呈文ありたるにより」。下級よりの公文に対する承上転下語の一つ。

茲據前情,并准前因 3705 四 102
　複合的な前由語。文書を引用したり、述べた自分の意見を総括した上で、結論部分(帰結段)へと転ずるのが前由語であ

[シ]

る。ただし、この語の場合、下級からの来文を引用し、次いで平級機関からの来文を引用している、それぞれに自分の意見も加えた後に結論へ導こうとするのが判る。　→茲據前情

茲據前情、幷奉前因 3706 四 102
複合的な前由語。文書を引用したり、述べた自分の意見を総括した上で、結論部分（帰結段）へと転ずるのが前由語である。ただし、この語の場合、下級からの来文を引用し、次いで上級機関からの来文を引用している、それぞれに自分の意見も加えた後に結論へ導こうとするのが判る。　→茲據前情

茲據呈報 3707 満 62
「いま呈文による報告を受け」の意。

茲經 3708 四 94、101
いま（現在は）‥をしたりき（終わりたり）。　→經‥在案、茲經‥在案、在案

茲經‥在案 3709 満 67
いま‥をしたりき。　→經‥在案、在案

茲查 3710 四 101
「現在、すでに知り得たことは云々。」查は查得。知り得たことを引用する語。→茲、查

茲准 3711 四 103
准は依拠・根拠。歴史文書中で平級機関からの来文書を引用するときの発句。このあと発文者と文章の種類更には具体的な内容を述べる。

茲准前因 3712 四 104
前由語。「前文にありたるごとく。」引用した文書と述べた自分の意見を総括した上で、結論部分（帰結段）へと転ずるのが前由語である。前因、前由

茲准前由 3713 四 104
前由語。「前文にありたるごとく。」引用した文書と述べた自分の意見を総括した上で、結論部分（帰結段）へと転ずるのが前由語である。前因、前由

茲修正‥公布之 3714 四 102
民国期において、修正された法規を公布する際の套語。

茲制定‥公布之 3715 四 101
民国期において、制定された法規を公布する際の套語。

茲調 3716 四 103
民国期において、下級官員を空職に任命する辞令の冒頭の発句。　→調

茲派 3717 四 102
民国期の辞令での発句。このあと「署理（代理）」「試用」などの内容が示される。

[シ]

→派

茲奉前因 3718 四 101
前因はいわゆる「前由語」で四文字で「先の来文の趣旨により」の意。このあと文章の構成としては結論を述べる帰結段に入る。

訾笑 3719 読 285
そしり笑う。

詞嚴義正 3720 外
厳格な態度で。

詞色 3721 外
①言葉つきと顔つき。言語動作。②言葉つきと顔つきにものをいわせて相手を説得する。

詞臣 3722 規 305
翰林院編修修撰等をいう。

詞藻 3723 読 239
文章の華麗なること。

試署 3724 筌 14
試しに代理す。

試辦 3725 読
試験的にやってみる。

詩拉夫人 3726 読
スラブ人、ロシア人。

諮議官 3727 筌 16
評議員。

諮議局 3728 筌 30
地方議会・省議会。

資 3729 規 88-9
金子の意。　→資斧

資政大夫 3730 筌 66
国家に慶事あるときに正二品の文官および其の配偶者および曾祖祖父母に封典として授ける。

資斧 3731 規 88-9
広義に経費の意。

賜祭一壇 3732 規 45
祭壇一基を下賜する。

賜壽 3733 讀下 11
祝儀を賜る。

賜邮 3734 読 120
死亡賜金のようなものを下さること。

賜覆 3735 四 162
「回答を賜わりたし。」（函件で）回答文を要求する語。函文（上行文）における結尾の請求語。査覆に似ているがより恭順である。

賜覆示遵 3736 満 100
「回答の指示を賜わり、それを遵行いたしたく。」申請に対する回答を要求する語。呈文（上行文）における結尾語。

駛 3737 読 177

[ジ]　　　　　　　　　　　　　　　　　　[シ]

馳せる。(船が)行く。

鴟張 3738 読 177
鴟鳥の横行するが如く放肆なること。狼獗に類す。鴟鳥はふくろうみみずく、とび、たか。特にみみずくは中国では「恐しい・貪欲」のイメージがあり、これが羽をひろげて盛んなる様に譬える？ →任意鴟張

[ジ]

辭官照准此狀 3739 満 139
「□□辭官照准此狀」は「□□の官を辭するを許可し、ここに狀す」という依願退職を許可する書式。

辭退 3740 規 250
嘱託を解く。

辭領 3741 福 1-16a
じぎ受け取り。→請餞簿

事關〜 3742 規 4 82
事は(〜に関わること甚だ)重大事である。　[事關緊要、事關教育、事關要政、事關治安]

事關重要 3743 中 682
事は重大である。(事柄は重大な事に関わっている。)

事機 3744 外
事態、時局の動向。

事宜 3745 規 230、讀上 8
事件、事務。

事件 3746 外
①一件書類。当該事に関する書類。②事項、事柄の件。(件は助数詞)。

事情 3747 讀上 23
事実。

事體 3748 外
事柄、事情。ことのあるべき姿。

事端 3749 外
いざこざ、悶着。

事務 3750 外
公務。

似 3751 讀上 12 讀下 44
①「〜のようである(が)」。断定をやや避ける表現。似可〜、似有〜②「如く」、「若く」。③似る、真似る。④嗣ぐ。⑤奉ずる。

似應 3752 外
「まさに‥すべきににたり」「…すべきでしょう」、「…したほうがいい」のように語調を和らげる場合に用いられる。

似可 3753 外
よかろう、差し支えないであろう。

似可核准 3754 四 54
下行文において「審査・調査の上、許可ありたるべし」、請求の事について何とかでき、許可を与えることができることを仄めかす表現。→似可、核准

似可緩辦 3755 四 55
「急ぐに及ばず。」

似可照准 3756 四 54
下行文において「許可の妨げとなることはないであろうと」、請求の事について許可を与えることを仄めかす表現。照准は批准・許可する。→似可

似可通融 3757 四 54
下行文において「なんとか便法を講じることは可能であろう」と請求の事について融通がきくであろうと仄めかす表現。照准は批准・許可する。→似可

似此 3758 讀下 25
「如此」に同じ。「似」を「ゴトク」と訓んで可。

似尚可行 3759 四 55
来文の趣き悪しからず、「査核批准」を与えるのにやぶさかならず。

似屬 3760
〜と思われるが。

似屬可行 3761 四 56
「行って然るべきにあらずや」？ 下行文において、「請求のことを査核辦理することを妨げるものはないであろう」と来文の請求のことを同意を示す表現。 →似屬

似屬非是 3762 四 56
下行文において、「事実と違っているではないか」と来文の請求に同意を与えがたいことを予め示す表現。 →似屬

似屬不合 3763 四 56
下行文において、「(請求のことが)法規・道理に合わない様であるが」と来文の請求に同意を与えがたいことを示す表現。 →似屬

似屬不符 3764 四 56
下行文において、「(請求のことが)法規・道理に合わない様であるが」と来文の請求に同意を与えがたいことを示す表現。 →似屬

似多窒碍 3765 四 55
「障害はなはだ多し」と下行文で要求を退ける語。

似難許可 3766 四 55
下級機関や民間からの請求に対して、許可を与えるのは難しいと予め釘を刺す語句。

似難准許 3767 四 55
下級機関や民間からの請求に対して、許可を与えるのは難しいと予め釘を刺す語句。→似難許可

[シ]

似難照准 3768 四 55
　下級機関や民間からの請求に対して、問題が多く実施はこのましくないと予め釘を刺す語句。照准は批准・許可する。

似難通融 3769 四 55
　下級機関や民間からの請求に対して、融通をきかすことが難しいとと予め釘を刺す語句。通融は

似有 3770 四 55
　～あるに似たり。～がありそうである(が)。「未便」「未合」「不符」「未符」「不合」など不都合おかしいという表現の語が続く。予め批判することを告げる表現。

似有不合 3771 四 55
　下行文において請求の事について、「法規や道理に合わず」として、許可を与えがたいとする表現。 →似有不符

似有不符 3772 四 55
　下行文において請求の事について、「法規や事実に反したことがあるようである」として、許可を与えがたいとする表現。 →似有未符

似有未合 3773 四 55
　下行文において請求の事について、「法規や道理に合わず」として、許可を与えがたいとする表現。 →似有不符

似有未符 3774 四 55
　下行文において請求の事について、「法規や事実に反したことがあるようである」として、許可を与えがたいとする表現。 →似有不符

似有未便 3775 四 55
　未便は不便。下行文において請求の事について許可を当てるのに不都合があるとする語。「未便」「未合」「不符」「未符」「不合」など不都合おかしいという表現の語。予め退けることを告げる表現。

侍衛 3776 讀上 11
　禁中の翊衛出入の扈従に任ずる武官。

侍衛處 3777 外
　=領侍衛處

侍御 3778 読 140
　道官の別名。

侍講 3779 外
　→翰林院。Sub-Expositor.

侍講學士 3780 外
　→翰林院。Expositor.

侍讀 3781 外
　→翰林院。Sub-Reader.

侍讀學士 3782 外
　→翰林院。Reader.

侍郎 3783 外、読 3
　六部・理藩院の次官。

[ジ]

呢羽 3784 外
　輸入毛織物。

呢基哩唎 3785 外
　Negrerie,Pierre.

字 3786 規 52
　字は「慈しむ」に通じる。卑弱なものを滋育する様。［字小］

字寄 3787 行 1a/106、陶 8-5a,筌 47、四 61
　①寄信諭旨であることを示す語。軍機大臣が皇帝に代わって大臣に寄信諭旨を寄発する時に文書の冒頭につける。乾隆年間は軍機大臣の名前を記し、乾隆年間以降は単に軍機大臣字寄と記した。②特に「軍機大臣字寄」とあるのは機密性をおびた寄信上諭である。③移牒する。 →寄信上諭

字據 3788 読 256
　委任状。

字小 3789 規 312
　小とは小若なるもの、字は愛撫。「小國を慈しむこと」。

〇字頭 3790
　「〇」の字を有する店舗。同系列の店舗は同じ字を共有する。

字様 3791 外,筌 24、商
　①文字、文句。②文意。

字林西報 3792 外
　NorthChinaDailyNews.

慈允 3793 読 114
　皇(西)太后の許可。

慈禧佑康頤昭豫莊誠壽恭欽獻崇熙皇太后 3794 規 38
　西太后。咸豐帝の妃(皇后は東太后)、同治帝の生母。光緒帝は甥。

持照 3795 筌 65
　旅行券を持って。

持平辦理 3796 外
　厳正公平な態度で処理する。

時 3797 外
　つねに(口語の「時時」)。

時光 3798 読 282
　時間。

時刻 3799 外
　一時一刻も、時々刻々。

爾 3800 読 283、満 125、四 38
　①「汝」。皇帝の意を帯して行う、下位の者(外国人も含む)に対する二人称の呼びかけ。②「君」「それ」。③然る。

爾等 3801 満 125、四 38
　「汝等‥」。 →爾

爾許 3802 読 225
　かほど、此の如きの意。

[ジ]　　　　　　　　　　　　　　　　　　　　　　　　[シ]

爾等其各思之 3803 満 116
　「なんじら夫れ、各之を思え」との意。下行文において注意を喚起し、釘をさす表現。

次 3804 読 219
　順番。

次款 3805 規 126
　次の条文。

次緩 3806 筌 16
　やや急がず。さほど急ぐに及ばず。

次急 3807 筌 16
　第二の急務。

次序 3808 規 250
　順序。

次帥 3809 筌 50
　趙爾巽。彼の字の一文字と帥は巡撫総督に対する敬称。

次第 3810 読 157
　追々。

磁鋒 3811 福 19-11b
　せとのとがり。

示 3812 読 179、満 127、四 45
　①告示。②「核示」の略。(審査の上)指令を出すこと。出された命令。③牌示のこと。清代と民国期に用いられた下行文の一種で「此示」が文の末尾にきた。④此示のこと →此示

示期 3813 読 294
　時期を示す。

示仰 3814 読 134、福 2-19
　①告示。達示する。②申しつける。

示遵 3815 満 127、39、四 25
　①上級機関に対し従うべき指示を要求する語句。「指示遵行」の簡略語。②審査の上指示もて遵奉せしめられたし。「敬請核示俾便遵行」の簡略語。③「ご回答」あるいは「示達」

示出 3816 福 7-8b
　ふれをだす。

示票 3817 福 2-2b》
　申しわたしがき。

示復 3818 読 294、四 25
　「御返事を頂きたし」。平行文において相手の回答を求める語句。

示諭 3819 四 122
　示諭は指示・告示など。「各方面に文書を以て周知せしめたるにつき」。下級機関と民間に対して命令を下して知らしめたことを示す。民国期の下行文における附言語。 →除分別示諭外、告示

示令 3820 外
　命令を下して…させる。

而 3821 読 215
　「然れども」。

自 3822 規 146
　「おのづから」と訓む。勿論の意。

自應 3823 陶 10-1b
　「マサニ・・スベキ」。

自應照准 3824 四 57
　「調査審査の上許可があるであろう」照准は「査明批准」。自可准許にほぼ同じであるが、より十分な根拠があり法規にかなっていてより肯定的である。 →自可准許

自可准許 3825 四 57
　下行文において請願のことは「当然のこととして同意許可あるべし」と批准・同意があるべきことを示す語句。 →自應照准

自可准行 3826 四 56
　下行文において請願のことは「もちろん実行の許可ありたるべきことにして」とする語句。准行は「准許実行。」

自可照准 3827 四 57
　照准は査明・批准許可する。下行文において請願のことは「当然のこととして同意許可あるべし」と批准・同意があるべきことを示す語句。 →自可准許

自強 3828 読 114
　自国を強くする、変法自強。

自苦 3829 福 15-1b
　てづからうったへ。

自好 3830 読 150
　名誉心あり、廉恥を知る人。

自行収留者 3831 規 241
　総監督の保証によらざるもの。

自克 3832 読 24
　耐忍すること。

自主 3833 読 200
　随意に。

自食其力 3834 筌 8
　独立自営。

自新 3835 外
　自ら戒める。自ら改める。

自生之者 3836 規 125
　天然の原料品即ち生産物。

自請嚴議 3837 讀上 24
　進退伺。自ら進んで厳重の処分を請う。 →請嚴議

自前此 3838 読 82
　これよりさき～せしより。

自然 3839 讀下 46
　自由の意。

自屬准行 3840 満 106

[シ]

「当然処理施行すべきなり。」指令・批における結尾語。

自当 3841 陶 14-13b
もとより。

自有権衡 3842 規 104
罪の軽重を権衡して刑の大小を確定すること。

自來 3843 読 113
従来。

自來火 3844 筌 78
ガス灯。

自來火引擎 3845 筌 78
ガスコンロの類。

自來水 3846 筌 23
水道。

自理 3847 規 53
自治。理は「治める」の意。[向令自理(従来自治せしむ)]

自理詞状簿 3848 福 2-20a
「知縣」てづから調べくちがき帳。

耳級 3849 福 29-14a
うまがかり。

迩 3850 規 77
「近」の意。遠近を遐迩という。

迩日 3851 読 13
近日、この頃。

迩聞 3852 読 31
近ごろ聞く。

迩來 3853 読?
この頃。

[シキ]

色 3854
→ショク

式 3855 外、筌 50
①準則、おきて。②「まことに」。

式協頌忻 3856 筌 56
万事祝頌する,心に恊うなる。

式符頌祷 3857 筌 50
万事意のごとく都合よきを祝するなり。

式様 3858 筌 46、64
①模様形状。②雛形。

識字 3859 読 144
①読み書きできる。②習字、「字をならう」。

[シチ]

七子鏡 3860 讀下 39
梁の簡文帝の望月氏詩に「形同七子鏡影類九秋霜」とあり。

七日報 3861 讀上 64
毎週一回発行の新聞。

[シツ]

失検 3862 筌 28
意欲を押さえられず。 →檢

失察 3863 外
監督不行届。「覚察」を失する。

失單 3864 福 11-2a
もののうせたかどの書き付け。

失和 3865 講 101
宣戦・交戦する。

悉 3866 規 77、讀下 56、満 45、47
①(書類を)閲覧したの意。(可否の判断は別)②批または指令文の起首の末尾に付加される語。[・・悉、・・均悉、呈及・・均悉]③知悉せりの意。④=悉数。⑤「詳にし」。

悉經 3867 四 155
「ことごとく・・したりき」「すべて処理を済ませた。」来文がたび重なったり、多くの機関からの来文があって処理を済ませた場合使われる。

悉数 3868 読 96
数を悉して、全ての意。

悉数交下 3869 規 146
皆悉残らず引渡さるべしの意。

悉数殲除 3870 規 54
敵の全数を鏖殺するなり。

濕布衫 3871 福 13-3a
[夜間傾水濕地。逼令睡臥。名曰〜〜〜。]

窸窣 3872 読 29
シュウシュウという音。声の不安なること。小さい声

質押 3873 筌 60
抵当にする。

質掛 3874 福 14-2a
たいけつ。

質審 3875 福 14-3a
たいけつ。

質臣 3876 外
Jackson,W.

質票 3877 福 23-2b
しちふだ。

[ジツ]

寔 3878 読 99,292
實に同じ。

實 3879 読 187
実務。[在我之實]

實爲恩便 3880 満 110、四 92
「実に恩恵となす、ありがたい」の意。「〜していただければ」という願望を強調する定形句。上行文で用いられる。文書末尾の請求語句中において用いられる。

實爲公感 3881 満 111、四 93
①「実に公共の感謝するところなり」の意。「〜していただければ」という願望

[シャ] [シ]

實爲公德兩便 3882 満 111
　「実に公共の利便及び恩徳となす」の意。「～していただければ」という願望を強調する定形句。上行文で用いられる。
　→實爲公便、實爲德便

實爲公便 3883 満 110、満 92
　「実に公共の利便たるべし」の意。「～していただければ」という願望を強調する定形句。民国期には上行文・平行文で用いられ、清代には平行文で用いられたという。

實爲學便 3884 四 93
　民国期に学校教育観系の下級機関が上級機関に対して学校教育方面に要望がある場合、感謝の意を表しつつ請求する語。

實爲黨便 3885 四 93
　民国期に国民党系の下級機関が上級機関に対して要望がある場合、感謝の意を表しつつ請求する語。文書の末尾部に使われる。

實爲德便 3886 満 92、110
　上行文で用いられる請求語。「徳をもって処理せられたし」、「処理あれば恩徳の至り」の意。「～していただければ」という願望を強調する定形句。文書末尾の請求語中で用いられる。

實官 3887 読 148 筌 14
　①巡道、知府、知州、知縣。②本官。

實感公便 3888 満 111
　「実に公共の利便を感謝する」の意。「～していただければ」という願望を強調する定形句。上行文で用いられる。

實據 3889 規 79,筌 61
　確実なる証拠。

實缺 3890 規 65
　本任の意か? ←→署

實交 3891 筌 64
　手取り。

實在 3892 規 251、読下 66、福 9-5b
　①「実に」と訓む。「実際に」「実際の」の意。［實在不能上堂］②實在。

實事求是 3893 外
　プラグマティックに着実にやる。

實收 3894 外、福 12-30a
　①(当局の出す)領収書。②しかとした受け取り。

實收部照 3895 筌 43
　金銭を受領したる戸部の領収証。

實心 3896 外
　誠実に。

實深感禱 3897 四 93
　感禱は感激と切望。上行文において、上級機関の処置を仰ぐ表現、結尾の請求語句の後に続いて用いられる。

實深紉肬 3898 満 113
　「実に深く望む。」平行文の結尾で強調する定形句。

實叨公便 3899 満 111
　「実に公共の利便たるべし」の意。「～していただければ」という願望を強調する定形句。上行文で用いられる。叨は分に過ぎた恩恵をこうむること。

實紉嘉惠 3900 筌 11
　恩恵に浴す。

實紉公宜 3901 四 93
　平行文において相手に依頼するときに使われる表現。函件・咨文のの末尾に使用され、請求の語気を強める。紉は深甚の感激。公宜は公事上の情宜。

實跡 3902 福 21-12a
　しかとした証拠。

實貼 3903 福 11-8b
　しかとはる。

實同身受 3904 規 223,筌 53
　自分が受けるに異ならず。

實納阿士本 3905 外
　Sherard Osborn.

實力 3906 規 243
　虚声の反対、本気で。［實力査禁］

實力勘平 3907 規 77-8
　實力とは虚声の反対、実際に行わんとすることを明言せるもの。

實錄館 3908 筌 69
　実録を編集するところき。

暱就 3909 外
　近づく、親しむ。

[シャ]

社司 3910 福 27-5b
　こめぐらかかり。

社生 3911 筌 35
　生員。童生にして縣試に及第せるもののうちやや劣悪なるもの。→生員

卸 3912 読 43、273、陶 11-17a
　①(積み荷を)おろす。②やめること。③責任をおしつける。

卸貨 3913 外
　①貨物を降ろす。②貨物を積み込むの意に稀に用いる。

卸去戎裝 3914 読 259
　武装解除。

卸差 3915 福 29-14b
　使いがすむ。

卸事 3916 福 2-10a,32-10a
　つとめまへをすます。やくめをひく。

- 103 -

[シ]

卸装 3917 読 56
　陸揚げ及び積み入れ。
卸存 3918 読 77
　おろして預かる。
奢望 3919 読 212
　大望。
寫就 3920 福 23-4a
　かきすむ。
寫書 3921 外
　①手紙を書く。②鴉片の密貿易において、窯口で銀を支払い、受領書をもって躉船に赴き鴉片を受けること。
斜面 3922 筌 75
　傾斜。
者 3923 読 56
　「事」。
扯墊 3924 福 20-11a
　あひたいにひきあはす。［〜他帳］
藉 3925 讀下 10、41
　①よって、かりる。②若し。
藉以調治 3926 読 69
　よりてもって養生せしむ。
藉以入官 3927 読 29
　官に没収。
藉擬 3928 読 52
　よって欲するなり。
藉故 3929 読 133
　事故を藉りて。
藉口 3930 陶 7-4a
　口実にする。
藉時 3931 読 204
　時々の意。
藉手 3932 筌 16
　着手に便ず。
藉端 3933 外
　→端
藉端騒擾 3934 規 195
　些かの事端を捉えて針小棒大、巧みに平地に波乱を起こすこと。
藉覘 3935 筌 36
　藉りて窺う。覘（てん）は窺うじっと見る。
賖 3936 商
　①掛けで売る（買う）。②遠い。③久しい。
賖欠 3937 外
　掛けで買うこと、現金を払わずにものを買うこと。
謝恩 3938 筌 72
　皇帝の恩命を拝謝すること。
謝悃 3939 読 280,
　「御礼申す」。
謝事 3940 福 32-10.a
　やくめをひく。

[シャク]

謝満禄 3941 外
　Semelle.
謝約呂夫 3942 読 84
　セミヨウノフ。
車站 3943 読 182
　駅・ステーション。
遮耳 3944 福 21-21a
　えりかけ。
奓 3945 読 297
　音は「しゃ」、邪に通ず。
［シャク］
借 3946 読 283
　貸すこと。
借欸 3947 規 123、讀上 33
　借金。金を借りること。
借鏡 3948 規 291
　他山之石。
借資 3949 四 131
　本文の目的と意図を表す語。
借示 3950 四 131
　本文の目的と意図を表す語。
借紉公誼 3951 四 131
　平級機関の来往文において、公事に関して相手に協力と処理を要求する語。紉は深甚の感謝を表す語。文書の結尾で使われる。
借道 3952 福 17-6a
　てをかる。［夫響馬麗著何虞。可以下手。多有預先買通駐防兵弁。謂之〜〜。］
借票 3953 筌 71
　借用証書。
借不起 3954 読 283
　貸し得ないこと。
借訪 3955 福 20-5a
　［列此人之欵。填局外之賊。及質審當。即借此人之口。翻供局外之人。名日〜〜。］
借免 3956 四 131
　本文の目的と意図を表す語。
借約 3957 福 20-11a
　かへり証文。
灼 3958 讀下 44
　明。→灼知
灼見 3959 読 296,筌 31-2
　明らかに認める,見る。
灼知 3960 讀下 44.
　明知。明らかに知る。［灼知電報非騙人之法］
爵 3961 規 169,312、筌 9
　①伯爵、有爵者。［爵閣督］②伯爵以上に至れば単に爵のみを用いる。
爵位 3962 読 24

[ジャク]　　　　　　　　　　　　　　　　　　　　　　　　　　[シ]

有爵、有位の人。
爵臣 3963 讀下 24
　(上院)爵臣で(英国の)上院議員。
酌 3964 規 124
　状況により判断しての意。[酌給・酌定]
酌核 3965 四 131
　相手に対し、審査して確かめてもらうことを要求する語。相談する口吻あり。
酌議 3966 読 103
　斟酌協議。
酌減 3967 外
　酌量して減ずること。
酌帶 3968 規 171、讀下 28
　①酌とは酌量、見積もるの意。即ち必要に応じ適宜その人数・部隊数を見積もり引率すること。②斟酌したる後引率すること。
酌奪 3969 読 118,筌 36、福 5-19b,15-3b
　①議決。②斟酌定奪。斟酌して定める。
酌定 3970 外
　事情を酌量してから議定する。
酌提 3971 筌 60
　負担する。
酌派 3972 外
　臨時に地方税・義捐金を徴募するとき各戸の資力を考慮して割り当てること。
酌發 3973 外
　経費を予測して経費を分配する。
酌保 3974 讀上 9
　斟酌保舉。
釋怨 3975 読 272
　怨を解く。[釋怨尋盟]
釋菜 3976 筌 13
　孔子の祭典。
釋放 3977 読 35
　自由自在。束縛をうけぬこと。
錫 3978 讀上 64
　賜う。
[ジャク]
弱女 3979 讀下 47
　少女。
若 3980 読 225、福 12-2b
　①汝、「なんじ」。②[若著文雄殊。而會上意。謂如犯罪未老疾。事發時老疾。以老疾論。若在徒年限内老疾者。亦如之類上。]
若速 3981 陶 14-13b
　非常に速いこと。
若語 3982 読 237
　「しかじか」の意。
若而 3983 読 234
　かくのごとき。

若者 3984 筌 18
　かくのごとき。
若輩 3985 読 244
　彼ら。
若容 3986 筌 52-3、規 223
　①若しゆるす。②容は許容。
雀角 3987 福 8-14b、中
　いささかなる口争い。「雀角鼠牙」で争い。訴訟。
[シュ]
主意 3988 福 1-13a
　りやうけん。
主見 3989 筌 31、外
　①意見。②決意。意向。
主事 3990 外
　→六部・理藩院
主持 3991 筌 40、福 3-2b
　①統括。②うけもち。
主守 3992 福 20-21,:b
　ばんにん。
主守盗 3993 福 20-21b
　如庫子・收頭・糧長・経收錢量侵欺倍貸。倶爲〜〜〜。
守 3994 外
　「知府」の別称。
守口官 3995 外
　関門の通路を警戒する官吏。兵部に属する。
守催 3996 福 3-2b
　いざいそくする。
守戎 3997 読 208
　守備(中尉相当?)の別名。
守助 3998 福 1-14b
　るすみてつだひ。
守卡 3999 外
　要害の地に堤防を築き、兵を置いて暴徒の往来を警戒する番所。
守備 4000 外、讀上 40
　「都司」に次ぐ武官で營の指揮官。尉官。ほぼ中尉に相当 Second Captain.
株扳 4001 福 20-6a
　言いかけ。
手 4002 読 218
　携え。
手眼 4003 福 20-1a
　てさき。
手工 4004 規 269
　手間賃。
手此 4005 規 227
　親しく書類等を裁決するをいう。
手心 4006 福 15-9b
　手のひら。

[シ]

手描 4007 福 6-9b
　ふりかみのひかへ帳。→長軍
手乏 4008 筌 71
　手元不如意。
手本 4009 福 24-3a
　て帳。[將劣歀開具〜掲報。]
殊荒謬已極特斥 4010 満 109
　「殊に謬見の極なり、特に斥す。」下級機関に対し下級機関（もしくは人民からの）行為を咎める、または申請を却下する定形句。指令・批における結尾語。
殊屬非是 4011 満 109、四 128
　「殊に正しからず。」下級機関に対し下級機関（もしくは人民からの）行為を咎める、または申請を却下する定形句。指令・批における結尾語。
殊屬不合 4012 四 128
　「殊に不合理なり。」下級機関に対し下級機関（もしくは人民からの）申請もしくは行動を法律と違う、道理に合わないと却下する定形句。指令・批における結尾語。
殊屬不合特斥 4013 満 109、四 129
　「殊に不合理なり、特に却下す。」下級機関に対し下級機関（もしくは人民からの）申請を却下する定形句。指令・批における結尾語。
殊屬不忠職守 4014 満 109
　「殊に職務に忠実ならず」、「職責怠慢」。非難・却下する定形句。指令・批における結尾語。
殊屬藐玩法令 4015 満 109
　「殊に法令を無視するものとす」、「法令違反」。非難・却下する定形句。指令・批における結尾語。
殊多窒碍 4016 四 127
　下級への回答文で「(請求もしくは行動が)障礙となることが多い」と実行し難いことを示す。この語の後、「未便照准」などの語が続く。
殊多不合 4017 四 127
　「不合理なり」または「不合法理」。下級機関に対し下級機関（もしくは人民からの）申請もしくは行動が法律と違う、道理に合わないと却下する定形句。指令・批における結尾語。
殊堪痛恨 4018 満 109
　「殊に残念である」、「残念至極」。却下する定形句。指令・批における結尾語。
殊難 4019 四 128
　「特に‥し難し。」指令・批において、「極めて難しい」と下級からの要求を退ける表現を作る。　→殊難照准

[シュ]

殊難核准 4020 四 128
　下級あるいは人民の呈文で要求してきたことに対し、同意を与えることができないことを示す語。「核准」は審核批准。
殊難許可 4021 四 128
　「特に（請求の通り）認可し難し。」指令・批における結尾語。きわめて難しいと退ける表現。　→殊難照准
殊難准許 4022 四 128
　「特に（請求の通り）認可し難し。」指令・批における結尾語。きわめて難しいと退ける表現。　→殊難准許
殊難准行 4023 四 128
　准行は「批許施行」「特に（請求の通り）認可し難し。」下行文において下級機関や民間からの請願に許可を与えることがきわめて難しいことを示す語。
殊難照准 4024 満 107、四 127
　「特に（請求の通り）認可し難し。」指令・批における結尾語。きわめて難しいと退ける表現。
殊難通融 4025 四 128
　通融は「変通辦法」。下行文において下級機関や民間からの請願に融通を利かせる便法的な処置をすることがきわめてむつかしい事を示す語。
殊難展緩 4026 四 128
　展緩は延期。下行文において下級機関や民間からの期限の延長、緩延が極めて難しい事を示す語。
殊難備案 4027 四 128
　下行文において下級機関や民間からの文書を檔案として留めず、即ち呈文による請求は実行が極めて難しい事を示す語。
殊非正辦 4028 四 127
　下行文において、下級からの処理の仕方を譴責し否定する語。
殊不合法 4029 四 127
　下行文において（下級からの）請求もしくは行動が法規に合ってないと叱責する表現。
殊不合理 4030 四 127
　下行文において（下級からの）請求もしくは行動が道理に合ってない、不合理だと叱責する表現。
殊不知 4031 外
　「ところが実は」、「あにはからんや」、「御存じあるまいが」。
硃押 4032 福 6-5b
　朱のかきはん。
硃批 4033 規 87-8、外
　①天子（もしくは天子以上のもの）の上奏文などに朱筆でもって下したまえる批

[シ]

語。②上奏文の末尾に皇帝親ら硃筆をもって記入する指令の一形式。「知道了」などのような慣用句が多い上奏文の行間に註記する賛成・叱責なども含む。

硃圏 4034 福 23-4a
朱びき。

硃筆 4035 読 112、筌 24
①上諭のこと。②朱筆で批准の語を書くるをいう。

硃諭 4036 読
朱字の上諭。特別重要なとき（宣（批）戦のときなど）に用いられる。

種瓜得瓜種豆得豆 4037 筌 73
瓜に豆はならぬ。

取 4038 讀下
口語の「把」におなじ。［取各省書院改爲學堂］

取回 4039 筌 75
回収。

取究 4040 福 2-19a
とがめる。

取供 4041 福 17-20a
調べたくちがき。

取結 4042 外
保証書を取ること。

取斉 4043 讀下 14, 筌 44、福 12-15a
①打ち揃い。②採用すべき人員をひとしく採用する。③そろふ。

取次 4044 筌 72
次第に。

取償 4045 読 149
とりもどす。

取息 4046 筌 42
利を取るなり。

取中者 4047 規 303
合格者。

取定 4048 読 293
採用。

取敷 4049 規 252, 筌 63
「‥の用を為す」の意。

取有 4050 読 294
受け取りて。

趣意 4051 読 47
方針。

踵 4052 読 20
いたる。

酧 4053 讀下 37
酬の俗字。

銖 4054 筌 60
①刀の鈍ること。② osmium。③古の両の 24 分の 1。

須（シュ）「ス」へ

[ジュ]

首 4055 外
自ら申し出て自発的に。

首員 4056 読 102
上席者、裁判長。

首禍 4057 読?
首謀者。

首縣 4058 筌 37
知府衙門所在の縣なり。

首事人 4059 筌 57
発起人。

首先 4060 読 207
真っ先に。

首善 4061 読 134、筌 15
①帝都。②最善のこと。

首批 4062 経 98
最初の荷。

首報 4063 福 8-7a
訴えださす。

[ジュ]

儒士 4064 外、行 1b/184
禮部に勤務する「書吏」の一種。

儒林郎 4065 筌 66
国家に慶事あるときに従六品の文官および其の配偶者および曾祖祖父母に封典として授ける。

受室 4066 筌 65
婚姻。

受吏 4067 筌 51
出て事をなさんとする者。

壽 4068 筌 68、読 24
①祝するなり。②→壽字

壽字 4069 筌 68
御筆の下賜は福壽の二字に限る。二字とも下賜されることも, また一字だけ下賜されることもある。

樹膠 4070 読 31
ゴム。

禱 4071
先方に対し「お願いします」の意。

需 4072 讀下 72
「要」の意。 →需造

需索 4073 陶 7-4a
（正当ならざる手段で）要求する。

需時 4074 讀下 56
時を要する。

需造 4075 講 138
入用として造る。

需煤 4076 読 172
所要の石炭。

[シュウ]

修起 4077 読 134

[シ]

修繕を始める。
修脚 4078 福 28-2b
　あんまとり。
修職佐郎 4079 筌 66
　国家に慶事あるときに従八品の文官および其の配偶者および曾祖祖父母に封典として授ける。
修職郎 4080 筌 66
　国家に慶事あるときに正八品の文官および其の配偶者および曾祖祖父母に封典として授ける。
修撰 4081 外
　→翰林院 Han-lin Compiler.
修妥 4082 読 67
　十分静養せしめる。修妥に同じ。
修武校尉 4083 筌 66
　国家に慶事あるときに正九品の武官および其の配偶者および曾祖祖父母に封典として授ける。
修武佐校尉 4084 筌 66
　国家に慶事あるときに従九品の武官および其の配偶者および曾祖祖父母に封典として授ける。
修約 4085 外
　条約改正(修改条約)。
修養 4086 外
　「修」は建造・修理、「養」は維持経営の意。
収 4087 読 104
　受け取ること。
収回 4088 経 19
　回収する、取り戻す、却下する。
収學 4089 規 241
　学校に収容すること、入学せしめるの意。
収管 4090 福 9-7a,12-30b,19-15a
　受け取る。証文。ひきうけの書き付け。
収儀簿 4091 福 7-16a
　受け取り帳。[送賀禮立～註明收收壁。
収訖 4092 読?
　受け取り済み。
収去 4093 福 9-5b
　受け取る。
収繳 4094 外
　押収する、没収する。
収解 4095 経 7
　収支、受け渡し。
収效 4096 読 35
　結果、成績。
収拾 4097 福 17-18b
　捕ску私拷。有脳箍・壓石・刮脇・懸指・灌酷・挿髮諸刑。謂之～～。備極惨毒。
収執 4098 規 252,筌 19,66

[シュウ]

受け取りて保存すること。領収・携帯する。
収取 4099 筌 29
　領収。
収條 4100 筌 71
　受け取り証。
収進 4101 外
　買い付け、買うこと。
収足 4102 読 304
　受け取り済み。
収兌 4103 福 6-1a
　てんびんにかけて受け取る。
収到 4104 規 268
　「受け取れり」「受入れ」の意。
収頭 4105 福 20-21b
　くらいりを受け取るかしらやく。
収贖 4106 福 12-7a
　[老幼廃疾工役楽戸婦人無力者折杖。餘罪及一應軽者爲～。]
収納 4107 外
　買う。
収買 4108 経 46,83
　買入。
収發 4109 経 7
　収支、受け渡し。
収付 4110 外
　出納、収支。
収付日期 4111 経 45
　支払い期日。
収復 4112 読 76
　とりかえす。
収壁 4113 福 1-16a
　受け取りかへし。→収儀簿
収放 4114 筌 20
　回収,発行。
収約 4115 福 20-11a
　かへり証文。
収羅 4116 筌 40
　銅鑼。
収吏 4117 福 6-7b
　受け取りやく。
周 4118 規 126
　「周到」の意。[周全妥善辦法]
周後 4119 読 214
　世紀の意か?[一九周後報]
周時 4120 福 16-19b
　一昼夜。
周章 4121 陶 8-51b
　計画運営する。
周詳 4122 陶 14-30a
　周到細詳。

- 108 -

[ジュウ] [シ]

周折 4123 読 196
　特に扛げて便宜を与えること。
囚糧 4124 福 13-7b
　とがにんにくはせるふちまい。
執貨 4125 経 51
　商品を手に入れる。
執貨者 4126 経 51
　買持筋。
執事 4127 外,筌 53
　閣下・貴下 you,Sir.
執照 4128 外、規 261、筌 5
　①官庁が発給する証明書・免状・許可証。②手形、免状、護照。[如查無執照]
執法 4129 外
　法を発動すること。
執役人 4130 読 139
　使いはしりの類。
就 4131 筌 30、読 158
　①即。直ちに。[合就恭録札道]②成就。
就案 4132 陶 7-59a
就近 4133 規 261、筌 61
　最寄りの。[就近送交領事館懲辦]
就痊 4134 規 40
　病気全癒。
就地 4135 規 122
　現地で、実地に。
就地正法 4136
　正規の手続きを踏まずに、現地の判断で処刑すること。いろいろな反乱などの際対して行われた。→正法
就範 4137 読 20
　型にはまる、正道に入る。「当方の希望通りに」。
州 4138 外
　「縣」・「廳」と共に最下級の行政区画。通念上は三者の中では最大である。長官は知州
拾工 4139 福 31-16b
　こをひろふもの。
戢 4140 陶 7-59a
　おさめる、やめる。
秀擷菁華 4141 筌 55
　俊才にして進取,菁華は一切の新精華。
秀才 4142 外
　→科擧 Licentiate.
秋 4143 読 20
　時。
緝 4144 読 55
　捕らえる。
緝獲 4145 読 177
　捕拿。

緝究 4146 外
　とらえて究問する。
緝批關文 4147 福 17-8a
　捉えるかけあひの書面。
臭銭 4148 福 3-231a
　あかがね。くさき銭。[迎春折乾・郷歓索謝。則刮行戸之〜。]
莠民 4149 規 195
　良民に対する悪逆無頼の暴民。
衆 4150 外
　…達。[衆散商]
衆擎 4151 筌 22
　協力。
衆股東会議 4152 商
　株主総会。
酋 4153 外
　①外国の外交使節ないしは比較的上級の外交官をしめす。②「賊軍」の領袖。
酬螢 4154 福 3-23a
　たいぎれう。[編審有儀。謂〜。]
集欵 4155 讀下 19
　集金。
集権 4156 筌 40
　権力集中。
集股 4157 筌 16,48
　株を集める。株式募集。
集資人 4158 商
　出資人。
集長 4159 福 22-1a
　小庄屋。
驟 4160 規 236
　「にわか」。
[ジュウ]
住址三代 4161 読 143
　父祖、曾祖父までの居所。
充 4162 外
　官に没収する。
充餉 4163 読?
　国庫の費用に供する。[解京充餉]
充任 4164
　任命される。
十家牌 4165 福 21-7b
　十家長門懸一牌。謂之〜。上書本戸姓名男婦生理及同居如前。(門牌)後並列所統之十家姓名男帰等如前。以使日夕省覧稽查。
十字 4166 福 16-87a
　じふもんじむすび。
十成銀 4167 規 264-5
　まじりけの無い銀。→成
十足 4168 筌 21
　銀分十分。

- 109 -

[シ]

從 4169 陶 7-60b、規 186、読 94
①〜より、「自」に同じ。②「〜もて」の意か?あとに(時間的経過などの)状態を示す語を伴い物事に臨む様を形容する熟語を作る。以下参照。

從違 4170 読 20、讀下 23
賛否。

從緩 4171 規 242
「緩くり」の意。

從一 4172 福 20-10b
ひとりのをつとをもつ。

從教 4173 外
キリスト教に従うもの・信者。

從軽 4174 規 242
「軽く」の意。

從権 4175 外
「ケンニシタガイテ」便宜手段・例外的措置をとる。

從厳 4176 陶 7-60a、規 186,242
「厳重に」の意。

從重 4177 規 242
「重く」の意。

從實 4178 陶 7-60b
「遠慮なしに」の意。

從即 4179 読 282
早速に、(随即に同じ)。

從速 4180 規 242
「速く」の意。

從速不速限辦不辦 4181 筌 48
速やかに為すべきを速やかに為さず,期限を定めて弁ずべきを談ぜず。

從寛免議 4182 満 101
「寛大にも免議されるんことを請う。」免議とは詮議とりやめ、中止のこと。上行文における結尾語。

從中 4183 規 79
「間に立ちて」の意。[從中出力]

從中湊合 4184 外
中に入ってとりなす。居中調停。

從忠 4185 讀下 49
質朴の風に従う。

從不出位妄爲 4186 筌 9
従来をこえたり,不法の行為をなせしことなし。

從未 4187 規 313
「從来未嘗」の意。

從無 4188 外
たえて…なし。

從優 4189 読 296、讀上 9
手厚くする。可成り優遇して。

從優管待 4190 筌 61
優待。

[シュク]

從容 4191 読 167
ゆるゆる急がざること。

柔 4192 筌 31
米公使ジョルダン。

柔遠 4193 外
遠國の人の気持ちをやわらげる。

柔克義 4194 外
Rockhill,William W.

狃於 4195 外
…になれて。…をいいことにして。

糅合 4196 筌 73
協同一致。

紐約克 4197
New York.

紐約 4198 讀上 36
New York.

縦微 4199 読 234
たとえば微なること。

重監 4200 福 15-1a
おもき牢。→裏監

重頁 4201 福 7-3a
いくまいもかさねてこしらへたるへうし。

重載 4202 読 135
重荷。

重處 4203 筌 9
厳罰する。

重息 4204 読 284
高い利息。

重兵 4205 読 196
精鋭なる大部隊。

重辟 4206 讀下 47
重罪。

重辦 4207 規 104、讀上 12
「從重懲辦」というに同じ、重罪を課してこれを処罰すること。

重領 4208 福 3-16a
二度の受け取り。

重浪 4209 福 1-2b
かさなりふえる。[苛折重息。遮期〜〜。]
[シュク]

儵 4210
→倏

倏 4211
→倏 俗字である。

倏忽 4212 撫
倏(しゅく)は「速やか」「たちまち」。倏忽でも同義。「目まぐるしく」「あまりにも速く、思慮をこえている」こと。

俶 4213 読 56
「始」なり。[俶擾]

俶擾 4214 筌 76

[ジュク]　　　　　　　　　　　　　　　　　　　　　　　　　　　　　　[シ]

祝 4215 読 303
　いのる、もとむる。
祝蝦 4216 読 161
　祝福、蝦は福を与える。
祝儀 4217 規 326、筌 52
　①御祝儀。②恵み深き心。慣用句。
縮 4218 讀下 37
　直。
肅 4219 筌 46
　肅は肅佈なり。「用事を申し述べる」。
肅迂 4220 福 2-19a
　つつしみむかへる。
肅具稟聞 4221 四 96、97
　「厳粛に稟文もて聞す、申し述べます」。上級機関に上呈する稟文を結ぶ表現のうちの一つ。稟聞とは稟文によって上級に告げ、知らしめることをいう。稟文の起首部分は敬稟者である。　→肅此具稟
肅此 4222 筌 45
　謹んで此に。
肅此具稟 4223 四 96
　「厳粛に稟文もて書をいたす」。上級機関に上呈する稟文を結ぶ表現。稟文の起首部分は敬稟者となる。
肅此再稟 4224 四 96
　「厳粛に再び稟文もて書をいたす」。上級機関に再度の上呈稟文を結ぶ表現。この手の稟文の起首部分はおよそ敬再稟者となる。
肅此寸稟 4225 四 96
　「厳粛に稟文もて書をいたす」。上級機関に再度の上呈稟文を結ぶ表現。この手の稟文の起首部分はおよそ「敬再稟者」となる。
肅此奉 4226 規 208-9
　「右慎んで貴意を得たく。」　→專此奉復
肅此又稟 4227 四 96
　「厳粛に再び稟文もて書をいたす」。上級機関に再度の上呈稟文を結ぶ表現。この手の稟文の起首部分はおよそ敬再稟者となる。
肅牋 4228 筌 50
　謹んで書簡を修む。
肅邸 4229 読 3
　肅親王。　→邸
肅稟 4230 四 96、97
　「厳粛に稟文もて書をいたす」。上級機関に上呈する稟文を結ぶ表現。稟文は起首部分はおよそ敬稟者である。　→肅此具稟
肅復 4231 読 117
　「つつしみて返事する」。

蕭孚爾 4232 外
　Shufeldt,R.W.
[ジュク]
熟滑 4233 福 3-1a
　よくなれる。
熟權 4234 筌 48
　つらつらはかるに。
熟悉 4235 読 19
　熟練。
[シュツ]
出款 4236 規 123
　支出金。
出具 4237 読 293
　差し出す。
出結 4238 陶 7-2
　(=出具保結)保証を出す。
出缺 4239 読 119、筌 9、福 1-4b
　①欠員となること（死んだ場合も）。［督臣久病出缺］②卒去。③あきあと。
出口 4240 筌 24,28
　出港、輸出。　←→進口
出蛟 4241 読 303
　洪水。
出差 4242 読 113、讀上 6
　出張・派遣。
出使章程 4243 筌 14
　駐外公使規定。
出使大臣 4244 規 241
　公使。
出示 4245 外、讀上 51
　①=出示暁諭。②告示または布告。　→告示。
出示暁諭 4246 外、行 1a/30,4/727
　①官庁が人民に対して発する命令。示諭・諭告・諭示ともいう。②転じて兵員を募集する告示。
出而承辦 4247 規 202
　奮ってこの議に応じること。
出首 4248 福 23-22b
　訴えいでる。
出身 4249 読 204
　進士舉人と同じく就官し得る資格。
出脱 4250 福 20-20b
　うりさばき。
出殯 4251 読 3
　葬式。
出面人 4252 読 76
　名前人。
出洋 4253 外、讀上 34,57
　①海外に行く。海外に出す。②海外渡航する。洋行する。
出力 4254 讀上 8,9

[シ]

勤勉または精勤。尽力。

[ジュツ]

怵 4255 筌 48
恐れる也。

邮 4256 規 43、252
祭粢料。

邮銀 4257
→邮

邮典 4258 規 47
功學者の死亡に対して与えられる種々の特典。

述職 4259 筌 14
参内復命す。『孟子』に「諸侯朝於天子曰述職」とあり。

[シュン]

俊髦 4260 筌 56
俊秀。髦は前髪,毛中長毫曰髦,士之俊選者也。

悛心 4261 筌 43
改悛の心。

春温 4262 読 280
春瘟、インフルエンザの類。

春駒泮凍 4263 筌 51
春日ようやく暖かにして氷を溶かす。

濬 4264
川底をさらう。

竣 4265 陶 8
とどまる、終わる。

竣事 4266 陶 8-13a
仕事が終わる。

瞬 4267 読 273
忽ち。

肫切 4268 規 72
懇請の意。ねんごろにいいきかせるとの意。

蠢動 4269 規 196
「暴動」。[意図暴動]

[ジュン]

旬報 4270 筌 57
十日一回発行の新聞。

徇 4271 規 163
「したがう。」[徇其所請願]

徇隱 4272 外
かばいかくす。

循環簿 4273 福 21-12b
ひきかへ帳。

循環門簿 4274 福 3-23b
ひきかへ帳。[督學使置〜〜〜發州邑。生員出入衙門則書之。命門斗司其籍。州邑按季申報。以為劣懲。]

循省 4275 読 205
反省。

[ジュツ]

循庇 4276 福 23-6b
馴れ合う。

準算 4277 福 11-11a
さんようする。

準圖 4278 筌 61
詳細精確の図面。

洵為德便 4279 四 115
洵は「誠に」「本当に」の意。實為德便と同じで感激を表す。 →實為德便

准 4280 規 86,161,251、筌 14、26、29,外、讀下 56、読 79、福 12-2a
①「(同等官からの文書を)受け取る」cf. 承准。②(実行に移すことを)許す。 →照准、核准 [應准請假調治]③「承知」したるなり。④「必ず」「正しく」。⑤接す。⑥比較。⑦准者與眞犯有間矣。謂如准柾法准盗論。但准其罪不在除名刺字之例。罪止杖一百流三千里。

准…稱 4281 外
「‥ヲウクルニ‥トショウス」=「據…稱」。

准可 4282 外
許す。

准函前因 4283 四 144
「来函の趣は前述のごとく。」前由語。因はこの場合平級機関からの来文の内容を指す。自己の意見を述べた後、依拠段の引用文に言及し、一転結束段に入る。明清時期には平級機関と言っても自分よりは上位にあると思われる機関役職について使われたが、民国期になると各平級機関の役職について使われた。 →准、因

准函前因、幷據前情 4284 四 144
「来函の趣は前述のごとく。」前由語。自分の意見を述べた後、来文(依拠段。この場合平級機関の来文と下級からの来文)に言及して、一転結束段へつなぐ。因はこの場合平級機関からの、また情は下級機関からの来文の内容をそれぞれ指す。自己の意見を述べた後、依拠段の引用文に言及し、一転結束段に入る。 →准、因、情

准函前由 4285 四 144
准函前由「来函の趣は前述のごとく。」前由語。由は清時期には自分相当若しくはそれ以下と思われる平級機関などからの来文の内容に言及する語であったが、民国期になると前因に取って代わられていった。自己の意見を述べた後、依拠段の引用文に言及し、一転結束段に入る。 →准、因、由、准函前因

准據以上由情、復奉前因 4286 四 146
前由語。由・情はそれぞれ平級・下級機

[ジュン]　　　　　　　　　　　　　　　　　　　　　　　[シ]

関からの来文に言及する語、因は上級の来文に言及する語。自己の意見を述べた後、依拠段の引用文に言及し、一転結束段に入る。　→准、據、由、情、因

准經 4287 四 144
「准此」「曾經」の簡略語。文書の(平級機関からの来文の)帰結と引用の二つの働きをする。平級機関からの来文を受け此れに依拠したことと、已に迅速に処理したことを示す。

准行 4288 四 56、143、福 12-24b
①「行うを許す。」准許実行の簡略語。一般に布告または批示・批語中で用いられる。②とりあげる。

准査 4289 四 145
「准此」「査」の簡略語。「‥との文書を受けたり、思うに‥。」文書を受けとったことと、それを調べた結果・事実を述べる語。

准算 4290 福 3-14a
さんようあふやうにする。

准咨前因 4291 四 145
前由語。自分の意見を述べた平級機関から来文(依拠段)に言及して、一転結束段へつなぐ。

准咨前因、并據前情 4292 四 145
前由語。自分の意見を述べた平級機関から来文(依拠段。この場合平級機関の来文と下級からの来文)に言及して、一転結束段へつなぐ。

准咨前由 4293 四 145
前由語。自分の意見を述べた平級機関から来文(依拠段。この場合平級機関よりの文書の引用)に言及して、一転結束段へつなぐ。准咨前因にほぼ同じであるが、前因は自分よりやや高いとされる機関役職からの来文、前由は自分よりやや低いとされる機関役職からの来文となる。　→前因、前由

准此 4294 筌 27、四 143、
①以上の内容の平級機関からの文書を受け取りたり。多くの場合、引用文を結束する「等由」「等因」の後に使われる。②此れにより行えの意。下級あるいは民間が命令のあるごとく行うことを求める。③「趣委細承知せり。」同等官に用いる。④この通りにせよ。

准如所擬 4295 四 61
「望むように処理するを許可する。」下級機関からの請願に対して用いる許可語。批における結尾語。　→准擬

准如所擬辨理 4296 満 106、四 143
「望むように処理するを許可する。」下級機関からの請願に対して用いる許可語。指令・批における結尾語。　→應准備案

准如所議辨理 4297 満 106
「提議する如く処理するを許可する。」下級機関からの請願に対して用いる許可語。指令・批における結尾語。　→應准備案

准如所請 4298 満 106、四 143
「請願の如く許可する。」下級機関からの請願に対して用いる許可語。指令・批における結尾語。「暫如所請」「姑如所請」よりに比べて明解で肯定的である。　→應准備案

准照稱 4299 筌 31
「照会に曰く」の意。

准照 4300 外
その通りにすることを許可する。

准狀 4301 福 11-2a
書き付けをとりあげる。

准折 4302 福 17-8b
しなものをきん銀のかはりにやる。

准送 4303 満 129
咨に接したるによる某件を頒送す。

准單 4304 外
許可証。

准聽 4305 規 261
「許す」の意。［准聽持照前往中国内地各処遊歴通商］

准駁 4306 筌 47
許可するか,許可せざるか。

准補 4307 筌 34
補任の免許を得たる。

准明 4308 外
認める。

准予 4309 読 146、満 73、四 100、143
①許可。許可をする。［准予在案］②許可をする。下行文(批示・指令など)において請求のあった事柄の処理・実行を許可する語。

准予照辨 4310 満 100
「照辨を許可されたし」。書面(または事実の通り)行うことを許されたしと許可を求める結尾語。

准予備案 4311 満 106
「備案を許可す。」一般人民からの備案請求に対して用いる。指令・批における結尾語。　→應准備案

准予備査 4312 満 106
「調査のため受理することを許可す。」一般人民からの備案請求に対して用いる。指令・批における結尾語。　→應准備案

准理 4313 外、福 11-2b

[シ]

①（問題を）取り上げる、受理する考慮する。②とりあげさばく。

准令 4314
命令して…させる。…させる。

純 4315 筌 73
専ら。

詢 4316 読 29
問う。

詢據 4317 筌 49
尋問した結果そのいう所によるに。

詢問 4318 陶 8-15b
たずねる。

諄諄 4319 中
ねんごろに。教誨不倦貌。

巡更 4320 福 22-1.b
ときまはり。

巡更人 4321 福 14-21b
よまはり。

巡査 4322 外
めぐって取り締まる。

巡査口岸 4323 外
→口岸

巡緝 4324 讀下 25
巡察緝捕。

巡堵 4325 外
巡察して防御する。

巡道 4326 筌 38
巡警道即ち警察道台。

巡撫 4327 外
総督と並ぶ地方長官。職権は総督のそれと重複して弁別することは困難であるが①総督が二三の省を統括するに対し、一省のみの支配である。②品級が従二品であり総督の正二品に譲る（但し書簡や実際の対面では対等の礼儀をとる）③巡撫特有の職権としては関税の管理・釐金の監理・鹽政?・郷試の監督・漕運行政がある。

巡捕 4328 外
①北京に巡捕営あり、京師を巡回して治安を維持する。②＝巡捕官。③通商地・租界のために雇われた警察官。

巡捕官 4329 外
將軍・総督・巡撫にはみな巡捕官あり、傅宣護衛を掌る。

巡洋 4330 規 233
海軍の検閲。

巡理廳巡理府 4331 読 19
裁判所の類。

遵 4332 規 196、満 127、四 184
①「したがう」の意。 →違②遵照辨理のこと。③「俾便遵行」の略。〜せしめ

[ジュン]

よ、従うに便ならしめよ。

遵于〜 4333 四 183
［御下命の件は〜におこなえり」上級への文書で何時行ったかを示す語句で具体的な日時を伴う。

遵解 4334 福 5-17b
仰せの通り送る。

遵期 4335 経
期限通り、期日に間違いなく。

遵議 4336 読 110
意見・議奏通り行え。

遵經 4337 四 183
「曾經遵辦理」の簡略語か。「（御下命ありましたことにつきましては）既に実行しております（し終えてます）。」

遵行間 4338 四 183
「御下命ありましたように、只今実行しおります（つき）。」明清時代の上行文によく用いられる。

遵査 4339 四 184
「御命令に従い調査したるところ。」上行文において調査の命令を受けその報告を引用するときに使う。

遵此 4340 四 183
「〜（との旨）承れり」前因遵此のように、引用文（依拠段）を受けて自分の意見を述べる引申段へと転ずる語句。奉此にほぼ同じではあるが、より敬意が込められている。

遵旨 4341 読 246
上諭の趣を奉體して。

遵旨寄信用前来 4342 四 183
寄信諭旨で用いられる語。「遵旨」は［皇帝の御意に従い］、「寄信」は寄信諭旨であることを示し、「前来」は寄信諭旨がどこに向けて発せられたかを示す。全文の終わりに来て結ぶ。 →前来

遵照 4343 規 146,230、満 104、四 184
①「（法令・命令を）従い、守り、行へ。」下行文における結尾語。知照（承知せよ）と異なり命令を遵奉実行せざるべからざる拘束力がある。下行文における結尾語。 →知照②準拠の意。嘱託命令の通り行う。

遵照辨理 4344 外、満 128
①法令の規定に基づいて事務を取り扱う。②命令の通りに処理する。

遵即 4345 筌 45、四 184
①「直ちに命に遵いて〜行えり。」②上行文において「御下命のありました件につき直ちに取り組んでおります」上級からの来文を引用した後につく。

遵即・・在案 4346 筌 45、満 67

[ショ] [シ]

直ちに〜したりき。 →經・・在案、在案

遵速辨理 4347 満 128
命じたる各節に従い迅速に処理すべし。「遵照令飭各節迅速辨理」の簡略語。

遵飭 4348 四 184
「命に従うべし」遵は遵奉、飭は命令。下行く文の命令句中に用いられる。

遵辦 4349 読 78
①命に照らしその通り従い処理する。「遵照辦理」の簡略語。②趣意に従って取り計う。

遵諭 4350 外
命令に従うこと。

遵陸 4351 読 273
陸路より。

閏耗銀 4352 外
閏年には行政上の経費を一ケ月増加するので租税徴収の起き若干の税銀を加えて徴収すること。

順 4353 規 154
「ついでに」の意、俗語「順便」より出ず。

順手 4354 外
右撚の絲。 ←→反手

順天府 4355 読 135、行 1b/59-63、外、筌 6
①北京皇城のあるところ。②直隷省中五州十七縣の行政を管理する衙門。③首都北京地方を管轄する特設地方官庁で普通の府と異なった組織と職権を有する。長官は府尹。その上に更に兼官府尹事務大臣が置かれている。

順天府尹 4356 外
「順天府」の長官。

馴至 4357 陶 16-29a,読下 43
①次第に〜になる。②招き及ぼす。

[ショ]

庶 4358 規 196
「こひねがはくは」。

庶吉士 4359 外
翰林院附属の庶常館の「研修生」。 →翰林院

庶常館 4360 外
翰林院で新たに進士の成績優秀で入ってきたものを更に試験選考して庶吉士として三年間修業せしめ優秀なものを翰林院の本官に任ずる。 →翰林院

暑假 4361 規 223
「假」は暇。

所以 4362 読 241
「故(ゆえ)」に同じ。

所遺 4363 読 112、筌 14、讀上 7
①(転出による)空席。②空位。③(喪中もしくは不在にて)取り残されている執務。

所擬 4364 讀下 13
予定していた。 →擬

所開 4365 読 70
記すところ、載するところ。

所言是非 4366 規 242
論旨の是非に関わらず。

所熬之膏 4367 筌 32
アヘンを煮たるもの。

所需 4368 読 174
所要に同じ。

所請 4369 讀下 59
所聘。 →請

所請應從緩議 4370 満 107
「請願の件は追って議すべし」下行文における暫時不許可の場合の結尾語。

所請暫勿庸議 4371 満 107
「請願の件は暫時論議するなかれ」下行文における暫時不許可の場合の結尾語。

所請不准 4372 四 90
「請願の件は許可できず。」批示・指令において請願のことを却下する語。

所遜 4373 読 281
ゆずるところ、及ばぬところ。

所置 4374 読?
設置したところ。

所貼 4375 筌 36
支出するところの。

所長 4376 福 1-15a
そのかしらぶん。

所討 4377 筌 27
求める所。

所有 4378 読 55,筌 29,外、讀上 8-9、22
①「あらゆる」。②上述の、例の、くだんの。 →所有・・縁由

所有・・縁由 4379 満 72-73、四 90
引申段の末尾において、全文の目的(題目)を摘記・再記して注意を喚起する。「所有・・縁由」ではさまれるのは「為・・事」と同内容。「一切の・・事由」の意。特に、民国期には正式の呈文の末尾には常に用いられ、直後に請求語をともなった。 →除・・外

所有・・情形 4380 満 73-4、四 90
引申段の末尾において、事情の経過を一括して述べ先方の注意の喚起を図る。「一切の・・情形」の意。 →除・・外、所有・・縁由

書役 4381 筌 37
書吏および衙役。

書函 4382 外

[シ]

書簡。
書記 4383 讀下 68
　書記官。
書記官 4384 筌 14
　公使館書記生。
書差 4385 外, 筌 49
　書吏と差役(下級役人)などの小官吏。
書辦 4386 外
　＝書吏。
書吏 4387 外
　六部および地方官衙の吏。官が科擧試などでは專ら經學的な知識だけしか習得しないのに對し、地生えの事務係として實務に精通し、事實上實權を握ることが多い。胥吏とも。
書留覽 4388 滿 119
　書き留めて閲覽す。指令・批の末尾に用いられる。
署 4389 外
　①役所。②署理、代理のこと。cf.護視
署使臣 4390 讀 264
　代理公使。
署事 4391 福 5-22a
　かねやく。
署名蓋印 4392 規 126
　記名調印。
署大臣 4393 規 179,314
　署理出使大臣、代理公使のこと。
署提 4394 筌 75
　提督代理。
署任 4395 讀 244
　一時の代理。
署撫 4396 讀 177、
　巡撫代理。
署理 4397 讀下 34
　①代理・職務代行。②公使代理。
胥 4398 經 23、筌 8
　皆。
胥因 4399 經 23
　皆…による。
胥吏 4400 外
　書吏。
處 4401 讀 75、滿 70
　①事。②→之處
處分 4402 外、讀 120
　官吏に懲戒。
處家 4403 福 1-14a
　しんだい。
處釋 4404 福 11-12a
　こころとけさす。
初辦 4405 讀 307
　初めて行うか?。

[ジョ]

諸 4406 讀 29、讀下 47
　①此れを何々になり。②「之於」。
諸王大臣 4407 讀下 31
　在總署諸親郡王及大臣。
諸此 4408 讀 2
　此れになり。
諸臻妥全 4409 筌 3
　すべて完全無欠なり。
諸色 4410 讀 134
　各種の。
諸生 4411 規 39
　書生のこと。
諸大臣 4412 讀下 23
　(欧米の議会の)議員達。

[ジョ]

助逆 4413 外
　清朝の内敵・外敵に味方する。
助順 4414 外
　官軍に味方する。
女監 4415 福 13-6b
　をんな牢。
如 4416 讀下 62
　「若し」如に仮定・期待の意味が込められている。
如何之處 4417 四 62
　上級機關に對しいかがとり図ればよろしいのかと下級機關が上級機關に判斷を委ねる表現。この表現が使われるときは本當に下級機關が困惑し上級の判斷を仰いでいるものである。似たような表現で「可否之處」もあるが、これは單に機嫌伺い問い合わせに過ぎない。→可否之處
如果屬實 4418 四 62
　「若し真實ならば、どうするつもりだ」下級機關への回答文で、下級からの來文で予想していることが真實本當であればどうするつもりだと問い表現。
如擬 4419 四 61
　上級機關が下級機關への批復で下級からの來文が求める処理に同意する語。指令文などで用いられる。
如擬照行 4420 四 61
　下降文の批示・指令などにおいて下級からの來文が求める処理を行うことを認める表現
如逕 4421 筌 20
　若し其侭に。
如行 4422 讀 71
　「如」の一字に同じ、行の字の用法は時文の特徴。
如呈照准 4423 四 61
　下級機關が呈文で請求してきたことをその通り行うことを許す語。「呈文の如く

- 116 -

[ジョ]　　　　　　　　　　　　　　　　　　　　　　　　　　　　　　　　[シ]

如不敷住 4424 讀下 65
もしも住居に不足あらば。

如蒙 4425 四 62
「もしも～(恩恵)を賜りますれば(幸甚に存じ候)」如に仮定・期待の意味が込められている。清代の上行文に見られる。

序粘 4426 福 12-10a
じゆんじゆんねばしつぐ。

徐海 4427 筌 76
江蘇省の徐州と海州。

徐海道 4428 外
江蘇省徐州・海州を管轄する道台。徐州に駐在する。

徐日昇 4429 外
Pereyra, Thomas.

恕速 4430 筌 65
時日切迫甚だ失礼に御座候へども、あしからずご了承下されたく候。

恕難遵辦 4431 四 147
「(来文の趣き)遵照辦理しがたし、許されよ。」上級からの来文で要求されたことが、そのまま従って行うことが困難であると免除を求める語。

恕難照辦 4432 四 147
「(来文の趣き)遵照辦理しがたし、許されよ。」平級からの来文で要求されたことが、行うことできないと声明する語。

抒 4433 陶 8-7a
詳しく述べる。

敍招 4434 福 11-20a
白状がき。

敍労 4435 讀 250
その勤労の多少に従いて。

除 4436 行 1b/203、外
官吏たる資格を有する者に初めて官を授けること。

除・・外 4437 満 74、5、規 123,202,316、筌 9、四 122
①「・・は・・したるにつき」(発送文書の)本題に関連する事務・書類手続きの扱いを付言して述べる書式(附言語)。上・平・下行文ともにもちいられる。→除分呈外 ②・・するは勿論。[除語談] ③他機関に対して文書の写しなどを発送する場合その発文の状況を知らせる形式。④処置の状況をこの語による形式により述べ、そのあと文書の受手に具体的な要求をする語句が来る。

除核存外 4438 満 76、四 123
「(一部は)審査のため存置するにつき」。下行文における附言語。　→除・・外

除函陳外 4439 満 76
「それぞれ書簡を発したるにつき」。平行文における附言語。　→除・・外

除函復該會外 4440 満 76
「同会に返書するにつき」。平行文における附言語。　→除・・外

除原件存査外 4441 四 124
「もとの来文は後日の審査のため保存するにつき」。上行文・平行文における附言語。　→除・・外

除原文有案不録後開 4442 四 123
民国期に出てきた形式で依拠する文書の全文を引用せず、重要な末尾の部分のみを引用する。附言語。「除来文不録外後開」とほぼ同内容であるが「有案」により原文がすでに档案として保管されていることが判る。　→除・・外、除来文不録外後開(上行文)

除原文有案邀免冗録外、後開 4443 四 124
民国期に出てきた形式で依拠する文書の全文を引用せず、重要な末尾の部分を引用する。上行文における附言語。　→除・・外、除来文不録外後開(平行文)

除原文有案邀免全録外、尾開 4444 四 124
民国期に出てきた形式で依拠する文書の全文を引用せず、重要な末尾の部分を引用する。上行文における附言語。　→除・・外、除来文不録外後開(平行文)

除書 4445 福 1-5a
ごほうしよ。

除呈報外 4446 四 123
「(他の)上級機関にも呈文もて報送したるにつき」上行文における附言語。他の上級機関へ発文したことを示す。　→除・・外

除批・・・等因印發外 4447 四 122
①「・・との批を印発し指示するにつき」。下行文における附言語で他に批文(有印)があることを示す。下級及び民間からの呈文への回答などで用いられる。→除・・外、除批示外

除批・・・等因印發外 4448 四 122
①「・・との批を印発し指示するにつき」。下行文における附言語で他に批文(有印)があることを示す。下級及び民間からの呈文への回答などで用いられる。→除・・外、除批示外

除批示外 4449 満 77、四 122
①「批を以て指示する外」。下行文における附言語。　②「別に批示もて命令したるにつき(従うべし)」別に批文があることを示す。　→除・・外

除来文不録後開 4450 四 123
民国期に出てきた形式で依拠する文書の全文を引用せず、重要な末尾の部分のみ

[シ]　　　　　　　　　　　　　　　[ショウ]

を引用する。平行文における附言語。
→除・・外、除原文有案邀免全録外（上行文）

除分凾外 4451 満 76、四 121
　①「関係各方面に書簡を発したるにつき」。平行文における附言語で関係方面に凾件で通知したことを示す。②凾は隷属関係のない官署間の来往文書。 →除・・外

除分行外 4452 満 76、四 121
　①「それぞれに命令するにつき」。下行文における附言語。 ②「関係各方面に文書を発送(行文)したるにつき」文書の末尾で発文状況を示す。 →除・・外、行

除分咨外 4453 満 76、四 121
　「それぞれ咨を発したるにつき」。平行文における附言語(後に請求語を伴う)で各機関に発文したことを示す。 →除・・外

除分呈・・外 4454 四 121
　「各(上級機関)方面に文書を以て申請したるにつき」。上行文における附言語で他の上級機関へ発文したことを示す。 →除・・外

除分呈外 4455 満 75
　「各方面に文書を以て申請したるにつき」。上行文における附言語。 →除・・外

除分別咨行外 4456 四 121
　→除分咨外、除・・外

除分別示諭外 4457 四 122
　示諭は指示・告示など。「各方面に指示・告示を以て周知せしめたるにつき」。下級機関と民間に対して命令を下して知らしめたことを示す。民国期の下行文における附言語。 →除・・外

除分別令知外 4458 四 122
　「各方面に文書を以て周知せしめたるにつき」。下級機関と民間に対して命令を下して知らしめたことを示す。民国期の下行文における附言語。 →除・・外

除用核存 4459 外
　費用を除いた上で現在高を確定する。

除另行辦理外 4460 満 76
　「別に弁理を命ずるの外」。下行文における附言語。 →除・・外

[ショウ]

倡始人 4461 筌 57
　主唱者。

傷單 4462 福 14-4b
　きずの書き付け。

傷斃 4463 外
　死傷。傷つけたり殺すこと。

償結 4464 福 12-30b
　つぐのひ証文。

宵旰憂勤 4465 筌 12
　夜毎憂え謹む。「旰」は「暮れる・夜」

宵小叵測之心 4466 筌 46
　小人の測り難き心。

勝 4467 読 15,149
　耐える、耐堪する。

勝會 4468 讀下 24
　祝賀会。

勦 4469 読 117
　伐うこと。

勦辦 4470 読 177
　討伐。

升階 4471 外
　＝陛。

升水 4472 経 23
　打歩・含み利益。額面と実際価格との差益。

升斗 4473 福 3-20b
　ふち。

升道 4474 筌 46
　道台に昇進して転任す。

召告 4475 福 20-2a
　申したてる。

召對 4476 筌 6
　謁見諮問。

召亂 4477 規 280
　召は「招く」なり。

召買 4478 福 20-20b
　めしかはする。

商 4479 讀下 44
　①商議。「はかる」相談の意。②商人のこと。

商串 4480 福 17-21b
　相談してかく。[～～口詞。]

商改 4481 筌 30
　商議の上改編す。

商榷 4482 筌 34、外
　①切実に協議する。②ものごとをひき較べて考慮する。

商舊 4483 筌 58
　旧鉱業者。

商犀 4484 外
　Chanzy.

商梢 4485 外
　商人と水夫と。

商借 4486 読 283、講 138
　①貸し出しを協議する。借＝貸す②借り入れ交渉をする。

商酌 4487 規 2
　協議、斟酌商議。

[ショウ]　　[シ]

商請 4488 読 271
　商議請求。
商訂 4489 規 87,151
　商議訂結すること。
商阜 4490 講下 10
　通商地。
商部 4491 読 4
　商務部。
商部定例 4492 商
　商部の定規。
商辦 4493 読 78
　協議の上、取り扱う。
商辦銀行 4494 読 145
　商業銀行。
商明 4495 外
　はっきりと相談すること。
商面 4496 外
　Chanzy.
商約大臣 4497 筌 54
　外国との条約改正の為に設けられた大臣。
商由 4498 規 251
　相談。
商理 4499 読 167
　商議処理。
奨 4500 規 309
　奨学金。［希図青奨］
奨異 4501 福 21-6b
　かくだんのほうび。
奨励 4502 規 241
　卒業後の特典。
奨飾 4503 筌 53
　御賞揚。
小 4504 規 172
　小國。
小九卿 4505 外
　「六部九卿」とあるように都察院・五寺・翰林院・通政使司・大理寺を一括した言い方。　→九卿
小嫌 4506 規 71
　些細の嫌悪をいう。［暫置小嫌共維持全局］
小差 4507 福 28-1b
　［其為差也。・…,有承舍責奏本章・佐僚代捧慶賀大計表冊。是謂〜〜。］
小差使 4508 読下 64
　小役人。
小時 4509 読 10
　一時間。
小修 4510
　河工の定例。三年毎に行う。　→大修
小西洋 4511 外
　①印度。②東インド諸島。
小隊 4512 讀上 15
　小部隊。
小的 4513 四 5, 福 12-21b
　「やつがれ」、「わたくし」明清時期に民間（あるいは犯人）の訴状もしくは口述における自称。
小我 4514 四 5
　「やつがれ」、「わたくし」明清時期に民間（あるいは犯人）の訴状もしくは口述における自称。　→小的
小的等 4515 四 5
　小的們に同じ。「やつがれども」、「わたくしども。」明清時期に民間（あるいは犯人）の訴状もしくは口述における自称。　→小的們
小的們 4516 四 5
　小的の複数形。「やつがれども」、「わたくしども。」明清時期に民間（あるいは犯人）の訴状もしくは口述における自称。
小德出入 4517 筌 28
　悪所に出入りする。
小批 4518 福 7-19a
　すあいうんじやうの批文。［銭糧非係地丁。多用本州縣係〜〜。如府司雜税額外撥解等項是也。］
小腹 4519 福 14-18a
　したはら。
小窯口 4520 外
　→窯口
小呂宋 4521
　Luzon. 大呂宋は Spain か？
少 4522 讀下 59
　闕く（完全に備わっているべきものが欠けている）。
少師 4523 外
　加銜・虛銜（名誉職）の一。　→加銜、虛銜
少成若性 4524 筌 13
　若年にして成熟すれば性質のごとく成る。
少詹事 4525 外
　→詹事府。AssistantSupervisorofInstruction.
少傅 4526 外
　加銜・虛銜（名誉職）の一。　→加銜・虛銜
少保 4527 外
　加銜・虛銜（名誉職）の一。　→加銜・虛銜
尚 4528 外
　まずまず、まあまあ。
尚書 4529 読 6
　President 六部理藩院の長官從一品。

[シ]　　　　　　　　　　　　　　　　[ショウ]

尚屬可行 4530 満 106、四 96
　①下級への回答文で、請求の事について許可を与える語。ただし、十分な根拠に基づくものというよりは強弁の嫌いがある。②「施行して可なり。」指令・批における結尾語。

尚屬相符 4531 満 106
　「なお理に合す。」指令・批における結尾語。

尚無不合 4532 満 106
　「なお合理なり。」指令・批における結尾語。

尚無不合、應予准行 4533 四 86
　①下級への回答文で、請求の事について調査・確認の結果法規にもかなっており、許可を与えるとの語。「尚屬可行」に似てはいるが、法的な根拠も確かだとして、さらに決然としている。②「なお合理なり。」指令・批における結尾語。

唱禮 4534 福 21-28a
　きまりのごとくれいせよと言う。

庄頭 4535 福 2-14b
　こさくかしら。

廠 4536 読 19
　工場。

廠棚 4537 福 14-2b
　かりごや。

彰明較著 4538 読 181
　公然と。

彰明昭著 4539 読 181
　公然と。

戕 4540 読 165
　①そこなう。②殺す。→被戕

抄 4541 筌 17
　①写しをとる。②奪取。

抄交 4542 筌 14
　転写の上交付する。

抄襲 4543 筌 57
　転載。

抄胥 4544 外、中 229
　①=書吏。②官庁の浄書を仕事とする下級官吏(書記)。

抄搶 4545 福 14-7b
　ものをうばひとる。

抄同 4546 満 87
　「抄写してともに送る。」→檢同、連同

抄發 4547 満 87、
　①抄本を送付する。→合行抄發 ②来文及び附件の写しを取って、上級への文書につけあるいは各下級機関に転発すること。写した文書を発送する。

抄翻 4548 福 29-4b

抄録 4549 読 178、満 80
　写し取る。写録する。

承 4550 讀下 60,筌 38
　①承け、かたじけなし。②(公文書の)受け付け。承は受け付ける。

承允 4551 讀下 13
　①担当。②承諾する。

承允諾出示 4552 規 227
　日本全権より閲覧に供せんとの許諾を得たる云々。

承應 4553 中 252
　承諾する。

承管 4554 外
　引き受ける。請け負う。

承行 4555 福 2-10a,11-7a
　下役。かかり。

承差 4556 外
　督撫・鹽政の下にある書吏の一種。

承事 4557 福 4-7a
　つかへる。

承舍 4558 福 6-19a,28-1b
　とまる。役人。

承准 4559 規 169,312
　受け取れりということを単に准と書するに対し、やや丁寧なるもの。

承招 4560 福 20-2a
　白状する。

承審 4561 外
　(容疑者を)取り調べる、裁く。

承審公堂 4562 外
　British Supreme Court(領事裁判を行うため上海に設けられた英国の)高等法院。

承修 4563 筌 15
　(敷設)工事引き受け。

承充 4564 筌 57、外
　①充用。②(港などで)税課の完納を請け負うこと。このことは取引を一手に引き受けることを意味した。

承轉 4565 筌 38
　公文書の往復授受をいう。承は受け付け。轉は転送。

承德郎 4566 筌 66
　国家に慶事あるときに正六品の文官および其の配偶者および曾祖祖父母に封典として授ける。

承買 4567 福 20-29b
　かはせる。[召主、～～。]

承賣 4568 外
　販売を引き受ける。引き受けた人。

承票差役 4569 福 2-10a
　書き付けを受け取る役人。

[ショウ]　　　　　　　　　　　　　　　　　　　　　[シ]

承辦 4570 外,筌 31,46
　①上級官庁からの指示をうけて事務を取り扱う。②引き受けて処理する。請け負う。

承保 4571 外
　引き受けて保証する。

承乏 4572 規 104,327,筌 19
　奉職。

掌握 4573 筌 47
　管掌。

掌印監察御史 4574 外
　→翰林院

掌印給事中 4575 外,筌 6
　「六科給事中」に同じ。　→翰林院

掌印學士 4576 外
　→翰林院

掌守 4577 福 2021b
　かかり役人。

招看 4578 福 32-9a
　白状調べかきとり。

招眼 4579 福 12-27b
　くちがきのめど。

招股 4580 読 146
　株主募集。

招考 4581 読 142,筌 14
　募集試験。招きて試験をする。

招首 4582 福 12-26b
　［凡串招須照例定一人為～～。如京官與外官共犯。倶應奏請者。以罪重者為首。……］

招書 4583 福 2-9b,11-23a
　申しくちをかくやく。くちがき。

招承 4584 福 17-19a
　白状。

招商 4585
　民間資本の導入。

招商局 4586 外
　航運企業。同治 11 年(1872)年、漕運の滞りを解消するため李鴻章の上奏により設置された。後に民営化され、官督商辦となった。

招生 4587 筌 36
　生徒を募集する。

招選 4588 読 293
　招募選抜。

招帖 4589 筌 64
　募集状。

招牌 4590 商
　看板。

招扳 4591 福 18-6a
　白状の言いかけ。

招房 4592 福 2-10a,12-9b
　くちがきやく。白状がきをかくこ役人。

招搖 4593 外、福 2-19a
　①えらぶる、いばる。②いひふらす。

捷 4594 規 235
　［はやし］。

捷径 4595 読 39
　近道。

捷報處 4596 外
　兵部の一分課。各省から馳奏する緊急の奏本を受領し及び軍機處から交出する寄信上諭の発送を掌る。

摺 4597 規 85、171
　①奏摺即ち上奏文。正式の上奏文の題本と区別していう。②摺とは折手本の意にして、清國の制、上は上奏文より下は下級官衙における公牘文にいたるまで皆この折手本・摺なるものを用いる。

摺繕 4598 読 263
　奏聞書を認めて。

摺奏 4599 外
　＝摺奏。

摺存 4600 満 119
　折本は存置す。指令・批の末尾に用いれる。

摺片 4601 規 54
　。上奏文と另片。摺は奏摺即ち上奏文。片は另片と称し上奏文の付録として進呈するもの。將は「もって」と訓むでも可、「・・を」と訓むでも可。

松香 4602 福 16-5a
　まつやに。

消息錢價 4603 筌 62
　金貨相場の消息。

將 4604 讀上 8、9 下 26、73
　「以て」なり。

將機就計 4605 外
　臨機応変の計にでる。裏をかく。

將軍 4606 外
　①各省駐防八旗の長官。品級は総督と同じでありながら総督の上位に位置するが、八旗を管理するのみ。②東三省の長官。③「宗室」の爵位の鎮國將軍・輔國將軍。④外蒙古に派遣する定邊左副將軍（烏里雅蘇台將軍ともいう）。

將此諭令知之 4607 四 120
　「この上諭を関連の官庁に周知せしめよ。」皇帝の下す上諭(この場合寄信上諭)の末尾。この後に軍機処は「欽此。遵旨寄信前来」などを書き足す。

將就 4608 筌 77
　間に合わせる。我慢する。その時の状況に従う。無理をしのんで我慢して。

將納多呵嚙哽 4609 外

- 121 -

[シ]

Stauton.Sir G.Leonard.
將備 4610 外
　「副將」と「守備」。
將弁 4611 規 146、外
　①將は將校、弁は下士官。②(將校下士官級の)軍人、武官。
將養 4612 福 12-17a
　やうじやう。
昭信股票 4613 外
　内国債の一。光緒 24 年一月十四日の上諭により発行、問題があって七月二十二日の上諭で一般の股票は発行停止になった。
昭信守 4614 規 126
　証拠として。
昭蘇 4615 筌 51
　蘇生するなり。
昭武都尉 4616 筌 66
　国家に慶事あるときに正四品の武官および其の配偶者および曾祖祖父母に封典として授ける。
渉 4617 陶 13-25b
　関係。
渉世以後 4618 規 282
　世に立ちてから。
湘 4619 筌 15
　湖南省。
湘省 4620 筌 39
　湖南。
湘垣 4621 筌 40
　長沙府。湖南の省城。
焦灼 4622 読 21
　気のいらつこと。
照 4623 筌 31、外、規 269、満 100
　①(書面または事実の)通りに、または準拠して。成語を作る、以下参照のこと。②免状・許可証・護照のこと。 →准聽 ③調べる、調査する。④「御中」というような意味。⑤照会の略。
照案 4624 外、四 173
　①照は依拠する・根拠とする。案は陳案・档案・例案。「～に依るに」「～に依拠するに。」②照は比照、査照。案は旧案。以前あった事件の処理方法に従うこと。先例に則る。
照允 4625 筌 31
　(来意に)照らして允許す。
照應 4626 福 4-10a
　世話をする、面倒をみる。 →昭料
照会 4627 外、福 13-7a
　①外国および同等官の間に往復せる公の文書。平行文 Communication. ②こころえさせる。

[ショウ]

照会事 4628
　冒頭の「為」が省略されたもの。照会文の冒頭にくる。 →爲…事.
照看 4629 福 13-4a
　看病。
照管 4630 福 20-8b
　世話する。
照衛 4631 福 1-6a
　官位通り。
照還 4632 読 51
　もと通りにもどす。
照給 4633 規 252
　規約に照らし(規則通り)支給する。
照舊 4634 外
　先例に則る。
照驗施行 4635 規 242、四 97、172
　①明代の官府間の往来文書(上行・平行・下行とも)の末尾に使われる。驗は査驗の意。全体としては已に処理文案は御覧の通りにつきの意。この後「須至・・者」を伴う。②驗は驗文、清代の上行文の一。この表現は、本試験文を御覧いただいた上で下級機関の実行に便・指示ありたしとの意。驗文末尾の請求語句中で使われる。③申し越しの通りにする。 →照辦
照行 4636 規 242、四 61、97
　①査照施行、審核施行。②申し越しの通りにする。③実行する事に同意する →照辦
照出 4637 四 72、171、福 12-10a,12-30b
　①犯罪に関係した事物(屍体・贓物・証拠など)をどう処理するかということと意見をこの語の後に示す。「餘無再照」で結ばれる→余無再照。②罪を書き出すこと。引き合い出す。
照出竹裁 4638 福 27-13b
　ぜんぶん通りのたげのくじ。
照准 4639 満 105、四 55、57、四 172
　①批准・許可する。②査明・准許。③「(願い出の通り)許可する(されたし)」。照は「お察しいただき」か?御明察の上許可いただく。
照准前因 4640 四 172
　前由語の一つか? 引申段の末尾に使われこの後帰結段にはいる。「先に引用した平級機関からの来文で述べられた状況を査核するに」照は査照、査明。准は依拠するの意。
照准前因, 合飛亟飭 4641 四 172
　前由語の一つか? 引申段の末尾に使われこの後帰結段にはいる。「先に引用した平級機関からの来文で述べられた状況を

- 122 -

[ショウ]　　　　　　　　　　　　　　　　　　　　　　　　　　　　[シ]

査核するに、状況は緊迫し直ちに・・・行うべき」ことを述べる。照は査照、査明。准は依拠するの意。 →照准前因

照墻 4642 福 11-8b
　しらすのかべ。

照相 4643 読 233
　写真。

照章 4644 読 204
　規則通り。

照稱 4645 講 138、講 98
　「照会文にて申し越せし～の趣」。

照詳施行 4646 四 171
　「この詳文の如く行いたく」。照は見る、詳は(本)詳文。詳文末尾の請求語句中で使われ、上級機関に対し詳文を見て施行・実行に便ありたしとの意。この後に「須至申者」「須至呈者」の語で結ばれる。→照詳施行

照常 4647 読?
　平常通り。

照兌 4648 規 265
　(手形等に照らして)兌換する。

照得 4649 外、通、規 141,259、四 173
　発語の辞。「陳者。」といったもの。公文に限り用いられる。下行文・平級機関の来往文書・布告の文において用いられる。 →得 [照得日清通商行船条約第六款…] ※宋元時代には上下行文書みな「照得」という表現を、冒頭に使っていた。「照」は「察」というような意味らしい。格別の意味ないとされる。

照攤 4650 筌 64
　規定に照らし分担する。

照提 4651 四 173、福 12-30b
　①照出に同じ。②前にことがありそのことについて呼び出す。[若有罪犯不到。與應参奏官員之類。則稱合問某人倶另行提問。是謂～。]

照頭 4652 福 12-21b
　頭をみかけて。[～～打死。]

照登 4653 読 142
　原文通り、記載する。

照碼 4654 讀下 39
　符号に照らし。

照復 4655
　照覆に同じ。

照覆 4656 筌 29
　照会文で回答する。またはその回答の照会文。 →咨覆

照覆事 4657 読 78
　「爲照覆事」の「爲」の省略。 →爲…事

照拂 4658

世話をする、面倒をみる。 →照料

照辦 4659 規 192,231,242,250,317、満 100
　「照らして処理す。」遵照辧理を縮めたもの。御来意・規則等に準拠して辧理すべしの意。

照磨 4660 福 5-12b
　ひきあひ調べる。

照料 4661 規 48,89 筌 14
　周旋・斡旋。世話をする。面倒をみる照應・照拂にも作る。

照例 4662 外
　先例にならうこと。型の如くする。

照録原文 4663 四 172
　「原文の通り」民国時期の文書において、依拠する文書を省略して代用する語。[令開照録原文等因奉此]

省 4664 外、読 218
　①省。province ②省城。特に香港・廣東あたりでは廣東省城を指す。③自覚する(人事不省)。

省垣 4665 外
　省城。

省會 4666 規 280,筌 12
　省城即ち一省の首府。

省改 4667 福 31-12.a
　なほる。

省外 4668 外
　省城の外。

省視 4669 読 22
　とっくりと見る。

省署 4670 外
　省城にある役所。

省發 4671 福 12-27a
　杖決者稱～～。

省費力 4672 讀下 14
　簡便に。

省分 4673 規 47,筌 10
　各省・省のこと。地方?。

省令 4674 福 12-27a
　供明者,稱～～。

悚惕 4675 筌 12
　憂虞。「惕」は「おそれる」

相 4676 規 195、233、筌 9
　①(情勢・有様を観じ)「視る」[相機審勢(機微を察し大勢を明らかにする)] ②學士。

相安無事 4677 外
　みな無事におさまる。

相依唇歯 4678 規 70
　日清両国の間を「唇歯輔車」の関係にたとえていったもの。

相應 4679 外、満 79、四 100

[シ]　　　　　　　　　　　　　　　[ショウ]

①「これが為」「以上」「右」。②「アイマサニスベシ」対等者に宛てる公文(平行文)の結び(帰結段)で結論を述べるにあたって用いれる。収束語。

相應・・咨請□□ 4680 満 79
　「ここに・・により□□せんことを咨文により請う」平行文における収束語。

相應・・咨覆□□ 4681 満 80
　「ここに・・により□□であることを咨文もて回答す」平行文における収束語。

相應函請・・・ 4682 満 82
　「ここに書簡を以てお願い申し上げます」「相応ニ函モテ請ウラク・・・」。公函における収束語。

相應函達・・・ 4683 満 84
　「ここに書簡を持って・・知達す」公函(平行文)における収束語。

相應函覆・・・ 4684 満 82
　「ここに書簡を以て回答するにつき」「相応ニ函モテ復ス・・・」。公函における収束語。

相應檢(連)同抄 4685 満 81
　「ここに原呈写本を相添え・・を咨文にて申請(回答)すべし。」平行文における収束語。

相應檢(連)同附件函請(覆)・・・ 4686 満 83
　「ここに附件を相添えて書簡を以て請願(回答)するにつき」公函における収束語。

相應抄録原呈咨請 4687 満 82
　「ここに原呈文を写録し咨文にて・・申請すべし。」平行文における収束語。

相應抄録原呈咨覆 4688 満 81
　「ここに原呈文を写録し咨文にて・・回答すべし。」平行文における収束語。

相機 4689 外
　頃あいをはかって、状況に応じて。

相睦 4690 筌 3
　「あいそむく」相反発する。

相宜 4691 讀下 60
　適合。

相近 4692 読 87
　付近。

相衡 4693 読 153
　相比較する。

相國 4694 外
　大學士の別称。

相左 4695 規 308, 筌 55
　齟齬・行き違い。掛け違いの意。

相侍 4696 外
　待遇する。

相若 4697 読 308
　あいしく、匹敵する。

相仍 4698 筌 3
　相踏襲す。

相知 4699 福 1-3a
　しりあい。

相配 4700 読?
　それ相応の。

相並 4701 外
　対等。

相率 4702 外
　あいひきいれて。どしどし、われがちに。

燒 4703 讀下 28
　放火。

礁石 4704 読 82
　暗礁。

稍 4705 外、規 179,250、陶 7-37a
　①「些かたりとも」の意。[不容稍有延緩]②しばし。③少しく。④水夫。

稍遜 4706 筌 40
　及ばざる。稍や遜色あり。

稍帶 4707 福 14-6a
　つれゆく。[～～親鄰。]

稍有力 4708 福 12-6a
　[家道暮鏡于無力者。謂之～。]

稱 4709 読 56,173、四 136
　曰く。下級機関や民間からの来文を引用する語。　cf.開(上級または平級機関からの来文書を引用する)

稱羨 4710 読 19
　ほめる。

稱賃 4711 福 14-3a
　かる。

稱準 4712 福 6-4a
　かけためす。[～銀数。]

章程 4713 規 87、外、讀上 8
　①規則、とりきめ。②条約・協定。

章服 4714 読 149　角
　①官吏の礼服。②官等識別の徽章のついている制服。官服。③(日月・星辰・鳥獣の模様のある)制服。図文で区別した。皇帝は 12、群臣は 9 から 3。皇帝・親王は竜を用い、竜の数によって区別した。④礼服。

筀 4715 筌 75
　扇。

訟案 4716 読 19
　訴訟事件。

訟棍 4717 福 11-14b
　くじわるもの。

翔 4718 筌 51
　飛禽。[翔植昭蘇]

翔華 4719 筌 54
　福祉。鳥鳴き, 花咲く。

[ジョウ] [シ]

翔植昭蘇 4720 筌 51

詳 4721 筌 33
　上級官署に出し指示を仰ぐ公文（上行文）。また下級官署から要求をだす文書とも。→詳文

詳允 4722 福 13-1a
　申したてのゆるし。

詳開 4723 筌 14
　詳細に記載す。　→開く

詳核定擬 4724 筌 5
　審査議定。

詳求 4725 筌 22
　詳細に講究する。

詳事 4726 筌 33
　→詳文。

詳晰甄核 4727 筌 3
　詳細に分別調査する。

詳文 4728 筌 33、四
　①明清時代の地方衙門が上級機関に出した呈報の一。②官の命を受け調査したる事項の詳細を報告する公文なり。

誚 4729 読 204
　そしる。

賞 4730 読 120
　賜う。

賞假 4731 規 40,筌 3 讀上 5
　賜暇休養せしめること。休暇を賜ること。

賞格 4732 読 220
　懸賞金額。

賞給 4733 読 4
　賞の一字に同じ、ほうびとして与える。

賞食親王雙俸 4734 規 64
　「親王ノ雙俸ヲ賞食セシム」

賞穿 4735 読 162
　着ることを許し賜る。

賞戴 4736 読 125
　戴くことを許可さる。

賞佩 4737 讀下 40
　賞給せられ佩用すること。

鈔 4738 筌 19、26
　①税。②抄に同じ。抄録する。

鈔課 4739 規 126,筌 24,26
　①賦課金。②入港税,船税。付帯する税（車税など）。

鈔關 4740 外,筌 23
　＝常関。清朝道台の管理下にある。　→海鈔兩關、海關

鈔銀 4741 外
　＝船鈔。

鈔交 4742 規 86
　抄写して交付しきたれるの意。

鈔示 4743 読 278
　書き取りて示す。

鈔胥 4744 外
　「書手」ともいう。謄写記録を司る官吏。

鈔餉 4745 外
　＝餉費。

鈔税 4746 外
　「船鈔」と「洋税」と。

鈔票 4747 読 29,306
　紙幣、公債。

鈔幣 4748 筌 27
　貨幣。

銷 4749 外、筌 66
　①売り捌く。②解除または取り消すこと。③消滅する。

銷案 4750 外
　訴訟事件に決定を与えること。訴訟を取り下げること。

銷案開復 4751
　過失を犯した官吏で一定の期間中免職処分をうけたものが、その期限を過ぎて原職に復帰すること。

銷假 4752 読 122
　賜暇の日を公務に用いたること。

銷售 4753 外
　売ること。

銷差 4754 筌 48
　公務を完了する。

銷算 4755 福 5-8a,7-19b
　けしさんよう。すみさんよう。

陞 4756 読 8、外
　①のぼる。②官吏が年功その他の理由で一階高い官に進むこと。

陞擦 4757 福 9-3a
　ましへらし。

鞘 4758 読 24
　さや、いれもの。

餉 4759 読 285、外、筌 40
　①国庫歳入。②軍食・軍隊の給与。　→餉項 ③税金。

餉項 4760 筌 40
　餉は兵糧,項は軍用金。

餉需 4761 筌 58
　経費。

餉粳 4762 筌 13
　銭米即ち扶持。

餉粳之心 4763 規 285
　扶持を貰うことばかり心にかける。

餉費 4764 外
　税課の一般的総称。

[ジョウ]

丈 4765 岡、幾

- 125 -

[シ]　　　　　　　　　　　　　[ジョウ]

①土地を測量すること。　→清丈、丈量
②尺度名。一寸の10倍。

丈冊 4766 福 10-2a
けんざを帳。

丈單 4767 岡、幾
地券(土地権利証)。

丈量 4768 岡、幾、行 6-14
土地を測量すること。『漢書』などにも見られる用法である 一定期間毎に行うのではなく必要に応じて行うものとであるとも、地形が大きく変化した場合など農隙の時に行い、沿海部など坍漲が激しい地域では一定の時期ごとに行うようである。江蘇においては 10 年ごとに行うとの特定の規定がある。

上一禮拜 4769 讀上 52
前一週間。

上下其手 4770 外
自己の便宜に從って法を上下する。

上下忙 4771 講 315
上半期(春季)と下半期(秋季)の納税。春季)と下半期(秋季)の納税をそれぞれ「上忙」「下忙」という。兩税のこと。　→忙

上貨 4772 外
積荷をおろす。

上海欽差大臣 4773 外
開港場貿易を掌った。その職権は廣東欽差大臣のを受け継ぎやがて南洋通商大臣に吸収された。　→欽差大臣

上海通商欽差大臣 4774 外
＝辦理通商事務大臣。　→欽差大臣

上海通商大臣 4775 外
＝辦理通商事務大臣。　→欽差大臣

上岸 4776 筌 29
上陸。

上級 4777 讀下 13
階段を上り。

上緊勒限 4778 讀下 25
至急期限を定め。

上月 4779 規 78
去月。

上憲 4780 四 4
晩清期に下級機関が上級の官員を敬って言う。　→大憲

上午 4781 讀下 38
午後。

上高櫻 4782 福 13-3a
[將犯人足吊起。頭下向臥。名日～～～。]

上行 4783 外、福 3-20b,12-10a,20-20a
①(文書往復・儀礼において)下級者の上級者に対する関係。②上役よりの行文。上役の指図。かみの指図。[奉～。聽候～。]→行

上衝 4784 讀下 13
地雷火。

上控 4785 筌 38,61
上告。

上國 4786 規 312,筌 52、外
①貴國。②属國に対する本国(宗主國)。③近隣の小國軍に対する強國。④(諸外国に対して)中国。『左伝』に見えるという。

上市 4787 読 13
市に売りに出す。

上手 4788 福 3-15a
さきのかかり。

上壽 4789 讀下 24
長寿。

上陳 4790 外
申し上げること。

上堂 4791 規 250
出講。

上道 4792 福 17-8b
なかまにいる。

上年 4793 筌 9,35
先年,昨年。

上批審 4794 福 11-22a
上役の指図調べ。

上稟慈謨 4795 読 157
皇太后の御思召を伺いて。　[候朕上稟慈謨隨時酌定]

上文 4796 福 20-20b
上役の指図がぎ。

上忙 4797 講 315
上半期(春季)の納税。上半期の納税を「下忙」といった。　→「忙」

上諭 4798 外、規 38、読 112、讀上 1
①皇上または太后の下したまう諭旨内閣または軍機処・政務処これを奉じて下に宣するを例とする。本分冒頭に「上諭」・「奉上諭」・「内閣奉上諭」・「軍機大臣面奉上諭」などといい、結末に「欽此」というは内閣・軍機処・政務処において付加し、以下下に示仰する所以である。上諭には「寄信上諭」と「明發上諭」の別がある。起草は全て軍機處でなされるともいわれる。　→寄信上諭、明發上諭
②或云、上諭は正式の手続きを経たるもの。旨・硃筆は陛下の特旨に出で、硃批は伺いに対する指令と。　→諭内閣、諭軍機大臣　③奏文に対する命令・指令。「上～と諭し給う」と訓む。ただ「上諭す」と訓むも可。　→旨

丞参 4799 筌 14、38
①左右丞及び左右参議。②補佐官。

丞倅 4800 外

- 126 -

[ジョウ]　　　　　　　　　　　　　　　　　　　　　　　　　[シ]

佐貳の別称。

裏助 4801 筌 29
助けるなり。

裏同 4802 読 114
賛同即補助。

仍 4803 規 146,242,251、讀上 4
「なお」「やはり」「依然」なり。…し続ける。[仍聽留学者]

仍希 4804 満 94
なお~を願う。平行文による(対等な相手に対する)依頼を表す。

仍祈 4805 満 94
なお~を願う。平行文による(対等な相手に対する)依頼を表す。

仍舊 4806 筌 5
従来の通り。

仍繳 4807 満 128
「発送せる原文件は処置が終われば戻されたし」との簡略語。

仍將辦理情形呈報(復・明)核奪 4808 満 108
「なお、処理状態を報告(回答・明らかに)し審査決定を受けるべし。」訓令・指令において、訓令の実行の有様の報告を命じたもの。

仍盡本法 4809 外
法律の規定する本条の例によって処分する。

仍前 4810
従前通り。

仍然 4811 読 188
猶然、依然。

仗 4812 陶 8-31b、規 170
頼る。

勦 4813 読 75
「裏助」の裏として用いる。

剰欵 4814 規 127
残金。

城 4815 筌 28、38
①「市まち」。縣城・州城のごとく城郭をなす街。③城内。

城隍 4816 大漢和、筌 43
①城隍神。都市の守護神。→城隍神、城隍廟②府・州・縣の鎮守。③島の名。山東省蓬莱縣の北方峽中の廟島列島最北に位置し、渤海と黄海との境界である。

城隍神 4817 大漢和、筌 43
①冥界の裁判官であると伝えられる神。②府・州・縣の鎮守。③その祭神は時代と地方によって異なる。城隍神とされた例として楚の春申君(蘇州)、宋の文天祥(杭州)、明の泰裕(上海)。南方より広まった信仰とされる。

城隍廟 4818 筌 43
①冥界の裁判官であると伝えられる城隍神を祭る廟。各県城にあった。→城隍神,

城廂 4819 外,筌 28
①(城壁のある)都市。城は城内,廂は城郭に接する城外の市街。

城池 4820 筌 29
①城市、「まち」のこと。古くは城の周りの濠、もしくは城と城壁とそれを取り巻く城壁を指した。②都会。

城鎮 4821 規 171
城は城池、即ち都会。鎮は鎮店即ち宿駅。

城鎮郷 4822 筌 38
城は「市まち」。縣城・州城のごとく城郭をなす街。鎮は「町」。郷は「村」。

塲屋 4823 規 307
科擧を執行する貢院。

常關 4824
水陸の要衝の設けられた清國在来の関所をいい、通過の貨物に対して租税を課した。管轄別に見ると戸部貴州清吏司:北京崇文門・天津関・粤海関・江海関・浙海関など工部:江蘇省龍江関・安徽省蕪湖関等。

常會 4825 筌 30
通常例会。

常人盜 4826 福 20-23a
[稈六臟。一日~~。原係官物。非監臨主守之人。取受侵欺借貸及擅見官造什物。珠池内珠。官山内樹木。皆是不必專于倫盜也。]

常川 4827 外,筌 63
つねに、いつでも、毎日。

常鎮通海道 4828 外
江蘇省の常州・鎮江・通州・海門を管轄する道台。鎮江に駐在。

情 4829 読 258、四 152
①人民や下級機関の来文もしくは口述の内容。→・・等情、前情②清代の人民が官署に出した訴状・稟状・告状の起首。「情・・・」は「状況は以下の如く・・・」③「事」。

情殷 4830 読 238
熱心。

情形 4831 読 60
形勢、ありさま、事情。

情事 4832 外、讀上 27
事態。事情または事実。

情節 4833 外,筌 57
事情、状況,情状。

情弊 4834 外
内幕。

拯 4835 規 54

[シ]

救助。
條 4836 外
①…ヶ条。②…枚。
條銀 4837 福 7-11a
それぞれのかどの銀。
條奏 4838 外
①箇条書にして上奏する。②上奏する、上奏文。
條陳 4839 筌 12
箇条分けして上奏す。
條約 4840 外
①(箇条書の)とりきめ、契約。②(国家間の)条約 Treaty.
條例 4841 外
時に応じて改変される刑事法令。「律」が一定不変であるに対す。
攘 4842 筌 43
奪うなり。
攘奪 4843 筌 36
横奪の意。
淨貨 4844 外
(風袋を除いた)正味。
淨質 4845 筌 61
混合無き純物。
淨存餘利 4846 筌 60
純益金。
淨絶根株 4847 外
根本的に粛正する。
滌瑕蕩穢 4848 筌 76
腐敗の嵐を一掃する。
滌除 4849 筌 12
打破。
状 4850 読 20、満 47
①ありさま、風情、なりゆき。②有様・実情を記した文書。③訴状。 →状悉
状師 4851 読 29
弁護士。
状悉 4852 読 29、47
「訴状は閲了せり。」批文の起首用語。
状准 4853 福 11-2b
書き付けをとりあげる。[原告〜〜援房。]
錠塊 4854 筌 22
錠は原型を毀損せざるもの。
鑲 4855 讀上 2
鑲とは「ふち」,縁取ること。
鑲紅 4856 讀上 2
八旗の一つ。紅の旗に白で縁取る。
鑲黄 4857 讀上 2
八旗の一つ。黄色の旗に紅で縁取る。
鑲藍 4858 讀上 2
八旗の一つ。藍色の旗に紅で縁取る。
饒約 4859 福 17-19a

[ショク]

ごめんくだされとの申したての証文。
[討〜。]
[ショク]
植 4860 筌 51
植物。 [翔植昭蘇]
職 4861 満 33、124、125、筌 10、四 152
①「本・・」上行文・平行文において官署・官庁・役人の自称を表す接頭語。例えば「職縣」は日本語で言えば本縣の意。その他「職局」「職庁」などある。 →属、←→該 ②下級の属員が上級の主管の長官にだす文における署名はこの字を使う ③民国期における軍事機関のおける往来文書で上級に対して自称する場合使われる。④貢に同じ(=職貢)。朝貢国の貢ぎ物。
職官 4862 外
一定の実職を有する官吏。即ち開散官に対し現任官をいう。
職貢 4863 規 52,筌 10
朝貢。藩属國その当然として納むるところの貢もの。
職差 4864 読 258
官職。
職司 4865 筌 40
職員。
職等 4866 読 206、四 153
①下級官員が上級官員に対したときの自称(複数)。②本職等。 →職
贖媛 4867 福 12-1b
罪のかはりに銭ですます。
贖罪 4868 福 12-7a
[軍職正妻。例難的決之人。及婦人有力者為〜〜。]
贖路 4869 筌 62
鉄道の買い戻し(利権回収?)。贖は質草を請け出す,あがなう。
色 4870 外
(金銀貨の)品位。=成色。
色道 4871 福 14-4b
きずのいろ。だうみやく。
色様 4872 読 11
種類。
蜀 4873 筌 40
成都府。
[シン]
辱書言謝 4874 規 208
「御礼状を賜り」との意。
侵佔 4875 筌 29
侵略占領なり,侵害の意。
侵凌 4876 講 103
侵害する。
信函 4877 外

[シン]　　　　　　　　　　　　　　　　　　　　　　　　　　　　　　　　　　[シ]

信件 4878 筌 40
　信書。
信讞 4879 読 74
　信義ある判決。
信差 4880 読 196
　使者・通信の役人。
信守 4881
　信用のこと。　→昭信守
信綾 4882 外
　電信、電信機。
信息 4883 讀下 43
　音信。
信知 4884 外
　書面で通告すう。
哂 4885 読 169
　嘲り笑う。
哂嗎縻咯厘 4886 外
　Seymour, Admiral.
宸翰 4887 読 68
　宸はもと帝居をいい「皇帝（の）」の意か。
　皇帝の親書をいう。
宸断 4888 規 103
　陛下の宸慮による剛果の英断。
審解 4889 福 19-1b
　しらべおくる。
審擬 4890 福 11-1b
　吟味の上、罪をあてる。
審鞫 4891 福 14-8b
　調べ吟味。
審實 4892 福 19-1a
　しかと調べる。
審詳 4893 四 93
　犯人を取り調べた後、詳文で上級機関に
　報告する語。
審訊 4894 読 55
　審問。
審單 4895 福 12-10b
　調べた書き付け。［看語即〜也。亦日［言
　獻］語。］
審判官 4896 筌 37
　裁判官。
審判廳 4897 筌 37
　裁判所。
審報 4898 福 2-14a
　上役の方へしらべのとどけ。
心感莫名 4899 筌 46
　感激のいたり。
心心相印 4900 読 167
　心と心が相通じる。
心目中 4901 筌 32
　意中。

心理 4902 筌 72
　主義思想。
新 4903 筌 16
　新疆。
新印 4904 読 16
　新刊。
新加坡 4905 読 19
　Singapore.
新關 4906 筌 29
　①＝洋關。②新税関。
新旗昌洋行 4907 外
　Shewan Tomes&Co,。
新馴 4908 福 1-5a
　あらたのてぎは。
新金山 4909 規 126
　オーストラリア。　→旧金山
新荒 4910 福 26-2b
　あたらしきあれた。
新鈔彌 4911 外
　E.D.Sassoon & Co.
新報館 4912 読 15
　新聞社。
忱 4913 規 230,筌 52
　思想、胸臆,心の意。誠なり真情なり。
忱摯 4914 筌 34
　至意。
振 4915 読 302
　賑。
振威将軍 4916 筌 66
　国家に慶事あるときに従一品の武官およ
　び其の配偶者および曾祖祖父母に封典と
　して授ける。
振款 4917 読 303
　賑郵金。
振瞶發聾 4918 筌 13
　盲を開き,聾を通ず。
振旅 4919 筌 17
　撤退帰営。
搢紳 4920 外
　官員の雅称。官吏は礼装として紳（体を
　しめる帯）をつけ、笏を搢（さ）したこと
　から。
晋 4921 読 120、筌 16
　①すすむ。②山西省。
普贊綸扉 4922 筌 9
　大学士のこと。闕下に参政す。普・贊は
　ともに進むの意。
晋接 4923 読 290
　「すすみ接する」即ち拝趨。
晋秩 4924 筌 14
　位階を陞除す。
普封 4925 筌 10

- 129 -

[シ]

陞叙。

森堡 4926 外
St.Petersburg.

汛 4927 陶 8-18a、外
①千總・把總の所属緑営隊兵のこと。→汛地 ②増水。

汛地 4928 外
千總・把總の所属緑営隊兵を汛といい、その分防地を汛地という。

津 4929 規 233
天津。

津海関 4930 規 262
天津税関のこと。

津地 4931 筌 44
天津。

津貼 4932 陶 7-10a
手当。

津鎮 4933 筌 15,45
天津と鎮江。

津鎮路 4934 筌 48
天津より鎮江にいたる鉄道。今の津浦鉄道。

津渡 4935 外
一般通行者および船舶に対して治安維持のため検査を行う要所の渡船場。

津浦 4936 筌 63
津浦鉄道(津鎮鉄道といわれたこともあったが光緒三十三年に改称。英国ドイツの資本により建設?)。 →浦口

浸尋 4937 筌 8
染み込む。

深宮 4938 読 162
皇太后陛下。

甄擇 4939 読 156,筌 16
選抜。是非利害を甄別して採択すること 甄はよりわける。

申 4940 規 265、筌 22、外、四 32
①清代において下級者が上級機関に送る文書。②説明・申述。③おごそかにいうこと。④上海。⑤伸に通ず。

申江 4941 筌 39
上海。

申取 4942 福 5-13a
うかがひとりよせる。[～～冊結]

申詳 4943 福 1-5a
うかがひをたてる。

申水 4944 経 3
打歩(うちぶ)。額面と実際の価値との差をいう=升水。

申請 4945 規 179
申とは下、上に禀すること。

申飭 4946 外、読 127

[シン]

①吏部に伝えて懲戒処分をするまえに、戒めること。譴責。②叱責。[申誡・申飭・申斥]

申陳 4947 外
外国の下級官憲から清國の上級官憲に宛てる公文の形式。

申覆 4948 四 32
①下級者が上級に対し文書により回答すること。 →申 ②申文による回答すること。

申文 4949 筌 32、福 4-14b
①下僚から上官に提出する申請書。②うかがひの書面。

申辯 4950 読 20
辯駁論難。

申捕 4951 筌 22
打歩を付す。

申報 4952 四 32
①「申」により下級者が報告すること、またはその文書こと。→申 ②申告。③上海で出されていた新聞。1872 年 4 月 30 日英語商人メージャー(F・Majer)の創刊にかかり 1912 年に中国人の経営に変わったが,1949 年 5 月廃刊。

申命 4953 外
重ねて命令すること。

畛域 4954 読 69
畛は田間の阡陌。疆域境界のこと。

眞 4955 讀上 15
十一日。[眞電(十一日の電報)]

真実 4956 讀上 64
本物。

眞盛意 4957 外
Jancigny.

神機営 4958 読 188、外
北京の常備軍の内の一。

神人 4959 読 178
義和団自らをいう。

神父 4960 筌 77
教父。

神甫 4961 読 164、讀下 59
①牧師→教師。②牧師または教士。

秦鎮西 4962 外
Jenkins.

箴言 4963 筌 53
訓戒。

箴砭 4964 筌 12
刺激。箴は鍼、砭は石鍼。

紳 4965 読 1
①申に同じ。述べる発表する。②紳士。

紳耆 4966 規 196
紳とは紳士、地方の有力者。耆とは耆老

[シン]　　　　　　　　　　　　　　　　　　　　[シ]

即ち長老。

紳耆人等 4967 筌 26

紳士 4968 外
教養ある地方有力者。賜暇または退職して地方に居住する官僚および科擧の何れかの段階の試験に合格して一定の學位を有するものをさすか?。

紳商 4969 筌 8
郷紳および商人。

紳董 4970 規 299, 筌 30
地方の有力家紳士・董事。

紳富 4971 読 205
紳士商人。

紳辦 4972 外
釐金徴収について便宜上その他の紳士に委託して処理させること。

紳民 4973 筌 3
地方の郷紳および人民。

臣 4974 筌 17、四 42、83
①漢人の天子に対する自称。②明代においては奏本・題本などで発文者が皇帝に対して自称する。清代の題本や奏折など皇帝に出す書類においてとくに文官の漢人が自称する。→奴才 ③天子に対する自称。とりわけ各地の総督・巡撫。

臣工 4975 規 274
臣僚、部下。

臣等 4976 四 84
明清時代の題本や奏折などの直接皇帝に提出する文書を、二人以上で起案した場合の自称。→臣

臻 4977 読 59
到る。

蔆 4978 規 40
薬用にんじんか?。

薪水 4979 規 92-3, 筌 47
俸給。手当て、薪金ともいう。［今遣此力助汝薪水之労］→職務俸

薪給 4980 商
俸給。

薪金 4981
薪水。

薪俸 4982 読 49
官吏の俸給。

薪労 4983 筌 52
碌々としている。

襯搭 4984 福 16-8a
ふみだんとする。

親王 4985 外
＝和碩親王。→宗室

親串 4986 読 32

親類、縁者。

親眼 4987 福 27-13a
まのあたり。

親貴 4988 筌 22
皇族。

親軍營 4989 外
領侍衞處。　Imperial Guard.

親郡王 4990 讀上 57
親王および郡王。

親自 4991 外
自分で(口語の表現)。

親信 4992 撫 1 - 6a
子分とする。

親手足 4993 福 5-21b
ちか親類。

親筆 4994 筌 24
天子の直筆をもって書かれた批准の語。

親房 4995 福 20-11b
父方の方の近き親類の子。

諗 4996 筌 52
思う。

身家 4997 福 6-2b
しんだい。

身家清白 4998 典
「清白」のこと。科挙を通れば官職に就きうる家柄をいう。古来四民平等であるので普通妨げとはならないが、倡優・皁隷・奴僕に限っては「身家不清白」として妨げとなった。ただし、その業を廃して「身家清白」として資格を得た。→清白

身家不清白 4999 典
官吏登用試験を経て官職に就き得ない家柄をいう。古来四民平等であるので普通妨げとはならないが、倡優・皁隷・奴僕に限っては「身家不清白」として妨げとなった。ただし、その業を廃して「身家清白」として資格を得た。→清白

身契 5000 福 12-31b
うけじやう。

身故 5001 筌 62、讀上 36
死亡。身死。

身子 5002 読 280
身體。

身段 5003 読 22
体つき。

身帖 5004 福 8-7b
身分のこと。

軫惜 5005 読 122
陛下の御悼惜。

軫念 5006 読 54, 筌 29
陛下の御心。痛心。

[ス]

辛工 5007 外
　賃金・手当て。
辛俸 5008 外
　賃金。
辰維 5009 筌 54
　敬しんで思う。
辰下 5010 讀下 69
　刻下,目下。
進 5011 読 272
　延きいれる。
進口 5012 筌 24
　入港、輸入。　←→出口
進口税 5013 規 125,126
　輸入税、口は港。
進項 5014 規 123,筌 63
　収入金,進款。
進士 5015 外
　科擧。
針黹 5016 読 32
　針仕事。
鉮 5017 筌 60
　砒素。arsenic。
鋅 5018 筌 60
　亞鉛。zinc。
震 5019 讀上 36
　変動。
人告 5020 福 15-1b
　たにんの訴え。
人事 5021 福 6-19a
　しんもつ。
人駿 5022 筌 75
　兩江総督,張人駿のこと。
人情不良 5023 経 123
　人気さえず。
人地相宜 5024 讀下 33
　其の人物其の土地適任なること。
人中 5025 福 15-9b
　はなのしたのみぞ。
人日 5026 讀上 21
　七日。
人夫 5027 外
　臨時の雇い人。下働きの必要人員。
仁記 5028 外
　GibbLivingston&Co.
儘 5029 読 192、307
　①「任」なり「ママ」と訓む。②盡に同じ。きわめる、つくす。
儘先 5030 筌 60
　第一番に,または優先。
儘二年 5031 筌 58
　満二年。

尋盟 5032 読 272
　（古い）盟をあたため、修好する。
盡虎 5033 福 12-10b
　しまひ。
藎臣 5034 規 48
　忠臣のこと。
紉 5035 四 43、113
　深く感謝するの意。心に留めて忘れない。原義は縫う糸を通す。　→至紉
腎子 5036 福 15-7a
　きんたま。
稔見 5037 福 19-24b
　とくとみる。
袵席 5038 筌 42
　臥席。
訊 5039 経 10
　通信。
訊追 5040 外
　問いつめる。訊問して追求する。
迅賜 5041 四 62
　「急ぎ～を賜れば幸甚に存じ候。」上級機関に対して指示判断を要求する表現。
迅將 5042 四 62
　「急ぎ～を報告せよ。」下行文で速やかに実態を報告することを要求する語。命令の語気がつよい
迅即 5043 讀上 23
　迅速。
陣亡 5044 讀上 29
　戦死。

[ス]

須 5045 読 6
　①「要す」。②「用いる」。
須至〜者 5046 通、規 141,257,262、満 120、四 113
　①宋代以降、公の文書の末に記されるようになった書式。［須至履歴者（履歴書末尾）、須至照會者（照会文末尾）、須至護照者（護照の末尾）］②上行文における末尾語。榜示・護照・外交文書の末文に用いられる。③東川徳治は起源は不明であるが、「必ず～すべきこと」として解釈できるとしてる。
須知冊 5047 福 1-6b
　おぼえ帳。
須牌 5048 四 113
　「牌を發するものなり」。下行文の「票牌」發したという表現。文章の末尾にくる。「須至牌者」の省略形。　→票、須至・・者、須票
須票 5049 四 113

[ス]

「票を発するものなり」。下行文の「票」発したという表現。文章の末尾にくる。「須至票者」の省略形。 →票、須至・・者、須牌

須了解 5050 講 139
・・と解釈すべし。［・・所載商租二字須了解・・］

垂暮之年 5051 規 154
老年のこと。

帥 5052 筌 50、52
①総督。②将軍に対する敬称,総督・巡撫に対しても用いる。

推諉 5053 外
言い逃れ、(責任の)なすり合い。

推解 5054 筌 53
恩徳・恩愛の情をいう。「韓信謂曰漢高祖推食食我,解衣衣我」に由来。

推解之情 5055 規 223
推恩の徳。

推原 5056 筌 55
推究なり。

推鞫 5057 福 18-4a
吟味。

推収 5058 福 8-6b、典→元典章、岡
①田地を売り渡し。田地を受け取る。②一定の順序を経て所有権を得ること。→元典章 ③その都度に現金を渡さず帳簿において振り替えておくこと。

推出 5059 福 9-7a
うりだす。

推陞 5060 福 32-7b
昇進。

推誠相與 5061 筌 11
誠心をもって相交わる。

推托 5062 外
言い逃れる、言を左右に拒絶する。

椎輪 5063 筌 73　中
①輻(スポーク状の車輪と車軸を支える木)のない車輪。事物を創始したばかりで完全でないこと。②基礎。

水火 5064 読 221
相敵視すること。

水管 5065 読 14
ポンプ。

水脚 5066 外
①水路で貨物を輸送する賃銀。②(公から支給される)旅費。

水脚 5067 外
＝水脚。

水戸 5068 福 23-15a
いうぢょや。

水師 5069 規 151、外
①海軍、日清戦争当時の清國の海軍は南洋水師、北洋水師、廣東水師、福建水師、長江水師の五部に区別してあった。②光緒 10 年(1888)の北洋水師成立以前のものはむしろ沿岸警備隊的性格のもの。『嘉慶會典』では外海水師・内河水師に分かれる。

水手 5070 外、筌 29
①水夫、水兵、下級船員。②漕運の漕ぎ手・水夫。官が手をつけかねる程兇暴を羨にすることもあり、道光年間の羅教、また後には青幇を生みだすなど秘密結社的結びつきも強かった。海運論の反対の根拠として、彼らの狂暴化を危惧したこともある位である。

水道 5071 外
水路。

水落石出 5072 読 169、福 7-12a
①落着。②うそがあらはれる。

水力 5073 読 10
水蒸気。

痿痺 5074 読 240
元気なく衰えること。

綏 5075 規 53、285
①「やすんずる」の意。［順頌台綏・撫綏藩服］②戦い。③殿戦し踏み止まりて死すること?。

綏亦叚 5076 外
Sweden.

綏沙蘭 5077 外
Switzerland.

綏頻 5078 読 176
徐言して警喩を引くなり、即ち説き諭す。

綏林 5079 外
Sweden.

喘國 5080 外
Sweden.

瑞記 5081 筌 77
ドイツ商人の Afnholdkarber & Co.

瑞記洋行 5082 外
Aruhold,Karberg&Co.

瑞子 5083 外
Switzerland.

随時稽査 5084 筌 29
臨時に検査する。

瑞西 5085 読 100
Switzerland.

瑞西亞 5086 外
Sweden.

瑞丁 5087 外
Sweden.

瑞頼 5088 読 206
幸いに〜により。

[セ]

随営 5089 読 79
　從軍。

随繳 5090 規 265
　添えて、納めること。

随結 5091 外
　公務を一つ一つ処理して停滞することのないようにさせること。

随扈 5092 規 103-4
　随行扈從すること。

随往 5093 読 274
　随行。

随時 5094 規 103,242
　「つねに」なり「たえず」なり。

随即 5095 読 282
　早速に。

随帯 5096 筌 69
　普通の加級は其の任にあると間有効であり転任とともに効力消滅するのに対して,随帯とある場合はいずれの地方に転任しても有効なり。

随帯會敬 5097 筌 65
　「会費をご持参下さい」。

随同 5098 読 107
　付随會同。

随發 5099 外
　随着發給で、随時發給。

随辦 5100 規 92、読 126
　①随員。②(条約議決の事務等に)参与または携わった者。

崇階 5101 規 223,筌 51
　貴邸。

崇文門監督 5102 外
　北京の崇文門(哈達門)の近くにある崇文門税務衙門(常關の一)の長官。重要かつ収入多き官職として有名。正副に別れる 正監督:宗室をあてる 副監督:大學士か六部・理藩院の満洲尚書をあてる。

崇文門税務衙門 5103
　常關の一。　→常關、崇文門監督

数目 5104 外
　数量。

樞臣 5105 読 127
　樞臣は枢要の大臣。

樞部 5106 筌 9
　枢要衙門。軍機処。

趣嚮 5107 讀下 55
　目的または方向。

趣候 5108 規 227
　拝趣伺候。

寸磔 5109 福 12-14b
　一寸だめしのはりつけにする。

[セ]

世誼 5110 筌 69
　代々相往来する知人。

世子 5111 外
　宗室(顕祖宣皇帝の直系子孫)の爵位の一つ。巻末参照。　→宗室

世襲罔替 5112 外
　宗室(顕祖宣皇帝の直系子孫)の爵位は世代を経る毎に遞降させられたが、八大王家(鉄帽子といわれる)および怡親王・醇親王・恭親王の11家は功績が顕著とて、永世継承するを得た。これをいう。巻末参照。行 1a/109-10。

是 5113 読 195、210、讀下 55、55
　①然り、もっともだ。②「是故」の意。③是以。

是爲至荷 5114 満 114
　「切に希望す」の意。平行文で要望の意を表す、結尾語につく定形句

是爲至盼 5115 四 105
　「これ、至盼たり。」平級機関における最大の要望を伝える表現。

是爲至要 5116 四 105
　「これ至要たり。」下級機関に対し下級機関がしていることがはなはだ重要であるとする表現。是所為至要

是爲切禱 5117 四 106
　是爲至禱に同じ。但し切迫している。「これ切禱たり。」下級機関に対し下級機関がしていること切迫希望していることを表す表現。文書の請求語の後に使われる。　→是爲至禱

是爲切要 5118 四 106
　「これ切要たり。」切要は切迫して重要であるとの意。下級機関に対し下級機関がしていることが極めて切迫して重要で急ぎ行うよう求める表現。文書の結尾に使われる。是為至要よりも語気は切迫している。

是荷 5119 満 113
　①「せられたし」。お願いする。平行文の末尾で希望・依頼を表す用語。「荷う」で「願う」の意。　→為荷、是荷

是幸 5120 四 107
　「幸甚に存じ候」の意。平行機関来往文書において、自分側の都合により相手がたに要望と助力を求める語。結尾語につく定形句。

是所至荷 5121 満 114、四 107
　「切に希望するところなり」の意。平行文で要望の意を表す、結尾語につく定形句。是所至感に同じ。

是所公感 5122 四 107

[セ]

公感は公のことに関して感激の極みと感謝の念を表す。平行文で相手方に要望するときに、感謝の念を示す語。文末に使われる。→公感

是所至感 5123 四 107
平行文で、自分側の都合により手助けしてもらいたいことを意を尽くして相手方に要望する語。函件の末尾に用いられ、当方の希望を表す。

是所至禱 5124 満 112、四 107
「切に祈る。」切迫して、お願いする。上行文の定形句。

是所至盼 5125 四 107
平行文で、自分側の都合によりあるところを意を尽くして相手方に要望する語。函件の末尾に用いられ、当方の希望を表す。その他の公文では使われることが少なかった。

是所盼荷 5126 四 107
「幸甚に存じ候。」盼は望み、荷は感激。平行文で、相手方に要望を伝える表現。要望と予め感謝の意を伝える。文末・請求語句の後に用いられる。

是知 5127 読 305
是れ以て知れり。

是班牙 5128 外
Spain.

是否 5129 陶 6-28a,筌 13
「‥ありやなしや」、‥するやいなや。口語の是不是に同じか？〔江南米價是否平減、如由海販運是否可無流弊‥〕

是否可行 5130 満 71、四 106
①「施行して可なりや否や」の意。→是否有當 ②上級機関に対して指示を求める表現。

是否有當 5131 外、満 71、四 106
「これ当たるありや否や」「妥当なりや否や」①上行文における質疑語。②民国期に上級機関に対して指示を求める表現。是否可行にほぼ同じ。③平級機関来往文書において関連機関に相談（同意を求める?)をする語。

〜是問 5132 陶 7-60a
〜の所為である。

齊 5133 筌 32
山東省青州府地方。

齊幹 5134 外
Czikann,Moritz Freiherr von 墺洪國駐清公使。

齊克台 5135 外
Tsiktei（地名）。

齊膝 5136 福 21-21b
ひざぎり。

齊衰 5137 筌 70
喪服の名。

齊衰期服 5138 筌 70
齊衰も喪服の名。これも一年間喪に服する者。

齊民 5139 筌 8,外
衆民。一般人民。

齊腰 5140 福 21-21a
こしまで。

制 5141
皇帝の言。

制軍 5142 外
総督。

制斛 5143 福 8-4a
ますこしらへ。

制使 5144 福 14-16a
せいしかたの役人。

制錢 5145 陶 15-37a,筌 20、講 88
①銅錢。②旧時用いられた孔あき錢。鏐錢。

制臺 5146 規 223、讀下 27
総督。

制兵 5147 外
緑営の常備兵。

嘶噶嘣 5148 外
Scotland.

征 5149 筌 23
行くなり。爾雅釋詁に「行也」とあり。

征鈔 5150 外
船鈔を徴収すること。

征税 5151 読 174
征は「徵」に同じ、Zheng1 で同音税金取り立ての意。

性成 5152 陶 7-55a
生来、天性。

掣閱 5153 福 3-8b
とりよむ。

掣獲 5154 福 7-17b
受け取る。

掣繳 5155 福 8-6a
批文をかへしをさむ。

掣取 5156 福 7-16b
受け取り。

掣著 5157 福 1-4a
とりあたる。

掣批 5158 福 7-18b
わたしてからかへす批文。

成 5159 規 264-5,306
十分の一。〔十成銀〕

成案 5160 外
先例・判例（「例」とならざる程度ものをさす。単に案ともいう)。

[セ]

成爲 5161 読 240、讀下 50
成・爲のいずれか一字に同じ。

成規 5162 外
既定・現行の規則。

成見 5163
先入主。

成憲 5164 筌 5
既成の国憲。

成交 5165 経 16、57-8
①出来高。②取引成立。③仲がよくなる。

成熟 5166 講下 2
成功する。

成色 5167 筌 20,外
①金銀の成分。②=色。

成説 5168 筌 10
①まとまりたる談判のこと。②一定の主張。

成竹 5169 読 181
決心。

成法 5170 政、筌 3
①伝統的体制。②既成の法典。

成本 5171 筌 60
①原価。②鹽政における運商の運搬資金。③資本。

成命 5172 筌 3
既に下った(勅)命。[収回成命]

成例 5173 規 314
慣例。

政聲 5174 讀上 8
政治上のよき評判。

政體 5175 外
①政治のやり方、政治の建前。②政府・お上の威厳・御威光。③皇帝その外地位の高い人の健康。

政聞社 5176 筌 72
梁啓超の組織した政治結社で保皇會の後身。機関雑誌は『政論』。

政令 5177 外
法令、政治上の制度、建前。

整 5178 規 265
「キッチリ」。日本の~圓也の也に同じ。[壱百弐拾兩整]

整飭 5179 筌 9
矯正。

整飭戎行 5180 規 154
各々兵備を整えて行進すること。

整頓 5181 外
整備する。

整装費 5182 規 251 理,筌 63
支度料。

星 5183 福 7-13a
はかりめ。

星期 5184 規 250
week を表す。星期日=日曜日 星期一=月曜日~星期六=土曜日と対応する。同義語として礼拝がある。

星期報 5185 筌 57
週間新聞。

星散 5186 規 53
星の如く散ずるなり。

星使 5187 読 173、外
①公使。②欽差大臣・外交使節の雅称。③天災や外交交渉など重要な案件が発生したときに派遣される大官をいう。

正 5188 規 268、筌 15
①整に同じ。②直隷省正定府。

正・・間 5189 四 27、28、29
「正に~しおります。」来文があり処理をしているとき再び来文で督促されたときや、意外な突発事が起こったときに使われる。→正・・中

正・・中 5190 四 27、28、29
「正に~しおります。」来文があり処理をしているとき再び来文で督促されたときや、意外な突発事が起こったときに使われる。→正・・間

正印官 5191 外
布政使、按察使以下地方独立制機関の主任長官。官庁の印を管理することに由来。

正核議間 5192 四 28
上級の命令に「正に遵い、調査・審議・決定しているところでありますが。」来文があり処理をしているとき再び来文で督促されたときや、意外な突発事が起こったときに使われる。

正核議中 5193 四 28
上級の命令に「正に遵い、調査・審議・決定しているところでありますが。」来文があり処理をしているとき再び来文で督促されたときや、意外な突発事が起こったときに使われる。

正核辦間 5194 四 28
上級の命令に「正に遵い、調査・審議・処理しているところでありますが。」来文があり処理をしているとき再び来文で督促されたときや、意外な突発事が起こったときに使われる。

正核辦中 5195 四 28
上級の命令に「正に遵い、調査・審議・処理しているところでありますが。」来文があり処理をしているとき再び来文で督促されたときや、意外な突発事が起こったときに使われる。

正擬辦間 5196 四 27
擬辦はするつもりであった。「ちょうど上級からの指示に従い処理しようとして

[セ]

正擬覆間 5197 四 27
「ちょうど上級からの指示に従い、着手の準備をしつつあります。回答いたします。」上級からの来文を受け着手の準備をしつつあり、かつ上級に回答することを表す語。上級からの回答を期待する。

正擬辦中 5198 四 27
正擬辦間。擬辦はするつもりであった。「ちょうど上級からの指示に従い処理しようとして折も折り。」上級からの再度の来文や不足の事態がおこったときに、決して無為に日延べしているのではなく、未着手ではあるが正にしようとしていたとする表現。

正供 5199 福 27-3a
ほん年貢。

正經 5200 外
まじめな、まともな。

正經辦間 5201 四 27
「正に・・しつつあり。」平級機関の来往文書において正に相手方の来文の意見により、処理しつつあることを示す語。再度の来文や意外な事態の進展があったときに、この語を用いて来文に基づき取り組みつつあり、決して日延べしているのではないことを示す。上行文における正遵辦理に相当する。

正經辦中 5202 四 27
「正に・・しつつあり。」平級機関の来往文書において正に相手方の来文の意見により、処理しつつあることを示す語。再度の来文や意外な事態の進展があったときに、この語を用いて来文に基づき取り組みつつあり、決して日延べしているのではないことを示す。上行文における正遵辦理に相当する。

正紅 5203 讀上 2
八旗の一つ。

正黄 5204 讀上 2
八旗の一つ。

正項 5205
盈餘に対し国家正税の定額をいう

正慙輪褻 5206 規 208
何の風情も無之、慙愧の至りということ。

正子兩税 5207 外
＝正半兩税。

正事 5208 読 157
当該の事件。「本事件」。

正支銷 5209 福 12-30a
しょ役人の給金また普請などに使いつぶす。

正周花甲 5210 讀下 11
還暦にあたる。

正遵辦間 5211 四 28
上級の命令に「正に遵い、辦理しているところでありますが。」来文があり処理をしているとき再び来文で督促されたときや、意外な突発事が起こったときに使われる。

正遵辦中 5212 四 28
上級の命令に「正に遵い、辦理しているところでありますが。」来文があり処理をしているとき再び来文で督促されたときや、意外な突発事が起こったときに使われる。

正餉 5213 外
正規の税金。

正状 5214 福 11-2b
ほん証文。

正税 5215 外
「雑税」に対し国家収入の公賦、地賦帝賦及び海陸の関税をいう。

正奏 5216 外
奏文の本文。「片奏」に対す。

正太 5217 筌 15
直隷省正定府と山西省太原府の間。

正調査間 5218 四 28
上級の命令に「正に遵い、調査しているところでありますが。」来文があり処理をしているとき再び来文で督促されたときや、意外な突発事が起こったときに使われる。

正調査中 5219 四 28
上級の命令に「正に遵い、調査しているところでありますが。」来文があり処理をしているとき再び来文で督促されたときや、意外な突発事が起こったときに使われる。

正飭辦間 5220 四 27
「まさに飭命辦理しつつあり」上級が下級機関への文書において、下級からの来文を受けてからその他の下級機関に命令を下しつつあることを示す語。この語の後、その後の来文が記される。本上級が自ら核辦しているのではなく、その下級機関に対して命令を下してものである。

正撤査間 5221 四 27
「正に撤職査辦しつつあり。」上行文で上級機関の指示に従い某人に対する撤職査辦を正に行いつつある意ことを示す。再度の来文や意外な事態の進展があったときに、この語を用いて来文に基づき取り組みつつあり、決して日延べしている

[セ]

のではないことを示す。上行文における
正遵辦理に相当する。

正撤査中 5222 四 28
「正に撤職査辦しつつあり。」上行文で
上級機関の指示に従い某人に対する撤職
査辦を正に行いつつある意ことを示す。
再度の来文や意外な事態の進展があった
ときに、この語を用いて来文に基づき取
り組みつつあり、決して日延べしている
のではないことを示す。上行文における
正遵辦理に相当する。

正堂 5223 読 205、福 1-6a
①長官というがごとし。②ぶぎやう。

正派 5224 外
まじめな、正しい、まともな。

正白 5225 讀上 2
八旗の一つ。

正半兩税 5226 外
「海関税」と「子口税」。

正批辦間 5227 四 27
「まさに批准辦理しつつあり」上級が下
級機関への文書において、下級からの来
文を受けてから批准辦理しつつあること
を示す語。この語の後、その後の来文も
しくは起こった出来事が記される。

正法 5228 読 55
死罪。

正務 5229
(職務上) 成すべきこと、眼目。

正藍 5230 讀上 2
八旗の一つ。

正糧 5231 福 8-2a
ほん年貢。

清 5232 外
①清算する。②全部、正確に。

清款 5233
支払い終わる。

清議 5234 外
政府の辦法に対する士大夫階級の批判的
言論。

清郷 5235 幾
郷村を粛清する。

清郷 5236 幾
人口一万以下の地に郷自治制をしき、自
衛的事務を取り扱ったところ。民国期?

清結 5237 幾
清算する、決算する。

清册 5238 外、筌 58
①目録。②清算書。

清償 5239 経 46
清算する。完全に償還する。

清修所 5240 典、行巻 4
清制、救邮事業の一。残廃人を収用し
周く困苦の行旅人を救済するを目的とす
る。地方紳士の設立にかかる。

清償 5241 幾
すっかり償還する。

清丈 5242 岡、幾、典
土地を測量すること。『漢書』などにも
用いられる。 →丈量

清水 5243 陶 8-6a
(黄土を含まない) 清い水。転じて混じり
けのない商品。

清晰 5244 讀下 51
明瞭。

清節堂 5245 典、禹巻下 101 丁
寡婦の節を守り、独居竟るものを修養し、
毎月銭米若干を支給して之を保護奨励す
るを目的とする。その費用は地方の有志
者の義捐によるという。

清楚 5246 筌 24、規 124
①明晰。完全。②ことの滞りなく落着す
ること。即ち完了のこと。

清單 5247 陶 14-3b、規 254,筌 18、讀下 9、
幾
「明細書・目録」。報告書または統計。
明細に記載せる表あるいは書類。送り状。

清帳 5248 幾
債務完了。

清賬 5249 幾
債務完了。

清斗 5250 幾
営口の雑穀市場における取引の際に、枡
目を正確にすること。山盛りとする「混
斗」に対する語。

清黨 5251 幾
1927 年以降国民党が押し進めた共産党
および右傾派の排除工作。

清白 5252 典
①操行純潔にして、瑕疵なきもの。②清
制、士農工商に従事せるもの。③「身家
清白」のこと。科挙を通れば官職に就き
うる家柄をいう。古来四民平等であるの
で普通妨げとはならないが、倡優・皁隷
・奴僕に限っては「身家不清白」として
妨げとなった。ただし、その業を廃して
「身家清白」として資格を得た。

清班 5253 典
清貴の班をいう。

清礬 5254 幾
純粋に結晶した明礬。

清分租 5255 幾
→傍青。

清理人 5256 商
清算人。

[セ]

清吏 5257 典
　清制、六部のそれぞれの「分局」。例、戸部に江南「清吏司」・浙江「清吏司」などがある。

清量 5258 典 戸部則例
　土地測量のこと。私人の土地または賃借にかかる土地をその種類・面称を査定すること。

清濼鐵路 5259 幾
　山東省済南の濼口より黄臺橋に至る民有鉄道。1904年の敷設。

済 5260 規 223、外
　救済。

牲口 5261 規 261,筌 65
　獣類、(馬・ラバのように旅行のとき、荷物をはこばせるものもいう)。家畜。

生意 5262 筌 62,読 258
　営業。職業。もっぱら商業・工業に就いていう。

生員 5263 外,筌 35,66
　童生にして院試に及第せる者。その成績により、廩生(第一位),増生(第二位),附生(第三位),社生(やや劣悪なるもの),青生(生員の最下層)にわかれる。　→科學

生於憂患 5264 読 247
　憂患中に生存活動してこそ安楽なる境地にて死するを得るの意。

生機 5265 福 16-11a
　いきるもやう。

生齒滋煩 5266 筌 8
　人口繁殖。

生息 5267 陶 7-1b、外
　①利子を生ずる。繁殖する。②生活、民草。

生理 5268 読 143
　商売、職業。

聖賀 5269 四 40
　清代の題本および奏折など直接皇帝に見てもらう文書で「皇帝」を指す語。

聖鑒 5270 四 40
　聖は皇帝を意味し、鑒は審査してみる・子細に見るの意。皇帝に本文に一瞥と判断を賜らんことを願う語。

聖鑑 5271 外
　皇帝の御明察(上奏文の慣用句)。

聖裁 5272 規 87
　皇太后、皇上御親裁。

聖彼得堡 5273 読 53
　ペテルスブルグ。

聖廟 5274 筌 43
　孔子の廟。

聲叙 5275 読 119
　聲明列叙。明白に記載したりの意。

聲稱 5276 四 63、外
　①下行文中において下級機関又は民間の口頭による申し立てを引用する語。。②口頭で述べる。

聲請 5277 陶 8-28b、讀上 8
　願い出る。申し立て。

聲説 5278 福 7-18b
　申したてる。

聲覆 5279 筌 37、四 63
　①声明して回答する。②下級又は民間に対して声明による回答を要求する語。

聲明 5280 読 144、規 313
　言明。[臨時自行聲明]

盛京將軍 5281 外
　盛京省の長官。民政・軍政を統括する。盛京は清朝初期の國都でその任は極めて重い。1907年に廃止。

盛京副都統 5282 外
　盛京將軍を補佐し、管内の旗人に関する一切の事務を管理し、防備および警察業務を掌る。盛京の外金州・興京・錦州の三箇所に衙門があり、金州副都統は奉天水師営を兼管する。

精気蘇曜 5283 筌 74
　元気回復。

西 5284 読 3、筌 39、讀上 12、36、39
　①西洋および西洋人。②西暦。[西本月二一號起]③ Spain.

西華 5285 外
　Seward,G.F.

西雅治斯當東 5286 外
　Staunton,Sir George T.

西教 5287 規 297
　耶蘇教。

西教習 5288 筌 49
　欧米より招聘せる教師。

西江 5289 筌 74
　珠江の上流の一つ。

西江警權問題 5290 筌
　西江は珠江の上流の一つ。英国砲艦が商艦保護のため,西江に入って警察権・主権の蹂躙が問題となったもの。

西貢 5291 読?
　Saigon サイゴン。

西國 5292 規 294、外
　①西洋。[西國政治]②ポルトガル。

西字 5293 讀下 1
　欧文。

西人 5294 規 186、外
　①西洋人。②ポルトガル人。

西席 5295 筌 53

[セ]

西船 5296 外
ポルトガル船。

西廷 5297 讀上 38
スペインの朝廷。

西費用耶斯料 5298 外
Sweden.

西畢自 5299 外
Siberia.

西文 5300 規 250、讀下 51
欧文。西洋文字。

西捕 5301 筌 76-7
(西洋人の?)外国人の巡査。

西望洋礮臺 5302 外
Bar 砲台(澳門の)。

西北地理(輿地)學 5303
清代に増加した人口、また漕運問題もからめて、西北の開発が一部の人士により問題課題とされていたらしい。学問としての発展については内藤湖南の『支那史學史』に詳しい。また、左宗棠が一連の西北問題で成功をおさめられたのはこの学問の成果を踏まえた上での成功ではなかったか。

西門土 5304 筌 27
セメント。

西洋 5305 外
①ポルトガル。②西洋。

西陵 5306 筌 72
北京の西易州にある皇帝陵の所在地。

誠 5307 規 72
誠心。[開誠布膽・・]

請 5308 讀下 38
招待。

請安 5309 筌 72
①御機嫌を伺うとの意。→問好 ②京官が他地方に出張帰還して皇帝の機嫌を伺うこと。

請假 5310 筌 72
休暇願い。假は暇に同じ。

請訓 5311 筌 2
皇帝の訓令を仰ぐ。

請嚴議 5312 讀上 24
厳重の処分を請う。

請示 5313 外
請示する。

請奬 5314 規 93
賞与、陞進。

請帖 5315 筌 65
招待状。

請上路 5316 福 1-33.b
[無錢使用者。遇親属送飯來。救今餓犯搶去。甚至明絶其食。名曰～～～。]

請餞簿 5317 福 1-16a
ちそうはなむけ帳。[餞行請酒。立～～。註明辭領。]

請驗單 5318 外
(税関宛の)検査請求書。

請煩査照 5319 規 172
この場合は御承知有之度の意。→査照

青 5320 筌 16
青海。

青黄不接 5321
前年の穀尽きるも新穀ができないこと。

青塵 5322 筌 51
教えを垂れるの意。

青生 5323 筌 35
生員。童生にして縣試に及第せるもののうち生員の最下層。→生員

青照 5324 福 1-23a
めをかけること。

青石 5325 筌 58
石盤石 slates。

青泥窪 5326 規 126
ダルニー、大連(湾)。

青天大人 5327 筌 41
青天は万物を被覆す即ち徳を頌する形容。本来は官名などを記すべきであるが外国人などで官名が不明な場合仮に「青天」の二字を使う。

青白夫 5328 福 2-13b
あをしろきかんばんきたるもの。

青皮 5329
ちんぴら?

青目 5330 福 1-16b
青目。上役より目をかけてくれよとのみをえる。

靜候 5331 満
「待て」

税 5332 筌 31
関税。

税捐 5333 筌 31
関税と釐金税。

税貨 5334 外
課税商品。

税資 5335 讀 100
Suisse スイス。

税鈔 5336 規 125
税金。

税單 5337 外、行 6/151
①徴税令書。②納税証明書。

税物 5338 外
関税をかけらるべき商品。

税釐 5339 筌 31

[セ]

贅及 5340 福 219.b
　むだ。

尺牘 5341 笙 49
　書簡。

席設‥ 5342 規 259
　招待状の「‥に一席を設けました」という言い方。[席設黄鶴樓南邊華廳‥]

惜馬 5343 読 28-2a
　宿場にてうまをだしかねるときはそのかはりに銭をとる。[貼併之外。又需～～。]

戚誼 5344 笙 69
　親戚。

斥 5345 読 204
　そしること。

斥革 5346 笙 70
　処分。

斥退 5347 規 241
　退学。

析闡 5348 読 12
　詳細解析して説明するなり。

浙 5349 笙 15
　浙江省。

石沙木勒幅 5350 外
　Shishmaref, I.

石脂 5351 笙 59
　フラーズアース fuller's earth。

碩望 5352 規 40
　碩は大なり、名望の大なるをいう。

積水 5353 笙 61
　たまり水。

籍貫 5354 規 202
　原籍のこと。

責革 5355 読 133
　「責もて革す」か?。

責職 5356 外
　責任をもって司らせる。

責成 5357 外、笙 3、讀上 8,下 28、55
　①責任を負わせて成績をあげる。②責任をもって。③責務。

責任旁貸 5358 讀下 31
　責任を負わざるべからず。

責買 5359 福 6-3b
　うけもちかはす。

責令 5360 外
　上司または上官から下級官吏を促してその職務を励行させること。

切 5361 笙 41
　竊の略。

切己 5362 笙 34
　己に緊切なる。

切宜 5363 四 31
　下級機関にするべきことを言い渡す表現。

切結 5364 外
　確実なる保証。

切勿 5365 四 30
　下級機関もしくは民間に対し「決して～するなかれ」と戒告する語句。多くは文書の末尾に利用される。

切勿玩忽 5366 四 11
　下級機関もしくは民間に対し「おろそかにするなかれ」と戒告する語句。多くは文書の末尾に利用される。 →勿忽

切摯 5367 規 90
　摯は至と通ず、その切実なる至れり尽くせりとの意。

切寔 5368 読 55
　切切。

切實 5369 外、読 94
　①確実な、真面目な。②「実際に行う」の意。

切切 5370 笙 26、満 114、四 31
　①「くれぐれも」「必ず」との意味。佈告文の末尾で語気を強める。[切切特示]
　②下行文や命令文でもちいられ、だめ押し的に戒め、督促し、注意を喚起する語。
　③ひしひしと胸に迫る様。

切速勿延 5371 四 31
　下行文中において、直ちに処置を行うことを求める語。「勿延」より語気は強い。

切當 5372 福 11-7b
　しかと。

切盼 5373 四 31
　下級機関に対して処置の実行を切迫して促す表現。

切要 5374 讀上 15
　切望。

慴 5375 笙 13
　恐れる。

截取 5376 福 1-2b
　とり決める。[～～到部人員。挨次除授。]

截敏 5377 福 1-3a
　やくのあきまを決める。

折 5378 笙 22 典
　①割り引く。②ある物品を金銭に換えること。③罪を金で贖う。④曲と直を分かつことから判決の意。⑤「折る zhé」と「ひっくり返る zhē」の「(折れて) ちぎれる shé」の 3 つの意味がある。

折柬 5379 読 236
　手紙を送り。

折扣 5380 笙 22
　割り増し。

折乾 5381 福 3-23a,28-2a

[セ]

年貢銀を割りびいてつかふ。おさだめのちんせんをまける。

折耗 5382 外、筌 22?
①両替によって減ること。②鋳直しにより生ずる分量の損失。

折合 5383 経
換算する。「折合率」は換算率。

折獄 5384 中　典
断罪する。訟獄を裁判すること（獄は刑事裁判、訟は民事裁判の意）。折が判決。

折卸 5385 読 206
取り払い。

折収 5386 筌 62
割り引きして受け取る。

折杖 5387 福 12-17a
①ひきかひたたく。→折、折贖②宋の時代に杖刑を改訂して、脊杖から臀杖に改めたことを折杖法という。

折出 5388 福 6-20a
ひきかへる。

折色 5389 陶 8-1a
漕糧を金銭にかえて徴収すること。

折贖 5390 福 12-6b,12-1b　典
①五刑犯中罪状の軽い者に対し、金銀をもってその罪を贖わせること。②ひきかへくわたい。刑罰の代わりに金ですます。[上條(無力、稍有力、有力、)分力定贖者〜也。除不准〜・下二項。(→収贖・贖罪)人員之外。俱得論力納米納銀。]

折中 5391 筌 31
平均。

折服 5392 撫
屈伏する、説得する。

拆 5393
→「タク」

接 5394 規 145、筌 28
①接到、受け取ること。②接は連絡。

接應 5395 読 182
応援。

接木 5396 読 11
つぎ木。

接據 5397 外
受け取る、受領する。

接見 5398 外
（上官が下級者に対して）公に面会する。

接合 5399 講 88
割合、交換比率。

接洽 5400 石
協議する、相談する。

接克 5401 読 244
苛酷に類す。

接済 5402 陶 7-35a、筌 17
①（必要とするものを）供給する。②援助する、補給する、仕送り。③輜重、行李。

接踵 5403 規 151
陸続として。

接充 5404 読 6
つぎあてる、後任とする。

接准 5405 陶 15-47a、講 98、四 151
（同級の機関から）来文を受け取り、承知したこと。准の一字に同じ、「接」の一字で既に受け取ったことを強調する。

接准大凾 5406 四 151
（同級の機関から）来文を受け取り、承知したこと。大凾はうけとった凾件を敬っていう。内開を伴って「受け取った貴函に曰く・・」との表現を作る。

接仗 5407 外
交戦する。

接審 5408 福 32-9a
ひきうけしらべ。

接済車 5409 筌 17
輜重車。

接長 5410 讀下 41
延長。

接徵 5411 福 3-15a
せんかかりよりひき受け取りたてる。

接到 5412 外
受け取る。

接統 5413 読 2
事務引き継ぎを受けたるなり。

接辦 5414 外、筌 23,31,47、61
①（新任者として）事務を引き継ぐ。②引き継ぐ。③引き継いで営業する。

接奉 5415 外、四 151
（上からの文書を）受け取る。奉の一字に同じ、但し「接」の一字で受け取ったことを強調している。

接役 5416 福 1-15a
迎えの役人。

攝去 5417 筌 42
拿捕。

攝篆 5418 外
兼官または代理。「篆」（官庁の印章）を兼管する意味。

泄泄沓沓 5419 筌 73
うっちゃり放して。

泄沓 5420 読 246
泄々沓々。不真面目な様。

竊 5421　規 316、外、陶 8-45a,筌 14、満 63、四 137
①「さて」といったもの。②わたくし、ひそかに、思いまするに。自己の謙称。③「愚考いたしますに」（上行文の冒頭

[セ]

竊案 5422 四 138
　→竊按

竊按 5423 満 63、
　「竊かに按ずるに・・・」（上行文の冒頭句・意見叙述語）。按は調べる・審査する意。　→竊

竊以 5424 満 63、四 137
　「竊かに以て・・・」上行文における冒頭句・意見叙述語。上級に対して自分の意見を述べる。以は原因を表す。　→竊

竊惟 5425 満 63、四 138
　「竊かに惟うに・・・」上行文で自分の意見・見方を述べる冒頭の句・意見叙述語。　→竊

竊維 5426 満 63、四 138
　「竊かに惟うに・・・」上行文で自分の意見・見方を述べる冒頭の句・意見叙述語。　→竊

竊査 5427 満 63、137
　「竊かに査するに・・・」上行文の冒頭句・意見叙述語で事実と自分の意見を述べる。　→竊

竊思 5428 四 138
　「竊かに思うに・・・」上行文で自分の意見・見方を述べる冒頭の句・意見叙述語。　→竊

竊自 5429 満 63、137
　①「竊かに自ら・・・」（上行文の冒頭句・意見叙述語）。「自」には当然の意味あり。　②「自」は「・・以来」の意。ある時点からの事情を説明する語。→竊

竊取 5430 福 18-1a
　［竊者僭行隠面乗其人之不知而私自取之者也。律所謂〜者是也。］

竊准 5431 四 138
　「竊、准けるに・・・」上行文で平級機関来文を引用する語。　→竊

竊照 5432 外、読 267、四 138
　①「つつしんで申す」の意。②「愚考いたしますに」（上行文の冒頭句）。③竊は自分を謙称していう。照は「照得」、察せずして明らか。上行文で、自分の意見・事実・事例・明らかなことを述べる場合の発句。

竊盜賊 5433 福 20-26b
　［繹六賊。一曰。〜〜。潜形隠面。盗人財物。無分白日與黒夜皆是。］

竊奉 5434 満 63、四 137
　「竊かに奉ずるに・・・」上行文で上級からの来文を引用する冒頭句・意見叙述語。下文に続くことあり。　→竊

節 5435 筌 45、読?
　①屢々。②事項［一節］。

節開 5436 四 29
　①文書の一節に曰く。明清時代には上級からの来文の引用は敬意を示して省略しなかったが、民国期になって程式が改まり、来文の部分引用が多くなると使われるようになった。全文を引用せず重要な部分のみを引用する。

節經 5437 外、四 29
　①「しばしば・・したりき。」以前の来文書の要請等について、一度ならず何度も本機関・本官員が処理したことを述べる語。②既に一再ならず先例のあることを述べる場合に用いる慣用語。迭經・復經・業經・並經ともいう。

節經・・在案 5438 満 68
　「しばしば〜したりき」。→經・・在案、在案

節次 5439 外
　何度も。

節飾 5440 外
　部分的に曲解する。

節制 5441 読 5-6
　指揮・擔任。

節節 5442 陶 13-36b
　逐次、着実。

節電該道 5443 筌 45
　屢々該道台に電報せり。

節略 5444 規 227, 筌 31、外
　①要領覚え書き書。　→節錄　②（外交交渉時に提出される）覚書。

節錄 5445 読 53
　節略記載。

設 5446 読 56 讀下 18、48
　「もし〜としたら」という仮定を表す。

設身處地 5447 読 284、讀下 66
　立場をかえて？。「もし,御身が拙者の立場に立てば。」

設措 5448 福 30-5a
　しかた。

設範 5449 読 69
　畛域を設けるに同じ。互いに分け隔てたるなり。

設法 5450 規 195
　適当な策を講じること。

設法籌維 5451 規 72
　適当な方策を案出して全局の維持の策を劃す。

設有 5452 読 145
　設置。

説合 5453 外、規 253、福 8-3b
　①仲裁する。仲介する。②合議。［憑中人説合（中人の手に憑り相談をまとめた

[セ]

説措 5454 福 14-20a
　いひぎめる。

鎳 5455 筌 60
　nikel.

雪上加霜 5456 福 13-3a
　［捏稱某犯出入難以杻防。既上其匣。又籠其。名日〜〜。］

佔守 5457 規 126、筌 26
　佔は占に通ず。占守。占領・守備。

倩 5458 読 18
　雇う。

僉 5459 読 158
　「皆」。

僉押 5460 読 259、福 2-6a,4-11a
　①調印。　②連印。連名書き印。

僉解 5461 福 7-20a
　書き付けをもっておくる。

僉套 5462 福 2-11a,3-8b,11-7a
　残らずふくろへいれる。しょ書き付けのふくろ。訴えがきのふくろ。

僉撥 5463 福 1-15a
　そろへだす。

僉票 5464 福 11-10b
　「知縣」のはうへとっておく願いしよ。

先後 5465 読 278、外、満 69
　①再度。。②次々に。引き続き。③それぞれ

先 5466 福 12-27a
　先存故〔犯罪時在。事發時死者。稱〜〜〜。〕

先俣 5467
　まず第一に。

先今 5468 読 265
　過去および現在。

先令 5469 筌 20
　シリング。

千秋信史 5470 筌 52
　千年の信用すべき歴史。

千層石 5471 筌 59
　雲母 mica.

千總 5472 外
　守備に次ぐ武官で哨の指揮官。ほぼ中尉に相当 Lieutenant.

占曼尼 5473 外
　Germany.

宣刑 5474 読 104
　刑の執行。

宣講 5475 筌 57
　講義。

宣聖 5476 筌 43
　孔子。

宣聖之木主 5477 筌 43
　孔子の名前を刻した木牌。

宣武都尉 5478 筌 66
　国家に慶事あるときに從四品の武官および其の配偶者および曾祖祖父母に封典として授ける。

專案 5479 外
　「アンヲモッパラニシテ」（事件・問題毎に）各々別途に。

專員 5480 規 90
　專務の官員。

專家 5481 筌 16
　專門家。

專凾 5482 規 79
　当該事についてのみの書簡。

專使 5483 筌 18
　全權委員。

專此凾願覆 5484 満 84
　「專ら此れに書簡を持って‥回答す。」公凾（平行文）における収束語。　→用

專此凾願 5485 満 84
　「專ら此れに書簡を持って‥請願す。」公凾（平行文）における収束語。　→用

專此奉復 5486 規 208-9
　「右ご返事のみ」。

專祠 5487 規 47
　專ら某を祀る祠。

專主 5488 読?
　獨断・專段。勝手に主管する。

專就服官本省人員 5489 筌 34
　專ら本省に在官せる人員につき。

專肅 5490 筌 46、四 96
　①肅は肅佈なり。「專ら用事のみ申し述べる」。②「厳肅に稟文もて書をいたす」。上級機関に上呈する稟文を結ぶ表現。稟文は起首部分はおよそ敬稟者である。　→肅此具稟

專肅寸稟 5491 四 96
　「厳肅に稟文もて書をいたす」。上級機関に上呈する稟文を結ぶ表現。稟文は起首部分はおよそ敬稟者である。　→肅此具稟

專人 5492 規 79
　当該事についてのみの使者。

專丁 5493 規 79
　当該事についてのみの使者。

專電 5494 規 79
　当該事についてのみの電報の意。［具專電］

專辦 5495 外專
　專ら処理する。

專利之憑 5496 読 218

[セ]

専泐 5497 筌 50
　専らこのことのみを録す。泐は「錄」に同じ。

占三從二 5498 筌 76
　多数の方に従う。

川 5499 筌 16
　①四川省。②成都。

川雲堂 5500 岡 1
　山東省の東河県産の膠（にかわ）の牌名。有名であるが、偽物も多く流行した。→阿膠

川資 5501 規 251,筌 49,63
　旅費。

川堂 5502 福 2-18b
　らうか。

搧箱 5503 福 8-3a
　米を俵からうちへあけて移し入れる箱。

戰狀評判界詞 5504 筌 18
　一般戦況講評書。

㐬 5505 四 112
　「之焉」の合字で、勉㐬は「勉之焉（これに努めよ）」に同じ。→勉㐬

旋 5506 規 153,257,332,筌 17、四 155
　①たちまち、直ちに。「旋即」②「然後」「やがて」「その後」の意。「また」と訓むも可。

旋于‥奉 5507 四 155
　したるところ（上級からの）来文を受けたりの意。旋はほどなくの意。旋奉とほぼ同じであるが于のあと具体的な日時が入る。

旋據 5508 四 155
　①「その後、程なく受けとりたる下級からの来文によれば」来文の後、更に下級からの来文があったことを示す。②「来文を受けとりたる後ほどなく起こりたることとして云々」来文を受けとったあと程なく何か別の事件があったことを報告する語。→旋、旋即

旋經 5509 四 155
　「（その折、来文受領時）直ちに‥したりき（しております）」。

旋經‥在案 5510 満 68
　「～のち‥したりき」。→經‥在案、在案

旋准 5511 四 155
　「～しおりし時（平級機関より）来文を受けたり」。何かを処理していたときに平行文を受けたことを示し、相手の機関官名内容を引用する。

旋即 5512 外
　「したがいてすなわち。」すぐ、そのあとで。

旋返 5513 規 146、讀上 13
　「かえる」こと。かえすこと。

旋奉 5514 四 155
　したるところ（上級からの）来文を受けたりの意。旋はほどなくの意。

洗補 5515 福 1-21a
　すりはぎさいく。

淺嘗不可自封 5516 筌 27
　浅学にして得々足るべからず。

湔雪 5517 筌 28
　そそぎ,清める。湔祓は昭雪の義、旧悪を去るなり。

痊 5518
　病気が癒える。　→就痊

瞻 5519 筌 56
　視る。

瞻依 5520 福 1-7b
　あふぐ。

瞻狗 5521 福 2-24a
　かほをたてる。

瞻徇故縱 5522 筌 8
　情実にほだされ故意に放縦する。

穿孝 5523 讀上 5
　喪に服する。

穿行 5524 読 67
　真っすぐ横切るように通過。

簽差 5525 福 11-11a,17-17b
　くじのつかひ。つかひをいひつける。

簽 5526 四 13
　簽呈のこと。民国時代の簡便な上行文・呈文のこと。

簽押 5527 読 288,筌 37、商
　捺印。署名捺印。

簽字 5528 筌 36
　署名。

簽出 5529 筌 37
　書き抜く。

簽呈 5530 四 13
　民国時代の簡便な上行文・呈文のこと。

籤差 5531 福 11-11a
　くじをとり使いをやる。

綫 5532 読 58
　線。

線索 5533 福 3-1a
　てがゝり。

船塢 5534 読?
　ドック。

船規 5535 外
　＝規銀。

船戸 5536 外、筌 42
　①船主。②船長。③船頭。

- 145 -

[セ]

船主 5537 外
　船長。

船廠 5538 讀下 37
　造船所。

船鈔 5539 外
　①鴉片戦争前の廣東貿易で外国船に長さで三等に分かち課せられていた入港税。②噸税。船のトン数にかかる税金。関税ともまた違う。　→噸税

船窗 5540 読 69
　船中のこと。窗は窓。

船牌 5541 外
　船舶書類。ship's paper.

荐臻 5542 規 202
　しきりに至るの意。

詹事 5543 外
　→詹事府 Chief Supervisor of Instruction.

詹事府 5544 行 1a/274-5、外
　もと皇太子の教育を掌ることを名目とした中央官庁。併し実際には翰林院の諸官に出世の機会を提供する名誉職に過ぎなかった。

譾 5545
　浅い。

譾陋 5546 筌 56
　浅陋。

讖語 5547 筌 75
　前兆。

遄 5548 読 12、134
　すみやか。遄は往来の頻数にして疾速なるをいう。

遄已 5549 筌 43
　速やかに止むなり。

遄行 5550 読 134
　通行。

遷就 5551 規 311 外筌 21
　①姑息。②譲歩する。③推易。迎合する。引きずられる。

賤 5552 典
　古来四民平等にして法律上の権利に於いて何らの差別がなかったが、奴婢その他の賤業に従事せる者はこれを賤民とし、その本身と子孫が一定の年限（3代）を経ないと官吏に認容試験に応じ、官につくことができなかった。『嘉慶會典』「吏部」に「四民為食、奴僕及娼優隷卒為賤」とあり、『大清律例』「吏部篇」「應侯放出三代後所生子孫、方准報捐考試」。

錢 5553 外
　1兩の1/10。　→兩

錢莊 5554 読 145、アジ歴、社
　中国の伝統的金融機関の一。為替業務・融資業務などを行い、信用貸付の手軽さで繁栄した。

錢買 5555 福 17-19a
　賄いする。

錢法 5556 読 130
　通貨の価格。為替レートかそれとも通貨大系をいうか?。

錢糧 5557 筌 61
　。

鐫件 5558 筌 31
　木版の印刷物。

陝 5559 筌 16
　陝西省。

鮮嫩 5560 陶 8-58a
　新鮮で柔らかい。

全 5561 規 126
　「完全」の意。[周全妥善辦法]

全簡 5562 福 1-16a
　にまいをりのなふだ。

全球 5563 讀下 28
　全世界。

全書 5564 福 1-4a
　とちとちのそうちやう。[～～者。州邑錢糧丁口之数以及起解存留支給各款。俱備載之者也。天下～～悉達戸部。]

全盤 5565 筌 46
　全体すべての意味。

前亞 5566 福 21-30a
　だんだんつづく。

前一起 5567 筌 36
　前段。

前因 5568 四 104
　上級からの来文もしくは平級機関でも自分よりやや高位であるものからの来文の内容を指す語。　→前由

前寅 5569 福 3-14a
　さきの「知縣」。

前事 5570 四 117
　「為‥事」の内容に言及する。①文書冒頭の「為‥事」の内容に言及する。②「同内容につき。」明清時期、引用する雷文の内容が本文と同内容のとき、この語を用いて言及する。[〇月×日准吏部咨前事]

前經 5571 四 117
　「先にすでに‥したりき。」本文の述べられていることを既に、し終えていることを表す語。

前往 5572 規 52,316、讀下 28
　赴く。前は進むの意。[前往戡定][可以勿庸前往]

前據 5573 四 118
　歴史文書中において、以前の下級機関も

[ソ]

しくは民間からの呈文や口述を引用する場合に使われる。

前經・・在案 5574 満 67
　先に〜したりき。　→經・・在案、在案

前語 5575 四 118
　→（前述・既述の）上行文や人民からの申し立ての内容。

前三門 5576 読 140
　正陽・宣武・崇文の三門。

前此 5577 筌 73
　これ以前には。

前准 5578 四 118
　以前の平級機関や平級の官員の来文を引用する語句。

前事 5579 福 12-27a
　［照提者。稱〜〜或別巻。］

前情 5580 四 118
　①以前の事情、いきさつ。②初めの原因。③前に引用した下級機関からの来文の内容を指す。④歴史文書においては下級機関及び民間からの呈文を引用し終わったときの語を用いて引用文を結んだり、同内容の文を引用する手間を省く語。

前請 5581 読 58
　「すすみ行きて命を願う。」。

前敵 5582 読 288
　敵前の將士。

前晩 5583 読 19
　一昨晩。

前奉台函 5584 四 117
　「受け取った貴函に曰く」。。平級機関の来往文書・函件の冒頭、「径覆者」の後、来文引用前に使われる。

前蒙 5585 四 118
　①以前に被った批准・採用・配慮などに言及する語。②以前に上級から来た来文を引用する。

前由 5586 四 104
　下級からの来文もしくは平級機関でも自分よりやや下位であるものからの来文の内容を指す語。　→前因

前來 5587 満 61、陶 10-1b
　①「・・し来たれり。」下級より文書が到達したことを表す。「去後」を受ける。
　　→去後　②「申し越せり」。

前來據此 5588 規 262
　以上の趣、申請し来たり承知せり。

善 5589 規 126
　「善良」の意。［周全妥善辦法］

善後 5590 外
　①再建する。②善後策を講じる。③追加・補足する。

善後總局 5591 外
　太平天国・捻軍の後始末をするために設けられた機関。

漸 5592 外
　きざし・いとぐち・傾向。

繕 5593 外、満 123
　①作る。　②寫す、抄録する。

繕具 5594 外、満 78、読 21
　①文書を調整する。②儀式の盛んなること。　虚例形式。文書を作成する。

繕好 5595 讀下 13
　好く認（したた）める

繕奉 5596 規 162
　奉は呈すること。

繕單具奏 5597 筌 5
　表を勤寫して陳奏す。

膳学費 5598 筌 78
　食糧と学費。

膳立 5599 筌 37
　作成。膳は修なり。

[ソ]

厝 5600 筌 40
　置く。

厝意 5601 筌 73
　注意する。

措還 5602 読 200
　返還弁償など。

措施 5603 読 60
　実行。

措手 5604 陶 14-27a
　手をつける。

溯 5605 読 263
　流れまたは時を逆上る。

疏 5606 読 177
　①上奏文。摺に対して古式の言い方。②不行届・怠慢。

疏悞 5607 読 155
　悞は或は誤につくる。疎かにする、命令に違う。

疏脱 5608 筌 41
　謀略。

徂 5609 筌 23
　往なり。爾雅釋詁に「往也」とあり。

徂征 5610 筌 23
　往来なり。　→徂,征。

疏防官 5611 読 167
　不取締・不行届の官吏。

祖家船 5612 外
　→港脚

粗胚 5613 筌 61
　粗製品。

[ソ]

租 5614 規 125,253
租借、不動産を借りること。［租妥］

租界 5615 外
中国の主要都市に設けられた外国人の為の特別区域・居留地。中国の主権は及ばず、外国の行政権が行われた。

租帰 5616 外
租借の結果某々に帰する。

租地 5617 筌 46
租借地。

租定 5618 読 175
借用・規定。

租辦 5619 筌 60
借地営業。

素仰 5620 筌 36
素より仰ぐ。

素工 5621 福 3-1b
もちまへのてぎは。

素稱安練 5622 規 262
請願人は平素より安全老練の聞こえあり。

素孚 5623 筌 36
常に信ある。

素封 5624 読 149
從来からの富家。民間の金満家。

蘇 5625 規 208、筌 15
①蘇州。②江蘇省。

蘇以天 5626 外
Sweden

蘇彜士 5627 読 39
Suisse

蘇益薩 5628 外
Suisse

蘇杭甬鐵路 5629 筌 47
蘇州より杭州をへて寧波にいたる鉄道。

蘇昭 5630 筌 76
新たにする。

蘇松太道 5631 外
江蘇省蘇州・松江・太倉州を管轄する道台。上海に駐在する。外国人のいう Taotai of Shanghai で開港後、外交上重要な役割を果たした。

訴悉 5632 四 73
「訴状、見たり。」訴状を受けた上級機関・司法機関が回答を示すときの冒頭の書式。この後、内容を概括して最後に処理・判断を示す。→悉

蘇拉巴啞 5633 読？
Surabaja ジャワ島北部の港。

甦排落甲 5634 福 6-11a
ねんばんのくるしみをたすけ、くみがしらを申しつけ。

阻 5635 規 208
阻止、阻害または防禦等の意。

倉歇 5636 福 8-2b
くらがかりのやどや。

倉書 5637 福 2-12b
くらがかり。

倉場 5638 陶 8-14a
①戸部に付属する役所？。②漕糧倉庫のある所。

倉場衙門 5639 筌 6
年々出納する米国を稽察し、また廩禄（扶持米）及び軍餉の儲蓄を掌る。

倉場侍郎 5640 外、行 1a/221-2
戸部に付属する倉場の監督官。東南からの漕糧を京師に 13 倉（八旗三営の兵食用）、通州に 2 倉（王公百官の俸給用）置かれ、戸部侍郎満漢各一名を以て当てる。

倉總 5641 福 6-3b
各倉收糧。例有経收。而又必難一人以為～～。所以稽出入。而防侵盗也。

倉犯 5642 福 13-5a
あかりやのとがにん。

倉夫 5643 福 2-14b
あかりやばんにん。

倉簿 5644 福 13-10a
あがりやちやう。

僧道 5645 筌 57
僧侶と道士。

曾文正公 5646 筌 42
曾國藩。

刅 5647 讀下 19
始め。創の元の字。

刅辦 5648 筌 34
始める。「刅ショウ, ソウ」は「創」に同じ、素材に刀を入れて始めるの意。

刅立 5649 筌 34
創立。

創見 5650 外
始めて見る。

創垂 5651 筌 13
帝王創業。

創辦公司之人 5652 商
会社発起人。

創辦合同 5653 商
会社の設立規約。

創辦人 5654 商
発起人。

勦撫 5655 讀下 26
勦除綏撫

創懲 5656 外
懲らしめる。

匝 5657 読 208

[ソ]

めぐる。周なり。

卡 5658 外、規 262、筌 66
①卡倫(カールン)と称し、諸局の派出所。［經過関津局卡］②内地の収税所。③関所、屯所。釐金をとる税関。

卡局 5659 外
釐金を徴収する番所。

卡萊爾 5660 読 231
Carlyle, Thomas.

叢脞 5661 筌 76
煩雑にして錯誤あること。

層層鈐制 5662 筌 37
上から下へと段々と管理節制する。

廂 5663 筌 28、72
①城郭に接する城外の市街。②鑲に同じ。→八旗

廂紅 5664 讀上 7
鑲紅に同じ

廂藍旗 5665 筌 72
八旗のうちの一つ。

喪命 5666 読 241
命をおとす。

奏稿 5667 外
上奏文の控えか?。

奏参 5668 読 127
弾劾上奏。

奏事處 5669 外
侍衛處に付属する官庁で、奏摺の呈進並びにその發下を掌る。

奏摺 5670 規 85、讀下 55
上奏文のこと。新規・緊要ないし機密の事件につき呈せられる奏文奏事處を経由して皇帝に達し、軍機大臣に諮問して処理される。奏本・摺奏ともいう。「題本」に対する。題本が手続きが面倒で機密が守られなかったので、雍正年間にできた。題本と違い皇帝がまず眼を通すのが原則であった。 →摺、題本

奏准 5671 読 295
奏聞して准允を得る。具奏即ち奏本によって上奏して裁可を得る。

奏銷 5672 外、行 1a/219,1b/33,6/58,6/356、福 3-15b
①税収の決算報告。毎年布政司が前年の会計決算をして冊を作って督撫に申報する。督撫はこれを重ねて調べて相違なきことを確かめた後印を押して戸部に送り、又別に御覧に呈する。②すんだことをそうもん。

奏知 5673 外
上奏する。

奏到 5674 読 156
奏摺の到ること。呈奏の意でも可。

奏牘 5675 読 127
上奏書。

奏辦 5676 外
上奏する。上奏して処置する。

奏保 5677 讀上 28
その人物を保証して奏聞する。

奏本 5678 外
＝奏摺。

宗 5679 筌 22
皇帝の直系。 →支

宗旨 5680 読 72
趣意、主義。

宗支王公 5681 筌 22
皇族親王王家。「宗」は皇帝の直系、「支」は傍系。

宗室 5682 規,筌 23
清朝の創始者顕祖宣皇帝の直系子孫をいう(傍系は覺羅)。黄帯子を帯びることから「黄帯子」ともいう。宗室はさらに有爵と無爵に分かれ鉄帽子の例外を除き一世経るごとに、規則に従い遞降さる。

宗人府 5683 筌 6、讀下 32
「宮内庁」、皇族の属籍を司る官衙。

宗人府宗令 5684 外
宗人府の長官。

想早聞之 5685 読 63
既に御承知のことと思う。

掃數 5686 外
全部、全額。

掃蕩 5687 読 95
掃海のこともいう。

插翼 5688 外
快鞋の別名。

掙挣 5689 福 19-18b
拒む。

掙脱 5690 福 19-18b
もがきにげる。

搜剝 5691 福 8-4a
さぐり、とる。

搜刮 5692 讀下 28
悪い役人が隅々まで手をのばして、人民から金品を奪い取ること。

搶姦 5693 福 18-5b
うばひみつつう。

搶劫 5694 読 49
強奪。

搶刦 5695 筌 40
略奪。

搶奪 5696 陶 7-58a、福 18-1a
①強奪する。②〜〜者人少而無兇器。謂之〜〜…又謂出其不意。攫而有之曰搶。用力而得之曰奪。大約〜。以其在於路途

[ソ]

白昼人所共見之地。

搶米 5697 筌 76
　米を強奪する。

搶糧 5698 福 27-18a
　うばひとる年貢。

操贏制餘 5699 外
　利潤をつかみ、余ったものを管理する。

操券 5700 筌 43
　保証すること。

操切 5701 規 274、筌 3
　操切とは草率とか倉皇という意味。忽急。［操切從事］

操法 5702 読 114
　兵式操練の法。

早 5703 規 154、読 8
　①あさ・朝。②「つとに」「早くから」。

早己 5704 規 154
　早は「つとに」の意。

早書 5705 福 25-14b
　あさならったしょ。

早占勿薬 5706 規 332
　一日も早く服薬の必要なきに至ること。

早駐 5707 読 184
　從来駐在。

早堂 5708 福 2-9a
　あさの役所。

早日 5709 規 104,227
　一日も早くの意。早速に。

早膺疆寄 5710 筌 9
　早くから地方の要職に当たる。

曾紀鴻 5711 規 235
　曾國藩の子。

曾經‥在案 5712 満 67
　かつて‥したりき。→經‥在案、在案

曾准 5713 四 167
　「かつて、受けたる文面に曰く」。曾て受けた平行文を引用する起首語として用いられる。

曾蒙 5714 四 167
　①蒙の一字に同じ。②「かつて、受けたる文面に曰く」。曾て受けた上級からの文を引用する起首語として用いられる。③上級から被った許可・奨励・恩恵を被ったことを指す語う。

桑港 5715 読 14
　SanFrancisco.

桑的邁當 5716 外
　センチメートル centimetre.

椶 5717 読 12
　しゅろ。

槍 5718 規 297,筌 17
　小銃。＝鳥槍。→歩槍,馬槍

槍械 5719 読 123
　小銃等の軍機。

槍局 5720 讀下 37
　小銃製造所。

槍傷 5721 讀下 72
　銃傷。

槍砲廠 5722 筌 39
　造兵局。

槍礮打靶 5723 規 297
　槍は小銃、礮は大砲、打靶は射的。

槽剃 5724 福 2-15a
　うまのはみいれ。

漕運総督 5725 外、行 5/308
　宮廷の食糧・王公百官の俸給。八旗三營の兵食に充てる為、山東・河南・江蘇・安徽・江西・浙江・湖北・湖南の諸省から運河を経由して京師に送られる米穀の運漕を管理する官。江蘇省淮安に駐在し該地方の行政にも関与した。

漕耗 5726
　漕米に関する一切の損失。即ち徴収の時から京師の倉庫に到着するまでの鼠害・虫害・積耗（荷積の損失）・卸耗（荷卸時の損失）等。

争執 5727 筌 48
　固執し争う。

爭勝 5728 読 10
　競争。

爽信 5729 読 278,筌 48
　約束に違う。

窗 5730 読 56
　まど。

竈 5731
　竈で炊く、転じて製塩すること。

竈籍 5732
　戸籍の分類で竈戸たるものの戸籍?。

竈丁 5733
　製塩従事者。

竈戸 5734
　製塩業戸。

糟酷 5735 福 16-6a
　みのある手。

綜 5736 讀下 39
　總。

總監督 5737 規 241
　留学生總監督。

總管大臣 5738 讀上 34
　（ロンドン）市長。

總期 5739 陶 7-4a

總結 5740 商

[ソ]

決算表。

總工程局 5741 筌 30
土木総局。

總工程司 5742 筌 64
技師長。

總行 5743 読 304
本社・本店など。 ←→分行

總公司 5744 読 110
本社・本局。

總催 5745 福 6-14b
そうとりたて。

總司理人 5746 読 110
準支配人。 →總辦

總撒 5747 福 6-2a
そうじめ。

總署 5748 読 165、読上 14
總理各国事務衙門。

總商 5749 外
洋行におけるものと鹽政におけるものとがある。いずれも、信用と資力あるものが選ばれ、諸事務をとりしきったが、鹽政改革と開港で相次いで特権的地位を失った。 ←→散商

總税務司 5750
→洋関

總書 5751 福 2-12b,62b
のこらずの下役。こがしら。

總兗 5752 福 7-13a
残らずかける。

總地 5753 福 31-14b
村のそうかしらやく。

總廳 5754 筌 32
警察総局。

總統 5755 筌 19
President 即ち大統領のこと。 →伯理璽天德

總統官 5756 筌 17
軍司令官。

總董 5757 筌 30
総理。

総督 5758 讀上 18
①巡撫とならぶ封圻の大官・地方長官。巡撫と違い、二三省を総括するが例。品級は巡撫より 1 ランク上の正二品→巡撫、加銜②知事の訳語。(日本などの)県知事を表す場合にも使われる。

総督〜 5759 規 194
〜総督の正式での表し方。[総督湖北湖南等處張之洞・総督直隷等處苑袁世凱]

總不 5760 外
どうしても…しようとしない。

總埠 5761 筌 40

首港。

總兵 5762 規 153
清國兵制の内、綠營(一省に一鎮ないし数鎮置かれる)における首位の武官を提督、その次を總兵といい鎮標を直轄する。

總辦 5763 経、読 5、商
①事務を総括処辦する。②事務を総括処辦する頭取・校長など。③最高地位のもので、多くは公的性質を帯びた銀行・会社などに用いる。④支配人。

總理 5764 福 28-1b,28-9a
そうしまりやく。→背包[驛之興廃。係乎〜之人。]

總理衙門 5765 外、讀下 64
總理各国事務衙門。

總理各国事務衙門 5766 外
外政を掌る中央官庁として 1861 年北京に設置。1901 年義和団議定書によって外務部が設けられるまで存続した。 →外務部

總處 5767 外
總理各国事務衙門。

總理總理各国事務衙門事務慶親王 5768 読 265
。

總滙 5769 筌 5
総攬。

總匯 5770 読 114、156
①統括・まとめる。②すべて集る所、統一。

艙口單 5771 外
船荷証券。billoflanding.

莊田 5772 筌 8
田畑。

莊地 5773 福 14-3b
村役。[該〜查明。]

莊頭 5774 福 14-3b
こさくがしら。

草 5775 福 17-22b
なかま。[起草。]

草菅 5776 福 12-14.b
くさのやうにおもふ。[〜〜民命。]

草具 5777 福 28-3b
そまつ。

草合同 5778 筌 48
仮契約。

草率 5779 陶 8-58a
粗末な、不注意な、いい加減な。

蒼茫 5780 読 21
くらきこと。

藻飾 5781 筌 52
文藻の美なるものなり。

[ソ]

蚤 5782 読 168
早く。

装 5783 規 261、讀上 39
①着ること。②車や船に詰め込むこと。積み込み。〔装煤之後〕

装運 5784 筌 26
搭載運輸。

走私 5785 外
密貿易する。

走漏 5786 外
①もれること。②(情報を)もらす。リーク。③密貿易する。④脱出する。警戒線を密かに出入する。

送印 5787 福 2-22a
やり印をうける。

送閱 5788 福 11-22a
調べに差し出させる。

送差 5789 福 28-1b,28-14b
→背包。 てんしのつかひのとほるをおくりとどける。

送津 5790 筌 35
天津へ送る。

送簽 5791 福 11-7.a
調べにやる。

鎗火 5792 読 92
小銃の射弾。

鎗戕 5793 筌 12
銃殺。

雙眼花翎 5794 規 61
雙眼花翎とは清國朝廷より中国人官僚に限り賜うとこの勳章、翎子なるものの内の一である。 →翎子

雙月 5795 筌 67
官吏任用法の一つ。吏部の撰授は閏月、京察・大計のつきの他は毎月施行するをもって月選という。この月選に単月(奇数月)雙月(偶数月)雙単月(奇数・偶数を論ぜず)の三種の区別あり。この区別は候補者によって違う。

雙單月 5796 筌 67
→雙月

雙日 5797 規 235
偶数の日。即ち所謂。

雙俸 5798 規 64
年俸を倍せる額。 →賞食親王雙俸

雙鷹國 5799 外
Austria.

雙龍寶星 5800 外
光緒7年(1881)総理衙門の奏請により外国の使臣へ賞給する目的で設けられたが、後には特定の内國人官吏もこの恩典に與った。頭等から五等(頭等から三等までは更に三階級に分かれる)まである。(全部で11の階級を構成する)。

雙聯票 5801 規 202
受取と控えがふたつ繫がっている票・キップのこと。三連(聯)單が「買土貨之報單」であるから何か特別の免状許可証かも。

鬆脱 5802 福 21-21a
ゆるむ。

駔儈 5803 筌 20
①牙儈の狡捷なるをいう。 →牙行(『史記』)②投機を生業とする。駔は「勢いがある」、儈は「仲買人」。

增餉 5804 讀上 19
軍費の増額。

增生 5805 筌 35
生員。童生にして縣試に及第せるもののうち第二位。 →生員

增耗 5806
→火耗

藏走 5807 福 22-3a
かくれくぐりぬける。

賍 5808
①贓におなじ。盗品。盗みたるもの。②不正に得た物。③賄賂。

贓私 5809 福 20-21a
盗みもの。

贓罰 5810 福 8-14a
賄(まいない)をとりたるもののくわたい。

造 5811 満 89
(報告書などを)進める。 →造冊、造報

造意 5812 福 12-14b,20-26b
悪事をもくろむ。ほっとうにん。

造作 5813 陶 14-19a
pretence.

造冊 5814 読 142
帳簿や統計文書をつくる。

造冊報部 5815 讀下 20
戸籍簿を造り、戸部に報告する。

造就 5816 読 295、規 91
①成就、成功。②有為の人材を造り就すこと。即ち養成の意。

造廠 5817 読 51
砲兵本廠の類。

造賣 5818 福 15-2a
偽り(品)をこしらえ売る。

造訪 5819 福 20-5a
つくりごとをして捉えるこころ。〔呉淅之間。有等積年巨蠹。盤距鋸衙門。專通上下線素。勾連地方勢豪。偵探官府短長胥役所行過蹟。憑其喜怒。牽陷善良。取

[ソ]

捕風捉影之事。作裝頭換面之謀。名曰〜〜。

造報 5820 福 19-1b
帳面をこしらへとどける。

造謠滋事 5821 規 275
無根の謠言を放ち事端を滋うす。

藏 5822 筌 16
チベット。

藏舟於壑 5823 筌 74
油断大敵の意。『莊子』に由来。

藏埋 5824 読 87
かくすこと。かくるること。

則 5825 読 199
規則。［一則］

則屋 5826 福 31-17a
せっちん。

則済勒 5827 外
Cecille,Commandant.

則例 5828 外
行政上の実「例」を編集したもの。［戸部則例・吏部則例］

即 5829 読 187、外、満 96、福 12-2b
①もし。②直ちに。③［周者意昼而復明。謂如犯罪事發在逃者。衆證明白。即同獄成之類。］

即希 5830 満 95、四 76
「直ちに・・をされたし。」平行文(咨文・公函)における請求語。

即希見行 5831 満 103
平行文における結尾語。「即時回答せられん事を望む。」 cf.望速見行

即經 5832 四 76
「直ちに〜したりき。」すでに命令・来文があったときにし終わっているとの意。當經・・在案、在案もほぼ同じ。→經・・在案、在案

即經・・在案 5833 満 67
「直ちに〜したりき。」當經・・在案もほぼ同じ。 →經・・在案、在案

即行 5834 読 10
早速行う。

即使 5835 外
すなわち…ならしむとも、たとえ…でも。

即事 5836 福 20-9b
ととのふ。

即如 5837 規 121
譬如に同じ。「たとえば・・の如き」と訓んで可。

即將 5838 陶 9-8a、福 1-6a
①ほどなく。②さっそく。

即須 5839 読 190
早速・・すべし。

即當 5840 規 163
「即ち當に・・すべし」と訓む。 ←→「當即(すなわち)」

即煩 5841 四 76、満 104
即は直ちに、煩はお手間をかけますがの意。平行文で相手に対し文書を受けとって直ちに処置に取りかかるように要望する語。謙遜の語気があり、文書の末尾に現れる。

即便 5842 四 76、満 104
①「直ちにすべし」下級機関が命令文を受け取り次第命令に従って動くことを要求する語。②「便」は「適宜」の意にして、「状況に応じて斟酌して処理する」の意。

即便遵照 5843 満 104
「即ち遵奉せよ」。「例仰遵照」よりは語気は弱い。下行文(訓令)における結尾語。

即便知照 5844 満 104
「即て了知せよ」。知照にほぼ同じ。下行文(訓令)における結尾語。「即便」「知照」ともに語気弱く(それぞれ「適宜に」「知られたし」の意)、拘束力が弱く重複の嫌いがあり、「即便」無用説もある。

即補 5845 筌 10
直ちに任ずる。

媳 5846 讀下 48
子の婦、嫁。

塞 5847
「言い逃れ」に同じ。

塞責 5848 規 102
責任逃れ。

息 5849 規 126
利息。 →取息人、領息

息肩 5850 筌 73
肩を休める。

息票 5851 経 45,筌 64
利札。

息力 5852 外
Singapore.

束色楞 5853 外
Switzerland.

束水攻沙 5854
明の潘子訓による黄河治水上の考え、水を束ねて流れを盛んにして沙(黄土)の堆積を防ぐ。潘の治水工事はこの考えに基づき挑水壩を創案し、長堤を築いた。

足 5855 読 13
十分満足する。

足銀 5856 規 264-5
まじりけの無い銀。

足見 5857 規 78
足徴に通ず。「知るべし」「見るべし」と

- 153 -

[ソ]

の意。

足色 5858 筌 21
銀分純澤。

足色紋銀 5859 筌 21
銀質の多い紋銀。

足徴 5860
「知るべし」「見るべし」あとの意→足見

足敷養贍 5861 筌 8
衣食の資に足る。

足紋 5862 筌 21
→足色紋銀

速即 5863 読 93
早速。

速速 5864 四 131
「急ぎ」「迅速に」。下級に対して、迅速な処理を求める語。

速率 5865 読 10
速度。

属 5866 満 33、124、四 158
「本」。直属の官庁もしくは官吏に対する上行文における官人・役人の自称(管轄下の下級官署を含める)を表す接頭語。「屬縣」は「本縣」の意。民国期に公文が新たに統一されたときに不平等な感覚もあるので一様に廃棄されたが、その後も少数ではあるが使われた。 →属、←→該

属公物件 5867 規 121
官有物。

属藩 5868 読 263
属国。

續據 5869 四 158
據は下級などの来文を引用する語。先ず、他機関からの来文書にもとづき処理を行っているときに、別に下級機関(又は民間)から来文書が来た場合のことを回答文で引用する場合使われる。 →據

續經 5870 四 158
継続弁理したりき? 続けて・・したりき。文書で述べてあることの処理が一回や一つ所に限らないことを示す。 →續經・・在案

續經・・在案 5871 満 68
続けて・・したりき。 →經・・在案、在案

續訂 5872 規 251
契約を継続すること。

續租 5873 講 139
引き続き租借する。

續備 5874 筌 57
予備。

續蒙 5875 四 158
蒙は上級からの来文を引用する語。先ず、他機関からの来文書にもとづき処理を行っているときに、別に下級機関(又は民間)から来文書が来た場合それを引用する語。回答文で最初の来文書の引用の後、引き続き上級から後から来た文書を引用する場合に使われる。 →蒙

賊蹤 5876 規 179
匪賊の踪跡。

卒經 5877 四 90
処理の経過を表現する語。「ついにしおわれり」か?卒は「ついに」「最終的」の意。

尊 5878 読 85,182
(量詞)大砲などを数える、日本語の「門」に相当。

尊孔 5879 筌 12、規 280
孔子崇拝。

尊悎 5880 筌 56
尊意。

尊賬 5881 筌 71
御勘定。

存 5882 読 304
①公文書(案档)を保管する。②預ける。③預金。

存案 5883 読 294、商、福 2-5b
①登記・登録。②記録に保存しておく。③ひかえにのこしおく。

存按 5884 福 1-15a
証拠にのこす。

存活 5885 読?
生活上。

存款 5886 規 123,筌 62
預金。存は預けるの意。

存記 5887 讀上
記載しおく。

存根 5888 講
控え(手形や領収書の切り取り線から取った残り)

存査 5889 満 119、129、規 202
①案件は調査のために存置する。指令・批の末尾に用いられる。②文書は調査の資とする本機関が保存する。

存棧 5890 規 125
倉入の意。棧とは棧房というに同じく倉庫の意。存は預けるの意。

存算 5891 福 7-6b
さんようのために残しておく。

存餉 5892 筌 8
積立金。

存照 5893 規 250,254
「保存」。

存剰 5894 福 29-18b

残り余る。
存儲 5895 読 78,筌 29
　あずかり置く。留置して保管するなり。
存心 5896 外
　心持ち、こころね、。
存轉 5897 満 119、129、四 45
　①〜は転令(転呈)のため存置す。指令・批の末尾に用いられる。②「(収到各件分別)存査轉發」届けられた文献はあるいは存置し、あるいは転達す。
存票 5898 外
　戻税証書。
存放 5899 筌 39、62
　①預金。②預金借出。
村正副 5900 筌 49
　村長副村長。
撙節 5901 筌 16
　節減。撙(そん)は抑えるの意。

[タ]

他 5902 読 12
　彼。
多 5903 読 281
　「どのくらい。」口語に同じ。[李云是長門。離山口縣多遠]
多方 5904 外
　あれやこれや、種々の方法で。
多羅郡王 5905
　宗室の爵位の一。→宗室
多羅貝勒 5906
　宗室の爵位の一。→宗室
多林文 5907 外
　Drummond,J.
多倫 5908 外
　Torin,B.
拖沓 5909 福 7-12a
　ひきのばす。
拖欠 5910 外
　(借金の返済、納税などを)滞らせる、ながく借りて返さない。
拖累 5911 福 3-2b,9-3b
　まきぞへ。かかりあひにする。[〜〜衙役。]
拖連 5912 福 14-18a
　かかりあふ。
爹那啡巧 5913 外
　Terranovia,Francis.
爹屁時 5914 外
　Davis,J.F.
躲 5915 読 57
　隠れる。

兌交 5916 筌 21
　換算交付。
兌准 5917 福 7-13a
　かけ調べる。
妥 5918 規 126、讀上 8、15
　①手ぬかり無く。②安なり,平らなり,ほどよくの意。③「妥当」の意。[周善妥善辦法]④都合よく,穏やかに
妥爲 5919 規 48,64
　手ぬかりなく周到に。
妥爲照料 5920 讀下 32
　しかるべく取り計らわせしめる。
妥爲約束 5921 読 267
　充分取締まる。
妥員 5922 読 146
　適当の人材。
妥宜委任 5923 読 58
　全権委任か。適合なる委任を受けて。
妥議 5924 読 115
　然るべく協議する。
妥協 5925 外
　妥当な、然るべき、好都合な。
妥洽 5926 読 173,筌 31
　妥当にて和洽なるの意。都合よく運ぶ。妥当適合。
妥實引保 5927 読 143
　適当な保証人。
妥酌 5928 読 288
　充分斟酌。
妥修 5929 読 64
　→修妥
妥招 5930 福 14-16b
　しかと白状がきをとる。[〜〜解報。]
妥慎 5931 規 316
　妥当慎重。
妥慎治理 5932 規 153
　妥当にして慎重に政治処理すること。
妥全 5933 読 78
　至極適法でよい。
妥善 5934 外
　適切。
妥訂 5935 規 90
　妥当に、完全に制定する。
妥備 5936 読 1
　充分準備する。
妥辦 5937 外
　適当に処理する。
妥防 5938 筌 29
　適切に防衛す。
惰気 5939 岡 1
　Argon(元素)。 →亞、亞兒艮、氬

[タ]

打恭 5940 福 2122b
　おじぎする。

打下馬威 5941 福 286.a
　ひどくたたくおそろしい。→巴棍

打揮 5942 福 11-18b
　相談する。

打諢 5943 福 14-32a
　くちがきをなほす。

打拳 5944 福 149a
　やわら。[與某人〜〜頑要。]

打攢盤 5945 福 13-3a
　本管牢頭與衆牢頭群来幫殴。名曰〜。

打搶 5946 福 14-8b
　うばひとる。

打打披 5947 外
　Dadabhoy,F.(インド商人)。

打探 5948 福 28-1b
　とほみ。→背包

打抽豐 5949 福 13-3b
　牢頭詐飽。又唆散犯。各出錢五六文。買鶏肉等。途與新犯。未管牢頭。又派一帳。如不途

打點 5950 外、福 17-19b,28-4a
　①賄賂を使う。とり入る。②支度。手入れ。[爲上司衙門〜。以圖展脱。]

打得通的 5951 規 235
　打得通は貫徹し得ること、的は者の意。

打靶 5952 規 297
　射的。

打肥 5953 福 13-9b
　わがみをこやす。

挐 5954 読 55
　「拏」に同じ。罪人を捕拘するをいう。

拏 5955 読 55
　挐の俗字。捕縄。

拏解 5956 外
　捕らえて引き渡す。捕らえて護送する。[拏解究辦]

拏兇懲辦 5957 規 70
　兇は加害者。加害者を拏捕してその罪を懲らすこと。

拏破崙 5958 読 215
　Napoleon.

拏訪 5959 福 20-1a
　上役より捉えよとの書面か来る。

挪移 5960
　流用

挪借 5961 筌 47
　一時の流用融通。

挪用 5962 読 9
　挪は移動する、金を流用・融通すること。

荼毒 5963 筌 42
　害毒する。

駝羅美石 5964 筌 58
　白雲石 dolomite。

兌 5965
　→「だ」へ。

台 5966
　日本語の「御」にあたる。中国においては天子に関わるものであらざれば軽々しく「御」の字は用いず、「台」の字を用いる。

台委 5967 福 5-20b
　あなたのおほせ。

台銜 5968 読 34
　御尊明?の意。

台光 5969 規 259,筌 65
　御光臨。[恭請台光]

台照 5970 規 268
　「御中」。

台端 5971 規 154,筌 48
　「貴下」。先方を敬称する。閣下に同じ。

臺 5972
　「長官」の意味合があるのか?

臺事 5973
　臺湾事宜の意。→兼辦臺事大臣

臺安 5974 筌 50
　御安康の意。

太 5975 読 142、筌 15
　①甚だしい、甚だしく。②山西省太原府間。

太醫院 5976 筌 6
　侍医局。

太學 5977 規 284
　当時の太學はその教課文武兼備を旨とせり。

太監 5978 讀上 3
　内務府(宮内庁のようなもの)の官吏。

太古洋行 5979
　Butterfield&Swire&Co.

太晤士 5980 読 19
　TheTimes(新聞)。

太歳 5981 福 11-20b
　わるもののかしら。

太史 5982 筌 50
　翰林院編修の異名。

太子少師 5983 外
　虚銜(名誉職)の一。正二品。→虚銜、加銜

太子少傅 5984 外
　虚銜(名誉職)の一。正二品。→虚銜、加銜

太子少保 5985 筌 23、外
　①虚銜(名誉職)の一。→虚銜、加銜

- 156 -

[夕]

②栄誉ある称号にして実職実権あるにあらず。これを三孤の官と称し太師・太傅・太保及び少師・少傅・少保と太子太師・太子太傅・太子太保と太子少師・太子少傅・太保がある。

太子太師從一品 5986 外
　虚銜(名誉職)の一。　→虚銜、加銜。

太子太傅從一品 5987 外
　虚銜(名誉職)の一。　→虚銜、加銜。

太子太保(銜) 5988 外
　虚銜(名誉職)の一。從一品。　→虚銜、加銜。

太師 5989 外
　虚銜(名誉職)の一。正一品。　→虚銜、加銜。

太守 5990 外,筌 39
　知府の別称(書簡に用う)。

太上皇 5991 四 7
　嘉慶帝に譲位した後の乾隆帝。院政状態で、実権は乾隆帝が掌握していたので乾隆帝の判断をまず仰ぐということが多かったという。

太常寺 5992 外,筌 6
　皇室所属の官庁。天子親祭に関する事務を掌る。満礼部尚書の兼任する管理事務大臣および満漢各一名の卿・少卿を置く。

太宗 5993 読?
　主なる、重要な。

太尊 5994 外
　知府の別称(書簡に用う)。

太傅 5995
　虚銜(名誉職)の一。　→虚銜、加銜

太平 5996 讀上 51
　戦争の止みしこと。

太保 5997
　虚銜(名誉職)の一。　→虚銜、加銜。

太僕寺 5998 外
　皇室所属の官庁。宮廷用の馬匹・駱駝および御料牧場のことを掌る卿・少卿、満漢各一人置く。

太陽 5999 福 14-18a
　こめかみ。

太陽穴 6000 福 15-7b
　こめかみ。

太爺 6001 四 7
　明清時期、民間が州県衙門に出す文書において、地方長官を敬って言及する表現。特に訴状においてみられたという。　→太老爺

太老爺 6002 四 7
　明清時期、民間が州県衙門に出す文書において、地方長官を敬って言及する表現。特に訴状においてみられたという。

耐人十日思者 6003 讀下 51
　十日間も考え続けることが出来るほど(難解である)。

對(俄)宗旨 6004 読 6
　(露國に)対する主義。

對質 6005 福 194b
　たいけつ。

對清 6006 福 6-10a
　さっぱりとひきあふ。

對調 6007 読 2、276
　①相対照して取調べること。②更迭、転任。　→調、補授

對同 6008 福 2-22a
　ひきあはす。

對比 6009 福 5-3a
　とりたて。

對付 6010 福 11-12b,17-10b
　ひきあひわたす。あひてする。

對編 6011 福 21-6b
　向かいあわせ憎む。[合面〜]

對類 6012 福 25-14b
　ほかのついの類。

帶 6013
　持つ、随行する。

帶看 6014 福 7-13a
　ためす。[〜〜銀色。]

帶管 6015 福 7-20b
　かねつとめる。

帶警 6016 福 11-20b
　そろはする。

帶徴 6017 福 5-5b
　年々の不足をとりたてる。

帶肚子 6018 政 72
　就官前の借金を回収するため、金貸しが就官先の役所に(顧問や使用人の形で)送り込む回収人。　→京債

帶同 6019 陶 7-36a
　同伴する・ひきつれて。

帶領 6020 讀下 13
　引率または案内。

帶領引見 6021 読 120
　天皇に拝謁すること。任官襲爵のときは引見せられて初めて確定するが例。

待 6022 読 271
　待遇する。

待罪 6023 規 104,筌
　承乏に同じく奉職の意。[待罪疆圻]

怠玩 6024 外
　なまけること。

戴公行 6025 外
　Taylor,JamesHudson.

- 157 -

[夕]

抬 6026 読 83
　もたげる。担架で運ぶ。

擡高 6027 筌 21、71
　①引き上げ。②多く徴収する。

擡寫 6028 外
　上奏文をはじめ公の文書にては、皇帝に関連した字がでてきた場合には文の途中であっても行を改め更に字数をあげる。書物によっては空欄でこれにかえたり、実録などでは方式がことなりもするが、大体以下のようである單擡(一字上げ)京師・宮など:皇帝の附属物類雙擡(二字上げ)上諭・旨など:皇帝皇后の身体・行為関連三擡(三字上げ)烈祖・聖など:皇帝よりも偉いその尊属、祖先関連。

擡夫 6029 筌 41
　貨物を運ぶ。

泰晤士 6030 外
　The Times.

泰西墳地 6031 規 186
　洋人共同墓地。

泰斗 6032 筌 52
　泰山北斗万古に動き無きの意。

泰姆士 6033 読 172
　The Times.

泰楽爾 6034 外
　Tyler, W.F.

滯銷 6035 読 285
　売行きよからず。

貸 6036 外
　許す。

退伍 6037 外
　→入伍

退縮 6038 規 163
　畏縮して退却すること。

退商 6039 外
　①引退した商人(特に行商)。②商人(特に行商)が引退すること。

退兵明諭 6040 規 163
　撤兵の諭令。

退歩 6041 読 153
　躊躇。

退約 6042 福 12-25b
　かへり証文。

逮 6043 筌 42
　及ぶ。

體國 6044 外
　體國経野のこと。都市を区画し、村を設定すること。治國のこと。

體査 6045 外
　旨を體してよく調査すること。

體恤 6046 外、読 109
　①恩恵。②陛下が切実に憫恤せられること。

體制 6047 外、規 154
　①体面、建前。②相当の体面を傷つけざるよう丁重に優遇するの意。

體貼 6048 福 19-14b
　よきてあて。

體訪 6049 福 14-21b
　しかとたづねる。

體面 6050 外
　体裁がよい。

體諒 6051 福 3-12a
　しかとすみりやう。

代寄 6052 読 104、109
　①代送。②取次伝達。

代叩起居 6053 筌 52
　代わって起居を叩問せよ。

代索 6054 福 20-11a
　かはりせつく。

代書 6055 福 3-21a,11-2a,14-3a
　かうたいちやう。かはりにでるひと。かかり役人。

代收 6056 筌 71
　代わって受け取る。

代送専差費 6057 筌 71
　特別配達費。

代追 6058 福 20-11a
　かはりとりたてる。

代呈當差 6059 読 7
　代わりて當局者に呈したる。

代遞 6060 読 119
　本人に代わりて遞呈すること。

代墊 6061 筌 63
　立て替え。

代電 6062 満 46
　「快郵代電」の略。至急文書。電報に代わるもので、書式を一般公文と異にする。電報ではない。　→代電悉

代電開 6063 四 37
　「代電に曰く」。上級あるいは平級機関から来た代電を引用する場合に用いられる(引用の終わりには「等因」「等由」等の語がくる)。　→代電、代電稱、開

代電悉 6064 満 46、48、四 37
　「(～日付)代電を閲了せり。」指令または批の起首用語。　→代電、悉

代電稱 6065 四 37
　「代電に曰く」。下級あるいは人民から来た代電を引用する場合に用いられる。　→代電、代電稱、開

代辦行 6066 筌 62
　代理店。

- 158 -

[夕]

大・・ 6067 満 125
　①皇帝もしくは上級の官員をさす語をつくる。［大令・大皇帝］②上級・平級期間からの来函をさす。［大令、大咨］③平行文における対称・敬称。別系統の組織間の来文書でも用いられる。

大阿哥 6068 読 123
　皇太子?阿哥は未成年の親王。

大意 6069 外
　①大体の内容。内容のあらまし。②油断、不注意。

大員 6070 読 107
　大官、高官。

大尹 6071 外
　知権の別称(書簡に用う)。

大英火輪船公司 6072 外
　Penisular & Oriental Steam Navigation Company.

大学士 6073
　内閣(皇帝の秘書機関的である)の閣僚。満漢各二名。正一品官。→内閣

大函 6074 四 4
　上級・h 平級あるいは関係のある人物からの来函を敬って言う。

大鑒 6075 四 4
　著名な人士に出す電報・代電・函件の冒頭に用いられる(起首語)。尊敬の意味を含む。［・・先生大鑒］

大關 6076 外
　税関本署。

大九卿 6077
　六部・都察院・通政使司・大理寺を一括した名称→九卿、大理寺

大君主 6078 外
　→君主

大計 6079 外、福 24-1b
　①→京察　②おほしらべ。

大憲 6080 読 136、四 4
　上級官員を尊称して言う。上官のこと。清末に諮議局(省議会)などができてから多く使われた。

大股東 6081 筌 62
　大株主。

大公無私 6082 筌 11
　公正にして偏頗なり。

大洽 6083 四 4
　民国時期に平級機関の来文書で相談・と同意を求める語。洽は「相談する」「一致する」。

大差 6084 福 28-1b
　其爲差也。有欽命公幹之大臣。有朝貢之蕃使。有入覲涖任之督撫提鎮。巡鹾監税之部院卿。是謂〜〜。

大札 6085 四 3
　「御来文」上級・平級または関係する人士からの来文を敬って言う。

大咨 6086 四 4
　平級機関間でやりとりをする咨文の敬称。互いに隷属関係なき機関同士でのやり取りで扱われるのが一般である。

大修 6087 六成
　河道工程の定例。十年に一度の大工事をいう。五年ごとのを中修といい、三年ごとのを小修という。さらに毎年に行われる歳修がある。

大署 6088 四 4
　民国期地方官庁は［官署］と言ったが、これを敬って言う言い方。

大小均戸 6089
　江南(特に江南デルタ地帯)における漕糧などによる賦課の過重が有力な小戸に殊に厳しかったのでそれを緩めようとの説。長年の懸案でもあったが、同治年間に馮桂芬らの行った減賦改革は有名。

大上臺 6090 福 24-2a
　総督・巡撫。

大祲 6091 筌 76
　大災。

大人 6092 外、四 3
　①民間から州・縣の衙門にだした文書で長官に言及する敬称。②地位・身分ある官員に対する尊称。

・・大人 6093 筌 41
　書簡で相手を尊敬して書す。　→青天大人

大帥 6094 筌 46
　総督の別名。

大水桶 6095 福 2316b
　てんすいおけ。

大世家 6096
　日本でいえば「華族」に相当す?。

大西洋 6097 外
　①ポルトガル。②大西洋 Atlantic Ocean.

大西洋國 6098 外
　ポルトガル。

大操 6099 福 2127a
　おほてうれん。

大拿破侖 6100 讀下 54
　ナポレオン・ボナパルト。ナポレオン1世。

大體 6101 外
　体制、建前、体面。

大致 6102 読 145
　大約、大要に同じ。

大挑 6103 筌 45

[ダ]

挙人を選抜して官職を授けること。
大挑教職 6104 筌 45
　挙人を選抜して教職にあてること。
大戸 6105 陶 7-11a
　大金持、財産家。
大都 6106 読 168
　すべて。
大東洋 6107 外
　太平洋。Pacific Ocean.
大尼 6108 外
　Denmark.
大日報 6109 讀上 19
　新聞紙の名称。
大馬爾齊 6110 外
　Denmark.
大伯理璽天德 6111 外
　大統領・President.大の字は大清國大皇帝との対等を示す為付す。
大班 6112 外
　①もとはヨーロッパ商船の管貨人。supercargo 貨物上乗人。②開港前、会社管貨人の主だったもので構成した「管貨人委員會」、特にその主席をいう。以下二班・三班などと称した。Select Committee of Supercargo ③開港後の外国商社のマネージャー。
大府 6113 四 4、外、筌 77
　①民国期においては省政府に対する尊称。省レベル以下のが機関が省政府に言及するときに用いられる②上官。③総督・巡撫。④大官。
大部 6114 四 4、28-6b
　①地方の各機関が文書中で中央各部に言及するときに使う。②六部尚書。
大副 6115 読 37
　(海船の)船長、事務長。
大幫 6116 読 57
　大部隊。
大防 6117 規 288
　大防とは大なる模範の意。[禮教大防]
大洋 6118 読 26
　一圓銀貨。
大窯口 6119 外
　→窯口
大吏 6120 読 249
　総督・巡撫。
大理院 6121 筌 6
　大審院。大理院か？
大理寺 6122 外
　最高裁判事務を掌る特設官庁。刑部・都察院と合して「三法司」を構成し、六部・都察院・通政使司とともに「九卿會議」

を構成する大理寺卿満漢各一名、少卿満漢各一名以下の官吏を置く。事務は左右兩寺に分掌されそれぞれ分担された地方各省の死罪事件を審理するが、直隷省のみは左右兩寺が交互に輪掌する。
大力 6123 外
　貴方の御力。
大呂宋 6124 外
　Spain.
大僚 6125 読 242
　要路の大官。
大令 6126 四 3、読 5
　①民国時期、下級機関が上級機関の命令を敬って言う。②知縣の別称。
大老爺 6127 四 3
　明清期、民間から州・縣の衙門にだした文書で長官に言及する敬称。訴状に多く見られる。
迺 6128 読 75
　乃ち。
第 6129 規 104,筌 19,28,46、讀下 24
　「祇だ」または「只だ」。
第博蘇涯爾噹 6130 外
　Tipoo Sultan.
題本 6131 行 1a/195-7,204-5、政
　明代から残っている上奏文の形式「本章」ともいう。手続きが繁雑で機密も守られなかったので後に奏摺という形式が生れた。通政使から内閣経由で皇帝に達し、軍機大臣に諮問して処理される。
卓異 6132
　抜きん出て(卓越)、衆と「異」なること。地方官の勤務評定「大計」における最高の評価。
掝記 6133 陶 14-7b
　割引。
托爾斯泰 6134 読 226
　トルストイ。
拆 6135 外、筌 41
　①二つに割る。開封する。②開く,割る,断ち割って二つにする。
拆卸 6136 筌 29
　分解して引き渡す。
拆卸兩截 6137 筌 41
　分解して二箇となす。
拆息銷路 6138 筌 62
　預金の取引先。
拆貯 6139 福 6-1a
　銀をかけあらためてくらにいれる。
拆平 6140 筌 27、規 187
　①破壊取り除く。②こぼつこと取り崩すこと。

- 160 -

[夕]

拆封簿 6141 福 2-20b
　かね年貢のふうじをいつかにひらいたる帳。

澤道 6142 筌 16
　山西省澤州と河南省道口。

灌手 6143 筌 76
　手ぐすねひいて。

託故 6144 規 242
　「口実を造りて」。

託詞 6145 陶 7-4a
　かこつける。

託庇 6146 読 192
　おかげで。

託福 6147 読 192
　おかげて。

託臙 6148 筌 20
　ダラー。

諾維克 6149 読 61
　ノービック。

達爾文 6150 読 231
　Darwin,Charles Robert.

達耳第福 6151 外
　TardifdeMoidrey.

達費士 6152 外
　Davis.

奪 6153 満 98
　裁決・決裁。決定。

脱 6154 経 51、読上 42、49
　①売り払う。脱意は売りたい気持ち。②脱蘭寺罰爾。トランスバール。

脱意 6155 経 51
　売りたい気持ち。

脱略 6156 読 251
　寛大疏慢なること。

丹國 6157 外
　Denmark.

丹商 6158 満 69
　Denmark の商人。

丹麻爾 6159 外
　Denmark.

但 6160 外
　ただ、ただ…さえすれば。

但依利 6161 外
　Daniell,J.F.N.

單 6162 読下 39
　①箇条書きによる計画書の如き表。しばしば奏文に添えて呈せられる。②（一覧）表。③ theSingle-EyedPeacockFeather

單眼花翎 6163 外
　→翎雙

單據 6164 満 47
　①契約書。証券。②受領証の類い。証拠書類。③書き付け。切符。

單月 6165 筌 67
　→雙月

單打士 6166 外
　Dundas,H.

單日 6167 規 235
　奇数の日。即ち所謂半日。

單票 6168 商
　証書、書類

單併發 6169 外
　「單」の写しをも併せ関係官庁、に伝達せよ。單を付した奏文に対する硃批の慣用句。

單鷹國 6170 外
　Prussia.

單留中 6171 外
　「單は皇帝の手許に留めおく」單を附した上奏文に対する硃批の慣用句。

嗹波啦 6172 外
　Hamburg.

嚵 6173 外
　Thom,Robert.

坍 6174 読 205
　土崩なり。［坍塌］

坍江田地 6175 典→六部
　崩壊して、江水にいる田地をいう。→坍戸

坍戸 6176 典→清戸部則例
　河川沿岸の土地が水落した所有者を指す。坍田の所有者の意味。後日、水の変動により復起したるときは、その所有に帰す。

坍倒 6177 典→明律巻 29、清律巻 36
　城垣が雨水のため衝破せらるることをいう。

坍塌田地 6178 典→六部
　河畔の田地が水害のために河中に水没したるをいう。

坍漲 6179 典→戸部則例
　沙地が水の勢いのために、あるいは消滅し(坍)、発生すること(漲)。→丈

堪 6180 筌 51
　→「かん」

探海艇 6181 読 97
　掃海艇。

探馬隊 6182 読 84
　斥候騎兵隊。

探録 6183 読 123
　某新聞記者が探訪し来たりて登録するなり。

攤 6184 読 307
　①開く、按じて。比例して。②分割で(支払う・納める)。

[タ]

攤徵 6185
　分割で徴収か?。

攤徵帰公 6186
　(水利事業、天災などに公から金が支出されたとき、それを)割り当てて返還させること。

攤派 6187 外
　①(醵金寄付等を)割り当てる。②割り当て分を支出する。

擔 6188 陶 7-2b
　①=十斤。②耽に同じ。

擔延 6189 規 231
　=耽延。

擔承 6190
　引き受けて担当する。

擔頭銀 6191 外
　鴉片戦争以前、旧海関において正規の貨税・船鈔に加え、擧を定めて徴収した一種の付加税。Peculage, Pecul Duty

擔保 6192 筌 78
　保證。

殫紀 6193 読 233
　盡く記す。殫は盡く。

淡食 6194 外
　塩分不足で体にむくみのできること。ついには死に至るという。

淡巴菰 6195 外
　タバコ。

湛税務司 6196 筌 45
　蕪湖関の税務司。英人,原名前不詳。

灘 6197 陶 7-36a
　沙洲、湿地。

灘戸 6198 陶 7-36a
　塩戸。

炭敬 6199 外
　官吏が弾劾権をもった上官に贈る季節の礼物で、冬季に贈るのを炭敬といい、夏季節に贈るのを冰敬という。

癱痪 6200 読 168
　麻痺不仁の病。

瞻 6201 筌 8,56
　→「せん」

短 6202 陶 8-14a
　財政が乏しい。

短繳 6203 筌 61
　納税不足。

短槍 6204 筌 41
　ピストル。

端 6205 外
　はじめ、いとぐち、原因、理由。

端倪 6206 筌 33
　端緒。

端正 6207 規 90
　きちんとした。正しくする。

端頼 6208 経 119
　全く…に頼る。

紞 6209 読 207
　撃鼓の声。

耽 6210
　擔と同音にて字義相通ず。

耽擱 6211 陶 8-59b、規 231
　手間取り遅れる。

耽悞 6212 規 231
　手間取り遅れる。

耽承 6213 規 320 読 197
　①擔承・擔任の意。②擔保のこと。

膽敢 6214 外
　大胆にも。

袒庇 6215 読 127
　私情をもって特に保護すること。

袒民嫉教 6216 規 70
　袒は左袒の袒、補助すること。庇護すること。義和団を偏愛して教民を嫉悪するをいう。

覃義理 6217 外
　Daniell,J.N.

誕妄 6218 外
　でたらめ。

誕膺天命 6219 筌 11
　生まれて天命に従う。『書経』武成に「誕膺天命以撫方夏」。

譚敦邦 6220 外
　Tattenbach.

團匪 6221 読 116
　義和団。

團民 6222 讀下 26
　義和団民。

團練 6223 筌 43
　地方の義勇兵にしてその地方だけを守る者。

團練隊 6224 筌 76
　上海の中国人商人達が自衛のため組織せる団体。

壇坫 6225 筌 14
　諸侯が集まって朝令や会盟を集まる場所。国際会議に出席すること。外交場裡。**坫は諸侯が会盟したときに杯をおいた台。**

彈壓 6226 規 179,315
　①鎮圧、弾圧する。②治安を維持する。③取り締まる、規律秩序を維持する。

弾指 6227 読 207
　指をはじく間「たちまち」。

弾章 6228 読 127
　弾劾書。

[チ]

断 6229 読 307
　断案・決定。

断難 6230 四 156
　「断じて～しない、することはあり得ない」下行文で、下級機関や民間が述べていることを断じて許すことはないことを表現する。多くの語と熟字する。[断難照准・断難施行・断難通融]

檀香山 6231 規 126
　Hawaii.

段 6232 読 208、筌 28
　①組、班など?②「区域」。

段落 6233 読 134
　区切り、区域。

[チ]

値 6234 読 304
　あたる。

値當 6235 筌 21
　相当す。

地亞納 6236 読 53
　Diana?ディアナ。

地位 6237 読 11
　場所、スペース。

地股 6238 筌 60
　土地を提供せる権利株。

地甲 6239 行 2/137-8、読 26、中
　①総代または組頭。②保甲制の保長のこと。③納税を督促し犯罪事件発生のとき司法警察の雑役に供されるもの。

地址 6240 講 315
　①所在地。②納税者の住所。

地生 6241 読 285
　土地の産物。

地丁 6242 講 315
　地租。

地腹 6243 筌 58
　地下。

地保 6244 陶 14-42a
　保甲制の保長(1 保=10 甲=100)。

地面業者 6245 筌 58
　土地所有者。

致 6246 読 182、陶 13-35b
　①=為。②(手紙を)出す。

致意 6247 筌 53
　安否を問うの意を致すなり。

致于罪戻 6248 規 54
　(刑)罰に処せられること。「干」の字は「干」の誤り。　→致干罪戻、致干

致干 6249 四 129
　「(失敗などを)犯すようなことがあれば」の意。干は「触る・犯す・干犯」の意。下行文で下級機関に「万一過ち失敗を犯せば(処罰する)」と釘をさす表現。以下の熟語参照。　→致干

致干議處 6250 四 129
　「(失敗などを)犯すようなことがあれば、審議議決の上、処罰されるべし」の意。　→致干

致干究辦 6251 四 130
　「(失敗などを)犯すようなことがあれば、追究処罰を招くべし」の意。　→致干

致干咎譴 6252 満 116、四 130
　「(失敗などを)犯すようなことがあれば、罪譴を招くべし」の意。　→致干

致干咎戾 6253 四 130
　「(失敗などを)犯すようなことがあれば、罪を問うぞ」の意。「咎」はとがめる、「戾」は罪悪。　→致干

致干嚴究 6254 四 129
　「(失敗などを)犯すようなことがあれば、厳しく追求されるだろう」の意。　→致干

致干查究 6255 四 129
　「(失敗などを)犯すようなことがあれば、調査究明あるべし」。　→致干

致干罪戾 6256 満 116
　「(失敗などを)犯すようなことがあれば、罪科を問うことになろう」。　→致干

致干参咎 6257 四 130
　「(失敗などを)犯すようなことがあれば、弾劾・責任追究を招くべし」の意。「咎」責任追究の意。　→致干

致干重責 6258 四 130
　「(失敗などを)犯すようなことがあれば、重罪に問う」の意。　→致干

致干懲處 6259 満 116、四 129
　「(失敗などを)犯すようなことがあれば、処罰されることになろう」。　→致干

致干懲辦 6260 四 129
　「(失敗などを)犯すようなことがあれば、処罰されることになろう」。　→致干

致干未便 6261 満 116、四 130
　「(犯すようなことがあれば自分が)困ったことになるぞ」の意。　→致干

致此 6262 四 88
　民国期の函件などの末尾に出てくる表現。この後官名などがしるされる。　→径啓者、此覆

致知 6263 読 240
　考察工夫する。知識を推し拡める。

治 6264 規 259
　用意するの意。[敬治菲酌]

- 163 -

[チ]

治忽 6265 規 319
治と亂と。

治罪安置 6266 規 103
懲罰の処置を終わること。

治理 6267 規 122
二字とも「おさめる」。管理する治める
こと。[治理所関]

置 6268 規 252
購買。[自行置備]

置議 6269 陶 8-5b
詮議する、取り調べる。処罰の取調べを
する。

置不講 6270 規 319
打ち棄て置く。

置辯 6271 外、讀 74
弁解する、抗弁する。

知會 6272 規 227,242
照会、通知。

知縣 6273 外
縣の長官。裁判・検死・徴税・警察監獄
・公共建造物の営繕・教育考試・賑恤な
どの多岐わたる。

知悉 6274 外
多く布告文の末尾につく語で「承れ」「了
解せよ」の意。

知州 6275 外,筌 37
州の長官(五品官)。職務は普通の州にお
いては知縣と同じく、直隷州においては
知府または知縣と同じ。更にいえば直隷
州においてはその直接所管の土地人民に
おいては知縣と同一の職務を行い、その
領縣に対しては知府と同一の職務を行
う。

知照 6276 規 251、筌 19、満 50、102、128、
中 2409、四 88
①照してその通り実行せよ。「知照辦理」
の簡略語。②照会、通知せしめる。「了
解せよ。」下行文(批示・命令)でよく使
われる。平行文では査照に相当する。[預
先知照] ③照会通告。④その通り承知の
上理解せよ。

知單 6277 商
告知書。

知府 6278 外
府の長官。管内一切の政務を統括すると
共に下級官庁の事務を指揮監督する。

○部知道 6279 規 87-8
○部に移牒し承知せしむべし。

知道 6280 讀上 5
上諭の定型句で「心得よ」の意。知道了
の項参照。

知道了 6281 外、四 88
「チドウセリ」「報告の趣、承知せり」。

皇帝の「相判った」との表現。硃批の慣
用句。

知勇 6282 規 154
知勇。

遲 6283 規 265
「遅くとも」の意。[見票遲十天内]

馳驛 6284 外
早馬でゆく、大急ぎでいく。

馳系 6285 筌 52
念(おもい)を派する?。

馳奏 6286 筌 20、外
(驛遞による)至急便で上奏する。 →由
驛馳奏

逐 6287 讀 152
～ごとに。[逐科]

逐款 6288 外
一項目ごとに。

逐層 6289 外
逐一、一つ一つ。

窒碍 6290 筌 34
妨害。

窒碍難行 6291 四 156
上級機関への回答文で上級からの命令内
容が「大変に困難であり実行し難い」こ
とを述べる語。

窒礙 6292 筌 20
故障。

茶用 6293 外
開港後、公行は解散したが廣東における
外国貿易は同様の行商によって行われ、
彼らは「行用」に代わるものとして「茶
用」と称して慣習的に輸出茶一擔につき
二銭を徴収した。

着 6294 四 157、満 134
「せしむる」「せしめよ」。下行文で命
令を表す。「著」「仰」「飭」も同様の命
令を表すがとりわけ「着」は語気が強く
重みがある。

着即 6295 四 157
「(命令通り)直ちに～せよ。」下行文で
命令通り実行するよう命じる語句。この
あと「施行」「遵照」など実行方法を示
す語が更に続き熟字する。「仰即」より
語気は強い。 →着

着即廃止 6296 四 158
「(命令通り)直ちに廃止せよ。」 →着

着即免職 6297 四 158
「(命令通り)直ちに免職せよ。」 →着

着不准辦 6298 四 157
「行うを許さず。」下行文(批示・指令)
において、下級機関に来文で請求するが
如き方法で処理することを許さない表
現。 →着

[チ]

着照 6299 外
　…にてらして…せしめよ。…に従って…せしめよ。

着毋庸議 6300 四 157
　「(再び)論議・提議するなかれ」下行文で、以前に出されていた案件を退ける語句。着毋庸議より重みがある。　→着、着毋庸議

着落 6301 読 9、外
　①決着、帰結。②促進すること。

着令 6302 外
　命令する。

丢尼斯 6303 外
　Tunis.

中 6304 規 253、外、讀上 12
　①中国、中国人。②身体、臓腑。

中醫 6305 規 302
　中国の漢方医。

中外 6306 規 101、外、讀上 11
　①中国と外国(列強)。②中央と地方。

中外之防 6307 外
　中国と外国のけじめ。外交交渉の建前。防はけじめ、さかいめ。

中額 6308 規 384
　合格人数。

中議大夫 6309 筌 66
　国家に慶事あるときに從三品の文官および其の配偶者および曾祖父母に封典として授ける。

中間 6310 読 297
　〜中。

中慧外秀 6311
　→慧中秀外

中憲大夫 6312 筌 66
　国家に慶事あるときに正四品の文官および其の配偶者および曾祖父母に封典として授ける。

中權 6313 読 309
　中国専主の意。

中修 6314
　河工の定例。五年ごとに行われる→大修六成

中丞 6315 読 165,筌 55
　巡撫の別称。

中畝 6316 筌 61
　中国の畝ム一。

中節 6317 筌 12
　恰当たる。

中輟 6318 筌 18
　中止。

中土 6319 筌 56
　中国。

中東 6320 読 268、讀上 18
　中国と日本。

中堂 6321 外、讀下 27
　「大學士」「協辦大學士」の別称。

中西官員 6322 規 141
　中国人官吏及び西洋人にして中国の官吏であるものをいう。

中文 6323 規 250、讀下 51
　中国語(の文章)。

中飽 6324 外,筌 21
　政府と人民の「中」にあって不正官吏が私腹を肥やすをいう。不正のコミッション。

呋楽德克 6325 外
　Dew,Roderick.

忠靖之忱 6326 筌 10
　君に忠に,国を安ずるの誠意。

抽課 6327 外
　課税品の幾分かを抜き取って税物とする。

抽査 6328 筌 41
　精密に検査する。抽は引き出すなり。

抽取 6329 筌 61
　徴収。

抽分 6330 外
　①商税として商品の幾分かをとる。②上まえをはねる。

籌 6331 読 4
　(金を)工面する調達する。支出の準備をする。[籌款・籌費]

籌維 6332 読 116
　はかりおもう、計画。

籌畫 6333 筌 31、36
　①計画。②金策。

籌款 6334 規 123,202、読 113、291
　①金子を調達すること。②費用の支出。③負担金額。

籌議 6335 読 246
　審議立案。

籌振 6336 読 303
　振卹発起人。

籌兵禦匪 6337 規 72、読 115
　①作戦計画。②兵を派出して防衛すること。

籌邊 6338 外
　辺境の軍備を計画する。

籌辦 6339 陶 8-6a
　計画実行。

綢 6340 外
　シナ繭紬。

綢荘 6341 読 32
　緞子店。

- 165 -

［チ］

綢緞 6342 外
　緞子繻子の類。

綢繆 6343 筌 18
　未然に準備す。

註銷 6344 筌 57
　取り消す。

註明 6345 読 143
　（明白に）記載すること。

駐滬 6346 讀下 24
　上海駐在。

駐使 6347 規 101、筌 18、讀上 11
　①北京駐在の各國公使。②駐剳公使。

駐京大臣 6348 外
　清國に駐在する外国公使の通称。

駐德使 6349 讀上 33
　ドイツに駐在する（公）使。

駐防 6350 筌 8
　清朝が要所要所に八旗兵を配置し将軍統率の下に明人の暴発を防ぎたるもの。

絀 6351 筌 32
　不足なり。

儲 6352 陶 15-53a
　「たくわえ」。

儲存 6353 筌 31
　預金。

儲煤 6354 読 167
　石炭貯蔵。

緒 6355 筌 42
　流れを汲む者。

著 6356 規 41,筌 1、30、47、讀上 1、四 96、153、滿 121
　①下行文における請求語。「・・はすべし」「をして・・せしむ」「・・せしむ」などとし訓ずべし。語気は「仰」よりは強い。（訓令・指令・批・布告で共通に用いられる）②「使」「令」に同じく「・・ヲシテ・・セシム」と訓む。③＝着。④命ず。「命じて」の意。上諭中命令的に用いられる定式文字。［著調補～・著補授～・著派～・著准～］⑤明清時期の皇帝の批文・諭旨で臣下に命令を下す場合に使われる。⑥各令を公布するときに用いられる。　cf.「此諭」は指示、「此批」は批示における末尾語。

著…去 6357 読 112
　命じて…を出張せしむ。

著兼任・・此状 6358 満 136
　「□□著兼任■■此状」は「□□に■■を兼任せしめる、此に状す」という兼任を命じる書式。

著重 6359 筌 19
　重きを置く。

著照 6360 外
　＝着照。

著照舊行 6361 筌 5
　従来通り行わせる。

著陞敍・・此状 6362 満 136
　「□□著陞敍■■此状」は「□□を■■等に陞敍す、此に状す」という陞敍を表す書式。

著即公布 6363 満 121
　「ここに此れを公布す」。令を公布する時に用いられる。

著即凜遵 6364 満 105
　「詳細に調査して報告し審査決裁を得べし」。回答を要求する訓令（下行文）における結尾語。

著派 6365 讀上 2
　命じて派遣する。　→著

著毋庸議 6366 満 96
　詮議するなかれ。論議するなかれ。下行文における命令・請求語。

著勿庸議 6367 満 107
　「詮議するなかれ」下行文における不許可の場合の結尾語。　→著、應毋庸議、毋庸置議

刁 6368 陶 7-10a
　俗に巧詐なるものをいう「刁頑」「刁健」。

刁難 6369 外
　難題。

刁風 6370 陶 7-10a
　悪習。

兆 6371 読 37
　1,000,000のこと。

帖 6372 福 4-17a
　［催取下賦用～。］

帖然 6373 読 20
　定めての意。

帖服 6374 外
　①屈服する。服従する。②従順である。さからうことがない。

帳房 6375
　①（金銭を出納する）事務室・書記室。②テント、幕営。

帳目 6376 規 254
　金銭の出入。

廳 6377 外
　州と縣と共に最下級の行政区画単位。通念上は三者の中では最小である。長官は「同知」または「通判」（廳の同知・通判は正印官で府の補助官たる同知・通判とは区別される）で職権は知縣に同じ　Sub-Prefecture.行 1b/18,58。

廳事 6378 読 101

[チ]

表座敷、法廷?。
廳尊 6379 福 8-4b
　上役。
廳聽 6380 福 30-1a
　事役所のこと。
弔郵 6381 規 252
弔郵殯殮 6382 規 252
　祭粢料および葬儀費。
張 6383 筌 15
　張家口。
張冠李戴 6384 福 20-11a
　張氏の冠を李氏の人がかぶるごとくひと
　のためにつぐのひをすることをいう。
張皇 6385 外、筌 17、讀上 16
　①あわてる。②突撃。③威張ること。
張香師 6386 讀 3、讀下 11
　張之洞のこと（号は香涛）。
張本 6387 外
　原因、端緒、基礎。
徵仕郎 6388 筌 66
　国家に慶事あるときに従七品の文官およ
　び其の配偶者および曾祖父母に封典と
　して授ける。
徵税口岸 6389 外
　→口岸
懲創 6390 福 14-1b
　きずつくほどこらす。
徵調 6391 筌 57
　召集。
懲儆 6392 筌 9
　懲戒。
懲處 6393 規 186、筌 27、61
　①懲戒処分。②懲罰。
懲辦 6394 規 101,242,261
　懲治ми辦する。処分。罪に問う。［就近
　送交領事館懲辦］
挑 6395
　河底をさらう。毎年やる小挑、数年毎に
　やる大挑に分かれる。
挑嫌訐讒 6396 筌 57
　罵詈譖謗。
挑試 6397 福 21-26b
　おびきためす。
挑取 6398 筌 36
　選択して採用する。
挑水壩 6399
　明の潘子訓が創案したもの。黄河治水の
　ために河はばを狭めて堆積を「攻沙」し
　ようとした→「束水攻沙」
挑斥 6400 外
　人のあらを咎めだてする。

挑選 6401 外
　選ぶ。
挑剔平色 6402 筌 21
　分量を削り取る。
朝議大夫 6403 筌 66
　国家に慶事あるときに従四品の文官およ
　び其の配偶者および曾祖父母に封典と
　して授ける。
朝章 6404 外、讀 246
　朝廷の制度。國法・制度。
朝審 6405 福 12-5a
　朝廷の調べ。［每年秋決之時復行朝臣集
　議。名曰〜〜。分別晴眞衿疑兩項。再具
　題請候旨定奪。
朝廷 6406 外
　皇帝?。
朝陽門 6407 讀 189
　北京内城の東南門。
朝亂 6408 筌 19
　朝鮮半島の内乱。
漲落 6409 外
　＝長落。
暢行 6410 讀 145
　都合よく行われる。
暢談 6411 讀 192
　寛談なり。
牒 6412 福 4-15b
　［州行判縣行主簿用〜。］
牒呈 6413 福 4-16a
　［州判主簿呈堂。□學呈縣用〜〜。］
疊 6414 筌 33
　→疊次
疊經・・在案 6415 滿 68
　「しばしば・・したりき」。　→經・・在
　案、在案
疊次 6416 規 52,筌 10
　屢次、迭次と通ず「しばしば」。
疊派 6417 外
　重ねて派遣する。次々と派遣する。
聽 6418 規 242,讀 249
　①「許す」［仍聽留学者］②まかす。
聽委 6419 筌 33
　服務。
聽候 6420 讀 22,筌 6
　待つ。
聽候采擇 6421 筌 12
　採択にまかす。
聽候召對 6422 筌 6
　謁見諮問を待つ。
聽差 6423 筌 49、福 2-11b
　①小使。②［〜〜各役。倶要正身伺候。
　毋許儸替頂名。査出重究。井有呼喚不到

- 167 -

[チ]

者重責。]

聽訟 6424 撫
　裁く。

聽斷 6425 福 4-1b
　さばく。

聽比 6426 福 7-2b
　ひきあひをうげる。

聽憑 6427 外
　「ヨルニマカセル」…するにまかせる。…することができる。

聽便 6428 外
　「ベンニマカス」任意に。随意にする。

聽令 6429 外
　まかせて…せしむ。…せしむ。

糶 6430 陶 8-5b
　米を出す、売ること。

肇乱 6431
　肇は「始める」こと「啓く」こと。

調 6432 外、規 78、読 1、讀上 14
　①およそその方位を遷移するをいう。移動する、派遣する。②「えらぶ」こと。ほぼ同等官中より抜擢・転任させること。←→調補③調兵などとなり、軍隊を甲地より乙地に移す、所謂動員に似たり。[調派兵員]④準備を完くすること。

調回 6433 讀上 37
　召還。recall?

調戯 6434 福 13-1b
　なぶる。

調遣 6435 筌 57-8
　指揮。

調元 6436 筌 51
　四季の調和。

調護 6437 規 87
　守、庇護する。[妥爲調護]

調黄 6438 石中 1410
　①唐制度にて勅書の改めるべきところあれば、黄色の紙を貼り付けて更改するをいう。②明時上奏文の末尾にその要点・摘要を黄色の紙に記して正文の後に貼るをいうが、閲覧の便を図るもの。③清代書籍中御名の上に黄綾を貼り付けること。

調視 6439 福 31-11b
　養生。

調處 6440 外、讀上 16
　仲裁、調停する。

調齊 6441 読 66
　(兵員)準備整い?。

調治 6442 規 251
　治療のこと。[應准請假調治]

調度 6443 外
　派遣する。

調任 6444 外
　=調用。

調任・・著敘・・此状 6445 満 136
　「□□調任■■、著敘・・此状」は「□□を任じて■■とし、・・等に叙す、此に状す」という任命を命じる書式。

調派 6446 読 7
　準備して派出する。

調抜 6447 筌 17
　移動。

調兵 6448 読 51
　兵を整えること。

調補 6449 読 110,筌 6、讀上 1
　「對品調補」。同等官中の転任。ある衙門在任の官吏を別の衙門の同等官に改補する。

調防 6450 外
　派遣されて防備すること。

調用 6451 外
　ある特別の衙門には専任の官吏を置かないで他の職の官吏を選んで任期を定めて交替に勤務させる。

調理 6452 規 40
　治療。

貼寫 6453 行 1b/184、外、福 11-18b
　①官制外の「書吏」の一種。②書き付けをかいてやるもの。

貼寫 6454 福 11-18b
　書き付けをかいてやるもの。

貼書 6455
　①(宋代では)書吏の助手?②総督・巡撫・各関などの監督役人?

貼説 6456 筌 49
　説明を附す。

貼費 6457 筌 36
　手当金。

貼補 6458 陶 7-3a 筌 36
　①金品を補助する。②支出。

賑目 6459 商
　商業帳簿。→帳目 6376

長行 6460 福 21-13a
　ながたび。

長厚 6461 福 3-1a
　をとなしい。

長子 6462
　→宗室

長随 6463 外
　賎民の一種で、生涯家長に従い使われる。奴隷とは売買によらず、終生の雇用契約による点が異なるただ恩養三年以上になったり、配偶者をもたされると奴婢と同

[チ]

長足 6464 讀下 46
　天然の足。←→纏足
長單 6465 福 6-9b
　[各甲又照式造手招。謂之～。排里執此以考経催之完欠。]
長年 6466 読 304
　一年に延べて。
長班 6467 福 1-14a
　けらいかしら。
長膺倚任 6468 規 40
　将来何時までも国家倚頼の任にあることを望んでおったとの意。
長落 6469 外
　（相場が）上がり下がりする。　→漲落
長蘆鹽政 6470 外
　直隷省の長蘆鹽場の鹽務を掌る長蘆鹽院衙門の長官。天津に駐在外国の使節が同地方に迫ったときしばしば交渉・応接に当たった。1860年直隷総督の兼領に帰す。
釣鑒 6471 規 223
　御高覧。釣は「鈞」の間違いか？→鈞鑒
頂 6472
　→頂戴
頂換 6473 福 8-7b
　かすりかふ。
頂子 6474
　→頂戴
頂謝 6475 筌 52
　感謝。
頂首錢 6476 福 13-5a
　ひやくせんだけをとるはづになる。[衙繁大州懸係。獄犯衆多。若無牢頭統轄。彼性皆兇悍。毎起争競。但牢頭係年久累囚。欲爲牢頭。例有～～。獄卒居間交易。故一爲牢頭。便肆横作悪詐索銀物。]
頂帯 6477
　→頂戴
頂替 6478 福 11-6a
　ひとの名前をかする。
頂戴 6479 外
　清朝の帽章。帽子の上の珠。清代には官吏の帽頂に珠玉金石をつけその品級を区別し、これを頂戴といった。珊瑚、藍寶石、青金石、水晶、硨磲、金の別がある。「でんだい」と訓むか？　button.
鳥槍 6480 外
　小銃。
直 6481 外、規 186,筌 27、讀下 44
　①ずっと経って、延び延びになってやっと。②～に至るまで間断なく。[直至七月某日]③但に。[直至明於商務之華人]

直印吏 6482 福 2-6a
　印がかりの役人。
直境 6483 規 186,筌 27
　直隷省の境界。
直省 6484 読 54,筌 7、外、讀下 59
　①十八省及び東三省?。②直隷省は特に直隷とし、その外の十七省（台湾を加えて十八省となる）は皆「直省」という。東三省と区別する言葉。
直達 6485 読 74
　直接の通知。
直督 6486 読 131
　直隷総督。
直報 6487 読 131
　新聞の名前。
直隷州 6488 行 1b17,57、外,筌 37
　一般の「州」とは異なり省に直属するものをいい「道」を通じて直に布政使にの統督に属し、法律上は「府」と等しい。
直隷総督 6489 外
　直隷省の総督。1870年からは北洋通商大臣の兼職を有する。　→総督
直隷廳 6490 行 1b-17,57、外,筌 37
　一般の「廳」とは異なり省に直属するものをいい「道」を通じて直に布政使にの統督に属し、法律上は「府」と等しい。
飭 6491 外、規 54,87,261、讀上 8
　①いましめる。②上級官庁が下級官庁に対して発する訓令。職権によって当然発せられる性質のもの（これに対し批答は伺い・許可申請にをうけて発せられる。③上記の如き訓令を発すること。④命ず。勅に同じ。[如飭交出執照]
飭下 6492 読 114
　下命に同じ。
飭據 6493 外
　…に命じて…せしめ、その報告によるに。
飭金 6494 外
　禁令をだすこと。
飭即 6495 読 118
　命じて即刻。
飭部 6496 読 150
　○部に命じて。
飭諭 6497 外
　指令すること。
飭令 6498 外,筌 4
　「飭」をもって命令すること。命令。
飭令回國 6499 規 242
　立ち退き帰国命令。
勅授 6500 筌 67、中 262
　六品以下の封典。五品以上は「誥授」という。　→敕

- 169 -

[ツ]

勅封 6501 中 262
　六品以下の曾祖父母、祖父母、父母及び妻の生存者を封ずること。 →敕

勅贈 6502 中 262
　物故者を奉ずること。

敕 6503 四 98、148
　①勅、勅。明清時期皇帝が六品から九品の臣下に下した一種の身分憑証文書(証明書か?)。 ②勅書は冒頭が「敕」で始まり、最後は「故敕」で結ばれる。

敕部・・施行 6504 四 148
　皇帝に対して、中央官庁にしてもらいたいことを表す書式。 以下参照。

敕部核處施行 6505 四 148
　皇帝に対して、関連の部・中央官庁に調査するように命令してもらいたいことを表す書式。

敕部核覆施行 6506 四 148
　皇帝に対して、関連の部・中央官庁に対して「調査・回答するよう」に命令するように求める書式。

敕部議覆施行 6507 四 148
　皇帝に対して、関連の部・中央官庁に対して「審議・回答するよう」に命令するように求める書式。

敕部査照施行 6508 四 148
　皇帝に対して、関連の部・中央官庁に対して「知りおくよう」に命令するように求める書式。

沈閣 6509 福 2-10b,12-18a
　うっちゃり。さしおく。

沈降諸香 6510 福 14-2b
　ふじやうよげのたきかう。

沈捺 6511 福 2-20a
　たまりおく。

珍帙投貽 6512 筌 55
　珍しき書籍御恵投に預かりの意。

趁 6513 規 78,筌 39
　①乗趁の「乗」の字に同じ。②逐なり、後よりこれに及ぶをいう。③利に因り、便に乗ずるをいう。

趁此機會 6514 規 78
　この機会に乗じて。

趁早 6515 規 78
　「早いうちに」「早速」。

趁風 6516 陶 8-8b
　風にのって、順風をうけて。

鎮 6517 筌 15、17、38
　①鎮は鎮店即ち宿駅、町村。 →城鎮 ②師団。③鎮江。

鎮市 6518 規 171,186
　鎮店即ち宿駅及び市街。

鎮静 6519 外
　おだやかに。

鎮台 6520 外
　總兵の通称。

鎮長 6521 福 22-1a
　おほしやうや。

鎮店 6522 読 20
　町屋。

鎮府 6523 規 160-1
　総兵の別称。

闖入 6524 読 93
　突入。

陳陳相因 6525 陶 8-5b
　陳腐で新味が無い。

陳米 6526 読 20
　古米。

陳明 6527 外
　明らかに申し述べる。

[ツ]

燈 6528 規 171
　燈有難則焚。燈主夜。

追繳 6529 読 297
　弁償返還。

追出 6530 福 195a
　とりあげる。

追状 6531 福 17-6a
　おひかけるふり。

追掣 6532 福 3-16a
　とりかへす。

追贓 6533 福 9-12a
　賄賂(まいない)をとりあげる。

追比 6534 福 4-3a,20-1b
　年貢さいそく。とりあげる。[～～贓私。]

隧峒 6535 規 61
　トンネル。

通城 6536 読 178
　市中。[天津通城]

通完 6537 福 20-24b
　納めきる。

通議大夫 6538 筌 66
　国家に慶事あるときに正三品の文官および其の配偶者および曾祖祖父母に封典として授ける。

通候 6539 福 1-8a
　うかがふ。[～～上臺。]

通才 6540 規 90、讀下 55
　①事務・事理に明るく才能ある人。②時務に通達せる人のこと。

通市 6541 外
　通商する。

- 170 -

[テ]

通事 6542 規 92
　下情を上達すること。
通商衙門 6543 外
　①總理各国事務衙門の通称。②南洋通商大臣・北洋通商大臣の官署をも含めての通称。③総じて通称ないしは外交を掌る官庁。
通商海口 6544 規 124
　開港場。
通商口岸 6545 規 192
　外国人の通商を許した通商港、開港場。商埠・通商港とも。
通商行船条約 6546 規 124,259-61
　通商航海条約。
通商港 6547 外
　＝通商口岸。
通商大臣 6548 外
　北洋通商大臣及び南洋通商大臣。
通信 6549 外
　電信、電信線。
通人 6550 讀上 8
　事理に通達する人。
通政使司 6551 外
　地方官の「題本」の接受を掌る中央官庁。兼ねて冤罪の訴えを処理する。
通達 6552 外
　心得ている、よく熟練している。
通電 6553 石
　同文電報、またはそれを発すること。
通套 6554 福 1-6a
　ひと通り。
通同 6555 福 3-8a
　なれあふ。
通判 6556 外、筌 37
　①各種の同知の下にあってその職務を補佐する官。→同知　②六品官にして,説明「同知」に同じ。
通盤 6557 筌 36、福 9-3a,33-17a
　①あまねく諸方へ交渉奔走すること。②全般的な、悉皆、全てあらいざらい。[通盤籌劃(全般的計画)]③そうかんじやう。残らず調べる。
通盤籌畫 6558 筌 36
　→通盤、籌畫
通報 6559 四 22
通奉大夫 6560 筌 66
　国家に慶事あるときに從二品の文官および其の配偶者および曾祖祖父母に封典として授ける。
通籌全局 6561 筌 30
　全局を通じて計画す。
通飭 6562 読 55、外

　①通知戒飭す。②関係各下級官庁に同趣旨の命令を発する。
通名 6563
　名刺を通す。
通諭 6564 規 54
　遍く告諭の意。
通融 6565 讀下 56、四 55、56
　①臨機。②暫定的に妥協する。便宜的手段をとる。③変通辦法。
通用現銀 6566 筌 62
　現在通用している銀貨。
通令 6567 満 45
　二つ以上の官署同時命令すること、またはその文書。
痛剿 6568 規 196
　痛撃剿撃を行わんとの意。[立行痛剿]

[テ]

丁 6569 筌 77
　小官吏を数えるときに「一丁」「二丁」という。
丁韙良 6570 外
　Martin,W.A.P.
丁差 6571 福 21-7a
　にんぷ使い。
丁冊 6572 讀下 20
　戸籍簿。
丁漕釐税 6573 筌 21
　地税,年貢,通行税,貨物税。
丁憂守制 6574 筌 67
　父母の喪に服す。
低潮 6575 筌 20
　低廉。
低納馬爾 6576 外
　Denmark.
停匀 6577 福 21-29b
　よくそろふ。
停閣 6578 福 8-2b
　さしおく。[～倉収。]
停歇 6579 福 8-58b
　休業する。(江南方言)しばらく待つ。
停兌 6580 陶 7-2b
　兌換を停止する。
停閉 6581 商
　解散。
停貿 6582 外
　貿易を停止する。
剃頭 6583 福 28-2b
　かみゆひ。
呈 6584 満 45
　①上申書。上級に謹んで文書を送ること。

- 171 -

[テ]

②人に物を送る意味の敬語。

呈・・均悉 6585 満 45
「呈文と・・のいずれも閲了せり。」指令の起首用語。 →悉

呈爲・・一案據情轉呈由 6586 四 66
民国期の表現。下級機関または民間からの懇願に基づき上級機関に呈文を送るときの起首語。「呈文をもって代わりて請願するにつき」。上行文・呈文の起首の語。 →呈爲・・事、爲・・事、呈爲・・呈請・・由、呈爲據情轉呈・・由

呈爲・・一案懇請轉呈由 6587 四 66
民国期の表現。下級機関または民間からの呈文で、更に(上級機関に)呈文もて審査処理をするように求める起首語。「・・との一案、更に(上級機関に)呈文もて請願されんことを」。上行文・呈文の起首の語。 →呈爲・・事、爲・・事、呈爲・・呈請・・由、呈爲據情轉呈・・由

呈爲・・據情轉呈・・由 6588 四 66
「呈爲・・一案據情轉呈由」に同じ。民国期の表現、下級機関または民間からの懇願に基づき上級機関に呈文を送るときの起首語。「呈文をもって代わりて請願するにつき」。上行文・呈文の起首の語。「轉呈」の後には「仰祈鑒核」「仰祈核示」「仰祈核准」「仰祈鑒核示遵」などの請求語句が来る。 →呈爲・・事、呈爲・・呈請・・由、呈爲據情轉呈由

呈爲・・據情轉呈事 6589 満 37
「呈文をもって・・の件を實情通り轉呈すること(・・を移報するにつき審査ありたし)」。上行文・呈文の起首の語。 →呈爲・・事、爲・・事

呈爲・・據情轉呈由 6590 四 66
「呈爲・・一案據情轉呈由」に同じ。民国期の表現、下級機関または民間からの懇願に基づき上級機関に呈文を送るときの起首語。「呈文をもって代わりて請願するにつき」。上行文・呈文の起首の語。 →呈爲・・事、呈請・・由、呈爲・・據情轉呈由

呈爲・・仰祈鑒核事 6591 満 38、69
「呈文をもって・・の件を審査ありたきを請う」。上行文・呈文の起首の語。 →呈爲・・事、爲・・事

呈爲・・仰祈鑒核由 6592 四 68
「呈文をもって・・の件を審査ありたきを請う」。上行文・呈文の起首の語。民国期の表現。鑒核の後には「施行」「示遵」などの語がつく。 →呈爲・・仰祈鑒核事、爲・・事

呈爲・・仰祈備案由 6593 四 68
「呈文をもって・・の件を後日のため資料として留めおかれんことを請う」。上行文・呈文の起首の語。民国期の表現。「備案」の後には「鑒核」などの語がつく。 →呈爲・・事、爲・・事

呈爲・・仰祈備案鑒核由 6594 四 68
「呈文をもって・・の件を後日のため資料として留めおかれ御明察あらんことを請う」。上行文・呈文の起首の語。民国期の表現。「備案」の後には「鑒核」などの語がつく。 →呈爲・・仰祈備案由

呈爲・・懇請鑒核備案事 6595 満 39
「呈文をもって・・の件を審査の上、備案あらん事を懇請す」。上行文・呈文の起首の語。 →呈爲・・事、爲・・事

呈爲・・懇請鑒核提議事 6596 満 39
「呈文をもって・・の件を審査の上、提議あらん事を請求す」。上行文・呈文の起首の語。 →呈爲・・事、爲・・事

呈爲・・懇請轉呈事 6597 満 38、四 69
「呈文をもって・・の件を移報ありたし」。上行文・呈文の起首の語。某機関を経て更に上級機関に呈文をのぼすことを依頼する要求する文の標記・起首用語。 →呈爲・・事、爲・・事

呈爲・・事 6598 満 36、四 65
「・・の件を呈すること」。上行文・呈文の起首の語。「爲呈・・事」とほぼ用法は同じであるが若干語気が強い。 →爲呈・・事、爲・・事

呈爲・・請鑒核示遵事 6599 満 39
「呈文をもって・・の件を審査の上、指示あらん事を請う」。上行文・呈文の起首の語。 →呈爲・・事、爲・・事

呈爲・・請予核准事 6600 満 38
「呈文をもって・・の件の審査認可を申請すること」。上行文・呈文の起首の語。 →呈爲・・事、爲・・事

呈爲・・呈請鑒核事 6601 満 38
「呈文をもって・・の件を清覧の上、審査ありたきを請う」。上行文・呈文の起首の語。 →呈爲・・事、爲・・事

呈爲・・呈解由 6602 四 68
「呈爲呈送・・由」とほぼ同じ。呈解の前に「依限」「遵令」「依例」「依法」「掃數」「如數」などの語が入る。「呈文と併せて・・・を送るものなり」。上行文・呈文の起首の語。呈文ともに金品・犯人・物件などを併せて送ることを表す。 →呈爲・・事、呈爲呈解・・由

呈爲・・呈送・・由 6603 四 68
「呈爲呈送・・由」に同じ。「呈送」の前後に「鑒核」の文字が入る。「呈文をもって送付するにつき御明察あらんことを」。上行文・呈文の起首の語。民国期

[テ]

の表現で上級機関に送った文書と附件を明示する。→呈爲・・事、爲・・事

呈爲・・呈請・・由 6604 四 68
「呈爲呈請・・由」に同じ。「呈請」の後に「鑒核」「鑒核備案」「鑒核轉呈」「鑒核施行」などの一考の上調査確定あらん事もとめる語が来る。「呈文をもって請願するにつき」。上行文・呈文の起首の語。民国期の表現で上級機関に送る文書で請求する場合に使われる。→呈爲・・事、爲・・事

呈爲・・呈覆由 6605 四 67
「呈爲呈覆・・由」に同じ。「呈覆」の後に「據實」「依限」などの文字が入る。下級機関が呈文で上級に回答するときの標記・題目を表す語。「呈文をもって送付するにつき御明察あらんことを」。上行文・呈文の起首の語。民国期の表現で上級機関に送った文書と附件を明示する。→呈爲・・事、爲・・事

呈爲・・呈報・・事 6606 四 67
「呈文をもって報告すること」。上行文・呈文の起首の語。→呈爲・・事、爲・・事

呈爲・・轉呈察核事 6607 満 37
「呈文をもって・・を審査のため轉呈すること（・・を移報するにつき審査ありたし）」。上行文・呈文の起首の語。→呈爲・・事、爲・・事

呈爲・・由 6608 四 65
民国期に冒頭で呈文の内容を示す語。「呈爲・・事」から漸次変わった。→呈爲・・事

呈爲據情轉呈・・由 6609 四 66
民国期の表現、民間もしくは下級機関からの請願に基づき上級機関に呈文を送るときの起首語。「呈文をもって代わって請願するにつき」。上行文・呈文の起首の語。→呈爲・・事、爲・・事、呈爲・・呈請・・由

呈爲據情轉呈事 6610 四 68
民国期の表現、民間からのの懇願に基づき上級機関に呈文を送るときの起首語。「呈文をもって代わって請願するにつき」。上行文・呈文の起首の語。→呈爲・・事、爲・・事、呈爲・・呈請・・由

呈爲懇請轉呈・・由 6611 四 66
「呈爲・・一案懇請轉呈由」に同じ。民国期の表現。下級機関または民間からの呈文の起首語で、更に上級機関へ呈文をもって審査処理をするように求める語。「・・との一案、更に（上級機関に）呈もて請願されんことを」。上行文・呈文の起首の語。→呈爲・・事、爲・・事、呈請・・由、呈爲・・一案懇請轉呈由

呈爲陳述・・請賜鑒核事 6612 満 40
「呈文をもって・・の件を陳述し、審査を賜わらん事を請う」。上行文・呈文の起首の語。→呈爲・・事、爲・・事

呈爲呈解・・由 6613 四 68
「呈文と併せて・・・を送るものなり」。上行文・呈文の起首の語。呈文ともに金品・犯人・物件などを併せて送ることを表す。→呈爲・・事、爲・・事、解

呈爲呈請事 6614 満 37
「呈文をもって請願すること」。上行文・呈文の起首の語。→呈爲・・事、爲・・事

呈爲呈請・・由 6615 四 68
民国期の表現で上級機関に送る文書で請求する場合に使われる。「呈文をもって請願するにつき」。上行文・呈文の起首の語。→呈爲・・事、爲・・事、呈請・・由

呈爲呈送事 6616 満 37
「呈文をもって送付すること」。上行文・呈文の起首の語。→呈爲・・事、爲・・事

呈爲呈送・・由 6617 四 68
「呈文をもって送付すること」。上行文・呈文の起首の語。民国期の表現で上級機関に送った文書と附件を明示する。→呈爲・・事、爲・・事

呈爲呈覆事 6618 満 37
「呈文をもって回答すること」。上行文・呈文の起首の語。→呈爲・・事、爲・・事

呈爲呈覆・・由 6619 四 67
下級機関が呈文で上級に回答するときの標記・題目を表す語。「呈文をもって・・呈覆するものなり」。上行文・呈文の起首の語。→呈爲・・事、爲・・事

呈爲呈報・・事 6620 四 67
「呈文をもって報告すること」。上行文・呈文の起首の語。→呈爲・・事、爲・・事

呈爲呈報事 6621 満 37
「呈文をもって報告すること」。上行文・呈文の起首の語。→呈爲・・事、爲・・事

呈一件・・由 6622 満 122
「（一文を呈して）・・の件。」「・・について」指令及び批文の袖書きで、正文外の冒頭に記す前由語の書式。

呈劾 6623 中 253
申請して弾劾する。

呈核 6624 満 126
①「呈を以て回答して、本機関における

[テ]

呈暨附件均悉 6625 四71
「悉」は単に見たとの意味で可否の判断とは関係ない。「呈文と附件は閱了せり。」指令・批の起首用語。呈文の全文（と時には附件の標記）を引用する前に使われる。 →悉

呈暨代電均悉 6626 四71
「悉」は単に見たとの意味で可否の判断とは関係ない。「呈文と代電は閱了せり。」指令・批の起首用語。呈文と代電を引用する前に使われる。 →悉、代電

呈祈 6627 四70
呈請にほぼ同じ。やや謙っている。呈文をもって上級機関にあることを鑑み・同意してくれるように請願すること。 →呈請

呈及‥均悉 6628 満45
「呈文と‥のいずれも閱了せり。」指令の起首用語。以下の例参照。 →悉

呈及条例均悉 6629 満46
「呈文と条例のいずれも閱了せり。」指令の起首用語。 →悉

呈及清単均悉 6630 満47
「呈文と明細書のいずれも閱了せり。」指令の起首用語。 →悉

呈及簡章均悉 6631 満47
「呈文と略則のいずれも閱了せり。」指令の起首用語。 →悉

呈及単據均悉 6632 満47
「呈文と契約書のいずれも閱了せり。」指令の起首用語。 →悉

呈及意見書均悉 6633 満47
「呈文と意見書のいずれも閱了せり。」指令の起首用語。 →悉

呈及理由書均悉 6634 満47
「呈文と理由書のいずれも閱了せり。」指令の起首用語。 →悉

呈及議事録均悉 6635 満47
「呈文と議事録のいずれも閱了せり。」指令の起首用語。 →悉

呈繳 6636 読307、外
①返却する。②（上級者に）奉る、差し出す。

呈件均悉 6637 満46、四69
「呈文と付属文件のいずれも閱了せり。」指令の起首用語。 →悉

呈件倶悉 6638 四70
「呈文と付属文件のいずれも閱了せり。」指令の起首用語。 →悉、呈件均悉

呈驗 6639 読294
呈出。

呈候核奪 6640 満108、四70
①「（再度）呈して、審査決裁あるをまて」。指令・批において再呈を命じる結尾語。
②呈文による報告を命じ併せて審査決定を待つように命ずる。

呈控 6641 外、福2-17a
①訴える。控訴する。 ②申したてる。

呈懇
上級機関もしくは自分より高いと思われる平級機関に対して、丁寧に依頼するときに使われる。呈文末尾の請求語。

呈詞 6643 福2-16b
申しわけがき。

呈首 6644 外
申し出る（首は申すの意）。

呈摺均悉 6645 満46
「呈文と折り本（旧式の請願書類などの形式）電文のいずれも閱了せり。」指令の起首用語。 →悉

呈准 6646 経13、満126、中253
①下級機関から上級機関に対する具申が許可されること。②「呈請准許」。公文の簡略語。「この案は先に呈請して許可の令を受けたり」。→令准

呈稱 6647 筌33、中252、四70
「申し出に曰く」。下級の来文を引用する語。

呈稱 6648 筌33、中252、四70
「申し出に曰く」。下級の来文を引用する語。

呈請 6649 読300、讀上5、四70
①書面を呈して請ふなり。②奏呈して許可を乞う。③人民が官庁に対し、また下級機関から上級機関に対し申請すること。④呈文をもって上級機関にあることを鑑み・同意してくれるように請願すること。

呈請辭職、應照准 6650 四71
民国期の人事文書の定型句で、主管の官員がその属員にかわって辞職を出したものを上級機関が認めるもの。 →應照准

呈請任命‥爲‥、應照准 6651 四71
民国期の人事文書の定型句で、官員がある人間を役職に推薦したのを受けて上級機関が許可したことを表す表現。 →應照准

呈送 6652 中253、四70
①呈文をもって具申する。②本文書の他に金銭・財物などを一緒に送ること。

呈遞 6653 外
差し上げる、差し出す。

呈電均悉 6654 満46

[テ]

「呈文と電文のいずれも閲了せり。」指令の起首用語。 →悉
呈同前情 6655 四 69
　「同内容の呈文」二つ以上の呈文があって、ほぼ同じ内容の呈文がある場合に重複を避けて言及するをいう。
呈表均悉 6656 満 46、四 69
　「呈文と表のいずれも閲了せり。」指令の起首用語。 →悉
呈附均悉 6657 満 46
　「呈文と付属文件のいずれも閲了せり。」指令の起首用語。 →悉
呈票 6658 中 252
　申請する。
呈覆 6659 筌 34
　呈文もて回答すること。下級機関が上級機関への回答文で使う。また上級機関が下級機関に対して呈文もて回答する要求する場合も使われる。
呈文 6660 筌 34
　下僚より上官へ提出する公文。
呈奉 6661 満 126
　「この案は先に呈請して斯く斯くの指示を受けたり」。公文の簡略語。
呈報 6662 読 142、外、商、四 70、福 14-3b
　①願い出・届け出。②上級に報告すること。呈文（上行文）をもって報告する。③願いかきを差し出す。申しあげる。 →呈
呈報備査 6663 満 105、108
　①「報告して調査に資せよ。」下行文・訓令における結尾語。②（再度）報告して、審査に資せよ。」指令・批において再呈を命じる結尾語。 →具報備査
定 6664 規 126,196、讀上 28 下 25
　必ず。「かならず」と訓む。
定案 6665 福 14-3a
　決める目安。
定擬 6666 福 20-21b)・
　決める。
定議 6667 福 12-29a)・
　ひやうぎして決める。
定銀 6668 読 76,123
　手付け金、証拠金。
定讞 6669 外
　罪の軽重をはかり決める。
定更 6670 福 23-23b
　よつすぎ。
定實 6671 福 12-9a
　しかと。
定制 6672 外、陶 7-4b
　①動かすことのできない制度。②注文して作る＝訂制。

定奪 6673 読 118、筌 22、讀下 58、四 94、福 12-1a
　①決定・裁断。定める。指令。②定妥。滞りなく決定。③罪を決める。
定燈 6674 讀下 17
　不動燈。
定物 6675 読 11
　鉱物。
定約 6676 外
　条約を締結する。
定予 6677 四 94
　「必ず‥を与える・下すであろう」の意。以下の熟語参照。
定予厳懲 6678 満 116、四 94
　「必ず厳罰に処す」の意。下行文で下級機関に「失敗を犯せば処罰する」と釘をさす表現。
定例 6679 外
　定まったしきたり、規則。
底 6680 陶 8-31b
　＝末
底稿 6681 読 236,筌 19、讀下 61
　原稿。
底定 6682 筌 11
　平定をいたす。
底本 6683 外
　稿本。草案。
底裏 6684 外
　内情。真実の事情。子細。
庭鞫 6685 福 26-5b
　しらす吟味。
庭参 6686 福 21-5b
　いちどうのおんれい。
庭参禮 6687 福 2-6b
　いちどうのれい。
庭質 6688 福 12-18a
　たいけつ。
庭訊 6689 福 12-25b
　しらすきんみ。
廷寄 6690 規 313
　朝廷よりの命令辞令書？「寄信上諭」の項を参照。
廷電 6691 読 165
　某朝廷からの電命。
抵 6692 規 103,筌 10、讀上 12
　「いたる。」。
抵易 6693 外
　ひきあてて交換すること。
抵押 6694 規 126、商
　①抵当、擔保。②担保に引き取る。
抵換 6695 外、福 17-8a
　①両替する。　②かふる。

- 175 -

[テ]

抵欵 6696 筌 64
　借欵抵当。

抵還 6697 筌 64
　返還。

抵拒 6698 筌 46
　抵抗拒絶なり。

抵算 6699 外
　ひきあてにして計算すること。

抵制 6700 外
　①牽制する。防圧する。②ボイコット。

抵兌 6701 福 30-7b,32-2a
　つぐなはする。ひきかふる。

抵敵 6702 読 198
　抵抗する。敵対する。

抵擋 6703 外
　防圧する。

抵命 6704 福 14-4b
　げしにん。

提 6705 讀下 69
　提出。

提監刑書 6706 福 13-6b
　牢のとがにんをせめたることをかいてある帳面。

提挈綱領 6707 筌 12
　挈も提なり。基本となるべき要領を準拠とす。

提催 6708 福 2-10b
　罪人をひきよせる。

提取 6709 福 14-5a
　とりよせる。

提職 6710
　昇任。

提審 6711 筌 23、福 5-17b
　①裁判。②ひきよせ吟味。③管轄外に所在もしくは逃亡した容疑者を捕らえ拘引し裁判にかけることか?→關提

提神 6712 外
　気附になること。気をつけさす。

提醒 6713 規 154
　忠言、忠告。

提撮 6714 福 3-5b
　ひきよせる。

提臺 6715 外
　提督の通称。

提調 6716 筌 9、読 157、福 20-21b
　①参事と書記官の意。②安排管理する。③副校長。④調べる。

提鎮 6717 規 298
　提督、總兵。

提塘 6718 福 1-5b
　ながやすまゐのしゆくつぎをつかさどるもの。

提督 6719 規 153、行 4/304、読 2,94,外
　①一省の緑營・緑營兵より成る水師の長官で提督を直轄する。総督が提標の節制権をもち、巡撫は関与しないが、山東・山西・河南の三省では巡撫が提督を兼ねる。②清國兵制の内、緑營における首位の武官を提督、その次を總兵という。中將に相当するとも。

提寧 6720 福 20-1b
　捉えひきよせる。

提牌 6721 福 20-2a
　捉えよとの書き付け。

提標 6722 外
　提督に属する緑營兵。

提法使 6723 筌 7
　一省司法長官。

提問 6724 福 12-30b
　ひきよせ吟味。

提任・・爲 6725 四 162
　民国期における昇級を命ずる辞令文。

梯來波勒得 6726 筌 59
　トリポリー tripolite。

梯航薈蔚 6727 筌 51
　種々の仕事をなすもの陸続と集まること。梯して高きに登ろうとする者,船に乗り大海を航海せんとするもの。

楨榦 6728 読 238
　牆を築くとき立てる両木。根本の義。忠義の臣は國之楨榦という。

汀漳龍道 6729 外
　福建省の汀州・漳州・龍巖を管轄する道台で漳州に駐在する。

締 6730 読 194
　結。

締造 6731 筌 3
　統一建設。

訂 6732 規 120、讀下 44
　訂結。「さだめる」の意。[訂定和約]

訂交 6733 講下 10
　交際する。

訂制 6734
　=定制。

訂定 6735 経 98
　注文する。

訂約 6736 読 38
　定約に同じ。

訂有 6737 読 259,269
　定める。

詆 6738
　そしる。

逞兇 6739 陶 7-58b
　兇暴を恣にする。

[テ]

逞強 6740 陶 7-55a
　強がりをみせる。
遞 6741 讀下 40
　おくる。
遞解 6742 撫 1‐1a、中、
　犯人を護送して送る。遞は「順々に」「次々に渡す」。解は送る。　→押解
遞減科擧 6743 規 276
　科擧による登用の人員を徐々に減じ、遂には科擧を廢止しようとの説。廃止論と温存論との折衷案であった。
遞層 6744 筌 22
　漸次。
遞年 6745 規 123
　毎年。
遞粘 6746 福 17 → 3b
　なんまいもだんだんつぎたす。［〜〜成巻。］
邸 6747 読 3,182
　親王・郡王の尊称。　［肅邸(肅親王)］
邸鈔 6748 陶 16-1a
　旧時の官報「京報」。
邸報 6749 行 1a/36-40
　旧時の官報「京報」。
釘結 6750 福 4-6a
　こりかたまる。
釘封 6751 福 20-1a
　しかとふうじる。
銻 6752 筌 60
　アンチモニ。antimony。
鋌而走險 6753 筌 72
　無鉄砲なことをする。「左伝」に「鋌而走險急何能擇」とある。
隄防 6754 福 32-6a
　ようじん。
鼎銀 6755 福 31-14a
　銀きわづかばかしいたる。［有奸徒。安立爐竈。專造假銀。欺騙愚民。有梅白貼錫・挿鉛・灌鉛・對衝・塩燒,煎餅種種不一。有**鉛**銅之互異一。甚有〜〜。謂之見風消。有假元寶。底面紋窩。宛如足色。有假銀條。雪色光螢。謂之倭條。此三者更無分毫銀気。］
泥塗軒冕 6756 読 226
　爵位などの名誉をなげうちて顧みざること。
剔歷 6757 読 6
　剔は「揚がる」、歷は「遍く」。中外に顯われたる。
愓厲 6758 筌 43
　愓は憂愁,厲は精励なり。
摘放 6759 福 12-28b
　えりゆるす。
擲還 6760 外
　つき返す。
滴水簷 6761 福 2-6b
　らうか。
敵國 6762 外
　①敵国。②対等の国。
敵對 6763 外
　対等に相対すること。
敵體 6764 外
　対等。
的確 6765 規 77
　正確、確実。
的欸 6766 読 4、筌 8,47、讀下 60
　実費。確定せる経費・的確な経費。
的當 6767 福 6-3a
　しかと。
的保 6768 福 3-10b,11-7a
　しかとしたうけにん。しかとしたうけあひ。
的役 6769 福 20-1a
　しかとした役人。
踢斛 6770 福 82b
　ますをあげてこめをしづめいれる。
迪惠氏 6771 外
　Davis,J.F.
逖 6772 読 76
　遠く遥かに。
適用 6773 外
　役に立つ、有用な。
徹銷 6774 讀上 23
　取り消し。
撤去 6775 読 19
　やめてしまう。
撤消 6776 読 119
　取り消し。
撤退 6777 讀下 57
　除名。
澈查嚴勵 6778 四 183
　「徹底的に調査し、厳罰に処す。」下行文に用いられる。澈は水が清く透き通る様であるとともに「徹」にも通じる。
輟 6779 規 259
　「停むる」こと。　［立即停輟］
迭 6780 読 109
　→迭次
迭經 6781 外,筌 10
　屢々既に。　→接經
迭經・・在案 6782 満 68
　しばしば〜したりき。　→經・・在案、在案
迭次 6783 規 40、讀下 25

- 177 -

[テ]

「しばしば」なり。屡次。

鐵鋼 6784 読 92
鉄条網。

鐵渣 6785 筌 75
鐵滓。

鐵尺 6786 福 11-20a
じつてい。

鐵苗 6787 筌 61
鉄鉱。

鐵帽子王(家) 6788 規,行 1a109-10、外
一般に有爵の宗室は(顕祖宣皇帝の直系子孫)は世代の下るにつれ規定によりその爵位も降下するが乾隆43年(1778)、八大王家が国初の功績顕著であるとして「世襲罔替」の特典を与えた。これを「八大王(家)」「鐵帽子王」という。更に後恭親王などにこの特典が与えられた。

鐵養鑛 6789 筌 59
褐鉄鉱 bog iron ore。

傎 6790 筌 74
顛倒。顛に同じ、狂なり。

典史 6791 筌 49
九品の小官吏なり。

典史 6792 外
官職を表示する印章。転じて職務。

顛咘 6793 外
Dent Lancelot.

塾 6794 読 140
①溺れる水災にあう。②置土。およそ敷いて高くするものをいう。

塾臆 6795 福 8 2a
ふなこほりのちん。

塾款 6796 筌 49
立て替えた金額。

塾錢 6797 福 23-14a
しき錢。

天 6798 読 288
日,day のこと。陽暦の日と区別して使われる?。

天演 6799 筌 75
自然。the nature.

天恩 6800 陶 7-3a
天子の恩恵か?。

天后 6801 陶 8-41b
天后娘娘(?)。

天主教 6802 外
キリスト教、特にカトリック。 ←→耶穌教

天主耶穌之教 6803 外
キリスト教。

天祥洋行 6804 外
Dodwell&Co.

天津通商大臣 6805 外
=辦理三口通商大臣。

天津府 6806 筌 27
天津府知府。

天遷圖 6807 福 1-19.a
[～～定局。遇遷字吉。餘字凶。]

天朝 6808 外
清朝自らいう。我が國・我が帝国。

天覆地載 6809 外
天地のこと。「天は覆い地は載せる」。

天良 6810 陶 7-17b
天性の良心。

填給 6811 筌 60
印刷してある証書などに人名年月などを記入して下付すること。

店帳 6812 福 11-18b
はたごやの帳面。

店簿 6813 福 23-22b
やどの帳面。

展期 6814 読 287
延期。

展辯 6815 福 14-5a
いひなほし。

展賴 6816 福 12-23b
言いかけ。

惦 6817 読 280
思いの切なるをいう。

沾 6818
沾は霑うこと利益に均霑すること。

沾溉無窮 6819 筌 55
潤うもの窮まりなし。

沾沾 6820 筌 28
益するさま。

添設 6821 筌 26
増置。

滇 6822 筌 16、40
雲南省の別称。雲南府もいう。

纒繞絵 6823 福 16-8a
縄をぐるぐるまきにしてくびる。

篆 6824 外、読 20
官印。官職を表示する印章。転じてその職務をも指す。

篆務 6825 外
職務。

覘 6826 筌 51
窺い見る。

覘黄閣之調元 6827 筌 51
黄帝暦による四季の調和を見て。

轉 6828 筌 38、行 1b/204、外、四 84
①官吏が同一衙門内において品級が同じで格式のやや高い官に遷任すること。②(公文書の)転送。轉が転送であるが、役

[テ]

所の略称、「到」「下」「過」「前来」など転達状況を示す語を伴ったり、更には官庁の略称(轉府・轉庁など)を伴いなど様々に熟語する。。

轉移 6829 読 74
勝手に変更。

轉會 6830 福 20-11a
さきからさきへまはす。

轉函 6831 四 85
来文書を公函でその他の機関に転達すること。

轉圜 6832 外
局面を転換・打開させる。

轉顔 6833 外
面目を保つ。

轉繳 6834 福 2-16a
まはしかへす。

轉行 6835 四 84
来文書をその他の機関に転達すること。 →行文

轉咨 6836 四 85、133
来文書を平行文(咨文)で対等な機関に転達すること。 →候轉咨・・査明之後再行飭遵

轉瞬 6837 陶 13-34b
瞬間。

轉遵 6838 満 127
「遵照もしくは了知方転令されんことを」の意。「請轉令某機関遵照或知照」の簡略語。

轉署 6839 讀上 16
總署にこのことを轉電すること。

轉塲 6840 筌 19
いろいろ話を変えて。

轉達 6841 規 241
伝達。取り次いでの通知。

轉單 6842 読 70
廻章または通知書。

轉知 6843 四 84
他機関から受け取った来文を転達するときに「内容を御承知おきください」と付け足して言う表現。要求の意味はない。轉は轉行(来文書をその他の機関に転達すること)、知は「存じられたく」。。 →行文

轉致 6844 規 209
伝言。

轉飭 6845 読 78、四 84、満 84、127
上級官庁から命令を受けて、それに更に所属の下級官庁に伝達・命令・了知せしむること。「請轉令某機関飭照或知照」の簡略語。

轉飭遵照 6846 満 104
「転令して遵奉せしめよ」。中間官署に転令を命ずる訓令(下行文)における結尾語。 →遵照

轉呈 6847 四 84、133
来文書を平行文(呈文)で上級機関に転達すること。 →候轉呈・・査明之後再行飭遵

轉斗 6848 福 2-7a
訴訟状をいれる箱。

轉日 6849 福 12-30a
ひをかへる。

轉批 6850 福 14-7b
さったふいれてくる。[上司～～検審。]

轉報 6851 筌 28
伝達。

轉報施行 6852 読 78
通知方等。

轉諭 6853 外
→寄信上諭

轉令 6854 満 84、四 84
上級官庁から命令を受けて、それに従い実施するように所属の下級官庁に伝達・命令すること。

顛地 6855 外
Dent Lancelot.

顛連 6856 福 3-20a
なんぎ。

點 6857 規 251
品数を点検すること。[點交～]

點易 6858 筌 19
点検変更。

點過 6859 福 14-5a
調べすむ。

點記 6860 福 7-13b
てんをつける。

點交 6861 読?筌 63、福 19-15a
(数を)調べて引き渡す。

點冊 6862 福 3-10b
調べ帳。

點充 6863 福 6-3a
かはりつとめる。

點鐘 6864 規 259
日本語で時刻を表す～時に同じ。[十二點鐘。]

點倉 6865 福 6-2b
調べ。

點單 6866 福 1-24a
一番二番の調べ書き付け。

點卯 6867 福 1-2b
あさしゅっきん。

傳教之師傳教士 6868
宣教師。

- 179 -

[ト]

傳見 6869 福 2-11a
　とりつぎのめみえ。
傳旨申飭 6870 外
　旨を伝えて譴責する。 →申飭
傳述 6871 読 178
　風聞を伝える。
傳消遞息 6872 讀下 44
　消息を伝達すること。
傳訊 6873 外
　呼びつけて問い質す。
傳電 6874 読 266
　電を伝える。
傳譯 6875 讀下 13
　伝え訳す。
殿試 6876 外
　科擧試の最後の試験。天子がおこない進士の順番がつけられる。
田貝 6877 外
　Denby,Charles.
田雷雲 6878 外
　Delaplace,Loius-Gabriel.
電 6879 四 32
　①電報文書のこと。②電は上官の「御明察」をさし、請求語句中において文書への一覧を賜ることを要求する語。引申段に置けるこれに対応する語句としては「鑒察」「審閲」がある
電開 6880 四 32
　(上級機関または平級機関からの)電報文書を引用する場合に使われこのあと内容が引用される。
電敬悉 6881 満 42、44、四 33
　「(何日付けの)電報拝誦せり」。(上級機関への)公函・返電の起首用語。 →電奉悉
電咨 6882 規 170
　電報にて申し来れる咨文。
電悉 6883 満 46、47
　「電文は閲了せり。」指令・批の起首用語。返電にも用いられる。
電生 6884 讀下 39
　電信技手。
電誦悉 6885 満 44
　「(何日付けの)電報拝誦せり」。公函の起首用語。
電綫 6886 外、讀上 20
　電線。電信。電信線。
電飭 6887 読 94,筌 29
　電命。電訓。
電碼 6888 読 233
　電信の符号。 →碼字
電奉悉 6889 満 40、四 32
　「‥(何日付)電拝誦す」の意。上行返電の起首用語。 →電敬悉
電報 6890 読 8
　電報局の意。
電問 6891 読 103
　電報にて問う。

[ト]

兎起鶻落 6892 読 166
　敏捷なる様の形容。
圖記 6893 筌 46、商
　印章。印鑑。
圖差 6894 福 6-11b
　年貢とりたての使い。
圖章 6895 福 4-13a
　印。
圖懶 6896 読 133
　①懶を図る。②死体・死者を使う言いがかり・恐喝。 →圖頼
圖分 6897 福 6-18b
　田畑の割りあひ。
圖頼 6898 筌 19、福 12-16a
　①死体を使った誣告・脅迫。自ら手をかける場合もあるが、死の責任を問い、相手を罪に陥れ時には金銭をたかる。②=頼。③言いかける。
圖里 6899 福 6-3a,20-20b
　村役人。村役のかしらやく。
杜 6900 読 268
　ふさぐ、予防。
杜塞 6901 読 88
　ふさぐ、所謂閉塞。 [杜塞旅順]
杜蘭斯哇 6902 読 223
　Transvaal.
渡送厦門轉投麾下 6903 規 162
　厦門駐在の英国領事に託し台湾総督に遞送したものである。
堵 6904 陶 13-36b
　ふさぐ。
堵截 6905 筌 40、陶 13-37b
　①途絶。②遮って通さない。③防備する。
圖理雅 6906 外
　Prussia.
徒法 6907 外
　名目だけあって行われない法律。空文。
杜卜莱 6908 外
　Dupleix.
斗級 6909 福 8-2a
　ますとり。
睹布益 6910 外
　Dupuis,Jean.

- 180 -

[ト]

賭窩 6911 福 23-14a
　ばくちやど。

蠧 6912
　ムシ。転じて財用を侵耗するもの。

蠧役 6913 外
　不正なる下役。悪役人。

蠧差 6914 外
　=蠧役。

蠧書 6915
　=蠧差。

蠧 6916 外
　=蠧。

都察院 6917 外
　政務監察を司る中央官庁。兼ねて終審裁判権の一部を行使する。長官:左都御史満漢各一名次官:左副都御史満漢各二名(督撫は右都御史・右副都御史を兼官す)さらに六科十五道があり六科:掌印給事中・給事中吏禮兵刑工満漢各一名十五道:掌印監察御史・監察御史六科十五道は独立して上奏し得た。

都司 6918 外
　営の指揮官。遊撃に次ぐ。ほぼ太尉に相当する。Kusanechan.

都統 6919 行 4/277、外
　①八旗の武官。固山額真。大將に相当。②固山八旗の一固山の指揮官。固山はKu-sai と読み、禁旅八旗満・蒙・漢 24軍の一つ一つをいう。③→熱河都統、察哈爾都統

都轉鹽運使 6920 外
　→鹽運使

都路利 6921 外
　Drury,Rear-Adm.W.O.

土官 6922 外
　西南諸省における少数民族の統治政策。明の遺制を襲って土州・土縣をおき、該部族の酋長の子孫をして知府知州の職を世襲せしめたこれをいう。漸次普通の行政官に置き換えていった。

土儀 6923 福 2-84a
　どさんのこころ。[有杯幣之敬。謂之〜。]

土宜 6924 陶 7-2b
　土産物(漕運に附載を許されしもの)。

土棍 6925 外
　土地のごろつき。遊民。

土司 6926 外
　西南諸省における少数民族の統治政策。中央政権より功労を認められ、世襲的に統治を認められたもの土官が行政官庁であるに較べ、或程度の自治を認められたもの。

土灰 6927 筌 58

土壌石灰岩 earthly lime。

土耳古 6928 読 215
　トルコ。

土番 6929 福 18-15a
　そのとちの浪人。

土匪 6930 筌 26、規 196
　①民衆反乱。②「各地に蜂起する烏合の土民」。

土布 6931
　中国産の(綿)布

土薬 6932 筌 31
　中国産のアヘン。

奴才 6933 規 85-6、四 40,筌 17
　①満人の天子に対する自称。→臣②満人及び八旗の漢人が帝室に自らを称していう言い方。但し代表としてや漢人と連署のときは臣とも称する。③満州族の文武の官員と漢人の武職の漢人が皇帝にのぼす文書で自称として用いられる。④奴隷。

奴顏婢膝 6934 福 3-8a
　ひとにつかはれるけらいづらをし,はしたのひざずりをする。

度 6935 規 179
　「はかるに」察する所の意。

度支 6936 読 247
　財政。

度支部 6937 筌 6
　「大蔵省」。戸部。

度出 6938 福 6-5a
　だしおく。

茶 6939
　→「だ」

駑駘竭力 6940 陶 17-22
　凡庸ながら最善を尽くす。

倒 6941 石
　①倒産・破産。②(倒産による)店舗の売買。

倒背 6942 福 17-19b
　ひっくりかへす。

倒側 6943 福 16-11a
　そばだてたふす。

倒展 6944 福 1-5b
　いそがはしくす。

倒閉 6945 筌 78、商
　倒産・破産

偷越 6946
　抜け荷。

偷漏 6947 外
　脱税。密貿易。

儻 6948 筌 8
　「もし」

倜 6949 陶 7-2b、規 251

[ト]

「若し」「もしも‥ならば」。

倘屬實情 6950 四 132
「もしも‥ならば‥‥すべし」。下行文で申し出にあったことが真実であればどのように振る舞うべきかを示す語。如果屬實に比べて叱責する語気にかける。 →如果屬實

㧅收 6951 福 6-15a
ちゆうどり。

㧅侵 6952 福 6-13b
ちゆうどり。

㧅肚 6953 福 161b
はらあて。

兜拿 6954 読 177
捕拿、捕らえること。

冬電 6955 筌 27
二日の電報。

刀圭 6956 読 20
医術。

刀筆訟師 6957 福 11-2b
目安がきをかくひと。

到 6958 満 61、62、四 82
①清代においては(上下関係に関係無く)外機関からの来文(公函・咨)が到達したことを示す。[到部、到職、到道、到司] ②民国期においては平級もしくは下級機関・人民からの来文が到達したことを示す。③「(咨文が)到来せり。」 →過、下

到案 6959 読 179
差し出す。

到期日 6960 経 45
満期日。

到差 6961 筌 32
赴任なり。また就職の意なり。

到司 6962 四 83
按察使司もしくは布政使司にまで来文が到達したことを示す。 →到

到職 6963 四 83
上級機関からの来文が本職官にまで到達したことを示す語。 →到

到臣 6964 四 83
この場合の陣は地方の総督もしくは巡撫で、皇帝にのぼす題本・上奏文・奏折において下級の布政司と按察司からの詳文が届いたとの表現。

到單 6965 福 12-32b
到着のかきつけ。

到道 6966 四 84、筌 30
①「来文、本道(台)まで到着せり」の意。②「道台に申しでたり」の意。

到部 6967 四 83
①「来文、本部(吏・戸・礼・兵・刑・工の六部の自称)まで到着せり」の意。

→移送到部

嗒 6968 読 176
失意、喪気。

套子 6969 福 17-7a
あたりまへのもんごん。

套設 6970 福 11-6b
ありきたり。

塌 6971
土地の低下するをいう。

投見 6972 福 1-15a
書面差し出してめみえ。

宕延 6973 筌 35
差し置いて遅延す。

投行 6974 外
身を任す。身をよせる。

投控 6975 読 26
訴出。

投詞 6976 福 11-8a、12-32b
訴えがき。訴えがきを差し出す。

投首 6977 外
自首。

投誠 6978 讀上 51
降参。

投遞 6979 外
渡す、配達する。

投筒 6980 讀下 23
投票。

投明 6981 外
申告する。明らかに申しでる=申明。

搭 6982 読 309
載すこと。上に付加するをいう。

搭蓋 6983 福 14-2b
つくりかへる。[～廠棚]。

搭錢 6984 福 6-20b
銀に銭をそひ納める。

搭棚 6985 福 14-5b
こやをかける。

搪 6986 規 102
言い逃れをする。塞がること。

搪塞 6987 外、讀上 11-12
①逃れ口上をいう。②搪も塞がること。実行できぬこと

搪低 6988 福 15-1a
つきあたる。

搪比 6989 福 7-11b
納めたぶんにする。[按比限。如在二十一日。二十日即宜封櫃不准收納。以杜好里滑戸臨限持銀～。]

撑板 6990 福 22-2b
はねまと。

東 6991 規 254、291、経 3
①東洋即ち日本。[在東]②山東省のこ

[ト]

と。③俗語の東家より出ず、「主人」の意。［東夥利益］④金主をいう。→股東
⑤→西。

東瀛 6992 読 290, 筌 39,53
東洋即ち日本。

東海関 6993 規 262
煙台（チーフー）税関のこと。

東臬 6994 読 164
山東按察使。

東語 6995 規 250
日本語。

東國 6996 外
Austria.

東省 6997 読 49
東三省。

東三省 6998 読 49、讀上 23、下 21
盛京、吉林、黒龍江の三省。

東西 6999 読 115
東洋と西洋。

東西並峙 7000 規 71
東西兩洋の相対峙するをいう。

東直門 7001 読 189
北京内城の東北門。

東渡 7002
中国本土より日本に行くこと。→内渡

東南 7003 規 40
東南とは兩江、江蘇・安徽・江西の中国東南に位置するをもってこのようにいう。

東撫 7004 読 165
山東巡撫のこと。

東文 7005 規 250、讀下 68
日本語。日本語の文章。

東便門 7006 読 189
北京外城の東北門。

東方 7007 規 71
日本語でいう「東洋」の意。

東洋 7008 外、讀下 1
①日本。②東洋。

東洋議政会 7009 筌 73
矢野文雄,尾崎行雄,犬養毅,大隈重信を中心とする会。

桃夭 7010 福 20-10a
よめいり。

燈綵 7011 読 1
中国の燈籠。

當 7012 規 103
「すなわち。」

當經 7013 筌 31、四 48
その時点で既に。当時既に。

當經・・在案 7014 満 67
「直ちに～したりき。」即經・・在案も

ほぼ同じ意味。→經・・在案、在案

當今佛爺 7015 外
皇帝の自称。

當差 7016 規 329、讀下 32
①奉職・就官する。②御用出張。

當事 7017 福 3-19b
おも役人。

當税 7018 福 8-6a
質屋の運上。

當即 7019 規 53, 筌 24、四 48
「すなわち」「直ちに」なり。當は當時の當。

當軸 7020 読 7
当局筋。→代呈當軸

寶惠德 7021 讀上 50
ドウエット（人名）。

寶拉沽 7022 讀上 50
デラゴア。

登岸 7023 読 69、讀上 14 下 38
上陸する。

登記 7024 福 4-13b
かきつけ。

登仕佐郎 7025 筌 66
国家に慶事あるときに従九品の文官および其の配偶者および曾祖祖父母に封典として授ける。

登仕郎 7026 筌 66
国家に慶事あるときに正九品の文官および其の配偶者および曾祖祖父母に封典として授ける。

登時 7027 外
直ちに。

登程 7028 讀上 18、福 17-6b
①出発。②ほっそく。

登鏑 7029 福 2-20a
つけるとけすと。

登答 7030 外
直ちに回答すること。

登報 7031 読 28
新聞に記載されること。

登莱青膠道 7032 外
山東省、登州・莱州・青州・膠州を管轄する道台で青州に駐在する。

等 7033 規 177,194
①それ以外に数名あるを略したるもの。②［○日×日△等日］(等のくる位置に注意)。

等因 7034 規 145-6.261、四 163
①因とは趣、上級者および同等官よりの文章を引用した後に附する（明・清期は一般に自分の地位より高いところからの来文、民国期には平級機関からの来文を

[ト]

等因下 7035 四 165
因とは趣、上級者に附する。下は「下達」来文を更に下級機関に転達したことを示す。等因と下の合語。 →等因、下

等因欽此 7036 四 164
因とはこの場合皇帝からの来文を指す。欽此は皇帝からの来文を結ぶ語。内閣・軍機処にて記す。 →欽此

等因准此 7037 規 145
因とは趣。准とは承知。御来示云々の趣委曲承知せり。

等因前来 7038 四 165
等因と前来の合語。因とは趣、上級者および同等官よりの文章を引用した後に附する。前来とは文書が到着したことを示す。

等因到 7039 四 165
因とは趣、上級者および同等官よりの文章を引用した後に附する。到は送達・送到。上級及び平級機関からの来文を某機関に転達したことを示す語。

等因奉此 7040 四 164
因とは趣、上級者および同等官よりの文章を引用した後に附する。奉此は引用文を結ぶ語。訓み方としては以下の二通りできる。①「等の趣き、これを奉ぜり。」②この四語を成語と見る。

等因蒙此 7041 四 165
因とは趣、上級からの批文や来文を結ぶ語。蒙此も上級からの文書を結束する。上級からの批文を引用終わって帰結段にはいる語でもある。ぼおよび同等官よりの文章を引用した後に附する。到は送達・送到。上級及び平級機関からの来文を某機関に転達したことを示す語。

等議 7042 四 163
会議の文献・決議内容を結ぶ語。

等議在案 7043 四 163
会議の文献・決議内容を引用し結語した後、それを档案として保存することを示す。「等議」と「在案」の合語。

等供 7044 四 59
前述した訴状・供述書の内容を指す。

等語 7045 四 166
下級官僚からの文書、上申書の類を引用したあとにつける」、（或は同等官からのも含むとも）巻末参照。 →語

等而下 7046 規 286,笙 13
普通以下即ち俗にいう「コンマ」の意。

等示 7047 四 162
上級からの批示・指示を結束する語。

等情 7048 笙 30、四 166
①下級官僚からの文書、上申書の類を引用したあとにつける」、』巻末参照。②「〜等の内容」。據の字が文面の前の部分で引用の起首語としてつかわれたり、據此がこの語の後についたりする。

等情據此 7049 四 166
①下級官僚からの文書、上申書の類を引用したあとにつける」、』巻末参照。等情と據此の合語。②「〜等の内容」。

等情前来 7050 四 167
①下級官僚からの「〜云々」との文書・上申書の類が本署に到達したことを示す語。 →前来

等情到 7051 四 167
「〜との趣、申しおくれり」下級機関や民間からの来文や陳述したことが、某処・某人に到達・送達したことを示す。 →等情

等陀 7052 福 7-13a
おもり。

等由 7053 四 163
①由は縁由・情因・状況。平級機関からの来文を引用する語。一般に自分相当もしくはやや低めの平級機関からの来文を指す語。②下級官僚からの文書、上申書の類を引用したあとにつける」、』巻末参照。

等由到 7054 四 163
①由等由到は縁由・情因・状況。平級機関からの来文を引用する語。到は本機関に到達したことを示す語。明清期においてはこの後役職の簡称がついたりもした。「等由到司」、「等由到道」

答覆 7055 読 74
回答。

簦 7056 読 238
笠、蓋のこと。傘ににたり。

糖料 7057 外
砂糖。

統 7058 読 274
①「すべて」と訓む。②「切に」。［統希］

統捐 7059 笙 31、行 6/86、外
①釐金の改称されたもの。政府収入が増加しないので貨物の生産地もしくは到着地で課税し、途中の関所では証明書の検査だけをする百貨統税が施行された廣西湖西ではこうよばれた。②新定の税。これを課せられたものは釐金を課せられることがなかった。

統希 7060
切に願う。 →統

- 184 -

[ト]

統希筌照 7061 筌 56
　「統てご賢察を希う。」筌は香草なり。
　[浸地則土石皆香燻枯骨則肌肉皆生]
統去 7062 福 22-9a
　しはいする。
統制総局 7063 外
　百貨統税が施行されて、従来釐金を統括していた釐金総局に代わり統制総局分局が徴収にあたり、釐金総局は各省の度司公所・財政所・財政局に吸収された。行 6/97。
統攝 7064 筌 40
　統率。
統帯 7065 讀下 28
　軍隊を率る。
統帯(官) 7066 読 94
　司令官。
統籌 7067 筌 15
　計画統一。
統兵大臣 7068 規 54
　あらゆる兵員を統率する各大臣をいう。
統領 7069 讀下 14
　武官。
荳石 7070 外
　豆。豆類。
董 7071
　→董事
董押 7072 福 6-15b
　しめくくる。
董戒 7073 筌 9
　訓戒。
董局 7074 筌 30
　職員の会議。
董事 7075 読 6,251,筌 34,61、商
　①委員または幹事。②総代・戸長の類。③公所・会館の運営委員。④理事・重役・取締役・委員。
董事会議 7076 商
　取締役会議。
蕩検 7077 福 19-21b
　わがまま。
蕩検踰閑 7078 読 297
　放蕩驕肆なること。閑はをりなり。
蕩滌 7079 規 170.179
　蕩平、滌除。
討 7080 規 187
　「求める」の意。[所討各端]
討示 7081 福 4-12b
　指図をうける。
討情 7082 福 8-6b
　たのみこむ。
謄黄 7083 外
　民衆に公示するための上諭などの写し。
豆餅 7084 外
　豆粕。荳餅とも書く。
踏勘 7085 福 5-13a
　けんみ。
踏看 7086 福 15-12.b
　けんみ。
踏履 7087 筌 25
　踏査。
逃牌 7088 福 19-1b
　かけおちびとの名前のふだ。
逃糧 7089 福 5-21b
　とりこんだ年貢。
透過 7090 福 16-2b
　つきとほす。
透完 7091 福 7-7a
　まったくすむ。
透支 7092 経 46、福 32-2a
　①当座貸越、前貸または前貸・貸越。②わたす。
透支銀 7093 外
　会計官吏等が人目につかぬように帖簿面をごまして私する銀両。
透那 7094 福 32-2a
　すきのところへくりかふる。
透冒 7095 福 2-14a
　ちゆうどり。
陡 7096 陶 13-25b
　にわかに。
陡直 7097 福 22-3b
　まっすぐにたてる。
陡落 7098 陶 7-13a
　急に落ちること。
騰挪 7099 外
　①財政上の用語。費用の融通・やりくりをいう。②予め不時の費用に備えること。
騰踔 7100 筌 17
　躍然。
騰那 7101
　＝騰挪。
頭接 7102 福 1-6b
　一番に迎へに夾る役人。[賦役全書～～賮迓。以便査閲。]
頭緒 7103 福 2-19b
　あとさき。
頭等 7104 規 120-1,筌 24、讀上 33 下 9
　第一等の意。[欽差頭等全権大臣][頭等駆逐官一艘]
頭等欽差大臣 7105 外
　大使。ambassador.→欽差大臣
頭等公使 7106 筌 14
　全権大使。

[ト]

頭批 7107 福 33b
いちばんむかへ。[蠹役争領〜〜來迎。]

頭品 7108 外、読 126
第一等の意。 →品級

頭役 7109 福 1-15a
かしらやく。

鬪 7110
「鬪」の異体字。

鬪毆殺 7111 福 14-1a
うちあひ殺す(七殺)。

黨義 7112 満 134
国民黨黨義。

黨羽 7113 筌 40
党人。

動 7114 外
(借金などに)金を動かす。

動工 7115 読 135
工事中。

動支 7116 外
(金を)支出する。支払う。

動心忍性 7117 読 247
孟子。天の大任を下すや。心を動かし(苦しめ)性を忍ひてその能うところを増益す。

動静 7118 読 154
改革。

動撥 7119 読 123
流用支出。

動放 7120 外
＝動支。

同 7121 規 151,筌 15
①「俱に」なり、「均しく」なり。②山西省蒲州。

同畫 7122 筌 38
検印すること。 →一稿同畫

同知 7123 行 1b/27-8,50-2,58,筌 37,外
①知府の補助官。定員不定。特殊の職掌のあるものは江防同知・海防同知のように「〜同知」という。②廳の長官。職権は知縣に同じ。

同年 7124
同じ年の進士の登第者をいう。

同文館 7125 外、讀上 9
1863 年総税務司 Hart の勧めに設立された西洋の言語・学術を教授するための学校(本校は北京・分校が廣東に置かれた)。財源・教員の任命補給で総税務司の強い影響下にあった。

同蒲 7126 筌 15
陝西省同州と山西省蒲州。

堂官 7127 外,筌 6、讀下 64
①長官のこと。六部の尚書・侍郎、書寺の卿、各衙門の長官ないしはこれに準ずるものをいう。②勅任官

堂上官 7128 讀下 64
勅任官。 →同官

堂主事 7129 外
六部・理藩院の尚書・侍郎に側侍して文案を掌る秘書官。

堂長 7130 筌 9
課長。

洞 7131 読 204
明らかに知る。

洞開 7132
洞僻に同じ、解放する。 [門戸洞開]

洞鑑 7133 外
明察。

洞胸絶脰 7134 筌 73
胸を貫き,首を切る。死んでもの意。

童試 7135 外
科擧試の最初の段階の試験。 →科擧

童生 7136 外
童試の受験生を長幼に関わらずいう。

道 7137 読 193,209,外、讀上 14 年 61、筌 34,52
①「言う」。 [道及]②=分巡道(道員)。③道官。 [接袁道電〜]④道臺。

道員 7138 行 1b,23-4
①一省内において督糧,塩茶などの諸道。その所管の特別行政を担当する。②分守・分巡道。督撫の下で二三の府州を管轄する。分巡蘇松太兵備道,分巡漢黄德等處地方道などのように所轄の地方名で表記される。

道快 7139 福 3-4.a
どうよりのとりて。

道官 7140 讀上 14
その役掌により数種類に別れる。錢穀を掌るを「分守道」,刑名を掌るを「分巡道」,漕運は「糧儲道」,河工は「管河道」,軍事は「兵備道」,軍餉は「督糧道」という。開港場にも置かれた。

道憲 7141 読 19
道官上官。

銅元 7142 筌 20
各省にて鑄造せし銅貨なり。

銅綫 7143 外
電信、電信線。

閙鬼 7144 讀下 44
悪戯をする。

匿單少報 7145 外
報告を偽りて少なく申告する。

得 7146
結得、札得、照得といい「〜した結果以下のようになる」「曰く」の意ありか?

[ト]

得飫蘭言 7147 筌 55
　善言に飽くを得たり。
得計 7148 外
　得策、上策。
得手 7149 読 289、外
　①成功または勝つこと。②具合がよい、順調。
得舒 7150 読 282
　実行るを得。
得人 7151 読 291
　適任者採用。
得續租 7152 講 139
　引き続き租借することができる。　→續租
得體 7153 外
　（言動などが）方式にかなう、儀礼にはずれていない。
得歩進歩 7154 外
　だんだんつけ上がる。
得有 7155 読 253
　得の一字に同じ。
得力 7156 外,筌 14、讀下 28
　實力ある者、有効な。
德 7157 規 296,筌 12、讀上 12、33
　ドイツ。［德之勢］
德安 7158 読 292
　長者に対する手紙文の末尾にくる成句。
德意 7159 筌 22
　ドイツ。
德意志 7160 讀上 49
　ドイツ。
德音 7161 通
　[…並希恵示德音…]何分の御返信をとなり（詩経に由来?）。
德華銀行 7162 外,筌 64
　Deutsch-AsiatischeBank.
德鑒 7163 読 303
　御承知下され。
德克碑 7164 外
　Aiguebelle,Pauld'。
德幟 7165 読 165
　ドイツ国旗。
德璀林 7166 読 272
　Detring,Gustav.
德璀琳 7167 外
　Detring, Gustav
德呢克 7168 外
　Dennys,N.B.
德善 7169 外
　Cahmps,E.de.
德配 7170 讀上 18
　夫人。

德庇時 7171 外
　Davis,J.F.
德秘帥 7172 外,
　Davis,J.F.
德微理亞 7173 外
　Deveria.
德佛楞 7174 外
　Dufferin.
德理固 7175 外
　Tricou.
德律風 7176 読 273
　Telephone.
特 7177 規 223,外、筌 18
　①「唯だ」の意。　→伊②わざわざ。特にそのため。③トランスバール。
特開 7178 読 44
　特別急行列車。
特札 7179 四 134
　札は札文で上級機関から下級機関へ出した文書。重要な札文をだしたときに全文を結束する定型句。
特箚 7180 四 136
　箚は札とも書く。箚は清代に上級機関から下級機関へ出した文書。重要な箚文をだしたときに全文を結束する定型句。
特此 7181 筌 44
　①当用のみ。②以上の内容を特に文書もて伝えるものなり。
特此函請・・・ 7182 満 84
　「特に書簡を持って・・を請う」公函（平行文）における収束語。
特此函覆・・・ 7183 満 84
　「特に書簡を持って・・回答す。」公函（平行文）における収束語。
特此咨覆 7184 四 135
　咨は平級機関来往の文書。覆は回答・返答のこと。この表現は重要な咨文による回答の全文を結束する定型句。
特此專函奉聞 7185 規 208-9
　「右当用のみ」。　→專此奉復
特此通告 7186 四 135
　通告は民国時期に上級機関が下級機関もしくは民間にあることがらを周知せしめる文書。この表現は重要な通報をだしたときに全文を結束する定型句。
特此通知 7187 四 135
　通知は民国時期に上級機関が下級機関にあることがらを周知せしめる文書。この表現は重要な通報をだしたときに全文を結束する定型句。
特此通報 7188 四 134
　通報は民国時期に上級機関が進行状況や経験教訓を下級機関に周知せしめる文

[ト]

特此電陳 7189 四 135
電陳は上級機関に対する電文・代電である事柄を陳述すること。この表現は重要な電文・代電をだしたときに全文を結束する定型句。

特此布告 7190 四 135
布告は中央や地方の各政府機関が民間にだしてあることがらを周知せしめる布告。この表現は重要な通報をだしたときに全文を結束する定型句。

特斥 7191 四 134
特予申斥。下級機関への回答文の末尾で、請求があったことが不合理で許可できないとする語。全文を結束する。

特示 7192 四 134
示は告示で上級機関から下級機関、下級機関から民間へだした文書。重要な告示をだしたときに全文を結束する定型句。この語の前に「禀遵」「毋違」等いましめの語が来る事が多い。

特地 7193 規 154
「特に」と訓む。

特定 7194 筌 75
指定。

特任 7195 満 135
親任の意。→任

特任□□爲■■此 7196 満 135
□□を特任して■■と爲す。此に状す。
→特任、此状

特任□□爲■■ 7197 四 136
①特別委任状または委任令における慣用語。 ②民国時期上級機関が下級機関や民間に出した命令文で、ある人間を特定の役職に就けたことを公布する語。

特沛綸音 7198 筌 12
特に勅諭を下す。沛は盛んに下る。

特諭 7199 四 136
皇帝が大臣に諭旨をもって告げ、伝えること。

特拉格來 7200 外
deLagree.

督 7201 規 169,312
総督。〔爵閣督〕

督院 7202
総督。

督押 7203 外
監督し、護送する。

督憲 7204 筌 47
総督。

督緝 7205 外
督励して、盗賊を逮捕する。

督臣 7206 読 119
総督。

督率 7207 読 88
率いること。

督同 7208 読 147
同督。共々に監督すること。

督堂 7209
総督。

督府 7210 読 76
総督府。

督撫 7211
総督と巡撫。 →封圻

督辦 7212 読 109
①監督、処辦。監督して職務を執行せしめるの意。②社長の職務。

督理大人 7213 筌 33
監督処理を為す大人。

督糧道 7214 外、読上 14
糧道。軍餉を掌る道官。 →道官

篤克特號 7215 規 291
米船トクト号。

突 7216 読 170
突然。

獨不思 7217 外
「ヒトリオモワズヤ」よく考えて見よ。

突帕 7218 筌 75
トツペ。

讀書人 7219 外
旧中国の知識人。

噸税 7220
船のトン数にかかる税。

囤積 7221 陶 13-37a
倉に積むこと、転じて買い占める。

囤販 7222 外
囤積して売る。またその人。

墩 7223 読 3、296
①盛り土のこと。②噸 ton のこと。

墩檻 7224 福 13-9a
いしづゑ,はしらへくくりつける。

敦睦無嫌 7225 規 70
敦和親睦して彼此須臾も嫌悪の念のきざせるが如しこれあるなしとの意。

躉 7226 外
埠頭などに定着繋留し桟橋代わりにする船。ハルク。=躉船。

躉款 7227
多大なる金額。

躉船 7228
大船を岸に犠し、他船の往来・行旅上下および囤積に備えるをいう。

躉賣 7229 外
貯蔵して売る。

[ナ]

奈 7230 筌 56
　如何せん。
那空 7231 福 32-2a
　くりかへのあな。
那得仁 7232 外
　Ladygensky.
那波侖 7233 外
　Napoleon.
那嗎 7234 外
　Rome.
乃 7235 読 120、讀上 62、18
　「然るに」。専らこの意味に用いられる。
内衙 7236 福 2-6b
　「知縣」のしたく。
内開 7237 四 9、筌 29
　①上級・平級機関からの来文書の引用を
　する場合に用いられ、この語の後に引用
　文がくる。②書中に曰く。　→開
内開・・等因 7238 四 9
　上級・平級機関からの来文書の引用をす
　る。「内開・・等因」この語の間に引用
　文がくる。　→内開
内閣 7239 福 22-2a
　へいのうちのへや。
内閣 7240 外
　中央における最高機関。本来は現在の日
　本などの内閣と違い皇帝専制を補佐する
　秘書機関的色彩が濃かったということで
　ある。大學士(満漢各二名)・協辨大學士
　(満漢各一名)で構成される合議制官庁。
　ただし「軍機處」ができてからは実権を
　失い名誉職という性格をおびた(最高位
　の職務だから存続し得たらしい)。実録
　などをよむには内閣・軍機處の何れを経
　たかを注意する必要がある。　→明發上
　諭
内閣抄出 7241 四 10
　文書が内閣の写本を経たことを示す。文
　書の冒頭に記される。雍正帝以後、大臣
　が皇帝に提出した上奏文は皇帝の朱批が
　加えられた後、軍機処で写しが作られ、
　内閣に下され関連の官署に写しが送られ
　た。文頭において文書の来源を示す語。
内閣奉上諭 7242 四 10
　内閣を経て出される諭旨である[明發上
　諭]の冒頭に附加される語。→諭内閣、
　上諭
内庫 7243 外
　内務府の倉庫。
内號 7244 福 11-9a
　[毎期准過呈状。付経管掛號。將[石朱]
　語。原告被證姓名・批語・承行差役姓名
　填寫後。列前件以便登填如何婦結。是爲
　〜〜。〜〜掛訖。随將各副状。彙入封套。
　發承發房。分發承行。承護科亦須掛號方
　發。是爲外號。掛號訖印刻分交。不許留
　延滋弊。]
内差 7245 福 28-13b
　ちょくし。
内司 7246 福 28-4a
　ないしょのことをとりはからふもの。
内室 7247 福 14-8a
　かつて。
内稱 7248 四 10
　「件の・・の文章の内容は以下のごとく
　・・・であります。」[又據某某来文内稱]
　[據兵部咨文内稱]
内稱・・等情 7249 四 10
　「件の・・の文章の内容は申しますと・
　・・であります。」[又據某某来文内稱]
　[據兵部咨文内稱]→内稱、等情
内上 7250 讀上 27
　(上奏文などを)入れ奉る。
内倉 7251 筌 69
　宮廷の祭祀・外藩・藩属国・使節の饗応
　に備える穀糧を貯蔵するところ。
内宅 7252 福 3-8b
　かつて。
内地 7253 外
　①国外。②(沿岸地域でない)奥地。③開
　港場以外の地域。
内地税単 7254 外
　通過税証明書。
内地鎮市 7255 規 124
　開市場。
内丁 7256 福 3-7a
　「知縣」のてびと。
内渡 7257 規 154
　台湾より中国本土に渡航すること。日本
　に来航するを東渡という。
内帑 7258 読 66
　御手元金。
内府 7259 讀下 11
　内務府。
内務府 7260 行 1a/124-32、外、筌 6
　日本の「宮内庁」に相当する官庁。宮中
　の政令を司る。
内務府總官大臣 7261 外
　内務府の長官。定員はない。
内洋 7262 外
　中国領沿海一帯をいう。
南亞非洲 7263 讀上 52
　南アフリカ。

[ニ]

南懐仁 7264 外
　Verbiest, Ferdinand.
南京総督 7265 外
　兩江総督。
南省通商大臣 7266 外
　＝南洋通商大臣。
南斐洲 7267 讀上 41
　南アフリカ。
南皮 7268 筌 75
　張之洞。
南洋大臣 7269 外
　＝南洋通商大臣。
南洋大臣處 7270 規 163
　兩江總督は江蘇省城江寧府、古昔の南京といい、金陵といえる地に駐剳している。
南洋通商大臣 7271 外
　上海並びにそれ以南及び長江流域の開港場の通商事務を管理する大官。欽差大臣の資格を有する。総理衙門の設立により、上海欽差大臣を継承し、初めは巡撫が兼任となりついで辦理通商事務大臣という独立の部門になったが再び巡撫の兼任を経て兩江總督の兼任となった（1866年から）。　→欽差大臣
軟監 7272 福 13-5a
　軽い牢、暗い牢など４つに分けた牢の内の一つ。〔軟監、外監、裏監、暗監〕→暗監。〔法宜于狂狷(ろうや)門内分爲四監。第一層近獄神祠者爲軟監。…〕
軟甲 7273 福 21-21a
　きこみ。
軟石油 7274 筌 60
　石腦油。
難以爲情 7275 外
　「モッテジョウヲナシガタシ」きまりが悪い。
難言喩 7276 規 163
　言を以て喩え難しと訓む。
難道 7277 讀 282
　「…とはいわれまい」豈にと訳すも可。
難辦 7278 讀 281
　厄介、面倒。
難保 7279 外
　保証し難い。とは限らない。

[二]

二運 7280 外
　→一二三運
二等欽差大臣 7281 外
　公使。→欽差大臣
二等公使 7282 筌 14
　全權公使。
二八抽豊 7283 福 23-14a
　二つはこうせん、八はかったものがとる。
二班 7284 外
　廣東貿易時代、英国東インド会社の管貨委員の次席委員。　→大班
二品頂戴 7285 筌 11
　二品官の帽章。
貳尹 7286 外
　「ジイン」縣丞の別称(書簡に用いる)。
貳府 7287 外
　同知の別称。
日 7288 読 5, 筌 14, 讀上 12
　①日本(の) ② Spain 日斯巴尼亞。③中暦の天と区別して day を表す。
日意格 7289 外
　Giquel, Prosper.
日員 7290 読 5
　日本人教員。
日起 7291 讀下 75
　その日より始めて。
日金 7292 規 202
　日本の貨幣。
日久懈生 7293 陶 13-34a
　日が経つにつれ忘れる。
日稽簿 7294 福 21-11b
　日々調べ帳。
日後 7295
　後日のこと。cf. 月前
日斯巴尼亞 7296
　Spain.
日斯巴尼亞國 7297 筌 62
　スペイン。
日耳曼 7298 外
　German.
日充 7299 陶 14-31a
日籍 7300 読
　日本の戸籍。
日前 7301 読 4
　前日のこと。口語で「前日」は一昨日をいい、これと区別していう cf. 月前
日探 7302 読 101
　日本人スパイ。
日内 7303 筌 51
　一両日中。
日捕 7304 読 170
　日本巡査。
日報 7305 福 6-6b
　日々の届け帳。
日報舘 7306 讀下 10
　（日刊の）新聞社名。

- 190 -

[ネ]

日報簿 7307 福 21-12b
　日々の届け帳。

日來 7308 読 63
　この頃。

日輪 7309 読 183
　日本汽船。

日歷 7310 笙 23
　日本の暦。　→歷

入官 7311 外,笙 57
　没収。

入覲 7312 笙 76
　参内謁見。

入伍 7313 外
　軍隊に入り軍人となること。

入口 7314 外
　港に入る。

入告 7315 外
　上奏する。

入棧字據 7316 外
　貨物を陸揚げして倉庫に納めることを許可する証書。

入手 7317 読 155,笙 3
　着手、手始め。

入手方鍼 7318 笙 34
　着手の方針。

入値 7319 笙 5
　参内当直す。

入八分 7320
　奉恩公のこと。八つの特典がある。巻末参照

狃 7321 陶 7-60b
　狎れる。

任■■爲・・著紋 7322 満 135
　「■■を任じて・・爲となし、□□に紋せしむ。此に狀す。」簡任、薦任、委任ともに同形式。　→此狀

任意 7323
　任意とは「ほしいままに」の意。

任意鴟張 7324 規 53-4
　任意とは「ほしいままに」の意。鴟張とは鴟張の横行するが如く放肆なること。

任怨 7325 読 114
　公務のため、人の怨を受くるとも意とせず。

任聽其便 7326 笙 62
　随意にする。勝手たるべし。

任內 7327
　在任中、職務上。次項参照。

任內一切処分開復 7328 規 47
　任の在るの日、処せられたる譴責責罰等はこれを赦免する。

任憑 7329 外
　「ヨルニマカセル」…するにまかせる、…することができる。=任便。

任便 7330 規 123-4.154、笙 24、讀下 74
　①「ベンニマカセテ」任意に、自由に。②まかす。③随意または勝手に。

任命□□□爲■■■ 7331
　民国期の任命の書式。「□□□(氏名)を任命して■■■(役職)となす。(?)」

任勞任怨 7332 規 277
　勞も厭わず、人より怨まれ嫉まるるも厭わぬこと。

袵 7333
　→「じん」。

認捐 7334 小 468、岡 575
　釐金の徴収を官署が直接せずに、民間の団体(同業公所など)または一私人に省内または部内の徴税を請け負わせる制度。同業公所の請け負う者を「認捐」といい、一私人の請け負う者を「包捐」という。
　cf.散收、包捐

認狀 7335 福 62b
　うけあい証文。

認眞 7336 規 126、讀上 9
　本気で真面目に誠実に、確実に、切実に。[認真實行]

認眞具結 7337 読 76
　貸すことを承知するなり。

認稅 7338 小 468
　認捐のことを民國期にはこうも言った。釐金の徴収を官署が直接せずに、民間の団体(同業公所など)または一私人に省内または部内の徴税を請け負わせる制度。同業公所の請け負う者を「認捐」といい、一私人の請け負う者を「包捐」という。
　→認捐

認貸 7339 読 258
　確実に記載し、取りまとめて。

認保 7340 外
　①保証する。②当事者同士で任意に契約せる保証人。

認保狀 7341 福 3-2 しb
　うけあひの証文。

[ネ]

寧 7342 笙 55
　南京。

寧紹臺道 7343 外
　浙江省寧波・紹興・臺州を管轄する道臺で寧波に駐在する。

捏寫 7344 読 143
　捏造して書く。

捏報 7345

[ノ]

偽って報告する。

熱爾麻尼 7346 外
Germany.

熱河都統 7347 外
熱河・哈喇河屯を管轄する「畿輔駐防」八旗軍の指揮官。同時に承德府を除く熱河の行政を掌る。

熱審 7348 外、行 1a/244、福 11-16b
①暑熱に際して刑獄が留滞し、罪人が苦悩するのを慮って、京師の監に対して行われる特別の審理。②しょちゅうの調べ。

熱沃爾日 7349 外
George.

年假 7350 筌 49
年末年始の休暇。

年誼 7351 筌 69
同年に科擧に及第した友人。

年分 7352 規 123
年期。

年底 7353 読 2
年末、年間。

念 7354 外
① 20 のこと。廿と同音である。②声に出して読む。

念大 7355 福 1-3a
よみあげる。[〜郷貫。]

拈著 7356 福 1-3b
とりあたる。

燃放 7357 読 106
発砲。

稔 7358
→ジン

粘附 7359 規 122
張り付けたの意。

粘縫 7360 福 23-4b
つぎめ。

粘連 7361 筌 37
添附。

騐 7362
音は「けん」。驗におなじ。

[ノ]

嚢德 7363 読 12
ノンテス?。

嚢頭 7364 福 18-16a
首枷をかける。

納 7365 經 62
買うこと。

納依圍 7366 読 53
ナアビック。

納胃 7367 經 62
購買力。

納餉 7368 外
税金を納めること。

能爲 7369 外
はたらき、行動。

農功 7370 外
農作物の収穫。農事。

[ハ]

吧嘎禮 7371 外
Parkes, Harry S.

吧拉第 7372 外
Palladius.

哈華吶 7373 讀上 37、38
ハバナ。

哈伐拿 7374 讀上 38
ハバナ。

㕶朙 7375 外
Browne.

壩 7376
水門のことか。水量の調整もし、船の通過もある?

巴 7377 筌 40
重慶府。

巴夏里 7378 外
Parkes, Harry S.

巴夏禮 7379 外
Parkes, Harry S.

巴格爾 7380 外
Parker, William.

巴棍 7381 福 28-6a
ぼうふり。[馬牌束金跪獻。及受面叱之。出則狼僕追擒。蓋其主暗使之。]

巴士達 7382 外
Bastard, Comte de.

巴爾拉達 7383 読 57
バルラダ。

巴蜀 7384 筌 40
四川省。 →巴、蜀

巴西 7385 筌 18
ブラジル。

巴拿馬 7386 読 38
Panama.

巴達第 7387 外
Palladins.

巴特納 7388 外
Patenotre, Jules.

巴麥尊 7389 外
Palmerston.

巴富爾 7390 外
Balfour, George.

[ハ]

巴蘭德 7391 外
　Brandt, M. von.
巴里捷克 7392 外
　Balluzeck, General L. de.
巴律 7393 外
　Barkes, Harry S.
巴黎 7394 読 29
　Paris.
把握 7395 外、筌 54、讀下 37
　①自信、見通し。②確実性。③手がかり。④意見。
把持 7396 読 18
　占有すること。
把總 7397 外
　千總に次ぐ武官で哨の指揮官。
把定 7398 福 2-9a
　警護する。［東西角門。；皂　隷名。門首〜。］
把頭門 7399 福 2-17b
　門の係。
把堂 7400 福 2-8b
　ひろまがかり。
把鼻 7401 福 3-1a
　とりえ。［有暇疵輒指爲〜。講呈説告。恐嚇多端。］
把風 7402 福 176a
　しらせる。
把柄 7403 福 4-13b,12-31b
　わやくのとりえ。とりえ。
把門 7404 福 2-8b
　門番。
播 7405 読 133
　翻に同じ。
播越 7406 読 124
　居所を失って（他国を）さ迷う。左伝 26による。
播遷 7407
　→播越
波格樂 7408 外
　Bogle.
波耳都欺 7409 外
　Portugal ポルトガル。
波臣 7410 外
　Pearson.
波蘭 7411 読 216
　Poland.
波連 7412 福 19-8a
　かかりあひ。
波郎 7413 外
　Browne.
派 7414 四 115、満 137、中
　①割り当てる、配分する、押しつける。②税などを取り立てる。任命すること。③派遣の意、命じること。④民国期に用いられ、文書の冒頭に配置される。「派・・・・、此令」で全文。
派委 7415 外
　一定の権限を与えて官吏を派出すること。
派□□爲■■ 7416 満 137
　「□□を派し、■■と爲す」。官吏の補職(任命)や委嘱の際に用いられる。→派
派員 7417
　官吏を遣わす。
派□□兼在■■辦事 7418 満 138
　「□□は■■を兼ねるべし」。兼務を命じる辞令・書式。　→派□□在■■辦事
派□□兼充■■ 7419 満 137
　「□□に、■■を兼務せしめる」。兼務を命ずる際に用いられる。→派
派□□在■■辦事 7420 満 138
　「□□は■■において勤務すべし」。辞令の書式。→派□□兼在■■辦事
派充 7421 読 48、讀上 6
　派遣し充てる。
派往 7422 読 177
　進発。
派造 7423 福 9-10a
　割りつけかた。
派嘱□□爲■■ 7424 満 137
　「□□に、■■を委嘱す」。外部の者に委嘱の際に用いられる。→派、派嘱□□爲■■
派随 7425 読 169
　派遣、随従。
派兌 7426 福 8-3b
　割りつけかける。
派徴 7427 筌 26
　徴収。
派入 7428 読 48
　投じること。兵隊となること。
派赴 7429 読 5、66
　①派遣、出師。②出張せしめる。
派保 7430 外
　輪番の保証人。当番の保証人。認保に対する。
破案 7431 外
　犯罪が露見すること。
破獲 7432 外
　ことを見破って捕らえる。
破調 7433 福 11-12b
　むかうの願いのおもむきをやぶる。
破魯西 7434 外

- 193 -

[ハ]

羈押 7435 撫
　Prussia.
　拘禁。
羈押 7436 撫
　拘禁。
霸產 7437 福 12-24a
　田地を無理どりする。
簸弄是非 7438 外
　「ぜひをはろうす。」白を黒といいくるめて騷ぐ。
靶 7439 讀下 12
　標的,的。
嗎咂喩 7440 外
　Maitland, Sir Frederick.
嗎哩格德呢 7441 外
　Lord Macartney.
婆兒 7442 讀上 43
　(南アフリカの)ボーア人。
碼 7443 外
　yard の音訳。
碼字 7444 規 264-5
　蘇州文字ともいう。商取引に用いられた数文字。巻末参照。
碼頭 7445 讀 304、筌 75
　港。波止場。
馬加里 7446 外
　Margary, A. R.
馬格里 7447 外
　Macartny, Halliday.
馬戞爾尼 7448 外
　Lord Macartney.
馬吉士 7449 外
　Marques.
馬克 7450 讀 137
　Mark(ドイツの通貨単位)。
馬賽 7451 讀上 34
　マルセイユ。
馬廠 7452 筌 8
　牧馬場。
馬槍 7453 筌 17
　騎兵銃。
馬隊 7454 讀 177
　騎兵。
馬治平 7455 外
　Majoribanks, C.
馬牌 7456 福 28-1b
　馬のつきそひ。→背包
馬牌夫 7457 福 2-13b
　馬につきそふもの。
馬報 7458 讀上 21
　騎馬の急報。
馬德里 7459 讀上 38
　マドリッド。
馬禮遜 7460 外
　Morrison, John Robert.
馬路 7461 讀 1
　大通り、馬道通り。
馬勒瓦 7462 筌 32
　マレワーン。
廢員 7463 讀下 59
　もと官吏。[海關退出之廢員]
廢紙 7464 外
　反故。
悖 7465 規 230
　悖德。[凶逆狂悖]
拜晏 7466 外
　Bavaria(Bayern)。
拜會 7467
　天地を拜し誓うこと。結盟のこと。
拜喀爾湖 7468 讀 305
　Baikal 湖。
拜跪 7469 外
　両膝で跪いて拜する礼法。殊に三跪九叩禮を意味する。
拜見銀南 7470 福 20-27a
　おめみえ銀。
拜摺 7471 外
　上奏文を発送する。発送時に行う儀式を暗示する。
拜訂 7472 規 259
　訂は定める、ご案内申しあげ候の意。
拜挽 7473 福 11-10.b
　たのみ。
排 7474 讀 203
　列。
排繹 7475 福 11-5.b
　双方の心がとける。
排衙 7476 福 2-6a
　並み居る役人。
排解 7477 外
　＝排難解紛。
排完 7478 福 13-6a
　じゅんじゅんにならぺをはる。
排語 7479 福 1-1、a
　つゐご。
排難解紛 7480 外
　仲裁する。
排年 7481 福 6-11a
　ねんばん。[十甲輪充。値年當差者。謂之〜。又謂之現年。]
排満 7482 筌 39
　満州排斥。
排門 7483 福 21-2b
　家ごとに割りつけるやく。

[ハ]

杯水 7484 読 34
　いささか。
杯幣 7485 福 28-4a
　酒、進物。
沛 7486 筌 12
　盛んに下る。
牌 7487 外、四 174
　①免許証。②→保甲制 ③下行文の一つ。
牌仰 7488 四 174
　「本牌文により命を下す云々」牌文により命令を下すこと。
牌子馬夫 7489 福 213b
　使いのうまにさしそふやく。
牌式 7490 福 2-3a
　さきぶれ使いのかた。
牌抄 7491 福 28-2a
　うまにふようの書き付け。
牌照 7492 外
　免許証=牌の①参照。
牌提 7493 福 7-15a
　臨時に上役よりかけあひくる。
牌頭 7494 外
　→保甲制
牌票 7495 外
　鑑札、許可証。
背押 7496 福 12-29a
　うらのかきはん。
背誦 7497 読 241
　暗誦。
背包 7498 福 28-1.b
　背負い。[其爲驛役也。有總理。有兵房。有馬牌・牧馬夫・〜〜・送差・打探・医獣之各執事。]
倍 7499
　「いやまして」と訓むか？
倍根 7500 規 286, 筌 13
　ベイコン氏。
培克 7501 読 149
　深刻などに類す。苛酷の施政をなすこと。
倍處 7502 福 237a
　いちばいの罪にあてる。
媒保 7503 福 19-8b
　なかうどうけあひ。
培克 7504 餘
　無理な取り立て。
培養 7505 筌 62
　療養。
梅花拳 7506 筌 49
　直隷省廣平府管内の肥郷縣廣平縣地方に蔓延せし拳匪。
梅輝立 7507 外
　Mayers, W. F.

梅行 7508 讀上 36
　軍艦「メイン」号
梅正使 7509 筌 46
　英国委員。原名不詳。
煤 7510 読 172, 筌 15, 讀上 39
　石炭。[需煤]
煤油 7511 讀下 19
　石油。
痗 7512 読 168
　病。
貝子 7513 外
　=固山貝子。「宗室」の爵位の一。→宗室
貝里底亞司士 7514 筌 59
　各種硫化物 pyritous。
貝勒 7515 外
　=多羅貝勒。「宗室」の爵位の一。→宗室
買貨單 7516 筌 64
　食物注文票。
買櫝還珠 7517 筌 75
　当てが外れること。
買砠 7518 陶 11-18b
　空艙に載せた私塩。[江船装塩、毎捆解放私塩謂之買砠]
買託 7519 福 11-10b
　銭をやりたのむ。
買通 7520 福 17-6a
　たのみこんでおく。
買土貨之報單 7521 外
　一種の貨物運搬許可証。清國内地の貨物を輸出しようとする外国人が内國税を免ぜられ、子口税を支払うようになる。領事を通じ、道台に請求して得る。開港場からは一年以内に輸出しなければいけない。三通を一枚に印刷してあるの「三連單」「三聯單」ともいう行 6/154-5。
買忑勒 7522 外
　Moiderery, Tardif de.
買辦 7523 外、福 2-23a
　①開港後、從来行商・通事・買辦・銀師によって行われていたあらゆる役割を引き継ぎ、一時は取引履行の全責任を負う程になった。彼らのあやつるピジンイングリッシュは限られた語彙で文法的にはあやしげなものであったが、こと商取引については意思の疎通は確実に行え、また概ね取引は信用がおけたという(C.クロウ)。一時は繁栄したが、外国商社が自ら中国内地の商人と直接するようになってからは活躍の場を狭められた。Comprador ②かひいれ。
買辦簿 7524 福 2-11b

[ハ]

かひもの帳。

買免 7525 福 3-22b
報庫書有賄。謂之～

賠款 7526 規 123、筌 11
①賠償金。②賞金。

賠墊 7527 外
賠償金を立て替えて払う。損をして追い銭をうつ、償いをつける。

賠累 7528 福 5-8a
①損失を招く。②償いの難儀。

賣項 7529 規 123
売り上げ金。

賣訪 7530 福 20-5a
［其間大蠹聞風。貪縁賄縱。刪抹姓名名日～。］

鋇養鈣 7531 筌 59
重晶石 baryta

伯爾都牙里 7532 外
Portugal.

陪責 7533 福 11-23a
しやうばん(相伴?)とがめをうける。

伯爾得米 7534 外
Berthemy, M.

伯駕 7535 外
Parker, Peter.

伯多格斯啓 7536 外
Budogoski, Lt.-Col. C.

伯都訥 7537 読 174
ペオナ?。 ［自露國伯都訥］

伯洛内 7538 外
Ballonet, Henry de.

伯磊門 7539 外
Bremen.

伯理璽天德 7540 規 278
President(大統領)のこと。 →総統

伯利 7541 外
Khabarovsk.

伯里 7542 外
Khabarovsk.

伯力 7543 外
khabarovsk.

伯郎 7544 外
Brown, Gen.

剝運 7545 外
外の船に移して運ぶ。＝駁運。

剝貨 7546 外
外の船に積みかえる。＝駁貨。

剝船 7547 陶 7-3b
＝駁船、はしけ。

博望 7548 規 90
切望または懇望など相通ず。

帕德波古 7549 筌 75
パトボク。

拍一照 7550 讀下 14
撮影す。

拍實 7551 福 22-3a
しかとかたむ。

拍賣 7552 筌 31
競売。

擘 7553 読 32
裂く。

柏卓安 7554 外
Brown, John Mcleavy.

柏郎 7555 外
Browne.

柏爾德密 7556
Berthemy, Jules-Francois-Gustav'

柏油 7557 筌 60
柏脂(松脂の類)bitumen。

柏林 7558 讀上 34
ベルリン。

璞科第 7559 外
Pokotiloff 露國の外交官。

璞鼎査 7560 筌 24
ボッチンジャー。

迫切 7561 満 112
急なり。

白印 7562 福 8-6b
印ぎやうのみありてかきいれぬ。

白河 7563 外
印度のマルワ鴉片のこと。

白教 7564 筌 40
白蓮教徒。

白鏹 7565 福 6-4b
偽りとる金。

白契 7566 福 19-1b
印をせぬ白紙。

白耗 7567 福 61b
無駄へり。

白嚼 7568 福 1118b
無駄にくひつぶす。

白齊文 7569 外
Burgevine, H. A.

白石 7570 筌 58
石灰石 limestone。

白馬紅羊之刼 7571 筌 75
騒乱のこと。

白票 7572 福 6-7a
受け取り無き書き付け。

白役 7573 福 3-1a
無駄やく。

白糧 7574 福 6-1b

[ハ]

白話 7575 筌 57
　言文一致体。
薄海 7576 筌 12
　四海。『書経』益稷に「外薄四海」とあり。
薄海内外 7577 読 167
　内外各国。
陌上 7578 筌 53
　堤上なり，田畔なり。
唛嗹 7579 外
　McLane, Robert M.
漠視 7580 規 171
　軽視に同じ。［漠視藩属之難］
曝吹 7581 福 11-28a
　さらしおく。
莫可尼→莫科尼

莫科尼 7582 讀下 17
　(無線を発明した)マルコニー。
莫爾大未亞 7583 外
　Moldavia（Austria?)。
莫衷一是 7584
　どれが本当かそうでないか分からない。
莫尼科 7585 讀下 17
　(無線を発明した)マルコニー。莫科尼の誤り。
莫名 7586
　名状し難い。
莫賓 7587 外,筌 37
　＝幕友。
幕友 7588 規 305
　官吏の私設の顧問・ブレーン。総督巡撫から知縣にいたるまでこれを置く。実務に通じた顧問として書吏の専横に対する意味合いもある。専門的には刑名幕友・書啓幕友・教読幕友になどに分かれる。類は友を呼ぶという趣もあり，上下共に悪事を働くものもあれば，張之洞などは本人も幕友も立派な学者が揃っていたらしい。曾國藩が人を集めていたのは有名であるがその有様は『西學東漸記』に見える。
謨 7589 筌 55
　謨は謀りごと。
駁運 7590 外
　＝剥運。
駁貨 7591 外
　＝剥貨。
駁船 7592 外
　＝剥船。
駁増 7593 福 20-20b
　無駄年貢。
駁竇 7594 福 12-11a
　さったふのあな。
麥加利銀行 7595 外
　Chartered Bank of India, Austria and China.
麥華陀 7596 外
　Melhurst, Walter(?)。
麥蓮 7597 外
　Mclane, Robert M.
麥蓮勒畢唵 7598 外
　McLane, Robertson.
八旗 7599 外,筌 72
　清朝の軍制。ヌルハチが創始。ホンタイジの時代に漢軍・蒙古の八旗ができ二十四軍になった。このうち鑲黄・正黄・正白(以上を上三旗という)と正紅・鑲白・鑲紅・正藍・鑲藍(以上を下五旗という)に別れる。鑲は縁取るの意で，それぞれの色の周りを縁取る。
八大王 7600 外
　＝鐵帽子王。
八百里 7601 外
　→驛
叭噠嗱 7602 外
　Patna.
捌 7603 読 220
　「八」に同じ。
撥 7604 規 53,163、筌 45、讀上 37
　①支出。②分遣，分かつこと。
撥貨 7605 外
　他の船へ貨物を積み換える。
撥解 7606 讀下 60
　支出送付。
撥款 7607 読 134
　費用の支出。
撥歸 7608 読 37
　下げ渡す。払い下げ。
撥協銀 7609 外
　協は助の意。経費の不足したとき他所から融通する。
撥至 7610 福 28-2.b
　差し出す。［～官船。］
撥充 7611 筌 58
　分かち充てる。
撥兌 7612 福 8-3b
　かけだす。
撥儲 7613 外
　各省の兵備道庫その他の関係官庁から支給される銀糧を保管するをいう。
撥派學額 7614 筌 54
　一定の学生を分派す。

[ハ]

撥兵 7615 筌 10,規 53
　軍隊・兵員を分遣する。
撥用 7616 筌 8
　支出。
發往 7617 読 118
　出発し赴かしめる。
發下 7618 満 60
　「(上級官署からの公文が)到来せり。」
　→下
發售 7619 外
　＝發販。売り捌く。
發給 7620 読 249
　授与、交付。
發遣 7621 福 18-4.a
　追放。
發狠 7622 福 12-27b
　たんとはらたつ。
發財 7623 福 18-17,8
　かねまうけ。
發蹤 7624 福 5-28a
　ほっとうにん。てはじめをする。
發鈔 7625 外
　文書の写しを公表する、関係官庁に送る。
發審文牌 7626 福 20-2b
　吟味はじめのかけあひかきつけ。
發軔 7627 読 68
　手始め、始めのこと。
發得耳 7628 外
　Vattel, E.
發配 7629 福 29-19b
　しまながし。
發買 7630 福 2-23b
　買う。
發販 7631 外
　売り捌くこと。
發來 7632 福 1-6a
　差し出す。
發落 7633 福 12-1a
　落着。
拔隊 7634 筌 17
　出発。
拔貢生 7635 筌 35
　十二年毎に科試優等の生員より選抜し督
　撫の試験を経て国子監に入らしむ貢生。
罰俸 7636 外
　官吏の処罰の方法の一。俸給を一定期間
　支給しない。　→革職、降級
罰俸 7637 外
　＝罰俸。
罰例 7638 商
　罰則。

伴護 7639 福 7-20a
　警護。
伴領 7640 福 21-5b
　ひきつれる。
半税 7641 外
　＝子口税。
半税單 7642 外
　子口税証明書。
半塗 7643 筌 73
　半途。
反汗 7644 筌 73
　前説を翻す。
反顏東向 7645 規 163
　母国清國に背きて日本に帰順すること。
反坐 7646 福 11-8a
　うらがへしの罪。
反手 7647 経 58
　左撚の絲。　←→順手
反唇 7648 福 15-3a
　くちごたへ。
反側 7649 外
　叛乱をおこす、寝返る、賊軍に味方する。
反頼 7650 讀上 35
　かえって幸いに。
含淡養之士 7651 筌 59
　硝酸塩類 nitrates。
犯順 7652 外
　政府に敵対する。助順の反意。
扳咬 7653 福 14-2a
　言いかけ。
扳著 7654 福 16-8a
　ひきかかる。
扳累 7655 福 20-6.b
　言いかけのなんぎ。
播災 7656 筌 76
　災害の生じた。
搬散 7657 福 14-1b
　はこびにげる。
晩書 7658 福 25-14b
　夕方習う書。
泛交 7659 福 1-23.b
　うはむきのつきあひ。
泛常 7660 読 276
　普通一般のこと。
泛托 7661 福 1-13a
　ういたたのみ。
煩 7662 満 94、四 72、133
　①「～をしていただきたく」。平行文で(当
　方から)依頼を表す。②敬辞。「お手を煩
　わせ」「お願いいたしたく」。希と似ては
　いるが、希は相手方が(命令や規定によ
　り)しなれければいけない場合に使われ、

[ヒ]

煩は自分側の都合により相手に要求する場合に使われる。文書末尾の請求語句に見られ、函件においてはよく見られる。

煩即 7663 四 134
「直ちにしていただきたく」。平行文で(当方から)相手方に直ちにしてもらいたいとの依頼を表す。文書末尾の請求語句に見られ、函件においてはよく見られる。 →煩、希請

煩請 7664 四 134
「していただきたく」。平行文で(当方から)相手方にしてもらいたいとの依頼を表す。 →煩、希即

板釐 7665
薬材に課する釐金。薬材釐金。

班 7666 読 236、241、規 172
①旋(メグラス)の意。②席順。③組、種の意。

班師 7667 筌 17
撤退帰営。

班頭 7668 福 32-11b
くみかしら。

班德 7669 外
Brandt, Max August Seipio von.

班駁 7670 福 14-20a
さったふ。

範囲 7671 外
支配圏。勢力圏。

藩庫 7672 規 43
各省布政使を藩台または藩司と称するより出たもので布政使衙門の倉庫のことである。

藩司 7673 外
布政使の古名。

藩宣 7674 外
布政使の別称。

藩臺 7675 外、讀下 27
布政使の通称。

藩部 7676 讀上 51
①清朝において征服統治せる民族・地域で理藩院を通しての間接統治を許したもの②欧州各国の植民省大臣も指す。

藩服 7677
藩属國の意。［撫綏藩服］

藩籬 7678 陶 14-2a
範囲。

販易 7679 外
取引すること。

頒 7680 読 45
公布する。上より下に達するをいう。

頒行 7681 規 195
公布(施行)する。

頒到 7682 外
…が頒布されてとどく。＝奉到。

頒發 7683 読 53
発布。

槃深 7684 筌 56
固くして深きなり。槃は槃停也。

番銀 7685 外
外国の銀。

番梢 7686 外
外国の水夫、水兵。

番用 7687 福 4-18b
上におすべき印を下におし、下におすべき印を上におす。

盤桓 7688 讀下 35
滞留。

盤据 7689 福 3-1a
はいりこみ。

盤査 7690 外,筌 41
取り調べる。

盤子 7691 福 19-4a
ろよう。

盤川 7692 外
旅費。＝川資・盤費。

盤費 7693 規 251
旅費。盤脚費の略で、宿泊費よりも脚夫に支給する費用を指すか？

盤剥 7694 筌 22
差額を利す。

礬大何文 7695 外
Hoeven,J.des Amoire van den.

挽 7696 陶 7-2b
たて直す。

蕃 7697 筌 16
多きの意。

［ヒ］

俾 7698 読 6、122、讀上 10、満 73
①与えるなり、任す。②「使」に同じく「…ヲシテ…セシム」なり。③〜に資す。「補助俾原定額

俾衆週知 7699 満 110
「衆をして周知せしむ」。佈告文の末尾の定形句。

比 7700 筌 14
ベルギー。

比亞爾彌亞 7701 外
Prussia.

比維 7702 筌 51
このごろ思う。

比較 7703 福 6-1.a
日切りとりたてのたかとひきあふ。

- 199 -

[ヒ]

比較錢糧簿 7704 福 2-20b
　ひきあはせ銀なふ年貢帳。

比完 7705 福 6-16b
　ひきあひのすむ。

比擬 7706 福 12-11a
　ひきあひ罪にあてる。

比及 7707 外
　「コロオイ」…のときになって。

比差 7708 福 11-12b
　捉えにやるものをひきあふ。

比賽 7709 読
　競争。

比冊 7710 福 7-11a
　ひきあひ帳。

比爾日加 7711 外
　Belgium.

比爾哘喀 7712 外
　Belgium.

比者 7713 筌 56
　近頃。

比照 7714 福 12-1a
　ひきあひ。

比青陽之協律 7715 筌 51

比得 7716 筌 59
　泥炭。

比得羅保老司克 7717 読 81
　ペトロパブロスク。

比日 7718 福 2-10b
　ひきあひの日。

比批簿 7719 福 7-17b
　とりたての批文帳。

比附 7720 福 12-29b
　ひきあひ罪につける。

比簿 7721 福 7-3b
　ひきあひ帳。

比封 7722 福 20-20a
　ひきあひ。

比利時 7723 筌 75
　ベルギー。

比利益 7724 外
　Belgium.

比勒治 7725 外
　Belgium.

匪 7726
　①「非」に同じ。②不正の行為に慣れたるをいう。［匪類・土匪・會匪］

匪石莫展 7727 規 162
　台民また木石にあらず、血あり涙ありその故国に対する執着心、日本に対する敵愾心を緩和せしむるに由なしの意。

匪耗 7728 規 76-7
　匪徒情報。

卑 7729 四 87
　(上級の官署・官に対し)自らの官職をへりくだっていう。「卑府」「卑県」

卑師麥克 7730 読 194
　Bismarck,。

卑職 7731 四 87
　州県以下の官員が上級官職に対する謙譲の自称。

卑職等 7732 四 87
　州県以下の官員(複数)が上級官職に対する謙譲の自称。 →卑職

否 7733 読 274、讀下 64
　①～するや否や。［否載明］cf.是否②「非ずや。」

庀 7734 読 148
　具なり、治なり。之れを治えて具わらしむ。

妃 7735 外
　皇帝の妾の第三の階級。皇貴妃・貴妃・妃・嬪・貴人。

庇縱 7736 読 133
　かばう。

彼阿公司 7737 外
　Peninsular & Oriental Steam navigation Co.

彼時 7738 読 178
　その時。

彼耳臣 7739 外
　Peason, A.

彼得 7740 筌 43
　ピョートル大帝。

比得羅保老司克 → 比得羅保老司克

彼得堡 7741 読 53
　Petersburg ペテルブルク

彼方 7742 讀下 30
　各国。

批 7743 読 206、外、満 14、通 69、
　7744 福 4-18a,12-16a
　①一般人民の呈文に対して是非の判断を示した文書。 →指令 ②裁定する。決裁する。(請訓に対して)回訓する。③約定する(売買・貸借など)。④契約・契約書。⑤地方官が中央政府に税物を送るときにつける特別様式の文書。⑥指令の意。⑦かけあふ。［○申送管解迎接俱用～。迎接用紅批。 ○蒙～本縣。］

批閲 7745 福 11-6b
　しらべる。

批廻 7746 福 1-15a,1-15b,3-15b,7-18a
　持参の批文へ硃引きをする。承知の批文。批文へ硃引して廻文。くわいぶん。［打發…。］

[ヒ]

批開 7747 筌 45
　指令。開は「中に書す」の意。
批割 7748 福 11-29a
　うちきず。
批護 7749 福 12-32a
　上役の指図がき。
批行 7750 外
　下級官庁らの報告に対して回訓を与えること。
批詞 7751 福 12-18a
　かけあひの申しこし。
批示 7752 外、筌 33、福 2-14a
　①(批文による?)指令。許可。回訓。②上役からの指図。
批示遵行 7753 四 64
　上行文で下級機関が上級機関に対して、請求していることに対して批准を賜らんことを表す語で、末尾に来て本文の目的を明らかにする。
批示祗遵 7754 四 64
　上行文で下級機関が上級機関に対して、請求していることに対して批准を賜らんことを表す語で、末尾に来て本文の目的を明らかにする。
批収 7755 福 7-19b
　批文の受け取りがき。
批准 7756 読 305、満 50
　批示をもって許可する。
批准互換 7757 規 122
　批准書交換のこと。
批審 7758 福 2-14b
　指図の調べ。
批審詞状 7759 福 4-12a
　批文のあるくじがき。
批存 7760 福 32-2a
　ひぎあひのためにのこしおく。
批牌 7761 福 23-23a
　さったふのふだ。
批駁 7762 福 12-9a
　①書面で下級の要求を却下する。②反駁する。③さったふ。
批復 7763 筌 30
　指令して答復す。
批覆 7764 筌 24
　詮議回答。
批明 7765 福 20-12b
　ききいれる。
批落 7766 福 14-16b
　批文がくる。
批覧 7767 外
　(文書を)ひらき見る。
披楞 7768 外
　英国の別名。廓爾喀人がこのように称したことに由来。
斐 7769 讀上 51
　アフリカ Africa。
斐事 7770 讀上 51
　南アフリカ事件(南ア戦争)。
斐然 7771 経 30
　立派なる様。
斐南 7772 讀上 43
　南アフリカ。
畀 7773 読 186
　賜う、與えるなり。丸いものを両手で渡すことからきたともいう。
碑券 7774 福 8-13b
　さかひめの帳面。[歴稽～～。按原界。]
皮 7775 外
　風袋。[連皮過秤]
皮火 7776 福 29-5a
　かはのねつき。[清～～。]
皮哥 7777 外
　Pigou, W. H.
皮富商 7778 筌 39
　油類・皮類を取引する富商。
皮毛 7779 規 277、外
　①皮相の見。②=皮。
罷市 7780 外、筌 77
　①取引を停止する。②商人の同盟休業, ストライキ。
罷剌査 7781 外
　Bradshaw, J.
罷剌西利 7782 外
　Brazil.
罷論 7783 外
　論議をやめる。とりやめる。
秘 7784 筌 14
　秘露。
菲酌 7785 規 259
　粗末な酒肴の意。[敬治菲酌]
肌膚之會 7786 筌 13
　皮膚の接続せるところ。
蜚英 7787 筌 50
　蜚は盛んなり。隆盛の意。
被 7788 福 28-5a
　やぐ(夜具?)。
被嫌逮繋 7789 規 126
　嫌疑を被りて逮捕繋留せるの意。
被護 7790 福 11-2b
　うけくじ証拠にん。
被戕 7791 読 115
　殺されること。戕は殺。
裨治文 7792 外
　Bridgman, Elijah Coleman.

[ヒ]

誠 7793 読 297
　①險詖不正のこと。②かたよる。行動や心が正しい樣からずれること。

譬如 7794
　「たとへば‥の如き」と訓で可。

費詞 7795 福 16-31a
　無駄詞。

費理 7796 外
　Ferry, Jules.

避開 7797 福 7-12b
　おひのける。

非為 7798 福 17-10a
　悪いことをする。

非人 7799 外
　その任に堪えぬ人。正当な資格なき人にも用いる。

飛向 7800 福 9-7b
　おはせる。[将寺糧～～他人。]

飛差 7801 福 6-11b
　臨時の使い。

飛咨 7802 規 180
　咨は咨文、飛ばすとは急使。

飛灑 7803 福 6-10a,9-6b
　かけだし。おはせる。[毫釐～～。]

飛徭 7804 福 6-11b
　臨時の夫役。

飛獵賓 7805 読 19
　Philippine.

備 7806 読 297
　①「給」に同じ[～等費悉由官備]②ととのえる。

備案 7807 外、満 99
　①案として採用する。②記録にとどめる、保存する。

備核 7808 満 127
　「以備査核」の簡略語。審査に供す、或いは「本機関に回答して審査するに便ぜよ。」

備査 7809 読 77,筌 28、外、満 83、105、127
　①「以備査考」の簡略語。審査参考に供する、資する。②取り調べに供する。③将来の参考のために保存する。

備悉 7810 外
　つぶさに知る。委細承知する。

備照 7811 福 32-9b
　ひきあひにそなへる。

備装軍械 7812 読 2
　大砲などを取り付ける。

備覆 7813 讀下 65
　回答を準備せり。

備文 7814 満 77
　文書にせよ。文書にする。文書をもって。

尾開 7815 四 75
　[御来文の末尾に曰く‥」民国時期に上級もしくは平級機関からの来文の末尾を引用するときに使われる。末尾の数語に重要な命令の意図が含まれていることがあるので使われた語句。

尾犯 7816 福 202b
　まきぞひ。

彌爾尼壬 7817 外
　Belgium.

美 7818 外,筌 14、讀上 36
　U.S.A.アメリカ合衆国。

美魏茶 7819 外
　Milne, William Charles.

美最時洋行 7820 外
　Melchers& Co.

美耳山末石 7821 筌 59
　海泡石(鉱物)meerschaum。

美總統 7822 讀上 12
　アメリカ大統領。

美孚洋行 7823 外
　Starndard Oil Co.

美里登 7824 外
　Meritens , Baron de.

微論 7825 規 154
　勿論。

鎂 7826
　マグネシウム。

鎂養土 7827 筌 59
　マグネシア土 magnesian earth。

鼻準 7828 福 15-9b
　はなさき。

嗶嘰 7829 外
　セルの類。=畢幾 long-ells.

必 7830 読 40
　「要」の意。[故必經哥國應允]

必治 7831 外
　Peach, S.

櫃籤 7832 福 6-4a
　ひつのくじ。

畢幾 7833 外
　セルの類。=畢幾 long-ells.

畢業 7834 規 241,257
　卒業。

畢德格 7835 外
　Pethick, W. N.

筆鉛 7836 筌 59
　石墨 graphite。

筆下 7837 筌 71
　即刻。

筆帖式 7838 行 1a/193,b/189、外
　北京の各衙門に多数配置されてい

[ヒ]

bitheshi た小官の一種。主として満人があてられた。満洲語の bitheshih の訳で書記の意味があり、元来は満文・漢文の間の翻訳に従事したが満文が使われなくなると専ら雑役にあたった。

逼清 7839 福 9-2.a
さっぱりと調べる。

逼鄰 7840 福 12-15.a
ちかきとなり。

百貨統税 7841 外
百貨釐金に対し、生産地もしくは到着地において課税するものをいう。途中の局卡では徴税せず、証明書を検査するだけである。

百貨釐金 7842 外
釐金のこと。←→百貨統税

百二河山 7843 筌 19、讀上 12
西安。古の秦の地。秦關百二疊という。

百般 7844 陶 14-19a
様々の。

〇百里 7845
驛遞の速さを示す。→驛、驛遞

百霊 7846 外
Baring, F.

謬 7847 讀上 64
謬りて。

憑 7848 規 170、外
①頼る、たのむ、まかす。②証拠。

俵養 7849 福 8-13a
てわけしてやしなふ。

嫖賭 7850 福 17-8b
うかればくち。

憑據 7851 規 243
証拠、卒業証書、履修証明書の類。

憑券 7852 筌 62
証書。

憑照 7853 規 296
文憑または執照という、卒業証書のこと。

憑中説合 7854 筌 63
中人の手によって相談をまとめる。

憑票滙付 7855 規 264
この滙（手形）を証拠として左記の金額を～に御渡相成度し。

標 7856 行 4/303,328、筌 17
①一連隊。②緑營のことか？または security service.

氷泮 7857 福 20-10a
よめとる。

氷案 7858 外
貴官のお手許(に)。

氷敬 7859 外
夏季のつけとどけ。→炭敬

漂揺 7860 筌 13
揉まれる。

票 7861 読 104、四 152
①清代に上級機関が下級機関に出した文書の一。②紙幣、匯票(爲替)。③票塩。

票案 7862 福 12-32b
書き付けの目安。

票塩 7863
「票法」とも。鹽政において、塩を運搬販売することを保証する票を発行して行塩を比較的自由に行わさせたもの（引法に比して）。明代に起源を持つと言われ、山東・両浙の行塩区で行われていた。道光年間の陶澍の兩淮の鹽政改革のうち淮北における改革で成果をあげてからは次々と各行塩区で採用されていった。

票擬 7864 政
通政使を経て内閣にまで届いた題本(上奏文)に内閣大學士が、その上奏文に対する上諭の草案を起草して上奏文に附して皇帝に提出すること。→題本、奏摺

票仰 7865 四 152
「・・せしむるべく票を起案・発送せり。」票(清代に上級機関が下級機関に出した文書の一)を下級機関に発送し処理するべきことを命令したことを表す。
→票、仰

票行 7866 四 152、福 21-5a
①「票を起案・発送せり。」票(清代に上級機関が下級機関に出した文書の一)を発送したことを表す。②書き付けをやる。
→票、行

票號 7867
金融機関の一。もとは山西商人の爲替取扱をしていたが、嘉慶・道光年間以降銀号などといって、当舗に代わり勢力をもちだし、業務を拡大していった。

票簽 7868
=票擬。

票簿 7869 福 6-4b
おぼえ帳。

萍 7870 筌 77
江西省の萍郷。

表冊存 7871 満 118
「表冊は存置す。」指令・批の末尾のみに用いられ、附件の存・発在を明らかにする表現。

表章 7872 筌 12
標榜。

廟 7873 筌 55
廟は朝堂。

廟脊 7874 読
神社の屋上？。

[ヒ]

廟謨 7875 筌 55
朝廷の画策。廟は朝堂,謨は謀りごと。

杪 7876 読 236
末、末端。［歳杪・月杪］

病過 7877 読 118
病故、死ぬこと。

病呈 7878 福 132a
病人の様子書き。

苗 7879 筌 40
苗族。中国西南に住む少数民族。

茅塞 7880 筌 55
茅草の塞がるなり愚蒙の意。

藐玩 7881 外
無視してもてあそぶこと、愚弄。

藐視 7882 読 78、筌 29
藐は小さい貌。軽視・蔑視軽んじること。

貌似 7883 筌 9
形容。

品 7884 外
→品級

品級 7885 外
官吏の等級。一品から九品に分けられ、さらに正・従の二に分けられ都合十八品になる。軍隊における階級のように官職には定まった品級があった。行 1n/187-90。

品端 7886 規 92
品行端正。

品流 7887 外
＝品級。

品流官 7888 外
正一品より従九品にいたるまでの十八品級に属する官員。(＝等内官。)。

嚬嗆 7889 外
Panton, J. A.

嬪 7890 外
皇帝の妾の第四の階級。皇貴妃・皇妃・妃・嬪・貴人の序列がある。

賓館 7891 福 2-18b
本陣。

賓至如歸 7892 讀下 64
旅心も忘れて嬉しきの意。『左伝』に出づ。

檳榔 7893 読 304
ペナン。

殯殮 7894 規 252
納棺と埋葬。

稟 7895 外、満 48
①人民より官庁へ差し出す文書。②下級官吏より上級者にあてる文書。③外国人が清國官憲に差し出す文書鴉片戦争依然には稟の形式で公行を通じてのみ受理された。④請願書。

稟謁 7896 外
上官に面会すること。

稟官 7897 読 22
官に伺うこと。

稟啓式 7898 福 1-7b
ご機嫌伺いの手紙のかた。

稟經 7899 読 309
上申してその許可を得る。

稟許 7900 外
稟の形式で訴えること。

稟稿 7901
→擬立稟稿

稟告 7902 外
(外国人が中国人を)告訴する。

稟悉 7903 満 48
「請願書は閲了す。」批の起首用語。 →悉

稟摺均悉 7904 満 48
「請願書と折本の内容は承知せり」の意。批の起首用語。 →悉

稟商 7905 外
上級の役人に書面で相談する。

稟請 7906 外
(稟の形式で)上申請求する。

稟單 7907 福 2-18b
口上書き。

稟帖 7908 筌 41
願書。

稟呈 7909 規 257、外
①上申。②民間人が官憲に宛てる公文の形式。

稟辦 7910 外
稟を差し出して事を処理すること。

稟覆 7911 外
稟の形式で復命すること。

稟報 7912 外
届けること、稟の形式で報告する。

稟奉 7913 規 251
上申。

稟明 7914 読 139、外
①申し立て、申し立てる。②民間人が官憲に宛てる公文書の形式。

蘋果 7915 読 304
りんご。

閩 7916 筌 15、讀上 16
福建省。

閩海関 7917 規 262
福州税関のこと。 →海関

閩浙 7918 規 163
福建、浙江。

閩浙総督 7919 外

浙江・福建二省の総督。

[フ]

不悪而厳 7920 外
人を憎まず、しかも法を行うこと厳格。

不爲功 7921 読 181
その甲斐なかりき。

不移 7922 読 27
かわらぬ。

不趨 7923 読 167
非礼、非義、無遠慮。

不允 7924 読 109
許さない。

不應爲而爲 7925 読 19
不道理きわまる処置をいう。

不應雜犯 7926 福 19-18a
すべきはずでなきをいたしたる軽い罪。

不可少之地 7927 筌 61
必要欠くべからざる土地。

不寒而慄 7928 外
法を行うことが極めて厳格なので寒くもないのにふるえる。

不軌 7929 規 241-2
（法律を守らない）という意味。反逆の意味もあり。[不軌於正之據]

不経 7930 福 14-21b
おきてはづれ。

不扣 7931 読 306
割り引かぬ。

不合 7932 福 12-27b
ふといたすまじきことをいたした。[〜糾合某某。]

不洽 7933 読 277
和せず、合わず、遍からず。

不克分身 7934 陶 8-35b
他に差し支えある。

不爽 7935 筌 73
違わぬ。

不傷 7936 筌 50
尽きず。

不資 7937 外
不量に同じ。数え切れぬ程多い。

不収 7938 読 143
受け取らぬ。入学させぬ。

不准 7939 読 141
許さず。

不勝 7940 満 112
①堪えず。②平行文・上行文における依頼する定型句をつくる。以下の各項目参照。→無任

不勝企盼 7941 四 8
「待ちきれない。」平行文で相手方に処理・回答をもとめる定形句。「企」は待ち望む。

不勝公感 7942 四 7
「（公務について）感謝の念尽きず。」平行文で相手方に請求することがある場合、無比の感謝の念を表して間接的に要求する定形句。文末に使われる。→無任

不勝惶恐待命之至 7943 四 8
「恐懼して命を待つこと切なり」。非常に切迫して判断を要求する際の定形句。上行文で用いられる。→不勝屏営待命之至

不勝迫切待命之至 7944 満 111、四 8
「命を待つことはなはだ切なり」。命令を催促する定形句。重要な案件につき迅速な審査確認の上、命令をいただきたいと上行文で用いられる。「不勝待命之至」より差し迫った表現。→不勝待命之至

不勝待命之至 7945 四 8
「命を待つこと切なり」。重要な案件につき迅速な審査確認の上、命令をいただきたいと催促する定形句。上行文で用いられる。→不勝迫切待命之至

不勝屏営待命之至 7946 満 112、満 8
「恐懼して命を待つこと切なり」。非常に切迫緊迫するなか(是非が判らず)上級の判断を要求する時の表現。上行文で用いられる。最高機関に提出するときに用いられるとも。謙卑にすぎ民国期には用いられることが少なくなった。→不勝惶恐待命之至

不勝盼禱之至 7947 四 8
「望みに堪えず」「望みはなはだ切なり」。同意執行を要望・切望する際の定形句。上行文で用いられる。

不柾法贓 7948 福 20-26a
釋六贓。一日〜〜〜〜。受人財物。不曾達法是也。

不折 7949 読 306
割り引かぬ。

不但 7950 外
「タダ・・ノミナラズ」。ただ…するだけでなく…。

不抽丁 7951 筌 43
夫役を課せざるなり。

不得 7952 四 8
「するべからず。」下行文もしくは人民に発した文書の末尾で「怠るな(不得玩忽・不得違怠)」「遅れるな(不得延誤・不得稽遅)」と戒める熟語を作る。

不動聲色 7953 外
表立たぬ様に、秘密裏に。

[フ]

[フ]

不二法門 7954 筌 73
　またとなき良法。

不入八分 7955 読 124
　→入八分

不入八分鎮國公 7956 外
　宗室の爵位の一。　→爵位

不入八分輔國公 7957 外
　宗室の爵位の一。　→爵位

不灰木 7958 筌 59
　石綿 asbestes。

不比 7959 読 281
　及ばぬ。

不必 7960 読 266
　不要に同じ。

不敷 7961 読 204,筌 14、満 73
　不足の意。「用に敷かぬ」。　→敷

不法 7962 規 261
　法律に違反する。［或有不法情事］

不冒 7963 読 297
　虚假なし。

不容 7964 規 314
　不可の意。

不理 7965 読 221
　理は「治」。柔順に治まらず。

不吝金玉 7966 筌 53
　金玉は教言なり。

不例 7967 読 162
　病気。

不録由 7968 四 7
　「不録事由」「あえて記さず」。民国期に、機密を守るためにあえて事由を記さない場合にこの語句を記してその旨を表した。

付 7969 読 219
　納める、渡す、支払う。

付子 7970 福 4-17b
　交受事件。用〜。此係二房付房。或有用印官付者。

付清 7971 読 175
　皆済。

付足 7972 読 306
　惣額払い込み。

佈 7973
　遍くなり、衆に告げるを佈告という。広く知らせる。

佈臆 7974 筌 54
　意中を述べる。臆は意に同じ。

佈置 7975 読 189
　架設。

俯 7976 満 92
　上行文における請求語で、へりくだって「何卒なにとぞ微賤の私のために」の意。

俯允 7977 四 131
　允は允准。上級を敬いつつ同意を求める語。

俯鑒 7978 読 266
　枉げて、鑒られよ。

俯賜 7979 満 92、四 131、132
　①上級を敬い「査核備案」、「准許遵照辦理」、することを懇願する語。②「伏して‥を賜りたし」「‥せられたし」上行文における請求語。③上級を敬いつつ同意を求める語。文書の結尾部に現れる。

俯就 7980 読 52
　屈服。俯して就くなり。

俯從 7981 読 114
　許可。

俯予 7982 満 91
　「(申請を)許可する。」

傅 7983 規 233
　太子太傅。

傅磊斯 7984 外
　Fraser, Hugh.

傅蘭雅 7985 外
　Fryer, John.

咘㘚咘嗊 7986 外
　Bourboulon, Alphonse de.

嗜嚕嘶 7987 外
　Bruce, Frederick W. A.

埠 7988 読 1、筌 39
　①港、船の泊まるところ。［本埠］②商港。(通商地で必ずしも港ではない)。

夫牌 7989 福 3-4a
　まごつきそひ。

孚 7990 読 307
　「まこと」人の信用をいう。

布 7991 典
　布泉ともいい、銭のこと。布銭よりきたとも布も泉も民間に流通してとどまらないことから来たともいう。

布威 7992 外
　Bourboulon, Alphonse de.

布臆 7993 読 110
　衷情を吐露する。

布告天下、咸使聞知 7994 四 38
　明清の皇帝が詔書中において、「全天下に知らせめよ」と臣下に命令をする語。文書の最後に来る。

布告天下、中外聞知 7995 四 38
　明清の皇帝が詔書中において、「全天下に知らせめよ」と臣下に命令をする語。文書の最後に来る。

布懇 7996 読 292
　御依頼する。

[フ]

布策 7997 外
　Butzou, Eugene de.
布搭包 7998 福 21-21a
　もめんのうちがひ。
布襆 7999 福 21-21b
　もめんたび。
布政使 8000
　各省（江蘇省のみは江寧・蘇州に配置され二名になるが）に一名置かれる「承宣布政使司」の長官いわば各省の「財政長官」で按察使と並び総督・巡撫に直隷する地の大官。
布置 8001 読 7,195
　手配り・計画・準備など。
布覆 8002 読 274
　返事する。　［統希布覆］
布路亞 8003 外
　Portugal.
布路斯 8004 外
　Prussia.
布魯西亞 8005 外
　Prussia.
府 8006 外
　省に次ぐ行政区画で。長官は知府州・縣・廳のその隷下に入る Prefecture.
府尹 8007 筌 9
　知事。
府試 8008 外
　科擧試の一。　→科擧
府道司院 8009 筌 37
扶 8010 読 219
　手を貸す。
扶同 8011 福 3-7b
　なれあふ。
敷 8012 講 178
　①足りる。　［尚且不敷］［入不敷出］②施す。③遍く。
敷衍 8013 筌 78
　ごまかすこと。
敷衍了事 8014 読 159
　口頭で述べただけでは、事を済まさんとする。
敷用 8015 外
　（必要の金額に）足りる。
斧 8016 規 88-9
　護身用武器の意。　→資斧
斧資 8017 福 4-14b
　路銀。
普斯德姆 8018 読 185
　Postdam　ポツダム、。
普提雅提 8019 外
　Poutinatine, Conte Euthyme.

普魯士 8020 外
　Prussia.
浮瘂 8021 福 14-25a
　かりうめ。
浮石 8022 筌
　軽石 pumice。
浮簽 8023 福 2-22.a
　つけがみ。
浮収 8024 陶 7-10b
　余分の収入。
膚末 8025 規 279, 筌 12
　皮相。
扶桑 8026 筌 56
　日本。
符公例 8027 読 77
　「万国公法に符号（せしめよ）」。
符信 8028 福 23-3a
　割り符。
譜 8029 読 86
　「～くらい」という概数を示す。［至多有七百之譜］
負重費 8030 福 8-4a
　みづあげちん。
赴質 8031 福 14-2 'a
　ゆき調べる。
附・・ 8032 満 124
　「他に添付物・・を同封しあり」。下行文で附件物件の存在を示す定形句。
附・・件 8033 四 75
　「他に添付物・・を同封しあり」。下行文で附件物件の存在を示す定形句。
附郭 8034 筌 37
　附属せる郭内。
附學生 8035 筌 70
　定員以外の学生。
附件存 8036 満 118、四 74
　「附件は存置し、档案として保存す。」指令・批の末尾のみに用いられる。下級からの来文の附件の保存することを明らかにする表現。指令・批の末尾に用いられる。
附件發還 8037 満 119、四 75
　①「附件は返還す」の意。指令・批の末尾に用いられる。②下行文の指令・批示において下級機関もしくは民間からの来文中の附件は档案として留めおかず、原単位へ戻すことを示す語。
附件附發、仍繳 8038 四 75
　「附件はすでに（上級）機関を通じて、別の機関等に発送し、処理の後は返還するように命令しあり。」の意。指令・批の末尾に用いられる。

［フ］

附股 8039 読 106, 筌 62
　株主となる。株を引き受ける。

附股人 8040 商
　株式取引人。

附合同 8041 読 308
　附帯的規約。

附車 8042 読 309
　乗車。

附審 8043 福 11-12a
　つけて調べる。調べがきにつけるしんご。

附件抄發 8044 四 75
　下行文で来文中の趣旨はすでに、別に文書に書写して他機関に転発したとの文章。

附件隨發 8045 四 76
　下行文で来文中の附件はすでに、別に文書に付して他機関に転発せしめたとの語。

附件分別存還 8046 四 75
　下行文の指令・批示において来文中の附件の一部は档案として留めおき、一部は原単位へ戻すことを示す語。

附抄發 8047 満 124
　「他に添付写本‥を同封しあり」。下行文で附件文件の存在を示す定形句。

附生 8048 筌 35,45
　生員。童生にして縣試に及第せるもののうち第三位。→生員

附奏 8049 読 122-3
　本奏に対して附するもの。

附送‥ 8050 満 123
　「他に添付物‥を同封しあり」。平行文で附件物件の存在を示す定形句。

附搭 8051 外、商
　①わたしのせる。②割り当て。

附發‥ 8052 満 124
　「他に添付物‥を同封しあり」。下行文で附件物件の存在を示す定形句。

附片 8053 筌 7、12
　上奏文付録。＝片奏。

附麗 8054 筌 15
　附属する。

撫 8055 外、規 53
　①巡撫。②いつくしむ、かわいがる。［撫綏藩服］

撫院 8056 外
　巡撫。

撫議 8057
　講和交渉。

撫局 8058 外
　講和交渉・外交交渉（の状況）。撫は操縦・懐柔などを意味し武力行使の勦に対する（華夷思想的表現である）。局は「状況」。撫務・撫事・撫議も同様の表現。

撫馭 8059 外
　（外国人を）操縦する。

撫軍 8060 外
　巡撫の別称（書簡に用う）。

撫憲 8061 筌 45
　巡撫。

撫字 8062 読 147
　撫愛。→字

撫署 8063 規 208
　巡撫衙門。

撫綏 8064 規 179
　撫育、綏靖、撫で綏んずること。

撫臺 8065 外、讀下 27
　巡撫。

撫篆 8066 読 273
　巡撫の官印。転じてその官職。

撫民 8067 筌 37
　民を撫する。牧民。

撫務 8068 外
　講和交渉＝撫局。

武員 8069 讀上 18
　武官。

武營軍 8070 読 186
　在京の常備軍。

武科 8071 読 248
　武官の科舉。

武議都尉 8072 筌 66
　国家に慶事あるときに正三品の武官および其の配偶者および曾祖祖父母に封典として授ける。

武顯将軍 8073 筌 66
　国家に慶事あるときに正二品の武官および其の配偶者および曾祖祖父母に封典として授ける。

武功将軍 8074 筌 66
　国家に慶事あるときに従二品の武官および其の配偶者および曾祖祖父母に封典として授ける。

武職 8075 外
　武官。

武信騎尉 8076 筌 66
　国家に慶事あるときに正七品の武官および其の配偶者および曾祖祖父母に封典として授ける。

武信佐騎尉 8077 筌 66
　国家に慶事あるときに従七品の武官および其の配偶者および曾祖祖父母に封典として授ける。

武随員 8078 読 188
　公使官附武官。

[フ]

武断 8079 筌 9
　強力断行す。
武徳騎尉 8080 筌 66
　国家に慶事あるときに正五品の武官および其の配偶者および曾祖祖父母に封典として授ける。
武徳佐騎尉 8081 筌 66
　国家に慶事あるときに従五品の武官および其の配偶者および曾祖祖父母に封典として授ける。
武翼都尉 8082 筌 66
　国家に慶事あるときに従三品の武官および其の配偶者および曾祖祖父母に封典として授ける。
武略騎尉 8083 筌 66
　国家に慶事あるときに正六品の武官および其の配偶者および曾祖祖父母に封典として授ける。
武略佐騎尉 8084 筌 66
　国家に慶事あるときに従六品の武官および其の配偶者および曾祖祖父母に封典として授ける。
毋違 8085 満 114
　「違反するなかれ」の意。下行文の結尾語につく注意を喚起する定形句。
毋再率瀆 8086 満 109
　「再び軽々しく訴えて煩わすなかれ。」批・指令で却下する場合の結尾語。
毋稍違延 8087 満 115
　「いささかも違背・延引するなかれ」の意。下行文の結尾語につく注意を喚起する定形句。
毋稍延誤 8088 満 115
　「いささかも延引・誤解するなかれ」の意。下行文の結尾語につく注意を喚起する定形句。
毋稍枉縱 8089 満 115
　「いささかも法をまげ、あるいは放縱するなかれ」の意。下行文の結尾語につく注意を喚起する定形句。
毋稍徇隱 8090 満 115
　「いささかも情実に捕らわれ、隱庇するなかれ」の意。下行文の結尾語につく注意を喚起する定形句。特に調査報告を命じた際に使う。
毋稍徇庇 8091 満 115
　「いささかも情実に捕らわれ、庇護するなかれ」の意。下行文の結尾語につく注意を喚起する定形句。特に調査報告を命じた際に使われる。
毋稍怠忽 8092 満 115
　「いささかも忽せにするなかれ」の意。下行文の結尾語につく定形句。

毋得違誤 8093 満 115
　「違背・延引するなかれ」の意。下行文の結尾語につく注意を喚起する定形句。
毋任 8094 満 111
　「堪えず・堪えられない」の意。→無任
毋任翹望待命之至 8095 満 111
　「命令を待つことはなはだ切なり」の意。命令を催促する定形句。上行文で用いられる。
毋任待命之至 8096 満 111
　「命令を待つことはなはだ切なり」の意。命令を催促する定形句。上行文で用いられる。
毋庸 8097 読 268, 筌 2, 讀上 9
　①要せぬ。「・・・するに及ばず。」②廃止する。
毋庸議 8098 読 114
　伺立などを為すなかれ。
毋庸置議 8099 満 107
　「詮議するなかれ」下行文における不許可の場合の結尾語。 →著、勿論庸議、應毋庸議
舞弊 8100 外
　不正を恣にする。不正行爲。
葡 8101 筌 14
　ポルトガル。
葡萄駕 8102 外
　Portugal.
葡萄庫耳 8103 外
　Portugal.
誣扳 8104 福 19-4b
　言いかけ。
誣攀 8105 外
　人をしいて巻き添えにする。
誣捏 8106 読 72
　こしらえごと。
部 8107 外
　六部の中の当該の部。
部院 8108 規 194、外、読 148
　①巡撫のこと。巡撫は当然兵部侍郎及び都察院右副都御使を兼任する部院の部は兵部の部、院は都察院の意。②(六部の)「侍郎」の別称。③六部各院・部院衙門、中央官庁。
部院等衙門 8109 筌 6
部核 8110 福 3-14.b
　戸部の調べ。
部議 8111 筌 20
　〜部の意見・議。
部京咸舍 8112 外

- 209 -

[フ]

Buckinghamshire, Earl of.

部曲 8113 筌 19
部下。

部庫 8114 読 145
戸部の金庫。国庫のこと。

部属 8115 規 305
六部官衙の属僚。

部中 8116 筌 14
「部内」。

部堂 8117 外、規 169,195,249-50
①(六部の)尚書の別称。②総督の別称、総督は当然兵部尚書を兼ぬるのが通例である。而して尚書侍郎と共に堂官と称し(堂官とは長官)、司官(郎中、員外主事など)と相対する。即ち総督は兵部堂官なるをもって部堂という。

部魯西亞 8118 外
Prussia.

部楼頓 8119 外
Plowden, W. H. C.

部勒 8120 筌 17
各部隊。

封 8121
→「ホウ」の項へ

封好 8122 福 7-13.b
はたらき。

風雨無阻 8123 筌 65
「風雨に関わらずおいで下さい」。

風客 8124 陶 15-1b
塩梟の一。兩淮の行塩区には様々なところから私塩が流れ込んだがその内、長蘆塩を漕船を利用してものがあり、それを操ったもの。

風信 8125 陶 8-58a
風の時期と方向。

風水 8126 讀下 44
中国で行われる土地の吉兆を占うもの。

風聲 8127 読 185
風聞。

風徽 8128 讀上 8
善風というがごとし。

風力 8129 福 8-4a
よくふうじる。

伏惟 8130 四 53
伏思に同じ。

伏祈 8131 満 91、四 53
「伏して〜をされませんことをお願いいたします。」上行文の請求語。 →伏乞

伏候聖裁 8132 四 53
「伏して・・・聖裁(皇帝の決定)を乞う。」明清時代の題本の末尾で用いられ、皇帝に決定を望む語。

伏乞 8133 満 92、四 53
「伏して・・・を乞う。」上行文における請求語。結尾段に現れ、「遵照」「鑒核」のなどの語を伴って熟語する。

伏査 8134 四 53
①「査」の一字に同じ。②上行文で根拠を示すときに発句として使う。③文章中で自分の意見を述べる発句として使う。

伏思 8135 四 53
「伏して思うに」下級が上級機関に陳述するときに使われるごく。伏は謙讓の語。

副 8136 讀下 11
→一副

副擧 8137 筌 18
予行。

副貢生 8138 筌 35
生員(縣試の合格者)にして郷試には合格したものの擧人の資格を授かるべき定員外にして,その定員の五分の一を副貢生とするもの。

副主席 8139 商
副議長。

副將 8140
總兵の節制を受け、協を直轄する武官。ほぼ大佐に相当。Colonel. →緑營

副都統 8141 外,読 112
八旗兵の武官。①禁旅八旗における都統の副官。固山毎に二名置く。 →八旗・都統 ②駐防八旗の指揮官。畿輔駐防:都統の次に位す各省駐防:將軍に次に位す。②東三省においては長官たる將軍を補佐する。

幅地 8142 外
英尺フート foot の音訳。

復 8143 読 204、讀上 49
①回答(する)。②返答する。③「問う」「曰く」。④=覆

復經 8144 外、四 114
①→節經。②「何度もしたりき」③復經・・在案

復經・・在案 8145 満 68
「また・・したりき。」→經・・在案、在案

復原 8146 規 332
快復。

服官 8147 読 281
仕官。

服闋 8148 筌 10
除服。

福 8149 筌 68
→福字

福士 8150 外
Forbbes, Paul S.

[フ]

福呢 8151 外
　Fournier, F. E.

福字 8152 筌 68
　御筆の下賜は福壽の二字に限る。二字とも下賜されることも，また一字だけ下賜されることもある。

福世徳 8153 読 273
　フォーセット?。

福寧道 8154 外
　福建省福州・福寧を管轄する道台福州に駐在する。

福普 8155 行 1a/110、外、讀上 7
　親王・親王の世子・郡王・郡王の世子の正室。

福里 8156 外
　Frey, Henri Nicholas 八箇國連合軍中仏軍指揮官。

福禄諾 8157 外
　Fournier, F. E.

覆 8158 讀上 12
　返答。

覆載 8159 外
　天地。＝天覆地載。

覆此 8160 四 88
　民国期の回答する函件の末尾に出てくる表現。この期の後官名などが出てくる。
　→此、直徑者

覆旨 8161 読 288
　指令。

覆試 8162 讀下 57
　再試験。

覆准 8163 福 5-6a
　ごめんになる。

覆審 8164 外
　再び裁判する、更に調べる。

佛蘭西士爹剌那非丫 8165 外
　Terranovia, Francis.

佛郎 8166 読 29
　Franc（フラン）フランスの通貨。

佛郎克 8167 筌 62
　フランク。

弗石 8168 筌 59
　蛍石 fluorspar。

弗楽林 8169 読 131
　フローリン金貨?。

拂 8170 外
　さからう。軽視する。

拂逆 8171 讀下 70
　「拂」は戻すの意。

拂郎祭 8172 外
　France.

拂戻 8173 筌 48

拭涙稽首 8174 筌 70
　甥などが喪に用いる表現。

物望 8175 讀下 24
　輿望または人望。

物力 8176 外
　①物。物資。②供給、物資の生産力、物の流通。

分 8177 外、規 126-7,252
　①一両の百分の一。②（量詞の）通。［共繕四分］

分起回防 8178 筌 18
　各隊各自に出発して任地に帰る。

分義 8179 福 19-20b
　親類つづき。

分郡候補典史 8180 筌 49
　郡に分派する典史の候補者なり。

分行 8181 筌 62、読 136、304
　①支店。②（各部局等に）別々に諭令して行うこと。

分際 8182 規 298、読 250
　①資格。②分限即ち身分。

分算 8183 福 7-3.b
　こわけざんよう。

分咨 8184 讀上 18
　通牒のこと。

分守道 8185 外、讀上 14
　①錢穀を掌る道官。→道官②「分巡道」と名義が異なるだけで職務内容に実質的区別はない。

分巡 8186 筌 28
　管理する?。

分巡蘇松太兵備道 8187 筌 28
　蘇州府,松江府,太倉州を管理する上海道台。

分巡道 8188 行 1b/23-4,46-8、外、
　①数府もしくは数府及び直隷州を管轄する。所在鎮営の軍隊の命令権を有し、地方を治安維持する。府・州・権の財政・徴税・裁判等一切の事務を監督し、官吏の評定も行い布政使・按察使に報告する。②刑名を掌る道官。　→道官

分省 8189 福 28-1a
　驛傳所経。各有〜。南北所指。各有分途。違者有罰。

分侵 8190 福 7-17.b
　へづりとる。

分心別用 8191 福 7-13b
　油断する。

分身 8192 讀下 28
　任地を離れること。

分数 8193 規 242,300

- 211 -

[フ]

点数。[品行分数][分数及格]

分析 8194 福 20-11b
　ぶんけ。

分疏勢隔 8195 規 89
　上下の勢い、日に疏隔する。

分荘 8196 読 302
　支店。

分曹 8197 筌 37
　補助官。

分送査核 8198 規 202
　義捐者に配布して取り調べさせる。

分息賬 8199 商
　利益配分表。

分段 8200 読 141
　区分を定めて。

分地 8201 筌 7
　区画を定める。

分途 8202 福 28-1a
　→分省

分頭 8203
　=分頭銀。

分頭銀 8204 外
　鴉片戦争以前、旧海関で正規の貨税・船鈔に加え、額を定めて徴収した一種の付加税。Charge per package.

分牘 8205 規 92
　書記生。

分年 8206 筌 7
　年限を定める。

分年匀繳 8207 読 41
　年限を定めて毎年同額の金額を払い込ませること。

分年分地 8208 筌 7
　年限を定め,区画をさだめる。

分派 8209 筌 11
　振りあてる。

分肥 8210 外
　分捕品・利益を山分けする。

分府 8211 外
　同知の別称(書簡に用う)。

分部行走 8212 筌 10
　各部門の中何れかに出仕せしめる。

分別 8213 規 103,筌 7,30
　それぞれ、めいめい。

分別治罪 8214 讀上 12
　それぞれ処分する。

分別派否 8215 読 295
　派出すべきや否やを見分わくる。

分劈 8216 福 5-18a
　それそれへわけわたす。

奮其所已至 8217 筌 17
　成績不十分なる者もなおこれを激励する。

奮武校尉 8218 筌 66
　国家に慶事あるときに正八品の武官および其の配偶者および曾祖祖父母に封典として授ける。

奮武佐校尉 8219 筌 66
　国家に慶事あるときに従八品の武官および其の配偶者および曾祖祖父母に封典として授ける。

紛勧 8220 読 166
　紛々さかんに勧むるなり。

芬蘭 8221 読 216
　Finland.

哎翰 8222 外
　Bonham, Sir S. G.

哎吶喇哆 　外
　Madras.

文 8223 外、規 47、読 13、筌 21
　①制銭一箇のこと。②一文銭。③廣東方言で墨斯哥ドル1ドル。④厘。⑤翰林院出身の大官にして諡を賜うときは「文」の字を冠するのが例である。[曾文正、李文忠・・]

文安 8224 読 292,筌 54
　文人,書生あての手紙文の末尾にくる成句。

文案 8225 外
　①文書と記録。②官署において文書、記録を扱う者。

文移 8226 外、福 4-14b
　①=移文。②かけあひのぶん。

文科 8227 規 293
　文武科學の内の文科。

文告 8228 筌 12、福 2-17b
　①通告。②ふれがきのぶんめん。

文告故事 8229 外
　告示という常套手段。

文昌 8230 筌 43
　文昌帝君。

文職 8231 外
　文官。

文到之日 8232 筌 57
　公文到着の日。

文旆 8233
　旆は旗なり,文人の旅行にたとえ用いる。

文牌 8234 福 2-9a
　願い書をだせというふだ。

文武 8235 読 55、讀下 25
　文武官員。

文武員弁 8236 規 262,筌 65
　文員、武弁。

文武考試 8237 規 186-7

- 212 -

[へ]

文武の試験即ち科擧。
文憑 8238 外、規 324,筌 9、讀下 58
①割印を押した書類。②証書、卒業証書、委任状(よるべき文書の意か?)。③免許状。
文林郎 8239 筌 66
国家に慶事あるときに正七品の文官および其の配偶者および曾祖祖父母に封典として授ける。
焚火 8240 福 2-5.b
やきすてる。
胻合 8241 筌 19
合致す。

[へ]

並 読 51,規 78,146,306,讀上 8,13,21,33 下
①すべて。②決して、些かたりとも の意。
[並不爲遲・・]
並經 8242 外
→節經
並提 8243 撫 1－1a、中
同等に論じる。
併發 8244 陶 18-10a
まとめて。
併簿 8245 福 7-14a
銀をあつめよせ帳面につける。
兵 8246 規 141,296
官兵。[兵勇(官兵と郷勇)]
兵役 8247 外
兵士と雑役夫。
兵拳 8248 規 186,筌 27
官兵と拳匪。
兵戎 8249 講 101
戦争。
兵衅 8250 規 71
戦端(戦争)。衅は釁に同じ。[兵衅遂開(兵端の開始せるをいう)]
兵書 8251 福 3-3b
下役。[管驛〜〜。]
兵餉 8252 読 48
兵隊の食糧・手当て、軍費。
兵備道 8253 外、讀上 14、行 1b/49
道員の一。軍事を掌る道官。管内の安寧秩序を保ち必要に応じて軍隊に命令。指揮するを得。職権は分守道・分巡道と同じで普通分守道・分巡道の兼任である。
→道官
兵部 8254 外
六部の一。武官の進退・軍事籌画郵駅・関津の稽察に関する事務を統括する。行 1a/169-71,227-31、
兵房 8255 福 28-1b

→背包
兵勇 8256 筌 26
①官兵と郷勇。②兵卒および郷勇。
恲幪 8257 筌 51
庇護。
屏營 8258 筌 12
屏息。息をこらす。意気をひそめる。じっとする。
平 8259 規 122-3、讀下 74
秤のこと。
平安 8260 外
Bingham, John A.
平允 8261 外
公平、公正、穏当。
平遠 8262 讀上 14
清朝の軍艦。
平價 8263 経 92
適正・構成な価格。
平儀 8264 外
対等の儀礼、対等の建前。
平行 8265 外、筌 24、64
①(文書往復および儀礼における)対等の関係をいう。②同等官。③同様。
平章 8266 筌 38
総督。
平情 8267 外
普通の人情、公平。
平心 8268 筌 73
虚心平気に。
平日 8269 讀下 57
かねて。
平買 8270 福 2-11b
つねのねにかふ。
平復 8271 福 16-10b
いえる。
平餘 8272 読 245
秤餘。租税を更に上司に送るとき勘定残りとなりて知縣の懐に入るもの。
平禮 8273 外
対等の儀礼。
并希 8274 四 60
平行文で二つ以上の事柄の処理を要望する語で、二つ目の要望の前に記される語句。 →希
并仰 8275 四 60
①下行文で二つ以上の事柄を処理するように命じる語。「あわせて〜せしむべし。②并は「同時に」の意。
并斥 8276 四 60
下級機関もしくは民間からの呈文中の誤りやよろしからぬところを同時に正し、批判する語。

- 213 -

[へ]

并經 8277 四 60
「（と同時に）あわせて‥したりき」。
二つ以上の機関に処理をさせ終えたことを述べる語。

敝‥‥ 8278 満 125
平行文における自称（組織・官署・部局・地域）を作る接頭語。「敝庁」「敝部」「敝区」「敝署」など。民国期に文体が統一されたときに廃止になったがその後も慣習として用いられた。

秉公 8279 陶 7-33a
公正に。

秉性 8280
生まれついての性情。　→秉性公忠

秉性公忠 8281 規 39
品性公正にして忠直。

秤餘 8282
　→平餘

竝 8283 筌 19
少しも。

竝希 8284 満 94
「なお‥を願う。」平行文における（対等な相手に対する）依頼を表す。

聘定 8285 福 20-9b
ゆひなふ。

蔽辜 8286 読 199
罪を消す。即ち償に同じ。

蔽曚 8287 筌 77
事情に暗い。

陛辭 8288 外
外省もしくは外国に赴任する官吏が參內して別辞を述べ、皇帝の平安を祈ること。

閉歇 8289
閉鎖休業すること。

米時哥國 8290 外
Mexico.

米珠薪桂 8291 読 13
米は珠のごとく、薪は桂のごとく高価であるとの形容。

米突 8292 読 92
meter.

米利堅 8293 外 讀上 37
America.美国,アメリカ合衆国。

米里邁当 8294 読 87
milimeter.

米厘下 8295 外
America.

米憐 8296 外
Milne, William.

壁陡 8297 福 22-3a
つきたて。

壁壘之觀 8298 福 31b
かべさきのみえぬところまでみえる。

壁斯瑪 8299 外
Bismarck.

壁利南 8300 外
Brenan, B.

覓 8301 読 294
（さがし）求める。

覓家府 8302 外
Metcalfe, T, J.

別駕 8303 外
通判の別称（書簡に用う）。

別巻 8304 福 12-27a
よのことについて。［照提者稱前事或〜〜。］

別故 8305 福 14-5b
なんぞのわけ。

別項 8306 外
別の品。別口の。

別項枝節 8307 読 79
特別事件。

別德羅罷不羅斯克 8308 読 80
ペトロパブロスク。

別有意外 8309 規 179
意外との不測の事変。

瞥見 8310 読 218
ちらっと見る、偶然に一見する。

坌嘶 8311 外
Baynes, William.

變售 8312 商
換価。

變端 8313 読 214
乱階騒乱の発端。

變通 8314 陶 12-31a、規 241
変則なるところ。その時々に従い程よく融通をつける。［多変通］

變賣 8315 規 123-4
売却。売り払って金にする。

片 8316 筌 15、読 122
①軍機処より出される文書のうち普通公文。これに対し機密文書を廷寄という。
②=片奏、→附片

片交 8317 筌 15
→片

片奏 8318 外
正奏に同封して呈する付帯的奏文正奏とは別の問題について述べること、同じ問題を別の観点から扱うこともあり、正奏起草後の新しい情報を伝える追って書きの場合もある。

盼 8319 讀下 48
望む。

砭 8320 筌 56

[へ]

編號 8321 外
号数により順序を決めること。

編修 8322 外
→翰林院

編審 8323 福 9-しa
かまどしろべ。

邊扛 8324 福 17-19.a
責め道具。

便 8325 規 235、読 12、満 104
①「すなわち。」②すぐに。③適宜の意。状況に応じ斟酌して処理するの意。

便衣 8326 読 203
私服で礼服にあらざるもの。

便宜 8327
①適当に。 →便宜行事②都合がよい。
③安価に。

便宜行事 8328 外
①委任を受けた範囲内で適宜処理する。
②自己の裁量で事を処理する。全権を委ねられて事に当たる。

便宜行事大臣 8329 筌 23
特命全権公使。

便宜從事 8330 外
＝便宜行事。

便是 8331 石
即ちそれである。

便章 8332 筌 65
略服。

便民房 8333 福 11-17b
たみのかってになるやど。[～者。乃為訟事之人而設也。郷人訟事入城。必投歇家。其歇家非包攬官司之人。即日希圖賺打官司入錢之人。・・因細訪之。乃為有勢紳衿所開。]

俛就 8334 福 19-23a
承知。

弁 8335 外、規 297
①下士官。②下級武官。下級という概念は場合と時代によって一定しないが文尊武卑の中国ではかなり広い場合が多い。
※弁は「かんむり」を表し、「武弁」に由来するか？

弁言 8336 筌 56
序文。弁は冠。

弁兵 8337 規 163,筌 17
下士卒。

勉旃 8338 四 112
「努めよ（怠るなかれ）」の意。 旃は「之焉」の合字で、勉旃は「勉之焉」に同じ。命令語の最後にきて語気を強める。 →勉旃母忽

勉旃勿違 8339 四 112
＝勉旃母違。

勉旃勿忽 8340 四 113
＝勉旃母忽。

勉旃母違 8341 四 112
「努めて背くなかれ」との意。命令文の末尾に来る。「勉旃」よりも語気は強い。
→勉旃

勉旃母忽 8342 満 116、四 112
「努めておろそかにするすることなかれ」との意。命令文の末尾に来る。「勉旃」よりも語気は強い。 →勉旃

勉涂就正 8343 筌 52
勉めて書(塗)し,訂正をこうの意。

辦 8344 読 40、規 160、讀上 8
辦理、處辦すること。取り計らい決行。
[幫辦台湾防務]

辦益 8345 読 18
取扱、取計。

辦貨 8346 経 52
仕入れる。

辦去 8347 経 52
仕入れる。

辦結 8348 読 79
取計済。

辨誤 8349 筌 57
正誤。

辦公 8350 読 307
公務を執行する。

辦事 8351 陶 7-37a
仕事をする。

辦事所 8352 外
事務所。

辦事處 8353 筌 57
事務所。

辦法 8354 読 109、讀下 55
方法、やり方、規則、取扱。計画。

辦理 8355
取扱。処理する、処置する、さばく。「理」は「治める」の意か？ →理

辦理軍機處 8356 外
→軍機處

辦理交渉 8357 規 40
外国との交渉事件を辦理する。

辦理三口通商大臣 8358 外
牛荘・天津・登州三港の通商事務を管理するため 1861 年総理衙門の設立と同時に天津に設けられ、後に北洋通商大臣と呼ばれる用になった。1870 年に直隷総督の兼領となり欽差大臣の資格が与えられた。

辦理通商事務大臣 8359 外

[ホ]

→南洋通商事務大臣

汴 8360 筌 16
河南省開封府。

浼 8361 外
願う。人にことを頼む。

辯論 8362 外
反駁する。論争する。

鞭箠 8363 筌 43
箠は笞杖なり。

[ホ]

甫 8364 規 53
一と通じ、「はじめて」と訓む。

甫耶林 8365 読 61
ボヤリン。

保 8366 外
→保甲

保押費 8367 筌 57
保証金。

保堪 8368 読?
Balkan(半島)。

保舉 8369 読 243、外
①保証推薦して就官せしむ。②=舉薦。

保歇 8370 福 6-11b
うけあひやど。

保結 8371 筌 70,読 293、外
①保証書。他人を保証する保証書。②保証人に立つこと。

保険行 8372 読 33
保険会社。

保辜 8373 福 14-3b,16-25b
きずやうじやうをさせる。うけあひやうじやう。

保候 8374 福 20-17b
うけあひがきをださせ指図をまたせおく。[淮輿~。]

保候申詳 8375 福 12-30a
くみあひの申したて。

保甲 行 1b/126-9,2/34-46,128-35、外
連帯責任をもたせるなど日本で言えば「五人組」に似た郷村統治機構。警察業務の円滑化を図る。保=10甲、甲=10牌、牌=10戸。長はそれぞれ保正・甲長・牌頭。

保甲清册 8376 外
保甲制の戸籍。その主たる目的は寧ろ犯罪の防止にあったという。

保甲總局 8377 外
地方によってはこういう役所や分局を設けて保甲事務を管轄した。

保甲總巡局 8378 読 26
警察署の類。保甲總局か?

保皇會 8379 筌 72
梁啓超の組織した政治結社。

保充 8380 外
身元を保証すること。

保商 8381 外
①保証人たる商人。②開港以前、外国船の諸税の支払いから薪水の補給まで万端行商の一が請け負った。彼らをいう。

保障 8382 読 243
租税を軽くして民望を収め、他日我が為の保障とすること。

保正 8383 外
保甲制の長。保の責任者。 →保甲

保薦 8384 陶 12-20a
保証し推薦する。

保送 8385 読 144,293
保証して送り来る。推薦のこと。

保送入学 8386 読 293、規 89
身元保証を与え、各学校へ入学せしむ。推薦入学。

保單 8387 筌 60
保証書。

保定 8388 読 5
直隷省の府の名。総督衙門のあるところ。

保明 8389 規 126
擔保。

保楽大瓦 8390 読 53
ボルタワ。

保和会 8391 筌 18
(ハーグ)万国平和会議。

捕 8392 筌 76
巡捕。巡査に相当。

捕治 8393 規 170
捕拏、治定。

捕房 8394 読 170
警察署。

補授 8395 讀上、読
①「任じ授ける」、任命のこと。②新任、昇格など。 →調

補決 8396 福 12-31a
あとより罪にあてる。

補拘 8397 福 11-12b
またあとから捉えにやる。

補書 8398 福 13-8b
とりて役人。

補頭 8399 福 18-15a
とりがしら。

補復 8400 福 1-2b
役のあきまへいれる。[選例軍月急選。隻月大選。急選~。大遷陞二除八。]

補與 8401 福 32-2a
つくなひやる。

[ホ]

歩軍統領 8402 外
　北京城守備の八旗諸営中、京師および付近の官庁の警備と街路の整頓に任ずる歩軍営の長官。京城の九門を管理するから九門提督の通称がある。

歩伐 8403 筌 18
　歩調。

歩槍 8404 筌 17
　歩兵銃。

浦 8405 筌 63
　浦口。

浦口 8406 筌 63
　南京の対岸の地名。

浦信鐵路 8407 筌 48
　安徽省の浦口より河南省の信陽に至る鉄道。

舖 8408 読 26
　区画地。

舖戸 8409 読 1,140、商
　店屋・店舗。

舖司 8410 福 30-7b
　しゅくつぎをつかさどるもの。

舖東 8411 商
　店主。

舖頭 8412 読 141
　総代の類。

舖役 8413 福 30-7.b
　しゅくつぎ役人。

蒲 8414 筌 15
　山西省蒲州。

蒲安臣 8415 外
　Burlingame, Anson.

蒲麟痕 8416 外
　Burlingame, Anson.

蒲玲堪 8417 外
　Burlingame, Anson.

補 8418 外
　官吏の任命。復職・復帰なども。

補救 8419 陶 14-2b
　救う。

補苴 8420 筌 20
　粗漏。

補用 8421 筌 44
　実職に選ばれるのを待つ候補官吏。→候選

補水 8422
　打歩「うちぶ」（質の異なる銀の間の品位に対する）プレミアのようなもの。cf. 申水・升水

輔國將軍 8423 外
　→宗室

逋 8424 陶 14-2a
　逃げる、滞らせる。

逋逃薮 8425 筌 39
　犯罪人の逃避する巣窟。

逋脱 8426 満 167
　（税関を）逃れ、通る。

鋪監 8427 福 13-3a
　新犯入監。有銭者本管牢頭。先設酒款待。私與開鎖韞柽。以示恩恵。次早衆牢頭。倶宋拝望途豊。日本管牢頭開帳。派出使費。名曰〜。

鋪班 8428 福 14-2a
　①おくり役。②かかり役人のいれう？

母金 8429 筌 21
　元金。

母財 8430 読 225
　資本金。

慕維廉 8431 外
　Muirhead, William.

薄 8432 讀下 49
　浮薄の俗。

薄德 8433 讀上 51
　ポーター。

仿 8434 筌 46
　倣い行う。

俸 8435
　在官年数。

俸薪 8436 筌 14
　俸給、俸銀、薪水。

包 8437 筌 22
　引き受ける。

包捐 8438 小 468、岡 575
　釐金の徴収を官署が直接せずに、同業公所の請け負う者を「認捐」といい、一私人または同業外の人間が請け負う者を「包捐」という。民間の団体（同業公所など）に省内または部内の徴税を請け負わせる制度。

包售 8439 外
　販売を請け負う。

包護 8440 福 22-2b
　かこひ。

包荒 8441 外
　大度量。寛容。

包高 8442 読 398
　小包み。

包爾騰 8443 外
　Burdon, Rev. J. S.

包税 8444 典 822
　租税を上納する場合に里長または各行より取り纏めて一処に納付すること。

包帯維亞 8445 読 304
　バタビア。

[ホ]

包馬 8446 福 2812b
　にうま。[～～乃駄包之馬。]
包賠 8447 福 3-19a
　うけもちつぐのふ。
包庇 8448 外
　かばう。
包辦 8449 典 823
　①請け負って処理する。②地方商人が鹽金徴収を請け負うこと。その収額を見積もって毎年定数の銀を前納すること。商辦とも称す。→認捐
包攬 8450 外、陶 7-6b
　①貨物又は税金等を統括する。②請負。委託・代理等の意味に使うが多くは豪民姦吏姦商が私腹を肥やさんとして行う。③独占する。④何事にも口を出す。
咆吟 8451 外
　Bowring, Sir John.
埔魯寫 8452 外
　Prussia.
報 8453 読 16
　①報告書、報告(する)。②新聞。
報案 8454 外
　事件を報告する。
報捐 8455 筌 67
　納捐のこと士庶人民が実官あるいはその待遇を得ようとして納金すること。
報解 8456 外
　事件を報告して犯人を護送する?。
報關 8457 筌 41
　税関に報告す。
報關行 8458 外
　海関で貨主に代わって関税の処理をするもの、公許営行である。
報驗 8459 外
　検査のために申告する。
報効 8460 読 3-4,76
　献金して国家に報効すること。
報告押解 8461 外
　＝報解。
報賽 8462 福 24-11b
　ぐわんほどき。
報塞 8463 福 1-11b
　ごおんかへし。
報紙 8464 筌 57
　新聞。
報章 8465 規 202,242
　新聞雑誌のこと。[干預政治之報章]
報税 8466 外
　税関に商品数量を報告する。
報單 8467 外
　①報告書。②買土貨之報單・輸出申告書。

報呈 8468 福 17-6b,2-4b
　申したて。
報認 8469 福 7-9、a
　うけあひにんのなをとどける。
報費 8470 読 15
　新聞代。
報名 8471 読 142,294
　申し込み、願い出。自身出頭して申し込み名簿に記入すること。
報明 8472 外
　明細を報告する。
報律 8473 筌 57、讀上 59
　①新聞紙条例。②新聞の例規。
奉 8474 四 77
　上級よりの来文を受け取ること。この語の後発文の上級機関・官名を示し、次いで本文の引用に入る。また種々の熟語を造る。「案奉」「茲奉」「敬奉」「前奉」「嗣奉」「恭奉」「奉此」「奉旨」
奉‥令、內載‥等因 8475 満 49
　「‥よりの令を奉ずるに、記載していわく‥云々と。」上級官署よりの来文引用語。
奉‥令、內開‥等因 8476 満 50
　「‥よりの令を奉ずるに、記載していわく‥云々と。」上級官署よりの来文引用語。
奉委 8477 筌 26,規 122
　政府よりの任命を受けること。　→奉命（天子より信任せられること）
奉恩將軍 8478 外
　→宗室
奉恩鎮國公 8479 外
　→宗室
奉恩輔國公 8480 外
　→宗室
奉經 8481 四 80
　「奉此、曾經」の簡略語。「来文ありて、直ちに～したりき」の意。
奉國將軍 8482 外
　→宗室
奉查 8483 四 80
　「奉此、查」の簡略語。「来文ありて、直ちに～調査したりき」の意で調査した結果を表す。
奉旨 8484 四 79、読 112
　①皇帝の諭旨を受け取ったとの意味。②上諭のこと。　→上諭
奉旨依議 8485 読 146
　「上奏通りおこなえとの御意を賜った」の意か? →依議
奉此 8486 読 94,筌 29、四 79

- 218 -

[木]

①上級からの文書を以上のように受け取ったとの意。普通「等因」とともに「等因奉此」としてもちいられる。この四語を連語と解釈する者もいるし、やはり分けて解釈する者もいる。②命を受ける?。下僚の者が上官の命を奉じる。

奉省 8487 読?
奉天省。

奉准據此 8488 四 80
「奉此」「准此」「據此」の簡略語。すなわち、上級平級下級からの来文を受け取ったことを示し、このあと引申段で自分の意見を述べる。

奉准上開前因由、并據前情 8489 四 80
前由語。自分の意見を述べた後、上級・平級・下級からの来文に改めて言及する語。

奉銷 8490 筌 16
上奏して責任解除せしむ。

奉上諭 8491 四 77、読 111
①清代において軍機処が皇帝の意諭旨を地方の衙門に出す寄信諭旨の発句。②特に内閣奉上諭とあるのは内閣を経て出す諭旨であることを示す。③単に上諭というに同じ。 →上諭

奉新 8492 筌 15
奉天新民府。

奉申 8493 規 202-3
「申し上げる」の意。

奉政大夫 8494 筌 66
国家に慶事あるときに正五品の文官および其の配偶者および曾祖祖父母に封典として授ける。

奉聖旨 8495 四 77
→奉旨

奉達 8496 規 202-3
奉申に同じ。

奉逐 8497 外
命により放逐する。

奉直兩省 8498 筌 38
奉天と直隷の二省。

奉直大夫 8499 筌 66
国家に慶事あるときに従五品の文官および其の配偶者および曾祖祖父母に封典として授ける。

奉天承運 8500 四 77
奉天承運は皇帝の自称。

奉天承運皇帝詔曰 8501 四 77
奉天承運は皇帝の自称。明清時期皇帝が臣下に発した詔書の冒頭に記される語。

奉天承運皇帝制曰 8502 四 77
奉天承運は皇帝の自称。制は皇帝の言の意。明清時期皇帝が臣下に下した詔書の冒頭に記される語。

奉天府尹 8503 外、行 1b/77-83
奉天府の長官。都尹右副都御史・行巡撫事の職名を兼有し、盛京省の巡撫の趣がある。

奉到 8504 政、福 2-22a
①(上から)受け取る。受領する。②硃批の入った上奏文の返書を受けとること。奏稿(上奏文の控え)に受け取った日を記入した後、硃批の入ったものは留めおくことができず、閲覧後は再び朝廷に送り返した(繳回硃批摺子)。③受け取り。

奉派 8505 読 147
命をうける。

奉發 8506 満 129
命により某件を頒送する。「奉令頒發某件」の簡略語。

奉批 8507 四 79
上級からの批を受け取ったとの意。

奉批前因 8508 四 79
前由語。「・・以上のような自分の意見でありますが、そもそも批の趣旨は・・」上級からの批文の内容に言及して帰結段にはいる語。

奉佈 8509 規 202-3
奉申に同じ。

奉聞 8510 規 202-3
奉申に同じ。

奉命 8511 筌 26,規 122
天子より信任せられること。政府よりの任命を受けることは奉委という。

奉有 8512 讀下 69
奉ず。

奉令前因 8513 四 77
「・・戸意見を申し述べましたが、そもそも来文の御主旨は・・」前由語。自己の意見を述べた後、先の上級からの引用文に言及し帰結段に入る語。

奉令前因、并據前情 8514 四 78
「・・と自分の意見を申し述べましたが、そもそも来文の御主旨と下級からの報告によりますれば・・」前由語。自己の意見を述べた後、先の上級からの引用文と下級からのに来文に言及し帰結段に入る語。

奉令前因、并准函前因 8515 四 79
「・・と自分の意見を申し述べましたが、そもそも来文の御主旨と平級機関からの来函によりますれば・・」前由語。自己の意見を述べた後、先の上級からの引用文と平級機関(地位はやや高いから「因」の字を使っている)からの来文に言及し帰結段に入る語。

[ホ]

奉令前因、并准咨前因 8516 四 78
「‥と自分の意見を申し述べましたが、そもそも来文の御主旨と平級機関からの来文によりますれば‥」前由語。自己の意見を述べた後、先の上級からの引用文と平級機関(地位はやや高いから「因」の字を使っている)からの来咨に言及し帰結段に入る語。

奉令前因、并准前由 8517 四 78
「‥と自分の意見を述べましたが、そもそも来文の御主旨と平級機関からの来文によりますれば‥」前由語。自己の意見を述べた後、先の上級からの引用文と平級機関からのに来文に言及し帰結段に入る語。

寶海 8518 外
Bourree.

寶其敝帚 8519 筌 73
「ちぎれた箒もこの上ない珍寶として」。

寶銀 8520 筌 20
元寶銀,すなわち馬蹄銀。

寶砂 8521 筌 59
鑽鐵 emery。

寶順洋行 8522 外
Dent& Co.

寶星 8523 読 186、讀上 33、40、51
勲章。

寶荘 8524 規 265
貴店の意。[同福寶荘]

封印 8525
→開印

封河 8526 規 233
河川(ことに黄河の)結氷。

封圻 8527 規 39
圻は界に同じ、封疆の臣(総督、巡撫)の意。[歴任封圻]

封疆 8528
総督、巡撫のこと。明清以降督撫を疆にありて帥を將いるをもってかくいう。

封禁 8529
清朝の故地である満洲・東三省への漢民族の移住を禁止したこと。柵を作って移民を防いだのは有名であるが、中国本土よりの流民は結果的には清朝の時代に本格化し建前とは別に土地を与えたりしていたようである。その経緯は矢野仁一の『近代支那史』(P.27-51)に詳しい。

封船 8530 外
民船を徴発する。

封艙 8531 外
ふなぐらを閉鎖して貨物の積み卸しができないようにすること。

封典 8532 筌 68

特旨をもって位階を陞叙すること。

幫 8533 規 160
幫助。[幫辨台湾防務]

幫差 8534 外、福 14-5b
①官制外の書吏の一種。②みかた。

幫 8535
=「幫」。

幫次 8536 福 8-3a
みかた。

幫身 8537 福 3-1b
たいこもち。

幫中 8538 福 61-a
てつだひのなかま。

幫貼 8539 福 6-19、a,2-48、b
帳面したて。そひ銀。

幫同 8540 読 147
補助。

幫辨 8541 規 160
幫辨は總辨の「正」に対し「副」である。副官・次官。[幫辨台湾防務]

幫理 8542 筌 62
補助員。

徬徨 8543 筌 48
躊躇徘徊。

抱歉 8544 規 227、讀下 60
遺憾のこと。歉は憾、あきたらない。

放 8545 読 48
簡放。選びおくこと。

放行 8546 福 7-18a
とりはからふ。

放行單 8547 行 6/151、外
輸出許可証。

放告 8548 福 2-9b
訴える。

放暑假 8549 筌 63
夏季休暇。

放鬆 8550 読 191
寛假。

放心 8551 読 262
安心。

放生 8552 陶 11-19a

放椿捉頭 8553 福 23-14a
ばくちのどうとりがかったものより銀をかしらびきにとる。

放定 8554 福 7-13a
おきさだめる。[〜〜等。(おもり)]

放撥 8555 福 20-6a
あばれる。

放伏學 8556 規 250
=放暑假。

[木]

方 8557 筌 53 規 91,101,124,241,251、読 28
①「始めて」と訓む。「…せる後、始めて…すべし」という場合に用いらる。[方可照辦]②當たるなり。③「まさに‥」。④背くなり。

方案 8558 規 251-2,筌 63
診断書、法案、方策。[華洋醫生方案(漢方医、西洋医の診断書)]

方殷 8559 読 113
「まさにさかん」夥多。

方可 8560 読 288、筌 8
①「まさに可なり」。②‥して始めて可なり。

方偶 8561 筌 33
一方一偶。

方甲 8562 福 19-16b
そのとちのくみかしら。

方色 8563 福 21-21b
四方のいろ。

方且 8564 筌 74
この時やはり。

方伯 8565 読 5,76
布政使の別称。[民生長官後藤方伯]

方命之咎 8566 筌 53
命に背く咎。

旁観者 8567 読 15
世人というが如し。

旁敲側撃 8568 陶 14-19a
それとなく探る。

旁晩 8569 読 183,189
薄暮。

旁鶩 8570 筌 22
傍ら勤む。

朋比 8571 外
仲間と組んで(悪事を)なすことぐるになること。

棚廠 8572 福 3-4a
うまのはみをいれおくところ。

棚民 8573 筌 76
長髪賊の乱時の避難民。湖州府兵の兵火により人民死せる者多く,家族大抵離散したる故,湖南湖北安徽など数省の人民を移住させたが,これらの移住民が家屋なきを以て天幕生活をなせり。これを棚民という。

法 8574 規 297,筌 14
フランス、法文(仏文)。

法安 8575 読 292
僧侶あての手紙文の末尾にくる成句。

法家拂払 8576 筌 73
法度の世臣,補弼の賢士。

法皇 8577 讀下 54
フランス皇帝

法國 8578 外
France.

法在必行 8579 外
「ほうはかならずおこなわるるにあり。」法は実行されることが肝要である。

法思爾德 8580 外
Forrester, Edward.

法度 8581 外
規則、法。

法馬 8582 福 7-13a
ふんどう。

法文 8583 読 236
仏文。

法辦 8584 満 128
法によりて処理する。

法蘭西 8585 外
France.

法蘭得斯 8586 外
Holland.

烽 8587 規 171
烽見敵則擧。烽主昼。

砲位 8588 筌 28
砲座。

礮 8589 規 141,297
大砲。

礮位 8590 外
大砲(位は接尾語)。

礮台 8591 規 141
礮は砲に通ず。

綁鎖 8592 福 285a
しばりててじやうをいれる。

蜂攢 8593 福 23-19a
はちのやうにあつまる。

蜂擁 8594 福 19-12a
おほぜいとりかこむ。

芳躅 8595 筌 76
遺事。

苞苴 8596 読 245、筌 12
賄賂。

蓬瀛 8597 筌 52
日本。蓬莱,瀛州。

蓬山 8598 筌 52
蓬莱山。

訪員 8599 外
=訪事。

訪査 8600 外
探査する。探察する(訪に訪問の意はない)。

訪察 8601 外
さぐりを入れ観察すること、探査すること。監視する。=訪査。

[ホ]

訪事 8602 外
　新聞記者。訪事人・訪員も同じ。
訪事者 8603 読 180
　記者。特派員。
訪事人 8604 外
　=訪事。
訪犯 8605 福 20-1a
　上司衙門。密訪行牌。坐名擒拿者。謂之〜。
訪弊 8606 福 20-7b
　捉えかたについて役人がわやくをする。
訪問 8607 読 64
　問い質す、探問。
豊犀 8608 筌 74
　充分の意。
豊犀之衛 8609 筌 74
　充分なる防禦法を講じて。
豐亨 8610 読下 10-11
　万物の盈足すること。易に由来する。［豐亨豫大］
跑風 8611 陶 11-18b
　船戸が塩商の手代に賄賂を送りその空艙に積載する私塩という。［毎船装官塩十之五六餘盡以裝私謂之跑風］
逢迎 8612 読 244
　接待する。機嫌をとること。
邦 8613 読?
　アメリカの state の訳語。
鎊價 8614 筌 62
　金貨相場の消息。
飽颭 8615 福 23-19a
　てごめにしてうばひとる。
鮑渥 8616 外
　Beau, J. B. Paul.
亡 8617 読上 50
　陣亡,戦死のこと。
亡命 8618 外
　亡は逃亡。命は名。その戸籍の記名に反して他国の逃亡するをいう転じて命知らずの者も意味する。
帽纓 8619 筌 68
　官帽の紐。
傍晩 8620 読 20
　晩方。
剖制 8621 福 11-2b
　つきやぶる。
剖斷 8622 福 3-22a,11-31b
　罪におとす。さばく。
剖白 8623 外
　申し開くこと。弁明。
忙 8624 読 139
　上半期と下半期の納税をそれぞれ「上忙」「下忙」という。両税のこと。
懋 8625 規 64
　盛んなる貌、盛大の意。
懋賞 8626 規 64
　厚賞なり盛典なり。
房虚星昴日 8627 規 250
　日曜日。
房錢 8628 福 19-2b
　たなちん。
房租 8629 規 258
　家賃。
房牌 8630 福 28-6a
　下役。
望 8631 四 142
　「望むこと」「望むなり」上級機関が下級機関または民間に対して出す文書において、要望を示す語。［有厚望焉］
望日 8632 読上 37
　十五日。
望速見行 8633 満 103
　平行文における結尾語。「速やかに回答せられん事を望む。」cf.即希見行
望風 8634 陶 14-29b
　噂を聞く。形勢を見る。
望補 8635 読 245
　補せられんことを望む。
望隆若木 8636 筌 55
　若木の隆なるを望むなり。青年有為の士の盛んに輩出するを望む。
榜紙銀 8637 福 213a
　はりだしのかみなどのつひえ。
榜示 8638 筌 61
　掲示。
棵介 8639 筌 53-4
　福祉。
牟利 8640 陶 13-34b,筌 22
　利をむさぼる。
冒捐 8641
　偽って金を出して（捐納）、官職につくこと。賤業とされた職についた者は官職につくことができなかった。→冒試、賤。
冒考 8642 読 144
　試験をうける資格を偽ること。賤業とされた職についた者は科挙をうけることができなかった。→賤。
冒失 8643
　不敬の意。
冒充 8644 外、読上 64
　①偽って…のふりをする（と称す）。②無闇に贋て。
冒昧 8645 読 58、外
　自分の不調法、ぶしつけに。

[ホ]

冒濫 8646 外、讀上 9
　乱脈にする。無闇なること。

防維 8647 外
　①防ぐ。②防衛線。（維は幕の意）。

防閑 8648 筌 41、外
　すきまをふせぐ。ふせぐこと。閑は防ぐ、
　禦ぐ。防禦すること。

防次 8649 読 132
　宿営。

防範 8650 外、規 242,275
　①防備防護、予防。②取り締まる。

防務 8651 規 160
　海防事務。

謀殺 8652 福 14-1a
　もくろみ殺す（七殺）。

北義 8653 外
　Belgium.

北省 8654 読 181
　北京付近。

北方各省 8655 規 185
　直隷・山西・陝西・山東・河南を北五省
　という。

北洋大臣 8656 規 169
　直隷総督の当然兼ぬるところで兩江総督
　の兼職たる南洋大臣と相対する。　→辦
　理三口通商大臣

北洋大臣直隷爵閣督部堂李 8657 規
169-70
　内閣大学士、北洋大臣、直隷総督伯爵の
　李鴻章。

北洋通商大臣 8658 外
　→辦理三口通商大臣

卜羅德 8659 外
　Protet, Admiral.

卟嚕嘶 8660 外
　Bruce, Frederick W. A.

墨 8661 筌 14
　メキシコ。

墨賢理 8662 外
　Merrill, Henry F.

墨西哥 8663 読 37,186
　Mexico.

墨煞斯 8664 読 37,186
　Mexico.

木奴 8665 福 26-3b
　たちばな。

木煤 8666 筌 60
　褐炭。

木哩斐額幅 8667 外
　Muraviev.

樸鼎査 8668 外
　Pottinger, Henry.

牧 8669 外
　知府の別称。

穆默 8670 外
　Schwartzenstein, Freiherr Mumm von 独國
　駐清公使。

穆麟德 8671 外
　Mollendorff, P. G. von.

鶩 8672 外
　馳せる。追っかける。

没官 8673 外
　＝入官。

呠哩唎 8674 外
　Pondicherry.ベンガル地方における
　一時フランスの拠点となった街。

本 8675 満 125、四 29
　①明清時代には上級官員および長官など
　が下行文で自称の接頭語として使われ
　た。②民国時期においては陋規を廃する
　ために上級・平級・下級の官員相互や地
　区・職分で均しく使われるようになっ
　た。③（満州国における用語としては）平
　行文および下行文における官署の自称の
　接頭語。「本院」「本部」④←→貴。[本
　鎮]

本噶拉 8676 外
　Bengal.

本款 8677 規 126
　本約款即ち当該の条約のこと。

本計 8678 外
　①題本？②本来の生計・本業・本職。

本兼伊堂 8679 読 136
　。

本次 8680 筌 58
　今回。

本爵 8681 規 179,314
　皇族の自称。

本省督撫 8682 規 259
　該省総督、巡撫。

本章 8683 外
　＝題本。

本生 8684 福 20-12b
　さとのちち。

本晨 8685 規 230
　今朝。

本晨約會 8686 規 230
　今朝の会合。

本身作則 8687 筌 28
　自信規律をただす。

本息 8688 読 283
　元金及び利息。

本属 8689 福 20-19b
　けんぞく。

[マ]

本大臣 8690 規 179
　京外の大官の自称。
本鎮 8691 読 165
　自称。本官・本鎮台。
本中堂 8692 規 179
　大学士の自称。
本堂 8693 読 293
　各当該学校。
翻印 8694 規 242,筌 31
　翻訳・翻刻。
翻訳 8695 規 92
　翻訳生。
盆景 8696 讀下 39
　盆栽。

[マ]

蔴搭 8697 福 21-7b,23-6b
　麻縄。阿波縄をつけた方。
摩 8698 筌 18
　摩洛哥。
磨對 8699 福 32-13a
　ひきあふ。掛け合う。値引き交渉をする。
磨洛哥 8700 筌 77
　モロッコ。
毎 8701 外
　つねに、いつも。
毎百抽〇 8702 規 123
　百分の〇の意。
毎有 8703 読 207
　いくらもあり。
邁 8704 讀下 70
　英里。mile
邁當 8705 外
　メートル。metre.
抹煞 8706 筌 77
　抹殺。
末減 8707 外、福 29-19b
　①減刑すること。②だんだん罪をへらす。
末氏 8708 外
　Mr. の音訳。
曼達喇薩 8709 外
　Madras.
嘑噠拉囌 8710 外
　　　　　Madras.
漫不經心 8711 筌 9
　粗漫として慮らず。
漫不人心 8712 撫 2 - 3p
　全く気にしない。
滿員專差 8713 筌 12
　満州人専任の職。

滿漢 8714 読 293
　満洲人・漢人。
滿缺 8715 筌 11-2
　満洲人に関し就任しうる役職。
滿篝 8716 読 13
　篭に満つる。
滿洲欵 8717 外
　満人に専属する官職をいう。
萬緊 8718 読 120,筌 10
　非常に切迫。
萬國公法 8719 外
　国際法。International Law 萬國律令。
萬載爺 8720 外
　皇帝に対する呼び方の一。
萬壽聖節 8721 讀上 7
　皇太后の降誕日。
萬世不祧 8722 規 282
　萬代不易。
萬世不祧之宗 8723 筌 13
　万代不易の主。
萬難 8724 四 5
　「決して・・・（許可）せず。」下行機関
　からの請求を断乎として退ける表現。種
　々に熟語する。萬難照准、萬難施行、萬
　難許可などと熟語する。 →萬難照准
萬難照准 8725 満 107
　「断じて（請求の通り）認可し難し。」指
　令・批における結尾語。
萬寧 8726 外
　Manning, T.
萬年和約 8727 外
　永久和親条約（1842 年の南京条約 the
　Treaty of perpetual Peace and Friendship.
萬不料 8728 読 271
　打ち棄ててかまわぬ。
萬分 8729 規 230
　非常に、極めて、何とも、千萬無量。
萬辦不到 8730 読 47
　萬辦取り計らわれぬ。
萬萬 8731 規 123,筌 26
　「億」。［（日清戦争の賠償金の）貳萬萬
　両］

[ミ]

味噌 8732 外
　Fitzbugh, T.
弭 8733 読 48
　やめる、とどめる、止息なり。
未悉 8734 読 80
　未だ確かならず。
未周 8735 読 279

[ム]

不備。

未是 8736 読 281
不都合、不穏当。是認せられざる。

未到 8737 福 12-26b
未獲者稱〜(釋招状〜)。

未入流官 8738 外、行 1b 171
品給に属さない等外官。

未便 8739 陶 15-1a、讀下 69 四、26、55
①〜には不便、〜にはできない。不都合。
②下行文・平行文で請求があったに対して拒否する表現。③下級機関からの請求を原則的には同意できないと退ける語。

未便准行 8740 満 107
「施行するを許し難し。」指令・批における結尾語。

未便照准 8741 満 107
「(請求の通り)認可し難し。」指令・批における結尾語。

未満限期票 8742 筌 62
支払期限未満手形。

密 8743 読下 25、四 156
①秘密文書の類。②機密を保つため秘密文書の事由欄にかわってこの字を書く。③丁寧。

密行慰諭 8744 規 162
台湾住民の台湾に割據し日本に抵抗することなからんことを慰諭するの意。

密爾閭 8745 外
Belgium.

密商 8746 読 76
内相談。

密飭 8747 外
密かに飭を発すること。

密地 8748 福 19-4a
ひとしらぬところ。

密不録由 8749 四 156
機密を保つため秘密文書の事由欄にかわってこの字を書く。 →密

密理邁當 8750 外
milimeter.

民依 8751 筌 11
民の生計。

民隠 8752
①民の疾苦、苦痛。②民の表に出ない苦しみ。

民巻 8753 読 239
官巻以外の普通の人の答稿をいう。

民碧 8754 筌 76
民情の陰険なること。

民教仇殺 8755 規 70
平民と教民が相讎し相殺すること。

民欠 8756 福 2-12、b
年貢不足。

民主 8757 讀上 37
大統領。

民庶 8758 規 179
平民黎庶。

民人 8759 規 141
普通平民。

民屬 8760
普通の平民をいう。 →軍民

民瘼 8761 読 113
人民の疾苦・苦しみ。

[ム]

務 8762 規 125
①「力の限り」「能う限り」。「出来うる限り」(ほとんど強制に近い意味合いがある)〔務依外国船隻云々(日本文:適用しうるべき限りは・・)〕上・平・下行文のいずれにも用いられる。②努めて。

務各〜 8763 四 36
「〜を各々努力せよ」。下級の者を戒め、勉励する表現。

務希 8764 四 36
平行文で相手に切実に実行施行せんことを願う表現。

務期 8765 四 36
下行文で期待するところあることを示す語句。

務祈 8766 満 95、四 36
①上行文で批示において必ず示されることを願う書式。②「能う限り・・されたし。」平行文(咨文・公函)における請求語。 →務

務仰 8767 四 36
「仰」は命令の意。下行文で命令で使われる。 →務、仰

務懇 8768 四 36
上行文で使われる懇願する表現。 →務

務須 8769 外
是非とも・・せざるべからず。

務請 8770 四 36
務祈の項参照。

無謂 8771 経 101
無意味なる、不当な、理由なき。

無影響 8772 読 74
事実無根。

無干 8773 筌 19
関係なし。

無間宵昕 8774 讀上 37
昼夜を分かたず。

無顔 8775 外
顔が立たない、あわす顔がない。

[メ]

無忌 8776 陶 7-58b
　憚らず。
無既 8777 読 34
　つくるなし。
無欺 8778 読 103
　うそつかぬ。
無擧動 8779 読 166
　一向に取り合わぬ。
無辜 8780 規 104
　罪も怨みもなき良民をいう。
無沙 8781 筌 62
　関係なし。
無再照 8782 福 12-30b
　右の通りするにおよばぬ。
無済于事 8783 讀下 28
　役に立たぬ。
無事 8784 外
　「コトトスルナシ、コトトスルナカレ。」…しない、…してはいけない＝毋用、毋庸。
無爵宗室 8785
　爵位をもたぬ（世代ごとに遞降し無爵にいたれるものなどによる）。
無從 8786 筌 9,讀下 56
　…するによしなし、方法がない。無由。
無如 8787 読 291,外
　①しかしながら。けれども。②如何ともするなし、「無如何」の略。
無涉 8788 筌 57
　関係なし。
無箭子弾 8789 筌 17
　空砲銃砲弾。
無措手足 8790 読 14
　手足の措き所を失う驚愕の表現。
無端 8791 陶 7-1b,読 309
　①はしなく、際限なく。②理由もなく。
無著 8792 筌 47
　調達の途無し。
無奈 8793 規 163
　「奈何ともするなし」と訓む。
無任 8794
　「尽きず」の意味か？　→毋任
無任感禱 8795 満 112
　「切に祈る」「祈り休まず」。上行文で用いられる定形句。
無任感盼 8796 四 7
　「感謝の念尽きず。」平行文で相手方に請求することがある場合、無比の感謝の念を表して間接的に要求する定形句。文末に使われる。　→無任
無任翹盼 8797 四 6
　「鶴首翹望の念尽きず」「首を長くしてお待ちしております。」上行文で相手方に請求することがある場合、重要につき批准施行の許可を与えられん事を特に望む場合に用いられる。文末に使われる。
　→無任
無任公感 8798 四 6
　「(公務について)感謝の念尽きず。」平行文において相手方に請求することがある場合、無比の感謝の念を表して間接的に要求する定形句。文末に使われる。
　→無任
無任惶悚 8799 四 6
　惶悚(こうしょう)は恐れる様。「おそれ尽きず。」上行文において相手(上司)の真意を測りかねるときにへりくだって使う。謙譲の語感あり。文末に使われる。
　→無任、無任悚惶
無任悚惶 8800 四 6
　「無任惶悚」と常には使われる。悚惶(しょうこう)は恐れる様。「おそれ尽きず。」上行文において相手(上司)の真意を測りかねるときにへりくだって使う。謙譲の語感あり。文末に使われる。　→無任、無任惶悚
無任迫切待命之至 8801 四 6
　「命を待つこと切なり」。命令を催促する定形句。上行文で用いられる。　→無任、不勝迫切待命之至
無任待命之至 8802 四 6
　「命を待つこと切なり」。命令を催促する定形句。上行文で用いられる。　→無任、不勝待命之至
無法 8803 規 163
　致し方なし。
無憂 8804 読 81
　助かった。
無庸 8805 外,読 29
　①「モチイルナカレ、モチウルナシ」。②用いぬに同じ。③…するに及ばず、必要がない。④…してはいけない。⑤…しない。
無力 8806 福 12-6a
　家貧不足以入錢者。謂之〜〜。
無聊 8807 読 132
　ぐうたら、軽はずみ。
無禄 8808 福 20-25b
　[凡支月俸一石以上爲有禄不及一石爲〜〜。]

[メ]

冥屈 8809 福 13-3a
　無実の罪。
鳴控 8810 福 3-21a,20-11b

- 226 -

[モ]

申したてる。訴える。

名号 8811 商
　商号。

名正具 8812
　名は礼に従い「正しく別に添えおきます」。

名籤筒 8813 福 1-3b
　めさる名前をかいてあるくじ筒。

名単 8814 読 62
　名前書きというに同じ。

命意 8815 規 317
　意向、意見、趣旨。

命婦 8816 讀上 7
　有品官吏の妻。

明 8817 筌 38
　①「明細書」。②明朝。

明経 8818 福 3-3b
　こやくのかかり。

明雅喇 8819 外
　Bengal.

明發上諭 8820 外
　上諭の一種。人事異動・賞罰など中外臣民に公示すべきものを内容とし内閣を経て発布される。実録始末等にては「諭内閣」という見出しにより「明發上諭」であることが示される。←→寄信上諭

明發諭旨 8821
　＝明發上諭。

明府 8822 読 26
　知縣の別称(書簡に用う)。

明陵 8823 読 3
　明の十三陵。

明輪 8824 読 10
　外輪。←→暗輪(スクリュー)

侞越 8825 筌 9
　僣越。

免究 8826 読 127
　罪を詮議することを許す。

免調 8827 読 180
　兵を調えることを免除す。

棉 8828 経 71
　木綿。

棉紙 8829 福 6-4a
　粘り強い紙。

棉紗 8830 経 57,70-1,読 31
　①綿絲。②布片類。

棉連 8831 福 2-22a
　強い紙。

棉連紙 8832 福 6-7a
　粘り強い紙。

綿 8833 読 163
　継ぐ。

面 8834 中 1276
　面と向かって、直に、直接に。

面允 8835 読 288
　面会して承諾。

面格 8836 筌 62
　罘の中?。

面晤 8837 筌 51
　面語面談なり。

面交 8838 筌 31
　面会の上,手渡す。

面稱 8839 読 79、四 104
　①下級もしくは民間からの直の申し立てによると。上行文で、下級からの直接の申し立てを引用するときに使われる。②面会していう。

面生 8840 福 19-2a
　顔知らぬもの。

面陳 8841 四 104
　直に上級機関に申し述べること。

面呈 8842 四 104
　直に上級機関に呈文を差し出すこと。

面訂 8843 規 227
　面の当たり親しく約定すること。

面禀 8844 外
　面接して申し上げる。

面諭 8845 四 105
　面と向かって命令する。

[モ]

搴 8846 規 235
　「なぞる」。

茂生洋行 8847 外
　American Trading Co.

模様 8848 筌 74
　手本。

模稜 8849 福 14-2a
　①はっきりしない、曖昧である。②ぼんやりとして。

模令布而額水林 8850 外
　Mecklenburg-schwerin.

模令布而額錫特利子 8851 外
　Mecklenburg-strelitz.

摸擬 8852 読 3
　写し、まねる。

嚜哗嘛哇 8853 外
　Malwa.

妄冀非份 8854 四 60
　「非現実的なことを考えるな。」冀は願い事、非份は実際に合わない考え。下行文において下級の考え方が実際的でないと非難する語。

[モ]

朦混 8855 筌 46
　瞞着,ごまかし。
毛奇 8856 読 193
　Moltke, Helmuth Karl Bernhard von.
毛頭 8857 福 3-4b
　ねだけ。
孟 8858 筌 60
　マンガン manganese。
孟丫剌 8859 外
　ベンガル Bengal.
孟加拉 8860 筌 32
　モーゲル。
孟甘 8861 外
　Morgan, James.
孟買 8862 読 304
　ボンベイ Bombay.
蒙 8863 四 118、169
　①(恩恵などを)被る。②上級からの来文を受けとる。③状況からの来文であるが直接の上司からの来文ではない。→奉
蒙・・開 8864 四 169
　上級や平級機関の来文を引用する用法。両語の間には、来文書の種類や発文機関の名称が入る。大体上級機関から褒められたり、処理の許可が下りた場合使われる。→蒙、開
蒙・・批 8865 四 169
　蒙批に同じ。ただ批示を出した者の名前が入る。(請願の事について・・の)批示を受けたり。このあと批示の内容が引用され、「蒙此」で引用文は結ばれる。→蒙、批示、蒙此
蒙學 8866 規 299,読 251、讀下 56
　①幼稚園。②小学校。
蒙古王公 8867 筌 72
　清朝国内を平定する時蒙古諸族の長を親王・郡王または公に封じたもの。
蒙告爾 8868 外
　Mughal ムガール帝国。
蒙批 8869 読 132、筌 27、四 169
　①上級機関からの文書・批文を受けたことをしめす。「趣委細承知せり」の意で上官に用いる。　②「蒙批・・」を受け引用を結び、引申段にはいる語。
蒙蔵 8870 筌 16
　蒙古,チベット。
蒙批 8871 四 169
　(請願の事について)批示を受けたり。このあと批示の内容が引用され、「蒙此」で引用文は結ばれる。→蒙、批示、蒙此
錳養鑛 8872 筌 59
　沼マンガン鉱 bog magnanese ore。

黙字 8873 読 144
　暗記。
目揣 8874 規 300
　揣は揣摩なり、目揣とは肉眼にて測量すること。
目前 8875 讀下 59
　目下。
目睹 8876 読 52
　目撃に同じ。睹は見る。
目論 8877 筌 12
　近眼者流、耳食目論之士。
目論之士 8878 規 280
　耳食というと同じ、一知半解といったようなもの。
紋銀 8879 筌 21,64
　馬蹄銀の一種にして銀塊面に波紋あるものをいう。標準貨。
銤 8880 外
　廣東でメキシコ弗1ドルをいう(文とも書く)。
門規 8881 中
　門番への付け。→門包
門敬 8882 中
　門番への付け。→門包
門軍 8883 福 2-13a
　もんかため。
門徑 8884 筌 36
　端緒。
門子 8885 福 2-8b,3-8b,14-24b
　そばつとめ。てんとのばんにん。そばのもの。
門錢 8886 中
　門番への付け。→門包
門第 8887 筌 50
　貴邸。
門攤税 8888 福 8-7a
　ほんみせのうんじやう。
門斗 8889 福 2-16b,3-23b
　がくかうのうちにをるこやく。もんばん。
門牌 8890 福 21-7b
　毎家門懸一牌。謂之～～。上書本戸姓名・男婦生理・及同居某人男婦生理如之。
門發 8891 福 12-27a
　發配充軍為民者。稱～～。
門簿 8892 福 1-16a
　げんくわん帳。
門包 8893 中
　旧時、訪問者が門番に取り次ぎを頼むときの心付け。
門役 8894 福 2-18b
　門番。
門礼 8895 中

[ヤ]

門番への心付け。→門包

問 8896 読 173、外
①問わるるごときは。②責任を問う。罪を問う。[是問]

問官 8897 福 11-8a
さばき役人。

問擬 8898 福 12-1a
吟味して罪にあてる。

問據 8899 四 59
被告や犯人に審問して聞き出した内容を書き出す書式、発句。この語、審問された者の名前と「供」が続く。→問供

問供 8900 外
(証拠を抽きだすために)尋問すること。

問結 8901 福 12-27a
雑徒罪以下納贖者。稱〜。

問候 8902 規 230
候は伺候の候。「うかがう」こと。

問好 8903 規 69-70,筌 11
御機嫌をうかがうとの意。請安に同じ。國書の冒頭に相手國の元首に対する呼び掛けとして「問‥好」と用いられる。「‥に好を問う」と訓むか?。

問津 8904 経 52
①学問を究める。②商業上の問い合わせ。

問得 8905 福 12-26.b
曰〜〜者。問官之起語也。

悶乾 8906 福 29-4b
乾かす。

[ヤ]

夜行牌 8907 福 22-11b
有生産急病請穏延醫者。難待天明。每二十家長。宜預置一小木牌。名曰〜〜。長五寸。濶三寸。塗以白粉。上書本州縣正堂論。本保甲知悉。凡本甲居民。昏夜有生産急病。請穏延馨者。許領此牌。驗明開柵放行。回時即繳。

揶揄解散 8908 福 14-2、b
いちりまはす。

矢 8909 読 27
誓う。

矢口 8910 読 27
確言。

耶穌教 8911 外
①キリスト教。Christianity ②特に旧教・天主教と区別して新教をさす。

耶馬尼 8912 外
Germany。

耶路 8913 筌 54
エール大学。

耶路撒令 8914 読 226
Jerusalem.

啲唎額窪哩斯塔 8915 外
Huc,Evariste.

役満 8916 福 2-12a
(みとせの)やくをつとめあげる。

約 8917 読 103
凡そ。

約會 8918 規 230
会合。

約翰門鶑 8919 読 230
ジョンバンヤン。

約行 8920 読 14
大約行うこと。

約章 8921 規 124,195
条約章程。

約束 8922 規 89,241,316,筌 13,62
管束、取締,監督。

約地 8923 福 11-11b
村役人。

約法 8924 外
取締。規則。

葯釐 8925 外
鴉片に対する釐金。

譯署 8926 外、讀下 70
総理各国事務衙門の通称。外務官署の意。

譯齊 8927 読 288
斉しく訳す。訳整うか?。

譯材 8928 筌 16
翻訳に熟せる人材。

譯有 8929 読 283
訳の一字に同じ。

[ユ]

俞允 8930 規 93
批准。

愈 8931 規 259
愈は癒に同じ。同音異義の字を通用する。[逾限不愈]

揄揚 8932 筌 56
賞揚。

榆 8933
山海関。

油靴 8934 福 14-2b
あめふるときのくつ。

渝 8935 読 194
①(態度や感情が)変わる。②重慶。

籲懇 8936 読 124
呼び願う。

籲 8937 筌 18
①天に向かって叫ぶ。②(要求があって)呼び求める。③籲天で天に向かって無実

- 229 -

[ユ]

籲懇 8938 読 155
呼び願う。

籲請 8939 筌 18
奏請。 →籲

諭 8940 外、四 156
①清代皇帝が某かのことを下級機関に対して告げ申しつける語。諭旨の冒頭に使われこの語の後該当の機関・官員名がはいる。②清代と民国期の下行文のうちの一つ。また上級の指示を「諭」と呼ぶこともある。口諭・手諭・面諭もその伝である。③=上諭(皇帝の指示)。

諭議政王軍機大臣等 8941 外
=諭軍機大臣等。

諭軍機大臣等 8942 外
実録・始末などで「寄信上諭」を載せるときの「見出し語」。 →寄信上諭、諭内閣

諭告 8943 行 1A-30
→告示

諭旨 8944 行 1a/28-9,198,206-7,外,筌 3
①皇上(皇帝)の勅旨。cf. 令旨。②「諭」と「旨(指令の一形式)」または両者の何れを指す一般名称。Imperial edict

諭示 8945 行 1A-30
→告示

諭單 8946 福 1-5b
申し渡し書き。

諭帖 8947 外
訓示の文書。指示の文書。(一枚でも帖という)。

諭内閣 8948 外
実録・始末で「明發上諭」を載せる場合の「見出し語」。 →明發上諭、諭軍機大臣

諭令 8949 外
訓令、布告文等を出して…せしむ。

輸 8950 外,筌 26
納める。

輸將 8951 福 3-15a
納める。

輸納税鈔 8952 筌 26
本税・付加税を納入する。

輸服 8953 福 20-8b
納得。

逾恒 8954 筌 52
常に超える。

尤 8955 中
とりわけ。[尤當]

攸 8956 規 194
攸は「所」。「攸関」は関する所。

攸関 8957 規 194
関する所。 →攸

攸頼 8958 筌 10
大いに依頼す。攸は助詞。

優勤 8959 読 237
優等生。

優眷 8960 讀上 3
優遇。

優貢生 8961 筌 35
優秀なる廩生・増生にして国子監に入らしむべき者をいう。

優紋 8962
官吏が特別の功績のあった時普通の議叙に倍加して官等を進め奨励すること。

優例 8963 規 126
特典。

勇 8964 規 141,196、読 178、筌 76
①郷勇。各郷里において募集せる義勇兵。
②兵卒。③民兵。

勇營 8965 外
清朝の軍制は初め八旗・緑営の二種であったが、白蓮教やや下って太平天国・捻軍討伐には、義勇兵が活躍した。この義勇兵の営所が設けられ勇營。曾國藩の湘軍は有名であるし、湘軍を模した李鴻章淮勇は後に風紀が乱れて、代わりに練軍が設けられた。

又 8966 読 88、筌 29
①及び。②同じく。

又據 8967 四 2
まず、下級または人民からの文書を引用したあと、更に別の下級(人民からの来文書を引用する時に使われる。 →奉

又在案 8968 四 2
「在案(したりき)」を使用したあと、更に別件を[在案(したりき)]という場合に使われる。

又准 8969 四 2
まず、平級機関からの文書を引用したあと、更に別の上級機関からの来文書を引用する時に使われる。 →奉

又奉 8970 四 2
まず、上級からの文書を引用したあと、更に別の上級期間からの来文書を引用する時に使われる。 →奉

右 8971
→「う」も参照のこと(官職名)。

右 8972 四 30
①以上(右)の述べたごとく。ある種の文書では何処宛てに出したか示さなければならないことがあり、その時に「右申民政部」「右札巴縣」などのように使う。
②。民国時期の文書で附属の条款や物件

[ユ]

があった場合、結尾でこの語を用いて総括する。

右謹奏聞 8973 四 30
明清時期、臣下が「右のごとき上奏文の内容を皇帝に承知下さい」と要求する語。上奏文すべてを結ぶ定型句。

右照給○○収執 8974 規 262
（この護照を）○○に給し領収せしむ。

右牌仰 8975 四 174
「本牌文により命を下す云々」 →牌仰

幽暗 8976 陶 16-2b
深く暗い。

尤 8977 読 293
異なり、最なり。優等者をいう。

尤在 8978 外
とりわけ…が肝心だ。

尤不得 8979 外
…するのはもってのほかである。

尤不可 8980 外
…するのはもってのほかである。

挹 8981 筌 52
受く。くむ。

挹注 8982 筌 61
排洩。「挹」は「くむ」。

有 8983
訳有、得有など「有」を附することが多いが時文にては措き字と見て可。

有案 8984 満 66、四 44
「詳細は貴下にすでに申し送りあり。」先方にすでに十分な資料・意見を送ったとする定型句。 →有案可査

有案可査 8985 四 44
「参考すべき原文はすでに貴下の元に申し送りあり。」 →有案

有允不允 8986 読 282
諾否。

有雅芝 8987 外
Hewlett.

有鑒于此 8988 四 45
自分の意見を述べた末尾の定形句。このあと請求もしくは建議する内容が続く。

有虧責守 8989 四 44
「無責任であろう。」下行文において、下級官員が無責任であると批判し・責任を問う語。

有限公司 8990 商
有限会社。

有厚望焉 8991 満 116、四 44
「厚く望む。」佈告または下行文で使用される用語。

有司官 8992 外
官吏、有司。

有恃無恐 8993 規 171
恃は「タノム」。依頼する所あって心を安んずるとも、之れが為に恐慌来し収章狼狽するに至るの謂われ決してあることなしの意。

有秋 8994 読 13
豊作。

有玷官箴 8995 四 44
下級機関が上級からの勧告を守らないではないかと批判し責任を問う表現。官箴は上級からの勧告。玷は珠の瑕、汚すこと。

有電回國 8996 讀下 63
本国に電信を送ったの意。

有同責焉 8997 満 116
「犯すものは同罪なり」との意。下行文において注意を喚起し、釘をさす表現。

有負委任 8998 四 44
「任せた大任があろう。」下行文において、下級官員に委ねた責任があるだろうと批判し・責任を問う語。

有無 8999 読 279、讀上 27
ありやいなや。

有約之各國人民 9000 筌 58
条約国国民。

有力 9001 外、福 12-6a
①力のあること。②贖刑上の用語。自分の刑を贖うことのできるものをいう。成例により罪を贖える。稍有力は折半（半ば杖を科し、半ば贖う）し、無力は決配（杖を決行して流配）する。③饒裕之家。謂之〜〜。

有零 9002 外
きっちり、かっきり。

有禄 9003 福 20-25b
凡支月俸一石以上爲〜。不及一石。爲無禄。

游移 9004 規 311
優柔不断、変改。

游衍 9005 福 11-24a
すきあり。[言辞〜]

游湖 9006 福 16-22a
有以高桶二隻疊替而合之。約如人身之高。以下桶注滿水。入石灰数升。攪令水渾。将人倒入水中。再以所合之桶鉗蓋。片時即斃。名曰〜。其人既塞。用水洗浄。草無傷跡。

游刃 9007 福 2-17.b
つとめゆったり。

游幕 9008 外
「幕友」のこと。

猷 9009 陶 12-20b、規 39
「謀」に同じ、はかりごと。

- 231 -

[ヨ]

猶之 9010 筌 21
　恰も・・・の如し。
猶太 9011 読 216
　Jude, ユダヤ人。
由 9012 読 17、67、198、204、満 122
　①「由〜」のように後に機関名・組織名が続く場合、責任を負う・管轄する該当機関を示す。口語でも責任・主体を表す用法がある。②「・・の件。」③理由、原因。④「於いて」。⑤「自(より)」。⑥経由する地点をあらわす。⑦「〜のこと。」法律の方面の書類や民国期の書類で「為・・事」の「事」の代わりに使用される。→「為・・由」
由驛馳奏 9013 筌 20
　驛遞をもって急奏す。
由渾之晝 9014 筌 75
　混沌たる時より,明確なときになる。
融會 9015 筌 13、規 280
　①通俗的に集まり調和す。②含ませる。
裕如 9016 筌 32、陶 12-20a
　①寛裕の容。②満ち足りる。
遊手 9017 読 206
　遊び人、ゴロツキ。
遊撃 9018 外
　参将に次ぐ武官で、緑営の指揮官。ほぼ、少佐級に相当 Major. →緑営
遊勇 9019 筌 40
　解隊された兵隊。
邑尊 9020 外
　知縣の別称。
郵騎 9021 福 28-1、b
　宿つぎの馬。
郵政局 9022 筌 57
　郵便局。
郵票帖 9023 福 1-7a
　上役へ宿つぎにてやる時候伺い手紙。
鈾 9024 筌 60
　ウラン。uranium。

[ヨ]

予 9025 読 144、規 54,筌 26、讀下 9、58
　與(アタエル)と通ず。[予姑容][予出身]
與 9026 読 297
　干與。何々に関してなり。
與其 9027 読 200、筌 21
　①「その事」「その事に関して」。②・・・するよりは。
與股 9028 読 306
　株主。
與國 9029 規 53,筌 10
　友邦。

與聞 9030 読 167
　干渉。
豫 9031 筌 15,48
　河南省。
豫大 9032 讀下 10-11
　多大なるを言う。易に由来する。[豐亨豫大]
輿蓋 9033 福 22-1b
　のりもの。
輿情 9034 筌 30
　民情。
輿儓 9035 福 28-4.a
　ちゅうげん。
輿牧 9036 福 14-2.a
　しもべ。
預 9037 読 238、規 251,317
　①預かる。②予に通じ「あらかじめ」の意。[預先知照]
預會 9038 筌 18
　準備会議。
預籌 9039 読 307
　予定しておく。
預聞 9040 外
　参与する、参画する。
飫聞 9041 筌 54
　あくまで聞く。飫は飽くまで。
餘 9042 讀下 57
　その他の。
餘無再照 9043 四 42、171
　犯罪に関係した事物(屍体・贓物・証拠など)をどう処理するかを具体的に述べた後、この語で結束する。→照出
姚士登 9044 外
　Joostens (ベルギー國駐清公使)。
容 9045 規 179
　「まさに・・すべし」と訓ずる。[不容稍有延緩]
容或 9046 外
　或は…かもしれぬ。
庸 9047
　ありきたりの、用いる、功績。
庸議 9048 読 114
　伺いを立てる。[毋庸議]
庸劣不職 9049 読 128
　職に愚庸にして不適当。
膺 9050 規 64
　「當る」なり「享くる」なり。[膺懋賞]
膺倚 9051
　あたる、うける、討つ、感服する。→長膺倚任
膺吃黎 9052 外
　England。

- 232 -

[ヨ]

膺顕戮者 9053 規 186
公然殺戮せられたるもの。

鷹犬 9054 筌 43
敵の手足となって働くこと。猟人の使役する犬より。

鷹洋 9055 筌 20
墨西哥弗。貨幣面に鷹を刻せるをもって鷹洋という。

杳 9056 読 20
くらきこと。

杳然 9057 読 22
不明。跡象無きをいう。

様 9058 筌 24
様式などといい雛形あるいは見本の意を有す。

様貨不符 9059 筌 78
見本と品物が違う。

楊越翰 9060 外
Young, J. R.

擁擠 9061 読 105
押し合う。

洋 9062 読 26
①西洋(ときには東洋・日本)の。 ②洋銀。 cf. 洋元、銀洋。

洋烟 9063 読 133
アヘン。

洋圓 9064 筌 71
一元の洋銭のこと。 →洋元

洋貨 9065 外
外国商品。

洋關 9066 外
開港後も税関事務は清國の手によって行われていたが、非能率不正確で評判悪かった。偶々咸豐3年(1853)小刀會が上海縣城を占領したため、英米仏三國領事の合議で臨時に税関事務を行った。制度も整い効率が上がったので咸豐8年英清通商規則により海関事務管理のため英国人が採用されるようになった。新たに設けられた税関を洋関と呼び、その全体を統括するものとして総税務司が置かれた。長年この職にあった Hart は有名。

洋鬼子 9067 讀下 44
西洋人(時には日本人を含む)を蔑む表現。

洋銀 9068 外
外国銀あるいは外国銀貨。

洋元 9069 筌 71
一元の洋銭のこと。 →洋圓

洋行 9070 筌 55、外
①外国商館。外資系の会社・商社。②開港以前、廣東で外国との貿易を任されていた商人。洋行・公行。③廣東の外人居留地。Canton Factory=夷館。

洋紅 9071 岡 1
紅色染料である Aniline red、音訳して阿尼林ともいう。

洋紗包中心 9072 筌 41
紡績絲の荷の包みの真ん中なり。

洋商 9073 外
①公行商人。②外国商人。

洋人 9074 外、讀上 11
外国人、西洋人。

洋税 9075 外
輸出貨物に課せられる関税。

洋船 9076 外
外国船。

洋銭 9077 外
外国製貨幣。

洋槍 9078 筌 29
洋銃。

洋盗 9079 外
海賊。

洋布 9080 筌 41
金巾。

洋務 9081 外
①外国との交渉事務。②洋式武器や汽船の製造に重点をおく富國強兵の主義・諸施策。

洋薬 9082
鴉片。

洋龍 9083 読 33
ポンプ。

猺 9084 筌 40
猺族。中国西南に住む少数民族。

用 9085 読 2、讀下 56、四 36
「(これを)以て」「(これに)因りて」。 →用特、用敢 [用示篤念蕘臣至意]

用意 9086 外
心がけ、意図。

用敢 9087 四 36
「よりて、敢えて。」平行文の(特に結尾句で)先方に無理をおして依頼する表現。

用款 9088 陶 8-56b
出資、経費。

用銀 9089 筌 64
手数料。

用項 9090 規 93
費用のこと。

用人行政 9091 筌 7
人材任用方法。

用度 9092 陶 7-10a
費用、出資。

用特 9093 講 101、筌 5、四 35
「特に」、以て特に。用はこの場合「以」

[ラ]

「因」の意。→用

用特函願 9094 満 84
「特に書簡を持って‥請願す。」公函(平行文)における収束語。→用

用特函覆 9095 満 84
「特に書簡を持って‥回答す。」公函(平行文)における収束語。→用

用敦縞之誼 9096 筌 53

用寶 9097 外、讀下 33
御璽を捺す。

用兵 9098 講 99
戦争する。

用命 9099 外
命令に従う。

甬 9100 筌 47
寧波。甬東は古の地名で寧波近辺を指す。

窯口 9101 外
瓦等をやくかまど、転じて鴉片密売店外国船より直接購入するを問屋を大窯口、小売り店を小窯口という。

腰站 9102 福 29-1a
あひのしゆく。

腰襠 9103 福 1924a
ゆもじ。

腰牌 9104 外
腰下げる鑑札。

要 9105 読 284
求むる。 [勢必以重息要我]

要款 9106 規 227
要求条件。

要缺 9107 読 244
要地の官職。

要挟 9108 筌 10,62,規 53
①種々の難題を提議、要求し挟制すること。②強請,要求。③抑圧。

要挟同等利益 9109 筌 47
同等の利益を強求せんとす。

要差 9110 読 188
肝要の要職。

要単 9111 読 52
摘要の書き付け。

謠言 9112 規 196
牽強附會、無稽荒唐の説。 [捏造謠言]

謠諑 9113 筌 76
謠言。

遥制 9114 外
遠方に居て指揮する。

邀 9115 読 236、四 185
①賜る。上行文中において恩恵や配慮を賜ったときに使う。②むかう、もとめる。

邀請 9116 商
①招待。②招集・請求。

邀同 9117 読 206
協議。

陽 9118 読 49
太陽暦。

養贍錢糧 9119 外
手当てとして与えられる扶持。

養廉銀 9120 規 187-91
総督・巡撫から知縣などの地方官にその面目・威容を維持する(養廉)ために支給される金。尤も名目だけの少額である。

弋 9121 筌 13
弋は漁る。獲得。

抑配 9122 福 30-3、a
無理に割りつける。

抑勒 9123 外
おさえつけて奪うこと。

抑勒強迫 9124 筌 60
抑圧。

翼徴蹄算 9125 福 8-15、b
酷い目にあわす。

[ラ]

剌萼尼 9126 外
Lagrene, Theodose M. M. J.

喇咈 9127 外
Roberts, John William.

囉咓嚸 9128 外
Robertson, D. B.

拉 9129 読 203
邀人同行。

拉撅 9130 福 19-11b
ねたりこむ。

拉斯均 9131 読 231
ラスキン?。

拉斯勒福 9132 外
Raasloff, Valdemar Rudolf von.

拉替努 9133 外
Latin.

拉地蒙冬 9134 外
Ratti-Menton.

羅 9135 讀下 61
羅豐禄(人名)

羅加事里 9136 外
Lord Caslereagh.

羅啓楨 9137 外
Renou, Charles R.

羅耳亞美士德 9138 外
Lord Amherst.

羅治臣 9139 外

- 234 -

[ラ]

羅淑亞 9140 外
Rochechouart, Comte de.

羅生 9141 読 52
ローゼン?。

羅素 9142 外
Russel, John.

羅批 9143 筌 21
ルービー。

羅卜 9144 読 131
rubl, ロシア・ソ連の通貨。

羅問 9145 外
Rome.

來 9146 読 305、満 62
①「‥に到着せり。」「来県」は「県に到着せり」 →到②（電信を）受信す。〔無論華去俄來〕

來往 9147 経 19
取引。 →往来

來函 9148 読 292
来翰。

來儂 9149 筌 75
ライノン。

來匹維持 9150 読 53
ツェサレビッチ?。

來不及 9151 読 285
間にあわない。

來呈已悉 9152 満 48、四 65
「呈文の内容は承知せり」の意。下級機関への指令・批の起首用語。「呈悉」「據呈已悉」などが一般の批示す語であるが下級機関とは言えある程度の役職（長官）をもつ場合、この語をもって謙遜を表し上下関係を明確にしない。→

來牘閲悉 9153 満 48、四 65
「来函の内容は承知せり」の意。指令・批の起首用語。「呈悉」「據呈已悉」などが一般の批示す語であるが下級機関とは言えある程度の役職（長官）をもつ場合、この語をもって謙遜を表し上下関係を明確にしない。→

來牘曁附件均悉 9154 四 65
「来函の内容と附件はいずれも承知せり」の意。指令・批の起首用語。 →來牘閲悉

擂鼓 9155 筌 76
太鼓を叩く。

賚 9156 筌 54
もたらす。

賚來 9157 規 227
賚はもたらすこと、持ち還ること。

雷霆渙汗 9158 筌 13
大雷鳴号。

頼 9159 読 254
幸いに。

樂捐 9160 規 202
勇躍して義捐すること。

樂輸 9161 読 205
喜舎の意。

洛 9162 筌 16
河南省河南府。

洛克菲倫 9163 筌 77
ロックヒル。

落貨 9164 外
船に貨物を積み込む。

落甲 9165 福 6-11、a
組頭を申しつける。

落單 9166 福 17-5、b
紛失の書き付け。

落地税 9167 外
北京崇文門税のごとき一種の貨物入る税。咸豊以後地方財政困難となるに従いその範囲と税額が多くなった。行 6/80-2。

雒魏林 9168 外
Lockhart, William.

埒 9169 外
相等しい。同程度である。

辣 9170
辛きこと、甚だしきこと。

辣手 9171 読 166
辣腕。手ひどきこと。

辣丁 9172 読 199
Latin.

卵翼 9173 筌 73
助長する。

嚂啢 9174 外
London.

欒石 9175 筌 58
花崗岩 granites。

攔詞 9176 福 14-3a
ささへ言葉（にげ言葉）。

攔阻 9177 規 261、読 133
①道を遮り通行させぬこと。②支え止めること。

欖載單 9178 外
船載証明書（疑攬之字覧誤乎）。

濫竽 9179 筌 33
竽は楽器。その器にあらずして任にある者、無能にして禄を貪る者を言う。斉の宣王の故事に由来。

爛銀 9180 規 264-5
まじりけの無い銀。

藍旗國 9181 外
Sweden.

[リ]

藍翎 9182 外
＝翎隻。

覽 9183 外、四 108
①「みたり」。閲覧した。上奏文またはこれに同封された文書を閲覧してその内容を了知したことを示す為に用いられる硃批の慣用句。知道了よりは軽い表現か?。 ②「以下の内容を見よ」下級もしくは民間に対して出す電文・函件において、内容を見ることを要請する語。

覽奏均悉 9184 外
奏文を閲覧し、具にその内容を承知した。硃批の慣用句。知道了よりは表現が強い表現。奏者に対する思いやりないしは奏文の印象の強さを示唆する。

覽奏俱悉 9185
＝覽奏均悉。

鑾儀衛 9186 筌 6
乗輿供奉,鹵簿の整理を掌る。

闌入 9187 外
どしどし入ること。みだりに入ること。

[リ]

裏監 9188 福 13-1a,13-5b
重監。4つに分けた牢のうちの一つ、(軟監、外監、裏監、暗監)。〔法宜于犴狴(ろうや)門内分篇四層。…第三層又進著。爲裏監。所謂重監是也。人命正犯已結擬僻、及強盗審明青可衿疑者居之。〕→暗監。

利益均霑 9189 読 210
最恵國待遇。

利息 9190 外
利益。

利瑪竇 9191 外
Ricci, Matteo.

利病 9192 筌 38
利害。

利勃拉 9193 読 12
Libra もと古代ローマの衡量。転じて英のポンドをいう? £.

吏 9194 行 1b/170、外
①官と交互並用して用いる。大學士尚書・督撫等を称して「大吏」というがごとし。②「官」と俊別して用いられ書吏の類をさす。

吏議 9195
吏部にて議處する。

吏胥 9196 外
＝書吏。

吏部 9197 外
Board of Civil Office.六部の一。文官の任免・賞罰等に関する事務を統括する。

吏役 9198 外
雑務に服する下級の役人雑役人の総称。

唎嗕嗢 9199 外
① Lay, G. T.② Lay, H. N.

履勘 9200 読 134,筌 61、典
①実地に検分する。踏査。 ②(土地を)測量・査定する。 →清丈

履霜之懼 9201 筌 9
不紀律の端緒。易経の坤卦に「履霜堅氷至」とあり。

李 9202 讀下 33
李鴻章

李祺 9203 外
Lenzy.

李相 9204 讀上 36
李鴻章

李仙得 9205 外
Legendre.

李梅 9206 外
Lemaire, Gabriel.

李傅相 9207 規?、讀下 35
李鴻章。太子太傅であったため。

李福斯 9208 外
Rehfues, von.

李文忠 9209 筌 47
李鴻章。

犁然 9210 筌 32
確かに。

理 9211
「治める」の意。理藩院、自理之国。

理應 9212 外、四 153
…するのが当然でありましょう。上行文において(理由を述べた後)要望を述べる定形句。＝理合。

理雅各 9213 外
Legge, James.

理結 9214 筌 77
結了する。

理合 9215 規 93,313、四 153
「リハマサニ…スベシ」又は「マサニマサニ」と訓む。(以上述べ来たった)これがために…すべきでしょうとの意。理應・理當などとも書く。上行文において(理由を述べた後)要望を述べる定形句。＝理應。 →合行、合(下行文)、相應(平行文)

理合…呈請・・・ 9216 満 77
「リハマサニ…ヲモッテ・・・センコトヲ呈請スベシ」。上行文における収束語。「以上のようなことですので…をもって・・・すべきを申請します。」 →理合

[リ]

理合…呈覆… 9217 満 7
「リハマサニ…ヲモッテ・・・センコトヲ呈覆もて回答すべし」。上行文における収束語。「以上のようなことですので…をもって・・・すべきを申請します。」
→理合

理合具掲 9218 四 153
このあと、更に「須至掲帖者」と続く末尾語。「理は正に掲帖もて報告すべきにつき、掲帖をのぼすものなり。→掲帖は明清時期に下級機関が上級機関に出した文書の。→掲帖、須至・・者

理合具掲須至掲帖者 9219 四 153
掲帖(明清時期に下級機関が上級機関に出した文書の一)の末尾語。「理は正に掲帖もて報告すべきにつき、掲帖をのぼすものなり。→須至・・者

理合具文呈請□□ 9220 満 77、78
「理は正に□□すべきを具文(文章起案)し、申請すべし」上行文の収束語。

理合具文呈覆□□ 9221 満 77、78
「理は正に□□すべきを具文(文章起案)し、回答すべし」上行文の収束語。

理合繕具呈請□□ 9222 満 77、78
「理は正に□□すべきを繕具もて申請すべし」上行文の収束語。

理合繕具呈覆□□ 9223 満 77、78
「理は正に□□すべきを繕具もて回答すべし」上行文の収束語。

理合備文呈請□□ 9224 満 77、78
「理は正に□□すべきを備文もて申請すべし」上行文の収束語。

理合備文呈覆□□ 9225 満 77、78
「理は正に□□すべきを備文もて回答すべし」上行文の収束語。

理合檢同・・呈請(覆)□□ 9226 満 78
「理は正に・・もて申請(回答)すべし」上行文の収束語。 →連同

理當 9227
→理合

理藩院 9228 行 1a/244-50、外,筌 6
清朝の藩属たる蒙古・青海・西蔵・回部を綏撫することを掌る中央官庁。組織は六部に類似し、尚書・左右侍郎各一名(何れも満人)をおき六個の清吏司を分かち、郎中・員外郎・主事などの属僚を置く。典属清吏司は露國との交渉・貿易に関する事務を掌った。

里 9229 外
→驛

里甲馬 9230 福 28-1、a
村のくみあひもちうま。[夫驛傳之設。有衝右僻。…僻則謂之〜。僅以供本州邑之駐遞。故又謂之遊馬。遞遞馬之設。不過数。]

里遞 9231 福 9-3.a
村役人。

里排 9232 福 6-2b、撫 1－6a
里長。里甲のねんばん。

里保 9233 読 22、行
総代というが如し。

釐 9234 読 304
①釐は治むなり。②日本の「分(=百分の一)」。

釐局 9235 外
釐金を徴収する番所・関所。

釐金 9236 外
咸豐 3 年(1853)軍費調達の目的を以て楊州仙女鎮で貨物に通行税を課したのに始まり、全國に広まった。税率は低いものの、各所で課されたため、評判悪く、外国人所有の貨物に限り代わりに子口税が課せられるようになった。釐金の種類は『行政法』6/87。

釐税 9237 筌 64
釐金。

釐卡 9238 筌 41、外
①釐金局およびその派出所。②=釐局。

釐百工 9239 筌 5
百官を統御す,釐は治むなり。

釐定 9240 陶 12-9a
整理改定=厘?訂。

釐剔 9241 陶 12-8b
正し、除く。

離開 9242 読 178
立ち退き。

離睽 9243 読 275
そむく、一致せず。

離經道畔 9244 筌 9
常軌を逸し道義に反する。

離索之感 9245 筌 53
久しく別れて相思うの意。

力疾從公 9246 筌 10
病を推して公務に従う。

力索 9247 讀下 26
強請。

力図 9248 読 114
つとめ図る。

力不力 9249 読 156
実行の実力ありや否や。[其行之力不力]

力役 9250 福 9-1b
=糧差

陵寢 9251 筌 29
清廷の陵墓。

陸路通商章程 9252 規 124

[リ]

陸路 　　
陸路交通貿易に関する約定。

陸路砲 9253 筌 17
野砲。

律師 9254 読 102
法律家、弁護士か?。

律百克 9255 外
Lubeck.

律勞卑 9256 外
Napier, William John, Lord.

立案 9257 外
登録する。記録にとどめる。

立經 9258 四 38
「来文受領後直ちに～せり。」

立決 9259 福 12-1b
ぢきにきる。

立候咨復 9260 規 163
鶴首翹望して回答の至るを待つの意。復は咨文を以てする回答をいう。

立功省分 9261 規 47
功績を樹てた各省地方。　→省分

立即 9262 規 124,259
即刻に。［立即停輟］

立等 9263 福 17-11a
さっそく。

立法 9264 外
法制が備わっていること、きまり。

立法蒹嚴 9265 外
→立法

立約 9266 外
条約を締結する。

略 9267 外
大体。全体的に見て。　→略開、略稱

略開・・ 9268 四 154
略は内容大略。上級または平級機関からの来文を引用する語句。　→略稱

略稱・・ 9269 四 154
略は内容大略。下級または人民からの来文を引用する語句。　→略開

劉坤一 9270 規 39,195

劉松齡 9271 外
Hallerstein, Augustinus von.

柳字 9272 規 235
柳子厚の書。

柳陌 9273 福 23-14b
くるわ。

流遣 9274 福 221a
島流しの追放。

流借 9275 福 5-1b
おひおひかしになる。

流水 9276 福 5-21b,6-6b
年貢納めの帳。ひびうけとり帳。

流水收簿 9277 福 6-8a
ひび受け取り帳。［流水者。按日挨登。如流水之盈科潮進也。］

流水賑簿 9278 商
日記帳。

流水日收簿 9279 福 2-20b
戸房付散役。

流積鑛 9280 筌 59
金属沖積鉱物 metalliferous sands placers or allunuvial deposits。

流低 9281 福 3-13b
ねんぷ。

流品 9282 読 149
人物の品位。

流弊 9283 外
世に広まった悪い習わし。

留学 9284 讀下 57
在学。

留出 9285
「留めおく」「遺しておく」存置すべしの意。

留心 9286 読 16
注意。

留中 9287 外
奏文中の類を皇帝の手元にとどめて渡さないこと。

留難 9288 外、撫 1-1a,法 1062,明律 7,清律 11
①難癖つけること。②難題をふっかけ、進行を妨げること。多くの場合、不正規な金銭などを要求せんがために行われた。

留儲 9289 法 1062
各州県が徴収した租税内より一定の額を存留して、その官庁の経費に充てること。

留抵 9290 法 1062、六
京師に送るべき銀穀を留めて他のように抵つること。

留任 9291 外
①官吏が任期が満ちてもその職に留まること。②革職留任。

雷任 9292 福 19-15b
三年の交代なくつとめごしをさする。

龍気結聚 9293 福 22-22b
龍の気集まりて方角のよい。

龍旗 9294 読 165
清国国旗。

龍銀 9295 規 250-1,筌 63
龍洋ともいう。清國省の銀元局にて鋳造せる銀貨で直隷に北洋弗,湖北に湖北弗等の名がある。

龍元 9296 筌 20

- 238 -

[リ]

清国政府の鋳造せる貨幣。

龍鬚板 9297 福 11-27a
〔其竹板有三號。最大有毛頭。謂之〜。偶一設之。所以威嚇土豪衙蠹。非軽用之物也。其三號者。頭號打強盜悪棍衙役犯贓私作弊者。二號乃常刑。三號則比較錢糧。暨郷愚小訟之類耳。至于夾棍。唯人命強盜重犯不招則用之。〕

龍嵩廟 9298 外
St. Lourenes 寺院(澳門の)。

龍斷 9299 讀下 43
壟斷

龍亭 9300 福 2-13a
村村に天子のゐはいをおくみや。

龍洋 9301
→龍銀

呂宋 9302 讀上 39
ルソン。

旅 9303 読 174
旅順。

閭閻 9304 陶 7-10a
人民のこと。閭は里門、閻は里中の門なり。農民・人民。

兩 9305
貨幣単位 cash candareenmace 兩=10 錢=100 分=1000 釐。一両の価格:一兩≒一圓四十錢(読 120)、一圓二三十錢(規 119-28)。一廣東兩 7Shilling.(外)。

兩下 9306 読 276
双方、即ち互いに。

兩宮 9307 讀上 56 下 13
①両太后。②皇太后(西太后)と皇帝。

兩湖 9308 筌 42、讀下 11
湖北省と湖南省。

兩江総督 9309 外
江蘇・安徽・江西三省の総督。→総督、欽差大臣、南洋通商大臣

兩廣総督 9310 外
廣東・廣西両省の総督。→総督・欽差大臣

…兩整 9311 規 265
日本でいうところの「…圓也」と同様の書式。

両造 9312 撫 2 - 3b、法 1079
原告と被告。

両造具備 9313 撫 2 - 3b、法 1079、中
原告と被告。「造」は「至る(出廷)」するの意。確かめるとの意であるとも。『尚書』「呂刑篇」の「両造具備」にあるによるといい、『周礼』にもあるという。具備とは証拠物件整い各自の意見を述べるによるという。

兩呈均悉 9314 四 63
下級機関もしくは民間からの相次いだ呈文を受取り、内容を見たとの起首語。上級機関が一括して批示・指令を出す場合に使われる。→悉

兩電均悉 9315 四 63
上級から下級機関への返電で相次いだ電文を受取り、内容を見たとの起首語。→悉

兩電敬悉 9316 四 63
下級からの上級機関への返電で相次いだ電文を受取り、内容を見たとの起首語。→悉

兩美 9317 読 39
南北アメリカ。

兩廡 9318 筌 43
孔子の十哲を安置する両廡。

兩禮拜 9319 讀下 35
二週間。

亮詧 9320 筌 52
御了察。詧は「察」の古字。

凌遲 9321 讀下 47
なぶり殺し。

凌躐 9322 筌 8
越権。「躐」は「踏む・越える」。

梁 9323 読 205
橋。

瞭晴 9324 福 22-1b
ものみ。

料 9325 読 10
およそ材料に供するもの。

料知 9326 外
察知する。

料理 9327 読 31,37
処置する。取り扱い。準備。

粮租 9328 講 317
租税。

粮台 9329 読 79
兵站部。

糧 9330 筌 38
糧道。貢米の運漕兵餉の給与保管を掌る。

糧差 9331 福 91b
年貢と使いのふたつ。〔役之均亦有儀式二。一有儀式田而有儀式丁。謂之〜〜。一光丁而無儀式糧。謂之力役。蓋田多則糧多。糧多則差多。所謂差照糧行者是也。〕

糧書 9332 星 1-413,3-247
①清代糧餉事務に関わる胥吏。②郷村各区から県衙にいたるまでの徴税機構に介在する胥吏層の一。

糧策銀衛 9333 福 5-18a
じやうなふまいを銀にておさめる。

糧儲道 9334 外、筌 40、讀上 14

[リ]

①漕運を掌る道官。→道官②＝糧道。
③兵糧儲蔵。

糧長 9335 福 20-21b
年貢を受け取る頭役。

糧道 9336 外、行 5/309
各省督撫および「漕運総督」の監督を受けて押運官を指揮し、省内の漕務を掌る官。省によって糧儲見。督糧道と呼ばれる。

糧飛 9337 福 8-12a
年貢を余分に納めるようにしかける。［虚捏花名～。～闔縣。］

糧余 9338 福 286b
年貢の割りつけ。

良 9339 規 77,196
「まことに」と訓む。［裨益良多］

諒 9340 外
①「思ふに」「推しはかるに」。②「察せられよ。」③(事情を察して)許す。

量 9341
はかり、斟酌する。

量加 9342
斟酌して加える。

量移 9343 福 1-17a、中
①しはいじょをうつす。②転任。③辺地に左遷された者を恩赦で中央に近いところへ帰任させる。

量準 9344 読 204,308
はかりきめること。

量予 9345 読 126
斟酌して与える。

鐐 9346 福 11-28a
あしかせ。

領 9347 福 2-23b
受け取り。［其價債～。］

領會 9348 規 250
了解。

領換牙帖簿 9349 福 2-21a
すあいかぶのかはるとき申し上げがき。

領銜 9350 讀下 14
①連署の筆頭(人)。②帯勳。

領嶠 9351 筌 40
江西省と広東との境界山脈。

領事 9352 外
①事を領する。②事を領する人。③(英国の在華)貿易監督官。

領事官 9353 外
①(英国の在華)貿易監督官。Superintendent of Trade in China. ②領事 consul.

領事府 9354 規 252
領事館。

領侍衛處 9355 外
Dep.Imperial Body Guard 禁旅八旗の一部にして、禁城の守衛・巡幸の扈從・行宮の守衛を掌る官庁。相当数の兵力を擁し皇帝の身辺の護衛にあたった。

領侍衛内大臣 9356 外
Chamber lain of the Guard 領侍衛處の長官。定員六名。

領種 9357 福 263a
ひきうけつくる。

領週 9358 福 27-15b
受け取りすむ。

領出 9359 福 6-5b
受け取りをだす。

領状 9360 福 3-16a
受け取り。

領悉 9361 読 278
委細承知せり。

領兌 9362 福 8-4a,31-1a
かけ受け取る。受け取りわたす。

領袖辦事人 9363 筌 61
重なる事務員。

領到 9364 福 2-15b
受け取る。

領班 9365 読 203、福 25-10a
①全般の人を率いる。②儀式をとりあつかふかしら。

領墨 9366 外
Denmark.

領有 9367 読 58、外
①受け取る。②(受け取って)もっている。

領略 9368 読 100
会得、理解する。

領略勝景 9369 読 100
好風景をしめながら。

綠營 9370 外
八旗と並ぶ清初からの軍制。漢人で構成し、各地に配置され、軍隊というよりは治安維持等の警察的業務を行った。在外のものは総督巡撫などの諸官に分属した(督標・撫標)。その外提標(提督)・鎮標(総兵)・河標(河道総督)・漕標(漕運総督)などある。さらに標は更に営に別れる。(営の上に協がおかれる場合もある)営は哨に別れる。(営を置かずに直ぐに哨を置く場合もある)。全体は更に馬兵と歩兵(戦兵・守兵)に別れる。各組織の指揮官は:協副將營參將・遊擊・都司・守備哨千總・把總。

綠旗 9371 外
＝綠營。

綠林 9372 読 168
盗賊仲間。

[ル]

稟 9373
　→ヒンの項を見よ
倫 9374 讀下 42
　ロンドン。
倫敦 9375 読 66
　London.
倫貝子 9376 筌 48
　倫は傅倫貝子爺なり。貝子は清朝皇族の称号。
厘訂 9377 経 116
　整理改訂する。
吝因 9378 外
　Denmark.
廩生 9379 筌 35,45
　①秀才の第一位にいる者にして,官より廩米を給与せられる者。②生員。童生にして縣試に及第せるもののうち第一位。→生員
廩禄 9380 筌 6
　扶持米。
懍遵 9381 筌 8
　謹んで遵奉す。懍は懼れる。おそれ遵う。
林根 9382 外
　Lincoln,Abraham.
林使 9383 筌 36
　林公使。
凛 9384 規 196
　厳粛に、「慎んで」の意。→「違」
凛之 9385 四 183
　「いささかたりとも揺るがせにせず実行せよ」下行文において命じたことを必ず述べた実行することを要求する厳格な語。凛は「厳粛に」「慎む」の意。→「凛遵」
凛遵 9386 四 183
　「いささかたりとも揺るがせにせず実行せよ」下行文において命じたことを必ず述べた実行することを要求する厳格な語。凛は「厳粛に」「慎む」の意。→「凛」
淋 9387 福 8-2b
　すぎなりにはかる。
燐養灰 9388 筌 59
　燐灰石 phosphate of lime。
綸扉 9389 読 120
　朝廷の枢機というがごとし。
臨 9390 筌 15
　→臨楡
臨時 9391 読 1
　その時に及ばば。
臨楡 9392 筌 15
　山海関。
輪船 9393 読 10
　蒸気船。
輪派 9394 外
　順繰りに当番に立つこと。
輪班値日 9395 筌 6
　輪番参内当直日。
輪流 9396 外
　かわるがわる。
遴選 9397
　注意して選択する。または貪る。
遴選 9398 筌 57
　注意して選択する。
遴派 9399 規 153
　遴とは慎重に選択すること。
鄰使 9400 讀下 25
　鄰國大臣。
鄰封 9401 福 28-2a
　となり村。

[ルレ]

屢經 9402 四 167
　「しばしば・・したりき。」過去多くの回数処理したことを述べる。→經
縷 9403 満 79
　詳細。
縷晰 9404 筌 33
　明白に縷述する。
螻蟻之命 9405 筌 42
　螻はケラなり、卑小なる生命という意味。
累缺 9406 筌 24
　欠損。
類 9407 規 170,312,筌 72
　①「概ね」と訓むべし。②大事。

[レ]

令 9408 読 140,外
　①時候。[夏令之後]②知縣の別称。
令開 9409 四 37
　「命令は以下の如し」。上級よりの命令を引用する場合に用いられる。引用は「等因」まで。→開
令據 9410 満 126
　「この案は先に斯く斯くの命令をなしたところ斯く斯くの回答を得たり。かつて呈請して許可の令を受けたり」。「前経令行云々旋據呈覆」の意。公文の簡略語。
令仰 9411 満 97
　「令して・・せしめよ」。下行文における命令・請求語。(訓令・指令・批・布告で共通に用いられる)→著 →仰
令仰遵照 9412 満 104
　「命令に依照して遵守すべし。」下行文

- 241 -

[レ]

令仰遵照後開辦法辦理 9413 満 104
「下記辦法に遵照して処理すべし。」下行文における結尾語。 →令仰遵照

令仰知照 9414 満 103
「命令に依拠して了知すべし」。下行文(訓令)の結尾語。 →知照

令行 9415 満 50
令達または命令を発すの意。

令示祗遵 9416 満 100
「令示もて遵行せしめよ。」指示を仰ぎ、求める language。呈文(上行文)における結尾語。

令准 9417 満 126
「この案はかつて呈請して許可の令を受けたり」。公文の簡略語。 →呈准

令遵 9418 満 127、四 37
「(従うべき)御命令ありたく」。「賜指令俾便遵行(指令を賜わり遵行に便ならしめよ)」の簡略語。

令節 9419 福 13-7b
ごせつく。

令同前因 9420 四 37
ほぼ同内容の上級からの命令。

令發 9421 満 129
某件を発送すべきを命ず。「令行頒發某件」の簡略語。

例 9422 行 1a/14-26,40-1、外,陶 18-10a,読
①しきたり。 [例食]②慣例。 [鉄路公司例…]③(きまり法などを)適用する。④法規としての効力を有する先例。刑事に関するものを「律例」といい一般行政の内、全国に通用すべきものを「則例」、ある省で編集しその省に通用するものを「省例」という。

例案 9423 外
「例」と「案(=成案)」。

例禁 9424 外
条例をもって禁ずること。

例貢生 9425 筌 35
生員(縣試の合格者)にして捐金により貢生としての資格を得たる者。

另 9426 規 252,254
另は別。

另案 9427 福 7-18b
別なかどで。

另欵 9428 筌 8
別途。

另候簡用 9429 読 107-8

另行造報 9430 満 89
別に報告を作る。 →行

另單 9431 筌 31
別紙。

另籌 9432 筌 8
他に計画を立てる。

另提 9433 福 12-31a
べつのひきよせ。

另片 9434 外
=片奏、→附奏。

另有旨 9435 外、規 93-4
①「追って沙汰あるべきこと。」②当該の問題について別に「旨」が発せられていることを示す硃批の慣用句。「已有旨」とも。

戾 9436 読 185
①罪悪、背く、凶悪である。②至る、止。

棣通 9437 筌 55
互いに相交通するの意。棣は通なり。

櫺 9438 読 57
連子窓(格子窓?)。

冷眼 9439 福 7-13b
よそめ。

禮學館 9440 筌 16
礼教を講じるところ。

禮教大防 9441 筌 13
礼教・大則。

禮遇 9442 規 124
優遇。

禮生 9443 福 21-28a
礼儀を司る役人。

禮知遜 9444 外
Richardson,C.

禮拜 9445 読 68
口語の星期に同じ。月曜日を禮拜一といい以下これにならう。[二禮拜(二週間)]

禮拜一 9446 讀下 24
月曜日。

拜禮二 9447 讀下 23
火曜日。

禮拜日 9448 読 68,298、規 250
日曜日。

禮拜報 9449 讀上 51、下 10
日曜新聞または週報。

禮部 9450 外
六部の一。典礼事務を掌り、兼ねて教育・科擧・外国交通に関する事務を掌る。

禮隆蒐伍 9451 筌 17
全軍荘重に敬礼を行う。

禮和洋行 9452 外
Carlowitz & Co.

翎子 9453
=翎隻。

翎隻 9454 外、行 1a/84-5
(巻末の翎子の項も参照のこと)官帽につ

ける標章で文武官の軍功あるものにさずけられる。花翎單眼〜・雙眼〜・三眼〜五品以上の文武官の授与藍翎六品以下の文武官の授与。

聆 9455 規 223,筌 18,53
聞く。聴く。

醴 9456 筌 77
湖南省の醴陵。

零星 9457 陶 8-49b
細々としたもの。

零挑 9458 福 28-20a
はしたかひ。

零用 9459 規 251,筌 63
雑費小遣い銭の意。

歷 9460 陶 8-31b、筌 23
①つぶさに。[前在上海時歷詢耆舵僉稱〜]②曆を避諱して歷で代用する。「中歷」など。一説には前漢律歷志に黄帝造歷云々或作曆とあり。

歷屆 9461 外
これまでしばしばあったところの。

歷經 9462 外、讀上 28、四 7
①「すでにしばしば‥したりき」②しばしば経たり。③しばしば…ということがあった。

歷經‥在案 9463 満 68
しばしば‥したりき。→經‥在案、在案

歷試 9464 讀下 37
経験。

歷次 9465 読 123,筌 8
迭次、しばしば。

歷來 9466 読 267
旧来、以前より。

瀝陳 9467 規 104
披瀝開陳。

唎衛廉 9468 外
Reed,William B.

唎𠴿 9469 外
Reed, William B.

列衛廉 9470 外
Reed William B.

列款 9471 読 167
条約書に記入する。

列斐士 9472 外
Rehfues,Baronvon.

嗹國 9473 外
Denmark.

廉訪 9474 読 164
按察使の別称。[東臬毓、廉訪賢]

練軍 9475 外
Disciplined Forces 八旗もしくは緑営中より精鋭をよりすぐった軍隊。有事に備えるためにつくられた。機嫌は同治初年にあり、なかでも同治 4 年以来編成された直隷練軍は名高い。

練拳 9476 読 177
義和団の拳法を練るをいう。

練習 9477 外
習熟する。

聯軍 9478 規 186、讀上 12
各國連合軍。

連害 9479 福 142a
まきぞひ。

連珠槍 9480 読 123
連発銃。[連珠槍三千枝]

連稱 9481 福 7-13a
つづけかけ。

連同 9482 満 81
(別に文書を)相添えて。 →檢同

連名簽押 9483 商
連名書名。

[口]

喀哐 9484 外
Russian.

魯 9485 筌 32
山東省泰安府地方。

臚列 9486 筌 48,外
臚は陳べるなり。序するなり。列陳する。

盧西達尼亞 9487 外
④"Lusitania(Portugal?)。"

蘆漢路 9488 筌 47
京漢鉄道。直隷の蘆構橋より湖北の漢口にいたる鉄道。

路易腓力浦 9489 外
Philippe,Louis.

路軌 9490 筌 46
軌道。

路砿學校 9491 読 4
鉄道(道)および鉱山の学校。華僑張振勳の寄付で 1903 年に設立された路砿學堂か。

路綫 9492 筌 57
道筋。

路德 9493 読 226
ルーテル Ruther?。

路透(社) 9494 読 66
Reuter 通信社。

路律 9495
鉄道法社

露章 9496 福 24-2b
あらはに申しあげる、調べあはせ。

［ロ］

露透 9497 讀上 42、50
　ロイター通信社。

露白 9498 福 17-5b
　あらはれる。

魯德照 9499 外
　Semedo,Alvarez de.

牢頭 9500 福 13-1b
　牢守りの頭。

牢篭 9501 外
　まるめ込む。篭絡する。

壟断 9502 讀 13
　小高き土地に昇り左右前後を観望して市場の利益を占めること。

弄 9503 讀 32
　横町。

弄拳 9504 筌 49
　拳を打つ。

攏 9505 外
　近づく。密集する。

攏統 9506 福 12-28a
　一つによりかたまる。

攏統含糊 9507 典 1119
　予審調書の作成はその実情と犯人の自白とに照らしてありのままに記さなければいけないが、事実を曖昧にすることをいう。

朗照 9508 筌 51
　御了察。

洩水 9509 筌 61
　排水。

浪白澳 9510 外
　Lampacao Island.

漏規 9511
　＝陋規。

浪遊 9512 福 1-2a
　のらもの。

漏卮 9513 外、筌 21
　①利権の外に流れでること。②流出。

勞怨 9514 筌 3
　労苦と怨恨。

勞文 9515 外
　Brown,J.R.

琅威理 9516 外
　Lang,William M.

老羸 9517 筌 43
　老人,老衰せるもの。

老荒 9518 福 262b
　古く荒れた。

老沙孫 9519 外
　D.Sassoon&Co.

老實 9520 福 38b
　おとなしい。

老爺 9521 四 41
　清代において、民間が官署に出す訴状において地方長官を言及して言う。

郎中 9522 外
　→六部、理藩院

陋規 9523 讀 245、外
　①種々の法規を枉げて(知縣)の私嚢を満たすもの。②官吏が種々の名義を設けて不法に徴収する手数料ないしは付加税。習慣化していた。(規銀は一例)俸給の極めて低かった官吏には主要な財源でもあり、富を蓄える手段でもあった。

隴 9524 筌 40
　甘粛。

六欝 9525 外
　Rockwood,T.

六科 9526 筌 6
　六科は吏科・戸科・礼科・兵科・刑科・工科。

六科給事中 9527 筌 6
　都察院に隷属し,詔勅や上奏文のほ批答の遺漏なきやを検し,あるいは諸政を監察する。

六霍 9528 筌 76
　六安州と霍山縣。

六百里 9529 讀 187、讀下 28
　急使。急飛脚の最なるものにして宿継にて昼夜に六百里を行くもの。

六部 9530 規 292
　①吏・戸・礼・兵・刑・工の各部中央の行政官庁。清代においてはその管理職は偶数官制により明代の倍になっている。長官の尚書は満漢各一名、次官は左・右侍郎満漢各二名の計六名。合議制でありその下に部局清吏司役人郎中・員外郎・主事筆帖式・書吏があった。②六部尚書。［六部九卿］

勒 9531 規 291、中
　①強要する。②刻む、彫る、記す。③編纂の意。［勒爲成書］

勒阿宅爾斯泰 9532 讀 226
　レオ＝トルストイ。

勒休 9533 外
　→休致

勒限 9534 筌 8,讀 177、福 7-12a
　①(無理に)期限を限りて。②強制。③日切りをきつと申しつける。

勒詐 9535 福 14 - 2a
　賄(まいない)を③無理にとる。

勒索 9536 陶 7-7a、福 3-22a
　①強奪する、ゆすりとる。②無理銭をとる。

勒德維珊 9537 讀 57

ロシアの軍艦レトビザン。

勒追 9538 福 7-3a
ひどくとりたてる。

勒伯勒東 9539 外
Le Brethon De Caligny,A.F.

勒令 9540 筌 49
強制。

勒令休致 9541 読 129
諭旨免職。命じて退官せしむ。

論 9542 読 256,257
取り扱う。

[ワ]

倭気 9543 讀上 27
日本軍の気勢。

和 9544 筌 14
オランダ。→荷蘭

和款 9545 規 227
講和条約。

和局 9546 外、讀上 13
講和の進展。講和交渉。→撫局

和之 9547 読 20
これに協力する。

和碩 9548 筌 30
親王の尊称。満州語にて城主の意。

和碩公主 9549 外
妃嬪の出の公主。←→固倫公主

和碩親王 9550 外
→宗室

和息 9551 福 11-26a 中
原告と被告が和解すること。

和平商辦 9552
商は「はかる」「相談」の意。平和に示談してその局を結ぶ。

和約 9553 規 120
講和条約のこと。［訂定和約］

窪 9554 讀上 49
オレンジ自由国。→窪蘭治

窪蘭治 9555 讀上 42
オレンジ自由国。

萬目 9556 規 328、筌 55
老衰のこと。荘子駢拇篇に「今之君子奨萬目而憂世患」とある。

匯 9557 経 3
集める送金の意。

匯案核轉 9558 四 38
他機関からの文書をその他の文書・附件を一括「査核辦理(審査調査の上、処理する)」の後、纏めて違う機関に送ること。→匯轉

匯案核辦 9559 四 39
他機関からの文書をその他の文書・附件を一括して「査核辦理(審査調査の上、処理する)」すること。匯核はその間略語。→匯轉

匯核 9560 四 39
「匯案核辦」の簡略語。他機関からの文書をその他の文書・附件を一括して「査核辦理(審査調査の上、処理する)」すること。→匯轉

匯款 9561 筌 62
借款。

匯劃錢荘 9562 経 20
錢荘。

匯兌 9563 経 2
為替業務。

匯轉 9564 四 38
当該の件と他の件を一括して、違う機関に送ること。

淮揚道 9565 外
江蘇省、淮安・揚州を管轄する道台で淮安に駐在する。

滙票 9566 読 298,304
為替。

滙豊銀行 9567 外、筌 64
香港上海バンク。Hongkong and Shanghai Banking Corporation.

薈萃 9568 読 281
集まる、多きこと。草木の叢生する貌。

賄縱 9569 外
賄賂を貰って見逃すこと。

賄通 9570 外
賄賂をやって通じること。

惋惜 9571 規 70、講 101
残念なこと。惋は駭恨すること、残念がること。惜は痛惜すること。

- 245 -

［清代の公文］　　　　　『規範』　P.140～141
清朝の往来の公文は次の三つに別れる。
　（1）剳文・剳子　　　　　上級より下級に与えるもの。
　（2）咨文・移文・照會　　同等官間の文書（平行文）。
　（3）呈文・申文・詳文　　下級よりの文書。
　この種の公文の用紙は皆摺子と称する折手本を以てし、剳文及び咨文の類は行数粗く、従って文字も比較的大きく、呈文などは行数細かく、文字も小さいのが通例である。即ち剳文及び咨文等は一頁四行、呈文は一頁語行である。
　殊に照會文は清国と外国との官吏の間に限り用いられた。一私立會社等より官衙に対し照會するなどは決してない。

［清朝皇族の爵位］　　　　『規範』P.60～63
清朝皇族はまず
　（1）宗室　　顯祖皇帝の直系子孫
　（2）覺羅　　　〃　　傍系子孫
の二つに分かれる。更に宗室の爵位は以下の十四に分かれる。
　（1）　　和碩親王
　（2）　　世子
　（3）　　多羅郡王
　（4）　　長子
　（5）　　多羅貝勒
　（6）　　固山貝子
　（7）　　奉恩鎮國公
　（8）　　奉恩輔國公
　（9）　　不入八分鎮國公
　（10）　　不入八分輔國公
　（11）　　一二三等鎮國將軍
　（12）　　一二三等輔國將軍
　（13）　　一二三等奉國將軍
　（14）　　奉恩將軍

　これらの爵位は年所を経るに随い、親疎に因り次第に遞降し竟に無爵（閑散宗室）となれる者に至って止まる。（別表参照）
　ただ、清朝國初興業の元勳にして、特に「世襲罔替（せしゅうかわりなし）」とするところの王公八家がある。有名なる八大王家と称するものにして世俗之れを「鐵帽子王」という。即ち

　（1）禮親王　　（2）睿親王　　（3）豫親王　　（4）肅親王
　（5）鄭親王　　（6）荘親王　　（7）順承郡王　（8）克勤郡王

である。この外後世にいたり世襲とせられたる王家が三ある。

　（1）怡親王　　（2）恭親王　　（3）醇親王

である。

- 246 -

［臣僚の爵位］　　　　　　　　　　　　　『規範』P.41～42
清朝臣僚の爵位は九等二十七級に別つ。即ち
　（1）　　公爵　　一等公、二等公、三等公
　（2）　　侯爵　　一等侯兼雲騎尉、一等侯、二等侯、三等侯
　（3）　　伯爵　　一等伯兼雲騎尉、一等伯、二等伯、三等伯
　（4）　　子爵　　一等子兼雲騎尉、一等子、二等子、三等子
　（5）　　男爵　　一等男兼雲騎尉、一等男、二等男、三等男
　（6）　　輕車都尉　一等輕車都尉兼雲騎尉、一等輕車都尉、二等輕車都尉、
　　　　　　　　　　三等輕車都尉
　（7）　　騎都尉　騎都尉兼雲騎尉
　（8）　　雲騎尉
　（9）　　恩騎尉
　封爵の制は宗室におけるのと同じく世襲ではない（寧ろ「世襲罔替」を許されるのは例外である）。

［官員の服飾について］
　　　　　　　　（「清代の官制」『官場現形記・上』平凡社中国古典文学大系548～549頁）

　清朝官員の服飾には厳格な規定があり、その品質と数量による差異があり、それによって官位の高低を区別し、濫用することを許さなかった。
　服飾は大体以下の五種に分かれる。

（1）頂戴
　　　官員のかぶる帽頂〔帽子のてっぺんの飾り〕（ここでは普段の冒頂を指す。朝冒は少し違う）である。一二品は紅の色で、三品・四品は藍色、五品・六品は白色、七品以下は金色である。しかし同じ色の中でも、各品によって差異がある。（例えば一品＝純紅・二品＝雑紅、三品＝明藍・四品＝暗藍など。）
　　　ちなみに進士・挙人・貢生は皆金頂をつけ、生員と監生は銀頂をつける。
（2）蟒袍
　　　官員が着る長い袍で、上に蟒の形が刺繍してある。
（3）補服
　　　蟒袍の上に重ねて着る外褂でそのまん中に金糸で鳥獣の正方形の図案が刺繍してある。
　　　武官は獣の模様で、一品は麒麟、九品は海馬（たつのおとしご）である。
　　　ただし、御史と按察使などのような監察・司法関係の官員はそろって獬豸の補服を着る。というのは獬豸は一種の神羊と考えられ、事の曲直を見分ける能力があるとされたからである。
（4）腰帯
　　　一品の者は金方玉版を用い、その中に紅宝石をはめ込む。未入流のものは黒い水牛の角皮の円板四片を用い、銀でふちどる。
（5）坐褥
　　　一品のものは冬は狼の皮を、夏は真っ赤な褐を裏打ちをした紅の毛氈を用い、未入流のものは冬は獺の皮を、夏は土布の裏打ちをした白い毛氈を用いる。

清朝服飾規定一覧　　　（「清代の官制」549頁）

品　級	頂　　　戴		蟒　　袍	補　服
一　品	珊瑚	純紅	九蟒五爪	仙　鶴
二　品	起花珊瑚	雑紅	九蟒五爪	錦　鶏
三　品	藍宝石・藍色明玻璃	明藍	九蟒五爪	孔　雀
四　品	青金石・藍色涅玻璃	暗藍	八蟒五爪	雪　雁
五　品	水晶・白色明玻璃	白	八蟒五爪	白　鷴
六　品	硨磲・白色涅玻璃	白	八蟒五爪	鷺　鷥
七　品	素金頂	金	五蟒四爪	鸂　鶒
八　品	起花金頂	金	五蟒四爪	鵪　鶉
九　品	鏤花金頂	金	五蟒四爪	練　雀
未入流	鏤花金頂	金	五蟒四爪	黄　鸝

　そのほか、朝珠〔礼服の上に首からかける大きな数珠〕は五品以上の官員に限って官員に限って掛ける物であるが、（翰林と御史などの官はこの限りではない。のちに頂戴が金で買えるようになるとたいしたものではなくなった。

[翎子]　　　　　　　　　（「清代の官制」549頁、『規範』64〜65頁）
　特に「翎子」といって官僚が功績顕著である場合に勲章のように賜った羽飾りがある。官帽の頂に挿み、以って栄誉の表となさしめるもので、「藍翎」と「花翎」の二つに分かれる。「花翎」は更に「単眼」「双眼」「三眼」〔眼とは孔雀の羽にある円い模様〕の別がある。
　賞与の仕方・材料について諸説がある。
　まず、青柳の『規範』によれば、功績ある時にまず賜るのは「藍翎」で、これは鴉の羽毛でできている。更に勲功あるときには孔雀の羽でできた「花翎」を賞戴せしめると云う。
　一方、「清代の官制」によれば、六品以下のものが賜るのが「藍翎」で、これは翎（雉の一種）の羽でできていると云う。そして五品以上のものが、単眼の花翎を賜ると云う。
　双眼の花翎は大官でなくては挿せない。三眼の花翎は親王と貝勒などの皇族や特別の勲功のあった大官が賜ったという（臣僚にして賜ったのは李鴻章のみともいう）。
　初めのうち花翎は非常に高貴な栄誉であったが、後には藍翎や単眼の花翎はどちらも献金で買えるようになった。のみならず、やはり献金によって二級以上の頂戴も手に入るようになった。（例えば道員は四品であるが、二品の頂戴を買うことが許されたから、「紅頂子」になり変わることができた。）

［敬避聖諱］　　　　　　　　　　　　　『規範』　P.43～45

　清朝の法、その朝歴代の皇帝の御諱はこれを避けて用いざるを慣例とする。『康熙字典』に敬避聖諱とある者即ちこれである。例えば試験の答案の如き立論如何雄荘なるに関わらず、歴代の皇帝の聖諱を敬しんで避けなければならぬものを一朝間違えてこれを避けるのを忘れた時は、即ち不敬罪をもって問われ全然ゼロとなり畢るのである。而して聖諱の避け方に三種ある。

　(1) 字体を改めるもの　　　　　　　　　　胤→亂　淳→湻　寧→甯
　(2) 他字を假借代用するもの　　　　　　　弘→宏　曆→歷
　(3) 最後の一画を省略するもの（缺末筆　玄→玄　弘→弘　寧→寧　之法）
　　　　　　　　　　　　　　　　　　　　　貯→貯

　例えば乾隆帝の名は弘暦があったために、「宏」「歷」で代用され、明の弘治という年号は「宏治」とされ、「時憲暦」は「時憲書」とされた。

［連署の方法］　　　　　　　　　　　　　『規範』　P.177-9

　清朝の連署の方法は、現在我々がする仕方とは異なっている。即ち首席は必ず中央に署し、席次の下るにしたがい、首席を中心として左右両方へ展開する。

```
　　3名の場合　　　　　　　　　　　　4名の場合
　直　　直　　直　　　　　　　　直　　直　　直　　直
　隷　　隷　　隷　　　　　　　　隷　　隷　　隷　　隷
　提　　総　　布　　　　　　　　按　　布　　総　　提
　学　　督　　政　　　　　　　　察　　政　　督　　学
　使　　　　　使　　　　　　　　使　　使　　　　　使

　某　　某　　某　　　　　　　　某　　某　　某　　某
　No.3　No.1　No.2　　　　　　　　No.4　No.2　No.1　No.3
```

［手紙の書き方］　　　　　　　　　　　『規範』　P.212～221

　手紙における署名の方法、宛名の書き方、及び日付についても書式がある。そのような作法の一部は現在においても格式ある書き方で行われているもので、入門書の類も各種出版されている。

　(1) 日付
　中国、日本、西洋のいづれの暦を使うにしても書き方が異なる。なお、「こよみ」の漢字は当然「暦」が相当するのであるが、歴代の皇帝の諱を避ける（乾隆帝が「弘暦」）ということで「歷」が借用される。
　　　ⅰ) 中国暦の場合。
　　　　　中歷正月初五　　＝中正月初五
　　　　　華歷二月十三日　＝華二月十三
　　　　　陰歷三月二十四日＝陰三月二十四

　　　月に関していえば1月は必ず「正月」とのみ書くがあとは日本と同じでよい（12月を臘月と書くこともある）。
　　　日に関していえば1日から10日までには「初」の字をつけて「初一日」とか「初二日」という。また更に「日」の字は省略されることがある（例、初一、十二）。

ii) 日本の暦を使う場合。
　　　日歴四月十六日　＝日四月十六
　　　東歴五月念六日　＝東五月念五　　（念＝廿＝２０）
　　　陽歴臘月初九日　＝易十二月初九
iii) 西洋暦を使う場合。
　　　西暦十一月十一號＝西十一月十一
　　西暦の場合には、「日」を使わず「號」を使用する。
iv) 日付の位置。
　　日付の位置は自分の署名の下、左側もしくは右側に小さく書く。

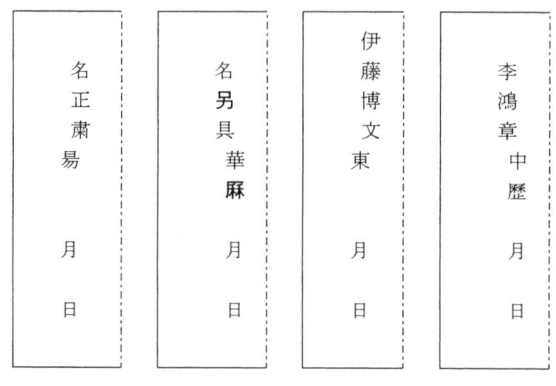

	名**另**具華厤	伊藤博文東	李鴻章中歴
名正肅易			
月	月	月	月
日	日	日	日

　　　　　　　　　　　　　　　　　　　　※**厤**と歴は暦の避諱

（２）署名の方法。

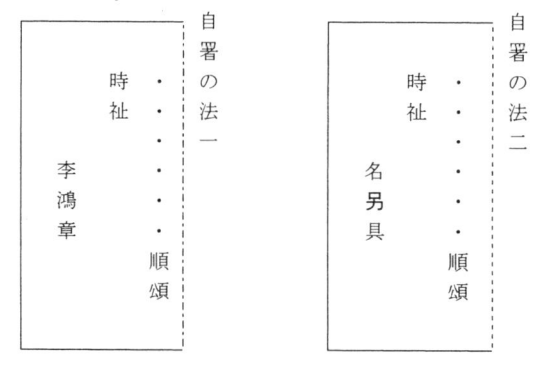

　　自署の法一　　時・祉・・・・・順頌　　李鴻章

　　自署の法二　　時・祉・・・・・順頌　　名**另**具

　一つは自分の姓名をそのまま書く。（左図）
　もう一つの方法は自分の姓名の代わりに「名**另**具（なひべつにぐす）」とか「名正肅」などと書き自分の名刺を一枚状袋の中に同封して送る（左図）。この二つの方法のうち後者の名刺を添える方が丁寧とされる。

（３）宛名書き
　　相手方を記すということでは、文頭に記す場合と文末に記す場合の二通りある。

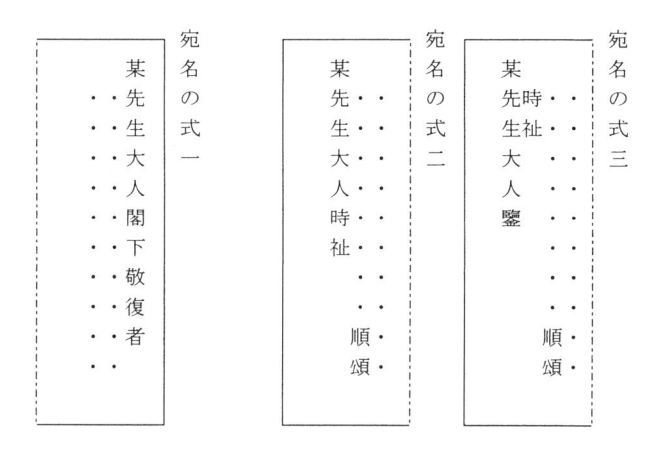

```
宛名の式三              宛名の式二              宛名の式一
  某先時‥‥              某先‥‥                  某
  　生祉‥‥              　生‥‥                  ・・先
  　大　‥‥              　大‥‥                  ・・生
  　人　‥‥              　人‥‥                  ・・大
  　鑒　‥                時‥                      ・・人
  　　　‥                祉‥                      ・・閣
  　　　‥                ‥                        ・・下
  　　　‥                ‥                        ・・敬
  　　　順・              ‥                        ・・復
  　　　頌・              順・                      ・・者
                         頌・                      ・・
```

　注意しなければならないのは、先方の姓あるいは字に限って書くことはできるが、名即ち諱は決して書いてはならないということである。人の名というのはその人の父兄もしくは皇帝でない限り決して口にしたり、筆にしてはならない。そうすることはその人を罵詈することになる。

[手紙の結び方]　（『規範』　P. 209～211）
　前項において、文末における宛名書き、文末における自署において「順頌・時祉」という結びが平擅で用いられている。実はこのような、時節を寿いだり、相手に対して敬意を示す表現は他にもいろいろとある。

　　　敬頌・日祉　　「ご機嫌よくわたらせらるるを祝す。」
　　　順頌・台祺　　順は併せて、台は日本での「御」に相当する。一般に用いられる結び方。
　　　敬請・大安　　同上
　　　敬請・刻安　　現在の時刻の御機嫌を祝す。
　　　順頌・時祉　　時候のお祝い。
　　　肅頌・春祺　　春のお祝い。
　　　此頌・暑祺　　暑中。
　　　此請・早安　　朝。
　　　此請・午安　　昼。
　　　此請・晚安　　夜。
　　　順頌・勛祺　　官吏に用いる。
　　　順頌・政祉　　同上。
　　　肅請・道安　　学者・文人に用いる。
　　　敬頌・文祉　　同上。
　　　敬請・著安　　同上。
　　　此頌・學祉　　同上。
　　　敬請・財安　　商人に用いる。
　　　敬請・痊安　　病人に用いる。
　　　此請・旅安　　旅人に用いる。
　　　敬請・金安　　婦人に用いる。
　　　順頌・近祺　　近ごろのお祝い。

※「祺」または「祉」という名詞には「頌」という動詞がつき、「安」という名詞には「請」という動詞が必ず伴うようである。

頌 → 祺、祉
請 → 安

[衡量]
中国の衡量は両・銭・分に大別し、皆十進法による。

[碼字]
碼字という数字の書き方がある。「蘇州碼」「蘇州碼字」ともいう。蘇州地方に始まり、中国全土に広がった。また沖縄でも用いられたという。

1＝ ｜ 、 2＝ ‖ 、 3＝ ‖｜ 、 4＝ ✕ 、5＝ ㄅ
6＝ 乚、（亠）、 7＝ 亠、（≐） 8＝ 亖 （≡）
9＝ 文 、 10＝ 十、（○）

実は青柳によれば、「10」は十なのであるが、『中日大辞典』は一から列挙して最後は「○」となっている。但し、これが「十」なのか「零」なのかは不明。また『中日大辞典』をみると「6」と「7」は「亠」に横棒が付加された形になっている（括弧内）。

また、このうち1，2，3はそのまま並べて書くと混乱するので、縦横に書き分けて区別する。「１２３」は｜＝‖ 、２２２のときは‖＝‖、というように書き分ける。

覚え方としては、1〜3は容易に覚えられようから、まず「4」と「5」を覚える。

4は発音が「死」に通じるから✕で覚えるのは簡単であろう。

さて、1〜5まで覚えて、6以降をみると、「｜」または「ノ」が「5」に相当することが判るであろう。

しかし、この上海市公用局というのが黙っていないのである。逆に食ってかかっている。

公用局仍不服、謂建委會「對此類逕呈事件、……勿遽予核准、以杜玩忽法令之弊。」

公用局はなおも承服せず、建設委員会に「このような勝手に手順を無視してなされた直訴に対して、……早まって安直に許可を与えないでいただきたい。法令を弄び軽んずる弊害は根絶しなければならないものではありませんか」と回答した。

中央の建設委員が不法な訴えに安直に許可を与えようなことこそ法令を軽んじたもので、このような弊害こそ改められるべきであるとしたのである。建設委員会の方にこそ非があるとしている。ここで「逕呈」とあるは、中国史の法制史でしばしば問題にされる「越訴」に相当する、手順を飛ばして上級機関に訴えることであろう（この「越訴」自体実は違法な行為であった）。

このように平気で建設委員会に難癖をつける上海市公用局が浦東電気公司に行った最後の嫌がらせは電気料金の値下げの強要であった。浦東電気公司は抗弁するも上海市公用局は許さず、電気料金を下げさせた。この電気料金の値下げは上海市公用局から建設委員会へと事後報告がなされた。

五月四日、上海市函告建委會、建委會以未經核准、即已實行、於法未合、姑念事屬減輕市民負擔、免予置議。

五月四日、上海市は建設委員会に浦東電気公司が電気料金の値下げをしたと通告した。建設委員会は、まだ当建設委員会が許可していないが、すでに実行してしまったことだし、法に則っているとは言えないものの市民の負担が軽減されることであるので、調査究明するまでもなしとした。

実はこの文章は本来、二つに分かれるべき文章が一つにされていると判断して翻訳では二文に分けた。筆者も最初に読んだ時、上海市が全文を通しての主語と思って読んだ。しかし、これに続く文で浦東電気公司が上海市の公用局からの嫌がらせから解き放たれたとの文章がある。そこまでの意思決定または決定的な判断が出来る機関はというとやはり上海市公用局ではなく建設委員会の方であろう。そうなるとこの二つ主部述部をもつ重文の後半の主語であることが判る。そうなると冒頭の「五月四日、上海市函告建委會」が、状況を説明した従文ともでき、それ以下が主文であるともできる。そして、これは一応は地の文であるが、文言として使われている。（未經核准）「免予置議」などが使われている。「經」は書類がどう受け付けられたか、どう処理されたかを形容する様々な熟語をつくる核となる。そうなると、「即已實行」「於法未合」も史料の用語をそのまま使っていると思われる。こう分析すると、これは引用する形で表記してはいないが、実は史料で使われた語句で構成されている文章であることが判る。翻訳はそうと判ってしないといけない。「置議」は詮議する、取り調べるであるが「処罰の取り調べをする」も含む。結局取り調べもなされなかったし、その直後の文で浦東電気公司が救われたとあるので、こう分析して読むしかない。

筆者は南巷学派の重鎮たる王樹槐氏の論文を編集翻訳した『上海電力産業史の研究』（ゆまに書房二〇一〇年の）翻訳に関わった。同書は民国期の企業史ということでは、豊富な資料が使われており興味深い内容となっている。引用されている種々の資料を翻訳することにもなったのであるが、面白い用例があったので紹介したい。

文末に書かれる叱責と督促の定型句としては変則な事例があった。

經營電氣事業、其所負使命、有異乎其他工商、……而迪人民、認識電氣之清潔與便利、俾樂於使用、尤屬責無旁貸焉。

電気事業の経営が負っている使命は、他の商工業と異なる。……そして人民を啓発して、電気の清潔で便利なことを認識させて、電気を使うことを楽しいことだと判らせなければならない。これは電気産業人として逃れることができない厳しい責務なのである。

「責無旁貸」は前清の時代の公文書などでよく使われた「責任逃れできないぞ」と職務を遂行するよう叱責した文言である。しかし、ここでは自分を叱咤激励するかのごとき用法である。民国期の文書を読むためにはやはり前清時代の文書の定型句を知っておく必要がある。

一九一九年に創立された上海市公用局から執拗な嫌がらせをうけること画を立てていた上海市公用局にとっては浦東電気公司は邪魔な新参者であったのかもしれない。上海市公用局は浦東電気公司に肩入れするというねじれ現象がおこった。そんな中、建設委員会が許可を出した営業許可証と営業区図を上海市公用局が差し止めるということがおこった。

このことを知った建設委員会は上海市公用局に早く発給するようにと督促した。この督促文書の末尾は文案の段階では通常の表現である「實紉公誼」であったが、実際に送られたものはより強力な表現である「法令を重んじろ」になっていた。

……請貴府速將執照及營區圖發給公司收執、不得擅自扣留、以重功令為荷。

……貴府は速やかに許可証と営業区図を公司に発給していただきたい。これ以上勝手に支給を遅らせてはならず、法律を重んじていただければ幸甚である。

「為荷」は「していただければ幸甚です」または「多とします」という、熟字である。この後、建設委員会から上海市公用局に送った文書の末尾にも「實紉公誼」が使われている例がでてくるが、両者の当時の険悪な関係がわかれば皮肉な意味合いが感じられよう。

……飭辦之事、務須迅捷辦理、傳達中央與地方貫通聯絡之目的、實紉公誼。

……転達する業務は迅速に行うべきであろう。中央と地方の間で意思疎通を図るという目的を全うしていただければ、職責上のこととは言え、感謝に堪えないところであ

(35)

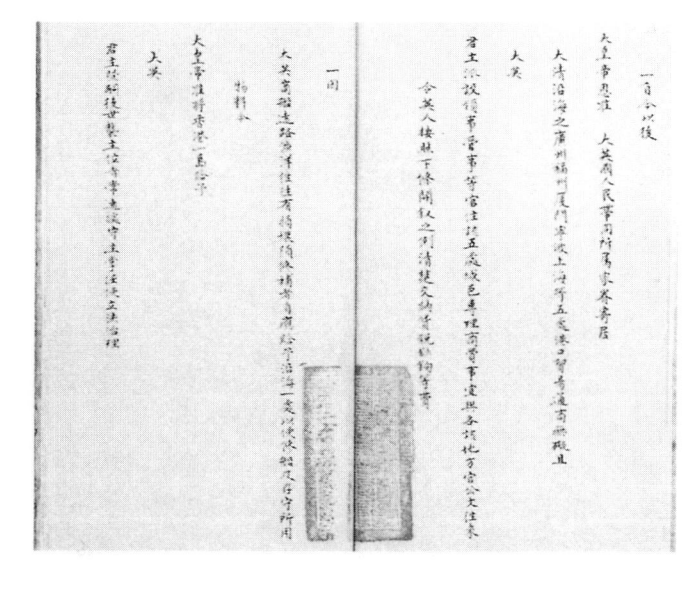

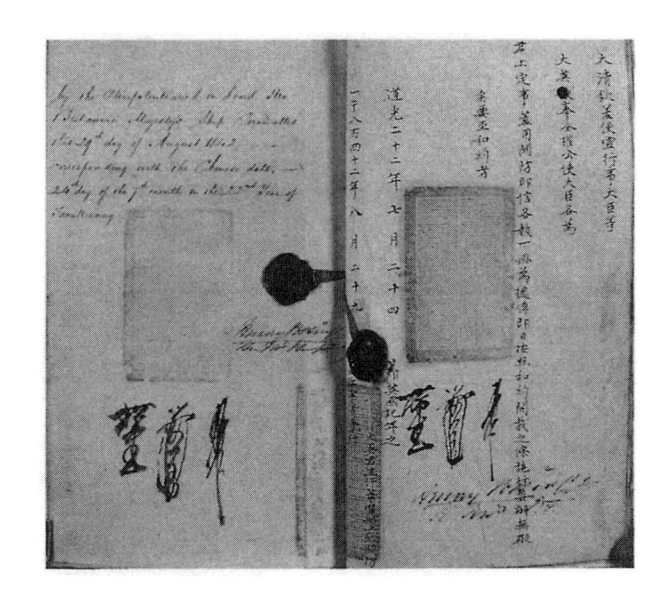

左頁が香港割譲条である（文言については7頁参照）。

当然、英文もあり、行間が空きすぎて見えるがこれは英文と対訳状にするためである。

南京条約の署名部分

（上下段とも出典は同前頁例5）

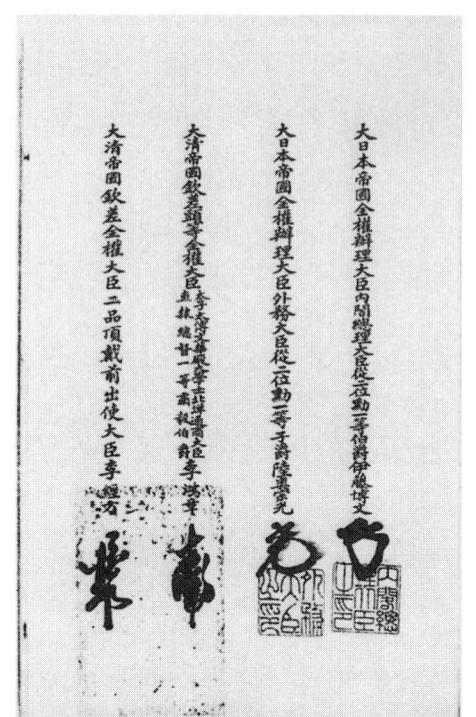

署名部分は次のようになっている。

大日本帝國全權辦理大臣内閣總理大臣從二位勳一等伯爵伊藤博文

大日本帝國全權辦理大臣外務大臣從二位勳一等子爵陸奧宗光

大清帝國欽差頭等全權大臣太子太傅文華殿大學士北洋通商大臣直隸總督一等肅毅伯爵李鴻章

大清帝國欽差全權大臣二品頂戴前出使大臣李經方

例5　南京條約

以下に一九九七年に台北の故宮博物院において展示されていた『從「南京條約」到「日本投稿」的恥痛與奮発』—中華民國力爭自由、平等外交史料特展』（外交部・國史館・國立故宮博物院・新聞局）のパンフレットから南京條約と「日本降書」を見ておきたい。

(33)

例4 下関条約 下関条約を日本の外務省が所蔵する資料でみておきたい。(日本 外務省外交史料館所蔵 次頁も)

第一款

中國認明朝鮮國確爲完全無缺之獨立自主故凡有虧損獨立自主體制即如該國向中國所修貢獻典禮等嗣後全行廢絶

第二款

中國將管理下開地方之權幷將該地方所有堡壘軍器工厰及一切屬公物件永遠讓與日本

一下開劃界以内之奉天省南邊地方從該江口溯該江以抵安平河口又從該河口劃至鳳凰城海城及營口而止畫成折線以南地方所有前開各城市邑皆包括在劃界線内該線抵營口之遼河後即順流至海口止彼此以河中心爲分界
遼東灣東岸及黄海北岸在奉天省所屬諸島嶼亦一併在所讓境内

二臺灣全島及所有附屬各島嶼

三澎湖列島即英國格林尼次東經百十九度起至百二十度止及北緯二十三度起至二十四度之間諸島嶼

第一条の日本と中国（当時は清朝）の朝鮮半島の支配権をめぐるレトリックは有名である。第二条は割譲地の条項であるが、後で見る南京条約における香港割譲条とは表現の仕方が大いに異なる。

例3 照会 その2

台北の中央研究院の档案館所蔵の資料の中から別の照会を紹介しておく。

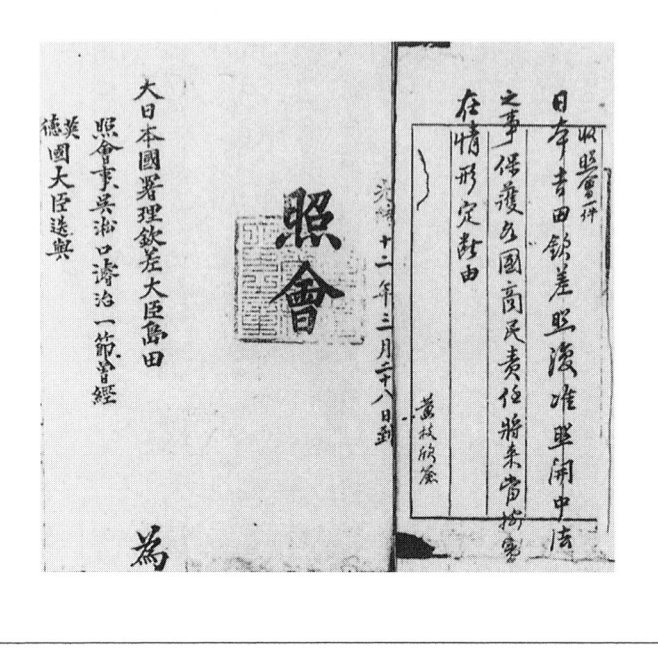

収照会一件
光緒十二年三月二十八日到
照會
日本奉吉田欽差照復准単開申復
之事偽護各國商民責任將來當掛會
在情形定封由
蕭校納簽

大日本國署理欽差大臣島田
照會事吳淞口濬治一節曾經
奨德國大臣遂興

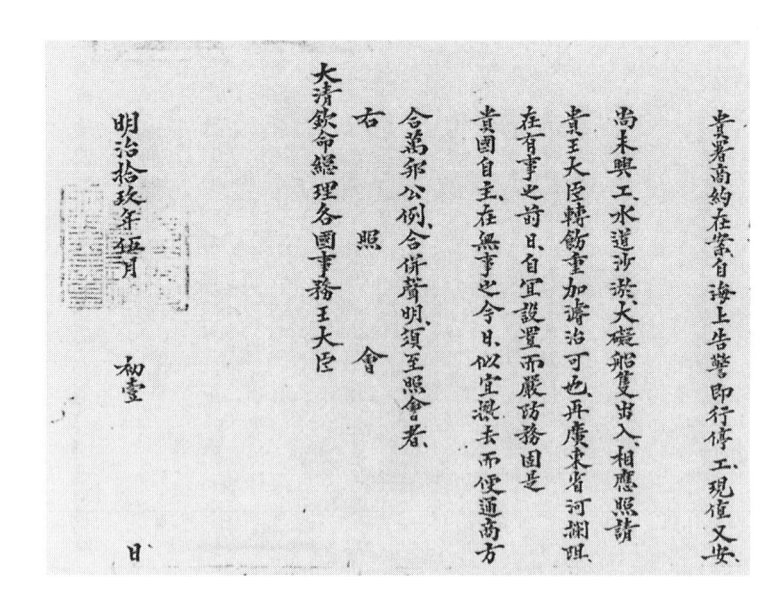

貴署商約在案自海上告警即行停工現僅又安
尚未興工水道汐染大礙船隻出入相應照請
貴大臣轉飭重加濬治可也再廣東省河渠阻
在有事之前日自宜設置而嚴防務同是
貴國自主在無事之令日似宜撤去而便通商方
合萬邦公例合併聲明須至照會者
右
照會
大清欽命總理各國事務王大臣

明治拾玖年□月　□日

大清帝國欽差換約全權大臣二品頂戴伍品銜聯　為

照會事照得中國與各國訂立約章向例本國
大皇帝批准以鈐用
御璽為憑並無
御筆批入約本照行已久此次中日兩國於光緒二十一
年三月二十三日在下之關所定和約及另約已經奉
本國
大皇帝批准鈐用
御璽以昭信據並無
御筆批入約本相應照會
貴大臣請煩查照須至照會者
右　照　會

大日本帝國欽差全權辦理大臣伊東

光緒　　年　　月　　日

公文書の実例

日本の外務省外交資料館と台北の中央研究院档案館所蔵の資料で実例を示したい。（所蔵は各資料ごとに明示）

例1　委任状

左に掲げるのは呉廷芳が下関条約の批准書交換の折に日本側に提出した委任状である。（日本　外務省外交史料館所蔵）

光緒二十一年四月初八日奉

旨著派二品頂戴伍廷芳前往煙台與日本使臣換約俟到煙台後前期一日懸候諭旨再行互換欽

此四月初九日奉

旨著添派三品銜聯芳與伍廷芳同住煙台換約欽

此

例2　照会文

日本外務省が保管する日清講和条約の資料の中に照会文があったので紹介する（次頁も）。封筒が「咨文」用の封筒を転用したことが判る。左側封筒の左上の「清第五号ノ七照会書」とあるのは日本側（外務省）の分類。次頁は元の資料は横広の一枚であるが掲載の都合上上下に分けた。（日本　外務省外交史料館所蔵）

(29)

語辞典』（二八六～一九四頁）もよくまとめている。忌諱の一覧は特に「忌諱」の一覧を掲げる。
も掲げるが、民国期の「空擡と平擡」を以下のように説明している。

民国時期の正式文書中でよく見られるものは空擡と平擡で、単擡と双擡もときどき見受けられる。但し厳格な擡頭の規定がある訳ではなく、混乱もみられる。おおむねは以下のようになる。

1　上級機関に発する文書中、当該の官庁・長官もしくはその更に上級の機関・長官に言及する場合擡頭しなければならない。

2　同等の役所・機関に発する文書中で、相手方の機関・長官に言及する場合、擡頭する。

3　同等の役所・機関に発する文書中で、双方にとって上級の機関・長官に言及する場合、擡頭する。

4　下級機関に発する文書において、文書の発送者よりも同格以上の機関・長官に言及するとき、擡頭する。

5　第三者の機関・長官に言及するとき、擡頭しなければならないときは空擡する。

6　擡頭した下に直ぐに続く場合は再び擡頭しない。

詳しいことは両著および、両著が掲げる陳垣『史諱挙例』、『容斎随筆』、『野客叢書』、『学林』、『斉東野語』などを参照していただきたい。『歴史文書用語辞典　明・清・民国部分』

道光（宣宗）　旻寧
咸豊（文宗）　奕詝
同治（穆宗）　載淳
光緒（徳宗）　載湉
　　　　　　　溥儀

ところで档案史料などを読むために心しなければいけないのは「空名諱」であるかもしれない。これは「空字」とも言い、姓のみ記し、名を記さず、名前の部分は空白にとどめること。清代においては広く行われたとのことである。およそ、下級の部署から上級の提出される上行文において、名前を呼称するときには「空名諱」して尊敬の意を表さなければならなかった。また同時に自分が署名するときも「姓」だけ記し、自尊の意を表した。上級機関から下される公文においては上級の職にあるものは自分の名前を空白にして威厳を示すことになっていた。

つまり、今日の研究では当時の当事者同士では自明であった名前を特定するところから読解を進めていかなければならない。

清代においてはこれとは別に清王朝が満州族が中国に進出してたてた大王朝であったため（満州族を貶めるとして）忌避された字があった。また太平天国の乱の時にも忌避された字がある。

擡頭制度についてはすでに見ているが、最後にあえて紹介したいのは「空擡」である（これは暗擡頭とも言った）。

空擡は文書に空白を記すとき尊敬の念を表すべき字の前一字分（一マス分）ほど空白のまま空けておくこと。

以下に『清代文書綱要』の説明をそのまま訳出する。

　……例えば、
　　　為欽奉
上諭事。本年四月二十三日准｜布政使咨開
本月二十三日奉
宮保総督部堂尹｜憲行内開‥‥

文中の、布政使の前の空白が空擡であり、この文章の起草者の布政使への尊敬を表したものである。しかし、「宮保総督部堂尹」の後の空白は、空白をもって上司である尹某の名に代えたものであり、即ち乾隆年間の両江総督尹継善の「継善」の二字を避けたものである。（傍線部は訳者が付加）

ここで掲げる例が卓抜なのは「忌諱」と「空擡」という空白をつかった異なる用法が二つ使われている例であるということである。

ところで、往復する文書の中で気をつけなければいけないのは、敬意を表して改行しながら繋がる書式の『平格』である。「提行」とも言い、「擡頭」せずに通常の行頭へ繋げる。清代の公文中に同級上級の官署あるいは長官に言及するときに多く用いられているとのことである。

また、明代・清代・民国期の擡頭制度については『歴史文書用

（ 27 ）

令遵　「賜指令俾便遵行」（指令を賜わり遵行に便ならしめよ）」「（従うべき）御命令ありたく」。

令發　「令行頒發某件」。某件を発送すべきを命ず。

「據情」などのように簡略語とは違う（！）別の意味をもつ場合もあるので要注意である。やはり、まめに辞書は引こうという結論になろうか。

第五段　忌諱と擡頭制について

さて、すでに紹介した

『歴史文書用語辞典　明・清・民国部分』四川人民出版社、一九八八年。

『清代文書綱要』四川大学出版社、一九九〇年。

の両篇においては忌避と擡頭についてまとめられている。以下に『清代文書綱要』を中心として最肝要と思われる部分をまとめておきたい。詳しくは両著を見て頂きたい。

青柳によれば伝統的な中国社会においてはその人の名前を直に書いたり、直接言及することは肉親や天子に有らざればその人を慢罵することとなったと忌諱について説き起こす。『清代文書綱要』は逆に「当代の君主および肉親・目上の親類の名前を直書することはできず、その他の方法で直書することをさけなければな

らなかった」とする。

このような名前とタブーの関係は中国社会に限ったことではないのであるが、そのようなことを背景として使われたものが「字（あざな）」であったわけである。

避諱制度

諱は「隠す」「避ける」の意味である。日本語で「いみな」としているのは意味深長である。つまり「忌む」「名」なのである。「その習慣は周代におこり、秦において確立し、唐代に盛んになり、その歴史は二千年に垂とす」という。敬避直書の方法については歴代王朝で異なるわけだが、大きくわけて「改字」「空字」「缺筆」の三種類がある。

「改字」の例は唐の李世民を敬避して「民」の字を「人」で代用するなどの例があった。

「缺筆」は「筆を欠き」「画数を減らす」ことによって直書することを避ける。清代の雍正帝は名に「胤」の字があり、乾隆帝は名を弘歴といったため、公文中「胤」の字は末筆の「乚」を欠き「弘」の字は「、」を省いた（「暦」の字も歴へと「改字」された）。ちなみに、順治帝以後の清朝皇帝の名前は以下のようになっている（陳新會『史諱挙例』同書一六九―一七〇頁）。

順治（世祖）　福臨
康熙（聖祖）　玄燁
雍正（世宗）　胤禛
乾隆（高宗）　弘暦
嘉慶（仁宗）　顒琰

彙案核轉　他案と纏めて審査した上で他機関に転送して処理せしむべし。

彙案核轉一　他の文案と、纏めた上で送付のこと。

彙轉　その他の文書とともに纏めて審査の上処理すべし。

核飭　「査核飭遵」。審査の上、遵奉を令ぜられたし。

核轉　「査核轉呈（咨令）」。審査の上転達されたし。

函准　「この案は既に函請して斯く斯くの回答をうけたり」。
　→咨准

據情　「據呈前情」の簡略語。その他「有りのまま」、「依頼により」の意味で使われることもある。

謹聞　「勤以奉聞」慎みで尊聴に達す。

具報　「具文呈報」。書面をもって報告せよ。報告書を具して。

咨准　「この案は先に咨請して斯くの回答をうけたり」。

査一　詳細調査して、処理する。

候奪　「呈候核奪」。呈文を発して審査決裁を待て。

件存　「附呈各件存査」添付の各文件は調査のため存置す。

示遵　①「敬請核示俾便遵行」審査の上指令もて遵奉せしめられたし。②「ご回答」あるいは「示達」

遵照一理　「遵照令飭各節迅速一理」。命じたる各節に従い迅速に処理すべし。

遵一　「遵照一理」。命に照らしその通り従い処理する。

仍宿　「発送せる原文件は処置が終われば戻されたし」。

知照　「知照一理」。照してその通り実行せよ。簡略語では、なく照会、通知せしめる。「了解せよ。」下行文（批示・命令）でよく使われる。

呈核　「呈を以て回答して、本機関における審査決定を待て」。

呈悉　①「據呈已悉」。②「呈文閲了せり。」指令・批の起首用語。

呈准　「呈請准許」。「この案は先に呈請して許可の令を受けたり」。→令准

呈奉　「この案は先に呈請して斯く斯くの指示を受けたり」。

轉遵　「遵照もしくは了知方轉令されんことを」の意。「請轉令某機関遵照或知照」の簡略語。

備核　「以備査核」の簡略語。審査に供する、或いは「本機関に回答して審査するに便ぜよ」、

備査　「以備査考」取り調べに供する、将来の参考のために保存する。

奉經　「奉此、經」の略語。（上級よりの来文を受け取り既にしおります。

奉發　「奉令頒發某件」命により某件を頒送する。

令據　「この案は先に斯く斯くの命令をなしたるところ斯くの回答を得たり」。

令准　「（この案はかつて呈請して）許可の令を受けたり。」「前経令云々旋據呈覆」の意。

起首段	題目・タイトル
依拠段	根拠となる文書が示される
引申段	意見陳述・発文者の結論
帰結段	懇願・要望の気持ちを伝え、だめ押しする
前由語	

① 収束語　（例‥理合具文呈請‥）「かようにお取りはからいいただきたく、文書もて」
② 請求語　（例‥懇祈）「伏して、お願い申し上げます」
③ 結尾語　（例‥鑒核示遵）「ご裁決・指示を賜りたし」
④ 注意語　（例‥實為徳便）「幸甚に存じ候」
⑤ 末尾語　（例‥謹呈）「謹んで申し述べます」
「除‥‥外」　文書の扱い（伝達先など）を述べる。

これは、一番典型的な例を念頭においで図示したもので、依拠段が二つ以上の文書を引用していたりとか、多くのバリエーションがこの基本型を踏まえてある。

第四段　略語について

さて、日本語のおける外来語の氾濫。これはもう有名である。しかも、パソコンなどという英語が母国語の人間が聞いても判らないような外来語もある。実際、あのライシャワーが「ベア（賃金のベース＝アップのこと）」を初めて聞いた時に判らなかったと書いている。日本語も流暢にしゃべれたライシャワーが久しぶりに日本にやってきたときの逸話である。日本で如何に外来語が氾濫し、なおかつそれが日本式に省略されているかを紹介した事例であるが、実は同じようなことが、この本で扱っている公文用語でもある。時には字面からは見当がつかないくらい省略されたものや、二転三転しているものもある。
例えば、「件存」などは「添付の各文件は調査のため存置す」の意味である。だが、「備案」となると「書類として受理し、書類に加える保管する」から転じて「受理し処理すること」まで意味することもある。これはもうベアどころの騒ぎではないのである。以下に主立ったものをあげてみよう。

案經　「本案はすでに」。「此案業經」の簡略語。

がある。これも要注意の表現である。公文のこの部分ででる限りはほぼ間違いなく文章の扱いを示す語である。下行文の中では、当該の書類の扱いを文章の終盤でこの形式で述べる。「留めおく」「転送する」などという意味合いの語が入るのである。文書の扱いを知らせるということは、案件をどう扱っているかを知らせるということでもある。今だって「この件は〜に伝えておきますから」「内密にここだけの話にしておきますから」と相手に扱い方を伝えるのはビジネス上とっても大事であろう。ただし必しも、帰結部で使われるとは限らない。

また、この表現は漢文・口語では「〜するはもちろん」と使われるが、それとは違う用法である。また、これとは更に違い、付帯的なことや事情を参考的に例示する場合にも使われる。

第三段　依拠文の内容を思い出させる表現

さて、この最後の帰結段の冒頭もしくは引申段の末尾に自分の意見を述べた後、②の引用文の内容に再び言及する書式・用語がある。前由語ということもある。「(さて、ここまで私の意見なご申し述べましたが)そもそも冒頭に引用しました来文の趣旨にありましたように」という意味になる。この語があって、文章の構成で言うと帰結部に入ることになるので、文章の構成を読み解くに当たって便利な語句である。ここではいちいち覚えるのではなく、こんな用語があるのかと見てもらいたい。

上行文

准咨前因、並據前情

平行文

准咨前因
今准前因
縁准前因
奉令前因
茲奉前因
縁奉前因

下行文

准咨前由
縁准前由
縁准前由
縁准前由

已據前情

以上見たことを踏まえて、文章がどのような構造となっているかを以下に図示したい。

ということで末尾のやりとりの諸表現の重要度は侮るべからずということで次節に進む。

第二段　帰結の表現について

公文書の帰結・末尾についてはいささか煩雑な定式が定まっている。

公文書の末尾は、一応以下のような順で結ばれることになる。

① 収束語　（例：理合具文呈請・・・）
② 請求語　（例：懇祈）
「かようにお取りはからいいただきたく、文書もて・・・」
③ 結尾語　（例：鑒核示遵）
「伏して、お願い申し上げます」
④ 注意語　（例：實為徳便）
「ご裁決・指示を賜りたし」
⑤ 末尾語　（例：謹呈）
「謹んで申し述べます」

どれもこれもいかにも公文書の終わりにありそうな定型句・語句のような気がするが、もう少し説明を加える。

① 収束語は「以上述べ来ったところにより、まさに・・・すべきでありましょう」という本来の結論部分。
② 請求語は「お願いいたします」と相手への依頼の気持を表す。
③ 結尾語の「（審査・決裁・執行・実行）されんことを」とともに相手へ具体的な行動要望を促す。

さらに引き続き

④ 注意語は上級に対する時などは「（していただければ）幸甚に存じます」という懇願する内容であり、下級に対する時は「（しないと）厳罰ものだ」と注意を喚起する表現だったりする。

最後の

⑤ 末尾語で「以上申し送る・申し送りました」と文章を結ぶ。上行文・平行文・下行文のそれぞれにいろいろと決まった語句・表現がある。

この他、帰結段でよく使われる表現として、

除……外

以上で一応、初級編としたいが、この際に一つ推奨しておきたいのは、短いものでいいから（寧ろ短いものが望ましい）、史料を手書きしてみることである。キーボードから打つのとは違ってこれは脳裏によく刻み込むことができる。文章の構成が判ると、やがて多くの史料を迅速に読むことができるようになる。

中級篇　文書に込められたより多くの情報を得るために

初級編では何とは無しに読めるようになれたはずであるが、いろいろと読んでいくと頻繁に出てくるその他種々の規則性にも気がつく。中級編ということで、この原稿ではさらなる文章の規則性を論述し、書式について多少系統だってまとめてみたい。

我々が想像する以上に文字・表現には種々の意味が含まれている。それを知ることにより、より早く、より深い意味を知ることができる。極端な話、全文を読解する前に、上下関係などが掌握できれば、便利この上ないであろう。

第一段　文の構成

公文書の体裁は、書式・フォーマットが決まっている。以下の四つの部分に分かれることになる。これ以外に複雑な構成もあるのだが、実はこれの変形・応用組み合わせである。（例えば極端なものになると、引用文の中に引用文があり、そのまた中に引用文があるなどといった屋上さらに屋を重ねるという体のものがある。）

起首段　　題目・タイトル
依拠段　　根拠となる文書を示す
引申段　　意見陳述・発文者の結論
帰結段　　相手に懇願・要望の気持ちを伝え、だめ押しする

まず①題目・タイトルが発句として冒頭に示され（起首段）、その次に②根拠となる文章が示される（依拠段）。次に③自分の意見を述べ（引申段）、④最後に判断を伝え、もしくは仰ぐ（帰結段）。

読むに際しては、まずこのような構成であることを理解したい。この中でいわば三番目の「引申段」が発文者にとっての本文である。ただし、形式がこのように型にはまりすぎているので、最後の「帰結段」の定型句に最も重要な意図が示されていることもあったりもするので要注意である。実際、民国期にはその回答文書の中で「尾開・・・」「後開・・・」（先の来文の末尾にいわく）と帰結段に言及する表現すらある。

(21)

論　取り扱う。

(2) いろいろと熟語をつくる字。

吃　損失とか苦労を受ける。

及〜（時間的に）〜に

妥〜　「ぬかりなく」「あたう限り」の意で種々に熟字する。

〜得　結得・札得・照得のように「〜した結果以下のように」という具合に前にある動詞を受けて、その結果どうなるかという具体的な内容を述べる熟語を作る。

従〜　「〜に」という感じで進行具合や取り扱いを形容する言葉に熟語する。

(3) 成語

委員　役人を派遣する。

一併　併せて、一緒にどちらも共に。

因革　取引。「よるべきものと改めるべきもの」で改革のこと。

往来

強迫教育　義務教育。

五金　鉱石類を総称する。

護理　代行・代理。

工夫　勉強。

在案　「〜したりき」「すでに〜している」。經と組み合わせて使われることもある。例…現經…在案、業經…在案

など。

実在　「実に」「実際に」

除…外　①処理・文書の扱いをこの形式で伝える。②付帯的な事柄を並記する場合に使われる。

是否　…であるや否や、…すべきものなりや否や。

生理　商売・職業。

即當　「すなわち當に〜すべし」と訓む。

代電　電報に代わる至急文書（電報ではない）。

調理　病気療養。

頂戴　帽子につける徽章。

撤銷　撤廃する、取り消す。

統帯官　司令官。

當即　「すなわち」「直ちに」。（「即當」とは違う。）

日内　一両日中、近日中、不日。

把握　自信・見通し。

批准　「批（人民などに対する指示）」で許可すること。

約束　取り締まる。

理合　「以上述べ来たった理由により、〜すべき」の意。

(4) 皇帝が使う表現の成句もある。

覧　「ミタリ」と訓む。（一応は）見たの意。次項よりは軽い。

知道了　「判った」の意。

依議　「ギニヨレ」。上奏した通り行えとの成句。

申 上海の別称。

制 ①天子の言。②名刺に「制」とあるは喪中を意味する。

征 徴収。「徴」と「征」は口語で同音。

成 十分の一。

整 「きっちり」日本の〜円也。

正 整におなじ。

折 ①（刑罰や物納すべきことを）金銭ですます。②割り引く。③損をする。

旋 ただ。

塞 日本語で敬意を込めて使う「御」に相当。

属 ・・のことである。・・に数えるべきである。

台 言い逃れ。

第 後で。ついで、引き続き。

奪 受け取る。

乃 「然るに」。接続詞としてよく用いられる。

値 定める。

置 購買。

挑 川底をさらう工程。

調 （兵員）移動。（人事）異動。方位を変えることから。

呈 上申書。

抵 いたる、到着の意。

訂 約束を結ぶ。定める。

邸 親王・郡王の呼称。

杜 ふさぐ。

倒 商店の倒産、またはそれに伴う店舗の売買。

到 文書「到」達の意。

東 ①金主。②日本。

統 ①すべてに。②切に。

動 金を動かす。

認 請け負わせる。

派 任命する。

班 めぐらす。（軍隊を）移動・撤退させる。

否 〜するや否や。

頗 若干、多少の意。

憑 頼る。証拠。

埠 商業地。

煩 「お手を煩わせ」「お願いいたしたく。」自分側の都合により相手に要求する場合に使われる。→希

冒 偽る、濫用する。

毎 常に。

務 なるべく。（上・平・下行文ともに用いられる）

由 ①「由〜」と後に機関・組織名や職名が続く場合、責任を負う・管轄するものを示す。②「為・・事」の代わりに「為・・由」が使われることがある。

用 「（これを）以って」「（これに）因りて」

理 治める。自治は「自理」。

歴 つぶさに。

(19)

起　↓煩

　　始める。降ろす。

擬　～するつもり。欲する。

鳩　集める。

業　すでに。「業已」も二字で同じ意味。

京　大なる。大事件は「京案」という。

稽　とどめる。

經　「すでに。～し終われり」後の「在案」にかかる場合には、経過・取り組みの進行の状況をあらわす。（後述）

頃　「近頃。」

見　①意見。②今現に。③「～されたし」④「～される」「見笑」は笑われる。

股　株。

交　渡す。

口　港。

向　かつて、従来。

行　（文書を起案した上で）発送する。上行文・平行文・下行文の「行」もこの意味である。但し文書を起案して最後に承認を与える時に行と書くことがあったらしい・・・それとの関係は不明である。

刻　目下。

差　派遣する。

紗　棉絲。[紗業・紗布・紗廠・紗絲]

罪　戦端。

昨　昨日。

札　書簡。上意下達の文書・通達。布告。

參　弾劾する。

棧倉　倉庫

算　決めること。計算する。

止　常に。「只だ」「唯だ」。「只」と「止」は口語で同音。

字　慈しむ。「字」と「慈」は同音。「字小」で「小国を慈しむ」

示　指示ありたし。[示遵]

悉　①以上のこと承知せり。批・指令の冒頭の題目の末尾につく。②つまびらかに知る。

称　（何かに）～に依拠して、する。

照　下級・民間から受け取った文書の内容を引用する場合用いられる。ただし、内容を見たとの意味で可否の判断とは関係ない。

詳　詳文（上行文の一つ）。→開

銷　①売る。②取り消すこと。

順　ついでに。

署　（＝署理）代理。

摺　上奏文。折手本。

情　こと。

訊　消息。

須　要する。用いる。

ます」となる。このことについては後でまた述べる。

このように句切りとなる言葉をひらいつつ、文章構成から解読していくのも一つの方法である。

第六段　漢字の知識の利用

あと、これはという秘訣をあげるとすると漢字の知識を活用した語彙の増やし方である。漢字に慣れ親しんでいる漢字文化圏の者であれば、これを利用しない手はない。もちろん外国語で時代も違う文体であるということはわきまえなければならないし、我々が親しんでいるのとはおよそかけ離れた漢字・熟語の使われ方が多いので用心は欠かせない。しかしである、こんなにも違うのかと一覧を見ながら覚えるというのも、漢字に親しんでいる我々には、一つの方法である。例えば「大概」という熟語でよくつかわれるが、ここで以下のように日本語で親しんでいるのとは明らかに異なる意味を持つ漢字および熟語を並べてみた。漢字の方を見て貰うのもいい、意味の方を見ながら漢字・熟語を見て貰っても結構である。中国語を習った方には別に珍しくもないものも含まれているだろうが、その点は御容赦願いたい。

また、このような一覧を作ったのは日本語と中国語とはやはり違う言語だということを認識してもらいたいからでもあるし、あ

る種のカンのようなものも培ってもらいたいからでもある。辞書を引いたり調べる手間を惜しんではいけないという自戒も当然ある。

(1) 漢字

案　①事件。②「懸案」の意味もあり種々の用語・書式で使われる。

為　〜というものは。〜と混用す。「只だ」の意。[為数鉅大、]。①維持。②思う。

惟　維と混用す。「只だ」の意。

因　「(従来通り踏襲し)よるべきもの」。因革で改革の意。

押　護送する

下　(下級機関に)文書を発送すること。

解　送り、届ける。

開　記す。「計開」。上級・平級から受け取った内容を引用する場合に用いられる。→称

概　すべて、一切、全部。

簡　(皇帝が)任命する。

乾　なくなる。

回　「帰る」は専らこの字を使う。

核　考える。詳しく取り調べる。

希　「お手を煩わせ」「お願いたしたく」相手方が（命令や規定により）しなれければいけない場合に使われた。

以上二つの例文の末尾にある「須至……者」は文全体の末尾の定型句でこれも文書の種類・分類（この場合は照会文）を示すものである（辞典部参照のこと）。ちなみに照会文は清国と外国との官吏の間に限り用いられた。

すでにお気づきであろうが、「為……事」の間に具体的な題目を入れることもあれば、照会・咨会・咨覆など文書の種類・分類をそのまま簡潔に入れることもある。ちなみに布告文などは為暁諭事

という書式で表されることもある。

題目ではないが、文書の出だしで若干異なるのは国書の冒頭である。国書の冒頭は「為……事」の題目を表す書式ではなく、口語の「よろしく伝える」との意味の「問……好」が擡写とともに用いられる。

例えば、清朝から日本に宛てられた国書の冒頭は

　大清國
　大皇帝敬問
　　大日本国
　　大皇帝好……（単擡）
　　　　　　　　　（双擡）

となる。

文章の最初と最後は定型句がありそれにより文章の種類も判る（最後の定型句は後述）。また、公文においてはその根拠を示す来文書がまず引用される。その引用のされ方に着目するだけで発文者と受文者の上下関係が判る。来文書が示されてから発文者が意見を述べる部分に入る。詳細は後述するがおおよそパターン化すると次のようになる。

奏為〇〇〇〇〇〇事●●年●月●日奉到
上諭、據給事中△△△△△△△一摺◇◇◇◇◇◇
◇◇◇◇◇◇欽此。（中略）據□□稱■■■■
■■■■等情（語）☆☆☆☆☆☆☆☆☆☆
☆☆☆☆☆☆☆☆。伏乞
皇上聖鑒謹
奏。

これは
「題目は〇〇〇〇〇〇、●●年●月●日に給事中△△△△△△△の手になる▲▲▲▲▲▲▲という題目の上奏文を受けて皇帝よりの◇◇◇◇◇◇◇◇◇◇◇◇◇◇との詔。（中略）（こちらで調べましたところ）下からの□□の報告によれば■■■■■■■■という状況です。伏して皇上の御聖鑒を仰ぎ

右　　　　　　　　　咨　　覆
　明治 二十八 年 二 月 十二 日
　　大清國北洋海軍提督軍門丁

咨会事。…………須至咨覆者。

第五段　題目と文末

さて、順番が前後してしまったが文章の題目を著す書式を見てみよう。

題目を表す基本の書式は

　為……事

である。題目は「為」と「事」の中に盛り込まれることになる。これが言ってみれば基本で、あとはいくつかこの応用例がある。

例えば、上奏文の題目は

　奏為……事

という書式の中で表される。前出の第1段の例に戻って見てもらいたいが、青柳篤恒の『評釈支那時文規範』の例文から標題部分と末尾の部分だけに着目していくつか例をあげよう。題目もさることながら、結びにも定型があるので結び方にも注意されたい。

例1（上奏文）

　奏為密陳大計以救事危亡恭摺仰祈
聖鑒事。

　　　皇太后……伏乞

　　　皇上聖鑒謹
奏。

終わりから3行目の皇太后は有名な西太后で皇帝以上の権力を握っていたので、このように変則的に彼女の名前が折り込まれるなど異例づくめの西太后が支配していた時期の書式である（だからあまりいい例文ではない）。次は照会文を例として掲げる。照会文とは外国の官僚・機関との間の往復文書である。黄海海戦の時に丁日昌が降伏を申し入れた文書の冒頭と末尾は以下のようになっている。

例2

　革職留任、北洋海軍提督軍門統領全軍丁　為咨会事。

　……須至咨会者。

　右　　　咨　　　会

　大日本海軍提督軍門伊東

　光緒二十一年　正　月　十　八　日

返答の題目と末尾を次に掲げる。

例3

　大日本国海軍總司令官中将伊東　　　為

となる。思わず中華思想に思いを致すところである。特に（3）の場合などでは受けた内容の報告などはさらに動詞「稱」の後に引用されることもある。

……據○○稱～

また引用文の末尾も定型があり、「……云々」という結び方は「等～」になり、内容は普通抄略されたものである。これも以下に一覧を掲げる。

（1）皇帝の勅旨を受け取ったときに限り用いる。

……等因欽此

（2）上級の命（下行文）を受け取ったとき。

……等因（奉此）

（3）同等官よりの文書（平行文）を受け取った場合。

……等因（准此）

（4）下級官僚（上行文）よりの上申・報告に接したとき。

……等因（據此）
……等情（據此）
……等語（據此）
……等因（據此）

このうちの「等因」には丁寧・尊敬の意味がありがあり、もとは平行文以上で用いられていたものが民国期以降、下行文にももちいられるようになったようである。取りあえずは、「等～」が言ってみれば、閉じ括弧（）であり、さらに因や情でどのような方面（特に上下関係的に）から受

け取った文書であるかが示されるのである。

ちなみに、「因」などを用いる「前因」などの語もある。これは「あのような文書・文面がありましたが」と発文者が自分の意見を述べた後で、来文・引用文の内容を想起させるもので「前由語」というのがある。これは文の終わり近く帰結段へのつなぎで出てくる表現である（後述）。

このような前由語のあと、文の構成としては相手に対し具体的な要求を示す帰結段に入るのであるが、「本文書で言わんとする要求」を示す語も当然上行文・平行文・下行文で異なってくる。

上級に要請・懇願する（上行文）
理應‥‥、理合‥‥
平級機関に要請・依頼する（平行文）
相應‥‥
下級機関へ要請・命令する。（下行文）
合行‥‥

となる。「應」も「合」もいうまでもなく再読文字で「まさに‥‥‥すべし」と訓む。

上級に要請・懇願する（上行文の「理應‥‥」「理合‥‥」はいかにもどうあっても理がそうなりますと客観的にもどうあっても正しいであろうという要請であり、平級機関に要請・依頼するでは「こうすべきではないか」と誘いかけるような「相應‥‥」となり、下級機関へ要請・命令は頭ごなし的な「合行‥‥」とな

次に短い詔勅の例文を大野徳孝『高等支那時文讀本』の七七課からごく短い人事異動に関する詔勅を二つ掲げるが、ここでは内容の理解にまで入らずに、最初と終わりの各二文字に注目してもらいたい（ゴシック部分）。

例1
上諭、額勒和布奏假期又満。病仍未癒。懇准開缺一摺。額勒和布著、以大学士致仕、**欽此**

例2
上諭、榮禄著以兵部尚書、協辦大学士、**欽此**。

最初と終わりに「上諭」と「欽此」がある。この二つの成句は皇帝の詔勅をうけた内閣・軍機処が後で記すもので、本来はおおくもこのような勅旨を受け取った」という意味合いがある。それが本来の用法であるが、今日の我々はこの二つの熟語の間が皇帝の命令の内容であると思うだけでいい。文章の中で引用される時もこの「上諭……欽此」の定型句は使われる。
だから「上諭……欽此」は、本来の意図とはかけ離れているが、我々にも便利な書式である。カギ括弧（「」）の機能の上に「これは詔勅だな」と引用文の性質が一目瞭然に判るのである。
ただ、特に最後に付加された「欽此」については、日本語で訓み下す場合、「これをつつしめり」とし「これをつつしめ」としてはいけないとされる。フェアバンクも RESPECT THIS とするのは誤りであるとしている。ところで映画『ラスト・エンペラー』

の冒頭で幼い溥儀が宮中に連れて行かれるときに使いの者が勅命を読み上げて最後に RESPECT THIS! と言っていたが（これが中国語の映画だとチン・ツー！という甲高い音声になる）、あの英訳は間違ってた訳ということになる。
実はこのように、引用文が一目瞭然である便利な書式は詔勅以外にも見られる。それを次にみたい。

第四段　引用のされ方・引用を表す語

清朝の書式で引用文は、動詞に着目すると、上級の官庁から受け取った文書（平行文）なのか、同等もしくは民間・外国から受け取った文章（上行文）の引用なのか、下級官庁もしくは民間・外国から受け取った文書（下行文）なのか、内容が判らなくてもすぐ判る。ということで、文書を「受け取った」ことを表す動詞を覚えよう。以下の四文字を気にとめているだけでも「上諭……欽此」同様に文書読解において大いに役立つものである。書類を『受け取った』とする動詞は次の通りである。

（1）上級官庁・官より文書（下行文）を受け取った場合
奉
（2）同等官庁・官より文書（平行文）を受け取った場合
准
（3）下級官庁・官より文書（上行文）を受け取った場合
據

ないわけだが)の独特の改行の仕方である。改行しているから、段落なのかなと思うとまるで違うのである。しかも各行の頭が不揃いという見苦しい形式が珍しくない。

これは何かというと「擡写」といい、敬意を表すもので、公文書で皇帝に関連する語句がでてくると文章の途中だろうが平気で行をかえてしかも二字分他の行より上げて記す(これを特に双擡という)。この皇帝への擡写が言ってみれば基本形になる。

二字分上げるのは皇帝に関わる文字であるが、皇帝の付属物に関する語句となると一字上げ(単擡)にとどまる。それから皇帝よりも尊ぶべきもの、すなわち皇帝の祖先等に関わる語句となんと三字上げになる。更に乾隆帝が皇帝位を引退しながら実権を握っていた時代には四擡なるものもあったのである。

一例をあげる。『陶文毅公全集』巻二より「恭謝頒御論摺子」の冒頭の一部を引用する。5行目の行頭が実は普通の行頭であとは全部擡写している。

奏為恭謝　　　　　　　　　　　　　　　　　（単擡）
天恩事。頃臣齎摺差弁皖回。奉到　　　　　　（双擡）
欽頒　　　　　　　　　　　　　　　　　　　（双擡）
御論二篇。臣勤即恭設香案叩頭祗領跪誦之下仰（通常）
我　　　　　　　　　　　　　　　　　　　　（双擡）
皇上德孚誠正……

即ちこれは、擡写しない文章に直すと以下のようになる。

奏為恭謝天恩事。頃臣齎摺差弁皖回。奉到欽頒御論二篇。臣勤即恭設香案、叩頭祗領跪誦之下仰、我皇上德孚誠正……

これはもう慣れの問題である。文章の読解としてはこの改行を無視して進めていくことになる。別に科挙を受けるわけでもないのだから(科挙でこれをしないと即零点だったという)、どのような場合に擡写するかぐらいのことを弁えておけばいいだろう。私信などでも相手に敬意を表して擡写することがある。また、編纂物・書物によっては「擡写」する変わりに、その語の前の字をあける場合などがある。

ただしこの単なる空字の部分をあけるというについては、上級者の名前の部分をあえて書かずに敬意を表す書式もある。これはほぼ同様の形式と見えるのであるが、内実は異なるものなので要注意である。これについてはまた触れる。

第三段　詔勅（上諭）

さて、まず詔勅の例を見たい。中国語では専ら「上諭」といい、折手本状になっていたことから「摺子」ともいう。(「詔勅」という用例を寧ろ稀であるが、入門篇ということで分かりやすかろうということで詔勅で本稿では統一する。)

ている。

ただ、この青柳の本については編者自身も多くを負うているのであるが、現在では過ちもいくつか気がついている。一例をあげれば「致干」という熟字である。「(悪いことや・職責怠慢などを)犯すことがあれば」または「失敗を犯すようなことがあれば」という意味で、この二語の後に「処罰するぞ」などといった表現が続く。訓み下せば「干（おか）すに致（いた）れば」ということになろうか。さて、どう間違えているかというと、「干」を「于」とまちがえている。返り点の振り方もこの読み方を前提としているので明らかに間違えている。意味的には「処罰することになってしまうぞ」という意味に強引にこじつけられなくはないが、漢文侮るべからずである。

初級篇 〜独特の形態と用語について〜

さて、日本人が習得するにあたってすべき文章の基本的な構造と漢字・熟語を紹介する。

第一段　公文書ということ

まず、文体を習得する前に踏まえておきたいのは、我々が習得しようとするのが公文書であるということである。我々には難しく見えるかもしれないが、公文書というのは組織を動かしていた文書であり、形式・用語さえ踏まえれば、むしろ扱いやすいはずである。それなのに我々がいま苦しむとしたら、それは文学などの方面とは異なりそれだけ研究の集積が少なく修得の方法がなおざりにされてきたからに他ならない。実は少し勉強するだけですぐに修得できるものである。

さて文書はどのような機関からどのような機関に発送したかで大きな分類ができる。基本的には、上級へ発したものか、対等な機関に発送したものか、下級へ発したものであるかの三種類に分かれる。これはそれぞれ、

上行文
平行文
下行文

と言われる。「行」は発送する意味があろうが、「行」には文章を書くこと・起案することという意味も実はある。その中で使われる表現が微妙に変わってくる。このことを順次いろいろな文章で習得してもらいたい。当初は煩雑と思えるだろうが、その反面それだけ文章読解の情報量が多い・読解の手がかりが多いということである。

第二段　擡写　改行について

さて、現代人の我々が結構面食らうのは清朝の公文書（に限ら

就いて〕がそれで、「夥しい伝寫の謬脱」「軽々しく信用できぬ」と結構突き放した厳しく批判を加えている部分もある。内藤のこの記事は『六部成語注解』を何らかの形で利用しようという人、もしくは本書であつかうような清朝・民国期の語彙・文法を研究しようという者には必読の文献になろう。何しろ内藤の『六部成語注解』批判は「此書を引用している、東川氏の典海、岡野氏の支那経済辞典、鄭氏の法律大辞典などは皆不幸にして此書の誤りを受け継いでいる」とその他の工具書批判にまで広がっているのだから。もちろん『東洋史研究』にわざわざ貶めるだけの記事を書くのが内藤の本意ではなく「清朝人が清朝の語を解しているのであるから、その点は大いなる強みであって」「実際役に立つ」と限界を知った上で、過ちに導かれぬことが肝要と条件付きで推奨している。

また、このような旧時公文は日本の傀儡政権であった「満州国」でも使われていた。筆者の手元には

城臺正著『現行満州帝国公文提要』（満州行政学会、康德二年）

という本がある。いささか薄手の本ではあるが、清朝の文体の入門書としても通用する堅実な内容となっている。所詮は傀儡政権であるから重要な文書はほとんど日本語になるのであろうが、民衆レベルに近くなればなるほど中国語（満州国語・満州語と称していた。もちろん語学的にいわれる満州語とは全く違う）の書

類・布告が必要になる道理で、その為に出されたのがこの本である。また同趣旨で作られたものとしては

劉寶『日文満洲國公文作法解説』（昭和十年　大阪屋號書店）

がある。この本の序文には「（満州国における公文の）其の格式大體中華民國のものに異ならざるものあり」「茲に日満官吏が卓を共にして王×楽×（伏せ字は筆者）の建設に努力するに当たり、日々に処理する公務の書類に難解の箇所多く、為に事務渋滞し、時には翻訳に翻訳を重ねることあり。素より公文の文章には各其の形態あり假令翻訳に熟練するといえども、容易にその真意を捉ふるは困難なるを以て云々」とあり、満州国における公文を巡る混乱ぶりを伺い知ることができる。

筆者がみるに、城臺著などは青柳篤恒著とならんで現在でも日本の研究者が勉強しようとするなら青柳著に依然有益な書となろう。城臺著と青柳著を比較すると一長一短がある。城臺著は書式・語句の使われ方を、簡潔でありながら、より詳しく記している。たかが小冊子としてなかなか侮れない充実ぶりである。実務に使うための本であったためでもあろう。それに対して、青柳著は日清戦争時の「開戦の詔勅」や黄海海戦時の丁汝昌と伊東中将の往復文書（照会）、馬関条約（下関条約）、台湾交島時の劉永福と樺山資紀の往復文書などをとりあげるなど文例に工夫が伺え、さらに当時の中国の諸制度を紹介しようという面でも意欲的な構成になっ

のテキストとして有名なものがある。

Compliled by John K. Fairbank *CH'ING DOCUMENTS An Introductory Syllabus*『清季史料入門』Third Edition Revised and Enlarged, Harvard East Asian Monographs, 1965.

著者のJ・K・フェアバンクはアメリカ中国学の泰斗的な存在であったが、H・B・モースの著作に影響を受け、中国の外交官に文書読解の手ほどきを受けたことなどは彼の自伝に伺える。フェアバンク関係のものとしては掲載論考であるが以下がある。

J. K. Fairbank and S.T. Teng (鄧嗣禹) "On the Types and Uses of CH'ING DOCUMENTS," *Harvard Journal of Asiatic Studies*: Volume 5, 1940. pp.1-71.

J. K. Fairbank and S.T. Teng (鄧嗣禹) "On the Transmission of CH'ING DOCUMENTS," *Harvard Journal of Asiatic Studies*: Volume 4, 1939. pp.12-46.

民国期となるが、最近の著作として以下のものがある。

William C. Kirby, Man-houng Lin (林満紅)、James Chin Shih, and David A. Pertz (eds.) *Starw and Economy in Republican China: A Handbook for Scholars*, Harvard East Asian Monographs193, Harvard University Press, 2000, 2 Vols. (内容の

紹介は本野英一「上級者向けの民国期中国社会経済史入門」『東方』二〇〇二年七月号参照。)

アメリカの中国学は漢字を学ぶことから始めなければならないからその分習得するシステムを確立する必要があるのであろう。中国の書籍でも清朝や民国期の公文書を読むための辞書・入門書の類もある。やや古くなるが、以下がまずある。

『歴史文書用語辞典 明・清・民国部分』四川大学出版社、一九八八年。

李宏爲編『漢英明清歴史档案詞典』(中国鉄道出版社一九九九年)

『清代文書綱要』四川人民出版社、

前者は約二五〇〇項目の辞書と簡単な解説を付したもの。後者は文書の書式等を説明したものである。また清朝の時代につくられたツール『六部成語注解』関連のものも何種類か出版されている。

『六部成語註解』浙江古籍出版社、一九八七年。

『清代六部成語詞典』天津人民出版社、一九九〇年。

『六部成語注解』については内藤乾吉が『東洋史研究』(第五巻、第五号) に辛口の紹介記事を書いている。「六部成語註解に

いろいろな研究者に折に触れ聞いてはいるが皆一様に難しいと語るのが、旧版の辞書を出すまでの状況であったかと思う。

この時代の文章はそれに先行する清朝の文体が変容していく過渡期の文体でもあるのでもともと捉えようがないという一面がある。

しかし、今日の研究者にとってそんなに習得が難しい文体かというとそうでもない。この時代の文章の攻略は現在の口語と清朝の公文書の文体を習得しその両方から攻略することで可能である。つまり清朝の公文書の文体と現在の口語を習得すればよいのである。

工具書について

何故口語かと思われるかもしれないが、中国語では前近代と現在の語彙は思いの外連続性がある（香港割譲条の「将」の字が一例）。そういうことで口語に関しては役に立つツールが意外に身近にある。

『中日大辞典』（愛知大学、一九六八年。増訂第二版大修書店一九八七年）

これは現代中国語を学ぶものにとってもっとも身近なツールでもあるが、同時に清代の文書を読むにあたって最も役に立つツールでもある。筆者の経験からいっても、これに載っていなければどの辞典にも載っていない語のほうが多い。実際、前段の香港割譲条の語彙はほとんどこれに収録されている。もちろん歴史的用語やより専門的な用語はもっと特化した辞典をみなければならないが、基本的な用語はほとんどこれに盛られている。さすがに東亜同文書院がカードを作成し、戦後愛知大学が完成したものである。この他に

『中国語大辞典』（大東文化大学中国語大辞典編纂室　角川書店　一九九四年）

もやや入手が困難であり二分冊で重いのであるが、利用できるなら『中日大辞典』と併用したい工具書である。

このように、語彙については現代中国語の辞書が結構役に立つのでまだしも何とかなる。

では清朝の公文書の文体についてはいかなる指南書があるのか。日本においては、手前味噌になるが、結果的には旧版の拙辞書がよく利用されていた（『清末民初文書読解辞典』）。おそらく旧版の辞書を編纂するきっかけとなった

青柳篤恒『評釈支那時文規範』（明治四十年、博文館）

は訳文が候文であったりもするが、今日でも使いでのある指南書であろう。

各国でテキストは出されている。アメリカの中国学にはこの手

現在の、公文書はいざ知らず、歴史的な公文書の体裁は結構複雑で特異である。林則徐や魏源は例外だという感触を筆者は得てはいるが、通常の科挙官僚（キャリア）はそのような文書に敢えて通暁することがなかった。寧ろ、下級官吏（胥吏）任せであったのである。実務に通じた下級官吏達も、書類作成を盾にとって上級者や民衆に対して横柄に振る舞うこともできたともいわれる。職場でだって気安く教えてくれるものではなかったとのことである。

次にあの有名な南京条約の原文を紹介したい。判りやすく、仮に句読点をつけると以下のようになる（現物は史料紹介を参照）。

具体的な例をまず見よう。

大英商船、遠路・渉洋往往有損壊須修補者、自應給予沿海一處、以便修船及存守所用物料、今大皇帝准、將香港一島、給予大英君主曁嗣後世襲主位者、常遠據守主掌、任便立法治理

二点ここでは指摘しておきたい。

まず、原史料には句読点が無い（それに近い記号がついているものもあるが）のはもちろんであるが、改行については独特の規則がある。詳細は初級編で見てもらいたいが、擡写と言って、皇帝などを敬って文章の途中でも改行するのである。

また、これだけ短い文章中でも、独特の用語がある。

須　　「要す」の意。

自應　　「〜あって然るべき」とする定型句。ただし、同様の語として「自理」というのがあり、これは上級に対して敬意をこめた表現である。ということで、この表記はあくまでも対等以下に対する文面であることが判る。

准　　「〜を」と続く語を目的語として指摘する語で現代中国語ではお馴染みの用法である。「將香港」で「香港を」の意味になる。

將　　「〜を」の意。

守　　（規則などを）守り、従うこと。

掌　　支配し、司ること。

任便　　「好きに」

治理　　「理」は「治める」の意味。二字でやはり「治める」の意。自理之國（自治の國）、理藩院もこの解釈で理解できる。

その体制を維持すること」か？　→守主掌

とりあえず、体裁と語彙で独特のものがあるということを知ってもらいたい。

まずは、あまり臆することなく、

「へぇ〜こうなんだ」

とまずは見てもらいたい。

筆者が「辛亥革命の頃から中華民国の初期の時代にかけて文体が難しくなる」ということを聞いたのは学部生の頃だった。

(7)

清代および民国期の公文書の文体について

天地之氣、其至明而一變乎。滄海之運隨地圜體其自西而東乎。紅夷東駛之舶、遇岸爭岸、遇洲據洲、立城埠、設兵防。凡南洋之要津已盡為西洋之都會。

魏源『海国図志』「叙東南洋」より

これは、普通の漢文であり、書き下しで読むことができる。

海を使った交易の大勢は明の時代になり一変した。丸い地球を西から東へと奔流となって押し寄せるようになった。紅毛人の東に向かう船々は、岸があれば岸を争い、デルタ地帯のような土地もみのがさず（奪い）、街を造り、軍事拠点も築く。およそ、アジア各地の要衝たるべき港はことごとく、西洋人の街となり果てた。（洲は大陸のことも指すがこの場合三角州としてとらえた。）

これは吉田松陰や佐久間象山も読んで影響を受けたとされる魏源の『海国図志』「叙東南洋」の一節である。アヘン戦争直後に当時の西欧諸国のアジア進出をまとめた文章として結構気に入っている文章である。

一九世紀、アヘン戦争時に中国の著名な学者が書いた文章である。

これを読む限りは、高校でならった漢文の知識でほぼ足りる。

じゃあ、中国の当時の歴史研究をするにあたっては普通の漢文の読解力で足りるのだろうか？

答えは「否」である。

当時のことですら、研究するにあたっては、準備不足である。

これはあくまでも伝統的な漢文を意図して書かれた文章である。当然このような文章は読めなければいけない。それが基本の力としては要る。

しかし、清代および民国期を研究するに当たって、何故いわゆる漢文の知識だけではいけないのか？

実は、時代が近接していると言うこともあり、この時期の中国を研究するに当たって気を付けなければいけないのは原史料（中国語では档案という）がただことない分量存在し、それが出版され、各研究機関に入っているということである。これからの歴史研究は当然これらの史料を踏まえたものでなければならない。

今の日本でだって、社説や論説と役所における文書は違う作法・書き方がある。当時も（そして今も）、政府を動かしている書類は存在するのである。

封爵遞降表

爵名	嫡子	餘子	妾腹の子	別室の妾腹の子
親王	郡王	不入八分公	二等鎮國將軍	三等輔國將軍
世子	不入八分公	一等鎮國將軍	三等鎮國將軍	三等奉國將軍
郡王	貝勒	一等鎮國將軍	二等鎮國將軍	三等奉國將軍
長子	一等鎮國將軍	二等鎮國將軍	二等輔國將軍	三等奉國將軍
貝勒	貝子	二等鎮國將軍	一等輔國將軍	奉恩將軍
貝子	鎮國公	一等輔國將軍	二等輔國將軍	奉恩將軍
鎮國公	輔國公	二等輔國將軍	二等輔國將軍	奉恩將軍
輔國公	不入八分輔國公	二等輔國將軍	三等輔國將軍	閑散宗室
不入八分鎮國公	三等鎮國將軍	三等輔國將軍	三等輔國將軍	閑散宗室
不入八分輔國公	一二三等輔國將軍	三等輔國將軍	三等奉國將軍	閑散宗室
一二三等鎮國將軍	一二三等奉國將軍	三等奉國將軍	奉恩將軍	閑散宗室
一二三等輔國將軍	奉恩將軍	奉恩將軍	閑散宗室	閑散宗室
一二三等奉國將軍	奉恩將軍	閑散宗室	閑散宗室	閑散宗室
奉恩將軍	奉恩將軍	閑散宗室	閑散宗室	閑散宗室

通称別称一覧

宗室
- 親王 —— 王爺
- 郡王 —— 王爺・王邸
- 貝勒 —— 貝勒爺・貝勒邸
- 貝子 —— 貝子爺
- 公 —— 公爺
- 將軍 —— 將軍

中央
- 軍機處
  - 軍機大臣 —— 大軍機
  - 軍機章京 —— 小軍機
- 【內閣】
  - 大學士 —— 中堂・相國
  - 協辦大學士 —— 閣亞・協揆
  - 內閣學士 —— 閣學
- 【六部】
  - 吏部尚書 —— 大司徒
  - 吏部侍郎 —— 少司徒
  - 戶部尚書 —— 大司農・大宰・天官・冢宰
  - 戶部侍郎 —— 少司農・少宰
  - 禮部尚書 —— 大宗伯
  - 禮部侍郎 —— 少宗伯
  - 兵部尚書 —— 大司馬
  - 兵部侍郎 —— 少司馬
  - 刑部尚書 —— 大司寇
  - 刑部侍郎 —— 少司寇
  - 工部尚書 —— 大司空
  - 工部侍郎 —— 少司空
  - 員外郎 —— 部郎
- 【都察院】
  - 主事 —— 主政・郎官

御史は【その他】
- 左都御史 —— 總憲
- 左副都御史 —— 副憲
- 【通政使司】
  - 通政使 —— 銀臺
- 【翰林院】
  - 修撰 —— 殿撰
  - 編修 —— 殿撰
- 【學政】
  - 學政 —— 學臺・学院・學憲
- 【その他】
  - 御史 —— 侍郎
  - 都郎爺（都は略称）—— 大京兆

地方官・吏
- 總督 —— 部堂・制憲・督憲・制軍・制臺
- 巡撫 —— 部院・制憲・撫軍・撫臺・撫院
- 布政使 —— 方伯・藩臺・藩司・中丞
- 按察使 —— 廉訪・臬臺・臬司・西司
- 府尹 —— 河臺・河帥
- 漕運總督 —— 漕臺・漕司
- 塩運使 —— 塩臺・鹽司
- 知府 —— 太守・太府・黃堂・五馬・道尊
- 道（員）—— 觀察・道臺分府
- 知州 —— 刺史・別駕・司馬・三府・二府
- 通判 —— 州駕（直は直刺という）
- 同知 —— 州牧・州司馬
- 州同 —— 州駕

武官
- 知縣 —— 明府・令尊・邑令・邑宰・邑令・宰
- 州判 —— 別駕・州司馬・司馬令・大尊・邑宰・邑令
- 學官 —— 教官・令尹・左同・右堂・二校官・捕廳
- 縣丞 —— 三尹・捕廳
- 主簿 —— 左尹・右堂・學老師
- 典吏目 —— 捕廳
- 巡檢 —— 少尉・巡政・少尹・分司
- 副將 —— 統制・元戎
- 提督 —— 軍門・協鎮・提臺
- 駐防將軍 —— 軍戎
- 總兵 —— 總戎・協臺
- 參將 —— 參戎
- 遊撃 —— 遊戎
- 都司 —— 都戎
- 守備 —— 守戎
- 千總 —— 千戎
- 把總 —— 戎伯

その他
- 太子少保 —— 宮保
- 公使 —— 星使・欽差
- 提學使等になるのでは一應學臺・學使・竈頭、

参考文献
「清代の官制」提學等は青柳が推察している
青柳篤恒『支那時文規範』『官場現形記』

(4)

從五品	正六品	從六品	正七品	從七品	正八品	從八品	正九品	從九品	未入流
各部院員外郎	内閣侍讀・各部員主事		部院七品筆帖式		内閣中書	部院八品筆帖式		部院九品筆帖式	
各道監察御史？			通政使司知事	通政司経歷					
翰林院侍講・翰林院侍讀／鴻臚寺少卿		光禄寺署正	翰林院編修	翰林院検討		翰林院典簿		翰林院侍詔	
各州知州	京府通判／京縣知／各少通判	直隸州同／各州州同	京縣知縣／外縣縣丞／直隸州判／各省州判	京府経歷／外縣経歷	外府経歷／外縣の縣丞・州學正等	府州縣訓導	縣主簿	州吏目／州巡検	
守御所	門千總	營千總	衛千總	把總	盛京遊牧副尉	外委千總	委署驍騎尉	外委把總	額外外委

参考文献 「清代の官制」（『官場現形記・上』）平凡社中国古典文学大系『清国行政法』一八七―九頁

(3)

主要品級一覧

主だった官職の品級を表にした。

	正一品	従一品	正二品	従二品	正三品	従三品	正四品	従四品	正五品
加銜(虛銜)	太師・太傅・太保	少師・少傅・少保 太子太師 太子太傅 太子太保	太子少師 太子少傅 太子少保						
内閣及び部院	内閣大學士		各部院尚書	内閣学士	各部院侍郎			内閣侍講学士	各部院郎中
都察院・通政司		都察院左都御史 都察院右都御史			通政使司通政使 都察院左副都御史 都察院右副都御史	通政使司副使			六科給事中
翰林院・・事府・五寺等			翰林院掌印学士	内務府総管	太理寺卿・太常寺卿 順天府府尹・奉天府府尹 詹事府詹事	光禄寺卿・太僕寺卿	太常寺少卿・太僕寺少卿 鴻臚寺少卿 詹事府少詹事	翰林院侍講学士 翰林院侍讀学士 國士監祭酒	欽天監正
地方官			總督	巡撫 布政使	按察使	塩運使	道員	各省の知府	各府同知 直隷州知州
武官	領侍衛内大臣	將軍 都統 提督	副都統 總兵 統領	副將	參將 參領	都司	佐領	城門領	守備

清末干支・西暦対照表

辛亥革命にいたるまでの１２０年間の干支対照表を以下に掲げる。

本来なら、中国の年号との対照表を掲げるべきであるが、現在の人間は何処かで年号を西暦に直して考えると想定して西暦との対照表にした。勿論、西暦と中国の年号では厳密には違いがあるが、ここでは慣例に倣った。

因みに各年号の元年は

　　乾隆：1736　嘉慶：1796　道光：1821　咸豐：1851　同治：1862　光緒：1875
　　宣統帝：1909

	甲	乙	丙	丁	戊	己	庚	辛	壬	癸
子	1804 1864		1816 1876		1828 1888		1840 1900		1792 1852	
丑		1805 1865		1817 1877		1829 1889		1841 1901		1793 1853
寅	1794 1854		1806 1866		1818 1878		1830 1890		1842 1902	
卯		1795 1855		1807 1867		1819 1879		1831 1891		1843 1903
辰	1844 1904		1796 1856		1808 1868		1820 1880		1832 1892	
巳		1845 1905		1797 1857		1809 1869		1821 1881		1833 1893
午	1834 1894		1846 1906		1798 1858		1810 1870		1822 1862	
未		1835 1895		1847 1907		1799 1859		1811 1871		1823 1863
申	1824 1884		1836 1896		1848 1908		1800 1860		1812 1872	
酉		1825 1885		1837 1897		1849 1909		1801 1861		1813 1873
戌	1814 1874		1826 1886		1838 1898		1850 1910		1802 1862	
亥		1815 1875		1827 1887		1839 1899		1851 1911		1803 1863

【編者略歴】
やまごし・としひろ
- 1984年　早稲田大学第一文学部東洋史専修卒業
- 1987年より徳島県公立学校教職員（高校教諭）
- 現　　在　徳島県立城北高等学校　教諭
- 平成13～14年度　徳島県教育委員会鳴門教育大学大学院
　　　　　　派遣教員　教育学修士
- 2011年　経済学博士（立命館大学）
　　　　　立命館大学社会システム研究所客員研究員

中国歴史公文書読解辞典

2004年6月　　第一刷発行
2017年6月　　第四刷発行

編　者	山　腰　敏　寛
発行者	三　井　久　人
印　刷	モリモト印刷
発行所	汲　古　書　院

102-0072 東京都千代田区飯田橋2-5-4
電話03(3265)9764　FAX03(3222)1845

ISBN978-4-7629-1176-7 C3022
Toshihiro YAMAGOSHI ©2004
KYUKO-SHOIN.Co.,Ltd.Tokyo.